Les calculatrices

W0410631

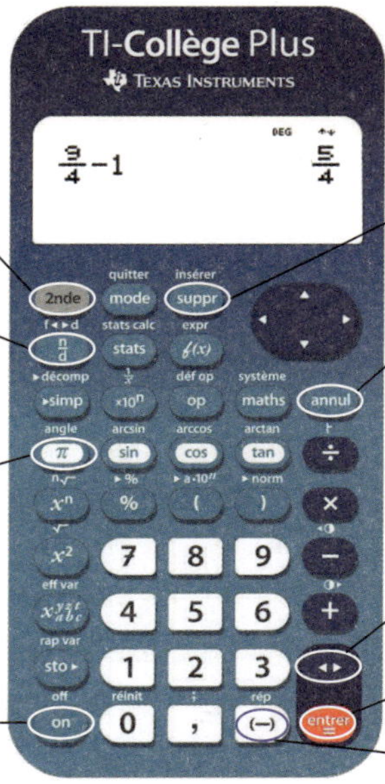

Éteindre : 2nde on (off)

Saisir une fraction

Pour calculer $\frac{9}{4} - 1$, taper :

$\frac{n}{d}$ 9 ▼ 4 ▶ − 1 entrer

π

Afficher le nombre π

Allumer

Corriger, effacer

suppr : effacer le dernier caractère

annul : effacer l'écran

Pour passer de l'écriture **fractionnaire** à l'écriture **décimale** et inversement

Effectuer un calcul (exécution)

Signe – d'un nombre négatif

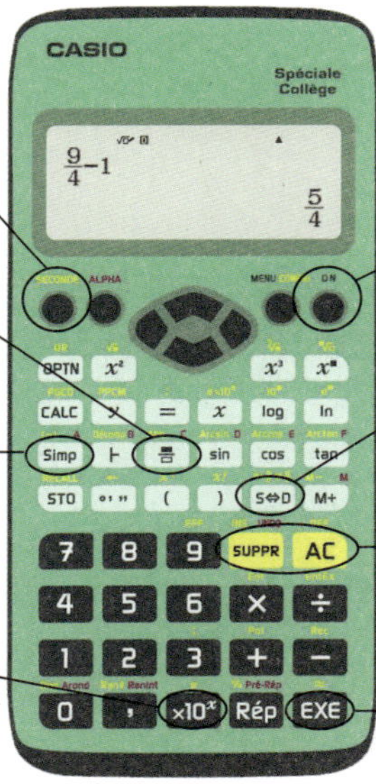

Éteindre : SECONDE AC (OFF)

Saisir une fraction

Pour calculer $\frac{9}{4} - 1$, taper :

$\frac{\square}{\square}$ 9 ▼ 4 ▶ − 1 EXE

SECONDE Simp ((−))

Signe – d'un nombre négatif

SECONDE ×10ˣ (π)

Afficher le nombre π

Allumer

Pour passer de l'écriture **fractionnaire** à l'écriture **décimale** et inversement

Corriger, effacer

SUPPR : effacer le dernier caractère

AC : effacer l'écran

Effectuer un calcul (exécution)

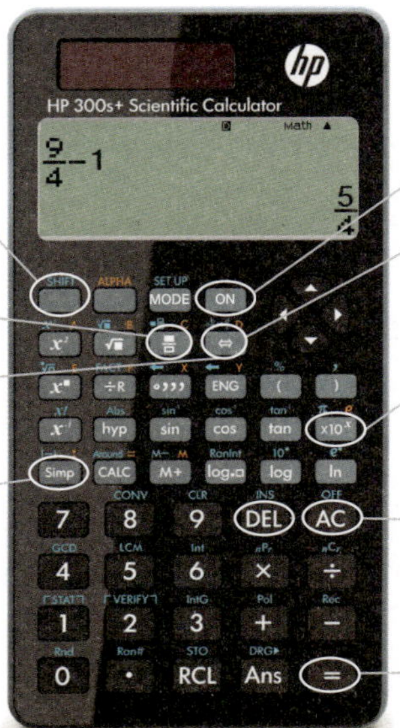

Éteindre : SHIFT AC (OFF)

Saisir une fraction

Pour calculer $\frac{9}{4} - 1$, taper :

$\frac{\square}{\square}$ 9 ▶ ou ▼ 4 ▶ − 1 =

SHIFT Simp ((−))

Signe – d'un nombre négatif

Allumer

Pour passer de l'écriture **fractionnaire** à l'écriture **décimale** et inversement

SHIFT ×10ˣ (π e)

Afficher le nombre π

Corriger, effacer

DEL : effacer le dernier caractère

AC : effacer l'écran

Effectuer un calcul (exécution)

Les instruments de géométrie

Avec la règle

➡ On peut tracer des droites, des segments, …

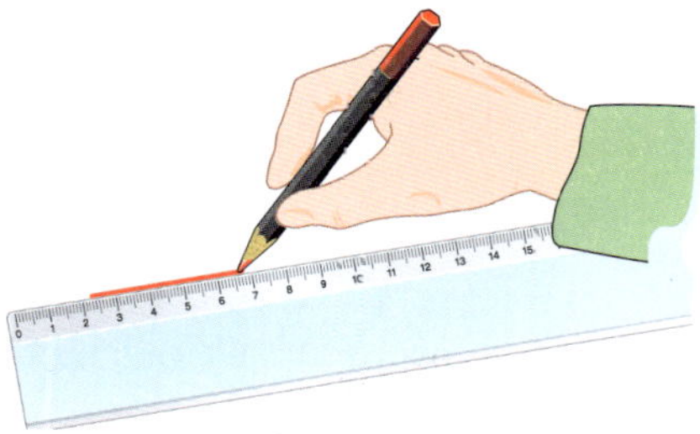

➡ Avec la règle **graduée**, on peut mesurer la longueur d'un segment, ou tracer un segment de longueur donnée.

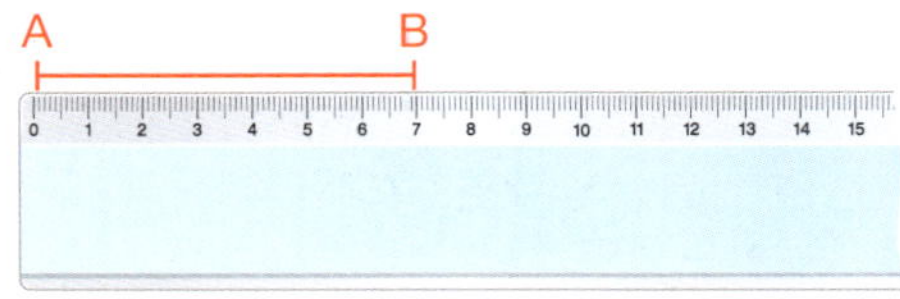

Avec l'équerre

➡ On peut tracer des droites perpendiculaires.

Avec le compas

➡ On peut tracer des cercles.

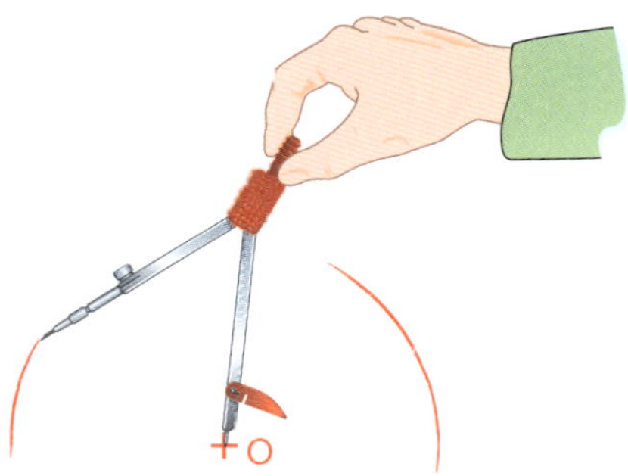

➡ On peut reporter des longueurs.

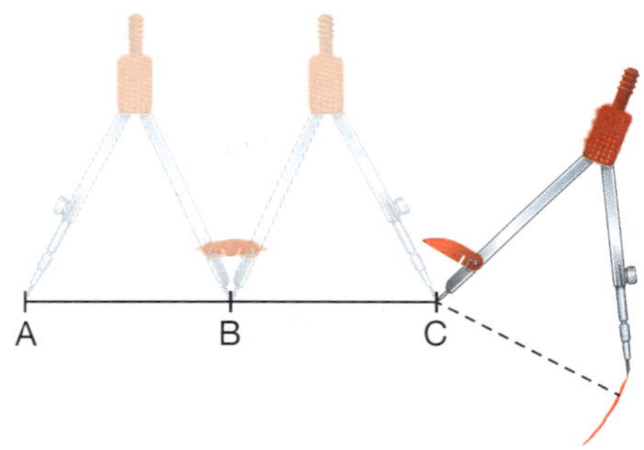

Avec le rapporteur

➡ On peut tracer un angle de mesure donnée.

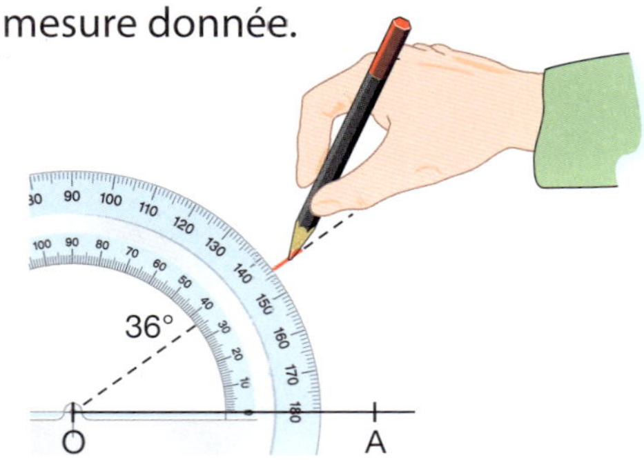

➡ On peut mesurer des angles.

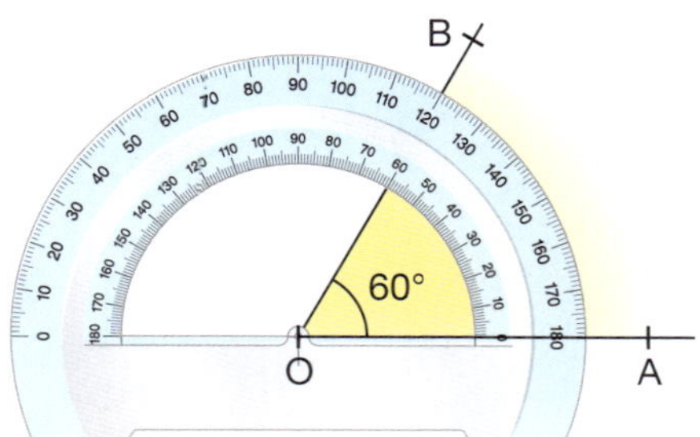

Scratch
mode d'emploi

Sommaire

Je découvre...

J'apprends à...

Logiciel Scratch : rappels

1 L'écran de démarrage

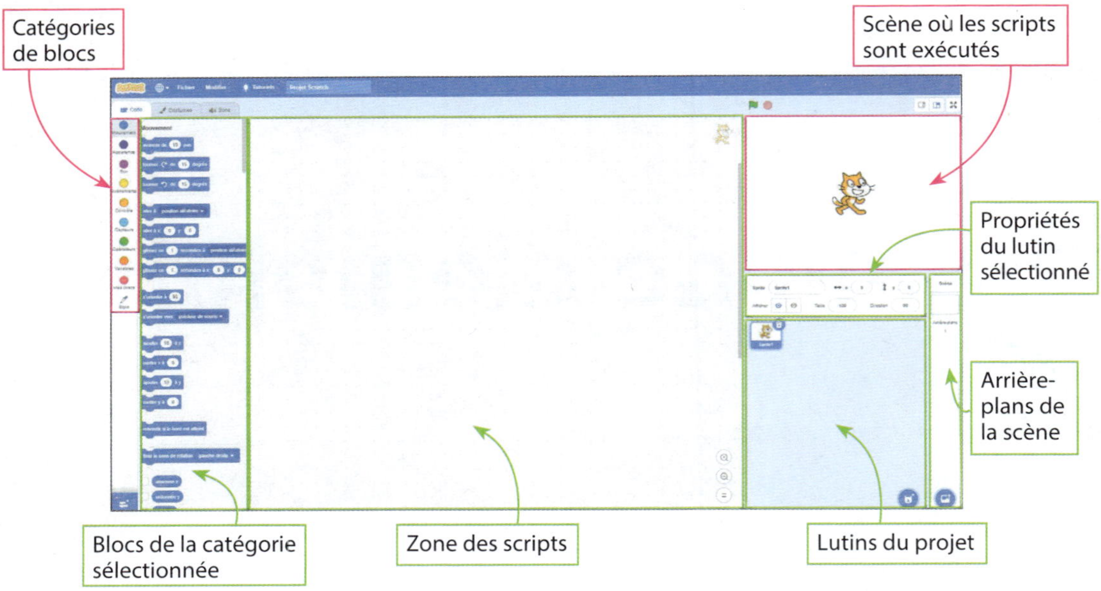

2 L'arrière-plan Xy-grid

L'arrière-plan Xy-grid munit la scène d'un repère.

- L'abscisse d'un point de la scène est comprise entre –240 et 240. On utilise le signe – pour noter que le point est situé à gauche de l'axe des ordonnées.
- L'ordonnée d'un point de la scène est comprise entre –180 et 180. Ici, le signe – indique que le point est situé au-dessous de l'axe des abscisses.
- Par exemple, le centre du lutin ci-contre a pour coordonnées (–100 ; 100).

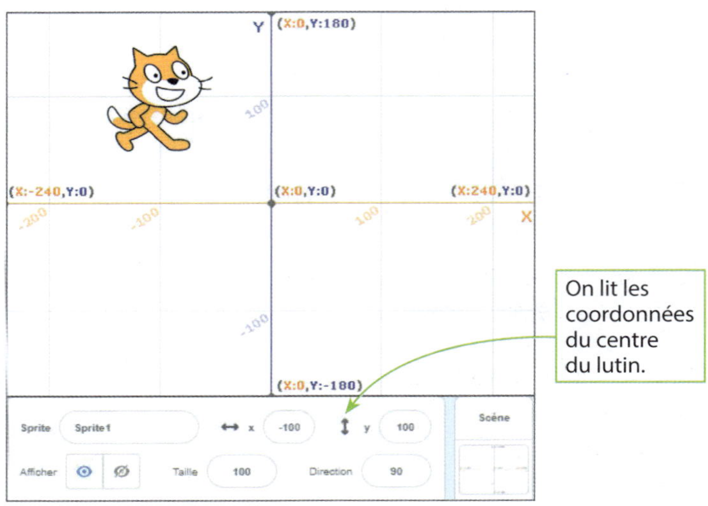

Je retiens

Certaines instructions de la catégorie Mouvement permettent de gérer les déplacements du lutin à l'aide des coordonnées.

aller à x: 50 y: 100 | mettre x à -90 | ajouter 10 à x | mettre y à 100 | ajouter 10 à y

glisser en 1 secondes à x: -90 y: 100

Utiliser le repère Xy-grid de la scène. Suivre le contenu d'une variable

ACTIVITÉ 1 Tracer une figure à l'aide des coordonnées

Lola a écrit un script Scratch et obtenu le tracé d'un cerf-volant.
Voici le début de son script et la suite des instructions dans le désordre.

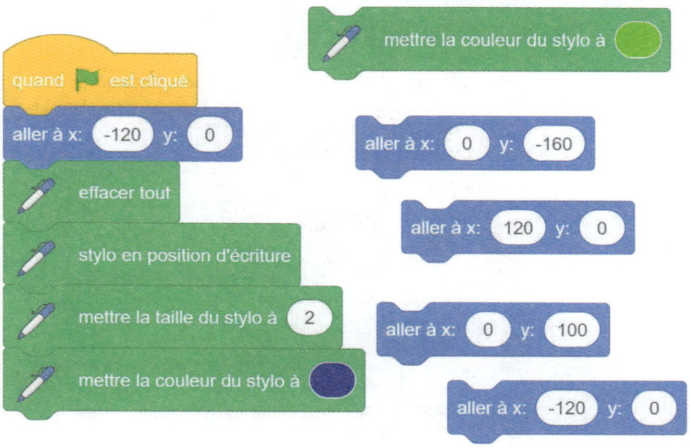

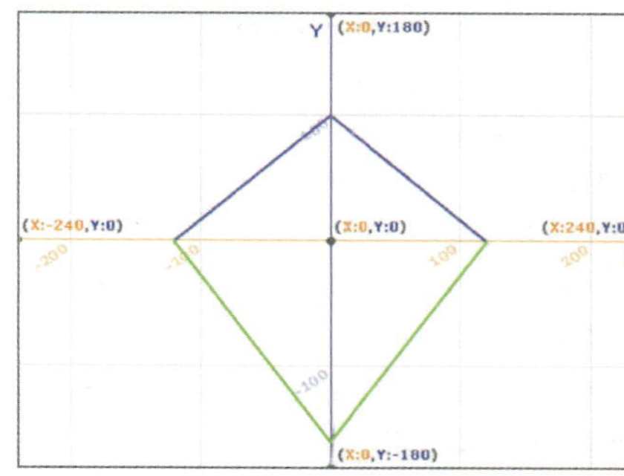

a. Ouvrir le logiciel Scratch, ordonner et saisir les instructions du script de Lola.

b. Exécuter le script et contrôler le tracé obtenu.

Info
Les instructions de la catégorie Stylo permettent de gérer le tracé de la figure (couleur, taille, etc.).

ACTIVITÉ 2 Déclarer une variable et suivre ses valeurs successives

Voici un script écrit avec le logiciel Scratch.
La variable **x** représente un nombre dont la valeur initiale est donnée en entrée.
Dans le tableau ci-dessous, on reporte les valeurs successives prises par cette variable.

a. Recopier et compléter ce tableau de façon débranchée.

Valeur donnée	(1)	(2)	(3)
2	3	6	36
5			
7,5			
12,2			

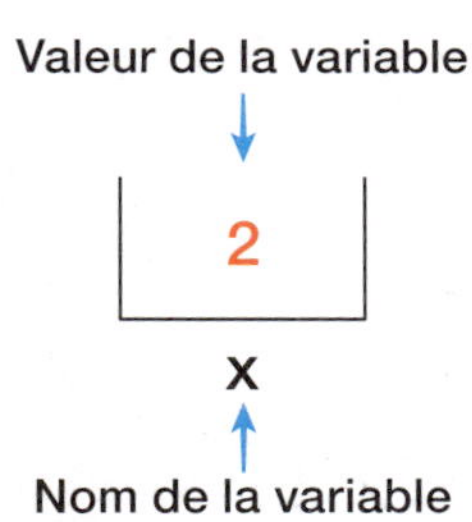

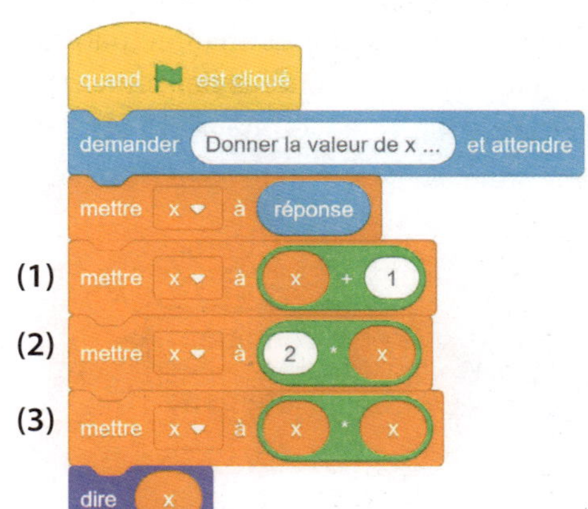

b. Ouvrir le logiciel Scratch et saisir le script.

c. Tester le script avec les valeurs du tableau de la question **a**.

Info
Pour créer une variable, dans la catégorie Variables, cliquer sur Créer une variable puis donner le nom de la variable.

Utiliser une instruction conditionnelle

ACTIVITÉ

3 Programmer un script avec un test

Dans un cybercafé, Alex paie 0,45 € pour 15 min de connexion internet.
À la médiathèque de sa commune, après avoir réglé un abonnement hebdomadaire de 10 €, il paie 0,75 € pour 1 h de connexion.
Alex a saisi le script ci-contre afin de déterminer le tarif le plus avantageux suivant un nombre entier d'heures de connexion effectuées par semaine.

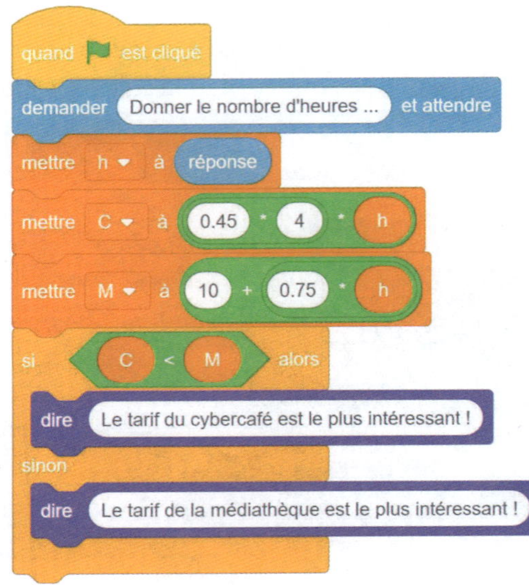

1 a. Que représente chacune des variables **h**, **C** et **M** de ce script ?

b. Expliquer les calculs réalisés aux lignes **(1)** et **(2)** du script.

c. On exécute le script de façon débranchée avec différentes valeurs de la variable **h**.
Recopier et compléter le tableau ci-dessous.

h	2	5	10	15	20
C	3,6				
M	11,5				
C < M	Vrai				
Message	Le tarif du cybercafé est le plus intéressant !				

2 a. Ouvrir le logiciel Scratch, saisir le script et l'exécuter par exemple avec les valeurs de la variable **h** du tableau précédent.

b. À l'aide du script et en effectuant d'autres essais, préciser selon le nombre d'heures de connexion effectuées par semaine, le tarif le plus avantageux pour Alex.

Info

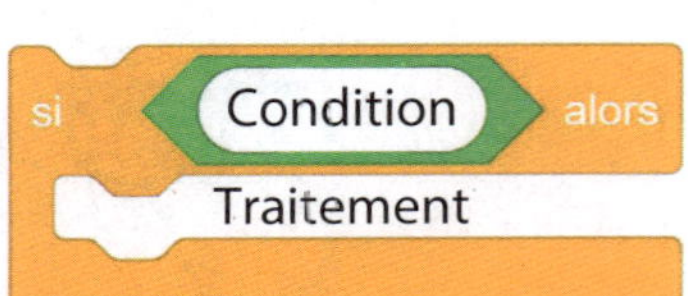

Si la condition est vraie, **alors** le traitement est exécuté.

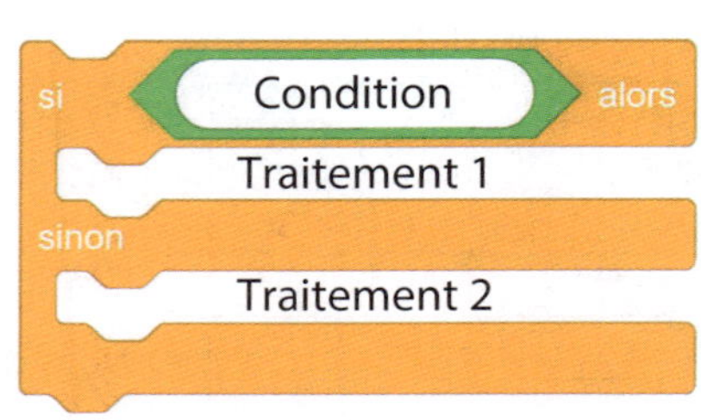

Si la condition est vraie, **alors** le traitement 1 est exécuté, **sinon** le traitement 2 est exécuté.

Utiliser la boucle « répéter ... fois »

ACTIVITÉ 4

Tracer des figures à l'aide de l'instruction « répéter ... fois »

Pauline a saisi un script Scratch et obtenu dans la scène le tracé ci-dessous.

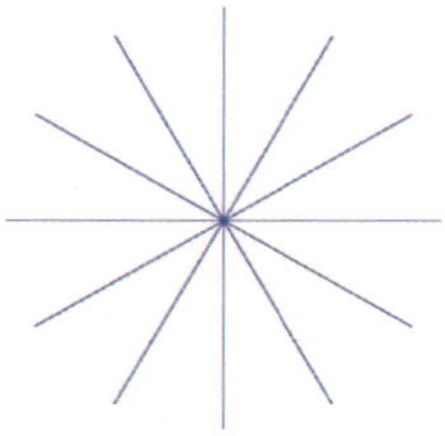

Certaines valeurs du script ont été effacées.

(1)

(2)

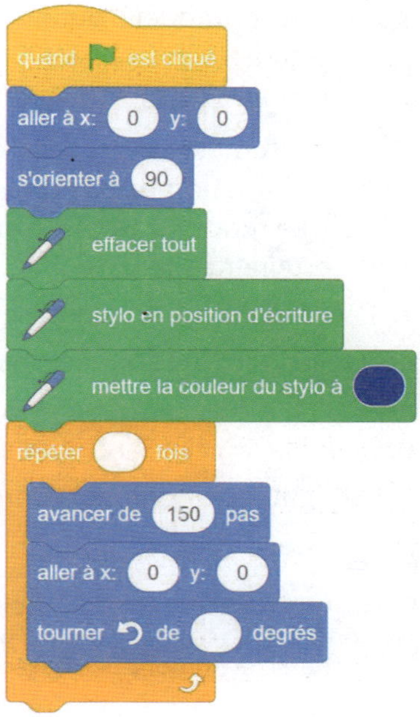

1 **a.** Quelle est la valeur manquante sur la ligne **(1)** du script ?

b. Les angles formés par deux rayons successifs ont la même mesure.
Pour l'obtenir, recopier et compléter : « 360° : ... = ... ».
En déduire la valeur manquante à la ligne **(2)**.

c. Ouvrir le logiciel Scratch et saisir le script complété.

d. L'exécuter et contrôler le tracé obtenu.

2 Pauline a complété son script et obtenu un nouveau tracé.

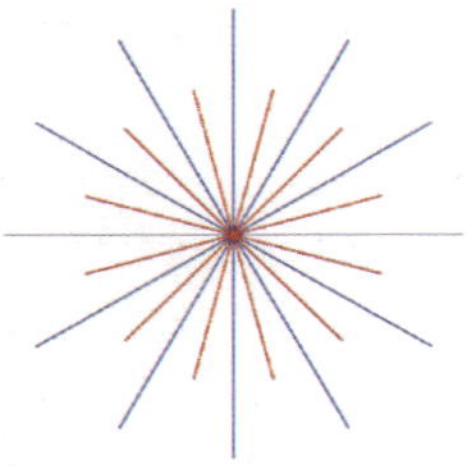

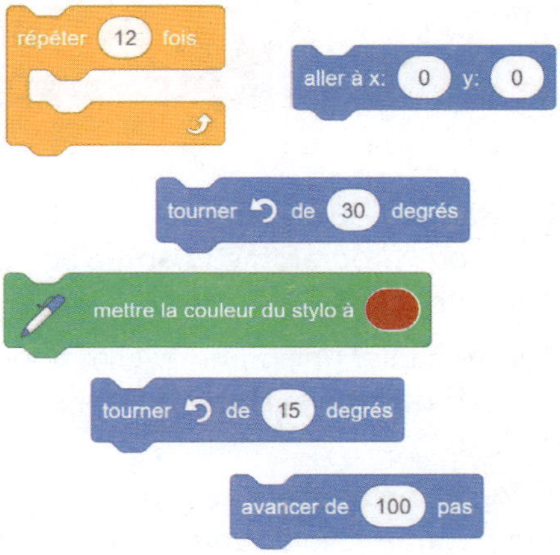

Voici dans le désordre les instructions qu'elle a utilisées.

a. Ordonner ces instructions et retrouver le script de Pauline.

b. Exécuter ce script et contrôler le tracé obtenu dans la scène.

Info

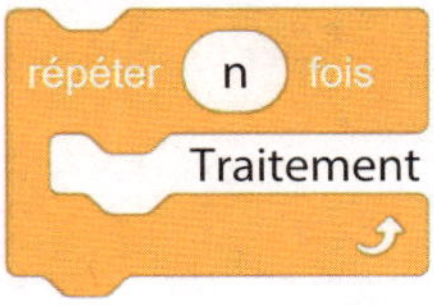

Le traitement est répété **n** fois, le nombre de passages dans la boucle est donc prévu à l'avance.

J'apprends à ...

Utiliser la boucle « répéter jusqu'à ce que... ». Faire appel à un sous-programme

ACTIVITÉ

5 Comprendre l'intérêt de l'instruction « répéter jusqu'à ce que... »

Le directeur d'une réserve marine a recensé 5 000 cétacés dans cette réserve le 1er janvier 2020. Une étude du milieu marin a conduit à élaborer un modèle selon lequel la réserve perd 10 % de son effectif chaque année.

1 D'après ce modèle, déterminer le nombre de cétacés de la réserve :
- le 1er janvier 2021 ;
- le 1er janvier 2022.

2 Le classement en « réserve marine » ne sera pas reconduit si le nombre de cétacés devient inférieur à 2 000. Le script Scratch ci-contre doit permettre de déterminer cette date.

a. Que représente chacune des variables **u** et **n** du script ?

b. Quelles sont les données manquantes aux lignes **(1)** et **(2)** ?

c. Ouvrir le logiciel Scratch et saisir le script complété.

d. L'exécuter et indiquer la date cherchée.

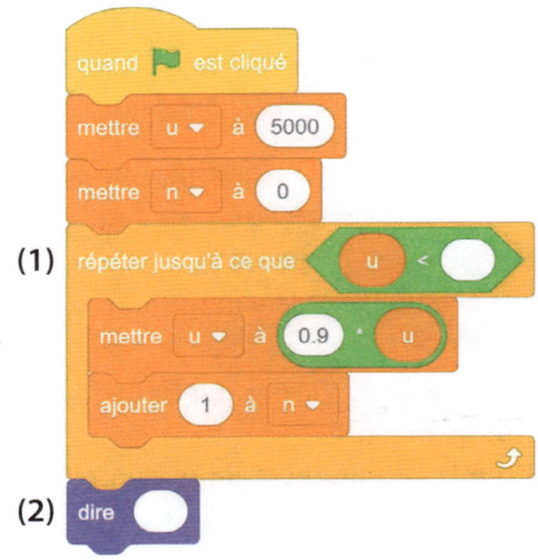

Info

Avec l'instruction « répéter jusqu'à ce que **Condition** », le traitement est répété jusqu'à ce que la condition soit vraie.
En général, le nombre de passages dans la boucle n'est pas prévu à l'avance.

ACTIVITÉ

6 Définir puis appeler un sous-programme

Louisa a réalisé un projet Scratch formé d'un sous-programme **Triangle** et d'un script principal.

1 Sur papier uni, prendre 4 cm pour 100 pas du lutin et tracer la figure obtenue :

a. lorsqu'on applique le sous-programme. Choisir un point de départ et une orientation du lutin pour le tracé ;

b. lorsqu'on applique le projet. Choisir un point pour centre de la scène.

2 **a.** Ouvrir le logiciel Scratch et saisir le projet de Louisa.

b. L'exécuter et contrôler le tracé obtenu à la question **1 b**.

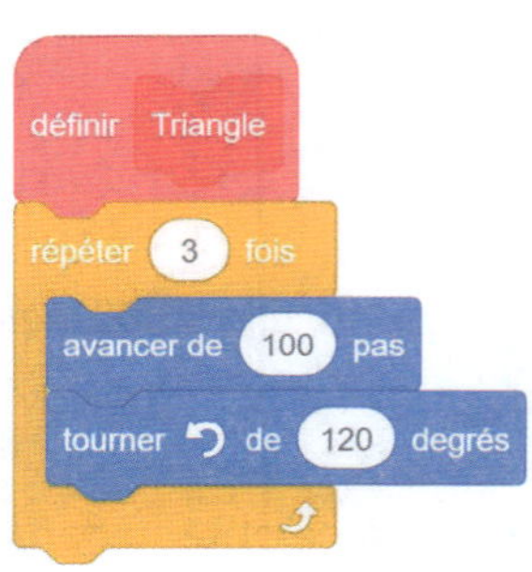

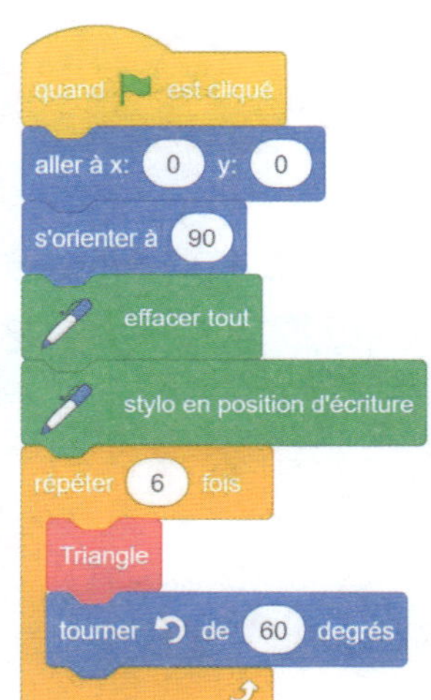

Info

Pour définir un sous-programme ou bloc :
Mes Blocs [Créer un bloc], puis on nomme le sous-programme : [Triangle].

1 Tracer une figure dans le repère Xy-grid

Voici une figure tracée dans le repère **Xy-grid** du logiciel Scratch.

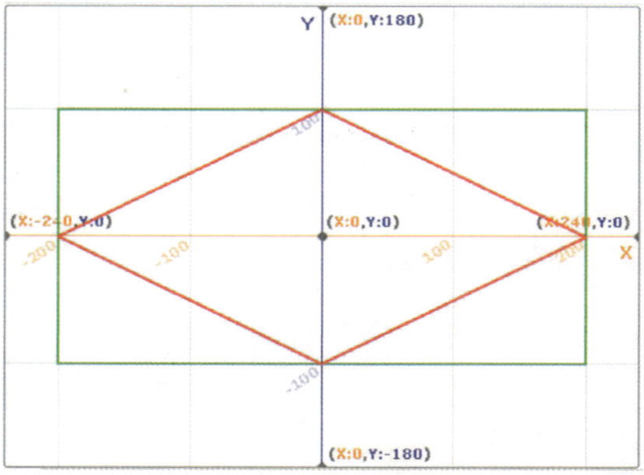

Le script qui a permis de l'obtenir est donné ci-dessous mais les dernières instructions sont dans le désordre.

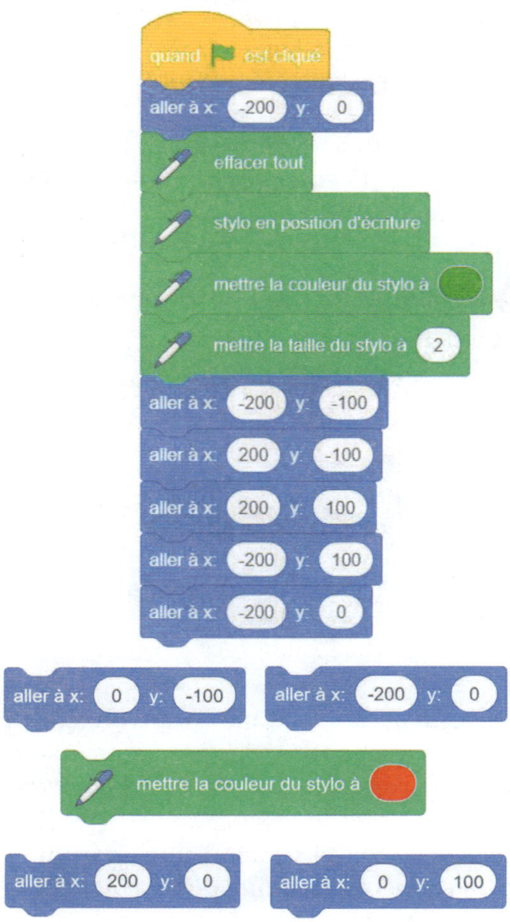

a. Ouvrir le logiciel Scratch, ordonner les dernières instructions du script et le saisir.
b. Exécuter le script et vérifier le tracé obtenu.

2 Suivre des variables

Voici un script écrit dans le langage Scratch.

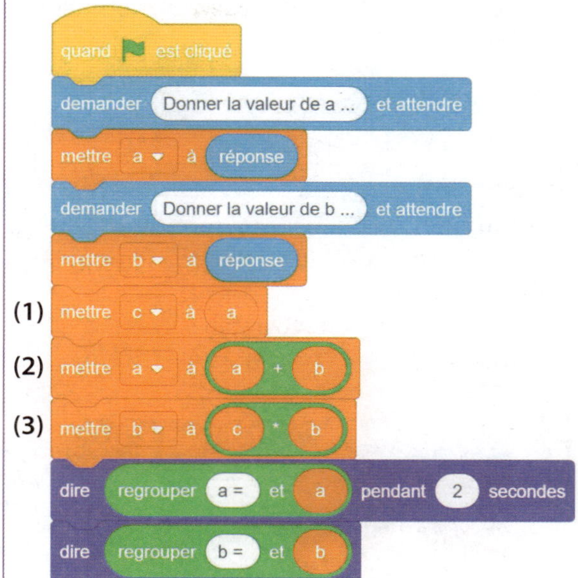

1. On l'exécute de façon débranchée dans un cas particulier.
a. Reproduire et compléter le tableau ci-dessous de suivi des variables du script.

		(1)	(2)	(3)
a	12	12		
b	9	9		
c		12		

b. Quelles sont les valeurs énoncées par le lutin à la fin du script ?
2. De façon plus générale, si on saisit le nombre u pour valeur de la variable **a** et le nombre v pour valeur de la variable **b**, quel est le contenu de chacune de ces variables à la fin du script ?

3 Écrire un programme de calcul

Voici un demi-disque de rayon r cm et d'aire A cm^2.

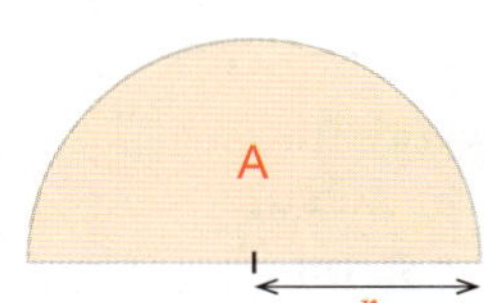

1. Exprimer A en fonction de r.
2. Ouvrir le logiciel Scratch.
a. Créer deux variables **r** et **A**.
b. Saisir un script qui demande la valeur de la variable **r** puis calcule et donne pour résultat la valeur de la variable **A**.
Prendre 3,14 pour valeur approchée du nombre π.

4 Comprendre puis exécuter un programme

Un club de cinéphiles propose deux formules d'adhésion annuelle.

	Abonnement	Prix d'un film téléchargé
Formule A	30 €	1,45 €
Formule B	20 €	1,75 €

Nassim souhaite connaître la formule la plus avantageuse suivant le nombre de films qu'il télécharge dans l'année.
Il met au point le script Scratch suivant :

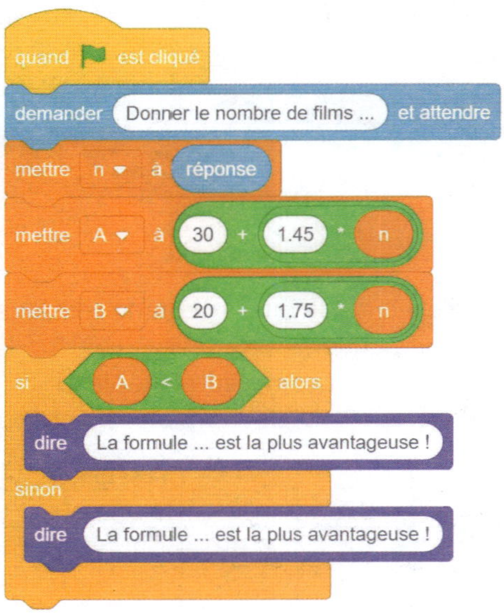

1. a. Expliquer les calculs réalisés aux lignes **(1)** et **(2)**.
b. Compléter les lignes **(3)** et **(4)** du script.
2. a. Ouvrir le logiciel Scratch et saisir le script complété.
b. Utiliser le script pour obtenir la réponse attendue par Nassim.

5 Exécuter une boucle « répéter ... fois »

Voici un script Scratch.
On exécute ce script de façon débranchée.
Quels sont les nombres énoncés par le lutin ?

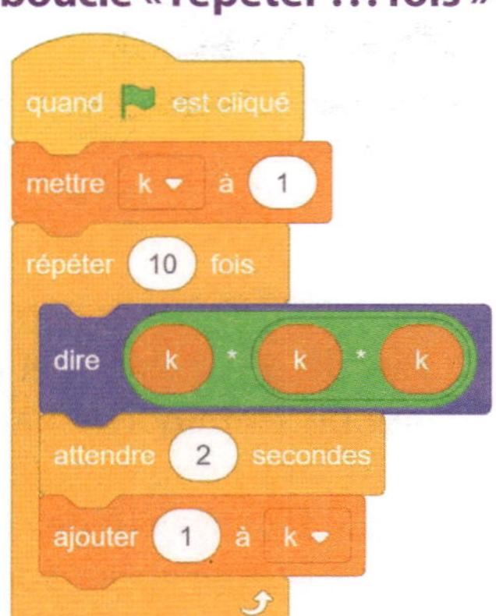

6 Exécuter une boucle « répéter jusqu'à ce que ... »

Lucie court sur un circuit de longueur 1,86 km.
Adepte de programmation, elle a réalisé le script Scratch ci-dessous.

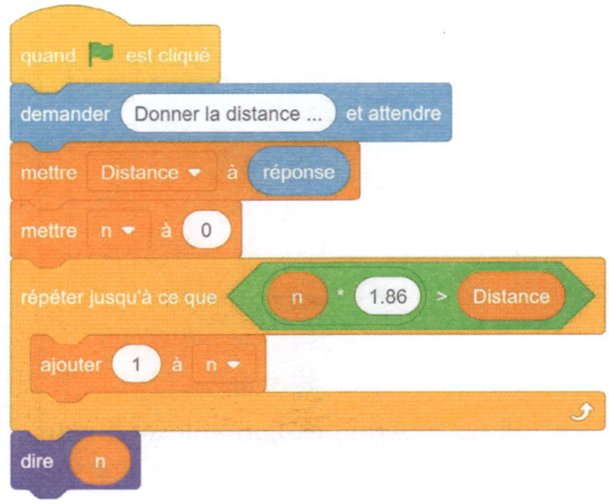

a. On exécute le script de façon débranchée avec **Distance** = 10 km.
Quel résultat le lutin énonce-t-il ?
Interpréter ce résultat.
b. Ouvrir le logiciel Scratch, saisir et tester le script avec différentes valeurs de la variable **Distance**.
c. Expliquer le rôle du script de Lucie.

7 Appliquer un sous-programme

a. Voici un sous-programme **Motif**.

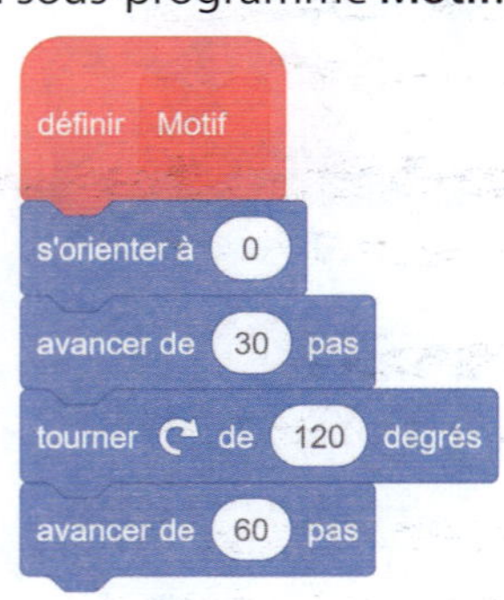

Tracer sur papier uni le motif que l'on obtient lorsqu'on applique ce sous-programme.
Choisir un point de départ du tracé et prendre 1 cm pour 10 pas.
b. Ouvrir le logiciel Scratch, écrire un script qui fait appel au sous-programme **Motif** et trace la frise ci-dessous.

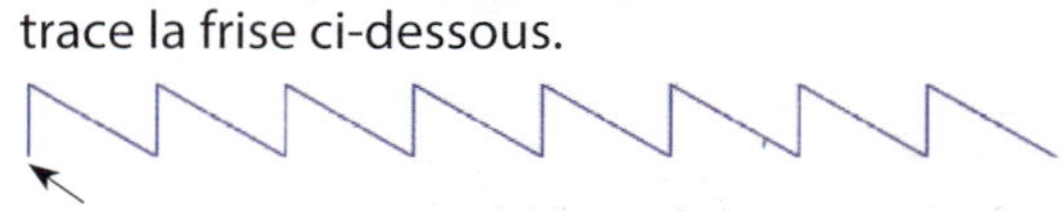

(–210 ; 0)

ÉDITION 2022

Conforme aux **REPÈRES ANNUELS** de progression

5e
CYCLE 4

trans math

Sous la direction de Joël Malaval

Véronique Carlod
Académie de Clermont-Ferrand (63)

Bernard Chrétien
Académie de Lille (59)

Pierre-Antoine Desrousseaux
Académie de Montpellier (34)

Marion Girin
Académie de Paris (75)

Damien Jacquemoud
Académie de Grenoble (74)

Anne Jorioz
Académie de Grenoble (73)

Jean-Marc Lécole
Académie de Clermont-Ferrand (03)

Annie Plantiveau
Académie de Nantes (44)

Frédéric Puigredo
Académie de Nice (83)

Mickaël Védrine
Académie de Strasbourg (67)

Nathan

Sommaire

Nombres et calculs

© Nathan 2022 - 92 avenue de France - 75013 Paris - ISBN : 978-209-171885-9

Sommaire

Organisation et gestion de données, fonctions

Sommaire

Grandeurs et mesures

Espace et géométrie

Sommaire

Les ressources numériques du manuel

Dans chaque chapitre :

→ **VIDÉOS de cours** — **CORRIGÉS en vidéo** — **QCM supplémentaires**

→ **Tous les fichiers sources :** Scratch, GeoGebra, tableur.

Pour accéder aux ressources numériques

▶ Scanner…

Nathan Live !

QR Codes

▶ Rendez-vous sur…

Site Compagnon
collegien.nathan.fr

Mini-liens
college.nathan.fr/tm5016
n° de la page du manuel

RÉVISE OÙ TU VEUX, QUAND TU VEUX

L'appli Nathan live, c'est un environnement **sécurisé** pour accéder gratuitement **sans inscription**, sans publicité et d'un **simple scan** aux **centaines de contenus numériques** de ton manuel.

L'appli garde en mémoire les ressources déjà scannées, te permettant ainsi de les consulter n'importe où et n'importe quand, même sans ton manuel.

1 Télécharge l'appli gratuitement

DISPONIBLE SUR Google Play — Disponible sur App Store

2 Lance l'appli et scanne les pages de ton manuel pour faire apparaître les ressources (audio, vidéo, exercices interactifs, liens...)

+ D'INFOS ET TUTOS

sur nathan.fr/nathan-live ou en scannant cette page avec Nathan live

Proposition de progression

Nous proposons ci-dessous un exemple de progression organisée par chapitre pour l'année de 5e.

Ordre dans l'année	Titre du chapitre dans le manuel	Numéro du chapitre du manuel	Domaine
1	Utiliser les nombres décimaux	1	Nombres et calculs
2	Utiliser les triangles	15	Espace et géométrie
3	Calculer avec les nombres décimaux	2	Nombres et calculs
4	Traiter des données statistiques	9	Organisation et gestion de données, fonctions
5	Utiliser une symétrie	16	Espace et géométrie
6	Utiliser le calcul littéral	3	Nombres et calculs
7	Utiliser les fractions	4	Nombres et calculs
8	Calculer des longueurs et des aires	12	Grandeurs et mesures
9	Utiliser les angles	17	Espace et géométrie
10	Calculer avec des fractions	5	Nombres et calculs
11	Étudier des situations de proportionnalité	11	Organisation et gestion de données, fonctions
12	Utiliser la divisibilité et les nombres premiers	8	Nombres et calculs
13	Découvrir les nombres décimaux relatifs	6	Nombres et calculs
14	Représenter l'espace	14	Espace et géométrie
15	Calculer des volumes	13	Grandeurs et mesures
16	Additionner, soustraire les nombres relatifs	7	Nombres et calculs
17	Connaître le parallélogramme	18	Espace et géométrie
18	S'initier aux probabilités	10	Organisation et gestion de données, fonctions

Découvrir le manuel

SCRATCH

En début de manuel : un cahier spécial Scratch pour prendre en main le logiciel et s'exercer

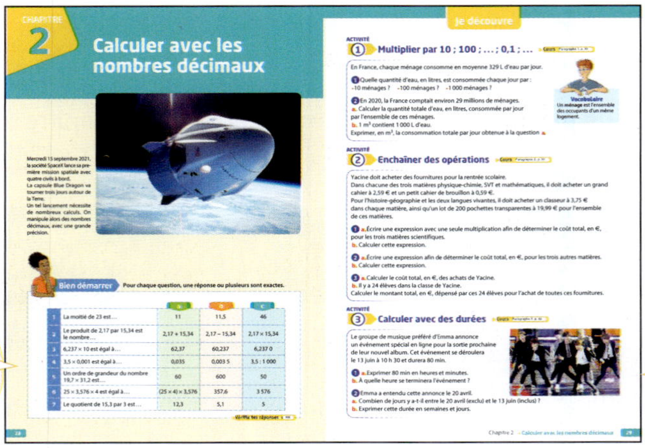

Bien démarrer
Un **QCM** pour vérifier les acquis

Je découvre
Des **activités** courtes pour motiver l'introduction du cours

Des **vidéos** de soutien

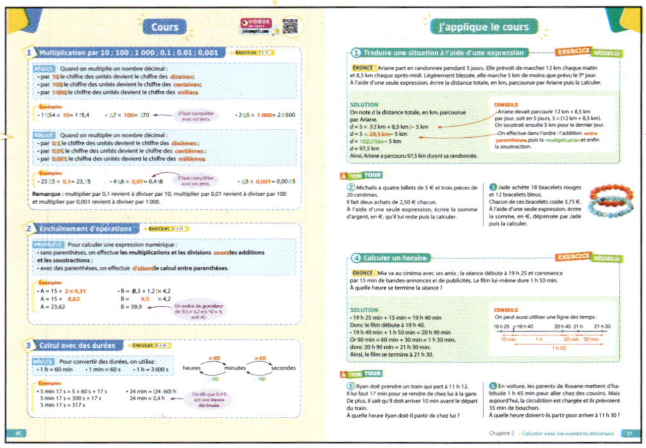

Cours
Les **notions essentielles, expliquées** de façon claire et synthétique

J'applique le cours
Deux **exercices résolus** et d'autres sur le **même modèle,** corrigés en fin de manuel

Je travaille mes automatismes

Je m'entraîne

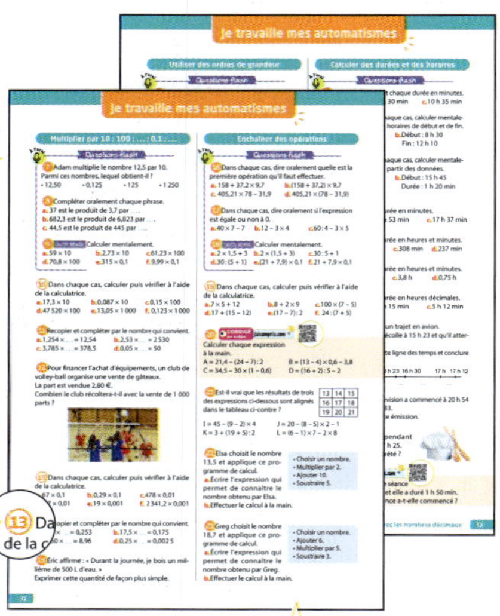

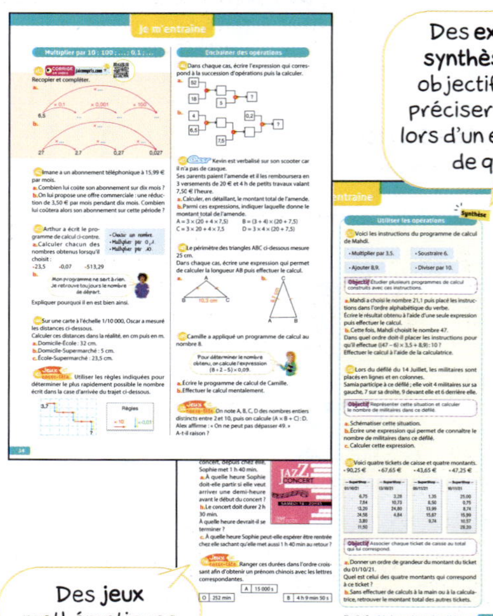

Des **questions flash** pour le travail **à l'oral** et la pratique du **calcul mental**

Pastille cerclée : l'exercice est corrigé en fin de manuel

Des exercices corrigés en vidéo

Des **jeux** mathématiques

Des **exercices de synthèse** avec des objectifs fixés pour préciser la recherche lors d'un enchaînement de questions

Découvrir le manuel

Parcours différenciés

Un **QCM** pour s'**auto-évaluer**

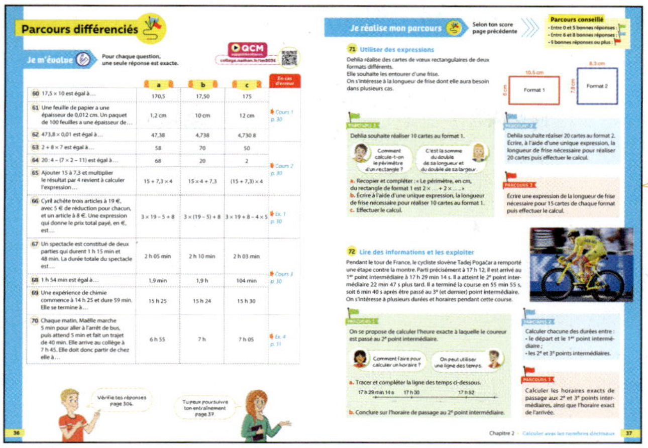

Des **exercices**, traitant chacun un même **savoir-faire**, proposés à travers **3 parcours progressifs**

Je m'entraîne avec ...

... **Scratch**, le **tableur**, **GeoGebra** ou la **calculatrice** : exercices **Algo** et **TICE**

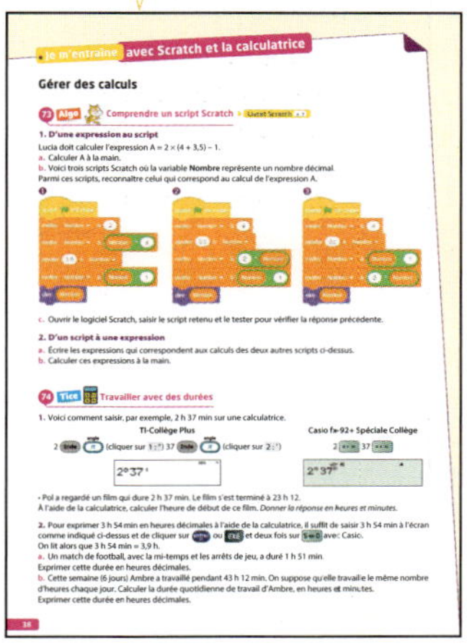

J'utilise mes compétences

Pour s'initier au **raisonnement** et apprendre à l'**organiser**

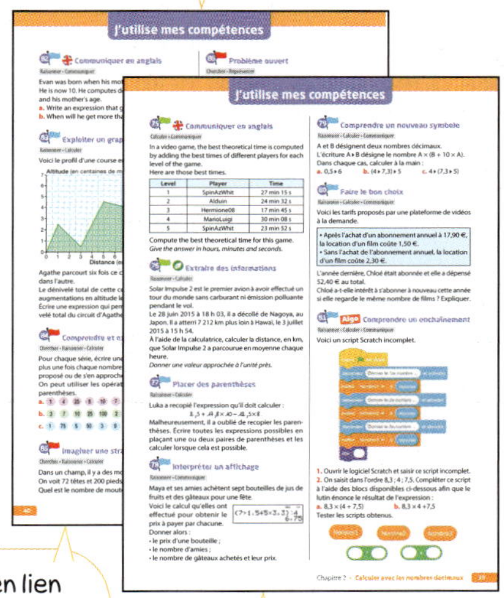

Je prends des initiatives

TÂCHES COMPLEXES

Pour **analyser** des documents et s'entraîner aux **tâches complexes**

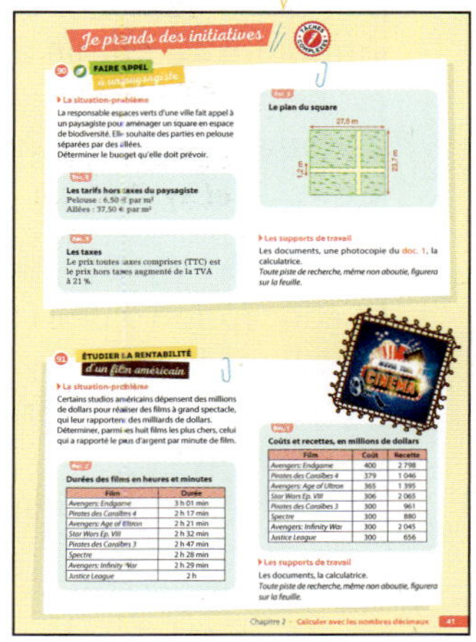

Des exercices en lien avec le **développement durable**

Trois drapeaux pour indiquer le niveau des problèmes

Des **projets Scratch** en fin de chaque partie

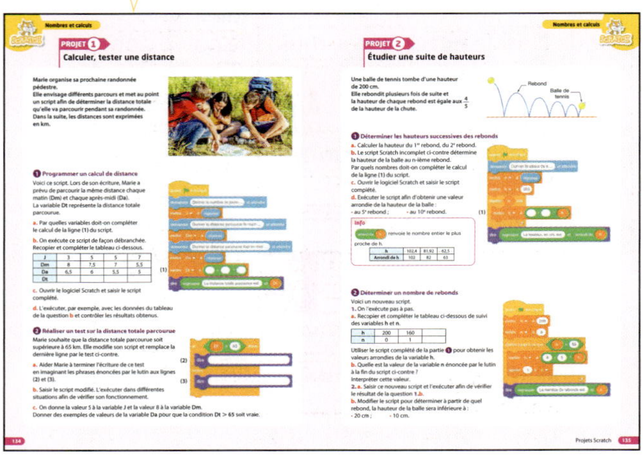

En fin de manuel

Des **tâches complexes transversales** et des projets **d'EPI**

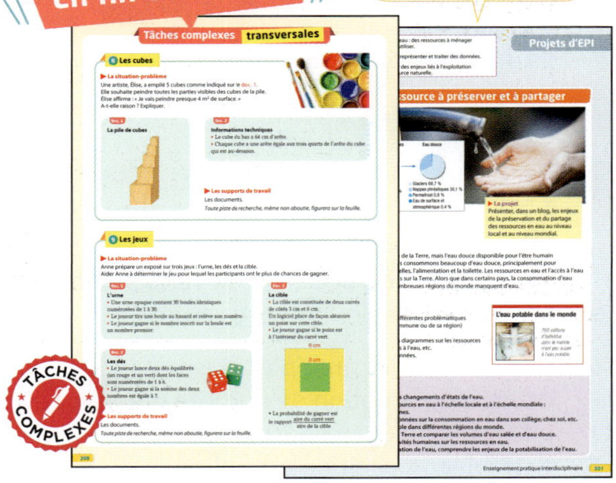

Le programme

Attendus de fin de cycle 4 et repères annuels de progression en classe de 5^e^

D'après le BO n° 22 du 29 mai 2019 (Annexes 14 et 26) et le BO n° 31 du 30 juillet 2020

Nombres et calculs

Attendus de fin de cycle
- Utiliser les nombres pour comparer, calculer et résoudre des problèmes.
- Comprendre et utiliser les notions de divisibilité et de nombres premiers.
- Utiliser le calcul littéral.

Nombres décimaux relatifs

Le travail mené au cycle 3 sur l'enchaînement des opérations, les comparaisons et le repérage sur une droite graduée de nombres décimaux positifs est poursuivi. Les nombres relatifs (d'abord entiers, puis décimaux) sont construits pour rendre possibles toutes les soustractions. La notion d'opposé est introduite, l'addition et la soustraction sont étendues aux nombres décimaux (positifs ou négatifs). Il est possible de mettre en évidence que soustraire un nombre revient à additionner son opposé, en s'appuyant sur des exemples à valeur générique du type :

$3,1 - (-2) = 3,1 + 0 - (-2) = 3,1 + 2 + (-2) - (-2)$, donc $3,1 - (-2) = 3,1 + 2 + 0 = 3,1 + 2 = 5,1$.

Fractions, nombres rationnels

La conception d'une fraction en tant que nombre, déjà abordée en sixième, est consolidée. Les élèves sont amenés à reconnaître et à produire des fractions égales (sans privilégier de méthode en particulier), à comparer, additionner et soustraire des fractions dont les dénominateurs sont égaux ou multiples l'un de l'autre.

Au moins une des propriétés suivantes est démontrée, à partir de la définition d'un quotient :

- $\frac{ab}{ac} = \frac{b}{c}$
- $a\frac{b}{c} = \frac{ab}{c}$
- $\frac{a}{c} + \frac{b}{c} = \frac{a+b}{c}$
- $\frac{a}{c} - \frac{b}{c} = \frac{a-b}{c}$

Il est possible, à ce niveau, de se limiter à des exemples à valeur générique. Cependant, le professeur veille à spécifier que la vérification d'une propriété, même sur plusieurs exemples, n'en constitue pas une démonstration.

Exemple de calcul fractionnaire permettant de démontrer que $\frac{2}{3} = \frac{10}{15}$.

On commence par calculer $\frac{2}{3} \times 15$:

$\frac{2}{3} \times 15 = \frac{2}{3} \times 3 \times 5$.

La définition du quotient permet de simplifier par 3, puisque $\frac{2}{3}$ est le nombre qui, multiplié par 3, donne 2.

Donc $\frac{2}{3} \times 15 = 2 \times 5 = 10$.

Par définition du quotient, il vient donc $\frac{2}{3} = \frac{10}{15}$, puisque $\frac{2}{3}$ multiplié par 15 donne 10.

Divisibilité, nombres premiers

Tout au long du cycle, les élèves sont amenés à modéliser et résoudre des problèmes mettant en jeu la divisibilité et les nombres premiers.

Le travail sur les multiples et les diviseurs, déjà abordé au cycle 3, est poursuivi. Il est enrichi par l'introduction de la notion de nombre premier. Les élèves se familiarisent avec la liste des nombres premiers inférieurs ou égaux à 30. Ceux-ci sont utilisés pour la décomposition en produit de facteurs premiers. Cette décomposition est utilisée pour reconnaître et produire des fractions égales.

Calcul littéral

Expressions littérales

Les expressions littérales sont introduites à travers des formules mettant en jeu des grandeurs ou traduisant des programmes de calcul. L'usage de la lettre permet d'exprimer un résultat général (par exemple qu'un entier naturel est pair ou impair) ou de démontrer une propriété générale (par exemple que la somme de trois entiers consécutifs est un multiple de 3). Les notations du calcul littéral (par exemple $2a$ pour $a \times 2$ ou $2 \times a$, ab pour $a \times b$) sont progressivement utilisées, en lien avec les propriétés de la multiplication.

Les élèves substituent une valeur numérique à une lettre pour calculer la valeur d'une expression littérale.

Distributivité

Tôt dans l'année, sans attendre la maîtrise des opérations sur des nombres relatifs, la propriété de distributivité simple est utilisée pour réduire une expression littérale de la forme $ax + bx$, où a et b sont des nombres décimaux.

Le lien est fait avec des procédures de calcul numérique déjà rencontrées au cycle 3 (calculs du type 12×50 ; 37×99 ; $3 \times 23 + 7 \times 23$).

Équations

Les élèves sont amenés à tester si une égalité où figure une lettre est vraie lorsqu'on lui attribue une valeur numérique.

Les élèves testent des égalités par essais erreurs, à la main ou à l'aide d'une calculatrice ou d'un tableur, des valeurs numériques dans des expressions littérales, ce qui constitue une première approche de la notion de solution d'une équation, sans formalisation à ce stade.

Organisation et gestion de données, fonctions

Attendus de fin de cycle
- Interpréter, représenter et traiter des données.
- Comprendre et utiliser des notions élémentaires de probabilités.
- Résoudre des problèmes de proportionnalité.
- Comprendre et utiliser la notion de fonction.

Statistiques

Le traitement de données statistiques se prête à des calculs d'effectifs, de fréquences et de moyennes. Selon les situations, la représentation de données statistiques sous forme de tableaux, de diagrammes ou de graphiques est réalisée à la main ou à l'aide d'un tableur-grapheur. Les calculs et les représentations donnent lieu à des interprétations.

Probabilités

Les élèves appréhendent le hasard à travers des expériences concrètes : pile ou face, dé, roue de loterie, urne…

Le vocabulaire relatif aux probabilités (expérience aléatoire, issue, événement, probabilité) est utilisé. Le placement d'un événement sur une échelle de probabilités et la détermination de probabilités dans des situations très simples d'équiprobabilité contribuent à une familiarisation avec la modélisation mathématique du hasard.

Pour exprimer une probabilité, on accepte des formulations du type « 2 chances sur 5 ».

Proportionnalité

Les élèves sont confrontés à des situations relevant ou non de la proportionnalité. Des procédures variées (linéarité, passage par l'unité, coefficient de proportionnalité), déjà étudiées au cycle 3, permettent de résoudre des problèmes relevant de la proportionnalité.

Fonctions

La dépendance de deux grandeurs est traduite par un tableau de valeurs ou une formule.

Grandeurs et mesures

Attendus de fin de cycle
- Calculer avec des grandeurs mesurables ; exprimer les résultats dans les unités adaptées.
- Comprendre l'effet de quelques transformations sur les figures géométriques.

Calculs sur des grandeurs mesurables
La connaissance des formules donnant les aires du rectangle, du triangle et du disque, ainsi que le volume du pavé droit est entretenue à travers la résolution de problèmes. Elle est enrichie par celles de l'aire du parallélogramme, du volume du prisme et du cylindre. La correspondance entre unités de volume et de contenance est faite. Les calculs portent aussi sur des durées et des horaires, en prenant appui sur des contextes issus d'autres disciplines ou de la vie quotidienne.

Les élèves sont sensibilisés au contrôle de la cohérence des résultats du point de vue des unités.

Effet des transformations sur des grandeurs géométriques
Les élèves connaissent et utilisent l'effet des symétries axiale et centrale sur les longueurs, les aires, les angles.

Espace et géométrie

Attendus de fin de cycle
- Représenter l'espace.
- Utiliser les notions de géométrie plane pour démontrer.

Représenter l'espace
Le repérage se fait sur une droite graduée ou dans le plan muni d'un repère orthogonal.

Dans la continuité de ce qui a été travaillé au cycle 3, la reconnaissance de solides (pavé droit, cube, cylindre, pyramide, cône, boule) s'effectue à partir d'un objet réel, d'une image, d'une représentation en perspective cavalière ou sur un logiciel de géométrie dynamique.

Les élèves construisent et mettent en relation une représentation en perspective cavalière et un patron d'un pavé droit ou d'un cylindre.

Géométrie plane
Figures et configurations

La caractérisation angulaire du parallélisme (angles alternes-internes et angles correspondants) est énoncée. La valeur de la somme des angles d'un triangle peut être démontrée et est utilisée. L'inégalité triangulaire est énoncée. Le lien est fait entre l'inégalité triangulaire et la construction d'un triangle à partir de la donnée de trois longueurs. Des constructions de triangles à partir de la mesure d'une longueur et de deux angles ou d'un angle et de deux longueurs sont proposées.

Le parallélogramme est défini à partir de l'une de ses propriétés : parallélisme des couples de côtés opposés ou intersection des diagonales. L'autre propriété est démontrée et devient une propriété caractéristique. Il est alors montré que les côtés opposés d'un parallélogramme sont deux à deux de même longueur grâce aux propriétés de la symétrie.

Les propriétés relatives aux côtés et aux diagonales d'un parallélogramme sont mises en œuvre pour effectuer des constructions et mener des raisonnements.

Les élèves consolident le travail sur les codages de figures : interprétation d'une figure codée ou réalisation d'un codage.

Les élèves découvrent de nouvelles droites remarquables du triangle : les hauteurs. Ils poursuivent le travail engagé au cycle 3 sur la médiatrice dans le cadre de résolution de problèmes. Ils peuvent par exemple être amenés à démontrer que les médiatrices d'un triangle sont concourantes.

Transformations

Les élèves transforment (à la main ou à l'aide d'un logiciel) une figure par symétrie centrale. Cela permet de découvrir les propriétés de la symétrie centrale (conservation de l'alignement, du parallélisme, des longueurs, des angles) qui sont ensuite admises et utilisées. Le lien est fait entre la symétrie centrale et le parallélogramme. Les élèves identifient des symétries axiales ou centrales dans des frises, des pavages, des rosaces.

Algorithmique et programmation

Attendus de fin de cycle
- Écrire, mettre au point et exécuter un programme simple.

Écrire, mettre au point, exécuter un programme

Les repères qui suivent indiquent une progressivité dans le niveau de complexité des activités relevant de ce thème. Certains élèves sont capables de réaliser des activités de troisième niveau dès le début du cycle.

1er niveau

À un premier niveau, les élèves mettent en ordre et/ou complètent des blocs Scratch fournis par le professeur pour construire un programme simple.

L'utilisation progressive des instructions conditionnelles et/ou de la boucle « répéter … fois » permet d'écrire des scripts de déplacement, de construction géométrique ou de programme de calcul.

2e niveau

À un deuxième niveau, les connaissances et les compétences en algorithmique et en programmation s'élargissent par :
- l'écriture d'une séquence d'instructions (condition « si … alors » et boucle « répéter … fois ») ;
- l'écriture de programmes déclenchés par des événements extérieurs ;
- l'intégration d'une variable dans un programme de déplacement, de construction géométrique, de calcul ou de simulation d'une expérience aléatoire.

3e niveau

À un troisième niveau, l'utilisation simultanée de boucles « répéter … fois », et « répéter jusqu'à … » et d'instructions conditionnelles permet de réaliser des figures, des calculs et des déplacements plus complexes. L'écriture de plusieurs scripts fonctionnant en parallèle permet de gérer les interactions et de créer des jeux. La décomposition d'un problème en sous-problèmes et la traduction d'un sous-problème par la création d'un bloc utilisateur contribuent au développement des compétences visées.

Éducation au développement durable

Ajout apporté au programme de mathématiques en application afin de renforcer les enseignements relatifs au changement climatique, à la biodiversité et au développement durable (BO n° 31 du 30 juillet 2020)

Les problématiques liées au développement durable, au changement climatique et à la biodiversité doivent figurer au cœur des préoccupations. Dans ce contexte, les outils de descriptions (ordre de grandeur, échelles, représentation graphique, volume, proportion…) et les applications ou exemples de contextualisation proposés aux élèves permettent de mener une réflexion sur ces problématiques.

Cette contextualisation est propice à l'utilisation d'outils de modélisation et de prévision. À titre d'exemple on peut citer :
- les outils statistiques de calcul (notamment de moyennes de mesures) et de représentations graphiques (diagrammes en barres ou circulaires, histogrammes, etc.) des données climatiques ou énergétiques ;
- les fonctions pour modéliser les évolutions temporelles de grandeurs (température, niveau des océans, consommation électrique, etc.) ;
- les formules littérales pour traduire les relations entre des grandeurs climatiques ou énergétiques (puissance de sortie d'une éolienne, évolution de concentration en gaz carbonique, etc.).

Les situations choisies doivent autant que possible s'appuyer sur des données réelles.

CHAPITRE 1

Utiliser les nombres décimaux

Le 21 août 2021, à Nairobi (Kenya), le français Sasha Zhoya est devenu champion du monde junior du 110 m haies en battant son record du monde en 12,72 s, soit 12 secondes et 72 centièmes de seconde.
Cette durée s'écrit aussi :
$12\text{ s} + \frac{72}{100}\text{ s}$.

Bien démarrer

Pour chaque question, une réponse ou plusieurs sont exactes.

		a	b	c
1	Un nombre dont le chiffre des dixièmes est 7 est, par exemple…	372,8	536,74	536,47
2	Le nombre 6,004 peut se lire…	6 unités et 4 centièmes	6 unités et 4 millièmes	6 004 millièmes
3	Une autre écriture du nombre 84,3 est…	$\frac{843}{10}$	$\frac{843}{100}$	$84 + \frac{3}{10}$
4	Sur cette demi-droite graduée le point A est repéré par le nombre… 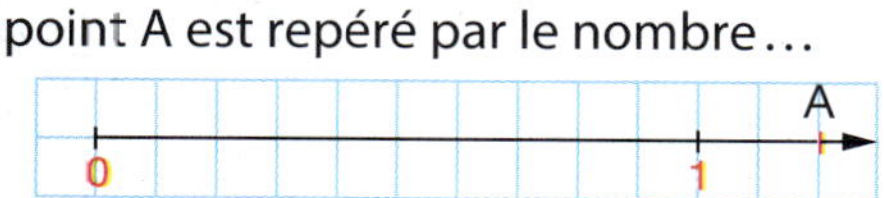	1,2	$1 + \frac{2}{10}$	$\frac{12}{10}$
5	Il est exact que…	$7{,}28 < 7{,}3$	$9{,}6 < 9{,}60$	$8{,}71 > 8{,}593$

Vérifie tes réponses p. 306

ACTIVITÉ 1 Relier nombres décimaux et fractions décimales

Cours Paragraphe 1, p. 16

La température moyenne à Toulouse entre 1878 et 1980 est estimée à 13,26 °C.

a. Pour le nombre 13,26, que représente le chiffre 2 ? le chiffre 6 ?

b. Recopier et compléter : • $13{,}26 = 13 + \dfrac{2}{\dots} + \dfrac{6}{\dots}$ • $13{,}26 = \dfrac{\dots}{100}$

c. Sur la période 1980-2010 la température moyenne à Toulouse a augmenté de 5 dixièmes.
Quelle était la température moyenne à Toulouse sur cette période ?

d. Sur la période 2010-2020 cette température moyenne a encore augmenté de 91 centièmes.
Quelle était la température moyenne à Toulouse sur la période 2010-2020 ?

ACTIVITÉ 2 Se repérer sur une demi-droite graduée

Cours Paragraphe 2, p. 16

a. Le 1er août 2021, l'Italien Lamont Jacobs a remporté l'épreuve du 100 m des Jeux olympiques de Tokyo, en 9,8 s.
Lire, sur la graduation ci-dessous, les temps des coureurs arrivés 2e, 3e et 4e lors de cette finale :

- Fred Kerley (point K)
- Andre De Grasse (point D)
- Akani Simbine (point S)

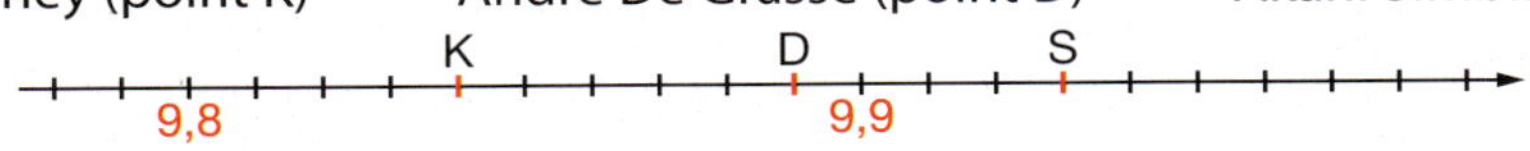

b. Voici la vitesse, en m/s, du détenteur du record du monde, Usain Bolt, lors de trois finales du 100 m :

- Pékin (2008) : 10,32
- Berlin (2009) : 10,44
- Londres (2012) : 10,38

Tracer la graduation ci-dessous et placer ces trois vitesses.

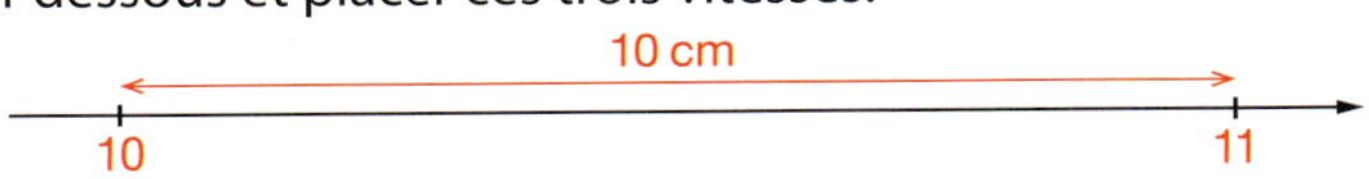

ACTIVITÉ 3 Comparer des nombres décimaux

Cours Paragraphe 3, p. 16

Le micromètre (symbole : µm) est une unité de longueur qui vaut un millième de mm.

1 Voici les diamètres de cinq virus.

- Grippe : 0,09 µm
- VIH : 0,105 µm
- Mimivirus : 0,4 µm
- Fièvre jaune : 0,045 µm
- Oreillons : 0,18 µm

a. Quel est le plus petit de ces diamètres ? le plus grand ?

b. Ranger ces diamètres dans l'ordre croissant.

2 Le diamètre d'un coronavirus, mesuré par une biologiste, est compris entre 0,08 µm et 0,09 µm.

a. Donner deux valeurs possibles de ce diamètre.

b. En utilisant un autre microscope, cette biologiste a établi que le diamètre de ce coronavirus est compris entre 0,080 µm et 0,081 µm.
Donner deux nouvelles valeurs possibles de ce diamètre.

Cours

VIDÉOS de cours jaicompris.com

1 Nombres décimaux et fractions décimales

▶ Exercices 8 à 26

DÉFINITION Un **nombre décimal** est un nombre qui peut s'écrire à l'aide d'une fraction décimale ou d'une écriture décimale.

Un nombre décimal admet différentes écritures.

Exemples

- $7,430\,5 = 7 + \frac{4}{10} + \frac{3}{100} + \frac{0}{1\,000} + \frac{5}{10\,000}$ ← Pour ce nombre : **7** est le chiffre des **unités**, **4** le chiffre des **dixièmes**, **3** celui des **centièmes**, **0** celui des **millièmes**, **5** celui des **dix-millièmes**.
- $7,430\,5 = 7 + \frac{4\,305}{10\,000}$ ← 7,430 5 c'est aussi 7 unités et 4 305 dix-millièmes.
- $7,430\,5 = \frac{74\,305}{10\,000}$ ← 7,430 5 c'est aussi 74 305 dix-millièmes.

PROPRIÉTÉ Un nombre décimal est la somme d'un nombre entier (la **partie entière**) et d'un nombre inférieur à 1 (la **partie décimale**).

Exemple

57,43 = **57** + **0,43** donc **57** est la partie entière et **0,43** la partie décimale de 57,43.

2 Demi-droite graduée

▶ Exercices 27 à 32

PROPRIÉTÉ Sur une demi-droite graduée :
- chaque point est repéré par un nombre appelé **abscisse** de ce point ;
- à chaque nombre correspond un point.

Exemple

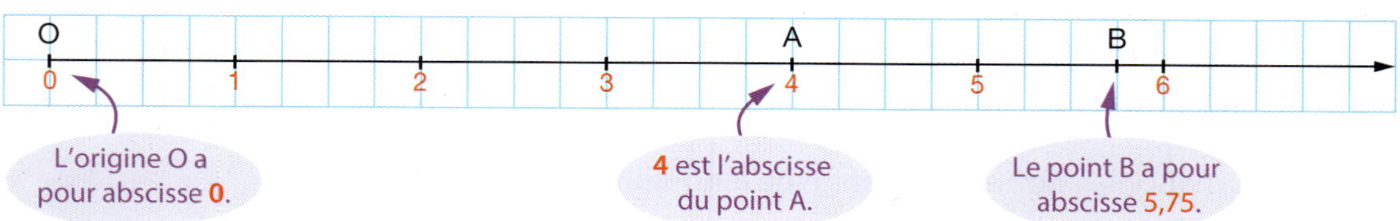

3 Comparer des nombres décimaux

▶ Exercices 33 à 42

RÈGLE Pour comparer deux nombres décimaux :
- on compare leurs parties entières,
- si elles sont les mêmes, on compare leurs chiffres des dixièmes,
- s'ils sont les mêmes, on compare leurs chiffres des centièmes,
- et ainsi de suite.

Exemples

$6,35 < 8,2$	En effet, $6 < 8$.
$6,35 < 6,7$	En effet, $3 < 7$.
$6,350 < 6,389$	En effet, $5 < 8$.
$6,350 < 6,352\,6$	En effet, $0 < 2$.

J'applique le cours

1 Se repérer sur une demi-droite graduée

EXERCICE RÉSOLU

ÉNONCÉ Indiquer l'abscisse de chacun des points A, B et C sur la demi-droite graduée ci-contre.

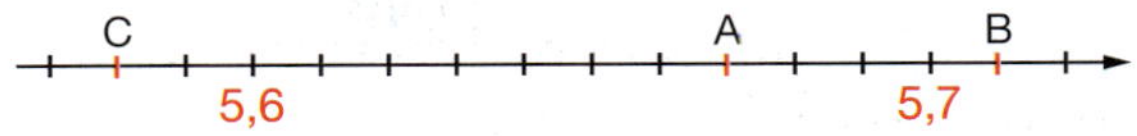

SOLUTION

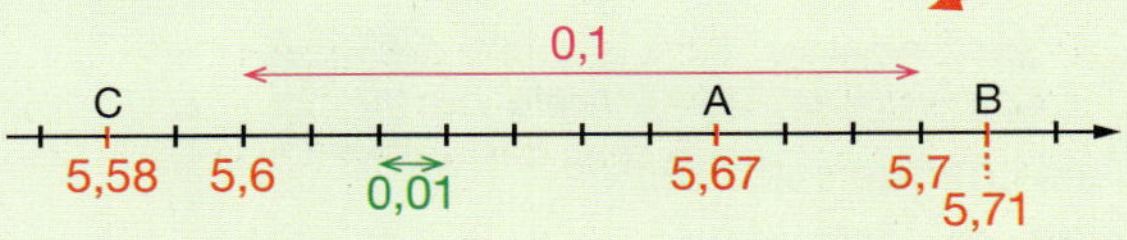

L'abscisse du point A est 5,67.
L'abscisse du point B est 5,71.
L'abscisse du point C est 5,58.

CONSEILS

- L'écart entre 5,6 et 5,7 est d'**un dixième**. En effet, 5,7 – 5,6 = 0,1. Ce dixième est partagé en 10, donc l'écart entre deux graduations est d'**un centième** (0,01).
- L'abscisse du point B est 5,7 + 0,01, soit 5,70 + 0,01, c'est-à-dire 5,71.

À TON TOUR

2 Indiquer l'abscisse de chacun des points D, E et F sur la demi-droite graduée ci-dessous.

3 Indiquer l'abscisse de chacun des points G, H et I sur la demi-droite graduée ci-dessous.

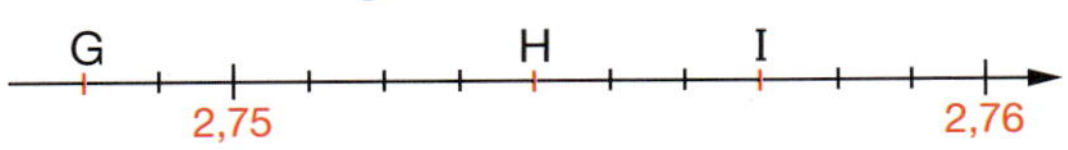

4 Dans chaque cas, donner, dans l'unité indiquée, la quantité d'eau contenue dans le récipient.

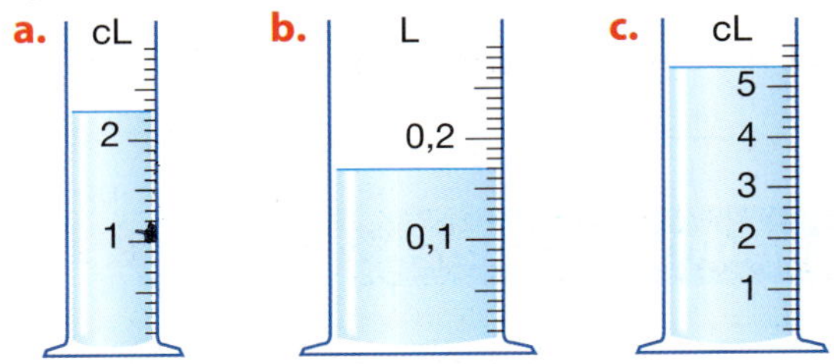

5 Comparer des nombres décimaux

EXERCICE RÉSOLU

ÉNONCÉ Voici les vitesses, en km/h, de certains animaux.

- Hérisson : 0,18
- Escargot : 0,06
- Étoile de mer : 0,008 4
- Tortue : 0,25
- Lombric : 0,009

Ranger ces vitesses dans l'ordre croissant.

SOLUTION

- Tous ces nombres ont pour chiffre des unités 0.
- Les nombres qui ont 0 pour chiffre des dixièmes sont 0,06 ; 0,008 4 et 0,009. De plus 0,008 4 < 0,009 < 0,06.
- Pour les nombres restants on compare les chiffres des dixièmes : 1 < 2 donc 0,18 < 0,25.
- Conclusion : 0,008 4 < 0,009 < 0,06 < 0,18 < 0,25.

CONSEILS

- Pour 0,0084 et 0,009 on compare leurs chiffres des millièmes : 8 < 9.
- Pour 0,009 et 0,06 on compare leurs chiffres des centièmes : 0 < 6.

À TON TOUR

6 Des élèves ont obtenu différentes valeurs approchées d'un résultat d'un calcul. Voici leurs résultats :

- Ali : 3,14
- Ben : 3,2
- Chloé : 3,141 5
- Dan : 3,142
- Ella : 3,141
- Fanny : 3,1

Ranger ces valeurs dans l'ordre croissant.

7 Voici les concentrations, en mg par m^3, en particules fines relevées dans cinq lieux.

A : 0,072 B : 0,34 C : 0,032
D : 0,025 E : 0,08

Ranger ces concentrations dans l'ordre croissant.

Je travaille mes automatismes

Relier nombres décimaux et fractions décimales

À l'oral

Questions flash

8 Lire en complétant.
Pour le nombre 74,18 la partie entière est ... et la partie décimale est ....

9 Louise affirme : « Dans le nombre 467,26, le chiffre des dizaines est égal à celui des dixièmes. » A-t-elle raison ? Expliquer oralement.

10 Lire chaque nombre de deux façons différentes sans prononcer le mot virgule.
a. 7,4 **b.** 13,06 **c.** 2,571 **d.** 0,007 3

11 Citer le nombre manquant.
a. $8 = \frac{\dots}{100}$ **b.** $3,5 = \frac{\dots}{10}$ **c.** $9,2 = \frac{\dots}{1\,000}$

12 Citer les nombres égaux à $\frac{27}{10}$.
• 2,07 • $2 + \frac{7}{10}$ • 2,7 • $\frac{270}{10}$ • 2,70 • 0,27

13 Citer l'écriture décimale de chaque nombre.
a. $\frac{238}{10}$ **b.** $\frac{4}{100}$ **c.** $\frac{342}{1\,000}$ **d.** $\frac{7\,613}{100}$

14 Donner l'écriture décimale de chaque nombre.
a. Trente-quatre centièmes.
b. Cent trois dixièmes.
c. Quarante-six millièmes.
d. Cinquante-trois unités et quatre dix-millièmes.

15 Donner l'écriture décimale des nombres écrits en gras.

a. L'écart entre les deux concurrentes était de **17 centièmes** de seconde.
b. Certaines fourmis pharaons, comme ci-contre, mesurent **15 dix-millièmes** de mètre.
c. Selon certains experts le niveau de la mer pourrait s'élever de **75 millièmes** de mètre par an dès 2030.

16 Quel nombre obtient-on si au nombre 289,799 on ajoute :
a. une dizaine ? **b.** deux dizaines ?
c. deux dixièmes ? **d.** trois dixièmes ?
e. un centième ? **f.** un millième ?

17 Combien de centièmes faut-il ajouter à :
a. 8,65 pour obtenir 8,71 ? **b.** 8,21 pour obtenir 9 ?
c. 12,19 pour obtenir 12,2 ? **d.** 0,79 pour obtenir 1 ?

18 Léa affirme : « Si l'on soustrait 5 millièmes à 6 207,82 on obtient 1 207,82. »
A-t-elle raison ? Expliquer.

19 CORRIGÉ en vidéo jaicompris.com
Dans chaque cas, donner l'écriture décimale.
a. $\frac{48}{1\,000}$ **b.** $\frac{347}{10}$ **c.** $\frac{539}{10\,000}$ **d.** $\frac{6\,213}{100}$

20 Donner l'écriture décimale de chaque nombre.
a. $7 \times 10\,000 + 3 + \frac{4}{100} + \frac{1}{1\,000}$
b. $58 \times 100 + 2 + \frac{6}{10} + \frac{4}{10\,000}$

21 Donner l'écriture décimale de chaque nombre.
a. $37 + \frac{5}{10} + \frac{8}{1\,000}$ **b.** $\frac{4}{100} + 8 + \frac{7}{10}$

22 Recopier et compléter.
a. $3,6 = \dots + \frac{\dots}{10} = \frac{\dots}{10}$ **b.** $0,72 = \frac{7}{\dots} + \frac{2}{\dots} = \frac{72}{\dots}$
c. $8,050\,9 = 8 + \frac{5}{\dots} + \frac{9}{\dots} = \frac{80\,509}{\dots}$

23 Écrire chaque nombre sous forme d'une fraction décimale dont le dénominateur est 100.
a. 0,43 **b.** 0,7 **c.** 2,64 **d.** 94,8

24 Recopier et compléter.
a. $3,14 = \frac{\dots}{100}$ **b.** $0,12 = \frac{\dots}{1\,000}$ **c.** $0,07 = \frac{\dots}{10\,000}$

25 Recopier et compléter.
a. $7 + \frac{8}{10} = \frac{\dots}{10}$ **b.** $31 + \frac{4}{100} = \frac{\dots}{100}$
c. $\frac{3}{10} + \frac{7}{10\,000} = \frac{\dots}{10\,000}$ **d.** $6 + \frac{4}{100} + \frac{7}{10\,000} = \frac{\dots}{10\,000}$

26 **1.** Recopier et compléter :
a. $7,4 = \frac{\dots}{10}$ **b.** $7,4 = \frac{\dots}{100}$

2. Une pile de pièces de monnaie a une valeur de 7,40 €. Pour réaliser une telle pile, combien faut-il de pièces de :
a. 10 centimes ? **b.** 1 centime ?

Se repérer sur une demi-droite graduée

À l'oral — **Questions flash**

27 Lola mesure la pression, en bars, des pneus de son vélo.
Quelle est cette pression ?

28 Qui a raison ? Expliquer.

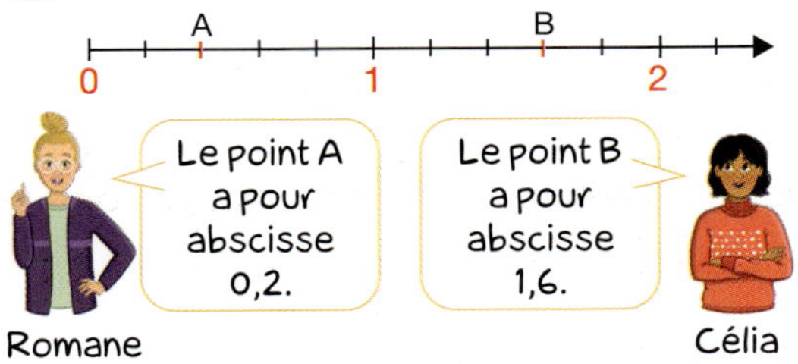

29 Dans chaque cas, indiquer l'abscisse de chacun des points A, B et C.

a.
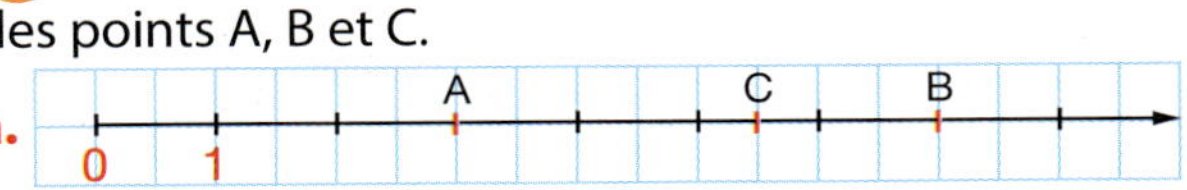

b.
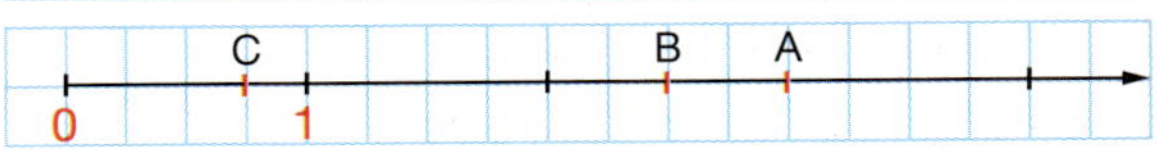

c.
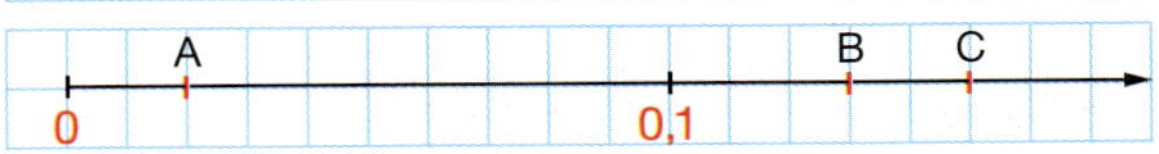

30 Dans chaque cas, indiquer l'abscisse de chacun des points D, E et F.

a.
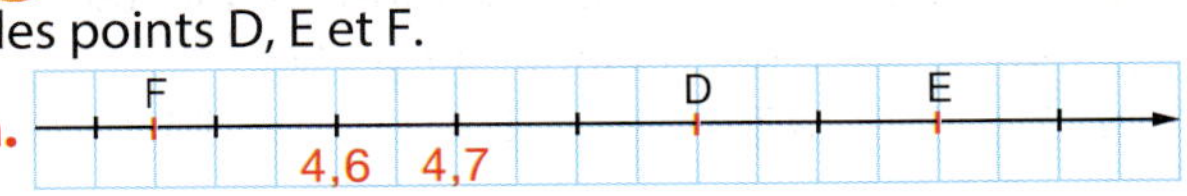

b.
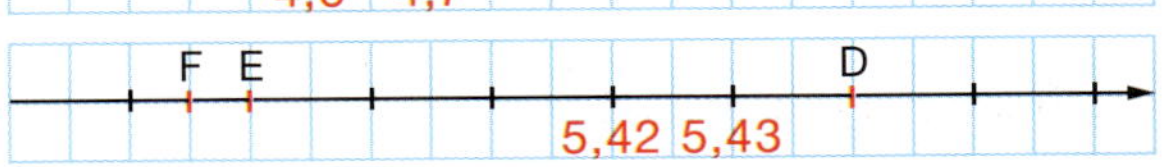

31 Voici la température de Thomas pendant les quatre jours où il a été malade.

- Lundi : 38,6 °C
- Mardi : 39,5 °C
- Mercredi : 37,8 °C
- Jeudi : 36,9 °C.

Tracer cette demi-droite graduée puis placer ces températures.

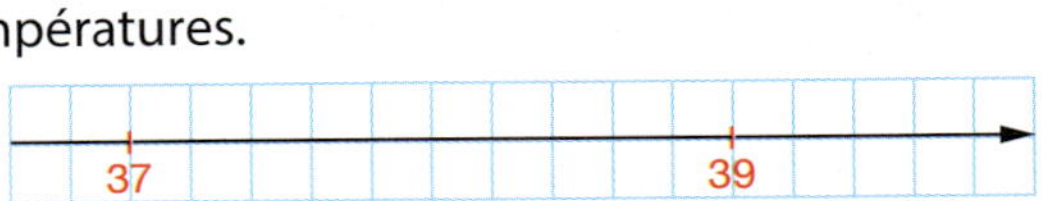

32 Réaliser la figure et placer les points E, F, G et H d'abscisses respectives 42,78 ; 42,84 ; 42,87 et 42,92.

Comparer des nombres décimaux

À l'oral — **Questions flash**

33 Lire le plus petit des deux nombres.
a. 3,8 et 3,72 **b.** 8,64 et 8,671 **c.** 14,376 et 14,372 8

34 Quel est le prix le moins cher entre 14 euros 5 centimes et 14,5 € ? Expliquer.

35 Lire le plus petit, puis le plus grand nombre de cette liste.

5,72 5,68 5,674 5,703

36 **a.** Encadrer 13,826 par deux nombres entiers consécutifs.
b. Intercaler un nombre entre 13,826 et 13,827.

37 Recopier et compléter par >, ou < ou =.
a. 23,540 2 ... 25,545 **b.** 104,58 ... 104,6
c. 7,4 ... 7,400 **d.** 0,78 ... 0,773 2

38 CORRIGÉ en vidéo jaicompris.com

Ranger ces nombres dans l'ordre croissant.
• 5,136 • 5,01 • 5,137 5 • 5,243 1 • 5,142 • 5,136 9

39 Ranger ces nombres dans l'ordre décroissant.
• 7,05 • 7,005 • 70,5 • 7,5 • 75 • 70,05

40 Voici le nombre de téléspectateurs, en millions, qui ont regardé certains programmes de télévision au cours d'une soirée.

TF1 (série)	4,85	France 5 (magazine)	1,41
ARTE (série)	0,84	W9 (film)	0,7
France 3 (téléfilm)	1,844	C8 (magazine)	0,835
TMC (film)	1,409	France 2 (magazine)	3,002

Ranger les programmes dans l'ordre croissant d'audience.

41 Dans chaque cas, encadrer le nombre donné par deux nombres entiers consécutifs.
a. 26,7 **b.** 7,843 6 **c.** 0,34 **d.** 59,205

42 Recopier et intercaler un ou deux nombres.
a. 7,64 < ... < 7,65 **b.** 7,6 < ... < 7,61
c. 6,3 < ... < ... < 6,4 **d.** 4,7 < ... < ... < 4,701

Relier nombres décimaux et fractions décimales

43 Le 31 juillet 2021, à Tokyo, Elaine Thompson-Herah a remporté l'épreuve féminine du 100 m des Jeux olympiques d'athlétisme en 10,61 s.
Shelly-Ann Fraser-Pryce et Marie-Josée Ta Lou ont mis respectivement 13 centièmes de seconde et 3 dixièmes de seconde de plus qu'Elaine Thompson-Herah.
Quels étaient leurs temps ?

44 Le 30 septembre 2021, la britannique Joscelin Lowden a battu le record de l'heure féminin à vélo en parcourant 48,405 km.

a. Recopier et compléter : $48{,}405 = \frac{\dots}{10} + \frac{\dots}{1\,000}$.

b. Pour le nombre 48,405 quel est :
- le chiffre des dixièmes ?
- le nombre de dixièmes ?

45

$\frac{7\,482}{1\,000}$ | $7 \times 10 + \frac{4\,802}{1\,000}$ | $\frac{2}{1\,000} + \frac{8}{10} + 74$

$\frac{740}{10} + \frac{82}{1\,000}$ | $\frac{8}{100} + \frac{7\,402}{1\,000}$ | $\frac{740}{100} + \frac{82}{1\,000}$

$\frac{748}{10} + \frac{2}{1\,000}$ | $\frac{74}{10} + \frac{82}{1\,000}$ | $\frac{7\,408}{100} + \frac{2}{1\,000}$

Recopier celles de ces écritures qui désignent :
a. 7,482 **b.** 74,082 **c.** 74,802

46

$4 + \frac{3}{10} + \frac{7}{100}$ | $4 \times 10 + \frac{37}{10}$ | $\frac{4\,370}{1\,000}$

437 centièmes | 437 dixièmes | $\frac{437}{100}$

$4 \times 10 + 3 + \frac{7}{10}$ | $\frac{437}{10}$ | 4 370 millièmes | $\frac{4\,370}{100}$

Recopier celles de ces écritures qui désignent :
a. 4,37 **b.** 43,7

47 Exprimer le nombre $2{,}5 + \frac{23}{100}$:
a. sous forme décimale ;
b. à l'aide d'une seule fraction décimale.

48 Jeux et casse-tête Retrouver le nombre secret sachant que :
- le nombre de dizaines est 21 ;
- le chiffre des dixièmes est le triple du chiffre des centaines ;
- le chiffre des millièmes est le double du chiffre des dizaines ;
- la somme des chiffres de ce nombre est 11.

Se repérer sur une demi-droite graduée

49 CORRIGÉ en vidéo jaicompris.com
Indiquer les abscisses des points I, J et K sur la demi-droite graduée ci-dessous.

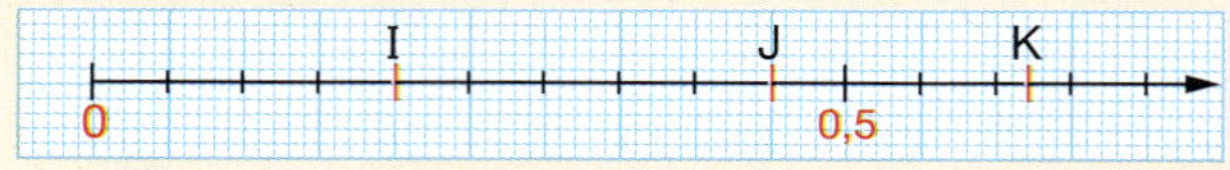

50 Indiquer les abscisses des points M, N et P sur la demi-droite graduée ci-dessous.

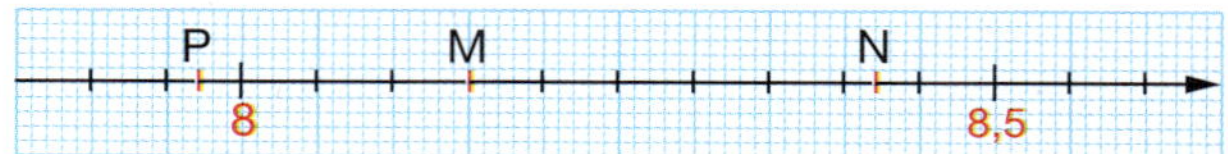

51 Réaliser la figure et placer les points K, L et M d'abscisses respectives 7,426 ; 7,432 et 7,418.

52 À seulement 13 ans, la Japonaise Nsihiya Momiji est devenue championne olympique de skateboard street. Elle a réalisé un score de **15,26** points, en devançant la Brésilienne Rayssa Leal (**14,64** points) et la Japonaise Nakayama Funa (**14,49** points).

Tracer cette demi-droite graduée d'unité 10 cm, puis placer le nombre de points de chaque athlète.

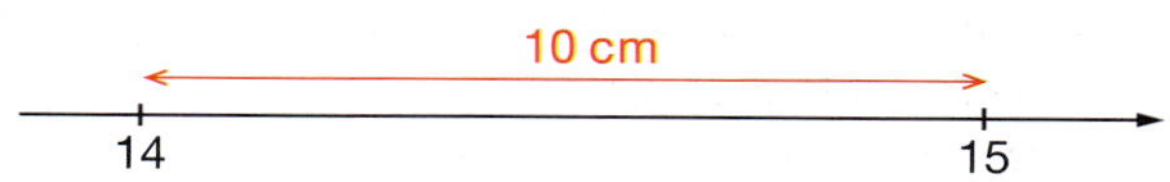

53 Voici les populations, en centaines de millions, de six pays.
- Allemagne (A) : 0,83
- France (F) : 0,67
- Portugal (P) : 0,1
- Espagne (E) : 0,47
- Russie (R) : 1,44
- Croatie (C) : 0,04

Tracer une demi-droite graduée d'unité 10 cm et placer ces populations.

54 Jeux et casse-tête Voici des points sur une demi-droite graduée.

Tom affirme : « Je peux écrire un mot avec les lettres repérées par les nombres 5,32 ; 5,12 ; 5,2 et 4,96. »
Fatou répond : « Et moi, je peux en écrire deux ! »
Essayer de faire mieux que Tom et Fatou.

Comparer des nombres décimaux

55 Cette carte indique la production d'énergie éolienne, en TWh (térawattheure), dans les régions françaises, en 2019.

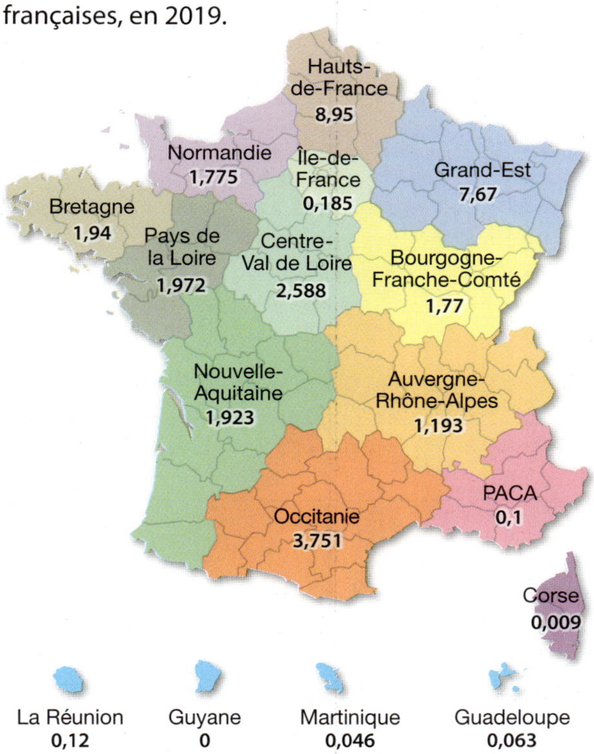

a. Où la production est-elle la plus importante ?
b. Ranger ces productions dans l'ordre décroissant.

56 Recopier et compléter par deux nombres entiers consécutifs, puis entourer celui des deux nombres entiers qui est le plus proche.

a. ... m < 8,3 m < ... m **b.** ... kg < 4,95 kg < ... kg
c. ... L < 3,8 L < ... L **d.** ... m^2 < 99,39 m^2 < ... m^2

57 Ce tableau indique la masse de nitrates relevée dans 1 L d'eau de cinq rivières différentes.

Rivière	A	B	C	D	E
Masse (en g)	0,035	0,06	0,028	0,008	0,04

a. Ranger ces masses dans l'ordre croissant.
b. À l'aide du tableau ci-dessous, déterminer la qualité de l'eau de chacune de ces rivières.

Masse (en g)	**Qualité de l'eau**
Inférieure à 0,01	Très bonne
Entre 0,01 et 0,05	Bonne
Supérieure à 0,05	Mauvaise

58 En un an, la circonférence d'un tronc d'arbre est passée de 2,52 m à 2,54 m. En donner quatre valeurs possibles six mois après la première mesure.

59 *Jeux et casse-tête* Dans ce labyrinthe, on se déplace en passant d'une case à une case qui a un côté commun et qui contient un nombre plus grand.
Trouver un chemin qui mène à la sortie.

Entrée

7,2	7,203	7,19	9	9,304	9,4	9,407
7,215	7,21	7,206	8,81	9,2	8,691	9,42
7,210 5	7,3	7,36	7,309	9,1	8,723	9,442 6
7,6	7,29	7,7	7,08	7,58	8,71	9,5
7,823	7,71	7,714	8,7	8,6	8,703	9,54
8	7,02	8,343	8,36	8,362	8,34	10

Sortie

Utiliser les nombres décimaux

Synthèse

60 Voici deux informations sur l'abscisse d'un point C d'une droite graduée.

• **Information 1**
Sur une même demi-droite graduée, le point C est situé entre les points A et B.

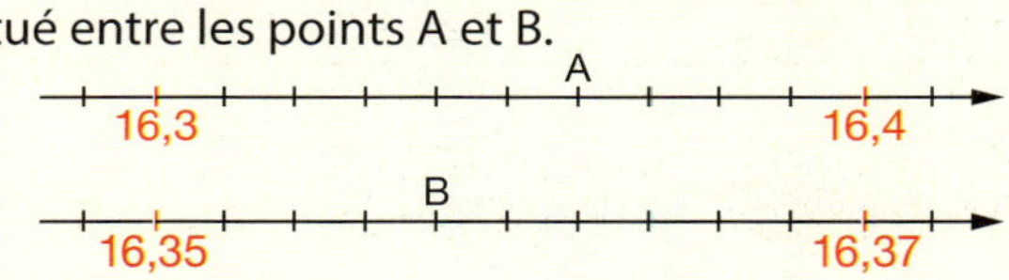

• **Information 2**
L'abscisse du point C peut s'écrire sous la forme $\frac{■}{10\,000}$, où ■ est un nombre entier dont le chiffre des unités est 4.

Objectif Déterminer l'abscisse du point C.

a. Déterminer un encadrement de l'abscisse du point C à l'aide de l'information **1**.
b. Utiliser l'information **2** pour déterminer les valeurs possibles de l'abscisse du point C.

61 Pour être homologuée, une balle de tennis doit avoir une masse comprise entre 56,7 g et 58,5 g et un diamètre compris entre 6,35 cm et 6,67 cm.

Balle	①	②	③	④
Masse (en g)	57	56,58	58,14	57,2
Diamètre (en cm)	6,284	6,4	6,58	6,7

Objectif Déterminer parmi les balles ci-dessus, celles qui sont homologuées.

a. Quelles sont les balles dont le diamètre convient ?
b. Quelles sont les balles dont la masse convient ?
c. En déduire les balles qui sont homologuées.

Parcours différenciés

Je m'évalue

Pour chaque question, une seule réponse est exacte.

QCM supplémentaires
college.nathan.fr/tm5022

	a	b	c	En cas d'erreur
62 Pour le nombre décimal 786,543 le chiffre des centièmes est…	7	4	3	Cours 1 p. 16
63 Une écriture décimale du nombre 6 107 millièmes est…	6 107	6,107	0,610 7	
64 3,010 4 s'écrit aussi…	$\frac{3}{104}$	$\frac{30\,104}{1\,000}$	$\frac{30\,104}{10\,000}$	
65 $6 \times 10 + 4 + \frac{3}{10} + \frac{9}{1\,000}$ est égal à…	64,309	64,903	64,039	
66 $\frac{546}{100}$ est égal à…	546	54,6	5,46	
67 Sur cette demi-droite graduée, les points B et C ont pour abscisses respectives… 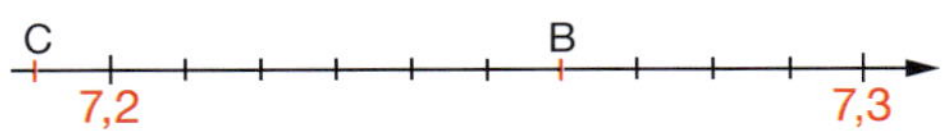	7,26 et 7,1	7,27 et 7,19	7,26 et 7,19	Cours 2 p. 16
68 Sur cette demi-droite graduée, l'abscisse du point A est… 	0,4	0,6	0,8	
69 Sur cette demi-droite graduée, l'abscisse du point A est… 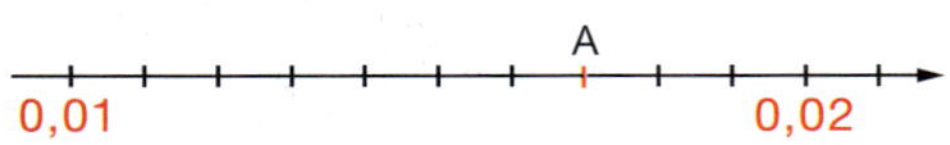	0,07	0,017	0,015	Ex. 1 p. 17
70 Le nombre 7,65 est inférieur à…	7,7	7,642	7,6	Cours 3 p. 16
71 Il est vrai que…	$3{,}789 > 3{,}84$	$6{,}71 > 6{,}714$	$8{,}51 > 8{,}504$	
72 Un nombre intercalé entre 13,42 et 13,43 est…	13,423	13,45	13,5	
73 Le nombre 4,716 est compris entre…	4,72 et 4,73	4,7 et 4,709	4,69 et 4,723	
74 De haut en bas, les nombres rangés dans l'ordre croissant sont…	7,324 7,35 7,346	0,643 0,647 0,65	8 8,1 0,802	Ex 5 p. 17

Je réalise mon parcours

Selon ton score page précédente

Parcours conseillé
- Entre **0 et 5 bonnes réponses** : (drapeau vert)
- Entre **6 et 9 bonnes réponses** : (drapeau bleu)
- **10 bonnes réponses ou plus** : (drapeau rouge)

75 Utiliser des graduations

Une laborantine dispose de quatre récipients (A, B, C et D) dont trois (A, B et C) contiennent déjà du liquide. On se propose d'étudier les quantités de liquide dans ces récipients.

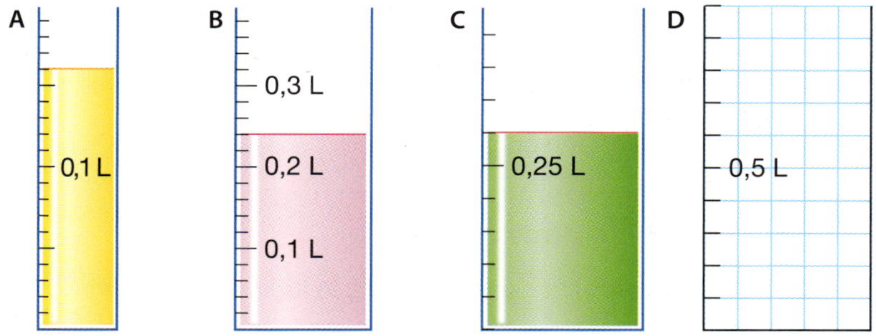

PARCOURS 1

On se propose de déterminer la quantité de liquide dans le récipient A.

Il faut déterminer l'écart, en L, entre deux petites graduations.

Pour cela on peut compter le nombre de ces graduations entre 0 et 0,1.

a. Recopier et compléter : « Un dixième est partagé en ..., donc l'écart entre deux graduations est d'un .... »
b. En déduire la quantité de liquide dans le récipient A.
c. De façon analogue, déterminer la quantité de liquide, en L, dans le récipient B.

PARCOURS 2

On s'intéresse au récipient C. Quelle est la quantité de liquide, en L, dans ce récipient ?

PARCOURS 3

On verse les contenus des récipients A, B et C dans le récipient D. Représenter le récipient D et indiquer la hauteur du liquide.

76 Comparer des nombres décimaux

Anne a recherché sur Internet la latitude, en degrés décimaux, de la ville d'Uzès. À sa grande surprise, elle a obtenu ces six nombres différents :
A = 44,016 2 B = 44,013 7 C = 44,016 D = 44,013 6 E = 44,015 4 F = 44,015
On se propose d'étudier ces nombres.

Ville d'Uzès

PARCOURS 1

On se propose de comparer les nombres A et B.

Comment compare-t-on deux nombres décimaux ?

On compare les parties entières, si besoin les chiffres des dixièmes, ...

a. Recopier et compléter : « La partie entière de A est ... et celle de B est .... Donc il faut comparer leurs chiffres des dixièmes. »
b. Que constate-t-on pour les chiffres des dixièmes de A et B ?
c. Poursuivre et conclure sur la comparaison de A et B.

PARCOURS 2

Ranger dans l'ordre croissant les nombres A, B, C et D.

PARCOURS 3

Ranger dans l'ordre croissant les six nombres et trouver celui qui est exactement au milieu entre les 3e et 4e nombres.

Comprendre les nombres décimaux

77 Algo Étudier une animation Livret Scratch p. 5

1. Étudier un script

Voici un script Scratch qui permet de réaliser une animation.

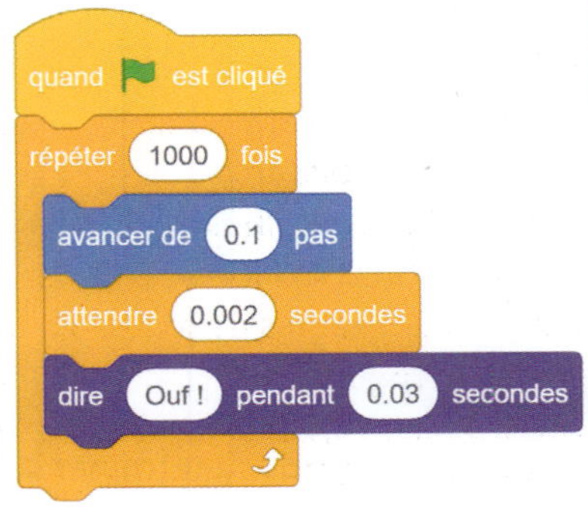

a. Au cours de cette animation, le lutin avance de 1 000 dixièmes de pas. Expliquer pourquoi et donner l'écriture décimale de ce nombre.

b. Au cours de cette animation, pendant combien de temps, en s, le lutin :
• attend ? • dit « Ouf ! » ?

c. Quelle est la durée totale, en s, de cette animation ?
Ne prendre en compte que les temps déterminés à la question **b**.

d. Ouvrir le logiciel Scratch, saisir le script et l'exécuter.

2. Modifier le script

Modifier les instructions de la boucle pour que les trois conditions suivantes soient vérifiées :
• au cours de l'animation le lutin avance de 250 pas ;
• au cours de l'animation le lutin dit « Ouf ! » pendant 40 secondes ;
• la durée totale de l'animation est 50 s.

78 Tice Utiliser la décomposition d'un nombre décimal

1. Étudier une formule

Clara considère des nombres qui ont au plus six chiffres dans la partie entière et quatre chiffres dans la partie décimale.
Elle a réalisé la feuille de calcul ci-dessous : à part dans la cellule G1, qui est réservée à la virgule, Clara saisit un chiffre dans chacune des cellules de la plage **A1:K1**. Ensuite, elle obtient l'écriture décimale de ce nombre dans la cellule L2.

	A	B	C	D	E	F	G	H	I	J	K	L	M
1	0	0	7	0	5	0	,	0	0	3	4		
2												7050,0034	
3													

a. Réaliser cette feuille de calcul.

b. Voici un extrait de la formule saisie par Clara dans la cellule L2 : =A1*100000+B1*10000+…+K1/10000
Saisir cette formule en la complétant et vérifier que l'on obtient le même résultat que Clara.

c. Dans chaque cas, déterminer le nombre obtenu lorsqu'on saisit sur la ligne 1 :

•

	A	B	C	D	E	F	G	H	I	J	K
1	0	2	4	0	5	6	,	7	0	8	1

•

	A	B	C	D	E	F	G	H	I	J	K
1	1	5	0	8	0	4	,	5	2	0	5

2. Modifier la formule

a. Quelle formule Clara aurait-elle pu saisir dans la cellule L2 sans utiliser le symbole « / » ?

b. Tester cette formule sur les exemples précédents ou des exemples de son choix.

79 Communiquer en anglais

Raisonner • Communiquer

Insert a number between decimal numbers $\frac{5\,436}{1\,000}$ and $\frac{3}{100}+5+\frac{4}{10}+\frac{7}{1\,000}$.

80 Utiliser différentes unités

Modéliser • Raisonner

Ranger les populations de ces sept villes françaises dans l'ordre croissant.

- Nice : 3 423 centaines
- Nantes : 0,303 million
- Lille : 23,3 dizaines de milliers
- Toulon : 167 milliers
- Montpellier : 0,027 8 dizaine de millions
- La Rochelle : 0,75 centaine de milliers
- Clermont-Ferrand : 14 140 dizaines

81 Intercaler un nombre

Raisonner • Communiquer

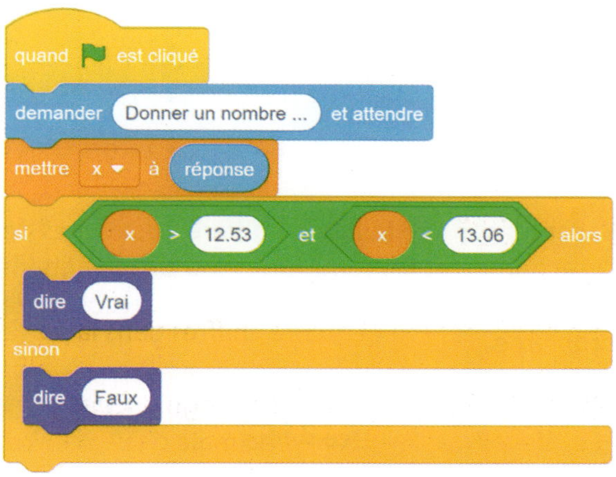

a. Pour chaque nombre donné en entrée de ce script Scratch, dire si le lutin énonce « Vrai » ou « Faux ».

• 12,71 • 13,19 • 13,047 • 12,99 • 12,498

b. Ouvrir le logiciel Scratch, saisir le script et l'exécuter pour contrôler les réponses données à la question **a**.

82 Utiliser une demi-droite graduée

Représenter • Raisonner

Tracer cette demi-droite graduée puis placer les nombres ci-dessous.

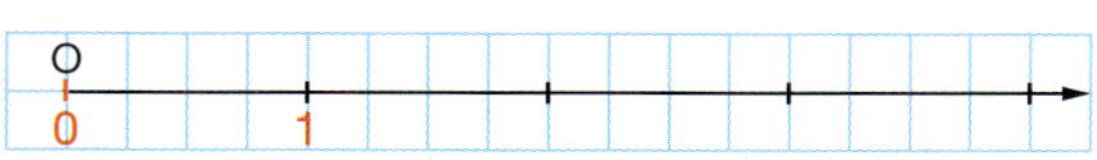

• 0,75 • $\frac{35}{10}$ • $1+\frac{7}{10}+\frac{5}{100}$ • $\frac{275}{100}$ • $\frac{2}{10}+\frac{5}{100}$

83 Décoder

Chercher • Raisonner • Communiquer

Un mot a été codé en utilisant les définitions et les règles de traduction ci-dessous. Le décoder.

Mot codé : ❶ ❷ ❸ ❹ ❺ ❻ ❼ ❽

• **Les définitions**

❶ $\frac{1}{10}+\frac{3}{100}+\frac{2}{1\,000}$	❺ $3\times10+\frac{10}{10}+\frac{20}{100}$
❷ $\frac{31}{10}+\frac{2}{1\,000}$	❻ $\frac{1}{10}+\frac{2}{100}+3$
❸ 312 millièmes	❼ 132 dizaines
❹ 132 centièmes	❽ $30\times10+\frac{120}{10}$

• **Les règles de traduction**

0,312	3,12	31,2	312	300,12	0,132	1,32	1 320
C	A	M	X	S	D	I	U

Tout autre nombre donne la lettre E.

84 Passer d'une représentation à l'autre

Représenter • Raisonner

Sur les trois demi-droites graduées ci-dessous, les points de la même couleur ont la même abscisse.

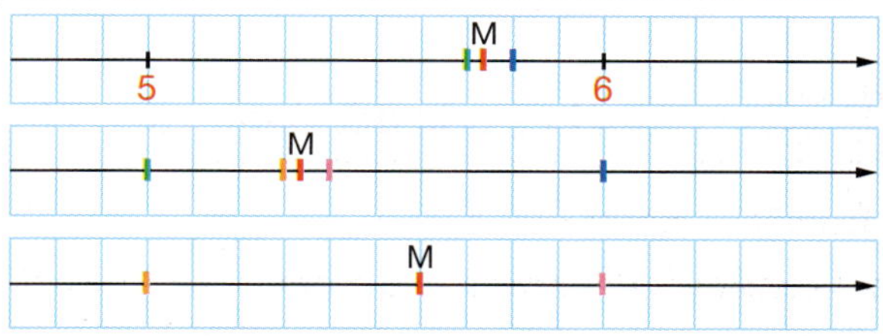

Déterminer l'abscisse du point M.

85 Analyser des résultats

Raisonner • Calculer • Communiquer

Le résultat exact à un problème est 17,24.
Voici les réponses de quatre élèves à ce problème.
Juliette : 17,232 9 Adrien : 17,242
Thibaud : 17,237 Julien : 17,25
Quel est l'élève qui a trouvé la réponse la plus :
a. proche du résultat ? **b.** éloignée du résultat ?

86 Adapter l'unité

Représenter • Raisonner

Un technicien a relevé le débit (en mégabits par seconde) d'une connexion Internet à différents instants.

7,49 | 7,6 | 7,51 | 7,45 | 7,57

Représenter ces débits sur une demi-droite graduée.

87 Communiquer en anglais

Raisonner • Calculer • Communiquer

What is the number marked by point A?

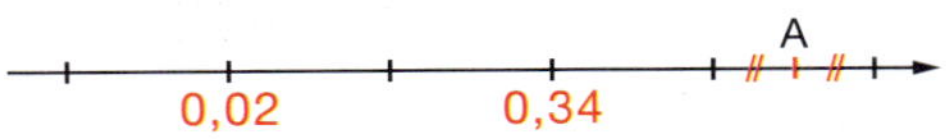

88 Utiliser de très petits nombres

Raisonner • Calculer • Communiquer

Voici les diamètres, en m, de certaines particules qui peuvent être présentes dans l'air.

Poussière de bois : 88 milliardièmes	**Pollen de maïs :** 9,5 cent-millièmes
Particule de diesel : 0,5 millionième	**Fumée de tabac :** 27 cent-millionièmes
Pollen de tournesol : 250 dix-millionièmes	**Fumée noire :** 5,6 dix-millionièmes

a. Donner l'écriture décimale de chacun de ces diamètres.

b. Ranger ces diamètres dans l'ordre croissant.

c. Pour exprimer de très petits nombres, on utilise souvent le micromètre (µm) :

1 µm = 1 millionième de mètre.

Exprimer les diamètres précédents en micromètres.

89 Comprendre et expliquer

Représenter • Raisonner • Communiquer

Les déplacements d'un robot sont donnés par des séries de nombres en respectant les trois règles ci-dessous.

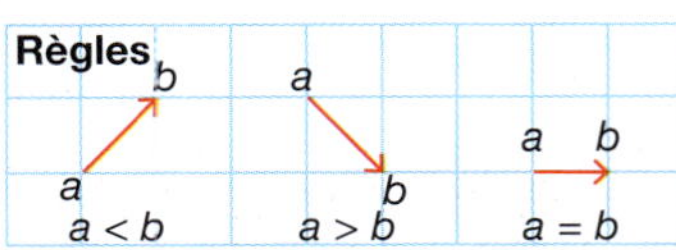

Voici le déplacement d'un robot.

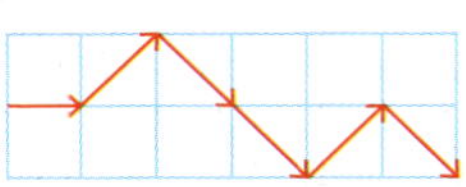

Ranger de quatre façons différentes la série ci-dessous afin que le robot se déplace ainsi.

3,23 | 3,15 | 3,04 | 3,1 | 3,123 | 3,024 | $\frac{304}{100}$

90 Imaginer une stratégie

Chercher • Raisonner

■ et ▲ représentent deux chiffres tels que :

5,69 < ■,▲ < 6,85 et 1▲,■7 < 1▲,▲.

Retrouver toutes les valeurs possibles pour ■ et ▲.

91 Problème ouvert

Modéliser • Raisonner • Communiquer

Avec le tableur, Élise a commencé à réaliser cette grille de nombres.

	A	B	C	D	E
1	8,7	8,71	8,72	8,73	8,74
2	8,75	8,76	8,77	8,78	8,79
3	8,8	8,81	8,82	8,83	8,84

Dans quelle cellule le nombre 9,98 sera-t-il ?

Narration de RECHERCHE

92 PROBLÈME Classer les nombres suivants en plusieurs groupes différents et donner les raisons de son choix.

- $\frac{3\,458}{100}$
- 2,50
- 10 fois plus petit que 345,8
- 100 fois plus grand que 0,025
- $\frac{2\,050}{100}$
- $30 + \frac{4\,058}{1\,000}$
- $2 \times 10 + 5 \times 0{,}1$
- $\frac{205}{10}$
- $\frac{2\,050}{1\,000}$
- 10 fois plus grand que 2,05
- $\frac{34\,580}{1\,000}$
- $\frac{25}{1\,000}$
- $\frac{250}{10\,000}$
- $\frac{205}{100}$
- 1 000 fois plus petit que 34 058
- $\frac{2}{100} + \frac{5}{1\,000}$
- $34 + \frac{58}{1\,000}$
- $2 + \frac{5}{100}$
- $35 - 0{,}42$
- $2 + 0{,}05$
- $25 : 1\,000$
- $0{,}02 + \frac{5}{1\,000}$
- $34 + \frac{5}{100} + \frac{8}{1\,000}$
- $2 + 0{,}5$

Raconter sur une feuille les différentes étapes de la recherche et les remarques qui ont fait changer de méthode ou qui ont permis de résoudre le problème.

Des défis

93 Résoudre une énigme

« Je suis un nombre.
Si on me multiplie par 1 000, je deviens un nombre entier compris entre 600 et 650.
Si on me multiplie par 100, je ne deviens pas un nombre entier, mais je deviens la moitié d'un nombre entier.
Un de mes chiffres est la somme des deux autres.
Qui suis-je ? »

94 Dénombrer

Combien de fois écrit-on le chiffre 2 si l'on écrit tous les nombres décimaux qui ont trois chiffres, au plus, après la virgule et qui sont compris entre 7 et 8 ?

Je prends des initiatives

TÂCHES COMPLEXES

95 CODER des messages secrets

La situation-problème

Les agents secrets 0,07 et 0,08 communiquent leurs coordonnées géographiques par SMS en codant leurs messages.
Aider l'agent 0,07 à coder ses coordonnées, puis retrouver la ville dans laquelle se trouve l'agent 0,08.

Les supports de travail

Les documents, une carte ou un accès Internet.

Toute piste de recherche, même non aboutie, figurera sur la feuille.

Doc. 1

Le codage utilisé

- Échanger le chiffre des dizaines et le chiffre des millièmes ;
- échanger le chiffre des unités et le chiffre des dix-millièmes ;
- échanger le chiffre des centièmes et le chiffre des dixièmes ;
- ajouter un centième au nombre obtenu.

Doc. 2

L'agent 0,07

- L'agent 0,07 se trouve à New York et sa montre connectée indique comme coordonnées géographiques 40,6643° N et 73,9385° O.
- Voici le début de son SMS.

Mes coordonnées sont … ° N et … ° E.

Doc. 3

Le message codé de l'agent 0,08

Mes coordonnées sont 14,7343° N et 50,3706° E.

96 RETROUVER le classement de l'heptathlon

La situation-problème

L'heptathlon est une discipline d'athlétisme comprenant 7 épreuves.
Retrouver le classement de ces quatre cadettes à cet heptathlon.

Les supports de travail

Les documents, la calculatrice.
Toute piste de recherche, même non aboutie, figurera sur la feuille.

Doc. 1

Les résultats

Épreuves	Louane	Assetou	Maeva	Sarah
100 m haies	15″02	16″27	14″59	14″58
Hauteur	1,60 m	1,62 m	1,59 m	1,47 m
Poids	8,40 m	9,74 m	6,88 m	8,13 m
200 m	26″63	27″21	25″73	26″66
Longueur	5,37 m	5,20 m	4,42 m	4,82 m
Javelot	33,87 m	20,16 m	17,40 m	25,98 m
800 m	2′36″78	2′38″92	2′38″82	2′30″20

Doc. 2

Notation des temps

Dans les compétitions sportives, on utilise les symboles : ′ (pour minute) et ″ (pour seconde).
Par exemple, 15″02 signifie 15,02 s.

Doc. 3

Choix du barème

Pour chaque épreuve, la gagnante remporte 4 points, la seconde 3 points, la troisième 2 points et la quatrième 1 point.

CHAPITRE 2

Calculer avec les nombres décimaux

Mercredi 15 septembre 2021, la société SpaceX lance sa première mission spatiale avec quatre civils à bord.
La capsule Blue Dragon va tourner trois jours autour de la Terre.
Un tel lancement nécessite de nombreux calculs. On manipule alors des nombres décimaux, avec une grande précision.

Bien démarrer

Pour chaque question, une réponse ou plusieurs sont exactes.

		a	b	c
1	La moitié de 23 est…	11	11,5	46
2	Le produit de 2,17 par 15,34 est le nombre…	2,17 + 15,34	2,17 – 15,34	2,17 × 15,34
3	6,237 × 10 est égal à…	62,37	60,237	6,237 0
4	3,5 × 0,001 est égal à…	0,035	0,003 5	3,5 : 1 000
5	Un ordre de grandeur du nombre 19,7 × 31,2 est…	60	600	50
6	25 × 3,576 × 4 est égal à…	(25 × 4) × 3,576	357,6	3 576
7	Le quotient de 15,3 par 3 est…	12,3	5,1	5

Vérifie tes réponses p. 306

ACTIVITÉ

1 Multiplier par 10 ; 100 ; ... ; 0,1 ; ...

Cours Paragraphe 1, p. 30

En France, chaque ménage consomme en moyenne 329 L d'eau par jour.

1 Quelle quantité d'eau, en litres, est consommée chaque jour par :
• 10 ménages ? • 100 ménages ? • 1 000 ménages ?

2 En 2020, la France comptait environ 29 millions de ménages.
a. Calculer la quantité totale d'eau, en litres, consommée par jour par l'ensemble de ces ménages.
b. 1 m^3 contient 1 000 L d'eau.
Exprimer, en m^3, la consommation totale par jour obtenue à la question **a**.

Vocabulaire
Un **ménage** est l'ensemble des occupants d'un même logement.

ACTIVITÉ

2 Enchaîner des opérations

Cours Paragraphe 2, p. 30

Yacine doit acheter des fournitures pour la rentrée scolaire.
Dans chacune des trois matières physique-chimie, SVT et mathématiques, il doit acheter un grand cahier à 2,59 € et un petit cahier de brouillon à 0,59 €.
Pour l'histoire-géographie et les deux langues vivantes, il doit acheter un classeur à 3,75 € dans chaque matière, ainsi qu'un lot de 200 pochettes transparentes à 19,99 € pour l'ensemble de ces matières.

1 **a.** Écrire une expression avec une seule multiplication afin de déterminer le coût total, en €, pour les trois matières scientifiques.
b. Calculer cette expression.

2 **a.** Écrire une expression afin de déterminer le coût total, en €, pour les trois autres matières.
b. Calculer cette expression.

3 **a.** Calculer le coût total, en €, des achats de Yacine.
b. Il y a 24 élèves dans la classe de Yacine.
Calculer le montant total, en €, dépensé par ces 24 élèves pour l'achat de toutes ces fournitures.

ACTIVITÉ

3 Calculer avec des durées

Cours Paragraphe 3, p. 30

Le groupe de musique préféré d'Emma annonce un événement spécial en ligne pour la sortie prochaine de leur nouvel album. Cet événement se déroulera le 13 juin à 10 h 30 et durera 80 min.

1 **a.** Exprimer 80 min en heures et minutes.
b. À quelle heure se terminera l'événement ?

2 Emma a entendu cette annonce le 20 avril.
a. Combien de jours y a-t-il entre le 20 avril (exclu) et le 13 juin (inclus) ?
b. Exprimer cette durée en semaines et jours.

Cours

VIDÉOS de cours jaicompris.com

1 Multiplication par 10 ; 100 ; 1 000 ; 0,1 ; 0,01 ; 0,001

Exercices 7 à 15

RÈGLES Quand on multiplie un nombre décimal :
- par **10**, le chiffre des unités devient le chiffre des **dizaines** ;
- par **100**, le chiffre des unités devient le chiffre des **centaines** ;
- par **1 000**, le chiffre des unités devient le chiffre des **milliers**.

Exemples
- 17,54 × **10** = 175,4
- 2,7 × **100** = 270 ← Il faut compléter avec un zéro.
- 20,5 × **1 000** = 20 500

RÈGLES Quand on multiplie un nombre décimal :
- par **0,1**, le chiffre des unités devient le chiffre des **dixièmes** ;
- par **0,01**, le chiffre des unités devient le chiffre des **centièmes** ;
- par **0,001**, le chiffre des unités devient le chiffre des **millièmes**.

Exemples
- 237,5 × **0,1** = 23,75
- 45,6 × **0,01** = 0,456 ← Il faut compléter avec un zéro.
- 0,5 × **0,001** = 0,000 5

Remarque : multiplier par 0,1 revient à diviser par 10, multiplier par 0,01 revient à diviser par 100 et multiplier par 0,001 revient à diviser par 1 000.

2 Enchaînement d'opérations

Exercices 16 à 29

PROPRIÉTÉ Pour calculer une expression numérique :
- sans parenthèses, on effectue **les multiplications et les divisions avant les additions et les soustractions** ;
- avec des parenthèses, on effectue **d'abord le calcul entre parenthèses**.

Exemples
- A = 15 + **2 × 4,31**
  A = 15 + **8,62**
  A = 23,62
- B = **(**8,3 + 1,2**)** × 4,2
  B = **9,5** × 4,2
  B = 39,9 ← Un **ordre de grandeur** de 9,5 × 4,2 est 10 × 4, soit 40.

3 Calcul avec des durées

Exercices 30 à 40

RÈGLES Pour convertir des durées, on utilise :
- 1 h = 60 min
- 1 min = 60 s
- 1 h = 3 600 s

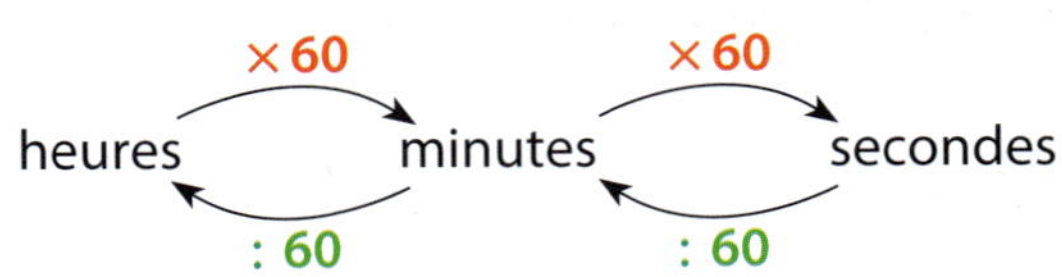

Exemples
- 5 min 17 s = 5 × 60 s + 17 s
  5 min 17 s = 300 s + 17 s
  5 min 17 s = 317 s
- 24 min = (24 : 60) h
  24 min = 0,4 h ← On dit que 0,4 h est une **heure décimale**.

J'applique le cours

① Traduire une situation à l'aide d'une expression

EXERCICE RÉSOLU

ÉNONCÉ Ariane part en randonnée pendant 5 jours. Elle prévoit de marcher 12 km chaque matin et 8,5 km chaque après-midi. Légèrement blessée, elle marche 5 km de moins que prévu le 5e jour. À l'aide d'une seule expression, écrire la distance totale, en km, parcourue par Ariane puis la calculer.

SOLUTION

On note d la distance totale, en km, parcourue par Ariane.

$d = 5 \times (12\text{ km} + 8{,}5\text{ km}) - 5\text{ km}$

$d = 5 \times 20{,}5\text{ km} - 5\text{ km}$

$d = 102{,}5\text{ km} - 5\text{ km}$

$d = 97{,}5\text{ km}$

Ainsi, Ariane a parcouru 97,5 km durant sa randonnée.

CONSEILS

- Ariane devait parcourir 12 km + 8,5 km par jour, soit en 5 jours, 5 × (12 km + 8,5 km). On soustrait ensuite 5 km pour le dernier jour.
- On effectue dans l'ordre : l'addition **entre parenthèses**, puis la **multiplication** et enfin la soustraction.

À TON TOUR

② Michalis a quatre billets de 5 € et trois pièces de 20 centimes.
Il fait deux achats de 2,50 € chacun.
À l'aide d'une seule expression, écrire la somme d'argent, en €, qu'il lui reste puis la calculer.

③ Jade achète 18 bracelets rouges et 12 bracelets bleus.
Chacun de ces bracelets coûte 3,75 €.
À l'aide d'une seule expression, écrire la somme, en €, dépensée par Jade puis la calculer.

④ Calculer un horaire

EXERCICE RÉSOLU

ÉNONCÉ Mia va au cinéma avec ses amis ; la séance débute à 19 h 25 et commence par 15 min de bandes-annonces et de publicités. Le film lui-même dure 1 h 50 min.
À quelle heure se termine la séance ?

SOLUTION

- 19 h 25 min + 15 min = 19 h 40 min

Donc le film débute à 19 h 40.

- 19 h 40 min + 1 h 50 min = 20 h 90 min

Or 90 min = 60 min + 30 min = 1 h 30 min, donc 20 h 90 min = 21 h 30 min.

Ainsi, le film se termine à 21 h 30.

CONSEILS

On peut aussi utiliser une ligne des temps :

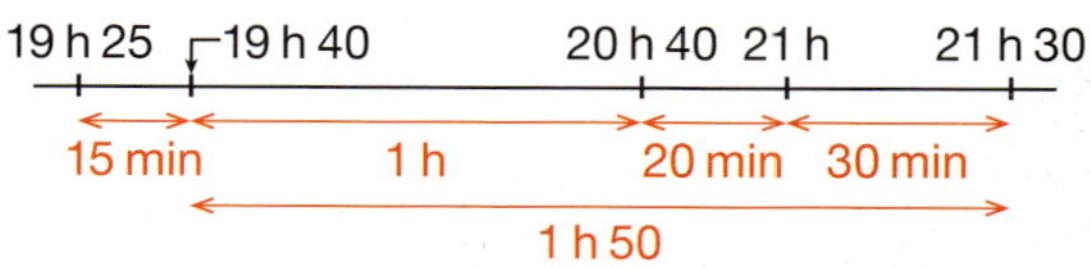

À TON TOUR

⑤ Ilyan doit prendre un train qui part à 11 h 12.
Il lui faut 17 min pour se rendre de chez lui à la gare.
De plus, il sait qu'il doit arriver 10 min avant le départ du train.
À quelle heure Ilyan doit-il partir de chez lui ?

⑥ En voiture, les parents de Roxane mettent d'habitude 1 h 45 min pour aller chez des cousins. Mais aujourd'hui, la circulation est chargée et ils prévoient 35 min de bouchon.
À quelle heure doivent-ils partir pour arriver à 11 h 30 ?

Je travaille mes automatismes

Multiplier par 10 ; 100 ; ... ; 0,1 ; ...

À l'oral — **Questions flash**

7 Adam multiplie le nombre 12,5 par 10.
Parmi ces nombres, lequel obtient-il ?
• 12,50 • 0,125 • 125 • 1 250

8 Compléter oralement chaque phrase.
a. 37 est le produit de 3,7 par ....
b. 682,3 est le produit de 6,823 par ....
c. 44,5 est le produit de 445 par ....

9 CALCUL MENTAL Calculer mentalement.
a. 59×10 **b.** $2{,}73 \times 10$ **c.** $61{,}23 \times 100$
d. $70{,}8 \times 100$ **e.** $315 \times 0{,}1$ **f.** $9{,}99 \times 0{,}1$

10 Dans chaque cas, calculer puis vérifier à l'aide de la calculatrice.
a. $17{,}3 \times 10$ **b.** $0{,}087 \times 10$ **c.** $0{,}15 \times 100$
d. $47\,520 \times 100$ **e.** $13{,}05 \times 1\,000$ **f.** $0{,}123 \times 1\,000$

11 Recopier et compléter par le nombre qui convient.
a. $1{,}254 \times ... = 12{,}54$ **b.** $2{,}53 \times ... = 2\,530$
c. $3{,}785 \times ... = 378{,}5$ **d.** $0{,}05 \times ... = 50$

12 Pour financer l'achat d'équipements, un club de volley-ball organise une vente de gâteaux.
La part est vendue 2,80 €.
Combien le club récoltera-t-il avec la vente de 1 000 parts ?

13 Dans chaque cas, calculer puis vérifier à l'aide de la calculatrice.
a. $67 \times 0{,}1$ **b.** $0{,}29 \times 0{,}1$ **c.** $478 \times 0{,}01$
d. $3{,}7 \times 0{,}01$ **e.** $19 \times 0{,}001$ **f.** $2\,341{,}2 \times 0{,}001$

14 Recopier et compléter par le nombre qui convient.
a. $2{,}53 \times ... = 0{,}253$ **b.** $17{,}5 \times ... = 0{,}175$
c. $8\,960 \times ... = 8{,}96$ **d.** $0{,}25 \times ... = 0{,}002\,5$

15 Éric affirme : « Durant la journée, je bois un millième de 500 L d'eau. »
Exprimer cette quantité de façon plus simple.

Enchaîner des opérations

À l'oral — **Questions flash**

16 Dans chaque cas, dire oralement quelle est la première opération qu'il faut effectuer.
a. $158 + 37{,}2 \times 9{,}7$ **b.** $(158 + 37{,}2) \times 9{,}7$
c. $405{,}21 \times 78 - 31{,}9$ **d.** $405{,}21 \times (78 - 31{,}9)$

17 Dans chaque cas, dire oralement si l'expression est égale ou non à 0.
a. $40 \times 7 - 7$ **b.** $12 - 3 \times 4$ **c.** $60 : 4 - 3 \times 5$

18 CALCUL MENTAL Calculer mentalement.
a. $2 \times 1{,}5 + 3$ **b.** $2 \times (1{,}5 + 3)$ **c.** $30 : 5 + 1$
d. $30 : (5 + 1)$ **e.** $(21 + 7{,}9) \times 0{,}1$ **f.** $21 + 7{,}9 \times 0{,}1$

19 Dans chaque cas, calculer puis vérifier à l'aide de la calculatrice.
a. $7 \times 5 + 12$ **b.** $8 + 2 \times 9$ **c.** $100 \times (7 - 5)$
d. $17 + (15 - 12)$ **e.** $(17 - 7) : 2$ **f.** $24 : (7 + 5)$

20 CORRIGÉ en vidéo jaicompris.com

Calculer chaque expression à la main.
$A = 21{,}4 - (24 - 7) : 2$ $B = (13 - 4) \times 0{,}6 - 3{,}8$
$C = 34{,}5 - 30 \times (1 - 0{,}6)$ $D = (16 + 2) : 5 - 2$

21 Est-il vrai que les résultats de trois des expressions ci-dessous sont alignés dans le tableau ci-contre ?

13	14	15
16	17	18
19	20	21

$I = 45 - (9 - 2) \times 4$ $J = 20 - (8 - 5) \times 2 - 1$
$K = 3 + (19 + 5) : 2$ $L = (6 - 1) \times 7 - 2 \times 8$

22 Elsa choisit le nombre 13,5 et applique ce programme de calcul.
• Choisir un nombre.
• Multiplier par 2.
• Ajouter 10.
• Soustraire 5.

a. Écrire l'expression qui permet de connaître le nombre obtenu par Elsa.
b. Effectuer le calcul à la main.

23 Greg choisit le nombre 18,7 et applique ce programme de calcul.
• Choisir un nombre.
• Ajouter 6.
• Multiplier par 5.
• Soustraire 3.

a. Écrire l'expression qui permet de connaître le nombre obtenu par Greg.
b. Effectuer le calcul à la main.

Je travaille mes automatismes

Utiliser des ordres de grandeur

À l'oral — **Questions flash**

24 Indiquer oralement lequel de ces nombres est le plus proche de 5 525 + 535.
• 1 000 • 5 000 • 6 000 • 10 000 • 55 000

25 Phil a effectué 203,5 × 98,74 à la calculatrice et il a trouvé 200 935,9.
Expliquer oralement pourquoi Phil a dû se tromper en tapant ce calcul.

26 Florent a calculé la longueur du trajet ci-contre entre Brest et Bayonne ; il a obtenu 725 km.

a. À l'aide d'ordres de grandeur, expliquer pourquoi ce résultat n'est pas correct.
b. À l'aide de la calculatrice, calculer la longueur exacte de ce trajet.

27 Pour la rentrée, Carla a acheté les fournitures ci-contre.

Classeur.....	1,75€
Cahier.......	0,85€
Agenda.......	4,72€
Colle........	2,08€
Surligneurs..	2,94€
Feutres......	3,87€
Stylos.......	2,08€

a. Donner un ordre de grandeur du prix qu'elle a payé.
b. À l'aide de la calculatrice, calculer le prix exact.

28 Alek a effectué le calcul 31,17 × (57,32 + 44,8) et il a obtenu 1 831,46.
a. Critiquer la réponse d'Alek à l'aide d'un ordre de grandeur.
b. À l'aide de la calculatrice, effectuer le calcul.

29 Une course cycliste se déroule sur un circuit comprenant 1 750 m de plat, une côte de 3,575 km et une descente de 2,400 km. Les coureurs doivent parcourir 32 tours de ce circuit.
a. Écrire une expression qui permet de connaître la longueur totale de la course.
b. Donner un ordre de grandeur de cette longueur.
c. À l'aide de la calculatrice, calculer la longueur totale exacte de la course.

Calculer des durées et des horaires

À l'oral — **Questions flash**

30 Exprimer oralement chaque durée en minutes.
a. 1 h 10 min **b.** 2 h 30 min **c.** 10 h 35 min

31 CALCUL MENTAL Dans chaque cas, calculer mentalement la durée entre les horaires de début et de fin.
a. Début : 12 h 00
Fin : 15 h 30
b. Début : 8 h 30
Fin : 12 h 10

32 CALCUL MENTAL Dans chaque cas, calculer mentalement l'horaire de fin à partir des données.
a. Début : 8 h 30
Durée : 45 min
b. Début : 15 h 45
Durée : 1 h 20 min

33 Exprimer chaque durée en minutes.
a. 4 h 17 min **b.** 3 h 53 min **c.** 17 h 37 min

34 Exprimer chaque durée en heures et minutes.
a. 85 min **b.** 145 min **c.** 308 min **d.** 237 min

35 Exprimer chaque durée en heures et minutes.
a. 2,5 h **b.** 1,2 h **c.** 3,8 h **d.** 0,75 h

36 Exprimer chaque durée en heures décimales.
a. 1 h 30 min **b.** 3 h 15 min **c.** 5 h 12 min

37 Natalia va effectuer un trajet en avion.
Il est prévu que l'avion décolle à 15 h 23 et qu'il atterrisse à 17 h 12.
Recopier et compléter cette ligne des temps et conclure sur la durée de ce vol.

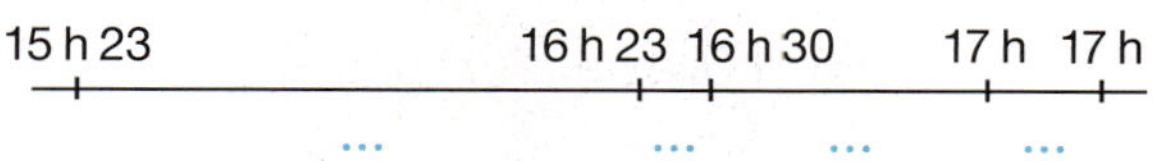

38 Une émission de télévision a commencé à 20 h 54 et s'est terminée à 22 h 33.
Calculer la durée de cette émission.

39 Sohan a cuisiné pendant 1 h 45 min à partir de 17 h 25.
À quelle heure s'est-il arrêté ?

40 CORRIGÉ en vidéo jaicompris.com
Au cinéma Le Palace, une séance s'est terminée à 22 h 25 et elle a duré 1 h 50 min.
À quelle heure cette séance a-t-elle commencé ?

Multiplier par 10 ; 100 ; … ; 0,1 ; …

41 CORRIGÉ en vidéo jaicompris.com

Recopier et compléter.

a.

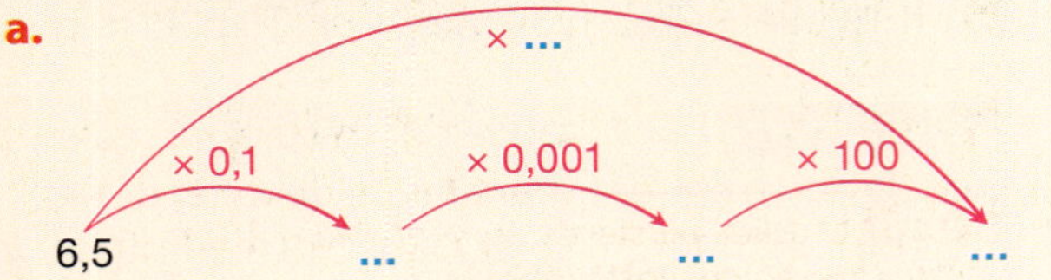

b.

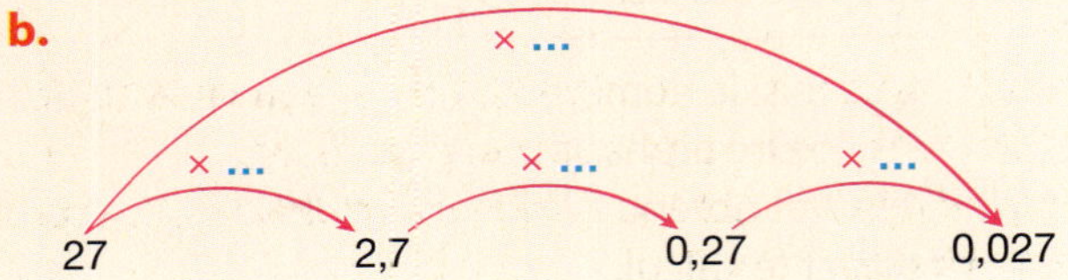

42 Imane a un abonnement téléphonique à 15,99 € par mois.

a. Combien lui coûte son abonnement sur dix mois ?

b. On lui propose une offre commerciale : une réduction de 3,50 € par mois pendant dix mois. Combien lui coûtera alors son abonnement sur cette période ?

43 Arthur a écrit le programme de calcul ci-contre.

- Choisir un nombre.
- Multiplier par 0,1.
- Multiplier par 10.

a. Calculer chacun des nombres obtenus lorsqu'il choisit :

• 23,5 • 0,07 • 513,29

b.

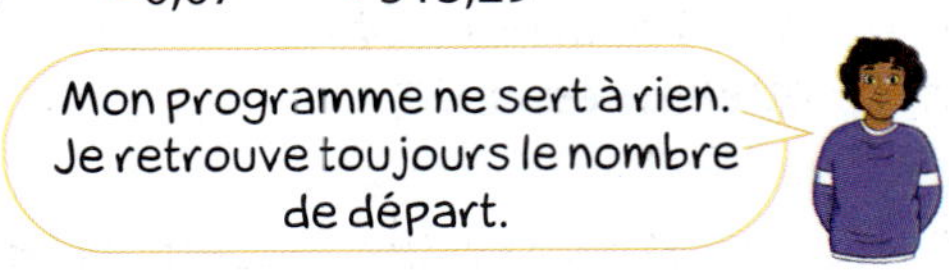

Expliquer pourquoi il en est bien ainsi.

44 Sur une carte à l'échelle 1/10 000, Oscar a mesuré les distances ci-dessous.

Calculer ces distances dans la réalité, en cm puis en m.

a. Domicile-École : 32 cm.

b. Domicile-Supermarché : 5 cm.

c. École-Supermarché : 23,5 cm.

45 Jeux et casse-tête Utiliser les règles indiquées pour déterminer le plus rapidement possible le nombre écrit dans la case d'arrivée du trajet ci-dessous.

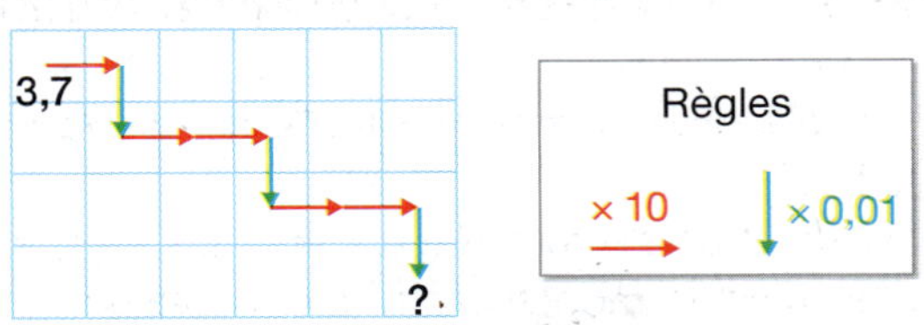

Enchaîner des opérations

46 Dans chaque cas, écrire l'expression qui correspond à la succession d'opérations puis la calculer.

a.

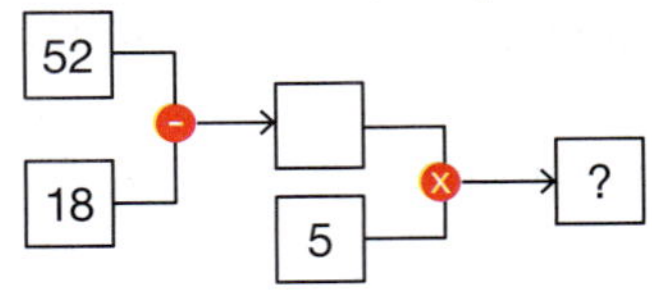

b.

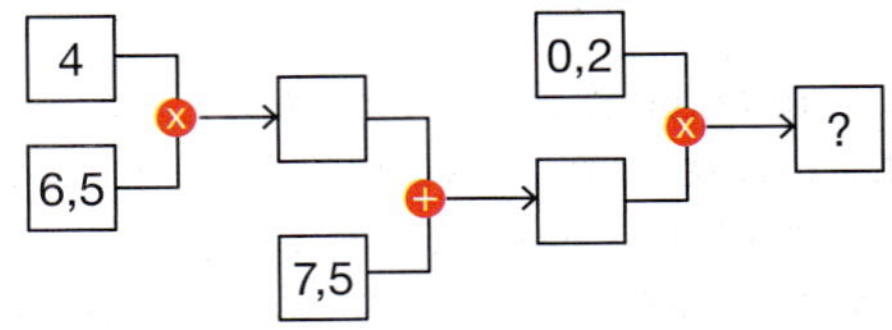

47 ASSR Kevin est verbalisé sur son scooter car il n'a pas de casque.

Ses parents paient l'amende et il les remboursera en 3 versements de 20 € et 4 h de petits travaux valant 7,50 € l'heure.

a. Calculer, en détaillant, le montant total de l'amende.

b. Parmi ces expressions, indiquer laquelle donne le montant total de l'amende.

$A = 3 \times (20 + 4 \times 7{,}5)$ $B = (3 + 4) \times (20 + 7{,}5)$

$C = 3 \times 20 + 4 \times 7{,}5$ $D = 3 \times 4 \times (20 + 7{,}5)$

48 Le périmètre des triangles ABC ci-dessous mesure 25 cm.

Dans chaque cas, écrire une expression qui permet de calculer la longueur AB puis effectuer le calcul.

a.

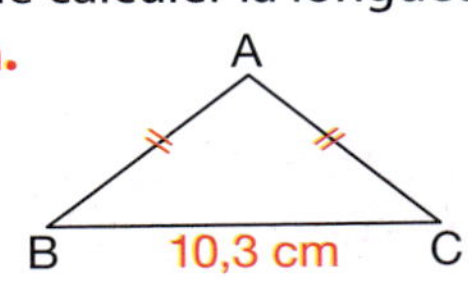

b.

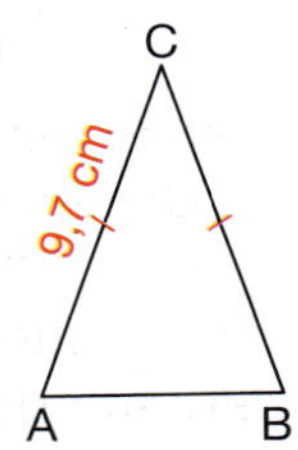

49 Camille a appliqué un programme de calcul au nombre 8.

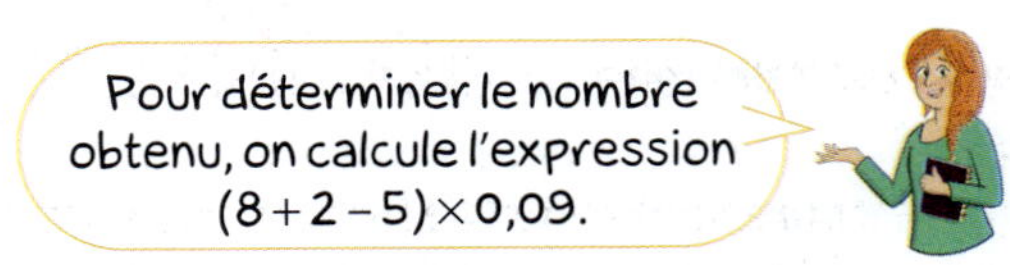

a. Écrire le programme de calcul de Camille.

b. Effectuer le calcul mentalement.

50 Jeux et casse-tête On note A, B, C, D des nombres entiers distincts entre 2 et 10, puis on calcule $(A \times B + C) : D$.

Alex affirme : « On ne peut pas dépasser 49. »

A-t-il raison ?

Je m'entraîne

Calculer des durées et des horaires

51 Raphaël vient de découvrir une nouvelle chaîne YouTube. Pour l'instant, cette chaîne ne propose que trois vidéos ; elles durent 15 min 20 s, 8 min 12 s et 13 min 35 s.
Combien de temps lui faudra-t-il pour regarder ces trois vidéos en entier ?

52 Alix se rend au collège à vélo chaque jour.
Elle a calculé que son trajet dure en moyenne 17 min 30 s le matin et 14 min 20 s le soir.
Calculer la durée totale, en heures, minutes et secondes, des trajets d'Alix pour les cinq jours de classe.

53 Nour fait du covoiturage pour se rendre au travail cinq jours par semaine. Elle passe 6 h au total dans ces trajets.
Combien le trajet de Nour dure-t-il en moyenne chaque jour ?
Donner la réponse en heures et minutes.

54 Rodrigue souhaite regarder deux épisodes de sa série préférée avant d'aller dîner. Ces épisodes durent 37 min et 43 min. Il doit se mettre à table à 19 h 30.
a. Calculer la durée totale de ces deux épisodes.
Donner la réponse en heures et minutes.
b. À quelle heure Rodrigue doit-il commencer à regarder ces épisodes ?

55 Pour se rendre à ce concert, depuis chez elle, Sophie met 1 h 40 min.

a. À quelle heure Sophie doit-elle partir si elle veut arriver une demi-heure avant le début du concert ?
b. Le concert doit durer 2 h 30 min.
À quelle heure devrait-il se terminer ?
c. À quelle heure Sophie peut-elle espérer être rentrée chez elle sachant qu'elle met aussi 1 h 40 min au retour ?

56 Jeux et casse-tête Ranger ces durées dans l'ordre croissant afin d'obtenir un prénom chinois avec les lettres correspondantes.

A	15 000 s
O	252 min
B	4 h 9 min 50 s

Utiliser les opérations

Synthèse

57 Voici les instructions du programme de calcul de Mahdi.

- Multiplier par 3,5.
- Soustraire 6.
- Ajouter 8,9.
- Diviser par 10.

Objectif Étudier plusieurs programmes de calcul construits avec ces instructions.

a. Mahdi a choisi le nombre 21,1 puis placé les instructions dans l'ordre alphabétique du verbe.
Écrire le résultat obtenu à l'aide d'une seule expression puis effectuer le calcul.
b. Cette fois, Mahdi choisit le nombre 47.
Dans quel ordre doit-il placer les instructions pour qu'il effectue $((47 - 6) \times 3,5 + 8,9) : 10$?
Effectuer le calcul à l'aide de la calculatrice.

58 Lors du défilé du 14 Juillet, les militaires sont placés en lignes et en colonnes.
Samia participe à ce défilé ; elle voit 4 militaires sur sa gauche, 7 sur sa droite, 9 devant elle et 6 derrière elle.

Objectif Représenter cette situation et calculer le nombre de militaires dans ce défilé.

a. Schématiser cette situation.
b. Écrire une expression qui permet de connaître le nombre de militaires dans ce défilé.
c. Calculer cette expression.

59 Voici quatre tickets de caisse et quatre montants.
• 90,25 € • 67,65 € • 43,65 € • 47,25 €

— SuperShop —	— SuperShop —	— SuperShop —	— SuperShop —
01/10/21	13/10/21	05/11/21	10/11/21
6,75	3,28	1,35	25,00
7,84	10,73	6,50	0,75
13,20	24,80	13,99	8,74
24,56	4,84	15,67	15,99
3,80		9,74	10,57
11,50			29,20

Objectif Associer chaque ticket de caisse au total qui lui correspond.

a. Donner un ordre de grandeur du montant du ticket du 01/10/21.
Quel est celui des quatre montants qui correspond à ce ticket ?
b. Sans effectuer de calculs à la main ou à la calculatrice, retrouver le montant total des autres tickets.

Parcours différenciés

Je m'évalue

Pour chaque question, une seule réponse est exacte.

QCM supplémentaires college.nathan.fr/tm5036

	a	b	c	En cas d'erreur
60 $17,5 \times 10$ est égal à…	170,5	17,50	175	Cours 1 p. 30
61 Une feuille de papier a une épaisseur de 0,012 cm. Un paquet de 100 feuilles a une épaisseur de…	1,2 cm	10 cm	12 cm	
62 $473,8 \times 0,01$ est égal à…	47,38	4,738	4,730 8	
63 $2 + 8 \times 7$ est égal à…	58	70	50	Cours 2 p. 30
64 $20 : 4 - (7 \times 2 - 11)$ est égal à…	68	20	2	
65 Ajouter 15 à 7,3 et multiplier le résultat par 4 revient à calculer l'expression…	$15 + 7,3 \times 4$	$15 \times 4 + 7,3$	$(15 + 7,3) \times 4$	
66 Cyril achète trois articles à 19 €, avec 5 € de réduction pour chacun, et un article à 8 €. Une expression qui donne le prix total payé, en €, est…	$3 \times 19 - 5 + 8$	$3 \times (19 - 5) + 8$	$3 \times 19 + 8 - 4 \times 5$	Ex. 1 p. 30
67 Un spectacle est constitué de deux parties qui durent 1 h 15 min et 48 min. La durée totale du spectacle est…	2 h 05 min	2 h 10 min	2 h 03 min	Cours 3 p. 30
68 1 h 54 min est égal à…	1,9 min	1,9 h	104 min	
69 Une expérience de chimie commence à 14 h 25 et dure 59 min. Elle se termine à…	15 h 25	15 h 24	15 h 30	
70 Chaque matin, Maëlle marche 5 min pour aller à l'arrêt de bus, puis attend 5 min et fait un trajet de 40 min. Elle arrive au collège à 7 h 45. Elle doit donc partir de chez elle à…	6 h 55	7 h	7 h 05	Ex. 4 p. 31

Je réalise mon parcours

Selon ton score page précédente

Parcours conseillé

- Entre **0 et 5 bonnes réponses** : drapeau vert
- Entre **6 et 8 bonnes réponses** : drapeau bleu
- **9 bonnes réponses ou plus** : drapeau rouge

71 Utiliser des expressions

Dehlia réalise des cartes de vœux rectangulaires de deux formats différents.
Elle souhaite les entourer d'une frise.
On s'intéresse à la longueur de frise dont elle aura besoin dans plusieurs cas.

PARCOURS 1

Dehlia souhaite réaliser 10 cartes au format 1.

— Comment calcule-t-on le périmètre d'un rectangle ?

— C'est la somme du double de sa longueur et du double de sa largeur.

a. Recopier et compléter : « Le périmètre, en cm, du rectangle de format 1 est 2 × ... + 2 × .... »
b. Écrire à l'aide d'une unique expression, la longueur de frise nécessaire pour réaliser 10 cartes au format 1.
c. Effectuer le calcul.

PARCOURS 2

Dehlia souhaite réaliser 20 cartes au format 2. Écrire, à l'aide d'une unique expression, la longueur de frise nécessaire pour réaliser 20 cartes puis effectuer le calcul.

PARCOURS 3

Écrire une expression de la longueur de frise nécessaire pour 15 cartes de chaque format puis effectuer le calcul.

72 Lire des informations et les exploiter

Pendant le tour de France, le cycliste slovène Tadej Pogačar a remporté une étape contre la montre. Parti précisément à 17 h 12, il est arrivé au 1er point intermédiaire à 17 h 29 min 14 s. Il a atteint le 2e point intermédiaire 22 min 47 s plus tard. Il a terminé la course en 55 min 55 s, soit 6 min 40 s après être passé au 3e (et dernier) point intermédiaire. On s'intéresse à plusieurs durées et horaires pendant cette course.

PARCOURS 1

On se propose de calculer l'heure exacte à laquelle le coureur est passé au 2e point intermédiaire.

— Comment faire pour calculer un horaire ?

— On peut utiliser une ligne des temps.

a. Tracer et compléter la ligne des temps ci-dessous.

17 h 29 min 14 s — ... — 17 h 30 — ... — 17 h 52 — ... — ...

b. Conclure sur l'horaire de passage au 2e point intermédiaire.

PARCOURS 2

Calculer chacune des durées entre :
- le départ et le 1er point intermédiaire ;
- les 2e et 3e points intermédiaires.

PARCOURS 3

Calculer les horaires exacts de passage aux 2e et 3e points intermédiaires, ainsi que l'horaire exact de l'arrivée.

Gérer des calculs

73 Algo Comprendre un script Scratch ▶ Livret Scratch p. 3

1. D'une expression au script

Lucia doit calculer l'expression $A = 2 \times (4 + 3{,}5) - 1$.

a. Calculer A à la main.

b. Voici trois scripts Scratch où la variable **Nombre** représente un nombre décimal.
Parmi ces scripts, reconnaître celui qui correspond au calcul de l'expression A.

❶

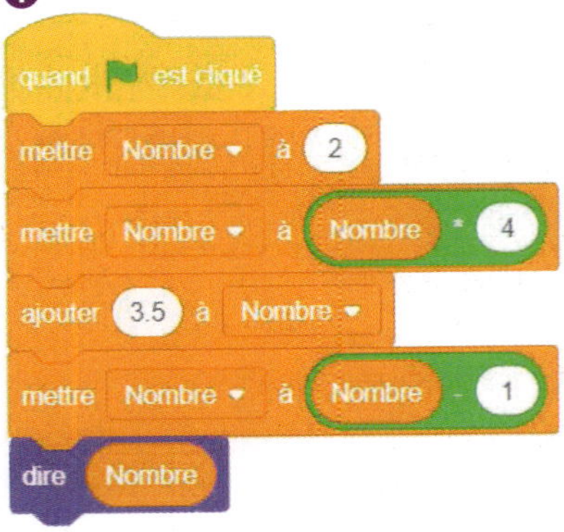

❷

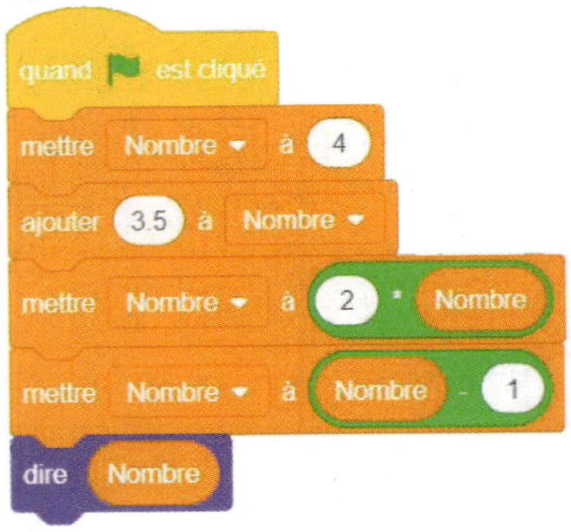

❸

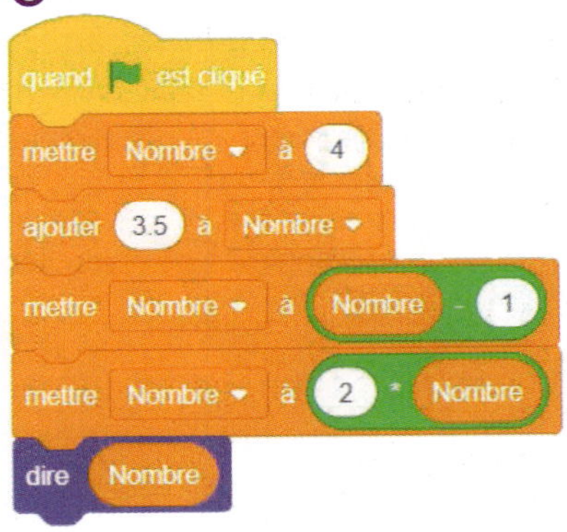

c. Ouvrir le logiciel Scratch, saisir le script retenu et le tester pour vérifier la réponse précédente.

2. D'un script à une expression

a. Écrire les expressions qui correspondent aux calculs des deux autres scripts ci-dessus.

b. Calculer ces expressions à la main.

74 Tice Travailler avec des durées

1. Voici comment saisir, par exemple, 2 h 37 min sur une calculatrice.

TI-Collège Plus

2 [2nde] [angle π] (cliquer sur 1 : °) 37 [2nde] [angle π] (cliquer sur 2 : ')

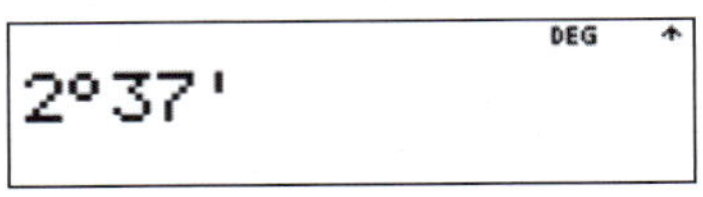

Casio fx-92+ Spéciale Collège

2 [° ' "] 37 [° ' "]

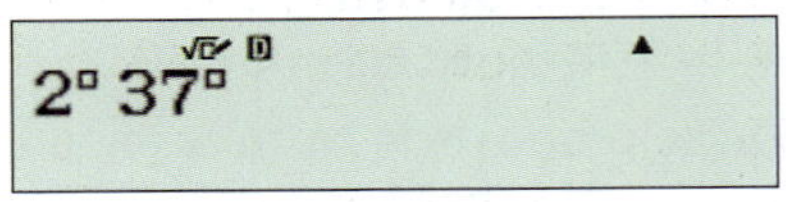

• Pol a regardé un film qui dure 2 h 37 min. Le film s'est terminé à 23 h 12.
À l'aide de la calculatrice, calculer l'heure de début de ce film. *Donner la réponse en heures et minutes.*

2. Pour exprimer 3 h 54 min en heures décimales à l'aide de la calculatrice, il suffit de saisir 3 h 54 min à l'écran comme indiqué ci-dessus et de cliquer sur [entrer] ou [EXE] et deux fois sur [S⇔D] avec Casio.
On lit alors que 3 h 54 min = 3,9 h.

a. Un match de football, avec la mi-temps et les arrêts de jeu, a duré 1 h 51 min.
Exprimer cette durée en heures décimales.

b. Cette semaine (6 jours) Ambre a travaillé pendant 43 h 12 min. On suppose qu'elle travaille le même nombre d'heures chaque jour. Calculer la durée quotidienne de travail d'Ambre, en heures et minutes.
Exprimer cette durée en heures décimales.

75 Communiquer en anglais

Calculer • Communiquer

In a video game, the best theoretical time is computed by adding the best times of different players for each level of the game.
Here are those best times.

Level	Player	Time
1	SpinAzWhit	27 min 15 s
2	Alduin	24 min 32 s
3	Hermione08	17 min 45 s
4	MarioLuigi	30 min 08 s
5	SpinAzWhit	23 min 52 s

Compute the best theoretical time for this game.
Give the answer in hours, minutes and seconds.

76 Extraire des informations

Raisonner • Calculer

Solar Impulse 2 est le premier avion à avoir effectué un tour du monde sans carburant ni émission polluante pendant le vol.
Le 28 juin 2015 à 18 h 03, il a décollé de Nagoya, au Japon. Il a atterri 7 212 km plus loin à Hawaï, le 3 juillet 2015 à 15 h 54.
À l'aide de la calculatrice, calculer la distance, en km, que Solar Impulse 2 a parcourue en moyenne chaque heure.
Donner une valeur approchée à l'unité près.

77 Placer des parenthèses

Raisonner • Calculer

Luka a recopié l'expression qu'il doit calculer :

$$2,5 + 17,8 \times 10 - 12,5 \times 8.$$

Malheureusement, il a oublié de recopier les parenthèses. Écrire toutes les expressions possibles en plaçant une ou deux paires de parenthèses et les calculer lorsque cela est possible.

78 Interpréter un affichage

Raisonner • Communiquer

Maya et ses amies achètent sept bouteilles de jus de fruits et des gâteaux pour une fête.
Voici le calcul qu'elles ont effectué pour obtenir le prix à payer par chacune.

```
(7×1,5+5×3,3):4
           6,75
```

Donner alors :
- le prix d'une bouteille ;
- le nombre d'amies ;
- le nombre de gâteaux achetés et leur prix.

79 Comprendre un nouveau symbole

Raisonner • Calculer • Communiquer

A et B désignent deux nombres décimaux.
L'écriture A ▸ B désigne le nombre $A \times (B + 10 \times A)$.
Dans chaque cas, calculer à la main :
a. 0,5 ▸ 6 **b.** (4 ▸ 7,3) ▸ 5 **c.** 4 ▸ (7,3 ▸ 5)

80 Faire le bon choix

Raisonner • Calculer • Communiquer

Voici les tarifs proposés par une plateforme de vidéos à la demande.

> • Après l'achat d'un abonnement annuel à 17,90 €, la location d'un film coûte 1,50 €.
> • Sans l'achat de l'abonnement annuel, la location d'un film coûte 2,30 €.

L'année dernière, Chloé était abonnée et elle a dépensé 52,40 € au total.
Chloé a-t-elle intérêt à s'abonner à nouveau cette année si elle regarde le même nombre de films ? Expliquer.

81 Algo Comprendre un enchaînement

Raisonner • Calculer • Communiquer

Voici un script Scratch incomplet.

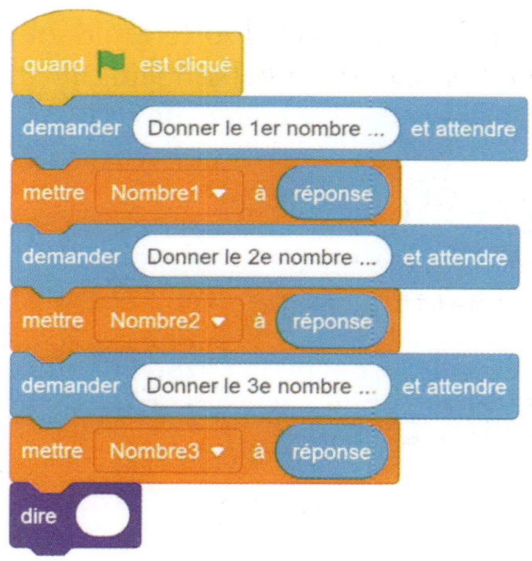

1. Ouvrir le logiciel Scratch et saisir ce script incomplet.
2. On saisit dans l'ordre 8,3 ; 4 ; 7,5. Compléter ce script à l'aide des blocs disponibles ci-dessous afin que le lutin énonce le résultat de l'expression :
a. $8,3 \times (4 + 7,5)$ **b.** $8,3 \times 4 + 7,5$
Tester les scripts obtenus.

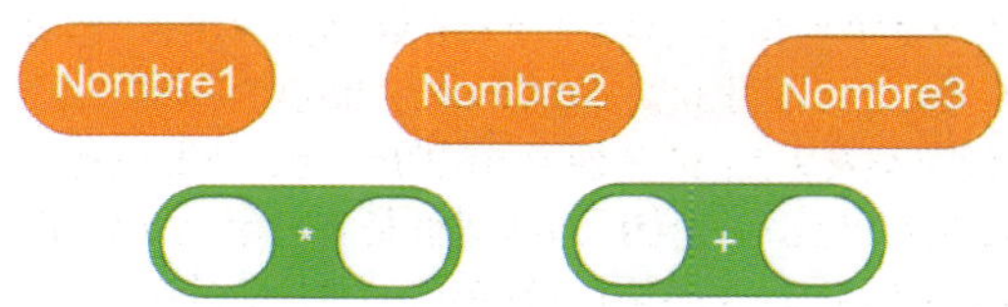

82 Communiquer en anglais

Raisonner • Communiquer

Evan was born when his mother was 28 years old. He is now 10. He computes double the sum of his age and his mother's age.

a. Write an expression that gives the sum obtained.

b. When will he get more than a hundred?

83 Exploiter un graphique

Raisonner • Calculer

Voici le profil d'une course en montagne.

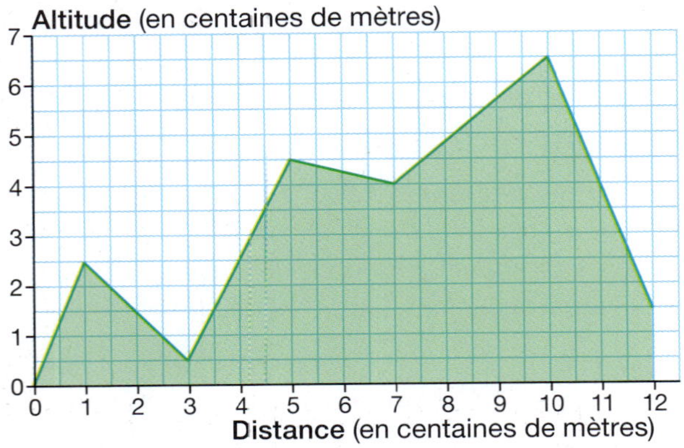

Agathe parcourt six fois ce circuit dans un sens puis dans l'autre.
Le dénivelé total de cette course est la somme des augmentations en altitude le long du circuit.
Écrire une expression qui permet de connaître le dénivelé total du circuit d'Agathe puis le calculer.

84 Comprendre et expliquer

Chercher • Raisonner • Calculer

Pour chaque série, écrire une expression utilisant au plus une fois chaque nombre afin d'obtenir le résultat proposé ou de s'en approcher le plus possible.
On peut utiliser les opérations (+, −, ×, :) et des parenthèses.

a. 1 4 25 8 10 7 Résultat : **229**.

b. 3 7 10 25 100 2 Résultat : **868**.

c. 1 75 5 50 3 9 Résultat : **438**.

85 Imaginer une stratégie

Chercher • Raisonner • Calculer

Dans un champ, il y a des moutons et des oies.
On voit 72 têtes et 200 pieds.
Quel est le nombre de moutons dans ce champ ?

86 Problème ouvert

Chercher • Représenter

Un DVD est vendu 2,50 € de moins qu'un CD et une BD est vendue 3,60 € de plus qu'un CD.
Anouchka achète 1 CD, 3 DVD et 2 BD.
Tom achète 6 CD.
Comparer les dépenses d'Anouchka et de Tom.

Narration de RECHERCHE

87 PROBLÈME Écrire chacun des nombres de 0 à 9 en utilisant uniquement :
- les nombres 1 ; 2 et 3 une fois chacun,
- les opérations +, −, × ou :,
- des parenthèses.

Raconter sur une feuille les différentes étapes de la recherche et les remarques qui ont fait changer de méthode ou qui ont permis de résoudre le problème.

Des défis

88 Découvrir des nombres

Chaque animal ci-dessous représente un même nombre.
Quels sont ces nombres ?

89 Enchaîner des opérations

Dans la liste ci-dessous, chaque nombre est égal au triple du précédent ou au nombre précédent plus 5.
Recopier et remplacer les ■ par les nombres qui conviennent.

20 ■ ■ ■ ■ 215 ■ ■ ■ ■ 2010

Je prends des initiatives

TÂCHES COMPLEXES

90 FAIRE APPEL à un paysagiste

La situation-problème

La responsable espaces verts d'une ville fait appel à un paysagiste pour aménager un square en espace de biodiversité. Elle souhaite des parties en pelouse séparées par des allées.
Déterminer le budget qu'elle doit prévoir.

Doc. 1

Le plan du square

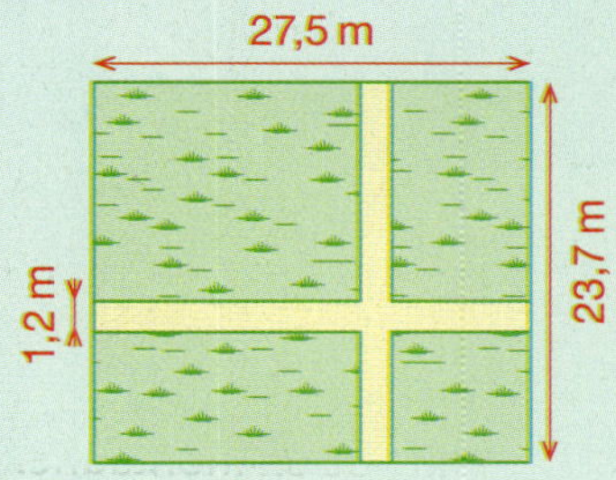

Doc. 2

Les tarifs hors taxes du paysagiste
Pelouse : 6,50 € par m²
Allées : 37,50 € par m²

Doc. 3

Les taxes
Le prix toutes taxes comprises (TTC) est le prix hors taxes augmenté de la TVA à 21 %.

Les supports de travail

Les documents, la calculatrice.
Toute piste de recherche, même non aboutie, figurera sur la feuille.

91 ÉTUDIER LA RENTABILITÉ d'un film américain

La situation-problème

Certains studios américains dépensent des millions de dollars pour réaliser des films à grand spectacle, qui leur rapportent des milliards de dollars.
Déterminer, parmi les huit films les plus chers, celui qui a rapporté le plus d'argent par minute de film.

Doc. 1

Coûts et recettes, en millions de dollars

Film	Coût	Recette
Avengers: Endgame	400	2 798
Pirates des Caraïbes 4	379	1 046
Avengers: Age of Ultron	365	1 395
Star Wars Ep. VIII	306	2 065
Pirates des Caraïbes 3	300	961
Spectre	300	880
Avengers: Infinity War	300	2 045
Justice League	300	656

Doc. 2

Durées des films en heures et minutes

Film	Durée
Avengers: Endgame	3 h 01 min
Pirates des Caraïbes 4	2 h 17 min
Avengers: Age of Ultron	2 h 21 min
Star Wars Ep. VIII	2 h 32 min
Pirates des Caraïbes 3	2 h 47 min
Spectre	2 h 28 min
Avengers: Infinity War	2 h 29 min
Justice League	2 h

Les supports de travail

Les documents, la calculatrice.
Toute piste de recherche, même non aboutie, figurera sur la feuille.

CHAPITRE 3

Utiliser le calcul littéral

Dans le cadre de la lutte contre le réchauffement climatique et du renouvellement de la forêt, une entreprise s'engage dans des projets visant à préserver, restaurer ou recréer des écosystèmes forestiers. Elle propose aux particuliers d'acheter des arbres à 3 € l'unité. Ainsi, la somme récoltée pour la reforestation est donnée par la formule $S = 3 \times n$ où n désigne le nombre d'arbres achetés.

Bien démarrer

Pour chaque question, une réponse ou plusieurs sont exactes.

		a	b	c
1	$15 \times 8 + 15 \times 12$ est égal à…	300	4 140	15×20
2	$5 \times (10 + 7)$ est égal à…	57	$5 \times 10 + 5 \times 7$	85
3	$8 + 2 \times 3$ est égal à…	14	30	$2 \times 3 + 8$
4	Aire d'un triangle : $\mathscr{A} = (b \times h) : 2$. Pour $b = 2{,}5$ et $h = 8$… 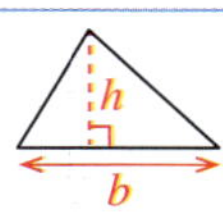	$\mathscr{A} = 5$	$\mathscr{A} = 10$	$\mathscr{A} = 5{,}25$
5	Pour ce rectangle… 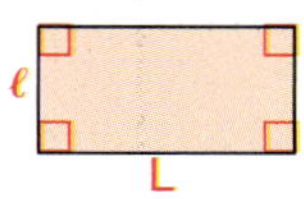	le périmètre est $2 \times L + 2 \times \ell$	le périmètre est $2 \times (L + \ell)$	l'aire est $L \times \ell$

Vérifie tes réponses p. 306

ACTIVITÉ

1 Utiliser ou produire une formule

Cours Paragraphes 1 et 2, p. 44

1 Dans une grande ville, une société propose un service de trottinettes électriques partagées. Le prix P, en €, de la location pour n min est donné par la formule $P = 1 + 0{,}25 \times n$.

a. Quel est le prix du déblocage de la trottinette, c'est-à-dire pour 0 min ?

b. Calculer le prix payé pour 10 min d'utilisation.

c. Manuela a payé 6 € en tout.
Combien de temps a-t-elle utilisé la trottinette ?

Info
On peut supprimer le signe × lorsqu'il est suivi d'une lettre.
$P = 1 + 0{,}25n$
On dit que P est exprimé *en fonction de n*.

2 Dans la même ville, on trouve aussi des scooters électriques à louer, au prix de 0,30 € par minute, sans frais de déblocage.

a. Exprimer le prix P à payer, en €, en fonction de la durée d'utilisation d, en min.

b. Avec ses 6 €, combien de temps Manuela pourrait-elle utiliser un scooter ?

ACTIVITÉ

2 Utiliser la distributivité pour réduire une expression

Cours Paragraphe 3, p. 46

Pour remercier ses bénévoles, une association envisage de leur offrir en fin d'année un porte-clés à 2,50 € l'unité et une carte cadeau d'une valeur de 50 €.
On note b le nombre de bénévoles de cette association.

1 **a.** Exprimer en fonction de b, le montant total, en € :
- des porte-clés offerts ;
- des cartes cadeaux offertes.

b. Exprimer alors en fonction de b et sous forme d'une somme, le montant total M, en €, des dépenses à prévoir par cette association.

2 **a.** Quel est le montant total des cadeaux offerts à chaque bénévole ?

b. Exprimer en fonction de b et sous forme d'un produit, le montant total M.

3 **a.** Recopier et compléter à l'aide des questions précédentes :

$$\ldots \times b + \ldots \times b = \ldots \times b$$

On a **réduit** l'expression $\ldots \times b + \ldots \times b$.

b. Dans chaque cas, utiliser l'expression qui est la mieux adaptée pour calculer M à la main lorsque :
- $b = 10$;
- $b = 12$;
- $b = 40$.

3 Tester une égalité

Cours Paragraphe 4, p. 46

1 On considère l'égalité $7x + 1 = x + 4$ où x désigne un nombre.
Vérifier que cette égalité est vraie pour $x = 0{,}5$ et fausse pour $x = 3$.

2 x désigne un nombre positif.

a. Que représente le nombre :
- $x + 30$ pour le triangle isocèle ?
- $2x + 22$ pour le quadrilatère ?

b. Pour ces figures, on sait que $x + 30 = 2x + 22$.
- Interpréter cette égalité dans le contexte de la situation.
- Déterminer un nombre entier compris entre 5 et 10 pour lequel l'égalité est vraie.

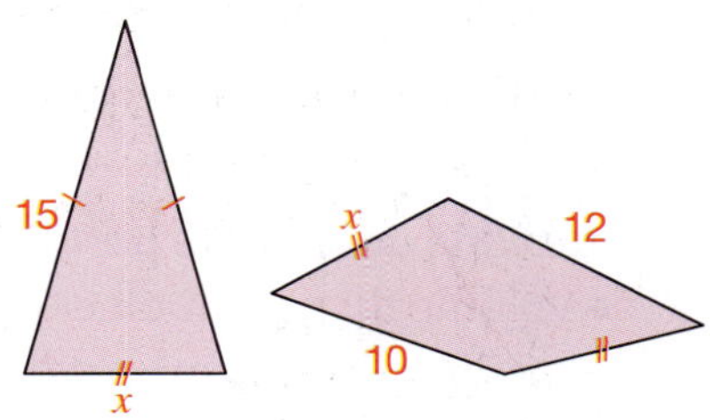

Cours

1 Expression littérale

Exercices 12 à 21

a. Des nombres et des lettres

DÉFINITION Une expression littérale est une expression contenant une ou plusieurs lettres. Ces lettres désignent des nombres.

RÈGLE On peut supprimer le signe × lorsqu'il est suivi d'une lettre ou d'une parenthèse.

Exemples

- Le périmètre d'un carré de côté c est donné par l'expression littérale $4 \times c$, c'est-à-dire $4c$.
- $a \times 4 = 4a$
- $1 \times a = a$ (on n'écrit pas $1a$)
- $8 \times (x + 2) = 8(x + 2)$
- $a \times b = ab$

NOTATIONS a désigne un nombre.

- La notation a^2 (lire « a au carré ») désigne le produit $a \times a$. Ainsi, $\boldsymbol{a \times a = a^2}$.
- La notation a^3 (lire « a au cube ») désigne le produit $a \times a \times a$. Ainsi, $\boldsymbol{a \times a \times a = a^3}$.

Exemples

- $7^2 = 7 \times 7 = 49$
- $10 \times 10 \times 10 = 10^3 = 1\,000$

b. Désignation de nombres

L'utilisation de lettres permet de rendre compte d'une propriété d'un nombre.

Exemples

n désigne un nombre entier.

- Le **suivant** du nombre n est obtenu en lui ajoutant 1 ; il s'agit donc du nombre $\boldsymbol{n + 1}$.
- Le **double** du nombre n est obtenu en le multipliant par 2 ; il s'agit donc du nombre $\boldsymbol{2n}$.

2 Dépendance de deux grandeurs

Exercices 22 à 28

a. Utilisation d'une formule

Exemple

Pour un vent de 60 km/h, la température ressentie T, en °C, est donnée par la formule $T = -0{,}6t + 8{,}8$ où t désigne la température ambiante, en °C.

On peut dresser un tableau de valeurs.

t (en °C)	6	7	8	9	10
T (en °C)	5,2	4,6	4	3,4	2,8

b. Production d'une formule

Exemple

h désigne un nombre positif.

Le volume du pavé droit ci-contre dépend de sa hauteur h, en cm.

Son volume $\mathcal{V}$, en cm^3, est donné par $\mathcal{V} = 2 \times 5 \times h$, c'est-à-dire $\mathcal{V} = 10h$.

On dit que l'on a exprimé $\mathcal{V}$ **en fonction de** $\boldsymbol{h}$.

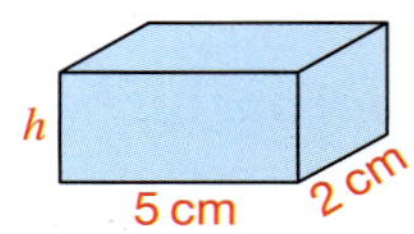

J'applique le cours

1 Calculer la valeur d'une expression littérale

EXERCICE RÉSOLU

ÉNONCÉ Un joueur de tennis joue une balle en lob, au-dessus de son adversaire. La hauteur h de la balle, en dm, quand la balle a parcouru une distance horizontale d, en m, est donnée par la formule $h = 10d - 0{,}5d^2$.
À quelle hauteur se trouve la balle pour : • $d = 8$? • $d = 20$?

SOLUTION

• Pour $d = 8$,
$h = 10 \times 8 - 0{,}5 \times 8^2 = 10 \times 8 - 0{,}5 \times 64$
$h = 80 - 32 = 48$
Donc pour $d = 8$, la balle se trouve à une hauteur de 48 dm.

• Pour $d = 20$,
$h = 10 \times 20 - 0{,}5 \times 20^2 = 10 \times 20 - 0{,}5 \times 400$
$h = 200 - 200 = 0$
Donc pour $d = 20$, la balle se trouve à une hauteur de 0 dm, c'est-à-dire que la balle touche le sol.

CONSEILS

• On remplace d par 8 dans l'expression et on pense à rétablir les signes $\times$ sous-entendus.

• Après les calculs, on conclut par une phrase qui se rapporte au contexte.

À TON TOUR

2 La hauteur h, en m, à laquelle se trouve une fusée t secondes après son lancement est donnée par la formule $h = 60t - 4{,}9t^2$.
À quelle hauteur se trouve la fusée :
• 3 s après le lancement ? • 7 s après le lancement ?

3 Dans une ville de 3 500 habitants, il y a e éoliennes installées, ainsi que p panneaux solaires. Le nombre N d'habitants desservis par ces sources d'électricité est donné par la formule $N = 200e + 40p$.
Ces installations alimentent-elles en électricité tous les habitants lorsque : • $e = 10, p = 50$? • $e = 5, p = 60$?

4 Produire une formule traduisant une dépendance

EXERCICE RÉSOLU

ÉNONCÉ Pour un projet en arts plastiques, Klara a découpé des carrés de côtés x cm dans les quatre coins d'une feuille rectangulaire de 20 cm par 10 cm.
Exprimer en fonction de x, l'aire $\mathscr{A}$, en cm², de la surface restante.

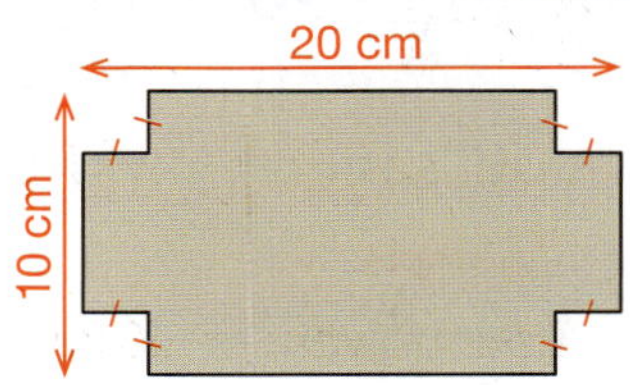

SOLUTION

• L'aire de la feuille entière est 20 cm × 10 cm, c'est-à-dire 200 cm².
• L'aire d'un carré de côté x cm est x^2 cm².
• Donc l'aire $\mathscr{A}$, en cm², de la surface restante est :
$$\mathscr{A} = 200 - 4x^2.$$

CONSEILS

• L'aire d'un rectangle est le produit de ses dimensions.
• Klara a découpé 4 carrés, donc on soustrait 4 fois l'aire d'un carré.

À TON TOUR

5 Cette figure est constituée d'un carré de côté c et d'un rectangle de dimensions c et 5.
Exprimer l'aire $\mathscr{A}$ de la figure en fonction de c.

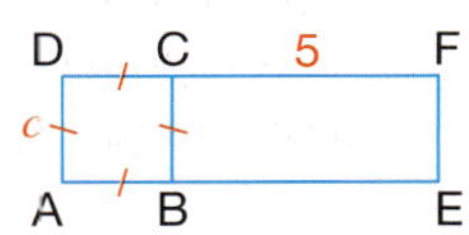

3 Distributivité

Exercices 29 à 37

RÈGLE 1 a, b, x désignent des nombres.

- $ax + bx = (a + b)x$ — Somme → Produit
- $ax - bx = (a - b)x$ — Différence → Produit

Vocabulaire : on dit que l'on **réduit** la somme $ax + bx$ ou la différence $ax - bx$.

Exemples

- $12x + 3{,}5x = (12 + 3{,}5)x = 15{,}5x$
- $2{,}4y - 2{,}1y = (2{,}4 - 2{,}1)y = 0{,}3y$

RÈGLE 2 a, b, x désignent des nombres.

- $(a + b)x = ax + bx$ — Produit → Somme
- $(a - b)x = ax - bx$ — Produit → Différence

Exemple

En calcul mental : $99 \times 37 = (100 - 1) \times 37 = 100 \times 37 - 1 \times 37 = 3\,700 - 37 = 3\,663$.

4 Test d'une égalité

Exercices 38 à 44

a. Égalité

Une **égalité** est constituée de deux **membres** séparés par le signe « = ».

$$\underbrace{5 \times 4}_{\text{membre de gauche}} = \underbrace{12 + 8}_{\text{membre de droite}}$$

b. Égalité vraie ou fausse

PROPRIÉTÉ Une égalité où interviennent des expressions littérales peut être **vraie** pour certaines valeurs affectées aux lettres et **fausse** pour d'autres.

Exemples

- L'égalité $5 + x = 8$ est vraie pour $x = 3$. En effet, $5 + 3 = 8$.
- L'égalité $5 + x = 8$ est fausse pour $x = 4$. En effet, $5 + 4 = 9$ et $9 \neq 8$.

MÉTHODE Pour tester si une égalité est vraie pour des valeurs numériques attribuées aux lettres :
① on calcule la valeur du membre de gauche en remplaçant chaque lettre par le nombre donné ;
② on calcule la valeur du membre de droite en remplaçant chaque lettre par le nombre donné ;
③ on observe l'égalité ou non des deux valeurs obtenues et on conclut.

Exemple

On considère l'égalité $3x + 5 = 5x - 9$.

- Cette égalité est-elle vraie pour $x = 2$?
① $3x + 5 = 3 \times 2 + 5 = 6 + 5 = 11$
② $5x - 9 = 5 \times 2 - 9 = 10 - 9 = 1$
③ $11 \neq 1$ donc l'égalité $3x + 5 = 5x - 9$ est **fausse** pour $x = 2$.

- Cette égalité est-elle vraie pour $x = 7$?
① $3x + 5 = 3 \times 7 + 5 = 21 + 5 = 26$
② $5x - 9 = 5 \times 7 - 9 = 35 - 9 = 26$
③ On trouve le même résultat donc l'égalité $3x + 5 = 5x - 9$ est **vraie** pour $x = 7$.

J'applique le cours

6 Utiliser la distributivité

EXERCICE RÉSOLU

ÉNONCÉ Effectuer astucieusement chaque calcul, sans utiliser la calculatrice et sans poser d'opération.

a. $17{,}5 \times 5{,}3 + 2{,}5 \times 5{,}3$ **b.** $23 \times 7{,}1$

SOLUTION

a. $17{,}5 \times 5{,}3 + 2{,}5 \times 5{,}3 = (17{,}5 + 2{,}5) \times 5{,}3$

$17{,}5 \times 5{,}3 + 2{,}5 \times 5{,}3 = 20 \times 5{,}3$

$17{,}5 \times 5{,}3 + 2{,}5 \times 5{,}3 = 106$

b. $23 \times 7{,}1 = (20 + 3) \times 7{,}1$

$23 \times 7{,}1 = 20 \times 7{,}1 + 3 \times 7{,}1$

$23 \times 7{,}1 = 142 + 21{,}3$

$23 \times 7{,}1 = 163{,}3$

CONSEILS

- On repère qu'il s'agit de deux multiplications par 5,3, puis on applique la **règle 1** (paragraphe 3, p. 46).
- On décompose 23 comme une somme de deux nombres qui sont plus faciles à multiplier par 7,1, puis on applique la **règle 2** (paragraphe 3, p. 46).

À TON TOUR

7 Effectuer astucieusement chaque calcul, sans utiliser la calculatrice et sans poser d'opération.

a. $2{,}3 \times 5{,}7 - 2{,}3 \times 2{,}7$ **b.** $33 \times 41{,}2$

8 Sans calculatrice et sans poser d'opération, calculer astucieusement $98 \times 3{,}46$.

Conseil : utiliser $98 = 100 - 2$.

9 Tester une égalité

EXERCICE RÉSOLU

ÉNONCÉ Voici deux rectangles pour lesquels x désigne un nombre positif.

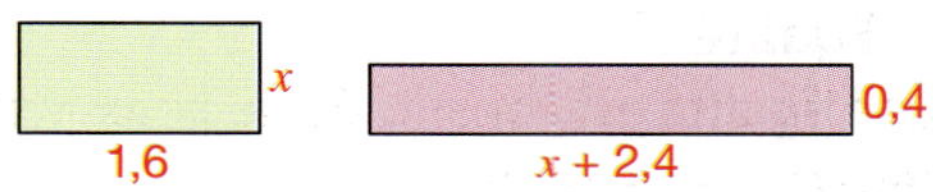

a. Exprimer l'aire de chaque rectangle en fonction de x.

b. Traduire par une égalité le fait que ces rectangles ont la même aire.

c. Ces deux rectangles ont-ils la même aire lorsque : • $x = 10$? • $x = 0{,}8$?

SOLUTION

a. Aire du rectangle vert : $1{,}6x$.

Aire du rectangle rose : $0{,}4(x + 2{,}4)$.

b. $1{,}6x = 0{,}4(x + 2{,}4)$

c. • Pour $x = 10$, $1{,}6x = 1{,}6 \times 10 = 16$

et $0{,}4(x + 2{,}4) = 0{,}4(10 + 2{,}4) = 0{,}4 \times 12{,}4 = 4{,}96$.

$16 \neq 4{,}96$ donc les rectangles n'ont pas la même aire.

• Pour $x = 0{,}8$, $1{,}6x = 1{,}6 \times 0{,}8 = 1{,}28$

et $0{,}4(x + 2{,}4) = 0{,}4(0{,}8 + 2{,}4) = 0{,}4 \times 3{,}2 = 1{,}28$.

Donc les rectangles ont la même aire.

CONSEILS

- Ici, il n'est pas utile d'écrire l'aire du rectangle rose sous la forme $0{,}4x + 0{,}4 \times 2{,}4$ soit $0{,}4x + 0{,}96$.
- On calcule les membres de droite et de gauche de l'égalité pour chaque valeur donnée et on compare afin de conclure.

À TON TOUR

10 Voici deux rectangles pour lesquels x désigne un nombre positif. On souhaite que $8x = 5(x + 1{,}5)$.

a. Que signifie cette égalité pour ces rectangles ?

b. Est-il possible que : • $x = 2{,}5$? • $x = 0{,}5$?

11 Héline a épargné une somme initiale de 20 €, puis 5 € par mois.

Floriane a de son côté épargné 10 € par mois.

a. Que signifie l'égalité $20 + 5n = 10n$ pour cette situation ?

b. Cela peut-il se produire au bout de :

• 6 mois ? • 4 mois ?

Je travaille mes automatismes

Utiliser des expressions littérales

À l'oral — **Questions flash**

12 Simplifier oralement chaque expression.
a. $2a \times 3$ **b.** $x \times x \times x$ **c.** $4b \times 5b$

13 CALCUL MENTAL Calculer mentalement chaque expression pour $a = 5$.
a. $4a - 3$ **b.** $0{,}5a + 10$ **c.** $2(a + 4)$

14 CALCUL MENTAL Calculer mentalement chaque expression pour $n = 3$ et $m = 5$.
a. $3n + m$ **b.** $5n - 2m$ **c.** $n^2 + m^2$

15 Dans chaque cas, écrire plus simplement.
a. $7 \times a + 9 \times b$ **b.** $x \times y$ **c.** $2 \times \pi \times r$
d. $5 \times a - 0{,}5 \times b$ **e.** $\pi \times r \times r$ **f.** $3{,}2 \times a \times 4$

16 CORRIGÉ en vidéo jaicompris.com
Dans chaque cas, écrire plus simplement.
a. $3{,}2x \times 5x$ **b.** $4x \times 2x \times 3x$
c. $4x \times 2x + 5x$ **d.** $6x \times x - x$

17 Calculer l'expression $7{,}8b + 10$ pour :
a. $b = 5$ **b.** $b = 2{,}3$ **c.** $b = 13{,}9$

18 Calculer l'expression $1{,}5a + a^2$ pour :
a. $a = 4$ **b.** $a = 7{,}2$ **c.** $a = 11{,}3$

19 Mathilde et Noémie devaient calculer la valeur de $A = 2x^2$ pour $x = 3$. Voici leurs copies.

Mathilde : $A = 2 \times 3^2 = 2 \times 9 = 18$.

Noémie : $A = 2 \times 3^2 = 6^2 = 6 \times 6 = 36$.

Qui a raison ? Expliquer.

20 a désigne un nombre positif.
Cette figure est formée de trois carrés de côté a et d'un triangle rectangle.
Son aire $\mathcal{A}$ est telle que :
$$\mathcal{A} = 3a^2 + a^2 : 2.$$
Calculer $\mathcal{A}$ pour : • $a = 1$ • $a = 2$ • $a = 5$

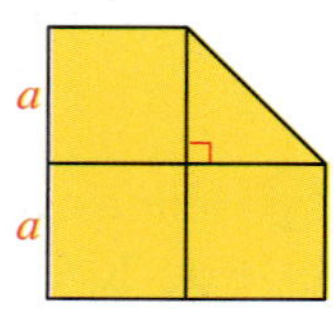

21 Exprimer en fonction du nombre entier n :
a. le triple de n ; **b.** la moitié de n ;
c. le suivant de n ; **d.** le précédent de n (si $n \neq 0$).

Étudier une dépendance

À l'oral — **Questions flash**

22 On a découpé un rectangle de dimensions x et $2x$ dans un carré de côté $3x$.
Laquelle de ces expressions est celle de son aire ?
(1) $12x$ **(2)** $3x^2 - 2x^2$ **(3)** $7x^2$

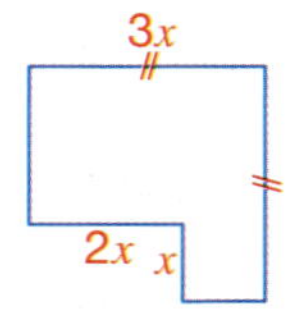

23 Deux grandeurs x et y sont liées par la relation $y = 3x - 5$. Indiquer oralement les erreurs dans ce tableau de valeurs.

x	0	1	1,5	3	5
y	–5	–2	–0,5	1	0

24 Pour une éolienne dont les pales ont pour longueur L, en m, la puissance maximale P, en watts, qu'elle peut fournir est donnée par l'expression :
$$P = 3\,920\ L^2.$$
Dresser un tableau de valeurs pour les longueurs entières de 10 à 15 m.

25 Dans chaque cas, exprimer la longueur du segment [AB] en fonction de x.

a.
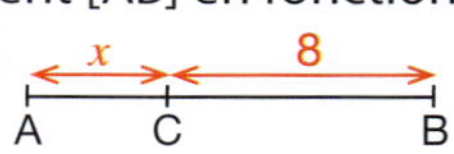

b.
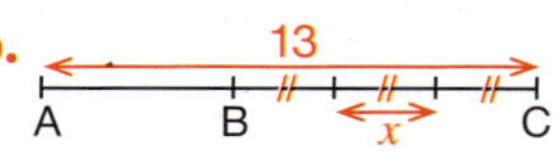

26 Voici un programme de calcul.

• Choisir un nombre.
• Multiplier par 8.
• Ajouter 2,5.

a. Quelle valeur obtient-on lorsqu'on choisit 4,5 ?
b. On note x le nombre choisi.
Exprimer en fonction de x le nombre obtenu.

27 Recopier et compléter ce programme de calcul pour que le résultat obtenu s'écrive $5x + 4$ lorsqu'on note x le nombre choisi.

• Choisir un nombre.
• ...
• ...

28 Quand Ali va au ski, chaque forfait lui coûte 26 €.
Zoé achète une carte de 100 € pour l'année. Chaque forfait lui coûte alors 15 €.
On note n le nombre de forfaits achetés.
a. Exprimer en fonction de n, le prix A payé par Ali.
b. Exprimer en fonction de n, le prix Z payé par Zoé.
c. Calculer A et Z pour : • $n = 3$ • $n = 5$ • $n = 10$

Je travaille mes automatismes

Connaître la distributivité

À l'oral — Questions flash

29 Réduire oralement chaque expression.

a. $A = 12x + 2{,}5x$ **b.** $B = 3{,}7a + 2{,}3a$
c. $C = 37{,}5b - b$ **d.** $D = 14{,}8y - 5{,}4y$

30 Exprimer oralement le produit $5(3 + a)$ à l'aide d'une somme.

31 CALCUL MENTAL Calculer mentalement.

a. $19 \times 53 + 11 \times 53$ **b.** $67 \times 41 - 17 \times 41$

32 Réduire chaque expression.

a. $A = 27x + 13x$ **b.** $B = 12{,}5b - 7b$
c. $C = 27y + 10y - 3y$ **d.** $D = 122a + 3{,}5a - 22{,}5a$

33 Dans chaque cas, exprimer à l'aide d'une somme ou d'une différence.

a. $A = 8(x + 5)$ **b.** $B = 5(9 - b)$
c. $C = (2y - 1) \times 4$ **d.** $D = 10(0{,}4a - 6{,}3)$

34 Utiliser la distributivité pour effectuer astucieusement chaque produit.

a. $A = 17 \times 50$ **b.** $B = 33 \times 12$ **c.** $C = 52 \times 99$

35 Dans chaque cas, dire si l'on peut utiliser la distributivité. Si oui, écrire l'expression sous la forme d'une somme ou d'une différence.

a. $A = 3(15x - 4)$ **b.** $B = 7 + (2y + 3)$
c. $C = 2(x \times y)$ **d.** $D = 0{,}5(22a + 13)$

36 Recopier et compléter chaque égalité.

a. $6(\ldots + x) = 18 + \ldots$ **b.** $\ldots(y - 5) = 4y - \ldots$
c. $9(3 - \ldots) = \ldots - 36x$ **d.** $\ldots(4y + 6) = 32y + \ldots$

37 Voici un programme de calcul.

- Choisir un nombre.
- Multiplier par 2.
- Ajouter 5.
- Multiplier par 10.

a. Quel est le nombre obtenu quand on choisit 7 ?
b. On note x le nombre choisi.
Écrire une expression littérale qui donne le nombre obtenu, en fonction de x :
- sous la forme d'un produit ;
- sous la forme d'une somme.

Tester une égalité

À l'oral — Questions flash

38 Quelles égalités sont vraies pour $x = 0$?

(1) $3x + 6 = 6$ **(2)** $x^2 + 3 = 4$
(3) $x(3x + 1) = 1$ **(4)** $7x + 2 = 2 - 4x$

39 CALCUL MENTAL Déterminer si l'égalité est vraie ou fausse pour $x = 7$ en calculant mentalement.

a. $2x - 5 = 9$ **b.** $3x + 2 = x + 16$
c. $x^2 - 10 = 39$ **d.** $x^2 + 5x = 2x$

40 CORRIGÉ en vidéo jaicompris.com

Raphaël : « L'égalité $4 + 5x = 9x$ est vraie quelle que soit la valeur de x. J'ai vérifié pour $x = 1$. »

a. Effectuer la vérification de Raphaël.
b. Tester à nouveau l'égalité pour $x = 2$.
c. Que peut-on conclure ?

41 Dans chaque cas, dire si l'égalité est vraie pour la valeur de a qui est proposée.

a. $6 + 5a = 3a + 17$ pour $a = 5$.
b. $11 - a = 2(a + 1)$ pour $a = 3$.
c. $3 + 4(a - 1) = 5a - 7$ pour $a = 6$.

42 L'égalité $x^2 + 4 = 10x - 17$ est-elle vraie pour :

a. $x = 3$? **b.** $x = 5$? **c.** $x = 7$? **d.** $x = 10$?

43 Lalie a payé 80 € ces trois bracelets et ce collier.

Comme elle a oublié le prix de chaque bijou, elle écrit :

$$3x + y = 80.$$

1. Que représentent ici x et y ?
2. Est-il possible que :
a. $x = 12$ et $y = 44$? **b.** $x = 16$ et $y = 22$?

44 Deux formules différentes permettent de calculer la fréquence cardiaque maximale recommandée, notée F (ou F'), en fonction de l'âge a d'une personne :

$$F = 220 - a \quad \text{et} \quad F' = 208 - 0{,}7a.$$

a. Que signifie l'égalité $220 - a = 208 - 0{,}7a$?
b. Cette égalité est-elle vraie pour :
- $a = 10$? • $a = 30$? • $a = 40$? • $a = 50$?

c. Que peut-on déduire de la question **b** ?

Je m'entraîne

Utiliser ou produire une expression littérale

45 La gestionnaire d'un collège commande des ballons de basket à 24,90 € l'un. Les frais de port s'élèvent à 5 €. Sur la facture, on lit :

Montant à payer : $24{,}90n + 5$.

1. Que représente n dans cette formule ?

2. Quel est le montant à payer pour :

a. $n = 10$? **b.** $n = 20$? **c.** $n = 25$?

46 D et d désignent les longueurs des deux diagonales d'un losange. Son aire $\mathcal{A}$ est donnée par la formule $\mathcal{A} = (D \times d) : 2$.

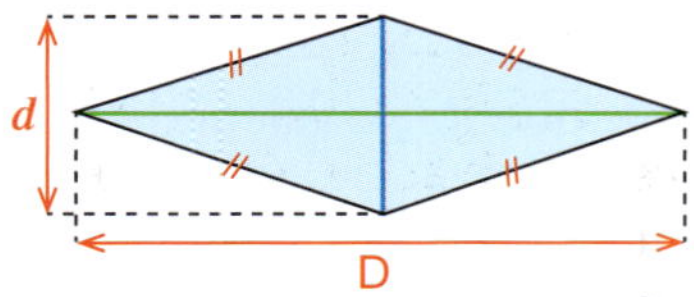

Calculer l'aire d'un losange pour lequel :

a. D = 8 cm et d = 5 cm ;

b. D = 5,4 cm et d = 3 cm ;

c. D = 9 cm et d = 7 cm.

47 Tom fait son jogging autour du lac d'un château. Après plusieurs tours du lac, il revient à son point de départ. Le tour du lac est deux fois plus long que la longueur de l'allée.

a. Quelle distance parcourt Tom s'il fait 3 tours du lac ?

b. Exprimer la distance d, en m, parcourue par Tom en fonction de son nombre n de tours du lac.

48 **a.** Expliquer pourquoi la forme générale des nombres pairs est $2k$, où k désigne un nombre entier.

b. Un nombre impair suit un nombre pair.
Proposer la forme générale des nombres impairs.

49 Voici les propositions d'Adèle et Alek pour la forme générale des multiples de 3.

• Adèle : $n + 3$ • Alek : $2n + 1$ avec n nombre entier.

a. Expliquer pourquoi Adèle et Alek se trompent ; pour cela donner des valeurs à n.

b. Proposer la forme générale des multiples de 3.

50 La hauteur h, en m, d'un objet lâché d'une hauteur de 5 m est donnée, en fonction du temps t, en s, par la relation de dépendance $h = 5 - t^2$.

a. Calculer la hauteur au bout de 1 s.

b. Recopier et compléter le tableau ci-dessous qui donne les hauteurs à plusieurs instants.

Utiliser la calculatrice et la touche x^2 *si besoin.*

Temps t (en s)	0	0,5	1	1,7	2,2
Hauteur h (en m)					

51 Jeux et casse-tête En suivant les règles de calcul ci-dessous pour passer d'une case à celle de droite ou celle du dessous, déterminer le nombre que l'on obtient dans la case rouge.

0,25			
			(case rouge)

Règles de calcul

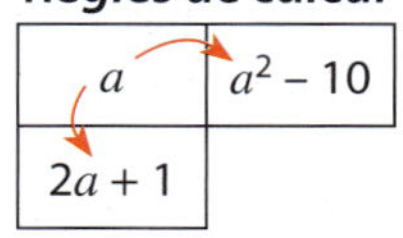

Utiliser la distributivité

52 Un fabricant de jus d'orange produit des bouteilles de 75 cL, vendues par pack de six.

Lors d'une promotion, il décide d'ajouter une dose gratuite de x cL par bouteille.

a. Exprimer la nouvelle contenance totale C, en cL, dans un pack de six bouteilles :

• à l'aide d'un produit ; • à l'aide d'une somme.

b. Calculer C en précisant l'expression utilisée pour :

• $x = 5$; • $x = 15$.

53 La longueur de plusieurs côtés de ce pentagone est notée x (nombre positif).

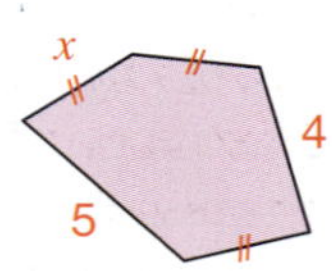

a. Exprimer le périmètre total P de ce pentagone en fonction de x.

b. Esteban affirme : « On peut écrire ce périmètre à l'aide d'un produit. »

A-t-il raison ? Si oui, donner cette écriture.

54 CORRIGÉ en vidéo jaicompris.com

On s'intéresse à l'expression :

$$A = x^2 - 5{,}2x.$$

a. Nadia a écrit sur son cahier : $A = x(x - 5{,}2)$.
Vérifier que cette nouvelle écriture est correcte.

b. Quelle écriture est la plus pratique pour calculer la valeur de l'expression pour $x = 5{,}2$?

55 On s'intéresse à l'expression $A = 4{,}2(x - 5)$.
a. Utiliser la distributivité pour écrire cette expression à l'aide d'une différence.
b. On a maintenant deux formes pour l'expression A. Utiliser la forme la mieux adaptée pour calculer la valeur de A pour : • $x = 10$; • $x = 7$; • $x = 20$.

56 *Jeux et casse-tête* n désigne un nombre tel que $7n = 17$. Est-il possible de connaître la valeur exacte de $707n$? Si oui, quelle est-elle ?

Tester une égalité et démontrer

57 Colin affirme : « Le triple du nombre auquel je pense est égal à la somme de ce nombre et de 9. »
On note n le nombre auquel pense Colin.
a. Laquelle de ces égalités traduit cette affirmation ?
• $3n = 9n$ • $3n = 9 + n$ • $3 + n = 9 + n$
b. Certains de ces nombres peuvent-ils être celui auquel pense Colin ?
• 3,5 • 4 • 4,5 • 5 • 5,5

58 On considère l'égalité $x^3 - 3x^2 + 2x = 0$.
a. Vérifier que cette égalité est vraie pour $x = 0$, $x = 1$ et $x = 2$.
b. Marina : « J'ai l'impression que cette égalité est vraie pour tous les nombres entiers. »
Trouver une valeur de x pour la contredire.

59 Olga observe la somme de deux nombres entiers consécutifs.
a. Calculer plusieurs de ces sommes.
Quelle propriété commune semblent avoir toutes ces sommes ?
b. On note n un nombre entier.
Exprimer en fonction de n la somme ce nombre et de son suivant.
Réduire cette somme.
c. Cela confirme-t-il la remarque faite au **a** ?

60 Erin affirme : « La somme de trois nombres entiers consécutifs est toujours un multiple de 3. »
a. Tester cette affirmation sur quelques exemples.
b. n désigne un nombre entier supérieur ou égal à 1. Exprimer en fonction de n le nombre entier qui le précède et le nombre entier qui le suit.
c. Exprimer en fonction de n la somme de n et des deux nombres entiers qui l'encadrent.
d. Réduire cette somme et conclure sur l'affirmation d'Erin.

61 Voici deux programmes de calcul.

Programme 1	Programme 2
• Choisir un nombre. • Ajouter 3. • Multiplier par 5. • Soustraire 5.	• Choisir un nombre. • Multiplier par 5. • Ajouter 10.

a. Appliquer chaque programme en choisissant le nombre 2, puis le nombre 8. Que constate-t-on ?
b. On note x le nombre choisi. Exprimer en fonction de x le résultat obtenu pour chaque programme.
c. Écrire l'expression pour le programme 1 sans parenthèses puis la réduire. Qu'a-t-on ainsi démontré ?

62 *Jeux et casse-tête* Voici une liste de nombres :
15 ; 3,9 ; 4 ; 102 ; 1,25 ; 8.
Certains de ces nombres ne vérifient aucune des égalités ci-dessous.
Les additionner pour trouver le nombre mystère.
• $4x = 5$ • $x^2 - 11 = 5$ • $3x = 2{,}5x + 1{,}95$

Synthèse

Utiliser le calcul littéral

63 Voici un triangle isocèle et un trapèze où x désigne un nombre positif.

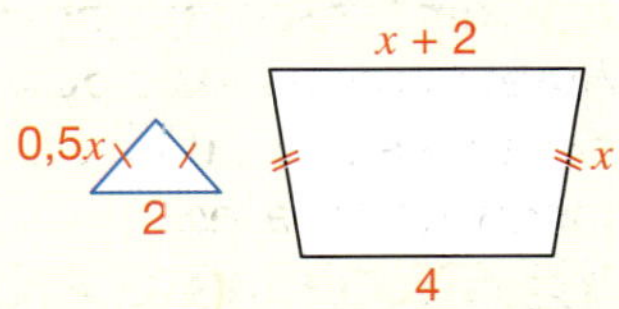

Gonzalo affirme :
« Le périmètre du trapèze est toujours le triple de celui du triangle. »

Objectif Savoir si cette affirmation est exacte ou non.

a. Tester l'affirmation pour : • $x = 3$; • $x = 7$.
b. Exprimer en fonction de x les périmètres du triangle et du trapèze. Réduire chacune de ces expressions.
c. Exprimer le périmètre du trapèze à l'aide d'un produit.
d. L'affirmation de Gonzalo est-elle exacte ?

64 Assia affirme : « Lorsque j'ajoute deux nombres impairs consécutifs, j'obtiens toujours un nombre pair. »

Objectif Savoir si cette affirmation est exacte ou non.

a. Tester l'affirmation d'Assia sur des exemples.
b. On note $2n + 1$ un nombre impair où n désigne un nombre entier. Exprimer en fonction de n le nombre impair qui suit $2n + 1$.
c. Additionner ces deux nombres impairs, réduire cette somme et conclure.

Parcours différenciés

Je m'évalue

Pour chaque question, une seule réponse est exacte.

QCM supplémentaires
college.nathan.fr/tm5052

	a	b	c	En cas d'erreur
65 Une expression de la longueur L d'un cercle de rayon r est…	$L = \pi \times r \times r$	$L = 2 \times \pi \times r$	$L = 2 \times \pi + r$	
66 L'expression $4 \times a \times 5 \times a$ peut s'écrire…	$20a$	$20a^2$	$9a$	
67 5^3 est égal à…	$5 \times 5 \times 5$	$5 + 5 + 5$	$3 \times 5 \times 5$	Cours 1 p. 44
68 Le nombre entier qui suit le carré d'un nombre entier n est le nombre…	$2n + 1$	$(n + 1)^2$	$n^2 + 1$	
69 k désigne un nombre entier. La forme générale des multiples de 5 est…	$5 + k$	$5k$	$k : 5$	
70 $A = 5x + x^2$ Pour $x = 2$…	$A = 14$	$A = 74$	$A = 56$	Ex. 1 p. 45
71 x désigne un nombre positif. Une expression en fonction de x de l'aire $\mathcal{A}$ de ce rectangle est… 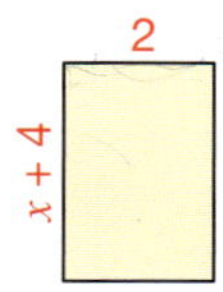	$\mathcal{A} = 2x + 8$	$\mathcal{A} = x + 6$	$\mathcal{A} = x^2 + 8$	Ex. 4 p. 45
72 Je choisis un nombre a, j'ajoute 3 et je multiplie par 2. J'obtiens…	$2a + 3$	$a + 3 \times 2$	$2(a + 3)$	Cours 2 p. 44
73 $5 + 7{,}2a + 3{,}5a$ peut s'écrire…	$15{,}7a$	$5 + 10{,}7a$	$5 + 10{,}7a^2$	Cours 3 p. 46
74 $5{,}4t - 2{,}6t$ est égal à…	$8t$	$2{,}8t^2$	$2{,}8t$	
75 L'expression $4(x + 2{,}5)$ peut s'écrire…	$4x + 2{,}5$	$4x + 10$	$4x + 6{,}5$	
76 L'expression $2(3 - y)$ peut s'écrire…	$23 - 2y$	$6 - 2y$	$6 - y^2$	
77 Pour calculer 59×31, on peut effectuer…	$60 \times 31 - 31$	60×30	$59 \times 30 + 30$	Ex. 6 p. 47
78 L'égalité $3x + 7 = 4{,}5x - 6{,}5$ est vraie pour…	$x = 34$	$x = 4{,}5$	$x = 9$	Cours 4 p. 46
79 L'égalité vraie pour $t = 2$ et fausse pour $t = 5$ est…	$t^2 + 10 = 7t$	$t(t - 2) = 15$	$5t - 6 = 2t$	

Je réalise mon parcours

Selon ton score page précédente

Parcours conseillé
- Entre **0 et 7 bonnes réponses** : drapeau vert
- Entre **8 et 12 bonnes réponses** : drapeau bleu
- **13 bonnes réponses ou plus** : drapeau rouge

80 Établir des égalités

Voici un triangle isocèle, un rectangle et un carré où x désigne un nombre positif.
On se propose d'étudier les périmètres de certaines figures.

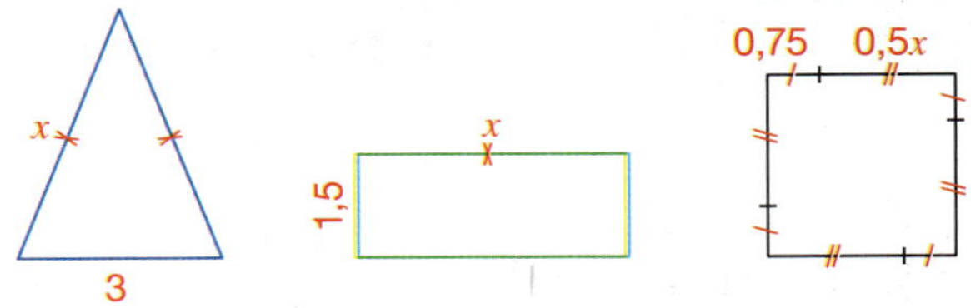

PARCOURS 1

On s'intéresse au triangle et au rectangle.

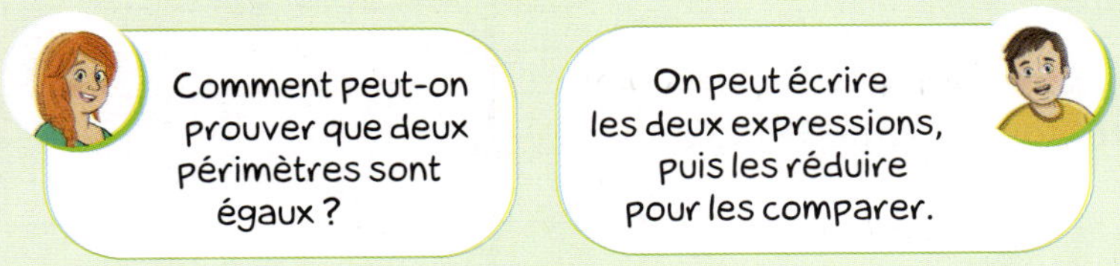

a. Recopier et compléter : « En fonction de x, le périmètre du triangle s'écrit … + … + …, c'est-à-dire … + …x. »
b. Exprimer en fonction de x le périmètre du rectangle. Réduire cette expression.
c. Que peut-on dire alors des périmètres du triangle et du rectangle ?

PARCOURS 2

a. Exprimer en fonction de x le périmètre du rectangle et le périmètre du carré.
b. Comparer ces deux périmètres et conclure.

PARCOURS 3

Indiquer les longueurs des côtés d'un quadrilatère dont le périmètre est égal à la somme des périmètres des trois figures ci-dessus.

81 Traduire un programme de calcul par une expression

Voici trois programmes de calculs qui utilisent les mêmes instructions mais dans des ordres différents. On choisit un nombre supérieur ou égal à 1.

Programme 1	Programme 2	Programme 3
• Choisir un nombre.	• Choisir un nombre.	• Choisir un nombre.
• Soustraire 1.	• Multiplier par 4.	• Ajouter 3.
• Multiplier par 4.	• Soustraire 1.	• Multiplier par 4.
• Ajouter 3.	• Ajouter 3.	• Soustraire 1.

PARCOURS 1

On s'intéresse dans un premier temps au **programme 1**.

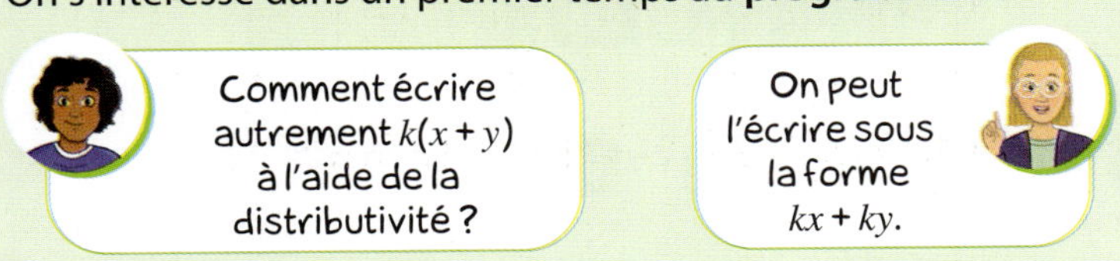

a. On choisit 5.
Recopier et compléter : « On obtient successivement :
• 5 • … − 1 = … • … × 4 = … • … + 3 = …. »
b. Reprendre les même étapes, mais en partant d'un nombre noté a. Quelle expression obtient-on ?
c. Écrire cette expression en utilisant la distributivité puis la réduire.

PARCOURS 2

Expliquer pourquoi avec les **programmes 1** et **2** on n'obtient jamais le même résultat quel que soit le même nombre choisi.

PARCOURS 3

Démontrer que quel que soit le même nombre choisi, la somme des résultats obtenus avec les trois programmes est un multiple de 12.

Étudier une égalité

82 Tice Tester une égalité

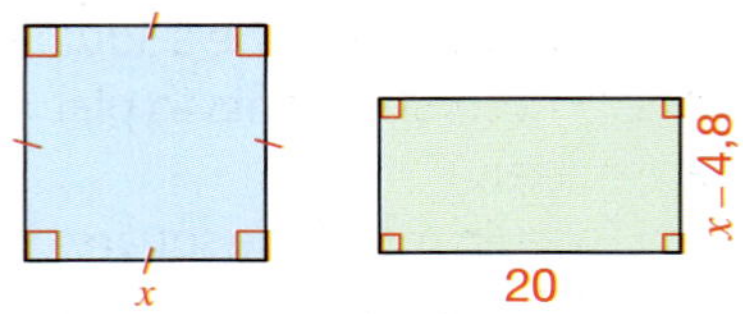

Voici un carré et un rectangle dont certains côtés sont de longueurs variables. x désigne un nombre supérieur ou égal à 5 ; on note $x \geqslant 5$.

1. **a.** Que représentent l'expression x^2 pour le carré et l'expression $20(x - 4{,}8)$ pour le rectangle ?
b. Pour ces deux quadrilatères, on sait que $x^2 = 20(x - 4{,}8)$.
Que signifie cette égalité pour ces deux figures ?

2. On se propose d'utiliser le tableur pour tester si l'égalité $x^2 = 20(x - 4{,}8)$ est vraie pour certains nombres compris entre 5 et 15.
a. Réaliser la feuille de calcul ci-contre.
b. En cellule B2, saisir la formule =A2*A2 ou =A2^2 .
c. Saisir la formule qui convient en cellule C2.
d. Sélectionner la plage **B2:C2** puis tirer la poignée vers le bas jusqu'à la ligne 12.

	A	B	C
1	x	x^2	$20(x - 4{,}8)$
2	5		
3	6		
4	7		
5	8		
6	9		
7	10		
8	11		
9	12		
10	13		
11	14		
12	15		

3. Observer les résultats et déterminer deux valeurs de x pour lesquelles l'égalité $x^2 = 20(x - 4{,}8)$ est vraie.

83 Tice Stocker et utiliser une valeur

Info
• La touche sto▸ ou STO permet d'affecter une valeur à une variable (lettre). On peut ensuite utiliser cette lettre dans des calculs.
• La touche S⇔D permet de passer d'une écriture en fraction à une écriture décimale.

Maria s'intéresse aux égalités :
(1) $3x + 1{,}7 = 6{,}2$ **(2)** $3x^2 - 10{,}5x + 9 = 0$ **(3)** $4x^3 - 9x = 0$

1. Elle doit déterminer si ces égalités sont vraies pour $x = 1{,}5$.
a. Elle utilise la touche sto▸ ou STO de sa calculatrice pour tester les égalités **(1)** et **(2)**. Utiliser les affichages ci-dessous pour répondre.

TI-Collège Plus

• 1,5 sto▸ x^{yzt}_{abc} entrer
• 3 x^{yzt}_{abc} + 1,7 entrer
• 3 x^{yzt}_{abc} x^2 – 10,5 x^{yzt}_{abc} + 9 entrer

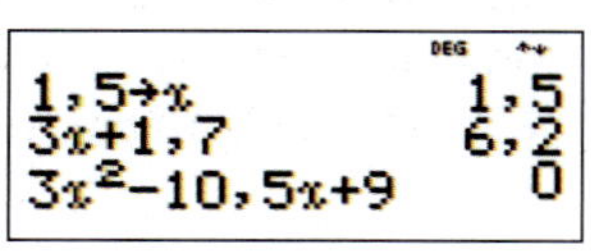

Casio fx-92+ Spéciale Collège

• 1,5 STO x EXE S⇔D

• 3 x + 1,7 EXE S⇔D

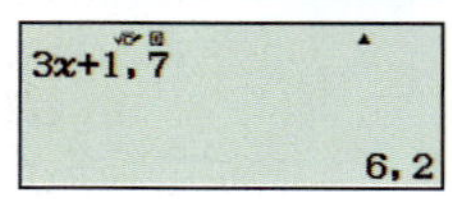

• 3 x x^2 –
10,5 x^2 + 9 EXE

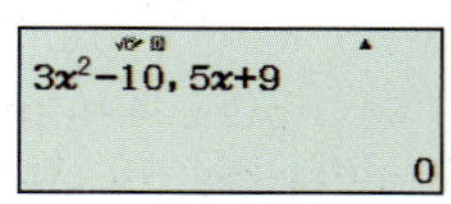

b. Utiliser cette méthode pour tester aussi l'égalité **(3)**. Conclure.

2. Utiliser la calculatrice pour déterminer si ces trois égalités sont vraies pour $x = 2$.

84 Communiquer en anglais

Raisonner • Calculer • Communiquer

Nina wants to cover a portion of her garden with wildflowers. That portion must be a square with side a, in meters. The flowers she wants to plant will cost €4,50 per square meter.

a. Write the area, in m^2, of the square as a function of a.

b. Write the price she will pay as a function of a.

c. She has a budget of €100 for this project.
Will it be enough for a square of side 5 m?

85 Utiliser une relation de dépendance

Modéliser • Calculer

En France, la pointure P des chaussures est donnée par la formule P = 1,5L + 1,5 où L désigne la longueur, en cm, du pied.

a. Les pieds de Juliette mesurent 22 cm.
Quelle est sa pointure ?

b. La pointure de Louis est 36.
Recopier et compléter pour trouver la longueur de ses pieds.

c. Recopier et compléter ce tableau de valeurs.

L (en cm)	25	28	30	
P				51

86 Algo Appliquer un script Scratch

Raisonner • Calculer • Communiquer

Voici un script Scratch.

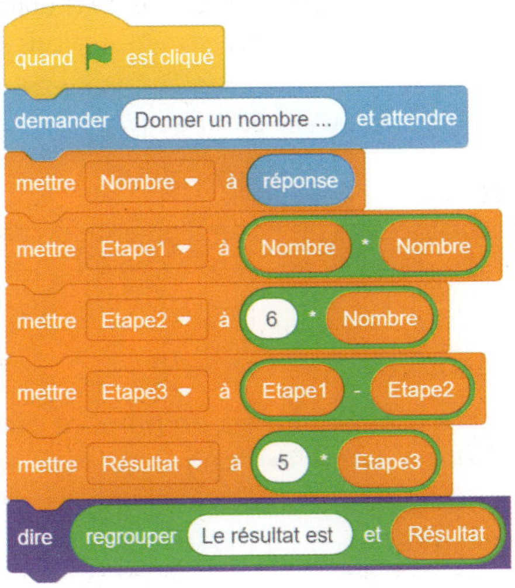

a. On note x le nombre saisi en entrée. Exprimer en fonction de x le résultat énoncé par le lutin.

b. Mélina affirme : « J'ai trouvé que le lutin énonce le résultat de $5x(x-6)$. » Mélina a-t-elle raison ?

c. Pour quels nombres saisis le lutin énonce-t-il 0 ?

87 Comprendre une suite de motifs

Chercher • Raisonner

Motif n° 1 Motif n° 2 Motif n° 3 ...

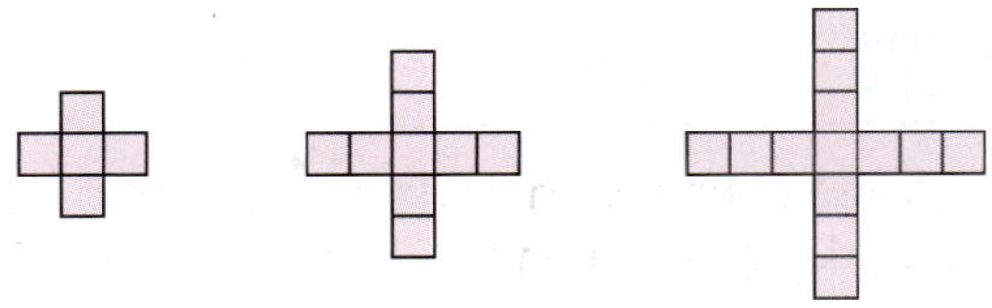

a. Combien de petits carrés le motif n° 6 comporte-t-il ?

b. On considère le motif numéro n.
Exprimer en fonction de n le nombre de petits carrés qu'il comporte.

c. Combien de petits carrés le motif n° 100 comporte-t-il ?

88 Analyser un tour de magie

Chercher • Raisonner • Communiquer

Un magicien a mis au point un tour de magie basé sur un programme de calcul.

- Choisir un nombre.
- Multiplier par 2,5.
- Ajouter 1,5.
- Multiplier par 4.
- Soustraire 6.

a. Tester ce tour de magie pour comprendre l'affirmation du magicien.

b. Démontrer que la méthode du magicien fonctionne quel que soit le nombre choisi.

89 Tester une formule

Raisonner • Calculer • Communiquer

La puissance électrique utilisable par une éolienne est donnée par la formule $P = 0{,}14 \times D^2 \times V^3$ où :
- P est la puissance en W (watt),
- D est le diamètre des pales en m,
- V est la vitesse du vent en mètres par seconde.

- Une éolienne installée chez un particulier a un mât de 12 m de haut et des pales de 4 m de diamètre.
- Un parc de 8 éoliennes est installé dans les Ardennes. Elles ont un mât de 94 m et leurs pales ont un diamètre de 112 m.

Est-il vrai que lorsque la vitesse du vent est de 20 mètres par seconde, l'une des éoliennes installées dans les Ardennes a une puissance plus de 700 fois supérieure à celle installée chez le particulier ?

90 Communiquer en anglais

Raisonner • Calculer • Communiquer

Do you think that Nils needs to take a jacket for his trip to Chicago tomorrow?

$$T_{\text{Celsius}} = \frac{(T_{\text{Fahrenheit}} - 32) \times 5}{9}$$

91 Pour s'exprimer

Raisonner • Communiquer

Étant donné deux nombres a et b, écrire :

a. la somme des carrés de ces deux nombres ;

b. le produit de la somme de ces deux nombres par leur différence ;

c. la somme du carré de la différence de ces deux nombres et du quadruple de leur produit.

92 Critiquer

Modéliser • Calculer • Communiquer

La distance de freinage d'une voiture est la distance parcourue entre le moment où le conducteur commence à appuyer sur la pédale de frein et le moment où la voiture est à l'arrêt complet.

Sur une route sèche, elle peut être calculée, en m, par l'expression : $d = 0{,}0056v^2$,

où v est la vitesse de la voiture, en km/h.

Pour justifier une nouvelle réglementation, le maire d'une ville affirme : « Quand on diminue la vitesse de 20 km/h, la distance de freinage est diminuée de plus de 20 %. » Cette affirmation est-elle exacte ?

93 Comprendre et expliquer

Chercher • Raisonner • Communiquer

Voici une suite de motifs constitués de carrés.

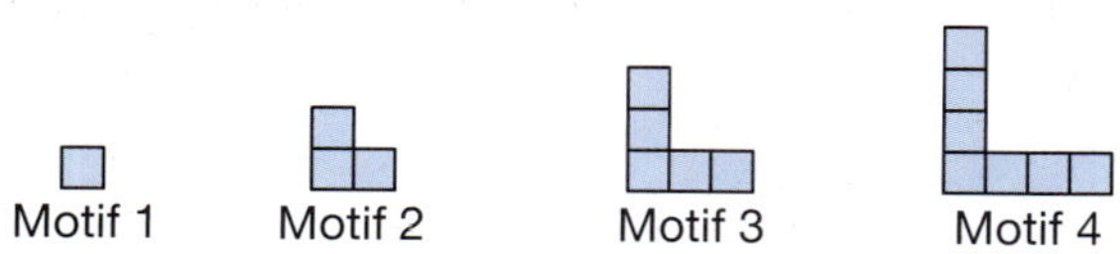

Nikol affirme : « Le motif 100 comprendra plus de 200 carrés. » A-t-il raison ? Expliquer.

94 Imaginer une stratégie

Modéliser • Raisonner

On fait chauffer de l'eau et on mesure la température.

Temps (en s)	0	15	30	45	60	75
Température (en °C)	18	22,5	27	31,5	36	40,5

Au bout de combien de temps l'eau devrait-elle bouillir ?

95 Algo Problème ouvert

Raisonner • Calculer • Communiquer

Baptiste a écrit un programme Scratch. Malheureusement, il n'a pas sauvegardé son fichier. Il se souvient simplement des éléments suivants :

• au début du programme, il fallait saisir un nombre ;

• il utilisait ensuite ces quatre blocs ;

• quand il a saisi 2, le lutin a donné la réponse finale 11,50.

Ouvrir le logiciel Scratch et retrouver le programme de Baptiste.

Narration de RECHERCHE

96 PROBLÈME x désigne un nombre.

Décrire un polygone dont le périmètre est $4x + 2$ et dont l'aire est $x^2 + x$.

Raconter sur une feuille les différentes étapes de la recherche et les remarques qui ont fait changer de méthode ou qui ont permis de résoudre le problème.

Des défis

97 Se confronter à un calcul

Sans calculatrice et sans poser d'opération, calculer :

1 214 579 × 1 214 580 – 1 214 579 × 1 214 279.

98 Découvrir une formule

Un nombre triangulaire est un nombre que l'on peut représenter par des points qui forment un triangle. La figure ci-dessous montre les trois premiers, illustrés par les points rouges.

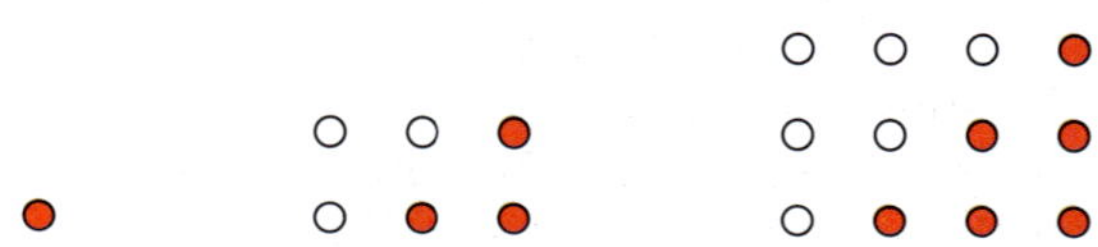

Trouver une formule générale pour ces nombres.

Je prends des initiatives

TÂCHES COMPLEXES

99 CHOISIR ses skis

La situation-problème

Rayan, Clothilde et Freya doivent choisir leur modèle de ski avant un voyage scolaire.
Utiliser les informations fournies pour les aider à faire le bon choix.

Les supports de travail

Les documents, la calculatrice.

Toute piste de recherche, même non aboutie, figurera sur la feuille.

Doc. 1

Conseils pour le choix des skis

Débutant : 5 à 10 cm de moins que sa taille.
Intermédiaire : 5 cm de moins que sa taille.
Expérimenté : jusqu'à 5 cm de plus que sa taille.

Doc. 2

Leur expérience

Rayan : 165 cm. Skie tous les ans depuis 5 ans.
Clothilde : 158 cm. N'a jamais skié.
Freya : 170 cm. A déjà skié deux fois.

Doc. 3

Modèles de ski

Modèle	A	B	C	D	E	F
Taille	145 cm	150 cm	155 cm	160 cm	168 cm	173 cm

100 JOUER aux jeux vidéo

La situation-problème

Aaron joue à un jeu vidéo de courses de voitures.
Il peut choisir entre plusieurs niveaux de difficulté : 50, 100, 150 et 200.
Aider Aaron à trouver une formule qui donne la durée pour parcourir un certain circuit, en fonction du niveau de difficulté.

Les supports de travail

Les documents, la calculatrice.
Toute piste de recherche, même non aboutie, figurera sur la feuille.

Doc. 1

Formules testées par Aaron

N : niveau de difficulté.
d : durée, en secondes.

- Formule n° 1 : $d = 4N + 20$
- Formule n° 2 : $d = 3 + 0{,}4(150 - N)$
- Formule n° 3 : $d = 240 - 0{,}4N$

Doc. 2

Durées du parcours

Niveau de difficulté	Durée
50	3 min 40 s
100	3 min 20 s
150	3 min
200	2 min 40 s

CHAPITRE 4

Utiliser les fractions

Située entre Saint-Malo et La Richardais, à l'estuaire du fleuve côtier de même nom, l'usine marémotrice de la Rance a été la première créée au monde en 1966. Elle utilise le mouvement des marées pour créer de l'électricité.
Aujourd'hui, $\frac{1}{4}$ de l'électricité produite en France provient des énergies renouvelables.

Bien démarrer

Pour chaque question, une réponse ou plusieurs sont exactes.

		a	b	c
1	La fraction $\frac{2}{5}$ se lit…	deux sur cinq	cinq demis	deux cinquièmes
2	Le rectangle rouge représente l'unité. Alors la partie coloriée en vert représente la fraction… 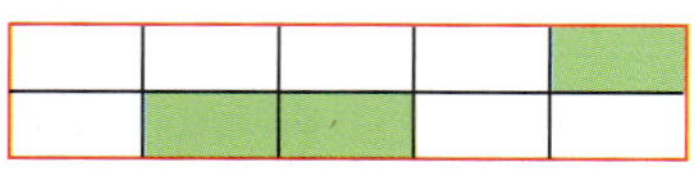	$\frac{7}{10}$	$\frac{3}{10}$	$\frac{3}{7}$
3	Pour la fraction $\frac{7}{4}$…	7 est le nominateur	4 est le dénominateur	7 est le numérateur
4	$\frac{2}{7} \times 7$ est égal à…	$22 : 7$	deux septièmes de sept	2
5	Le nombre manquant dans l'égalité $6 \times \ldots = 11$ est…	$11 : 6$	$\frac{11}{6}$	1,83

Vérifie tes réponses p. 306

Je découvre

ACTIVITÉ 1 Relier fraction et quotient

Cours Paragraphe 1, p. 60

a. À gauche de la feuille, tracer cette demi-droite graduée et placer la fraction $\frac{7}{4}$.

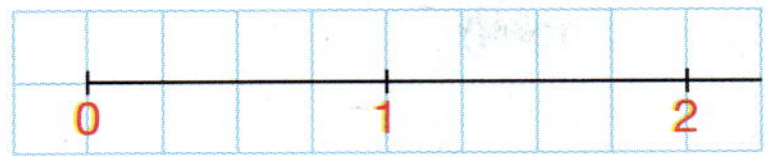

b. Prolonger cette demi-droite graduée et placer $4 \times \frac{7}{4}$.

Recopier et compléter : « $4 \times \frac{7}{4} = \dots$, ainsi $\frac{7}{4}$ est le quotient de … par …. »

Le quotient de deux nombres entiers ◆ et ▲ (avec ▲ $\neq 0$) peut s'écrire sous la forme de la fraction $\frac{◆}{▲}$.

Rappel
Le nombre manquant dans l'égalité ▲ × … = ◆ est le quotient de ◆ par ▲.

ACTIVITÉ 2 Produire des fractions égales

Cours Paragraphe 2, p. 60

Lors d'une randonnée, Amélie et Victoire ont décidé de se partager un même paquet de biscuits (représenté en rouge ci-contre).
Amélie en mange les $\frac{2}{5}$ et Victoire les $\frac{6}{15}$.

Part d'Amélie

Part de Victoire

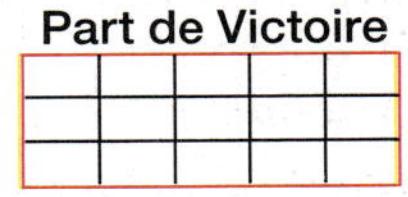

1 On se propose de savoir laquelle des deux amies a mangé le plus de biscuits.

a. Avec des coloriages : sur une photocopie du schéma ci-contre, colorier la part d'Amélie sur l'un et la part de Victoire sur l'autre.
Quelle remarque peut-on faire ? Que peut-on en déduire pour les fractions $\frac{2}{5}$ et $\frac{6}{15}$?

b. Sans coloriage : recopier et compléter : « $\frac{2}{5} \times 15 = \frac{2}{5} \times 5 \times \dots = \dots \times \dots = 6$.
Donc $\frac{2}{5}$ est le nombre manquant dans l'égalité ▲ $\times 15 = 6$. Ainsi, $\frac{2}{5} = \frac{\dots}{15}$. »

2 On se propose de trouver d'autres fractions égales à $\frac{2}{5}$.

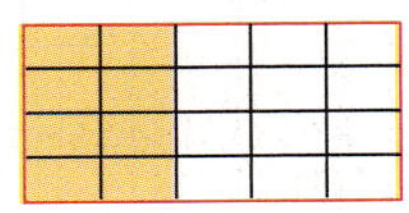

a. Utiliser le schéma ci-contre pour expliquer pourquoi $\frac{2}{5} = \frac{4}{10}$ et $\frac{2}{5} = \frac{8}{20}$.

b. Recopier et compléter :

- $\frac{2}{5} = \frac{2 \times \dots}{5 \times \dots} = \frac{6}{15}$
- $\frac{2}{5} = \frac{2 \times \dots}{5 \times \dots} = \frac{4}{10}$
- $\frac{2}{5} = \frac{2 \times \dots}{5 \times \dots} = \frac{8}{20}$

Une fraction ne change pas lorsqu'on … son … et son … par un même nombre non nul.

ACTIVITÉ 3 Comparer deux fractions

Cours Paragraphe 4, p. 62

1 Dans un massif de fleurs, Lucie a planté $\frac{3}{7}$ de tulipes et $\frac{4}{7}$ de cyclamens.
Lucie a-t-elle planté plus de tulipes ou de cyclamens ?

2 **a.** Dans une forêt, on a recensé $\frac{1}{5}$ de hêtres et $\frac{4}{15}$ de chênes.
Recopier et compléter : « $\frac{1}{5} = \frac{1 \times \dots}{5 \times \dots} = \frac{\dots}{15}$ et $\frac{\dots}{15} < \frac{4}{15}$, donc $\frac{1}{5} \dots \frac{4}{15}$.
On trouve donc plus de … que de … dans cette forêt. »

b. Dans la même forêt, on a aussi planté $\frac{1}{3}$ d'érables. Quel arbre est majoritaire dans cette forêt ?

Cours

VIDÉOS de cours
jaicompris.com

1 Fraction et quotient

▶ Exercices 13 à 20

DÉFINITION a et b désignent deux nombres entiers, avec $b \neq 0$.
Le quotient de a par b, c'est-à-dire le nombre qui mutliplié par b donne a, peut s'écrire à l'aide de la fraction $\frac{a}{b}$.

Conséquence : $\frac{a}{b} \times b = a$

dividende — diviseur

$a : b = \frac{a}{b}$

Dans cette écriture :
le nombre a est le **numérateur**,
le nombre b est le **dénominateur**.

Exemples

- $\frac{5}{9} \times 9 = 5$
- $13 \times \frac{17}{13} = 17$
- $\frac{11}{5} = 11 : 5 = 2{,}2$

2 Égalité de fractions

▶ Exercices 21 à 29

PROPRIÉTÉ Pour obtenir une fraction égale à une fraction donnée, on **multiplie** (ou on **divise**) son numérateur **et** son dénominateur par un **même nombre** différent de 0.

a, b et c désignent trois nombres entiers, avec $b \neq 0$ et $c \neq 0$, alors :

$$\frac{a}{b} = \frac{a \times c}{b \times c} \quad \text{et} \quad \frac{a}{b} = \frac{a : c}{b : c}$$

Exemples

- 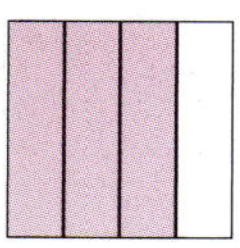 $\frac{3}{4} = \frac{3 \times 2}{4 \times 2} = \frac{6}{8}$ 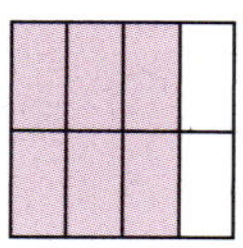
- $\frac{10}{30} = \frac{10 : 10}{30 : 10} = \frac{1}{3}$ ← On dit que l'on **simplifie** la fraction $\frac{10}{30}$.

Remarque : se reporter à l'exercice 97, p. 72 pour une explication de cette propriété.

3 Division par un nombre décimal

▶ Exercices 30 à 34

La définition énoncée au paragraphe 1 et la propriété énoncée au paragraphe 2 sont encore valables pour des **nombres décimaux**.

RÈGLE Pour diviser par un nombre décimal non entier, on se ramène à la division par un nombre entier en multipliant le dividende **et** le diviseur par **10** ou par **100** ou par 1 000 ou …

Exemple

Division de 3,45 par 2,5

$\frac{3{,}45}{2{,}5} = \frac{3{,}45 \times 10}{2{,}5 \times 10} = \frac{34{,}5}{25}$ ← 25 est un nombre entier.

Donc $3{,}45 : 2{,}5 = 34{,}5 : 25$.

D'après la division posée ci-contre : $3{,}45 : 2{,}5 = 1{,}38$.

	3	4,	5		2	5	
−	2	5			1,	3	8
		9	5				
	−	7	5				
		2	0	0			
	−	2	0	0			
				0			

J'applique le cours

① Reconnaître et produire des fractions égales — EXERCICE RÉSOLU

ÉNONCÉ Expliquer de trois façons différentes pourquoi $\frac{27}{36} = \frac{3}{4}$.

SOLUTION

• Avec un coloriage
Il revient au même de colorier 27 carreaux sur les 36 ou bien 3 bandes sur les 4. Donc $\frac{27}{36} = \frac{3}{4}$.

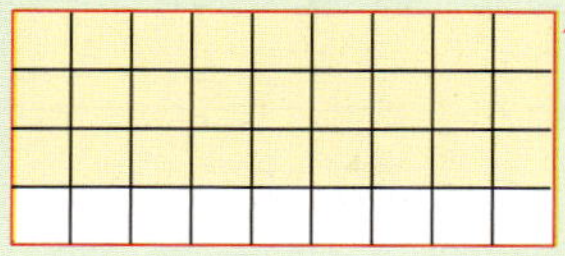

• Avec la définition d'un quotient
$\frac{3}{4} \times 36 = \frac{3}{4} \times 4 \times 9 = 3 \times 9 = 27$
Donc $\frac{3}{4}$ est le quotient de 27 par 36 et $\frac{27}{36} = \frac{3}{4}$.

• Avec la propriété énoncée en cours
$\frac{27}{36} = \frac{27:9}{36:9} = \frac{3}{4}$

CONSEILS
- Le coloriage n'est pas très adapté lorsque les nombres sont plus grands.
- On peut utiliser ce procédé, ici, parce qu'on connaît la fraction égale.
- Ce procédé demande de repérer un diviseur commun aux numérateur et dénominateur.

À TON TOUR

2 À la fin d'une journée de vendanges, deux ouvriers agricoles comparent le travail qu'ils ont accompli.
Le premier déclare avoir récolté $\frac{2}{15}$ de tout le raisin et le second en avoir récolté les $\frac{6}{45}$.
Expliquer pourquoi ils ont récolté autant de raisins l'un que l'autre.

3 Aurélien affirme : « Les $\frac{21}{66}$ des élèves de l'école de judo ont une ceinture verte. »
Louise lui répond : « Non, ce sont les $\frac{7}{22}$! »
Que peut-on en penser ? Expliquer.

④ Diviser par un nombre décimal — EXERCICE RÉSOLU

ÉNONCÉ Dans une station-service, Marius a pris 41,2 L de carburant et a payé 63,86 €.
Calculer le prix d'un litre de ce carburant.

SOLUTION

On doit calculer le quotient de 63,86 par 41,2.

$\frac{63,86}{41,2} = \frac{63,86 \times 10}{41,2 \times 10} = \frac{638,6}{412}$

D'après la division ci-contre,
638,6 : 412 = 1,55,
donc 63,86 : 41,2 = 1,55.
Ainsi, un litre de ce carburant coûte 1,55 €.

	6	3	8,	6		4	1	2
−	4	1	2			1,	5	5
	2	2	6	6				
−	2	0	6	0				
		2	0	6	0			
	−	2	0	6	0			
					0			

CONSEIL
- En multipliant le diviseur et le dividende par 10, on se ramène au quotient d'un nombre décimal par un nombre entier.

À TON TOUR

5 Un confiseur artisanal dispose de 506 g de préparation. Combien de bonbons de 2,2 g pourra-t-il fabriquer ?

6 Dans un magasin, on peut acheter du riz en vrac. Zoé en achète 0,8 kg et paie 1,84 €.
Combien coûte 1 kg de ce riz ?

4 Comparaison de fractions

Exercices 35 à 42

a. Les dénominateurs sont les mêmes

PROPRIÉTÉ Deux fractions de même dénominateur sont rangées dans le même ordre que leurs numérateurs.

Exemple

$\frac{5}{9} < \frac{7}{9}$. En effet, $5 < 7$.

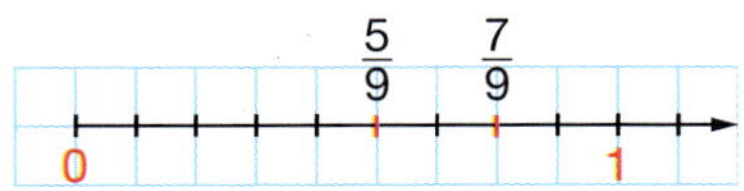

b. Un dénominateur est multiple de l'autre

RÈGLE Pour comparer deux fractions lorsque le dénominateur de l'une est multiple du dénominateur de l'autre, on écrit les deux fractions avec le même dénominateur et on applique la propriété précédente.

Vocabulaire : lorsqu'on écrit deux fractions avec le même dénominateur, on dit qu'on les **réduit** au même dénominateur.

Exemples

- **Comparaison de $\frac{3}{4}$ et $\frac{5}{8}$**

$8 = 4 \times 2$, donc 8 est un multiple de 4 et $\frac{3}{4} = \frac{3 \times 2}{4 \times 2} = \frac{6}{8}$.

On compare alors $\frac{6}{8}$ et $\frac{5}{8}$.

$6 > 5$, donc $\frac{6}{8} > \frac{5}{8}$, c'est-à-dire $\frac{3}{4} > \frac{5}{8}$.

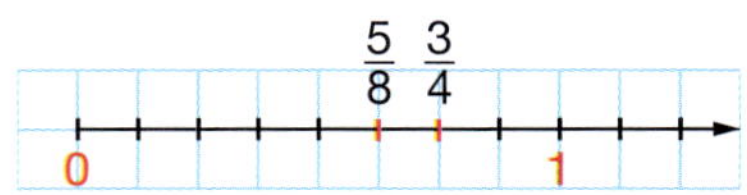

- **Comparaison de 2 et $\frac{11}{5}$**

$2 = \frac{2}{1}$ et 5 est un multiple de 1 car $5 = 1 \times 5$.

$2 = \frac{2}{1} = \frac{2 \times 5}{1 \times 5} = \frac{10}{5}$ et $\frac{10}{5} < \frac{11}{5}$, c'est-à-dire $2 < \frac{11}{5}$.

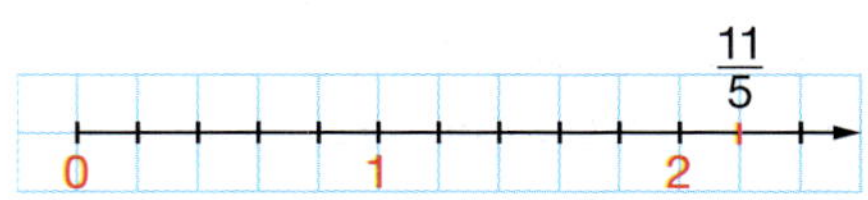

Remarque : pour comparer deux fractions, on peut aussi les comparer à un entier.

Exemple

Comparaison de $\frac{10}{11}$ et $\frac{6}{5}$: $\frac{10}{11} < 1$ (car $10 < 11$) et $\frac{6}{5} > 1$ (car $6 > 5$), donc $\frac{10}{11} < \frac{6}{5}$.

5 Proportion et fréquence : exemple

Exercices 43 à 48

Dans une classe de 5e A, il y a 13 externes sur les 25 élèves que compte la classe.

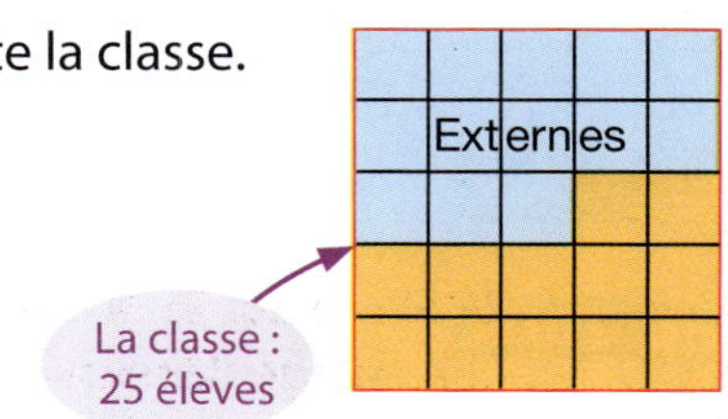

Vocabulaire : on dit que la **proportion** (ou la **fréquence**) des externes dans cette classe est $\frac{13}{25}$.

Différentes expressions : $\frac{13}{25} = 0{,}52 = \frac{52}{100}$

Cette proportion peut ainsi s'exprimer par le nombre en écriture décimale **0,52** ou par le pourcentage **52 %**.

J'applique le cours

7 Ranger une liste de nombres

EXERCICE RÉSOLU

ÉNONCÉ Ranger dans l'ordre croissant les nombres $\frac{7}{3}$, $\frac{4}{3}$, $\frac{17}{6}$ et 3.

SOLUTION

• $4 < 7$, donc $\frac{4}{3} < \frac{7}{3}$.

• $\frac{7}{3} = \frac{7 \times 2}{3 \times 2} = \frac{14}{6}$ et $3 = \frac{3}{1} = \frac{3 \times 6}{1 \times 6} = \frac{18}{6}$.

Or, $14 < 17 < 18$, donc $\frac{14}{6} < \frac{17}{6} < \frac{18}{6}$,

c'est-à-dire $\frac{7}{3} < \frac{17}{6} < 3$.

• Conclusion : $\frac{4}{3} < \frac{7}{3} < \frac{17}{6} < 3$

CONSEILS

• $\frac{7}{3}$ et $\frac{4}{3}$ ont le même dénominateur, donc on les range dans l'ordre de leurs numérateurs.

• Pour comparer 3, $\frac{7}{3}$ et $\frac{17}{6}$ on utilise le fait que 6 est un multiple de 1 et de 3.

À TON TOUR

8 Ranger dans l'ordre croissant les nombres :
$\frac{9}{4}$, $\frac{19}{8}$, $\frac{11}{4}$ et 2.

9 Ranger dans l'ordre décroissant les nombres :
$\frac{7}{15}$, $\frac{1}{3}$, $\frac{3}{5}$ et 1.

10 Comparer des proportions

EXERCICE RÉSOLU

ÉNONCÉ On demande aux demi-pensionnaires d'un collège :
« Au moment de débarrasser votre plateau-repas, faites-vous bien attention à trier vos déchets ? »
En 5e A, sur les 12 demi-pensionnaires, 9 répondent oui.
En 5e B, 18 des 25 demi-pensionnaires répondent oui.
Comparer les pourcentages d'élèves de chacune des deux classes qui trient bien leurs déchets.

SOLUTION

En 5e A

$\frac{9}{12} = 0{,}75 = \frac{75}{100}$

Donc en 5e A, 75 % des élèves pensent à trier leurs plateaux-repas.

En 5e B

$\frac{18}{25} = \frac{18 \times 4}{25 \times 4} = \frac{72}{100}$

Donc en 5e B, 72 % des élèves pensent à trier leurs plateaux-repas.

Conclusion : les élèves de 5e A trient mieux leurs déchets que ceux de 5e B.

CONSEILS

• Pour exprimer une proportion à l'aide d'un pourcentage, on l'écrit avec une fraction de dénominateur 100.

• Les proportions ne sont pas toujours rangées dans le même ordre que les effectifs :
$9 < 18$, mais $75\ \% > 72\ \%$.

À TON TOUR

11 En 5e C, 21 élèves sur 25 ont réussi leur ASSR.
En 5e D, le pourcentage de réussite est de 84 %.
Sekouba affirme : « La proportion d'élèves ayant réussi leur ASSR est la même dans les deux classes. »
A-t-il raison ?

12 Majid et Alice jouent à Pile ou Face.
Majid obtient 14 fois Pile et 11 fois Face.
Alice obtient 12 fois Pile sur 20 lancers.
Qui a obtenu la plus grande proportion de Face ?

Je travaille mes automatismes

Concevoir une fraction en tant que nombre

À l'oral — **Questions flash**

13 Chaque figure rouge représente l'unité et est régulièrement partagée.
Indiquer quelle fraction est représentée par la partie colorée en bleu.

a. b. c. d. e.

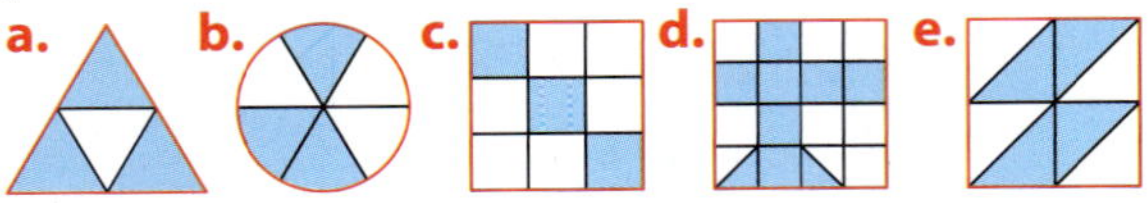

14 CALCUL MENTAL Donner mentalement l'écriture décimale du nombre $\frac{1}{5}$.

15 Voici des fractions.

$\frac{6}{7}$ $\frac{5}{9}$ $\frac{6}{11}$ $\frac{4}{7}$ $\frac{3}{5}$ $\frac{2}{9}$

1. Lire chacune de ces fractions.
2. Parmi ces fractions, lesquelles ont le même :
a. numérateur ? **b.** dénominateur ?

16 Recopier et compléter l'égalité par la fraction qui correspond à la surface coloriée en bleu, puis par la somme d'un nombre entier et d'une fraction.

a.

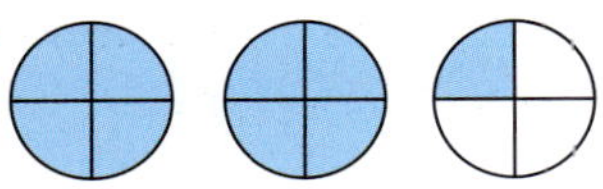

$\frac{\dots}{\dots} = \dots + \frac{\dots}{\dots}$

b.

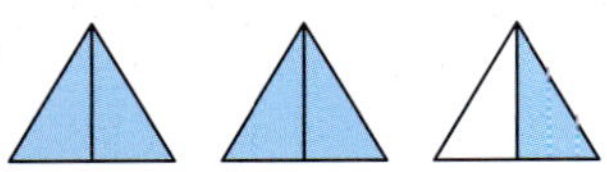

$\frac{\dots}{\dots} = \dots + \frac{\dots}{\dots}$

17 Recopier et compléter chaque égalité.

a. $3 \times \frac{\dots}{3} = 7$ **b.** $5 \times \frac{4}{\dots} = 4$ **c.** $\frac{\dots}{\dots} \times 9 = 7$

18 Dans chaque cas, recopier et compléter par la fraction manquante.

a. $7 \times \square = 3$ **b.** $\square \times 5 = 8$ **c.** $13 \times \square = 11$

19 Donner le prix exact, en €, d'un paquet de café ci-contre puis une valeur approchée au centième près.

20 Six amis dînent au restaurant et décident de partager l'addition qui s'élève à 95 €.
Combien chacun doit-il payer, en € ? *Donner la valeur exacte puis une valeur approchée au centième près.*

Reconnaître et produire des fractions égales

À l'oral — **Questions flash**

21 Laura affirme : « Les $\frac{6}{8}$ de cette figure sont coloriés en bleu. »
Sofiane répond : « Non, les $\frac{3}{4}$ de cette figure sont coloriés en bleu. »
Qui a raison ? Expliquer.

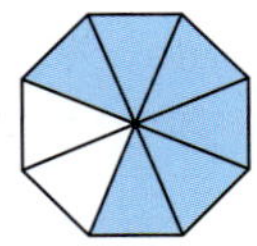

22 CALCUL MENTAL Simplifier mentalement.

a. $\frac{15}{12}$ **b.** $\frac{8}{10}$ **c.** $\frac{27}{3}$

23 Recopier et compléter.

a. $\frac{2}{5} = \frac{2 \times 3}{5 \times \dots} = \frac{\dots}{\dots}$ **b.** $\frac{3}{7} = \frac{3 \times \dots}{7 \times 2} = \frac{\dots}{\dots}$

c. $\frac{15}{20} = \frac{15 : \dots}{20 : 5} = \frac{\dots}{\dots}$ **d.** $\frac{50}{40} = \frac{50 : 10}{40 : \dots} = \frac{\dots}{\dots}$

24 Recopier et compléter.

a. $\frac{5}{7} = \frac{5 \times \dots}{7 \times 4} = \frac{\dots}{\dots}$ **b.** $\frac{35}{55} = \frac{5 \times 7}{5 \times \dots} = \frac{\dots}{\dots}$

c. $\frac{7}{5} = \frac{\dots}{25}$ **d.** $\frac{30}{16} = \frac{15}{\dots}$ **e.** $\frac{12}{27} = \frac{\dots}{9}$

25 CORRIGÉ en vidéo jaicompris.com

Le professeur de Toumani et Céline leur demande : « Pouvez-vous me donner une fraction plus simple égale à $\frac{30}{42}$? »

a. Toumani propose $\frac{15}{21}$ et Céline $\frac{10}{14}$. Qui a raison ?
b. Proposer une fraction égale encore plus simple.

26 Parmi ces écritures, quelles sont celles qui désignent un même nombre ?

• 2,5 • $\frac{2}{5}$ • $\frac{25}{10}$ • $\frac{25}{100}$ • $\frac{4}{10}$ • 0,25

27 Simplifier avec le critère de divisibilité par 2.

a. $\frac{14}{36}$ **b.** $\frac{72}{26}$ **c.** $\frac{24}{10}$

28 Simplifier avec le critère de divisibilité par 5.

a. $\frac{105}{80}$ **b.** $\frac{40}{25}$ **c.** $\frac{75}{100}$

29 Simplifier avec le critère de divisibilité par 3 ou par 9.

a. $\frac{66}{87}$ **b.** $\frac{36}{45}$ **c.** $\frac{18}{27}$

Je travaille mes automatismes

Diviser par un nombre décimal

À l'oral — *Questions flash*

30 CALCUL MENTAL Un sachet de 0,2 kg d'amandes coûte 5 €.
Calculer mentalement le prix d'un kg d'amandes.

31 CALCUL MENTAL Calculer mentalement.
a. 1,4 : 0,7 **b.** 24 : 0,6 **c.** 0,99 : 1,1

32 **a.** Expliquer pourquoi $\frac{81}{5{,}4} = \frac{810}{54}$.
b. Diviser à la main 810 par 54.
c. Quel est le résultat de 81 : 5,4 ?

33 On donne 3 588 : 23 = 156.
En déduire l'écriture décimale de chacun des quotients :
a. 3 588 : 0,23 **b.** 3,588 : 23 **c.** 35,88 : 2,3

34 **a.** Expliquer pourquoi $\frac{6{,}21}{0{,}45} = \frac{621}{45}$.
b. Diviser à la main 621 par 45.
c. Quelle est la largeur d'un rectangle de longueur 0,45 m et d'aire 6,21 m^2 ?

Comparer des fractions

À l'oral — *Questions flash*

35 Ranger oralement dans l'ordre croissant.
• $\frac{6}{11}$ • $\frac{20}{11}$ • $\frac{9}{11}$ • $\frac{13}{11}$

36 CALCUL MENTAL Comparer mentalement.
a. $\frac{6}{5}$ et $\frac{11}{5}$ **b.** $\frac{9}{7}$ et $\frac{7}{9}$ **c.** $\frac{11}{4}$ et $\frac{11}{5}$

37 **a.** Recopier et compléter : $\frac{5}{8} = \frac{\dots}{32}$.
b. Comparer $\frac{5}{8}$ et $\frac{19}{32}$.

38 Dans chaque cas, comparer les deux fractions.
a. $\frac{9}{10}$ et $\frac{70}{100}$ **b.** $\frac{4}{5}$ et $\frac{13}{15}$ **c.** $\frac{8}{21}$ et $\frac{3}{7}$

39 Tracer cette demi-droite graduée pour comparer les fractions.

a. $\frac{13}{6}$ et $\frac{7}{3}$ **b.** $\frac{3}{2}$ et $\frac{8}{6}$

40 CORRIGÉ en vidéo jaicompris.com
Dans chaque cas, comparer les deux fractions.
a. $\frac{41}{35}$ et $\frac{6}{5}$ **b.** $\frac{2}{3}$ et $\frac{17}{24}$ **c.** $\frac{9}{8}$ et $\frac{47}{40}$

41 **a.** Tracer la demi-droite graduée ci-dessous en la prolongeant, puis placer ces fractions :
• $\frac{1}{3}$ • $\frac{1}{2}$ • $\frac{4}{3}$ • $\frac{3}{2}$ • $\frac{7}{3}$ • $\frac{13}{6}$

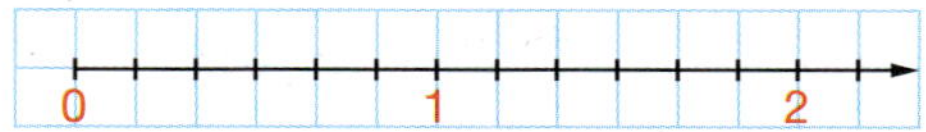

b. Ranger ces fractions dans l'ordre croissant.

42 Trois enfants ont chacun une ficelle de 20 m.
Quentin la partage en 7 cordelettes de même longueur, Sarah en 5 cordelettes de même longueur et Tino en 3 cordelettes de même longueur. Ranger les longueurs des cordelettes dans l'ordre décroissant.

Utiliser des proportions, des fréquences

À l'oral — *Questions flash*

43 Tom a 12 T-shirts jaunes et 6 T-shirts noirs. Donner oralement la proportion de T-shirts noirs dans ce tiroir. Simplifier la fraction obtenue.

44 Exprimer oralement à l'aide d'un pourcentage.
a. $\frac{11}{25}$ **b.** $\frac{9}{50}$ **c.** $\frac{7}{20}$ **d.** $\frac{18}{200}$

45 Dans un collège il y a 400 élèves, dont 270 demi-pensionnaires.
Exprimer la proportion de demi-pensionnaires à l'aide d'une fraction simplifiée puis d'un pourcentage.

46 Sur une étagère, Lucie a 24 livres, dont 5 romans d'aventure, 9 mangas et des livres sur la mythologie. Quelle est la proportion de livres sur la mythologie sur l'étagère de Lucie ? Simplifier la fraction obtenue.

47 Quelle est la proportion de multiples de 3 parmi les nombres entiers de 1 à 10 ?
Exprimer cette proportion à l'aide d'un pourcentage.

48 Comparer les proportions de voyelles dans chacun des mots PROPORTION et FREQUENCE.

Utiliser des égalités de fractions

49 CORRIGÉ en vidéo jaicompris.com

Recopier et compléter.

a. $\frac{76}{12} = \frac{\ldots}{6} = \frac{19}{\ldots}$ **b.** $\frac{50}{100} = \frac{\ldots}{10} = \frac{1}{\ldots}$

c. $\frac{7}{5} = \frac{28}{\ldots} = \frac{\ldots}{100}$ **d.** $\frac{16}{100} = \frac{\ldots}{25} = \frac{32}{\ldots}$

50 Parmi les nombres suivants, recopier ceux qui sont égaux à quatre cinquièmes.

• $\frac{7}{8}$ • $\frac{80}{100}$ • 4,5 • $\frac{13}{15}$ • 0,8

51 **a.** Donner un quotient égal à $\frac{16}{24}$ et dont le numérateur est 2.

b. Donner un quotient égal à $\frac{18}{30}$ et dont le dénominateur est 5.

52 Recopier, puis relier une fraction de la ligne du haut à une fraction de la ligne du bas qui lui est égale.

$\frac{3}{7}$	$\frac{12}{9}$	$\frac{1}{3}$	$\frac{12}{15}$	$\frac{12}{10}$
•	•	•	•	•
•	•	•	•	•
$\frac{4}{5}$	$\frac{4}{3}$	$\frac{6}{5}$	$\frac{9}{21}$	$\frac{7}{21}$

53 Dans une boîte de chocolats, on compte $\frac{2}{5}$ de chocolats noirs. Denis a déjà mangé 29 chocolats dont 11 chocolats noirs. Il reste un chocolat dans la boîte. Est-ce un chocolat noir ?

54 **a.** Expliquer pourquoi $\frac{20}{0{,}75} = \frac{2\,000}{75}$.

b. Poser et effectuer la division euclidienne de 2 000 par 75.

c. Combien de bouteilles de 0,75 L peut-on remplir avec 20 L d'eau ? Quelle quantité d'eau reste-t-il ?

55 Paul possède des pièces de monnaies dont chacune a une hauteur de 2,2 mm.

a. Exprimer 1 dm en mm.

b. Combien de pièces Paul peut-il empiler au maximum dans une boîte de hauteur 1 dm ?

56 Recopier et compléter chaque égalité par un nombre écrit sous forme décimale.

a. $7 \times \ldots = 4{,}2$ **b.** $\ldots \times 0{,}7 = 21$ **c.** $\ldots \times 1{,}5 = 0{,}3$

57 *Jeux et casse-tête* On peut vérifier que $\frac{26}{65} = \frac{2}{5}$.

Trouver une égalité analogue en remplaçant ci-dessous △, ★ et ■ par trois chiffres différents :

$$\frac{△★}{★■} = \frac{△}{■}.$$

Comparer des fractions

58 Dans chaque cas, réduire les deux fractions au même dénominateur puis les comparer.

a. $\frac{11}{15}$ et $\frac{2}{3}$ **b.** $\frac{9}{7}$ et $\frac{55}{42}$ **c.** $\frac{55}{32}$ et $\frac{11}{8}$

59 Dans chaque cas, comparer les deux nombres.

a. $\frac{11}{8}$ et $\frac{45}{32}$ **b.** 7 et $\frac{34}{5}$ **c.** $\frac{78}{45}$ et $\frac{9}{5}$

60 Utiliser la calculatrice pour comparer les nombres $\frac{12}{13}$ et $\frac{13}{14}$. Expliquer.

61 Un samedi, à la fin d'un vide-grenier, trois vendeurs se partagent équitablement la recette composée de 4 billets de 20 €, 3 billets de 10 € et 2 billets de 5 €. Le lendemain ils se partagent une autre recette composée de 3 billets de 20 €, 5 billets de 10 € et 2 pièces de 50 centimes.

Quel jour chacun des vendeurs aura-t-il gagné le plus d'argent ?

62 Alex a cuisiné 530 cL de confiture de groseilles, qu'il veut mettre en pot. Il a le choix entre des pots de 20 cL et des pots de 30 cL.

Lequel de ces types de pots doit-il acheter pour en remplir le plus possible ?

63 Ranger ces fractions de même numérateur dans l'ordre croissant.

• $\frac{190}{13}$ • $\frac{190}{23}$ • $\frac{190}{17}$ • $\frac{190}{19}$

64 *Jeux et casse-tête* Iseline lance deux dés à six faces numérotées de 1 à 6.

Elle obtient ainsi le numérateur et le dénominateur d'une fraction.

Quelle est la plus grande fraction qu'elle pourra obtenir ? la plus petite ?

Proportion - Fréquence

65 Sur son smartphone, Cléa a enregistré 240 chansons dont 84 de rap français.
Exprimer la proportion des chansons de rap français enregistrées sur le smartphone de Cléa. *Donner le résultat sous la forme d'une fraction puis d'un pourcentage.*

66 Le club « Sciences » du collège compte 15 participants. À la rentrée des vacances de Noël, 5 élèves décident de rejoindre le club.
Lucy affirme : « $\frac{1}{3}$ des élèves du club "Sciences" ont rejoint le club après les vacances de Noël. »
Que penser de cette affirmation ? Expliquer.

67 La production mondiale de cacao représente 360 000 t par mois, dont 120 000 t produites en Côte d'Ivoire et 100 000 t au Ghana.
Exprimer, à l'aide d'une fraction de numérateur et de dénominateur les plus petits possibles, la proportion de cacao produit : • en Côte d'Ivoire ; • au Ghana.

68 **Algo** La direction du vent est celle de sa provenance. Sur le lac de Naussac (en Lozère), les vents dominants sont Nord, Nord-Ouest et Sud. Le tableau ci-dessous indique le nombre de jours où la vitesse du vent a été supérieure à 2 m par seconde.

Direction	Nord	Nord-Ouest	Sud	Autres
Nombre de jours	45	56	43	96

Le script Scratch ci-dessous doit déterminer la proportion, en pourcentage, des vents dominants.

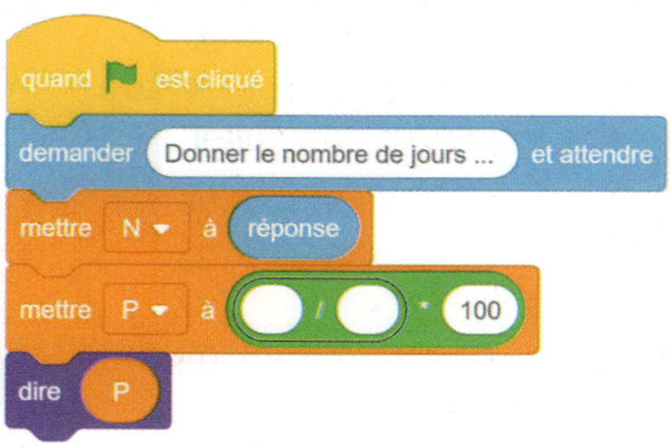

a. Quelles sont les données manquantes de la ligne **(1)** ?
b. Ouvrir le logiciel Scratch, saisir le script complété et l'exécuter avec les valeurs du tableau.

69 **Jeux et casse-tête** Au milieu de la saison, Lionel a réussi 48 pénaltys sur 65 tentatives.
Combien doit-il réussir de pénaltys d'affilée pour obtenir au plus vite un pourcentage de réussite de 80 % ?

Utiliser les fractions

Synthèse

70 Lors d'une course cycliste professionnelle, une somme d'argent est partagée entre les trois premiers.
Alexandre a gagné $\frac{1}{3}$ de la somme, Gilles les $\frac{2}{5}$, Kévin les $\frac{2}{15}$ et le reste va à l'organisation.

Objectif Déterminer le classement de cette course.

a. Recopier et compléter :
$$\frac{1}{3} = \frac{1 \times \ldots}{3 \times 5} = \frac{\ldots}{\ldots}.$$
b. Donner une fraction égale à $\frac{2}{5}$ et dont le dénominateur est 15.
c. Ranger les fractions obtenues dans l'ordre décroissant.
d. En déduire le classement des trois coureurs.

71 Dans ce troupeau de 37 moutons, 17 sont noirs. Un agneau noir vient de naître.

Objectif Comparer la proportion de moutons noirs avant et après la naissance de l'agneau.

a. Calculer une valeur approchée à l'unité près de la proportion, en pourcentage, de moutons noirs dans le troupeau avant la naissance de l'agneau.
b. Calculer une valeur approchée à l'unité près de la proportion, en pourcentage, de moutons noirs dans le troupeau après la naissance de l'agneau.
c. Comparer les deux proportions obtenues.

72 Axel est chargé de nourrir Néo, le poisson rouge de son ami Abdel parti une semaine en vacances.
Axel doit verser un quart de cuillère de granulés par jour dans l'aquarium.
Il reste 3 cuillères dans la boîte de granulés.

Objectif Savoir si Axel aura assez de granulés pour nourrir le poisson rouge.

a. De quelle fraction de cuillère de granulés, Axel aura-t-il besoin en une semaine.
b. Comparer 3 et cette fraction. Conclure.

Parcours différenciés

Je m'évalue

Pour chaque question, une seule réponse est exacte.

QCM supplémentaires
college.nathan.fr/tm5068

	a	b	c	En cas d'erreur
73 Le nombre manquant dans l'égalité $\ldots \times 3 = 10$ est…	$\frac{10}{3}$	3,3	$\frac{3}{10}$	Cours 1 p. 60
74 Chloé partage un ruban de 100 cm de longueur en 3 parts égales. Chaque part a pour longueur…	33 cm	33,3 cm	$\frac{100}{3}$ cm	
75 Une fraction égale à $\frac{34}{15}$ est…	$\frac{34 \times 2}{15 \times 2}$	$\frac{34 : 2}{15 : 5}$	$\frac{34 + 2}{15 + 2}$	Cours 2 p. 60
76 La fraction $\frac{3}{7}$ est égale à…	$\frac{6}{7}$	$\frac{5}{9}$	$\frac{15}{35}$	Ex 1 p. 61
77 La fraction $\frac{20}{35}$ est égale à…	$\frac{7}{5}$	$\frac{4}{5}$	$\frac{4}{7}$	
78 Diviser 3,5 par 0,07 revient à diviser…	35 par 7	350 par 7	3,5 par 7	Cours 3 p. 60
79 Une place de parking a pour largeur 2,30 m. Sur un terrain de 25 m, on peut avoir au plus…	9 places	10 places	11 places	Ex 4 p. 61
80 On peut dire que…	$\frac{52}{18} < \frac{27}{18}$	$\frac{54}{18} = \frac{27}{18}$	$\frac{54}{18} > \frac{27}{18}$	Cours 4 p. 62
81 Pour comparer $\frac{7}{2}$ et $\frac{29}{8}$, on peut comparer…	$\frac{28}{8}$ et $\frac{29}{8}$	$\frac{7}{2}$ et $\frac{29}{2}$	$\frac{21}{8}$ et $\frac{29}{8}$	
82 Le rangement dans l'ordre croissant des nombres $\frac{4}{5}$, $\frac{7}{10}$ et $\frac{1}{2}$ est…	$\frac{4}{5} < \frac{7}{10} < \frac{1}{2}$	$\frac{1}{2} < \frac{4}{5} < \frac{7}{10}$	$\frac{1}{2} < \frac{7}{10} < \frac{4}{5}$	Ex 7 p. 63
83 Le rangement dans l'ordre décroissant des nombres $\frac{5}{12}$, $\frac{1}{3}$ et $\frac{1}{2}$ est…	$\frac{1}{3} > \frac{5}{12} > \frac{1}{2}$	$\frac{1}{2} > \frac{5}{12} > \frac{1}{3}$	$\frac{1}{2} > \frac{1}{3} > \frac{5}{12}$	
84 Une urne contient 20 billes, dont 13 billes jaunes, les autres étant rouges. La proportion de billes rouges dans l'urne est…	52 %	$\frac{7}{33}$	$\frac{7}{20}$	Cours 5 p. 62
85 En 5e A, il y a 25 élèves dont 6 étudient le latin. Dans le collège, il y a 100 élèves de 5e dont 25 étudient le latin. On peut dire que la proportion des latinistes est…	plus forte en 5e A que dans le collège	la même en 5e A que dans le collège	moins forte en 5e A que dans le collège	Ex 10 p. 63

Selon ton score page précédente

Parcours conseillé
- Entre **0** et **5 bonnes réponses** : (drapeau vert)
- Entre **6** et **9 bonnes réponses** : (drapeau bleu)
- **10 bonnes réponses ou plus** : (drapeau rouge)

86 Comparer et ranger des fractions

Des enfants participent à une course. Tom en a déjà parcouru les $\frac{6}{7}$, Sofia les $\frac{4}{7}$, Pauline les $\frac{19}{35}$, Ernest les $\frac{3}{5}$ et Kinza les $\frac{24}{40}$.
On se propose de comparer les distances parcourues par certains enfants.

PARCOURS 1

On s'intéresse ici à Sofia et Pauline.

a. Recopier et compléter :
« $\frac{4}{7} = \frac{4 \times \dots}{7 \times \dots} = \frac{\dots}{35}$. Or … > 19, donc $\frac{\dots}{35} > \frac{19}{35}$ et $\frac{4}{7} \dots \frac{19}{35}$. »

b. En déduire qui de Sofia ou Pauline a parcouru la plus grande distance.

PARCOURS 2

Comparer les distances parcourues par Ernest et Kinza.

PARCOURS 3

Ranger dans l'ordre décroissant les distances parcourues par chacun des enfants.

87 Calculer et comparer des proportions

Voici la répartition incomplète des élèves des différentes classes de 5ᵉ d'un collège selon leur LV2.

	Espagnol	Allemand	Chinois	Total
5ᵉ A		11	0	25
5ᵉ B	9	0		20
5ᵉ C		7	6	26

On se propose de calculer et de comparer certaines proportions.

PARCOURS 1

On s'intéresse à la classe de 5ᵉ A.

a. Écrire sous la forme d'une fraction la proportion d'élèves de 5ᵉ A qui étudient l'allemand.

b. Recopier et compléter : « Pour écrire la proportion d'élèves qui étudient l'allemand en 5ᵉ A sous la forme d'un pourcentage, il suffit de … le numérateur et le dénominateur de la fraction par … . »

c. Quel est le pourcentage d'élèves de 5ᵉ A qui étudient l'allemand ?

PARCOURS 2

Quel est le pourcentage d'élèves de 5ᵉ B qui étudient :
- l'espagnol ?
- le chinois ?

PARCOURS 3

Ranger les classes dans l'ordre croissant de leurs proportions d'élèves qui étudient l'espagnol.

Utiliser les fractions

88 Algo Calculer des proportions ▸ Livret Scratch p. 3

Une ornithologue étudie des os retrouvés dans des pelotes de réjection de chouettes, selon le type de proies. Elle s'intéresse à la proportion d'os de mulots dans ces pelotes.

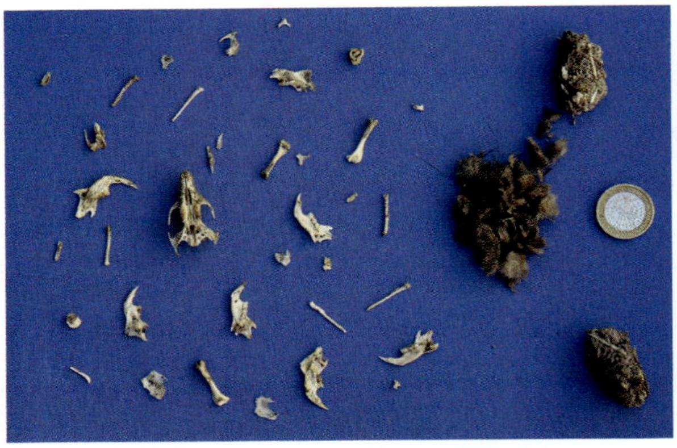

1. Calculer une proportion

Dans une pelote, elle a trouvé 83 os dont 7 os de mulots.
Exprimer la proportion d'os de mulots trouvés dans cette pelote sous la forme d'une fraction puis sous la forme d'un pourcentage. *Donner une valeur approchée au dixième près.*

2. Utiliser un script

Pour calculer ces proportions, l'ornithologue décide de rédiger un script Scratch. Dans le script ci-contre, les variables **a** et **b** représentent le nombre total d'os et le nombre d'os de mulots dans la pelote de rejection.

a. La ligne **(1)** doit afficher la proportion d'os de mulots dans la pelote à l'aide d'une fraction.
Comment compléter cette ligne à l'aide des variables **a** et **b** ?

b. La ligne **(2)** permet d'affecter à la variable **P** le pourcentage d'os de mulots dans la pelote.
Lequel de ces calculs complète la ligne **(2)** ?

- (a / b) * 100
- (b / a) * 100
- (a / 100) * b
- (b / 100) * a

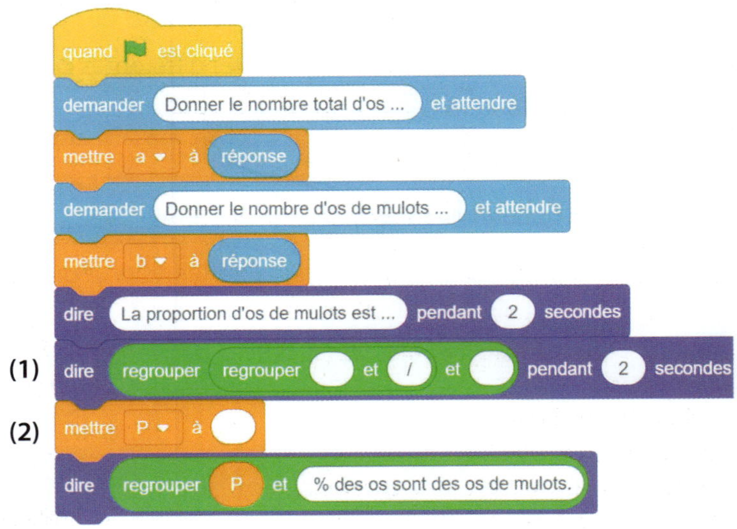

3. Saisir le script

a. Ouvrir le logiciel Scratch, saisir le script complété.

b. Exécuter ce script pour vérifier le résultat de la question **1**.

c. Dans chaque cas, tester ce script.

- Dans une pelote contenant 48 os, on a compté 9 os de mulots.
- Une pelote contient 8 os de mulots et 74 os d'autres espèces.

J'utilise mes compétences

89 Communiquer en anglais

Raisonner • Communiquer

Laura is rearranging her wardrobe. $\frac{1}{3}$ of her dresses are black and $\frac{4}{9}$ of her dresses are red.
Does she have more black dresses or red dresses ?

90 Lire et comprendre des informations

Représenter • Raisonner • Calculer

Ambre, Maelys et Charlotte ont acheté des tubes de gouache.
Ambre a payé 11,70 €, Maelys 7,80 € et Charlotte 15,60 €.
Tous les tubes coûtent le même prix.
Charlotte a acheté 2 tubes de plus qu'Ambre.
Combien de tubes chacune a-t-elle achetés ?

91 Relier fractions et notes de musique

Raisonner • Calculer

Le tableau ci-dessous donne les durées des notes en fractions de ronde.

Nom	Ronde	Blanche	Noire	Croche	Double-croche	Triple-croche	Quadruple-croche
Dessin	𝅝	𝅗𝅥	♩	♪	𝅘𝅥𝅯	𝅘𝅥𝅰	𝅘𝅥𝅱
Fraction de ronde	1	$\frac{1}{2}$	$\frac{1}{4}$	$\frac{1}{8}$	$\frac{1}{16}$	$\frac{1}{32}$	$\frac{1}{64}$

a. Exprimer en fraction de ronde chacune des durées ci-dessous, puis simplifier la fraction.
- 6 doubles-croches ;
- 8 triples-croches.

b. Ranger dans l'ordre décroissant les durées de :
- 4 croches
- 12 triples-croches
- 7 doubles-croches
- 3 noires
- 20 quadruples-croches
- 2 blanches

c. Pour avoir la même durée que 6 doubles-croches, combien faut-il de :
- quadruples-croches ?
- croches ?
- triples-croches ?

92 Utiliser des fractions pour des durées

Raisonner • Calculer

Elena a vu trois films. Le premier a duré neuf quarts d'heure, le deuxième a duré treize sixièmes d'heure et le troisième cent vingt-cinq minutes.
Quel était le film le plus long ?

93 Comprendre un schéma

Modéliser • Calculer • Communiquer

Après une attaque de bateau, la pirate Anne Bonny décide de garder pour elle $\frac{3}{8}$ du butin, soit 369 pièces d'or.
Quel était le montant total du butin ?

Coup de pouce
On peut s'aider du schéma ci-dessous.

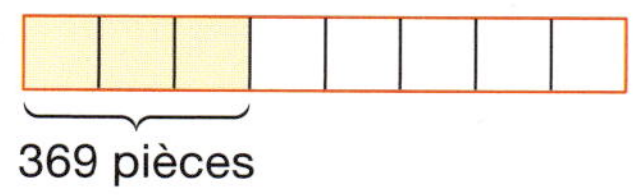

94 Exploiter des données

Calculer • Communiquer

Maeva collectionne des figurines de chevaliers et de dragons. Elle en possède 200 dont 126 chevaliers.
Parmi ces figurines, 84 sont en métal et les autres sont en plastique.
54 figurines de chevaliers sont en plastique.

a. Recopier et compléter le tableau suivant :

	Chevaliers	Dragons	Total
Métal			
Plastique			
Total			

b. Parmi ces figurines, quelle est la proportion de chevaliers ?
c. Quelle est la proportion de dragons en métal ?
d. Est-il exact que 62 % des figurines sont des dragons en plastique ? Expliquer.

95 Comprendre une situation

Modéliser • Calculer • Communiquer

On se propose de comparer la teneur en sucre de différentes boissons.
- Dans une bouteille de soda de 500 mL, on trouve 40 g de sucre.
- Dans un verre de jus de fruits de 200 mL, on trouve 18 g de sucre.
- Dans une canette de 250 mL de boisson énergisante, on trouve 27,5 g de sucre.

Laquelle de ces boissons est la plus sucrée ? la moins sucrée ? Expliquer.

96 Communiquer en anglais

Calculer • Communiquer

A snail travels 0.05 inches per second.
A salad is located 400 inches away from it.
How long will it take for the snail to reach it?

97 Étudier une propriété

Chercher • Raisonner

a. k désigne un nombre non nul.

On se propose d'établir que $\frac{6}{7} = \frac{6 \times k}{7 \times k}$.

Recopier et compléter :

« $\frac{6}{7} \times (7 \times k) = \left(\frac{6}{7} \times \ldots\right) \times k = \ldots \times k$.

Ainsi, $\frac{6}{7}$ est le nombre manquant ■ dans l'égalité

■ $\times (7 \times k) = \ldots \times k$. Donc $\frac{6}{7} = \frac{\ldots \times k}{7 \times k}$ ».

b. a, b et k désignent trois nombres entiers tels que b et k sont différents de 0.

Justifier pourquoi $\frac{a}{b} \times (b \times k) = a \times k$.

En déduire que $\frac{a}{b} = \frac{a \times k}{b \times k}$.

98 Comprendre et expliquer

Raisonner • Calculer

Des élèves de 5e ont participé à un concours de mathématiques pour lequel il faut répondre à un QCM.
Voici pour chacun des candidats la proportion de réponses justes à ce QCM.

- Chloé : $\frac{11}{24}$
- Alix : $\frac{3}{8}$
- Khadidja : $\frac{9}{18}$
- Pierre : $\frac{5}{12}$
- Noann : 1
- Gabriel : $\frac{2}{3}$

Déterminer le classement de ces élèves à ce concours. Expliquer.

99 Imaginer une stratégie

Représenter • Raisonner • Calculer

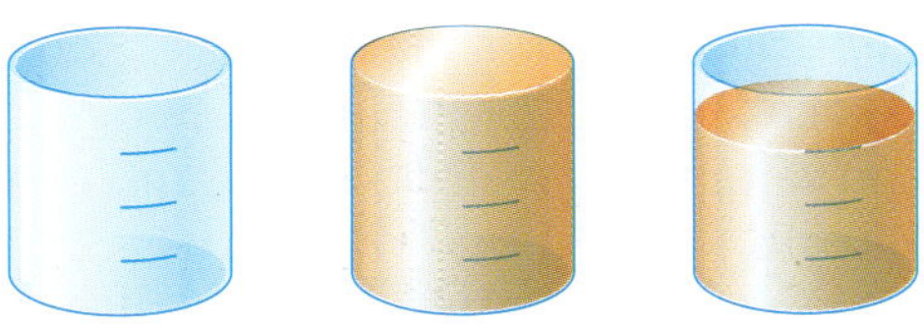

8 kg — 70 kg — ?

Quelle est la masse du récipient et de son contenu sur le schéma de droite ?

100 Problème ouvert

Représenter • Raisonner • Communiquer

Le périmètre d'un triangle est égal à 66 cm.
La longueur du deuxième côté est égale aux deux tiers de la longueur du premier côté.
La longueur du troisième côté est égale au double de la longueur du premier côté.
Quelles sont les longueurs des côtés de ce triangle ?

Narration de RECHERCHE

101 PROBLÈME Émilie dispose des libellules et des papillons autocollants de couleurs différentes pour réaliser une frise.
Elle place une libellule tous les trois motifs et la couleur rouge tous les cinq motifs.
Sa frise fait 4 m de long et chaque motif occupe 8 cm. Voici le début de cette frise.

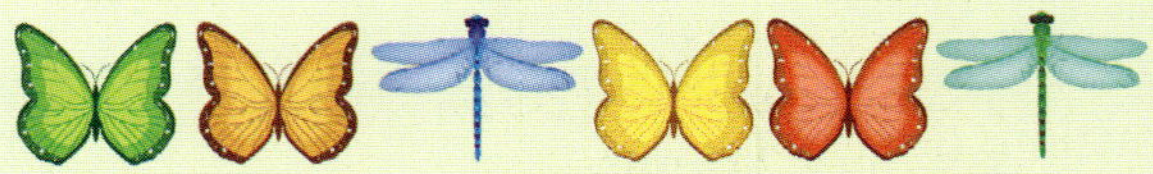

Dans cette frise, quelle est la proportion de papillons ? de libellules ? de libellules rouges ?

Raconter sur une feuille les différentes étapes de la recherche et les remarques qui ont fait changer de méthode ou qui ont permis de résoudre le problème.

Des défis

102 Utiliser huit chiffres

Recopier et compléter chaque égalité pour qu'elle soit vraie, à l'aide des nombres 0, 1, 2, 3, 4, 5, 6, 7.
Attention, chaque nombre ne sert qu'une fois.

$\frac{\ldots}{\ldots} = 0{,}5$ $\qquad \frac{\ldots}{\ldots} = \frac{140}{100}$

$\frac{\ldots}{\ldots} = \frac{20}{30}$ $\qquad \frac{\ldots}{\ldots} = 0$

103 Trouver les chiffres cachés

À quel chiffre correspond chaque symbole sachant que :

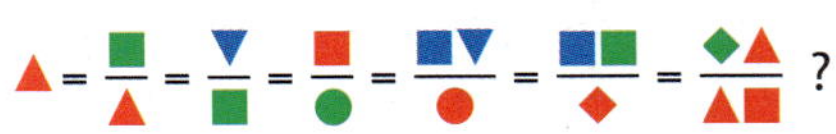

Je prends des initiatives

TÂCHES COMPLEXES

104 MESURER des longueurs

La situation-problème

En cours d'Histoire, Martin découvre un outil appelé canne des bâtisseurs.
Il décide de calculer les quotients suivants :

- $\dfrac{\text{coudée}}{\text{pied}}$ • $\dfrac{\text{pied}}{\text{empan}}$ • $\dfrac{\text{empan}}{\text{palme}}$ • $\dfrac{\text{palme}}{\text{paume}}$

Aider Martin à calculer ces quotients.
Quelle remarque peut-il faire ?

Les supports de travail

Les documents, la calculatrice

Toute piste de recherche, même non aboutie, figurera sur la feuille.

Doc. 1

La canne des bâtisseurs

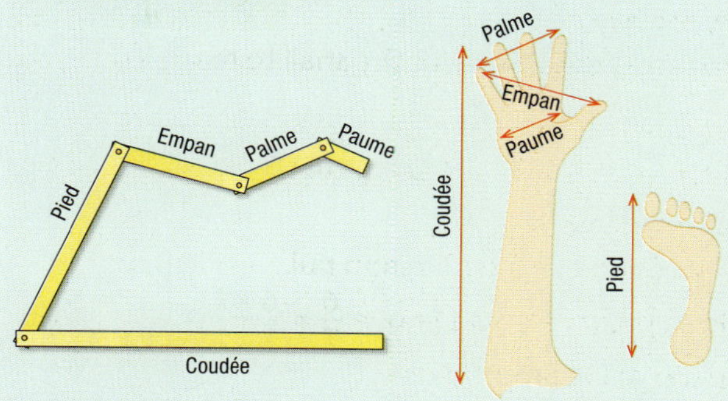

Au Moyen Âge, les bâtisseurs de cathédrales utilisaient la canne des bâtisseurs pour effectuer des mesures.
Chaque tige articulée représente une unité de longueur de l'époque (en lien avec le corps humain).

Doc. 2

Les unités de longueur

- Paume : 34 lignes • Palme : 55 lignes
- Empan : 89 lignes • Pied : 144 lignes
- Coudée : 233 lignes

Une ligne vaudrait de nos jours environ 2,247 mm.

105 JOUER aux dominos

La situation-problème

On peut juxtaposer deux dominos lorsque les deux parties qui se touchent portent le même nombre.
Placer les dominos disponibles sur le circuit ci-contre.

Les supports de travail

Les documents, une photocopie du circuit.

Toute piste de recherche, même non aboutie, figurera sur la feuille.

Doc. 1

Le circuit

Doc. 2

Les dominos à placer

1. $\frac{3}{9}$ | $\frac{35}{15}$
2. $\frac{35}{28}$ | $\frac{2}{3}$
3. $\frac{8}{20}$ | $\frac{1}{3}$
4. $\frac{14}{21}$ | $\frac{10}{20}$
5. $\frac{1}{7}$ | $\frac{4}{9}$
6. $\frac{7}{3}$ | $\frac{1}{2}$
7. $\frac{5}{4}$ | $\frac{8}{56}$
8. $\frac{12}{27}$ | $\frac{4}{11}$

CHAPITRE

5

Calculer avec des fractions

Il y a cinq océans sur Terre : Pacifique, Atlantique, Arctique, Austral, Indien. Le plus grand, l'océan Pacifique, occupe environ $\frac{1}{3}$ de la superficie de la Terre.
La ceinture de feu du Pacifique compte environ $\frac{3}{4}$ des volcans émergés de la planète.

Bien démarrer

Pour chaque question, une réponse ou plusieurs sont exactes.

		a	b	c
1	Le rectangle rouge représente l'unité. Alors le domaine vert représente… 	$\frac{7}{10}$	$\frac{3}{10}$	$\frac{3}{7}$
2	Pour la fraction $\frac{9}{5}$, …	9 est le nominateur	5 est le dénominateur	9 est le numérateur
3	$\frac{3}{10}+\frac{2}{10}$ est égal à…	0,5	$\frac{5}{10}$	$\frac{1}{2}$
4	$5\times\frac{1}{5}$ est égal à…	$\frac{5}{5}$	5,5	1
5	Adam a dépensé 25 % de ses 72 €. Cela correspond à…	72 € : 4	25 × 72 €	18 €

Vérifie tes réponses p. 306

ACTIVITÉ 1 Opérer sur des fractions de même dénominateur

Cours Paragraphe 1a, p. 76

Dans le verger de David, il y a trois variétés de pommes.
David vend l'ensemble de sa récolte en plusieurs fois.

La première fois, il vend $\frac{1}{3}$ des Gala, $\frac{1}{9}$ des Golden et $\frac{5}{18}$ des Granny Smith.

La deuxième fois, il vend $\frac{2}{3}$ des Gala, $\frac{4}{9}$ des Golden et $\frac{11}{18}$ des Granny Smith.

a. Réaliser les schémas ci-dessous et colorier les parts vendues par David :
- en rouge pour la première fois ;
- en bleu pour la deuxième fois.

Gala Golden Granny Smith

b. Recopier et compléter : « Un tiers plus deux tiers est égal à ... tiers, donc $\frac{1}{3}+\frac{2}{3}=\frac{...}{...}$. »
David a-t-il vendu toute sa production de pommes Gala ?

c. Recopier et compléter : • $\frac{1}{9}+\frac{4}{9}=\frac{...}{...}$ • $\frac{5}{18}+\frac{11}{18}=\frac{...}{...}$

d. Recopier et compléter : • $1-\frac{5}{9}=\frac{...}{9}-\frac{5}{9}=\frac{...}{...}$ • $1-\frac{16}{18}=\frac{...}{18}-\frac{16}{18}=\frac{...}{18}=\frac{...}{9}$

Interpréter chacun de ces résultats dans le contexte de la situation.

ACTIVITÉ 2 Étudier le cas de dénominateurs multiples l'un de l'autre

Cours Paragraphe 1b, p. 76

Le cocktail de Mathilde contient $\frac{2}{3}$ de jus d'orange et $\frac{1}{9}$ de jus d'ananas.

a. Réaliser le schéma ci-dessous et colorier les parts de chaque jus dans ce cocktail.

b. Recopier et compléter : « $\frac{2}{3}+\frac{1}{9}=\frac{...}{9}+\frac{1}{9}=\frac{...}{9}$. Donc les jus d'orange et d'ananas occupent $\frac{...}{9}$ du cocktail de Mathilde. »

c. Mathilde complète son cocktail par de la limonade.
Quelle fraction du cocktail occupe alors la limonade ? Traduire ce résultat à l'aide d'une égalité.

ACTIVITÉ 3 Prendre une fraction d'une quantité

Cours Paragraphe 2, p. 76

Lors de la sortie du film *Goldorak*, 175 spectateurs assistent à une séance.
Les $\frac{3}{5}$ de ces spectateurs sont des adolescents.

a. Recopier et compléter : « Un cinquième des 175 spectateurs c'est 175 : ... spectateurs, soit ... spectateurs. Donc trois cinquièmes des 175 spectateurs c'est ... fois un cinquième des 175 spectateurs, c'est-à-dire ... spectateurs. Ainsi, ... spectateurs sont des adolescents. »

b. Recopier et compléter : $\frac{3\times 175}{5}=\frac{...}{5}=...$; on remarque donc que $\frac{3}{5}$ de $175=\frac{...\times...}{...}$.

Cours

VIDÉOS de cours jaicompris.com

1 Addition, soustraction de fractions

Exercices 7 à 35

a. Les dénominateurs sont les mêmes

RÈGLE 1 Pour additionner (ou pour soustraire) deux fractions de **même dénominateur**, on additionne (ou on soustrait) les numérateurs et on conserve le **dénominateur commun**.

Autrement dit, lorsque a, b, c désignent des nombres entiers, avec $c \neq 0$:

- $\frac{a}{c} + \frac{b}{c} = \frac{a+b}{c}$
- $\frac{a}{c} - \frac{b}{c} = \frac{a-b}{c}$ (avec $a \geqslant b$)

c est le dénominateur commun.

c est le dénominateur commun.

Exemples

- $\frac{11}{3} + \frac{5}{3} = \frac{11+5}{3} = \frac{16}{3}$
- $\frac{11}{3} - \frac{7}{3} = \frac{11-7}{3} = \frac{4}{3}$

Remarque : une justification de cette propriété est proposée à l'exercice 86, p. 85.

b. Un dénominateur est multiple de l'autre

RÈGLE 2 Pour additionner (ou pour soustraire) deux fractions lorsque le **dénominateur de l'une est multiple du dénominateur de l'autre**, on écrit les deux fractions avec le **même dénominateur** et on applique la **règle 1**.

Vocabulaire : on dit que l'on **réduit au même dénominateur** les deux fractions.

Exemple 1

Calcul de $\frac{2}{3} + \frac{1}{6}$ et de $\frac{2}{3} - \frac{1}{6}$.

6 est un multiple de 3 car $6 = 3 \times 2$. Le dénominateur commun est 6.

- $\frac{2}{3} + \frac{1}{6} = \frac{2 \times 2}{3 \times 2} + \frac{1}{6} = \frac{4}{6} + \frac{1}{6} = \frac{5}{6}$
- $\frac{2}{3} - \frac{1}{6} = \frac{2 \times 2}{3 \times 2} - \frac{1}{6} = \frac{4}{6} - \frac{1}{6} = \frac{3}{6}$

On note que $\frac{3}{6} = \frac{1}{2}$.

Exemple 2

$2 + \frac{4}{5} = \frac{2 \times 5}{1 \times 5} + \frac{4}{5} = \frac{10}{5} + \frac{4}{5} = \frac{14}{5}$

On utilise le fait que $2 = \frac{2}{1}$. Le dénominateur commun est 5.

2 Prendre une fraction d'une quantité

Exercices 36 à 44

RÈGLE Pour prendre une fraction d'une quantité, on **multiplie** la fraction par la quantité.

PROPRIÉTÉ a, b désignent des nombres entiers avec $b \neq 0$ et c désigne un nombre décimal.

$$\frac{a}{b} \times c = \frac{a \times c}{b}$$

Exemple

Melvyn possède 50 magazines sur le sport, dont les $\frac{4}{5}$ sont sur le basket.

$\frac{4}{5} \times 50 = \frac{4 \times 50}{5} = \frac{200}{5} = 40$, donc Melvyn a 40 magazines sur le basket.

J'applique le cours

① Additionner ou soustraire des fractions

EXERCICE RÉSOLU

ÉNONCÉ Dans chaque cas, calculer et simplifier la fraction demandée.

a. Tony a dépensé les $\frac{7}{16}$ de sa tirelire puis les $\frac{5}{16}$. Quelle fraction de sa tirelire a-t-il dépensée ?

b. Il reste $\frac{13}{24}$ L dans la gourde de Juliette, elle en boit $\frac{1}{6}$ L. Quelle fraction de litre reste-t-il dans la gourde ?

SOLUTION

a. $\frac{7}{16}+\frac{5}{16}=\frac{7+5}{16}=\frac{12}{16}$

Or, $\frac{12}{16}=\frac{4\times3}{4\times4}=\frac{3}{4}$.

Donc Tony a dépensé les $\frac{3}{4}$ de sa tirelire.

b. $\frac{13}{24}-\frac{1}{6}=\frac{13}{24}-\frac{1\times4}{6\times4}=\frac{13}{24}-\frac{4}{24}=\frac{13-4}{24}=\frac{9}{24}$

Or, $\frac{9}{24}=\frac{3\times3}{3\times8}=\frac{3}{8}$.

Donc, il reste $\frac{3}{8}$ L dans la gourde de Juliette.

CONSEILS

- Les fractions ont le même dénominateur (16), donc on ajoute les numérateurs.
- Le dénominateur (24) de l'une des fractions est un multiple du dénominateur (6) de l'autre, donc, on écrit les fractions avec 24 pour dénominateur commun.

À TON TOUR

② Claire a utilisé $\frac{2}{7}$ kg de farine, puis $\frac{12}{7}$ kg.
Combien de kilogrammes de farine a-t-elle utilisés ?

③ Il reste $\frac{2}{7}$ L dans une citerne. On en utilise $\frac{5}{42}$ L.
Combien de litres d'eau reste-t-il dans la citerne ?

④ Prendre une fraction d'un effectif

EXERCICE RÉSOLU

ÉNONCÉ Dans un collège de 576 élèves, $\frac{5}{24}$ de ces élèves sont en 5e.

a. Combien y a-t-il d'élèves en 5e dans ce collège ?

b. 60 % des élèves de 5e sont des filles. Combien y a-t-il de filles en 5e ?

SOLUTION

a. $\frac{5}{24}\times576=\frac{5\times576}{24}=\frac{2\,880}{24}=120$

Donc il y a 120 élèves en 5e dans ce collège.

b. $\frac{60}{100}\times120=\frac{60\times120}{100}=\frac{7\,200}{100}=72$

Il y a donc 72 filles en 5e.

CONSEILS

- On peut aussi utiliser la calculatrice.

  `5×576:24` → `120`

- Prendre 60 % de 120, c'est calculer $\frac{60}{100}\times120$.
Ici, on calcule sans remplacer 60 % par 0,6.

À TON TOUR

⑤ Un pâtissier a 43,4 kg de sucre dans sa réserve.
Il en utilise les $\frac{2}{7}$ pour préparer des gâteaux.
Quelle masse de sucre, en kg, utilise-t-il pour ces gâteaux ?
Vérifier à l'aide de la calculatrice.

⑥ Un flacon de 150 mL d'alcool à 90° vendu en pharmacie contient de l'eau et 90 % d'alcool.
Quel volume d'alcool, en mL, contient ce flacon ?
Vérifier à l'aide de la calculatrice.

Je travaille mes automatismes

Additionner, soustraire des fractions : même dénominateur

À l'oral — **Questions flash**

7 Calculer oralement :

a. $\frac{2}{9}+\frac{3}{9}$ **b.** $\frac{7}{11}+\frac{2}{11}$ **c.** $\frac{7}{12}+\frac{5}{12}$

8 Emma écrit : $\frac{1}{5}+\frac{1}{5}=\frac{2}{10}$.
A-t-elle raison ? Expliquer oralement.

9 CALCUL MENTAL Calculer mentalement :

a. $\frac{12}{5}-\frac{3}{5}$ **b.** $\frac{10}{9}-\frac{3}{9}$ **c.** $\frac{9}{8}-\frac{1}{8}$

10 Jason écrit : $\frac{5}{4}-\frac{3}{4}=\frac{1}{2}$.
A-t-il raison ? Expliquer oralement.

11 Recopier et compléter.

a. $\frac{2}{5}+\frac{\dots}{\dots}=\frac{4}{5}$ **b.** $\frac{\dots}{\dots}+\frac{8}{13}=\frac{14}{13}$

c. $\frac{41}{10}-\frac{\dots}{\dots}=\frac{19}{10}$ **d.** $\frac{\dots}{\dots}-\frac{8}{7}=\frac{5}{7}$

e. $\frac{17}{100}+\frac{\dots}{\dots}=\frac{28}{100}$ **f.** $\frac{\dots}{\dots}-\frac{7}{100}=\frac{3}{100}$

12 **a.** Recopier et compléter : $\frac{3}{4}=\frac{3\times\dots}{4\times\dots}=\frac{12}{16}$.

b. Calculer puis simplifier $\frac{3}{16}+\frac{9}{16}$.

13 Calculer puis simplifier.

a. $\frac{5}{24}+\frac{11}{24}$ **b.** $\frac{1}{5}+\frac{9}{5}$ **c.** $\frac{7}{10}+\frac{5}{10}$

14 Calculer puis simplifier.

a. $\frac{9}{35}+\frac{6}{35}$ **b.** $\frac{1}{24}+\frac{5}{24}$ **c.** $\frac{15}{13}+\frac{11}{13}$

15 **a.** Recopier et compléter : $\frac{2}{3}=\frac{2\times\dots}{3\times\dots}=\frac{12}{18}$.

b. Calculer puis simplifier $\frac{17}{18}-\frac{5}{18}$.

16 Calculer puis simplifier.

a. $\frac{11}{12}-\frac{5}{12}$ **b.** $\frac{24}{15}-\frac{4}{15}$ **c.** $\frac{7}{16}-\frac{3}{16}$

17 Calculer puis simplifier.

a. $\frac{18}{25}-\frac{3}{25}$ **b.** $\frac{17}{24}-\frac{1}{24}$ **c.** $\frac{17}{32}-\frac{11}{32}$

Additionner, soustraire des fractions : un dénominateur multiple de l'autre

À l'oral — **Questions flash**

18 Kenji écrit : $\frac{1}{5}+\frac{1}{15}=\frac{2}{20}$.
A-t-il raison ? Expliquer oralement.

19 Indiquer oralement celui de ces nombres qui est égal à $\frac{1}{3}+\frac{5}{6}$:

- $\frac{6}{9}$
- $\frac{7}{6}$
- $\frac{8}{6}$

20 CALCUL MENTAL Calculer mentalement $\frac{5}{2}-\frac{3}{4}$.

21 Erika écrit : $4-\frac{3}{4}=\frac{1}{4}$.
A-t-elle raison ? Expliquer oralement.

22 **a.** Combien de dixièmes représente la fraction $\frac{1}{2}$?

b. Calculer puis simplifier : • $\frac{1}{2}+\frac{3}{10}$; • $\frac{1}{2}-\frac{3}{10}$.

23 **a.** Recopier et compléter : $\frac{4}{3}=\frac{4\times\dots}{3\times\dots}=\frac{\dots}{12}$.

b. Calculer $\frac{4}{3}+\frac{7}{12}$.

c. Calculer puis simplifier $\frac{4}{3}-\frac{7}{12}$.

24 Calculer en réduisant au même dénominateur.

a. $\frac{8}{15}+\frac{1}{5}$ **b.** $\frac{7}{22}+\frac{5}{11}$ **c.** $\frac{13}{18}+\frac{5}{9}$

25 CORRIGÉ en vidéo jaicompris.com

Calculer en réduisant au même dénominateur.

a. $\frac{3}{7}-\frac{3}{14}$ **b.** $\frac{5}{9}-\frac{8}{27}$ **c.** $\frac{11}{5}-\frac{71}{100}$

26 Calculer.

a. $1+\frac{5}{2}$ **b.** $1+\frac{5}{7}$ **c.** $1-\frac{2}{5}$ **d.** $1-\frac{8}{11}$

27 Calculer.

a. $2+\frac{5}{4}$ **b.** $3+\frac{4}{5}$ **c.** $5-\frac{3}{7}$

28 Un récupérateur d'eau de pluie est rempli aux $\frac{3}{4}$.
Lola utilise cette eau pour arroser ses plantes afin d'économiser l'eau du robinet. Elle constate alors que le récupérateur n'est plus rempli qu'aux $\frac{5}{12}$.
Quelle fraction du récupérateur a-t-elle utilisée ?

Je travaille mes automatismes

29 L'unité de longueur est la longueur de ce segment.

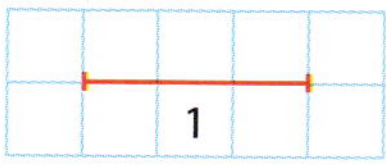

a. Sur papier quadrillé, tracer un segment de longueur $\frac{14}{3}$.

b. Pour effectuer le travail demandé à la question **a**, Clémence trace son segment de longueur $4 + \frac{2}{3}$.
A-t-elle raison ? Expliquer.

30 **a.** Chaque disque représente l'unité.
Quelle fraction représente le domaine coloré en vert ?

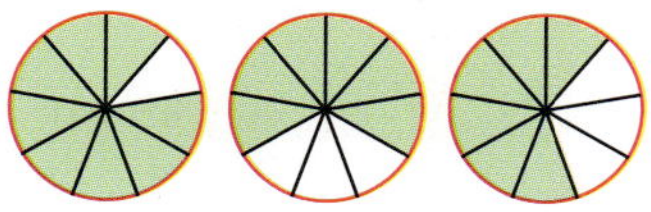

b. Recopier et compléter : $\frac{20}{9} = \ldots + \frac{\ldots}{9}$. Expliquer.

31 Chaque rectangle représente l'unité.

a. Quelle fraction représente le domaine coloré en vert ?

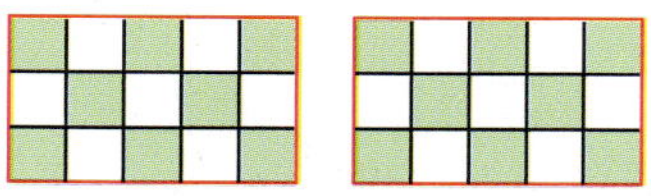

b. Recopier et compléter : $\frac{16}{15} = \ldots + \frac{\ldots}{15}$. Expliquer.

32 Parmi les écritures ci-dessous, reconnaître celles de $\frac{57}{8}$.

- $7 + \frac{1}{8}$
- $6 + \frac{7}{8}$
- $8 - \frac{7}{8}$

33 **a.** Quel est le plus grand multiple ◆ de 6 inférieur à 49 ?

b. Recopier et compléter :

$$\frac{49}{6} = \frac{◆}{6} + \frac{\ldots}{6} = \ldots + \frac{\ldots}{6}.$$

34 Voici une demi-droite graduée.

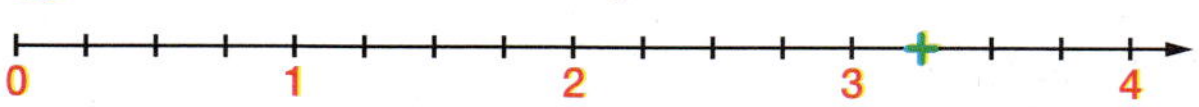

Écrire le nombre repéré par la croix verte à l'aide de la somme d'un nombre entier et d'une fraction inférieure à 1.

35 Écrire chaque fraction comme somme d'un nombre entier et d'une fraction inférieure à 1.

a. $\frac{32}{7}$ **b.** $\frac{25}{3}$ **c.** $\frac{71}{15}$

Prendre une fraction d'une quantité

À l'oral

Questions flash

36 Lesquelles de ces expressions permettent de calculer les $\frac{3}{4}$ de 10 km ?

- $(3 \times 10 \text{ km}) : 4$
- $(10 \text{ km} : 4) \times 3$
- $\frac{3}{4} \times 10 \text{ km}$

37 CALCUL MENTAL Calculer mentalement $\frac{4}{5} \times 80$ L.

38 CALCUL MENTAL Un tas de déchets pèse 30 tonnes. Un camion en charge le tiers. Calculer mentalement la masse de déchets chargés par le camion.

39 Antoine affirme :
« 35 % de 200 € représentent 70 €. »
A-t-il raison ? Expliquer oralement.

40 Lucie utilise $\frac{3}{7}$ de sa tirelire qui contient 140 €.
Combien a-t-elle dépensé ?

41 CORRIGÉ en vidéo jaicompris.com

Dans chaque cas, déterminer la quantité.

a. $\frac{3}{5}$ de 300 L **b.** $\frac{1}{4}$ de 30 kg **c.** $\frac{7}{8}$ de 5,60 €

42 Victoria a chargé 300 titres sur son lecteur MP4. Cinq sixièmes de ces titres sont des fichiers audio.
Combien de fichiers audio Victoria a-t-elle chargés sur son lecteur ?

43 Les $\frac{3}{5}$ du corps humain sont constitués d'eau.

a. Quelle fraction du corps ne contient pas d'eau ?

b. Noah pèse 40 kg. Quelle masse de son corps, en kg, n'est pas constituée d'eau ?

44 **1.** Recopier et compléter ce tableau.

Pourcentage	25 %	32 %	40 %	…
Fraction	$\frac{1}{4}$	$\frac{\ldots}{25}$	$\frac{\ldots}{5}$	$\frac{1}{8}$

2. Effectuer sans utiliser la calculatrice :

a. 25 % × 16 **b.** 12,5 % × 24
c. 32 % × 25 **d.** 40 % × 15

Additionner, soustraire des fractions

45 Voici deux copies d'élèves.

Louis

$\frac{5}{2} - \frac{2}{4} = \frac{10}{4} - \frac{2}{4} = \frac{8}{4}$

Annette

$\frac{5}{2} - \frac{2}{4} = \frac{5}{2} - \frac{1}{2} = \frac{4}{2}$

a. Ces calculs sont-ils corrects ?
Expliquer les méthodes de Louis et d'Annette.
b. Écrire plus simplement les réponses de Louis et d'Annette.

46 Calculer puis simplifier.

a. $\frac{7}{20} + \frac{2}{5}$ **b.** $\frac{11}{18} + \frac{1}{6}$ **c.** $\frac{39}{100} + \frac{7}{20}$

47 Calculer puis simplifier.

a. $\frac{1}{3} - \frac{4}{39}$ **b.** $\frac{3}{4} - \frac{33}{100}$ **c.** $\frac{11}{6} - \frac{5}{24}$

48 Dans chaque cas, écrire l'expression décrite à l'aide de fractions puis la calculer.
a. G est la somme de trois cinquièmes et de sept dixièmes.
b. H est la différence entre un quart et un huitième.
c. L est la somme de neuf et de deux septièmes.

49 **Algo** **a.** Avec le script Scratch ci-dessous, quelle fraction décimale devrait énoncer le lutin lorsqu'on donne le nombre 4 ?

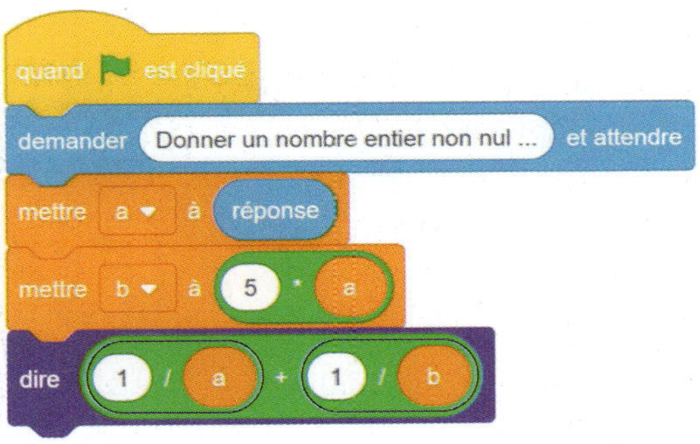

b. Ouvrir le logiciel Scratch. Saisir le script et le tester avec le nombre 4. Expliquer ce qu'énonce le lutin.

50 Candice a totalement chargé la batterie de son VAE (Vélo à Assistance Électrique).
Lors d'une sortie, elle utilise $\frac{1}{4}$ de la charge totale.
Le lendemain, elle utilise $\frac{3}{8}$ de la charge totale.
a. Quelle part de la charge totale a-t-elle utilisée ?
b. Son compteur indique qu'il reste alors 25 % d'autonomie. Donne-t-il la bonne information ?

51 Dans un triathlon, $\frac{1}{24}$ de la distance totale se parcourt à la nage, $\frac{1}{3}$ de la distance totale se fait en courant et le reste s'effectue à vélo.
Exprimer la distance parcourue à vélo :
a. par une fraction ; **b.** par un pourcentage.

52 Un jardin a une surface de $\frac{3}{4}$ d'hectare.
Son propriétaire achète $\frac{7}{12}$ d'hectare en plus pour réaliser un potager.
a. De quelle superficie, en ha, dispose-t-il ?
b. Quelle superficie supplémentaire doit-il acheter pour posséder 2 ha de jardin ?

53 CORRIGÉ en vidéo jaicompris.com
Calculer en détaillant les étapes.

a. $\frac{4}{5} - \left(\frac{1}{2} - \frac{3}{10}\right)$ **b.** $\frac{3}{4} + \frac{5}{8} - \left(\frac{11}{16} + \frac{5}{8}\right)$

54 Calculer en détaillant les étapes.

a. $3 - \left(\frac{5}{6} + \frac{7}{12}\right)$ **b.** $\frac{4}{7} - \left(\frac{29}{14} - 2\right)$

55 **Jeux et casse-tête** Recopier et compléter la pyramide à l'aide de la règle indiquée.

Règle

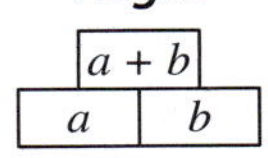

Prendre une fraction d'une quantité

56 Un avion de ligne peut accueillir 351 passagers.
$\frac{2}{3}$ des places sont occupées lors d'un vol.
Combien de passagers y a-t-il sur ce vol ?

57 Un cultivateur a récolté 1 500 kg d'avoine.
Il en vend les $\frac{2}{3}$ au propriétaire d'un haras, puis la moitié du reste à la coopérative.
a. Quelle quantité d'avoine vend-il :
• au propriétaire du haras ? • à la coopérative ?
b. Quelle quantité d'avoine a-t-il conservée ?

58 Stéphane parcourt 150 km en quatre jours.
Le premier jour, il parcourt $\frac{2}{5}$ du trajet, le deuxième jour $\frac{3}{10}$, le troisième jour 24 % et le quatrième jour le reste.
a. Quelle fraction du trajet parcourt-il le quatrième jour ?
b. Calculer la longueur, en km, de chaque étape.

59 Au début des soldes, un article coûte 270 €.
Le commerçant prévoit de diminuer le prix d'un tiers de sa valeur chaque semaine.
1. De combien le prix diminue-t-il la 1re semaine ? Quel est alors le nouveau prix de cet article ?
2. Calculer le prix de l'article :
a. la 2e semaine ; **b.** la 3e semaine.

60 Une station de ski a 72 pistes :
- $\frac{2}{9}$ des pistes sont bleues ;
- $\frac{4}{9}$ des pistes sont vertes ;
- $\frac{5}{18}$ des pistes sont rouges ;
- les autres pistes sont noires.

a. Calculer le nombre de pistes de chaque couleur.
b. Quelle fraction représentent les pistes noires ?

61 La hauteur de la tour Eiffel à Paris est 325 m.

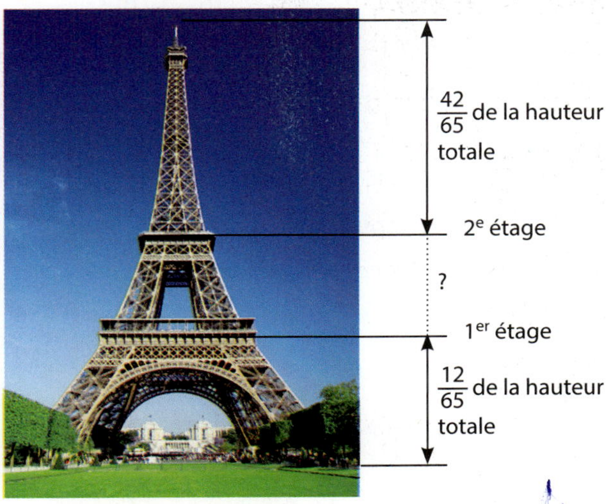

Calculer la hauteur, en m, entre le 1er et le 2e étages en effectuant une seule multiplication.

62 *Jeux et casse-tête* Sarah affirme : « J'ai lu le tiers de la moitié d'un livre de 600 pages. »
Combien de pages Sarah a-t-elle lues ?

Synthèse

Utiliser des opérations sur des fractions

63 À la rentrée des classes, un professeur fait un sondage auprès de ses élèves. Il annonce la répartition suivante : « $\frac{1}{6}$ des élèves de la classe n'a lu aucun livre cet été, $\frac{1}{3}$ des élèves de la classe a lu un livre, $\frac{5}{12}$ des élèves de la classe ont lu deux livres et $\frac{1}{12}$ des élèves de la classe en a lu au moins trois. »

Objectif Analyser l'annonce du professeur et obtenir certains résultats.

a. Vérifier par un calcul que tous les élèves de la classe ont participé au sondage.
b. Anaïs affirme : « $\frac{3}{4}$ des élèves de la classe ont lu un ou deux livres. »
A-t-elle raison ? Expliquer.
c. Dans la classe, deux élèves ont lu au moins trois livres.
Combien d'élèves :
- n'ont lu aucun livre ?
- ont lu un livre ?
- ont lu deux livres ?

64 Alice, Bob et Caro se partagent un paquet de 750 cartes Pokemon. Alice se sert la première, elle en prend les $\frac{3}{5}$, Bob prend $\frac{1}{3}$ du reste et Caro vide ensuite le paquet.

Objectif Représenter la situation et déterminer la part de chacun.

a. Tracer cette demi-droite graduée.

b. Représenter, à l'aide de couleurs différentes, les parts d'Alice, Bob et Caro.
c. Sur ce schéma, lire la fraction du paquet de cartes que Bob a prise.
d. Quelle est alors la fraction du paquet de cartes prise par Caro ?
e. Combien de cartes chaque personne a-t-elle prises ?

Parcours différenciés

Je m'évalue

Pour chaque question, une seule réponse est exacte.

QCM supplémentaires
college.nathan.fr/tm5082

	a	b	c	En cas d'erreur
65 $\frac{3}{7}+\frac{2}{7}$ est égal à…	$\frac{5}{7}$	$\frac{5}{14}$	$\frac{7}{5}$	Cours 1.a p. 76
66 $\frac{5}{21}-\frac{2}{21}$ est égal à…	$\frac{1}{3}$	$\frac{1}{7}$	$\frac{1}{21}$	
67 $\frac{1}{2}+\frac{1}{4}$ est égal à…	$\frac{2}{6}$	$\frac{3}{4}$	$\frac{2}{4}$	Cours 1.b p. 76
68 $\frac{7}{3}-\frac{5}{9}$ est égal à…	$\frac{2}{3}$	1,78	$\frac{16}{9}$	
69 $\frac{5}{6}+\frac{7}{18}$ est égal à…	$\frac{12}{18}$	$\frac{11}{9}$	2	
70 $3-\frac{2}{5}$ est égal à…	$\frac{13}{5}$	$\frac{1}{5}$	$\frac{1}{15}$	
71 $\frac{25}{7}$ est égal à…	$1+\frac{17}{7}$	$2+\frac{10}{7}$	$3+\frac{4}{7}$	
72 Pour se rendre chez ses parents, Alain parcourt $\frac{3}{10}$ du trajet le matin. Il lui reste à parcourir les…	$\frac{7}{10}$ du trajet	$\frac{2}{10}$ du trajet	$\frac{13}{10}$ du trajet	Ex. 1 p. 77
73 Lundi, Aline a planté $\frac{17}{8}$ m de sa haie. Mardi, elle en plante $\frac{33}{16}$ m. En deux jours, elle en a planté…	$\frac{50}{24}$ m	$\frac{67}{16}$ m	$4 \text{ m} + \frac{1}{16} \text{ m}$	
74 Un boulanger vend $\frac{1}{3}$ de ses baguettes le matin, $\frac{1}{6}$ le midi et $\frac{5}{12}$ l'après-midi. Il lui en reste…	$\frac{1}{4}$	$\frac{1}{12}$	$\frac{1}{3}$	
75 Les quatre cinquièmes d'une bouteille de 1,5 L d'eau représentent…	1,875 L	1,2 L	0,7 L	Cours 2 p. 76
76 23 % de 28 € correspondent à…	28,23 €	21,56 €	6,44 €	
77 125 voitures sont garées dans une rue. 64 % de ces voitures sont grises ou noires. Cela représente…	64 voitures	80 voitures	61 voitures	Ex. 4 p. 77

Je réalise mon parcours

Selon ton score page précédente

Parcours conseillé
- Entre **0 et 5 bonnes réponses** : (drapeau vert)
- Entre **6 et 9 bonnes réponses** : (drapeau bleu)
- **10 bonnes réponses ou plus** : (drapeau rouge)

78 Modéliser une situation

On laisse tomber une balle en caoutchouc d'une hauteur de 2 m.
Elle rebondit à chaque fois aux $\frac{3}{5}$ de sa hauteur de chute.
On se propose d'étudier la hauteur qu'elle atteint après un certain nombre de rebonds.

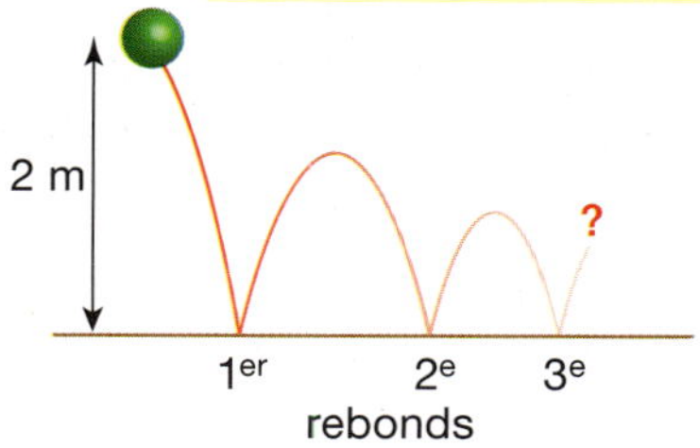

PARCOURS 1

On s'intéresse à la hauteur atteinte après le 1er rebond.

Comment calcule-t-on une fraction d'une quantité ?

Il faut savoir que l'on multiplie la fraction par la quantité.

a. Recopier et compléter : « Avant le 1er rebond, la balle tombe d'une hauteur de ... m. Après le 1er rebond, elle atteint la hauteur de $\frac{...}{...} \times ...$ m, c'est-à-dire de $\frac{... \times 2 \text{ m}}{...}$. »

b. Effectuer ce calcul et conclure par une phrase.

PARCOURS 2

Calculer la hauteur atteinte par la balle après le 2e rebond.

PARCOURS 3

Matteo se demande : « À partir de quel rebond la hauteur atteinte par la balle sera-t-elle inférieure ou égale à 10 cm ? » Aider Matteo à répondre.

79 Comprendre une information

En France, pour obtenir la pointure de chaussures d'une personne, on ajoute 1 cm à la longueur, exprimée en cm, de son pied puis on prend les $\frac{3}{2}$ du résultat obtenu.

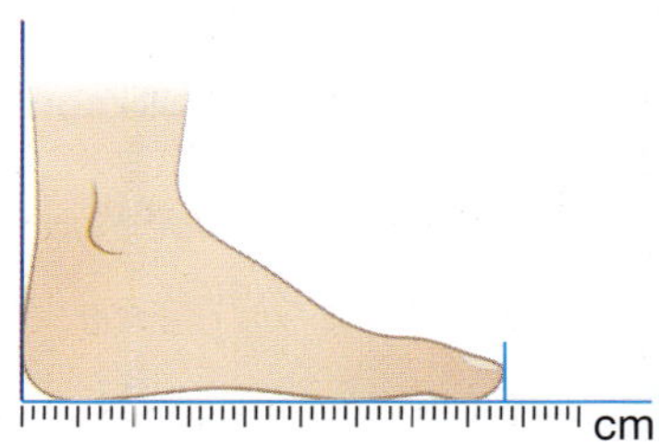

PARCOURS 1

Claire a mesuré la longueur de son pied, elle a obtenu 22,4 cm.
On s'intéresse à sa pointure.

Quel programme de calcul permet de calculer sa pointure ?

À la longueur du pied :
- ajouter 1 cm ;
- multiplier par $\frac{3}{2}$.

a. Recopier et compléter : « Pour calculer la pointure de Claire, on calcule 22,4 cm + ... cm, puis on ... le résultat par .... »

b. Recopier et compléter :

$$\frac{3}{2} \times 23{,}4 = \frac{... \times 23{,}4}{...} = \frac{...}{...} = ...$$

c. Quelle pointure de chaussures peut-on conseiller à Claire de choisir ?

PARCOURS 2

Le pied de Marc mesure 25,8 cm de longueur.

a. Écrire une expression qui permet de calculer la pointure de Marc.

b. Quelle pointure peut-on conseiller à Marc ?

PARCOURS 3

JaVale McGee est un joueur américain de basket-ball.
- Sa taille : 2,13 m
- Sa pointure : 59

Quelle est la longueur, en cm, de son pied ? *Donner une valeur approchée au dixième près.*

• Je m'entraîne avec Scratch et la calculatrice

Opérer sur les fractions

80 Algo S'aider d'une représentation géométrique ▸ Livret Scratch p. 6

Gabin écrit successivement à partir de 1 la liste des nombres obtenus en multipliant par 2 :

1, 2, 4, 8, 16, 32, …

1. Calculer à la main

Gabin affirme : « Dans ma liste, j'ai choisi le nombre 4. Je calcule alors $1 + \frac{1}{2} + \frac{1}{4}$. »
Calculer la fraction obtenue par Gabin.

2. Automatiser les calculs avec un script

Gabin a écrit le script Scratch ci-contre afin que le lutin énonce le résultat de son calcul quel que soit le nombre choisi dans sa liste.

a. Ouvrir le logiciel Scratch et saisir ce script.
Le tester avec le nombre 4 ; est-ce en accord avec la réponse obtenue à la question **1** ?

b. Qu'énonce le lutin lorsqu'on choisit le nombre 8 ?
Quelle somme le lutin vient-il de calculer ?

c. Qu'énonce le lutin lorsqu'on choisit : • 128 ? • 1 024 ?

d. De quel entier se rapproche la somme lorsqu'on choisit un nombre de plus en plus grand de la liste de Gabin ?
S'appuyer sur ce partage d'un carré de côté 1 pour expliquer.

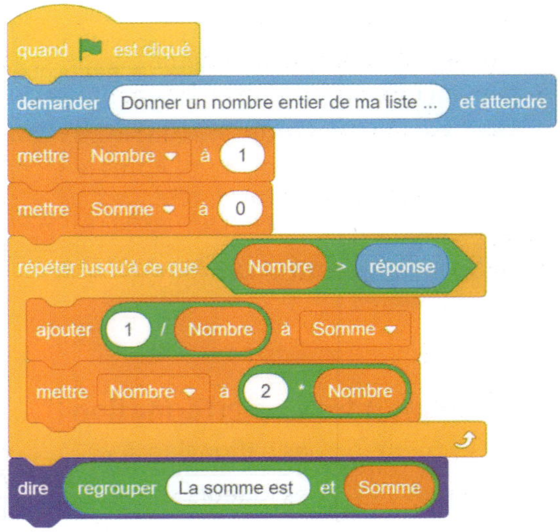

81 Tice Obtenir un résultat simplifié

Voici comment calculer $A = \frac{5}{6} - \frac{7}{18}$ à l'aide de la calculatrice et afficher le résultat sous forme simplifiée.

TI-Collège Plus	Casio fx-92+ Spéciale Collège
Réglages : mode ▼ ▼ ▼ ▶ (SIMPAUTO) entrer ▼ (AFFNATUREL) entrer 2nde quitter mode	**Réglages :** SECONDE MENU CONFIG 1 (Saisie/Résultat) 1 (Smaths/Rmaths) SECONDE MENU CONFIG (Résultat frac) 2 (d/c)
Calcul : n/d 5 ▼ 6 ▶ – n/d 7 ▼ 18 ▶ entrer	**Calcul :** ▭/▭ 5 ▼ 6 ▶ – ▭/▭ 7 ▼ 18 ▶ EXE
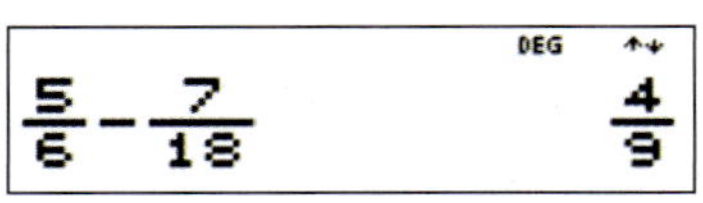	

À l'aide de la calculatrice, calculer et donner le résultat sous forme simplifiée.

$B = \frac{7}{11} + \frac{3}{22}$ $C = \frac{17}{25} \times 125$ $D = \left(\frac{5}{6} - \frac{11}{24}\right) \times 32$ $E = \frac{1}{3} \times 45 - \frac{5}{6} \times 14$

82 Communiquer en anglais

Représenter • Calculer • Communiquer

Harry is walking from village A to village B.

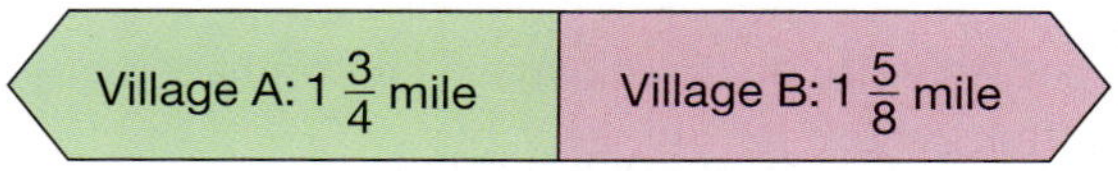

Compute the distance travelled by Harry.

83 Étudier une situation concrète

Calculer • Communiquer

Un volume d'air est constitué de $\frac{39}{50}$ de diazote, de $\frac{1}{5}$ de dioxygène et de gaz rares.

a. Quelle est la proportion de gaz rares dans l'air ? Exprimer cette proportion en pourcentage.

b. Quel volume de gaz rares, en cL, y a-t-il dans 5 L d'air ?

c. L'argon est un gaz rare ; il représente $\frac{9}{10}$ des gaz rares contenus dans l'air.
Quelle est sa quantité, en cL, dans 5 L d'air ?

84 Analyser une situation

Raisonner • Calculer

Voici la répartition des nationalités des joueurs d'un club de rugby : $\frac{1}{10}$ des joueurs sont anglais, $\frac{7}{40}$ sont néo-zélandais, $\frac{3}{20}$ sont sud-africains, $\frac{1}{5}$ sont géorgiens et les autres sont français.
Quelle fraction du nombre total de joueurs de ce club sont français ?

85 Étudier une représentation

Représenter • Raisonner • Communiquer

Dans l'Égypte ancienne, l'œil d'Horus offrait protection, santé et rajeunissement.
Il est divisé en six parties : le côté droit de l'œil représente $\frac{1}{2}$, la pupille $\frac{1}{4}$, les sourcils $\frac{1}{8}$, le côté gauche de l'œil $\frac{1}{16}$, la queue incurvée $\frac{1}{32}$ et une larme $\frac{1}{64}$.
Quel nombre représente la totalité de l'œil d'Horus ?

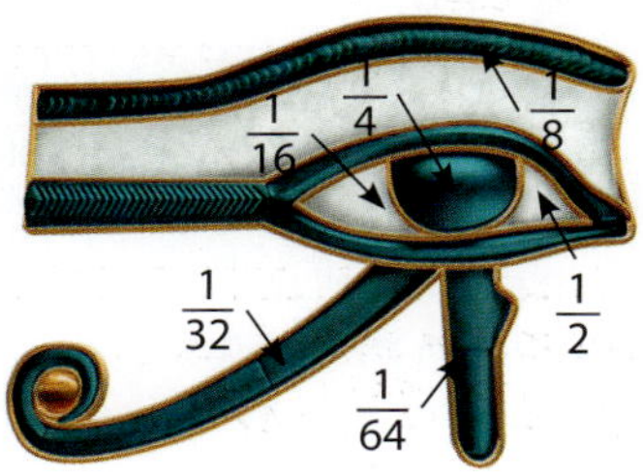

86 Additionner des fractions

Raisonner

a. On note q et q' les nombres tels que :

$$7 \times q = 4{,}3 \quad \text{et} \quad 7 \times q' = 6{,}7.$$

Quels sont les nombres q et q' ?

b. Expliquer pourquoi :

$$7 \times (q + q') = 4{,}3 + 6{,}7.$$

c. En déduire une écriture fractionnaire de $q + q'$.

d. Recopier et compléter :

$$\frac{4{,}3}{7} + \frac{6{,}7}{7} = \frac{\ldots + \ldots}{\ldots}.$$

Coup de pouce
Pour répondre à la question **a**, il faut se souvenir que le quotient de a par b est le nombre qui multiplié par b donne a.

87 Comparer des offres commerciales

Raisonner • Calculer • Communiquer

Deux magasins vendent un même téléviseur au prix de 500 € HT (hors taxes).
La TVA (taxe sur la valeur ajoutée) représente 20 % du prix HT.
Voici les offres des deux magasins.
- La 1re : « On rembourse la TVA en bon d'achat. »
- La 2e : « On rembourse $\frac{1}{6}$ du prix TTC en bon d'achat. »

a. Quel est le montant de la TVA pour ce téléviseur ?

b. Quelle est la valeur du bon d'achat du deuxième magasin ?

c. Leria affirme : « Les deux magasins font la même offre. »
A-t-elle raison ? Expliquer.

88 Résoudre une énigme

Chercher • Raisonner • Communiquer

« Je suis un nombre entier.
Lorsqu'on m'ajoute le tiers de ma valeur, puis 25 % de ma valeur et enfin le douzième de ma valeur, je me transforme en le nombre 10.
Qui suis-je ? »

89 Inventer une situation

Calculer • Communiquer

Dans chaque cas, écrire un énoncé de problème dont la solution correspond à l'expression :

a. $1 - \left(\frac{1}{2} + \frac{3}{8}\right)$ **b.** $\frac{3}{4} + \frac{2}{3} \times \frac{1}{4}$

J'utilise mes compétences

90 Communiquer en anglais

Raisonner • Communiquer

Helena is icing 40 cupcakes.

She spreads mint icing on $\frac{1}{5}$ of the cupcakes and chocolate on $\frac{11}{20}$ of the remaining cupcakes.

The remainder will get vanilla frosting.
How many cupcakes have vanilla frosting?

91 Prévoir un coût

Représenter • Raisonner • Calculer

Léo doit peindre un mur de la cour de l'école de différentes couleurs.
Le mur a une surface totale de 28 m^2.
$\frac{2}{7}$ du mur seront peints en vert, $\frac{9}{28}$ en bleu, $\frac{5}{14}$ en jaune et le reste en rouge.
La peinture rouge revient à 3 € le m^2, la jaune à 7 € le m^2, la bleue à 5 € le m^2 et la verte à 2 € le m^2.
À combien vont revenir ces travaux de peinture ?

92 Travailler avec des durées

Chercher • Raisonner • Calculer

Adrien a enregistré 3 films sur sa tablette.
Le premier film dure une heure trois quarts.
Le deuxième dure 2 h 9 min.
Le troisième dure treize douzièmes d'heure.
Quelle est la durée totale de son enregistrement ?

93 Comprendre et expliquer

Représenter • Raisonner • Communiquer

Voici le dessin d'une frise grecque. Les bandes grises et blanches ont la même largeur.

Quelle fraction de la frise est en blanc ?

94 Imaginer une stratégie

Chercher • Représenter • Raisonner

Un réservoir est rempli aux $\frac{5}{6}$ de sa capacité.

On retire 15 L du réservoir, il est alors rempli aux deux tiers.
Quelle est la capacité totale du réservoir ?

95 Problème ouvert

Chercher • Raisonner • Communiquer

Une fontaine peut remplir un bac en 3 h.
Un robinet permet de le vider en 12 h.
Le bac est vide ; on laisse couler la fontaine et on ouvre simultanément le robinet.
Le bac parviendra-t-il à se remplir ?
Si oui, en combien de temps ?

Narration de RECHERCHE

96 PROBLÈME Dans chaque case de cette pyramide figure la somme d'un nombre entier (éventuellement nul) et d'une fraction inférieure à 1. Recopier et compléter cette pyramide.

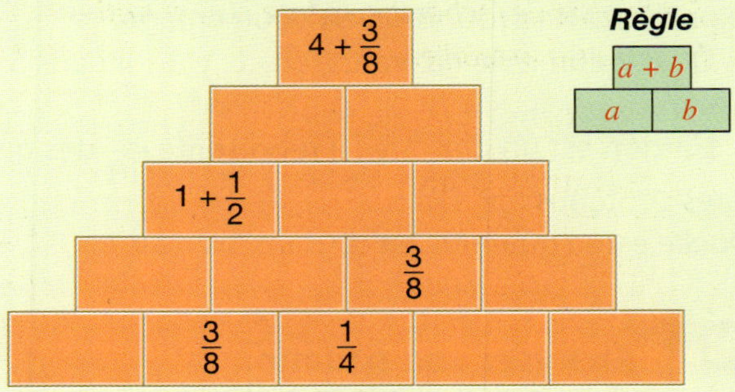

Raconter sur une feuille les différentes étapes de la recherche et les remarques qui ont fait changer de méthode ou qui ont permis de résoudre le problème.

Des défis

97 Obtenir le bon score

Zaria dispose d'une cible et de dix flèches. Elle atteint toujours la cible.
Peut-elle obtenir un score égal à 1 en lançant toutes les flèches ?

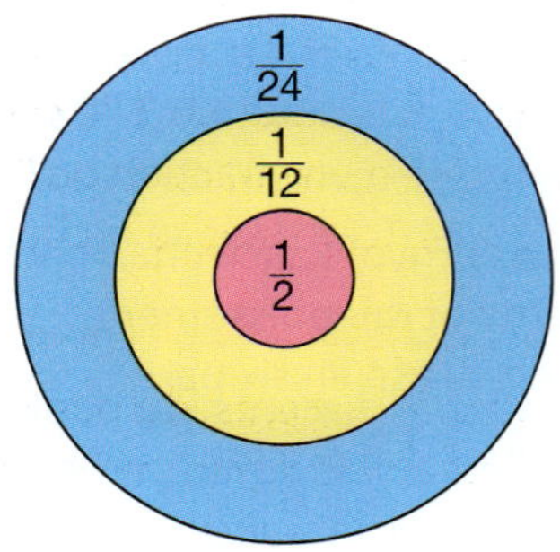

98 Gérer un transport

Des moutons sont emmenés en transhumance ; ils occupent les quatre cinquièmes des trois camions qui les transportent.
Un quart des moutons descend sur un 1er site.
Peut-on mettre tous les moutons restants dans deux camions seulement ?

Je prends des initiatives

TÂCHES COMPLEXES

99 JUXTAPOSER des dominos

La situation-problème

Sur chaque domino d'un jeu figurent un nombre et un disque divisé en plusieurs parties superposables.
On peut juxtaposer deux dominos lorsque les deux parties qui se touchent désignent un même nombre.
Placer les dominos disponibles (doc. 2) sur le circuit ci-contre.

Les supports de travail

Une photocopie du circuit et des dominos.
Toute piste de recherche, même non aboutie, figurera sur la feuille.

Doc. 1

Le circuit

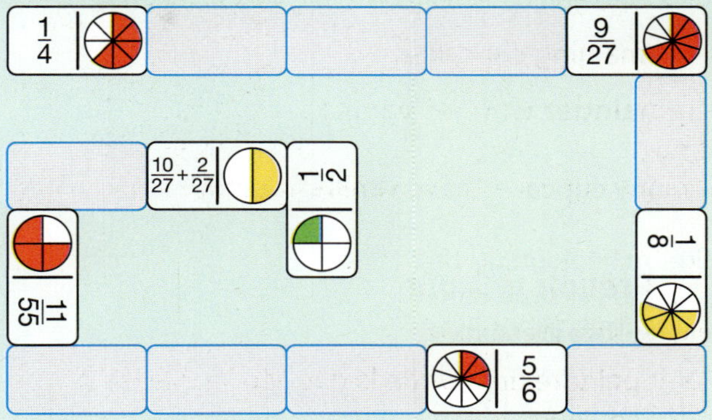

Doc. 2

Les neuf dominos à placer

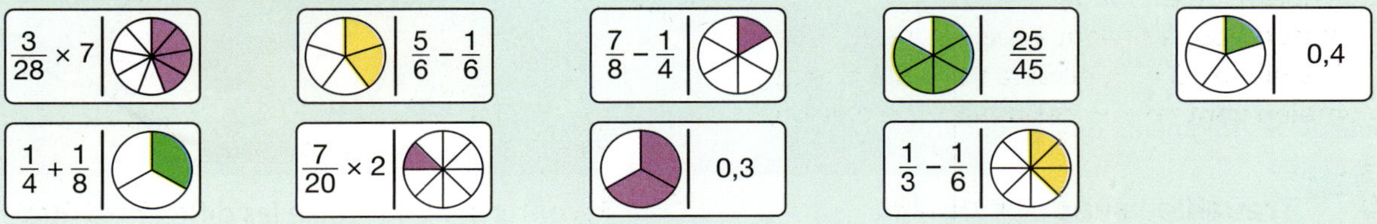

100 CRÉER une figure du tangram

La situation-problème

Noémie construit un cheval avec des pièces d'un tangram et demande à Tom de calculer l'aire de la figure obtenue. Elle souhaite la réponse sous forme d'une fraction de l'aire du carré du doc. 1.
Aider Tom dans sa recherche.

Le tangram est un jeu chinois, popularisé en Occident au XIXe siècle, avec lequel on crée des figures.

Les supports de travail

Les documents, du papier et un crayon.
Toute piste de recherche, même non aboutie, figurera sur la feuille.

Doc. 1

Le tangram
Le tangram de Noémie est constitué de sept pièces découpées dans le carré ci-contre.

Doc. 2

Le cheval créé par Noémie

CHAPITRE 6

Découvrir les nombres décimaux relatifs

Le site archéologique de la Fangade est situé dans l'étang de Thau (Hérault). À 300 m du rivage et au niveau – 2 m, les vestiges d'un habitat ont été découverts. Ils remontent aux alentours de l'an – 1 000, soit à la fin de l'âge de Bronze. Plusieurs types d'objets ont été trouvés : 165 pieux en chêne vert, merisier, olivier, saule et des fragments de céramique.

Bien démarrer

Pour chaque question, une réponse ou plusieurs sont exactes.

		a	b	c
1	Sur cette demi-droite graduée, le point… 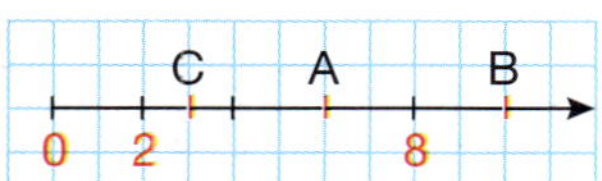	A correspond au nombre 6	B correspond au nombre 10	C correspond au nombre 2,5
2	Il est exact d'affirmer que…	2,1 < 2,01	27,3 > 2,73	5,40 = 5,4
3	Le nombre 12,5 est compris entre les nombres…	12 et 12,45	12,501 et 12,6	12,45 et 12,55
4	Entre les nombres 2,53 et 2,54 on peut intercaler…	2,530 5	2,503 9	2,539 9
5	Dans l'égalité 15 + … = 28, le nombre manquant est égal à…	28 + 15	28 – 15	15 – 28

Vérifie tes réponses p. 306

Je découvre

ACTIVITÉ

1 Découvrir les nombres relatifs

Cours Paragraphe 1, p. 90

Six équipes participent à un tournoi de football dans la catégorie U12. Le tableau ci-dessous indique le nombre de buts marqués (« Pour ») et encaissés (« Contre ») par chaque équipe. Le bilan (ou *goal-average*) correspond à la différence Buts Pour – Buts Contre.

Équipes	Buts Pour	Buts Contre	Bilan
Les Lions Sauvages	10	5	
Les Pumas Furieux	12		2
Les Raptors		7	4
Les Rockets	8	12	
Les Tigres Bleus	5	6	
Les Vipers	7		(–3)

a. Recopier le tableau et compléter les lignes des équipes Les Lions Sauvages, Les Pumas Furieux et Les Raptors.

b. On s'intéresse à la ligne de l'équipe Les Rockets. Pour donner du sens à l'écriture 8 – 12, on va utiliser la propriété : une différence ne change pas lorsqu'on soustrait un même nombre à chaque terme.
Recopier et compléter :

$$8 - 12 = (8 - 8) - (12 - \ldots) \text{ donc } 8 - 12 = 0 - \ldots.$$

En 5ᵉ, cette différence est notée (– 4).
Compléter la case Bilan de la ligne de l'équipe Les Rockets par ce **nombre relatif négatif**.

c. Compléter les lignes des équipes Les Tigres Bleus et Les Vipers.

Info
Les nombres relatifs rendent possibles toutes les soustractions de deux nombres décimaux.
En Occident, ils ont été introduits aux XVᵉ et XVIᵉ siècles mais ils ne sont enseignés que depuis la fin du XIXᵉ siècle.

ACTIVITÉ

2 Repérer des nombres sur une droite graduée

Cours Paragraphes 2 et 4, p. 90 et 92

Voici les températures, en °C, relevées au même instant dans sept villes du monde.

Lisbonne	3
Paris	–1
Genève	0
Helsinki	–6
Berlin	–2
Moscou	–8
Rome	6

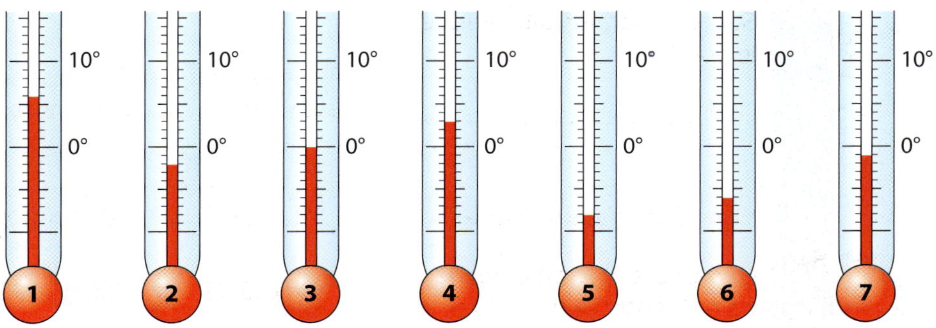

a. Associer chaque ville au thermomètre qui lui correspond.

b. Tracer la droite graduée ci-dessous et placer les sept températures relevées.
Ranger alors les sept villes de la température la plus froide à la moins froide.

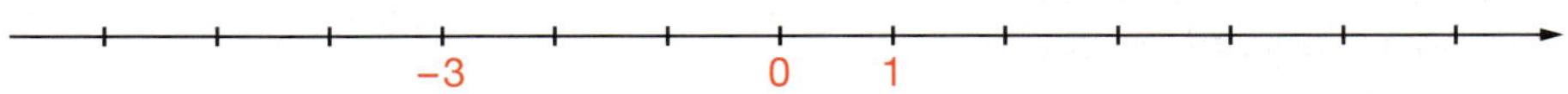

1 Nombres relatifs

Exercices 14 à 20

a. Une propriété utile

PROPRIÉTÉ On ne modifie pas une différence en ajoutant ou en soustrayant un même nombre à chacun de ses termes.

Autrement dit, lorsque a, b, c désignent des nombres décimaux avec $a \geqslant b$:

$$a - b = (a + c) - (b + c) \qquad \text{et} \qquad a - b = (a - c) - (b - c).$$

Exemples

- 7 – 4 = 3
et (7 + 6) – (4 + 6) = 13 – 10 = 3.
Ainsi, 7 – 4 = (7 + 6) – (4 + 6).
- 5,7 – 2,3 = 3,4
et (5,7 – 0,3) – (2,3 – 0,3) = 5,4 – 2 = 3,4.
Ainsi, 5,7 – 2,3 = (5,7 – 0,3) – (2,3 – 0,3).

b. Notion de nombres relatifs

Les mathématiciens ont eu l'idée d'appliquer la propriété précédente au cas d'une différence $a - b$ avec cette fois $a < b$.

Exemples

- 1 – 3 = (1 – 1) – (3 – 1)
1 – 3 = 0 – 2
- 7 – 9 = (7 – 7) – (9 – 7)
7 – 9 = 0 – 2
- 2,5 – 4,5 = (2,5 – 2,5) – (4,5 – 2,5)
2,5 – 4,5 = 0 – 2

Il a été décidé de noter **(–2)** le nombre **0 – 2**.

Vocabulaire : un nombre qui s'écrit avec le signe – est dit **négatif**. Les autres nombres sont dits **positifs**. Le nombre 0 est le seul nombre relatif à la fois positif et négatif.

DÉFINITION Les **nombres décimaux relatifs** sont tous les nombres décimaux positifs ou négatifs.

Exemples

(–7) ; (–25) ; (–5,4) ; … sont des nombres décimaux **négatifs** et 4 ; 11 ; 53,25 ; … sont des nombres décimaux **positifs**. Les nombres 4 ; 11 ; (–7) ; (–25) sont des **nombres entiers relatifs**.

2 Repérage sur une droite graduée

Exercices 21 à 31

PROPRIÉTÉ - DÉFINITION Sur une **droite graduée** (une origine, une unité de longueur et un sens sont choisis) :
- chaque point est repéré par un nombre appelé l'**abscisse** de ce point ;
- à chaque nombre décimal relatif correspond un point.

Exemples

Les nombres (–3), 3 et (–4,5) sont les abscisses respectives des points A, B et C.

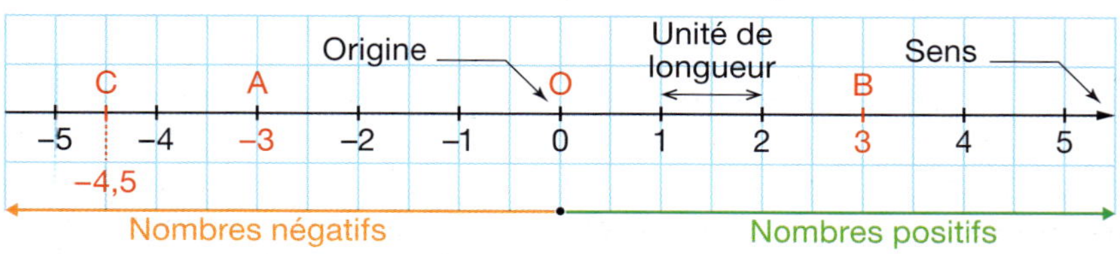

J'applique le cours

1 Utiliser les nombres relatifs

EXERCICE RÉSOLU

ÉNONCÉ **1.** Écrire chaque phrase en utilisant des nombres relatifs.
a. Ce matin, la température était de 3 °C au-dessous de zéro.
b. Le prix d'une baguette a augmenté de 5 centimes et celui d'un gâteau a diminué de 10 centimes.
2. Une équipe de rugby a marqué 560 points au cours de ses matchs mais elle a encaissé 660 points.
Écrire son bilan de points à l'aide d'un nombre relatif.

SOLUTION

1. a. Ce matin la température était de (–3) °C.
b. Le prix d'une baguette a varié de (+ 5) centimes et celui d'un gâteau de (–10) centimes.
2. Le bilan de cette équipe est (–100) points.

CONSEILS

- Une **augmentation** se traduit par une variation **positive** (dans ce cas on écrit le signe +) et une **diminution** se traduit par une variation **négative**.
- 560 – 660 = (560 – **560**) – (660 – **560**)
560 – 660 = 0 – 100 = (–100)

À TON TOUR

2 Écrire chaque phrase en utilisant des nombres relatifs.
a. La température a augmenté de 4 °C dans la journée et diminué de 2 °C dans la nuit.
b. Des spéléologues ont atteint la profondeur de 400 m dans une grotte.

3 Écrire le bilan de points de chaque équipe à l'aide d'un nombre relatif.
a. Lors d'un championnat de foot, le champion de France de Ligue 1 a eu 64 buts Pour et 23 buts Contre.
b. Durant la saison, une équipe de basket a marqué 2 060 points Pour et encaissé 2 100 points Contre.

4 Se repérer sur une droite graduée

EXERCICE RÉSOLU

ÉNONCÉ **a.** Sur la droite graduée ci-contre, lire les abscisses des points A, B, C.

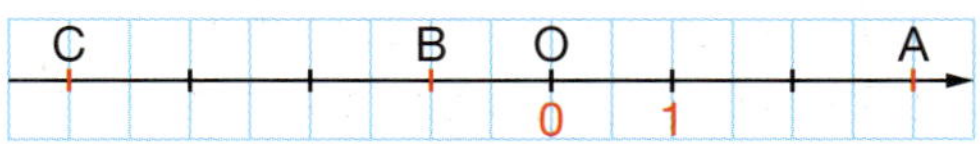

b. Sur cette droite graduée, placer le point D d'abscisse (–3) et le point E d'abscisse (–1,5).

SOLUTION

a. Le point A a pour abscisse **3**.
Le point B a pour abscisse (–1).
Le point C a pour abscisse (–4).
b. Voici les points D et E sur la droite graduée.

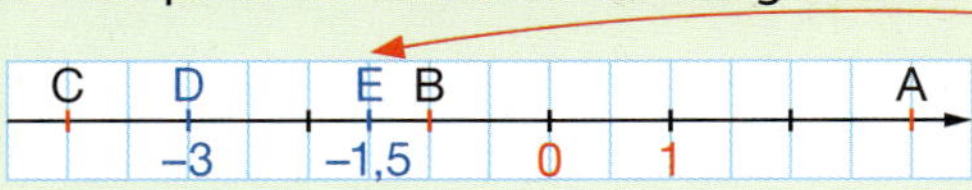

CONSEILS

- On se déplace de l'origine O à A **dans le sens de la flèche**, donc l'abscisse de A est **positive**. L'unité de longueur est de 2 carreaux, et A est à **3** × 2 carreaux de l'origine O.
- L'abscisse de E est **négative**, donc on se déplace de l'origine O à E **dans le sens contraire de la flèche** de 1,5 × 2 carreaux.

À TON TOUR

5

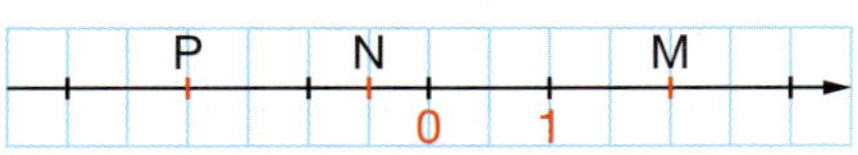

a. Lire les abscisses des points M, N, P.
b. Tracer cette droite graduée, puis placer le point R d'abscisse 2,5 et le point S d'abscisse (–2,5).

6

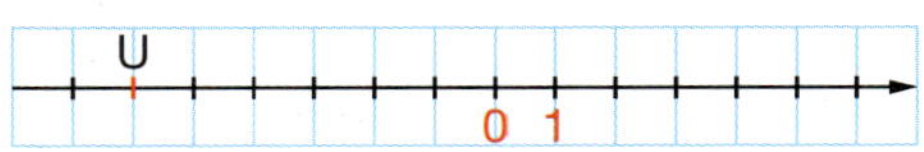

a. Lire l'abscisse du point U.
b. Tracer cette droite graduée, puis placer le point V d'abscisse 4 et le point W d'abscisse (–4).

3 Distance à zéro et nombres opposés

Exercices 32 à 37

Vocabulaire : un nombre relatif est déterminé par son **signe** (positif ou négatif) et sa **distance à zéro**.

Exemples

Nombre relatif	Signe	Distance à zéro
3	Positif	3
(−2)	Négatif	2
(−3,5)	Négatif	3,5

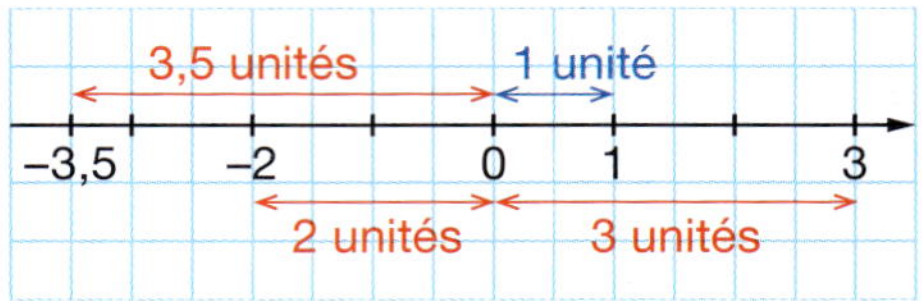

DÉFINITION Deux nombres relatifs sont **opposés** lorsqu'ils ont **des signes contraires** et **la même distance à zéro**.

Exemples

- Les nombres relatifs 5 et (−5) sont opposés.
On dit aussi que « (−5) est l'opposé de 5 » ou que « 5 est l'opposé de (−5) ».
- L'opposé de 0 est 0.

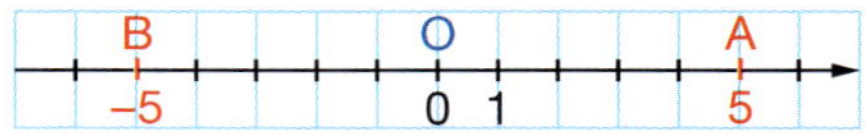

Sur cette droite graduée, 5 est l'abscisse du point A et (−5) est l'abscisse du point B.
A et B sont symétriques par rapport à l'origine O.

PROPRIÉTÉ Sur une droite graduée d'origine O, deux nombres relatifs **opposés** sont les abscisses de points **symétriques par rapport à O**.

4 Comparaison de nombres relatifs

Exercices 38 à 47

RÈGLE 1 De deux nombres **positifs**, le plus grand est celui qui a **la plus grande distance à zéro**.

Exemple

6 > 4,5
En effet, 6 est plus éloigné de 0 que 4,5.

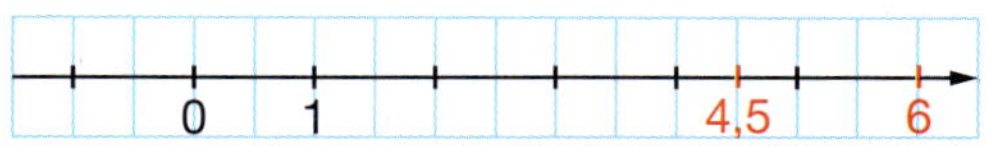

RÈGLE 2 De deux nombres de **signes contraires**, le plus grand est le nombre **positif**.

Exemple

1,5 > (−5)
En effet, 1,5 est positif et (−5) est négatif.

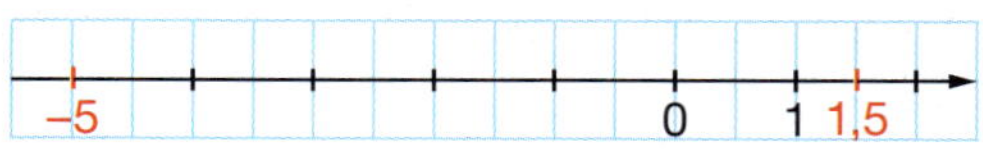

RÈGLE 3 De deux nombres **négatifs**, le plus grand est celui qui a **la plus petite distance à zéro**.

Exemple

(−2) > (−4,5)
En effet, (−2) est plus près de 0 que (−4,5).

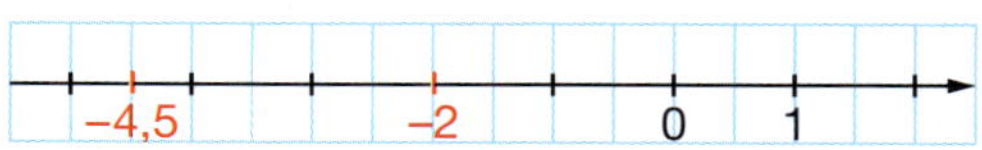

J'applique le cours

7 Comparer des nombres relatifs

EXERCICE RÉSOLU

ÉNONCÉ Dans chaque cas, comparer les deux nombres entiers relatifs écrits en gras.

a. L'empereur romain Auguste est né en l'an **(–27)** et Jules César en l'an **(–100).**

b. Durant l'année 2020, la population d'un village a varié de **(+28)** habitants et en 2021, elle a varié de **(–53)** habitants.

SOLUTION

a. Les deux nombres relatifs **(–27)** et **(–100)** sont négatifs. Or, 27 < 100 donc **(–27)** est plus près de 0 que **(–100)**.

Donc **(–27)** > **(–100)**.

b. Les deux nombres relatifs **(+28)** et **(–53)** sont de signes contraires, le plus grand des deux est le nombre positif.

Donc **(+28)** > **(–53)**.

CONSEILS

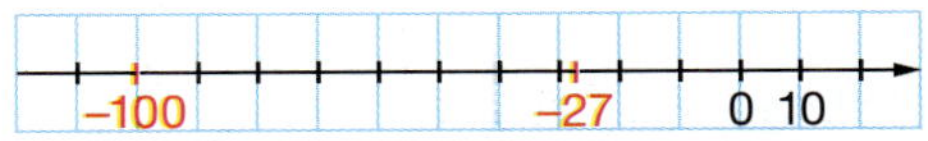

Auguste est né après Jules César, d'ailleurs Auguste est le fils adoptif posthume de César.

Une variation de (+**28**) habitants représente une **augmentation** de 28 habitants.

Une variation de (–**53**) habitants représente une **diminution** de 53 habitants.

À TON TOUR

8 Dans chaque cas, comparer les deux nombres entiers relatifs écrits en gras.

a. La variation du nombre de naissances en France est de **(+8 804)** entre 2009 et 2010 et de **(–17 383)** entre 2019 et 2020.

b. Lors d'une exploration, un engin a atteint **(–10 916)** m. Un sous-marin nucléaire descend à **(–300)** m.

9 Dans chaque cas, comparer les deux nombres.

a. 205 et 250 ; **b.** (–7) et (–10) ;
c. (–5) et 3 ; **d.** (–53) et (–54).

10 Dans chaque cas, comparer les deux nombres.

a. (–13,9) et (–14) ; **b.** 7,75 et 77,5 ;
c. 120 et (–50,5) ; **d.** (–1,7) et (–1,9).

11 Ranger des nombres relatifs

EXERCICE RÉSOLU

ÉNONCÉ Ranger dans l'ordre croissant les nombres relatifs :

• (–3,8) • 3,6 • (–3,5) • 3,08 • 7 • (–8,5)

SOLUTION

(1) On range par ordre croissant les nombres positifs : 3,08 < 3,6 < 7.

(2) On range par ordre croissant les nombres négatifs : (–8,5) < (–3,8) < (–3,5).

(3) On conclut :

(–8,5) < (–3,8) < (–3,5) < 3,08 < 3,6 < 7.

CONSEILS

On range les nombres positifs de la plus petite distance à zéro à la plus grande (**Règle 1**).

On range les nombres négatifs de la plus grande distance à zéro à la plus petite (**Règle 3**).

On sait que les nombres négatifs sont plus petits que les nombres positifs (**Règle 2**).

À TON TOUR

12 Ranger dans l'ordre croissant les nombres :

• (–7) • 25 • (–4) • (–5) • (–19) • 52

13 Ranger dans l'ordre décroissant les nombres :

• 2,5 • (–15) • (–24,3) • (–31,9) • 2,1 • (–33)

Je travaille mes automatismes

Connaître les nombres relatifs

À l'oral — Questions flash

Pour les exercices **14** à **16**, résumer oralement chaque programme de calcul par « Ajouter … ».

14 **a.**
- Ajouter 25.
- Ajouter 75.

b.
- Ajouter 15.
- Soustraire 7.

15 **a.**
- Ajouter 8.
- Soustraire 14.

b.
- Ajouter 50.
- Soustraire 100.

16 **a.**
- Ajouter 17,5.
- Soustraire 20.

b.
- Ajouter 0,7.
- Soustraire 1,5.

17 Recopier et compléter chaque phrase par : *entier(s), positif(s), négatif(s).*

a. (−5,4) et (−8) sont des nombres relatifs … .
b. 7 et (−9) sont des nombres … relatifs.
c. 0 est le nombre entier relatif à la fois … et … .
d. Les nombres relatifs 15 et 7,5 sont … .
e. (−25) est un nombre … relatif … .

18 Dans un centre commercial, les parkings sont répartis sur deux niveaux en sous-sol.
Les boutiques se situent au rez-de-chaussée et au-dessus sur deux niveaux.
Dessiner les boutons de l'ascenseur en indiquant les étages à l'aide de nombres relatifs.

19 Voici des nombres relatifs :
• 7,5 • (−4) • 0 • 52 • (−0,5) • (−20,3)
Présenter un classement de ces nombres relatifs à l'aide d'un schéma tel que celui-ci-dessous :

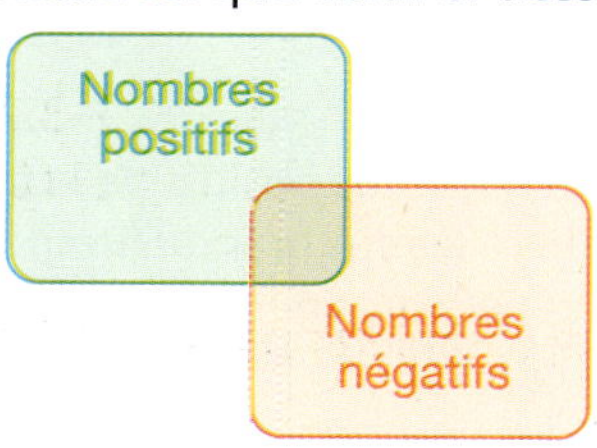

20 Dans chaque cas, indiquer la signification du signe −.
a. L'altitude de la mer Morte est −410 m.
b. Sur un relevé bancaire on peut lire :

Solde débiteur : −12,85 €

Se repérer sur une droite graduée

À l'oral — Questions flash

Pour les exercices **21** et **22**, utiliser la droite graduée ci-dessous pour répondre oralement.

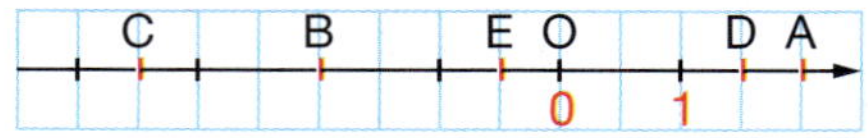

21 **a.** Comment appelle-t-on le point O pour cette droite graduée ?
b. Lire l'abscisse de chacun des points A, B, C, D, E.

22 Citer l'abscisse d'un point situé entre :
• C et B ; • O et E.

Pour les exercices **23** à **29**, écrire l'abscisse de chacun des points A, B, C, D, E.

23

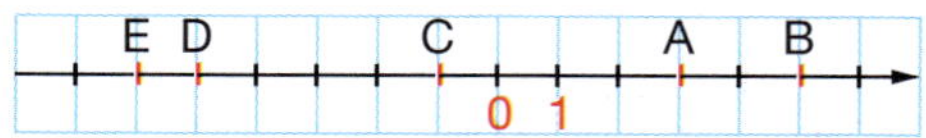

24

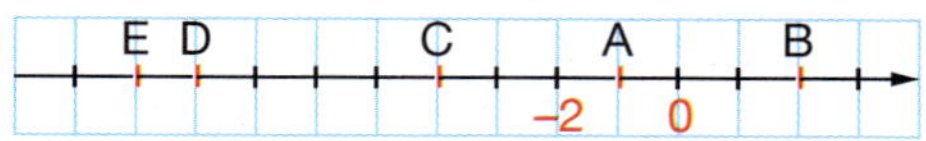

25 CORRIGÉ en vidéo jaicompris.com

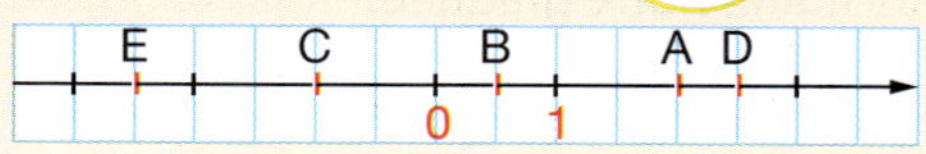

26

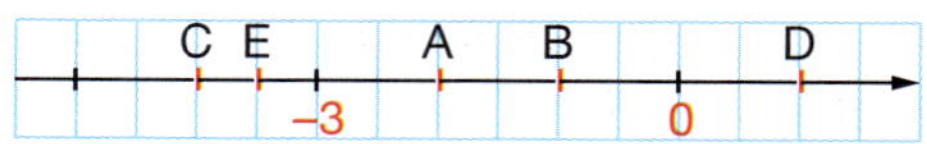

27

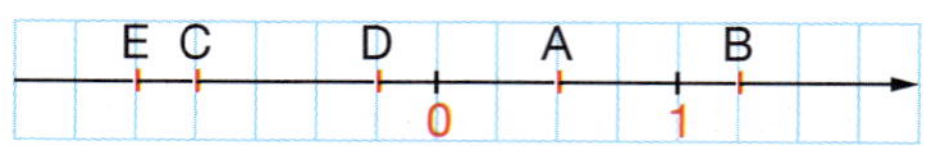

28

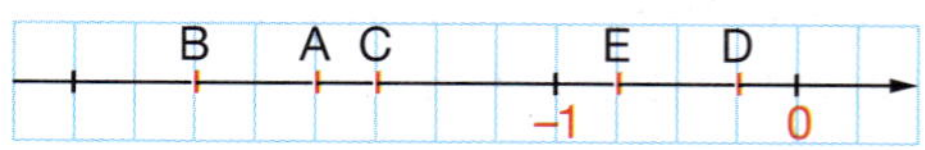

29

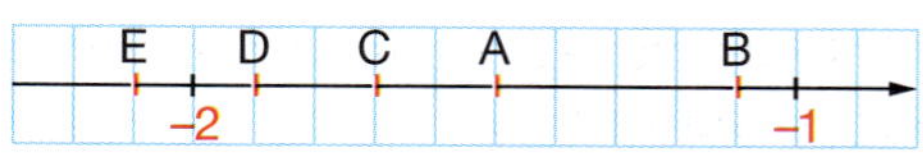

Pour les exercices **30** et **31**, écrire l'abscisse de chacun des points A, B, C, D, E, F.

30

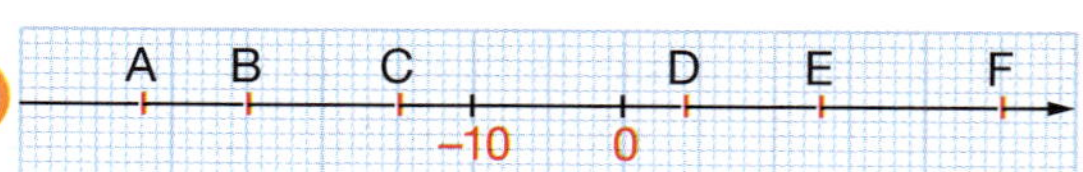

31

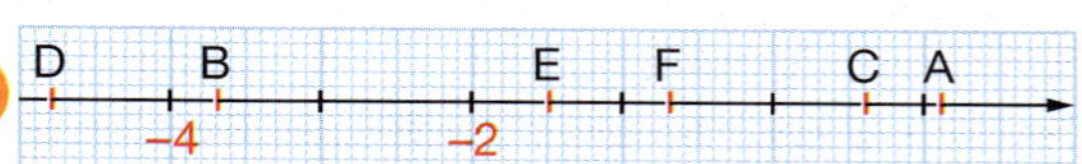

Je travaille mes automatismes

Comprendre les notions de distance à zéro et de nombres opposés

À l'oral — **Questions flash**

32 Parmi les points A, B, C, D de la droite graduée ci-dessous, citer oralement :
a. le point le plus éloigné de O, son abscisse et la distance à zéro de ce nombre ;
b. le point le plus proche de O, son abscisse et la distance à zéro de ce nombre.

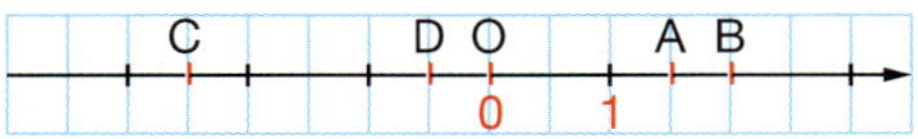

33 On reprend la droite graduée ci-dessus.
a. Citer oralement l'opposé de l'abscisse :
• du point A ; • du point D.
b. Citer oralement le point qui a pour abscisse l'opposé : • de 2,5 ; • de (–2).

34 **a.** Sur papier quadrillé, tracer une droite graduée d'origine O et d'unité de longueur 2 carreaux.
b. Placer les points d'abscisses 3,5 et (–2,5).
c. Écrire la distance à zéro de chacun de ces deux nombres.

35 Voici une droite graduée.

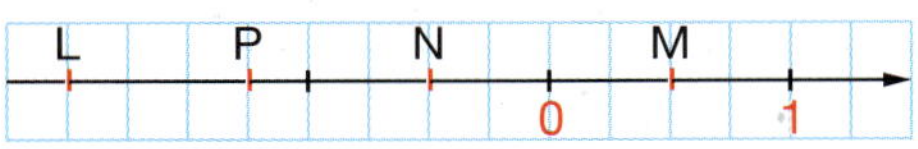

Quelle est la distance à zéro de l'abscisse de chacun des points L, M, N, P ?

36 **a.** Sur papier uni, tracer une droite graduée d'origine O et d'unité de longueur 1 cm.
b. Placer le nombre négatif qui est à la distance 5 de zéro.
c. Placer les points E et F d'abscisses les nombres dont la distance à zéro est 2,5.
d. Que peut-on dire :
• du point O pour le segment [EF] ?
• des abscisses des points E et F ?

37 **a.** Écrire l'opposé de chacun des nombres :
• (–7) • 1,5 • 0 • (–2,5) • 4 • (–5)
b. Sur papier uni, tracer une droite graduée avec 1 cm pour unité de longueur.
Placer les six nombres ci-dessus ainsi que leurs opposés.

Comparer des nombres relatifs

À l'oral — **Questions flash**

38 Dans chaque cas, citer oralement le plus petit des deux nombres relatifs.
a. 3 et (–7) **b.** (–5) et (–4) **c.** 24 et 204
d. (–1) et (–7) **e.** (–1 500) et 950

39 Citer oralement le plus petit nombre puis le plus grand nombre de cette liste.
• (–2,7) • (–2,07) • (–2,87) • (–2,5) • (–2,8)

40 Citer oralement le plus grand nombre entier relatif inférieur à : • 15,3 • (–27,2)

41 Dans chaque cas, citer un nombre relatif compris entre :
• (–7) et (–8) ; • 0 et (–1) ; • (–5,3) et (–5,2).

42 CORRIGÉ en vidéo jaicompris.com

Recopier et compléter avec < ou >.
a. 45 … 54 **b.** (–3) … (–30) **c.** 7 … (–10)
d. (–5) … 5 **e.** 23 … 18 **f.** (–25) … (–8)

43 Recopier et compléter avec < ou > ou =.
a. 2,1 … 1,35 **b.** (–0,5) … (–5) **c.** 4,25 … (–1,25)
d. (–99,5) … 0,01 **e.** 0,7 … 0,70 **f.** (–10,7) … (–10,07)

44 Dans chaque cas, écrire le plus petit et le plus grand nombre de la liste.
a. • (–14) • 13 • 11 • (–12) • (–13) • 12
b. • 2,9 • (–4,5) • 3 • 5,4 • (–3) • (–4,7)
c. • 5,22 • 5,2 • (–5) • (–5,02) • (–5,002)

45 Recopier et compléter par deux nombres entiers relatifs.
a. … < 3,2 < … **b.** … < (–3,2) < …
c. … < 0,8 < … **d.** … < (–10,75) < …

46 Recopier et compléter par le nombre entier relatif qui convient.
a. 36,02 < … < 37,5 **b.** (–6,8) < … < (–5,1)
c. (–0,7) < … < 0,34 **d.** (–2,4) < … < (–1,01)

47 Recopier et remplacer ■ par un chiffre afin que l'inégalité soit vraie.
a. (–5,■) < (–5) **b.** (–2,■) < (–2,7) **c.** (–0,4) > (–0,■)
d. (–1,6) > (–1,■) **e.** (–3,3) < (–3,■) **f.** (–0,■) > (–0,7)

Connaître les nombres relatifs

48 Ces nombres indiquent des températures en degrés Celsius.

(–19) (–41) 37 0 46

Laquelle de ces températures correspond à chacune des descriptions ci-dessous.

a. Température normale du corps humain.
b. Température idéale d'un congélateur.
c. Température la plus chaude relevée en France.
d. Température à laquelle l'eau se solidifie.
e. Température la plus froide relevée en France.

49 On imagine repérer les années par rapport à l'an 2000. Ainsi, l'année 2020 est repérée par 20 et l'année 1995 par (–5).

a. Par quel nombre relatif est repérée l'année :
• 1950 ? • 2025 ? • 1900 ? • 1515 ? • 2043 ?

b. Quelle année est repérée par le nombre relatif :
• (–10) ? • 1 000 ? • (–1 999) ? • (–211) ?

50 Recopier et relier chaque différence au nombre qui convient.

429 – 440 •	• 9
19,8 – 25,8 •	• (–11)
230 – 221 •	• (–6)

51 Écrire plus simplement celles des différences ci-dessous qui sont négatives.

• 321 – 129 • 75 – 138 • 82 – 111
• 278,2 – 15,29 • 5 – 79 • 4,9 – 5,4

52 *Jeux et casse-tête* En sautant d'un plongeoir, Léa s'élève d'un mètre, descend de 5 m, puis remonte de 2 m pour atteindre la surface de l'eau.
À quelle hauteur au-dessus de l'eau se trouve le plongeoir ?

Se repérer sur une droite graduée

53 Tracer une droite graduée comme ci-dessous, la prolonger et placer (exactement ou approximativement) les points d'abscisses :

• 4 • (–3) • (–4,5) • (–0,67)

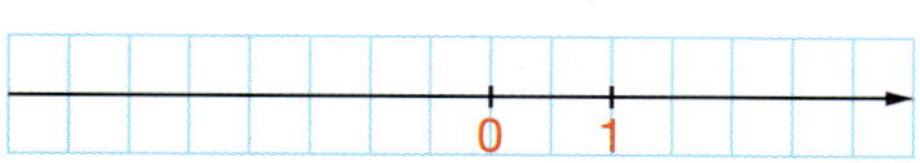

54 CORRIGÉ en vidéo jaicompris.com
Tracer une droite graduée comme ci-dessous, la prolonger et placer les points d'abscisses :

• 8 • (–2) • (–11) • 5

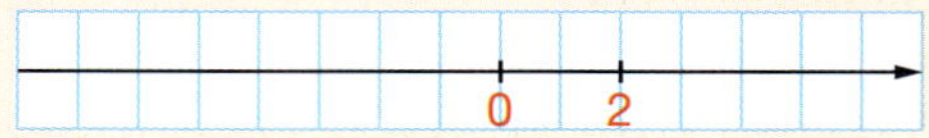

55 **a.** Sur papier uni, tracer une droite graduée avec 1 cm pour unité de longueur.
b. Placer les points d'abscisses :
• 3 • (–2) • (–4,5) • 0,5 • (–1,6)

56 Voici des événements qui ont eu lieu avant notre ère.

C • 1er cadran solaire connu (Égypte) : (–1 500)
E • Invention de l'écriture (Sumériens) : (–3 500)
J • 1ers Jeux olympiques (Grèce) : (–776)
N • Début du Néolithique : (–8 000)
P • Invention du papier (Chine) : (–200)
R • Fondation de Rome : (–753)
A • Invention de l'alphabet (Phéniciens) : (–1 200)

Tracer cette droite graduée et placer, si besoin approximativement, les points C, E, J, N, P, R, A.

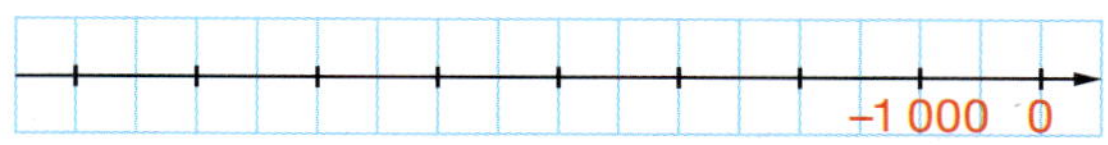

57 *Algo* **a.** Tracer cette droite graduée en la prolongeant.

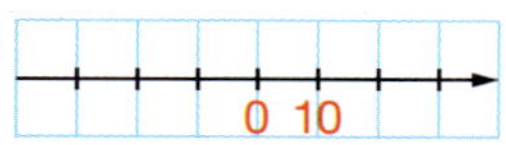

b. Placer le point E d'abscisse 0, le point F d'abscisse (–100), le point G d'abscisse l'opposé de (–60), le point H d'abscisse 80.

c. On suppose le lutin du logiciel Scratch placé au départ en E et orienté vers le point H. On souhaite qu'il se déplace sur cette droite successivement :
• du point E au point H ;
• du point H au point F ;
• du point F au point G ;
• du point G au point E.

Pour cela, quels nombres relatifs doit-on écrire aux lignes **(1)**, **(2)**, **(3)**, **(4)** du script ci-contre ?
Avec Scratch, on n'écrit pas les parenthèses autour des nombres négatifs.

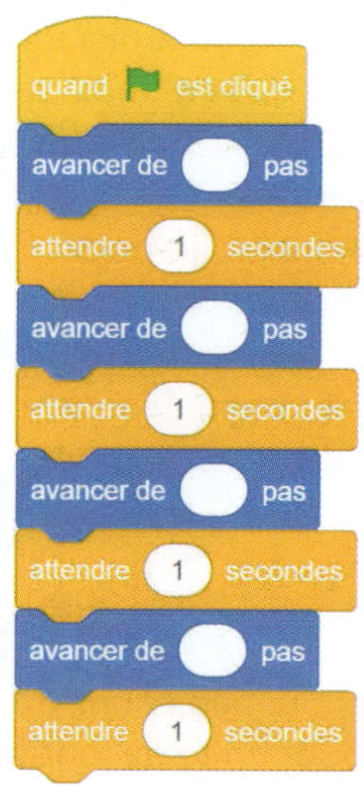

58 *Jeux et casse-tête* Sur une droite graduée d'origine O :
- le point I d'abscisse 1 est à 5 cm de l'origine ;
- les points V, R, A ont pour abscisses respectives (−0,8) ; 1,6 ; (−1,2).

Quel mot peut-on lire ?

Comparer des nombres relatifs

59 **a.** Sur une droite graduée, placer les nombres :
• (−2,5) • 3,4 • (−1,7) • 0,6 • (−1) • 2,3
b. Ranger ces nombres dans l'ordre croissant.

60 Ranger les huit nombres donnés dans l'ordre croissant.

7,09 | 4,4 | 7,14 | (−1,2)
(−0,97) | 6 | (−2,8) | 4,33

61 Ranger les huit nombres donnés dans l'ordre décroissant.

(−4,3) | (−6,1) | (−0,4) | 0,7
(−0,37) | 0,17 | (−0,45) | 0,175

62 Réaliser ce schéma où chaque flèche signifie « est plus grand que » et compléter les cases par les nombres (−6), (−7), (−6,1), (−5,9).

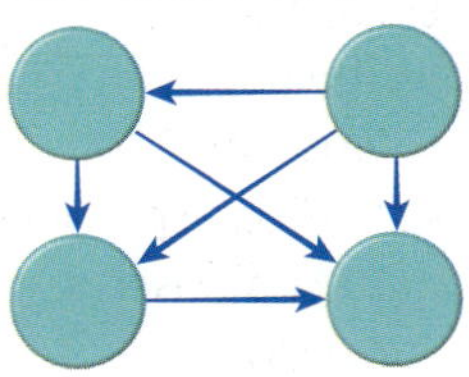

63 *Jeux et casse-tête* Trouver mon prénom en se déplaçant sur les lignes, toujours vers un nombre plus grand. Mon initiale est A.

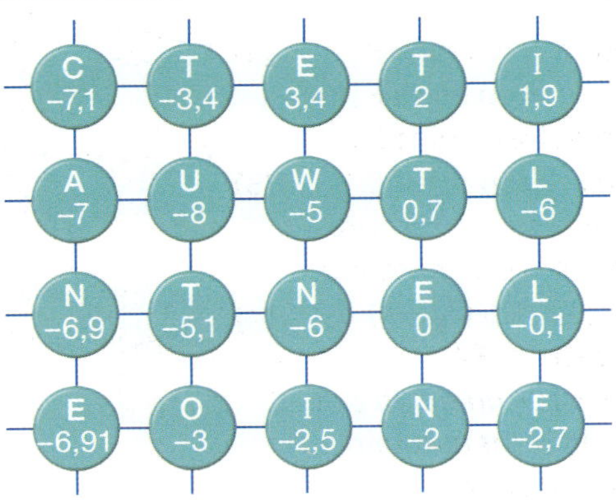

Synthèse

Utiliser les nombres relatifs

64 Ce tableau présente l'évolution du nombre mensuel de naissances en 2020 en France métropolitaine par rapport au mois précédent. Ainsi, il y a eu 800 naissances de moins en janvier par rapport à décembre 2019.

Mois (en 2020)	**Évolution** (en milliers)
Janvier (J)	(−0,8)
Février (F)	(−5,3)
Mars (M)	(+4)
Avril (A)	(−3)
Mai (I)	(+4,3)
Juin (U)	(−0,5)
Juillet (L)	(+3,9)
Août (T)	(−2,2)
Septembre (S)	(−0,5)
Octobre (C)	(+1)
Novembre (N)	(−4,6)
Décembre (D)	(−0,8)

Objectif Analyser et représenter ces informations.

a. Que signifient les nombres (−5,3) pour le mois de février et (+4) pour le mois de mars ?
b. Sur une droite graduée en cm, placer les points qui ont pour abscisses ces évolutions.
c. En 2019, il y a eu 714 029 naissances au total en France métropolitaine. En 2020, y a-t-il eu plus ou moins de naissances qu'en 2019 ? Expliquer.

65 Ce tableau donne des températures moyennes sur les différentes planètes du Système solaire.

Jupiter	−154 °C
Mars	−65 °C
Mercure	167 °C
Neptune	−220 °C
Saturne	−150 °C
Terre	15 °C
Uranus	−210 °C
Vénus	465 °C

Objectif Choisir une unité de longueur pour représenter ces températures sur une droite graduée.

a. Pourquoi n'est-il pas possible de choisir 1cm pour représenter 1 °C sur cette droite graduée ?
b. Serait-il possible de choisir 1 cm pour représenter 10 °C sur cette droite graduée ?
c. Représenter ces températures sur une droite graduée en choisissant le nombre de °C correspondant à 1 cm.

Parcours différenciés

Je m'évalue

Pour chaque question, une seule réponse est exacte.

QCM supplémentaires
college.nathan.fr/tm5098

	a	b	c	En cas d'erreur
66 Le nombre (–4) est égal à…	8 – 4	0 – 5	3 – 7	Cours 1 p. 90
67 Le nombre 5 – 8…	est positif	est négatif	n'existe pas	
68 Au cours d'un match de handball, une équipe a encaissé 31 points et en a marqué 28. Pour ce match, le bilan de points de cette équipe est égal à…	(–3)	3	(–59)	Ex 1 p. 91
69 Sur cette droite graduée, le point M a pour abscisse… 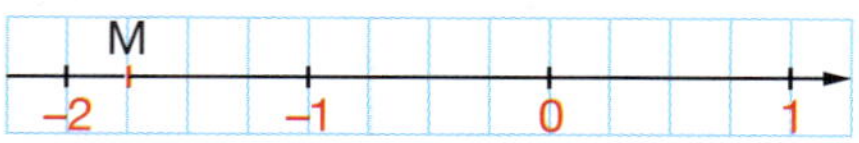	(–2,25)	(–1,75)	(–7)	Cours 2 p. 90
70 Sur cette droite graduée, le point d'abscisse (–1,5) est le point… 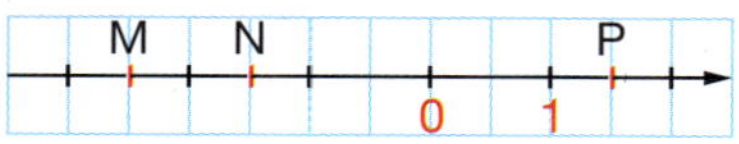	M	N	P	Ex 4 p. 91
71 Parmi les trois nombres (–1,9), 10,81 et (–10,9), celui qui a la plus grande distance à zéro est…	(–10,9)	(–1,9)	10,81	Cours 3 p. 92
72 Un nombre relatif dont la distance à zéro est le double de celle du nombre (–7,5) est…	15	(–3,25)	(–9,5)	
73 L'opposé du nombre relatif 5,3 est…	3,5	(–5,3)	1 – 5,3	
74 L'inégalité qui est exacte est…	5 < (–2)	(–2) > 3	(–7) < 1	Cours 4 p. 92
75 Un nombre relatif compris entre (–3,5) et (–2,5) est…	(–2,1)	(–3,6)	(–3)	
76 L'inégalité qui est exacte est…	(–5,2) < (–1)	(–2,7) > (–1)	(–0,5) < (–1)	Ex 7 p. 93
77 La liste rangée de haut en bas dans l'ordre croissant est…	(–2,65) (–2,7) (–2,08)	(–2,7) (–2,65) (–2,08)	(–2,08) (–2,65) (–2,7)	Ex 11 p. 93

Je réalise mon parcours

Selon ton score page précédente

Parcours conseillé
- Entre **0** et **5** bonnes réponses : parcours 1 (drapeau vert)
- Entre **6** et **9** bonnes réponses : parcours 2 (drapeau bleu)
- **10 bonnes réponses ou plus** : parcours 3 (drapeau rouge)

78 Utiliser les nombres relatifs dans un contexte concret

Voici les profondeurs de certaines fosses marines.
- Fosse du Japon : –9 500 m
- Fosse Calypso : –5 267 m
- Fosse des Ryükyü : –7 460 m
- Fosse des Caïmans : –7 686 m
- Fosse de Manille : –5 000 m
- Fosse de Porto-Rico : –8 605 m
- Fosse des Mariannes : –11 034 m
- Fosse des Philippines : –10 540 m
- Fosse des Tonga : –10 882 m
- Fosse des Kouriles : –10 542 m

On se propose de comparer certaines profondeurs.

Baudroie abyssale

PARCOURS 1

a. Recopier et compléter : « La distance à zéro du nombre négatif (–10 882) est .... »
b. L'un des nombres négatifs ci-dessus est plus petit que (–10 882). Lequel ?
Quelle est la fosse marine la plus profonde ?
c. Quelle est la fosse marine la moins profonde ?

PARCOURS 2

a. Laquelle des fosses des Ryükyü et des Caïmans est la plus profonde ?
b. Laquelle des fosses des Philippines, des Tonga, des Kouriles est la plus profonde ? la moins profonde ?

PARCOURS 3

Ranger ces dix fosses marines de la plus profonde à la moins profonde.

79 Modéliser une situation concrète

Une route rectiligne traverse un village. Différents équipements sont accessibles par cette route.

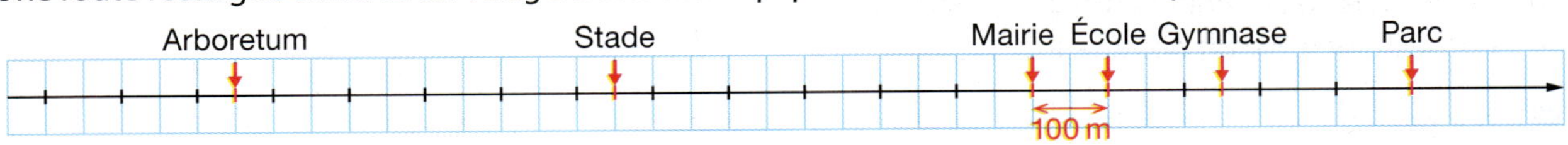

PARCOURS 1

On considère que la mairie correspond au nombre 0 et que l'école correspond au nombre 100.

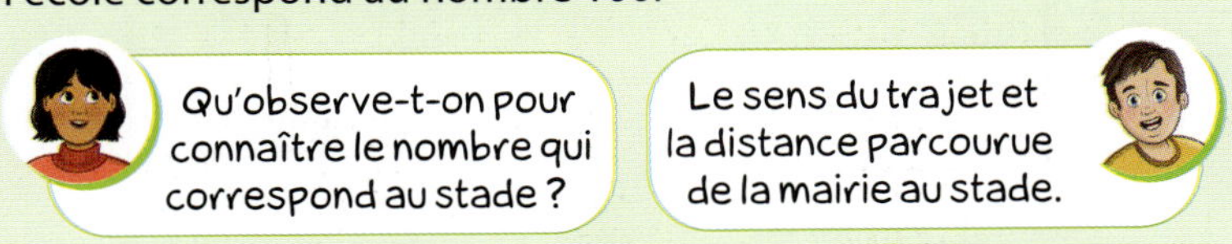

a. Recopier et compléter : « De la mairie au stade on se déplace dans le sens ... de la flèche et de ... m, donc l'abscisse du stade est (–...). »
b. Expliquer pourquoi l'abscisse du gymnase est 250.
c. De façon analogue, quelle est l'abscisse :
- du parc ?
- de l'arboretum ?

PARCOURS 2

On considère que l'école a pour abscisse 0 et que le gymnase a pour abscisse 150.
Quelle est l'abscisse du parc ? de la mairie ? du stade ? de l'arboretum ?

PARCOURS 3

Le stade a pour abscisse 0 et la mairie a pour abscisse 1.
Quelle est l'abscisse de chacun des autres sites ?

Utiliser les nombres relatifs

80 Algo Rechercher un trésor

Le lutin Sprite1 est positionné à l'origine de la droite graduée ci-dessous et orienté dans le sens des abscisses croissantes.

Voici un script écrit dans le langage Scratch.

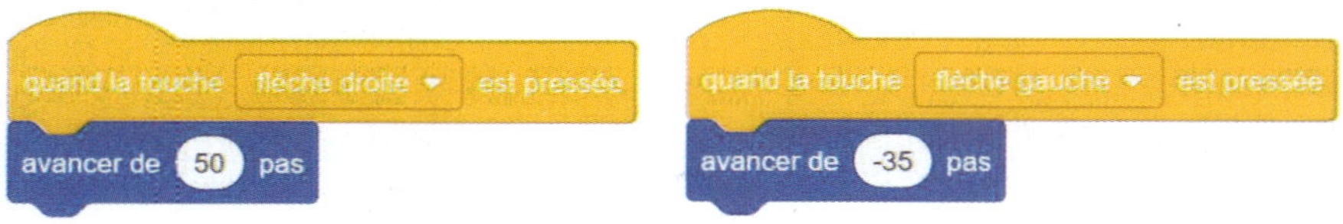

1. Voici les touches de déplacement saisies par huit élèves.
Dans chaque cas, indiquer l'abscisse du point sur lequel s'arrête Sprite1.

Emma : → Naïm : ← Lenny : → ← Emy : ← ← ← ← Tom : ← ← ← → ← ← →
Ilyes : ← ← ← ← ← ← → → ← ← ← → Rose : → → ← → → ← ← ← → → → → ← ← ←

2. Le lutin Abby a caché un trésor au point correspondant au nombre (–10).
Proposer une liste de touches de déplacement afin que le lutin Sprite1 s'arrête à l'emplacement du trésor.

Abby

81 Tice Étudier la qualité de l'air

L'indice ATMO est un indicateur de la qualité de l'air. Il prend en compte les concentrations dans l'air de dioxyde de soufre, dioxyde d'azote, d'ozone et de particules de diamètre inférieur à 0,01 mm.
Voici des informations sur l'indice ATMO à Lyon en 2015 et en 2020.

	A	B	C	D	E	F	G	H	I
1	Indice ATMO		Nombres de jours en 2015	Évolution de 2015 à 2020	Nombres de jours en 2020		Indice ATMO	2015	2020
2							De 1 à 4		
3	1	Très bon	0	0			De 5 à 7		
4	2	Très bon	1	+20			De 8 à 10		
5	3	Bon	67	+73					
6	4	Bon	120	–24					
7	5	Moyen	93	–22					
8	6	Médiocre	37	–9					
9	7	Médiocre	31	–27					
10	8	Mauvais	10	–7					
11	9	Mauvais	4	–1					
12	10	Très mauvais	2	–2					

1. Télécharger la feuille de calcul ci-dessus sur le site compagnon.
Compléter la colonne E en calculant mentalement.

2. a. Dans la cellule H2, saisir la formule =SOMME(C3:C6) .
Compléter les cellules H3 et H4, puis la plage **I2:I4**.

b. Commenter l'évolution de la qualité de l'air à Lyon entre 2015 et 2020.

Info
Depuis le 1er janvier 2021, l'indice ATMO n'a plus que 6 niveaux (Bon / Moyen / Dégradé / Mauvais / Très mauvais / Extrêmement mauvais) et il prend en compte les particules de diamètre inférieur à 0,002 5 mm.

82 Communiquer en anglais

Représenter • Raisonner • Communiquer

Here is a number line.

a. What number corresponds to each point D, E, F, G?
b. Draw this line and place the points A, B, C corresponding to the numbers (–1,5); 0,5; 2,5. Which of these points correspond to opposite numbers?
c. Order these seven numbers from lowest to greatest.

83 Étudier une situation concrète

Calculer • Communiquer

Opéra de Sydney

Ce tableau donne les décalages horaires entre Paris et différentes villes du monde.
On suppose qu'il est 9 h à Paris.
Recopier et compléter ce tableau.

Ville	Heure	Décalage horaire avec Paris
New York	3 h	–6 h
Istanbul	10 h	
Basse-Terre		–5 h
Los Angeles	Minuit	
Sydney		+9 h

84 Comprendre la notion d'opposé

Chercher • Raisonner • Communiquer

On désigne parfois l'opposé d'un nombre relatif a par opp(a).
a. Déterminer : • opp (7) • opp (–7,5) • opp (0)
b. Déterminer successivement :
• opp (–5) ;
• opp (opp (–5)), c'est-à-dire l'opposé de l'opposé de (–5) ;
• opp (opp (opp (–5))) ;
• opp (opp (opp (opp (–5)))) ;
• opp (opp (opp (opp (opp (–5)))))
c. Déterminer $\underbrace{\text{opp (opp (… (opp}}_{n \text{ fois opp}}$ (–5)) …))
lorsque : • $n = 20$; • $n = 25$.

85 Se repérer sans 0 apparent

Représenter • Raisonner

Quelles sont les abscisses des points A, B, C, D, E, F ?

86 Se repérer sans 0 apparent (bis)

Représenter • Raisonner

Tracer cette droite graduée et placer les nombres (–102), (–81), (–78).

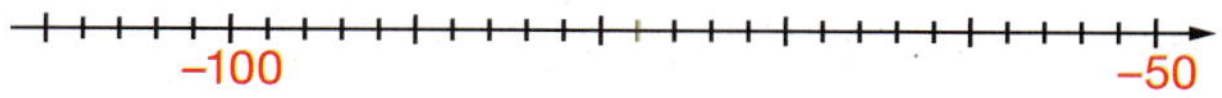

87 Utiliser une droite graduée

Représenter • Raisonner • Communiquer

1. Ramsès II est le pharaon égyptien qui a eu le plus long règne : de –1279 à –1213.
a. Tracer une droite graduée avec 10 cm entre les deux nombres –1 300 et –1 200.
b. Placer les dates du règne de Ramsès II.
Colorier en rouge le segment obtenu.
2. Louis XIV est le roi de France qui a eu le plus long règne : de 1643 à 1715.
a. Tracer une droite graduée avec 10 cm entre les deux nombres 1 600 et 1 700.
b. Placer les dates du règne de Louis XIV.
Colorier en rouge le segment obtenu.
3. Sans effectuer de calcul, dire qui de Ramsès II ou de Louis XIV a eu le règne le plus long.

88 Analyser des informations

Chercher • Raisonner

« Je suis un nombre entier relatif.
Ma distance à zéro est comprise entre 10,7 et 19,3.
Mon opposé est compris entre 5,75 et 11,3.
Qui suis-je ? »

89 Résoudre une énigme

Chercher • Raisonner

« Je suis un nombre négatif qui s'écrit avec trois chiffres différents.
Mon chiffre des centièmes est un multiple de 3.
Mon chiffre des dixièmes est le tiers de celui des centièmes.
Mon chiffre des unités est la somme des chiffres des centièmes et des dixièmes.
Mon opposé est inférieur à 5. Qui suis-je ? »

90 Communiquer en anglais

Raisonner • Communiquer

The magnitude of a star is a relative number that measures its brightness.
The brighter a star appears, the lower the value of its magnitude.
Using the information below, rank these stars from brightest to least bright.

Star	Magnitude
Sun	(–26,9)
Venus	(–4,4)
Proxima	11
Neptune	8
Great Bear	1,9
Aldebaran	1

Star	Magnitude
Vega	0
Sirius	(–1,4)
Mars	(–2,8)
Uranus	6
Moon (quarter)	(–10)
Moon (full)	(–12,6)

91 Représenter une situation

Représenter • Raisonner

On admet que la température diminue de 0,6 °C chaque fois que l'on s'élève de 100 m.
Ce matin, au moment de partir en randonnée, le thermomètre indique –8 °C à 3 000 m d'altitude. Estimer alors la température :

a. à 3 500 m ; **b.** à 2 500 m.

Coup de pouce
On peut s'aider d'une droite graduée.

92 Comprendre et expliquer

Représenter • Raisonner

Sur une droite graduée, le point M a pour abscisse (–5) et le point N a pour abscisse 6.
Quel nombre correspond au milieu I du segment [MN] ?

93 Imaginer une stratégie

Chercher • Représenter • Raisonner

Sur une droite graduée, le point A est repéré par le nombre (–63) et le point B est repéré par le nombre 104.
Parmi les nombres ci-dessous, lequel correspond au milieu du segment [AB] ? Expliquer la réponse.

• (–10) • 0,5 • 19 • 20,5 • 21,5 • 83,5

94 Problème ouvert

Raisonner • Communiquer

Lorsque c'est possible et uniquement dans ce cas, recopier et, malgré certains chiffres cachés, compléter par l'un des signes < ou >. Expliquer.

a. 2,■ … ■,3
b. (–2,■4) … (–3,7■)
c. ■,8 … (–■,6)
d. 5,06 … 5,■4
e. (–0,■) … (–1,■)
f. (–8,■4) … (–8,54)

Narration de RECHERCHE

95 PROBLÈME Yuna et Maëlle jouent à un jeu.
Yuna choisit un nombre relatif n.
À chaque nombre proposé par Maëlle, Yuna répond « plus petit que n », « plus grand que n » ou « Gagné ! ». Voici leurs échanges.

Pourquoi ce jeu présente-t-il un inconvénient ?
Proposer une modification de la règle pour y remédier.

Maëlle	Yuna
0	Plus grand que n
(–5)	Plus petit que n
(–3)	Plus grand que n
(–4)	Plus grand que n
(–4,7)	Plus petit que n
(–4,6)	Plus grand que n

Raconter sur une feuille les différentes étapes de la recherche et les remarques qui ont fait changer de méthode ou qui ont permis de résoudre le problème.

Des défis

96 Trouver son chemin

Réaliser ce schéma et disposer convenablement les nombres ci-dessous : on passe d'un nombre à un nombre plus grand si la flèche monte ou plus petit si la flèche descend.

(–6) ; (–5,1) ; (–4,3) ; (–2,7) ; (–2) ; (–1,9)

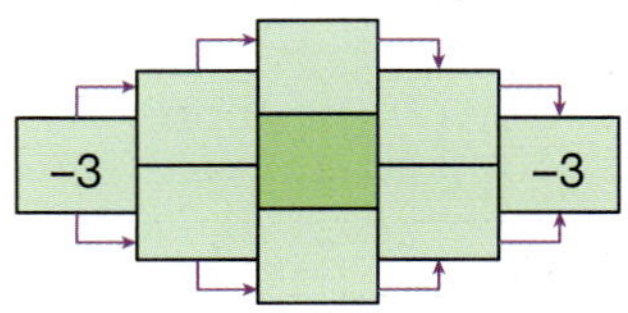

97 Aider un clopocléphile

« Je collectionne des porte-clés. En deux ans, ma collection a diminué de 85 porte-clés. Pourtant, la première année elle avait augmenté de 49 porte-clés. Comment a-t-elle évolué la deuxième année ? »

Je prends des initiatives

TÂCHES COMPLEXES

98 **ÉTABLIR** *un classement*

La situation-problème

Présenter dans un tableau le classement final du championnat de Ligue 2 de football pour la saison 2020-2021. Faire figurer dans le tableau toutes les justifications utiles.

Doc. 1

Les points marqués

- Un match gagné rapporte 3 points.
- Un match nul rapporte 1 point.
- Un match perdu rapporte 0 point.
- Le club victorieux est celui qui marque le plus de points.

Doc. 2

La gestion simplifiée des ex-aequo

- En cas d'égalité de points, le classement des clubs ex-aequo est déterminé par la différence entre les buts marqués et les buts concédés.
- En cas de nouvelle égalité, avantage est donné au club qui a marqué le plus grand nombre de buts.

Doc. 3

Les équipes par ordre alphabétique et des informations sur les matchs disputés

Équipe	J	G	N	Bp	Bc
Ajaccio	38	11	13	34	43
Amiens	38	11	14	34	40
Auxerre	38	16	14	64	43
Caen	38	9	14	34	49
Chambly	38	9	11	41	64
Châteauroux	38	4	11	32	58
Clermont	38	21	9	61	25
Dunkerque	38	10	11	34	47
Grenoble Foot 38	38	18	11	51	35
Guingamp	38	10	17	41	43
Le Havre	38	11	14	38	48
Nancy	38	11	14	53	53
Niort	38	9	14	34	58
Paris FC	38	17	13	53	37
Pau	38	11	11	42	49
Rodez	38	8	19	38	44
Sochaux	38	12	15	45	37
Toulouse	38	20	10	71	42
Troyes	38	23	8	60	36
Valenciennes	38	12	11	50	59

Légende
J : nombre de matchs joués.
G : nombre de matchs gagnés.
N : nombre de matchs nuls.
Bp : nombre de buts pour.
Bc : nombre de buts contre.

Les supports de travail

Les documents, la calculatrice ou le tableur.

Toute piste de recherche, même non aboutie, figurera sur la feuille.

CHAPITRE
7
Additionner, soustraire les nombres relatifs

Le Cairn de Barnenez, dans le Finistère, est la plus ancienne construction mégalithique connue à ce jour. Cet édifice est constitué de onze dolmens.
La construction de sa partie la plus ancienne aurait eu lieu de −4 850 à −4 450 et aurait donc duré 400 ans.

Bien démarrer

Pour chaque question, une réponse ou plusieurs sont exactes.

		a	b	c
1	Le nombre (−6) peut aussi s'écrire…	1 − 5	0 − 6	2 − 8
2	Sur cette droite graduée, l'abscisse du point M est… 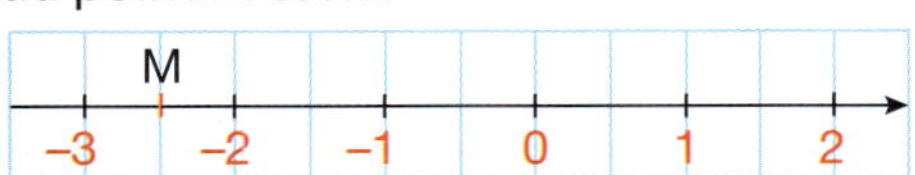	(− 3,5)	comprise entre (− 3) et (− 2)	(− 2,5)
3	Parmi ces nombres relatifs, celui qui a la plus petite distance à zéro est…	(− 4,6)	6,7	(− 10,3)
4	L'opposé du nombre relatif (−2,7) est…	(−7,2)	0 − 2,7	2,7
5	(−5,19) est compris entre…	(−5,2) et (−5,20)	(−5) et (−5,2)	(−5,1) et (−5,2)
6	7,5 − (4,3 − 0,8) est égal à…	4	2,4	10

Vérifie tes réponses p. 306

Je découvre

ACTIVITÉ 1 Additionner des nombres relatifs Cours Paragraphe 1, p. 106

Albane, Lilas, Sabrine, Étienne et Léo jouent à un jeu de cartes. À chaque tour ils peuvent gagner ou perdre des points.
Voici les points obtenus lors des deux premiers tours joués. On se propose de calculer les scores des différents joueurs à l'issue de ces deux tours.

	1er tour	2e tour	Score	Égalité
Albane	15	20	35	$15 + 20 = 35$
Lilas	5	−20		
Sabrine	−7	6		
Étienne	−5	10		
Léo	−8	−16		

a. Recopier le tableau. On s'intéresse au score de Lilas.
A-t-elle gagné ou perdu des points à l'issue des deux tours ? Combien ? Compléter son score.
Dans la colonne « Égalité », écrire et compléter : $5 + (-20) = \ldots$.
b. Compléter les colonnes « Score » et « Égalité » pour les autres joueurs.
c. À ce jeu, la somme des scores des cinq joueurs doit toujours être égale à zéro.
Vérifier par le calcul si cette règle est bien respectée ici.

ACTIVITÉ 2 Soustraire deux nombres relatifs Cours Paragraphe 2, p. 106

Le document ci-contre rappelle quelques dates essentielles de la construction de Rome.
a. Combien de temps a duré la reconstruction du Panthéon ?
b. On souhaite calculer la durée de l'Empire.
• Expliquer pourquoi :
$476 - (-27) = 476 - (-27) + (-27) + 27$.
• En déduire que $476 - (-27) = 476 + 27$.
Combien de temps a duré l'Empire ?
c. Calculer de même la durée des guerres puniques, ainsi que celle de la République.

- −753 : Fondation de Rome
- de −509 à −27 : la République
- de −264 à −146 : les guerres puniques
- de −27 à 476 : l'Empire
- de 118 à 128 : la reconstruction du Panthéon

Panthéon

ACTIVITÉ 3 Calculer des distances sur une droite graduée Cours Paragraphe 3, p. 106

1 a. Donner l'abscisse de chacun des points A, B, C et D de la droite graduée ci-contre.

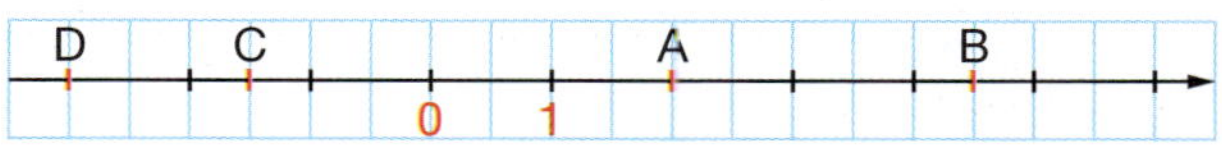

b. Donner la distance AB. Comment retrouver cette distance à l'aide des abscisses de A et B ?
c. Donner les distances CD, AC et BD. Retrouver ces distances à l'aide d'une soustraction d'abscisses.
d. Énoncer une règle pour déterminer la distance de deux points d'abscisses données sur une droite graduée.

2 M et N sont les points de la droite graduée ci-dessus situés à la distance 4,5 du point A.
Déterminer les abscisses de ces points : **a.** par lecture sur la droite graduée ; **b.** par le calcul.

1 Addition de deux nombres relatifs

Exercices 9 à 17

a. Simplification d'écriture

Désormais les nombes négatifs sont écrits sans parenthèses quand il n'y a pas de signe d'opération devant. Par exemple :

- (–5) s'écrit –5.
- (–3) + (–4) = (–7) s'écrit –3 + (–4) = –7.

b. Règles de calcul

RÈGLE 1 La somme de deux nombres relatifs de **même signe** :
- a pour signe le signe commun aux deux nombres ;
- a pour distance à zéro la somme des distances à zéro.

Exemples
- 7,1 + 2,5 = 9,6
- –5,3 + (–4,2)= –9,5

RÈGLE 2 La somme de deux nombres relatifs de **signes contraires** :
- a pour signe le signe du nombre qui a la plus grande distance à zéro ;
- a pour distance à zéro la différence des distances à zéro.

Exemples

Somme de 6,5 et – 4
6,5 + (– 4) = **2,5**
6,5 > 4 donc le résultat est positif. 6,5 – 4 = 2,5

Somme de – 6,5 et 4
– 6,5 + 4 = **– 2,5**
6,5 > 4 donc le résultat est négatif. 6,5 – 4 = 2,5

Cas particulier : la somme de deux nombres relatifs opposés est égale à 0.
Par exemple : • –5 + 5 = 0 • 8,4 + (–8,4) = 0

2 Soustraction de deux nombres relatifs

Exercices 18 à 27

PROPRIÉTÉ Pour soustraire un nombre relatif, **on ajoute son opposé**.

Exemples
- 6 – 9 = 6 + (– 9) = –3
  L'opposé de 9 est – 9.
- 7,5 – (– 3) = 7,5 + 3 = 10,5
  L'opposé de – 3 est 3.

Attention : il ne faut pas changer l'ordre des termes d'une différence. En effet, 6 – 9 = –3 mais 9 – 6 = 3.

3 Distance sur une droite graduée

Exercices 28 à 35

PROPRIÉTÉ Sur une droite graduée, la distance entre deux points est égale à **la différence entre l'abscisse la plus grande et l'abscisse la plus petite.**

Exemple

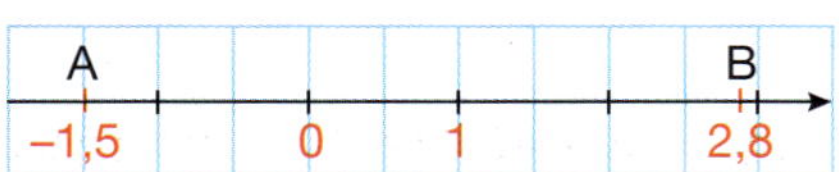

2,8 > – 1,5 donc AB = 2,8 – (– 1,5) = 2,8 + 1,5 = **4,3**.

J'applique le cours

1 Soustraire des nombres relatifs

EXERCICE RÉSOLU

ÉNONCÉ Calculer chaque différence.

A = −4 − 6,3 B = −5 − (−2,1) C = 1,4 − 7,4

SOLUTION

- A = −4 − 6,3
  A = −4 + (−6,3)
  A = −10,3
- B = −5 − (−2,1)
  B = −5 + 2,1
  B = −2,9
- C = 1,4 − 7,4
  C = 1,4 + (−7,4)
  C = −6

CONSEILS

- Pour soustraire 6,3, on additionne son opposé. L'opposé de 6,3 est −6,3. −4 et −6,3 sont deux nombres relatifs négatifs, donc leur somme est négative.
- Soustraire −2,1 revient à additionner son opposé 2,1.
- 1,4 et −7,4 sont de signes contraires, donc leur somme est du signe de celui qui a la plus grande distance à zéro, soit −7,4.

À TON TOUR

2 Calculer chaque différence.

D = −7 − (−5) E = −6,3 − 4,3
F = 8,2 − (−5,5) G = 9,3 − 13

3 Calculer chaque différence.

H = −7,3 − (−8,5) I = −5 − 7
J = −19 − (−22) K = 10,5 − 23

4 En janvier 2021, la température moyenne a été de −2 °C à Gap et de 9 °C à Nice.
Calculer l'écart entre ces deux températures.

5 Amélie est spéléologue.
Lundi, elle descend à −35 m et jeudi à −17 m.
Calculer l'écart entre ces deux profondeurs.

6 Enchaîner des additions et des soustractions

EXERCICE RÉSOLU

ÉNONCÉ Calculer chaque expression en détaillant les calculs.

L = −13 − (−10) − 5 et M = −5 − 7 + 15

SOLUTION

- L = −13 − (−10) − 5
  L = **−13 + 10** + (−5)
  L = **−3** + (−5)
  L = −8
- M = −5 − 7 + 15
  M = **−5 + (−7)** + 15
  M = **−12** + 15 = 3

CONSEILS

- On écrit L avec des additions uniquement. On effectue ensuite les calculs de la gauche vers la droite.
- Pour calculer une expression où ne figurent que des additions et soustractions, on peut aussi regrouper les nombres positifs et regrouper les nombres négatifs (voir exercice 41 p. 109).

À TON TOUR

7 Calculer chaque expression en détaillant les calculs.

N = 9 − 16 − 8
P = −18 + 6 − (−11)
Q = −7,5 − 2,5 + 12,7

8 Calculer chaque expression en détaillant les calculs.

R = −3 − 5 − 7
S = −18 − (−3) − (−6)
T = 4 − (−3) − 8

Je travaille mes automatismes

Additionner des nombres relatifs

À l'oral — Questions flash

9 Lire chaque phrase en complétant les pointillés.
a. La somme de deux nombres positifs est ….
b. La somme de deux nombres négatifs est ….
c. La somme de deux nombres … est égale à zéro.

10 Dans chaque cas, donner oralement le signe de la somme.
a. –37,2 + (–56,4) **b.** –14,3 + 8,9
c. 64 + (–10,25) **d.** –8,07 + (–95,2)

11 CALCUL MENTAL Calculer mentalement.
a. 17 + 23 **b.** –4 + 6 **c.** –1 + (–3)
d. 3 + (–4) **e.** 3 + (–2) **f.** –4 + (–3)

12 Calculer.
a. –13 + 15 **b.** –11 + (–8)
c. –14 + 14 **d.** 11 + (–2)
e. 14 + (–15) **f.** 2 + (–8)

13 Calculer.
a. –11,9 + 0,1 **b.** –3,6 + (–2,4)
c. 2 + (–3,9) **d.** –6,7 + 6,7
e. –5,1 + (–5) **f.** –9,1 + 1,9

14 Citer, lorsque cela est possible :
a. deux nombres négatifs dont la somme est égale à –13 ;
b. deux nombres de signes différents dont la somme est égale à –4 ;
c. deux nombres de signes différents dont la somme est égale à 9.

15 Recopier et relier les nombres dont la somme est égale à 21.

14	28	–6,3	6,3	25
•	•	•	•	•
•	•	•	•	•
–4	14,7	7	27,3	–7

16 CORRIGÉ en vidéo jaicompris.com

Louise et Marc font de la plongée sous-marine.
Louise descend de 13 m puis à nouveau de 14 m.
Marc descend de 30 m puis remonte de 7 m.
Exprimer à l'aide d'un nombre relatif la profondeur à laquelle chacun est arrivé.

17 On estime que le célèbre scientifique grec Archimède de Syracuse serait né en –287 et aurait vécu 75 ans.
En quelle année serait-il mort ?

Soustraire des nombres relatifs

À l'oral — Questions flash

18 Lire chaque phrase en complétant les pointillés.
a. Soustraire –5 de 7 revient à ajouter … et ….
b. Soustraire 16 de 11 revient à ajouter … et ….

19 CALCUL MENTAL Calculer mentalement.
a. 5 – 6 **b.** –4 – 6 **c.** –1 – (–3)
d. 3 – (–4) **e.** –3 – (–2) **f.** –4 – 3

20 Recopier et compléter les pointillés.
a. 6 – 9 = 6 + (…) = …
b. –4 – (–1) = –4 + … = …
c. –22 – 13 = –22 + (…) = …

21 Écrire chaque différence sous la forme d'une somme, puis calculer.
a. 6 – (–7)
b. –15 – (–8)
c. –11 – 8
d. 6,5 – 13,5

22 Recopier et relier chaque différence de la ligne du haut à son résultat sur la ligne du bas.

–6 – 2	4 – 7	9 – 2	2 – 6	–9 – 3
•	•	•	•	•
•	•	•	•	•
7	–8	–12	–3	–4

23 Calculer à la main.
a. 7,5 – (–15) **b.** –12,6 – 5,2
c. –24,9 – (–11,5) **d.** 16,5 – 5,6
e. –17,25 – 2,75 **f.** –58 – (–43,5)
g. –53 – 104 **h.** –37,5 – 82,5

24 Calculer à la main.
a. –14,8 – 7,3 **b.** 21,4 – (–6,8)
c. –3,28 – (–17,84) **d.** 68 – 110
e. –75 – 217 **f.** 56 – (–23,8)

25 Recopier et compléter en écrivant dans chaque case la différence des nombres écrits dans les deux cases précédentes.

a.

−18	11				

b.

8,2	−5,4				

c.

−1,7	−3,4				

26 Le scientifique et historien romain Tite-Live a vécu de −59 (environ) à 17 de notre ère.
À quel âge environ est-il mort ?

27 Mélina relève chaque jour la température sur son balcon. Hier, la température était de −4 °C et aujourd'hui, elle est de −7,5 °C.
Calculer la différence de température entre hier et aujourd'hui.

Calculer des distances sur une droite graduée

À l'oral — *Questions flash*

28

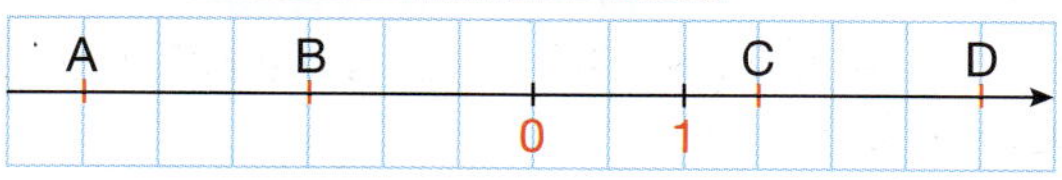

Donner oralement les distances AC et BD.

29 CALCUL MENTAL Sur une droite graduée, on a placé les points R d'abscisse −100 et S d'abscisse −30.
Calculer mentalement la distance RS.

30 CALCUL MENTAL Sur une droite graduée, E est le point d'abscisse 8 et F est le point d'abscisse −5.
Calculer mentalement la distance EF.

Pour les exercices **31** à **34**, lire les abscisses des points A, B et C, puis calculer les distances AB, BC et AC.

31

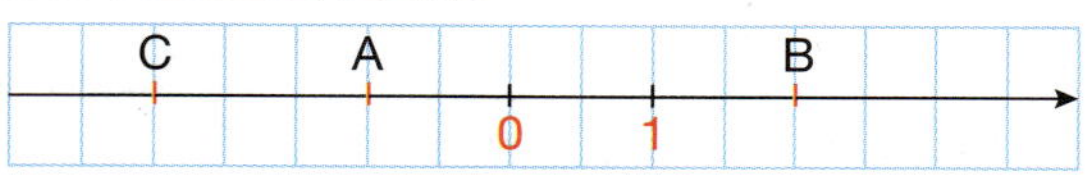

32

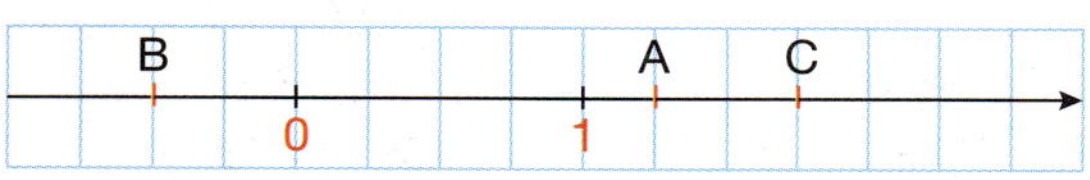

33

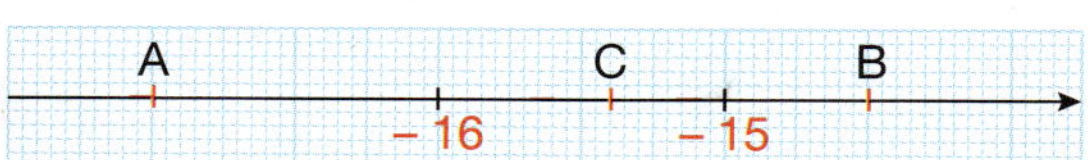

34

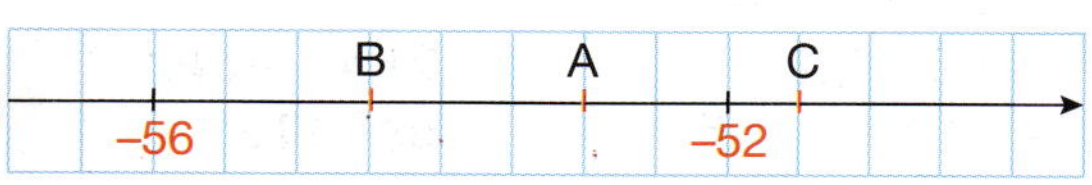

35 Recopier et compléter le tableau

Abscisse de…			Distance…		
A	B	C	AB	BC	AC
−4	−0,5	4			
−2,25	3,25	0,75			
−11	−13,5	−3,75			

Enchaîner additions et soustractions

À l'oral — *Questions flash*

36 CALCUL MENTAL Calculer mentalement.
a. −7 + (−4) + 9 **b.** 15 + (−19) + (−9)

37 CALCUL MENTAL Calculer mentalement.
a. −1 + 2 − 3 **b.** −1 − 2 − 3
c. −3 − 2 + 1 **d.** 5 − 2 − 4
e. 2 − 3 − 4 **f.** −5 − 2 + 3

38 Recopier et compléter les pointillés.
a. 6 + (−13) + 5 = … + 5 = …
b. −8 + 6 + (−7) = … + (−7) = …

39 A = 7 − 11 − (−2) + (−5) − 4
a. Écrire A avec uniquement des additions.
b. Calculer alors cette expression de la gauche vers la droite.

40 B = −5 − (−2) + (−10) − 3
a. Expliquer pourquoi B = −5 + 2 −10 − 3.
b. Calculer cette expression de la gauche vers la droite.

41 C = −5 + 6 − 1 − 4 + 2
Pour calculer une telle expression, on peut regrouper les nombres positifs et regrouper les nombres négatifs.
a. Calculer : • 6 + 2 • −5 − 1 − 4
b. Recopier et compléter : C = 8 + (…) = …

42 D = −10 + 3 + 5 − 6 + 7 − 4
Calculer D de deux manières différentes :
a. de la gauche vers la droite ;
b. en utilisant la méthode de l'exercice **41**.

43 CORRIGÉ en vidéo jaicompris.com
Calculer chaque expression.
E = 7 − (−16) + (−5) − 3
F = −24 + 13 − 7 − (−5)
G = 14,5 − 21 − 35,8 + 16,3

Additionner et soustraire des nombres relatifs

44 Compléter la pyramide ci-dessous en utilisant la règle ci-contre.

Règle

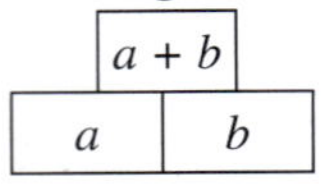

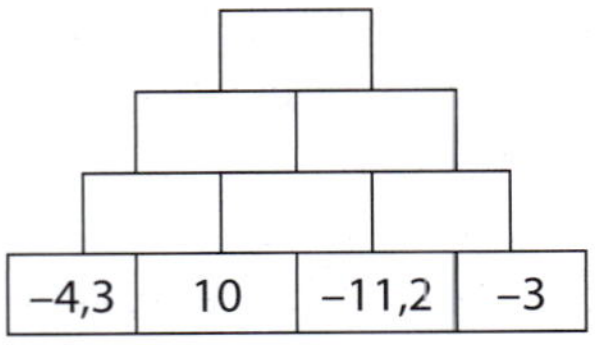

45 Adrien, Mathilde, Faïza et Sergio font leurs comptes à la fin de chaque quinzaine.
Recopier et compléter le tableau.

	1re quinzaine	2e quinzaine	Bilan mensuel
Adrien	+325,00	–152,40	
Mathilde	–137,50	+224,00	
Faïza	+254,50	–292,70	
Sergio	–50,50	–43,60	
Bilan du groupe			

46 CORRIGÉ en vidéo jaicompris.com

Dans chaque cas, recopier et compléter avec le nombre relatif manquant.

a. … + 7 = –3 **b.** –11 + … = –34
c. … + 67 = 0 **d.** … + (–6) = –3
e. 17 + … = 5 **f.** … + 75 = –100

47 Un nombre écrit dans un cercle rouge moins le nombre écrit dans le cercle bleu diamétralement opposé doit donner –5.
Recopier et compléter.

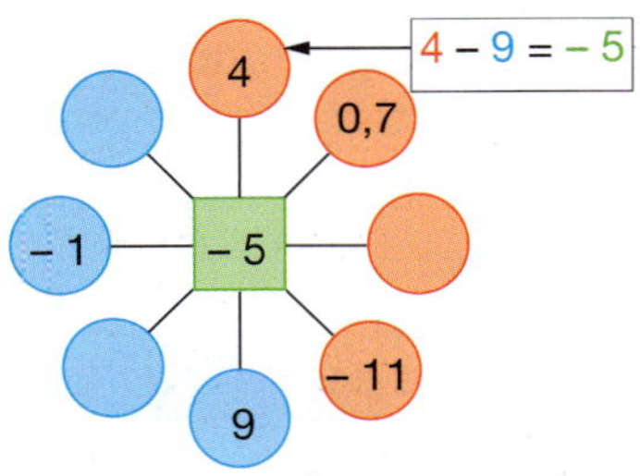

48 Dans chaque cas, recopier et compléter les pointillés par le nombre relatif manquant.

a. 17 – … = 12 **b.** –8 – … = –5
c. –25 – … = –38 **d.** 21 – … = –9

49 Recopier et compléter la pyramide ci-dessous en utilisant la règle ci-contre.

Règle

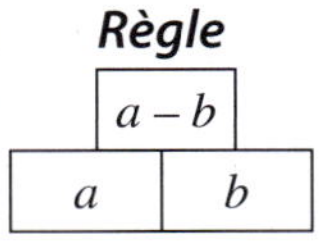

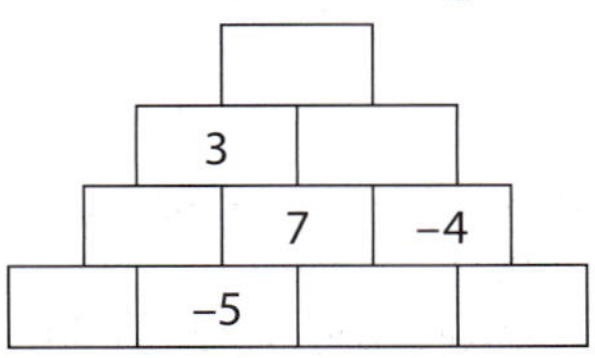

50 Pour chaque ville, calculer l'évolution de température, c'est-à-dire la différence entre la température du mois de juillet et la température du mois de janvier.

Ville	Température (en °C)	
	Janvier	**Juillet**
Melbourne (Australie)	22	12
Toronto (Canada)	–4	21
Shanghai (Chine)	5	28
Moscou (Russie)	–11	19

51 Dans l'Égypte ancienne, deux pharaons célèbres se sont succédés : Séthi Ier, qui régna de –1294 à –1279 et Ramsès II qui régna de –1279 à –1213.

Séthi Ier

Ramsès II

Lequel des deux pharaons régna le plus longtemps ?

52 Enzo affirme : « Au nombre 5, je soustrais –14, puis j'ajoute 16 ainsi que –9. »
a. Écrire l'expression A qui permet de calculer le nombre obtenu par Enzo.
b. Calculer A.

53 Lilian s'est inscrit au « Trail de la Galinette », une course qui débute à Cadolive (Bouches-du-Rhône). Quelques jours avant le départ, il étudie le graphique des dénivelés.

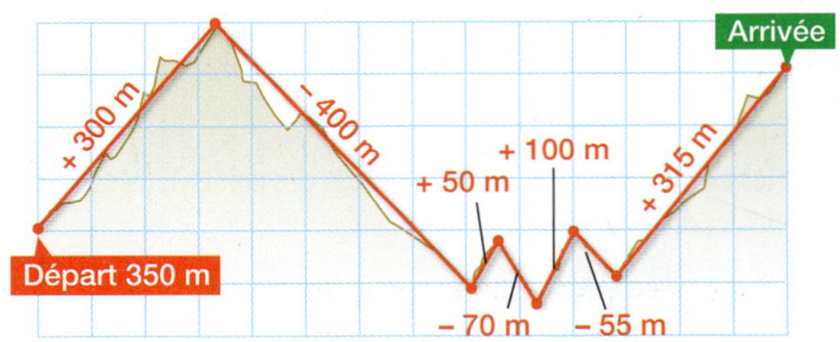

a. Écrire une expression qui permet de calculer l'altitude à l'arrivée.
b. Calculer cette altitude.

54 Recopier et compléter les pointillés par le signe + ou le signe – pour que l'égalité soit vraie.
a. –9 … 12 … 3 = 0
b. –10 … 15 … 8 = –17
c. –4,5 … 3,2 … 2,3 = –10

55 A $= x + y - z$; B $= x - y + z$; C $= x - (y + z)$

1. Un professeur demande de calculer A, B et C pour $x = -6$, $y = -5$ et $z = 8$.

a. Voici le début de la réponse de Chloé.

A = −6 + −5 − 8

Expliquer pourquoi cette écriture n'est pas correcte et corriger sa réponse puis calculer A.

b. Calculer B et C.

2. Calculer A, B et C pour $x = -3$, $y = 9$ et $z = -1$.

56 Jeux et casse-tête Existe-t-il un parcours qui donne 0 à la sortie ?

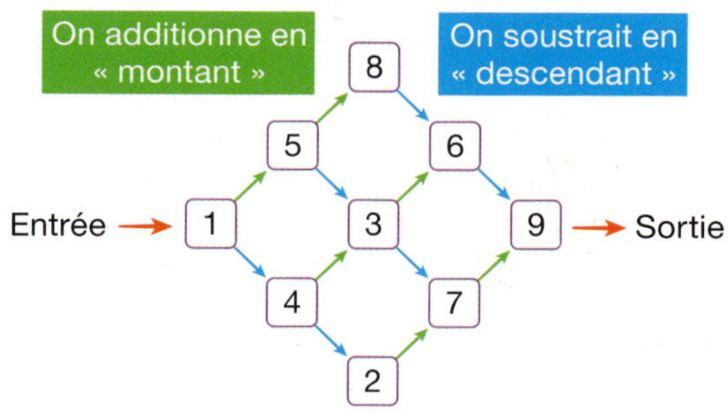

Calculer des distances sur une droite graduée

57 Sur une droite graduée, A est le point d'abscisse 3,1. Donner les abscisses des points de la droite graduée situés à 5,5 unités de A.

58 Sur une droite graduée, A, B et C sont les points d'abscisses respectives −2,3, −8,4 et 3,8.

a. Placer les points A, B, C sur une droite graduée.

b. Calculer les distances AB et AC.

c. Calculer la distance BC de deux façons différentes.

59 **a.** Sur une droite graduée, placer les points F et G d'abscisses respectives −5,5 et 3,1.
Placer le point I, milieu du segment [FG].

b. Calculer la longueur FG.
En déduire la longueur FI.

c. Calculer l'abscisse du point I.

60 Jeux et casse-tête Trouver toutes les abscisses des points d'une droite graduée situés à la fois à plus de 6 unités du point d'abscisse 5,1 et à moins de 7 unités du point d'abscisse −4,5.

Synthèse

Utiliser des opérations sur les nombres relatifs

61 En 1990, le Brésil comptait 149 millions d'habitants. En 2005, la variation de la population urbaine peut se traduire par le nombre relatif +44 millions, alors que celle de la population rurale se traduit par −7 millions. En 2020, les statistiques font apparaître, par rapport à celles de 2005, une variation de +31 millions pour la population urbaine et de −4 millions pour la population rurale.

Objectif Calculer la population totale du Brésil en 2020.

1. a. Recopier et compléter : « 44 + 31 = ..., donc le bilan pour la population urbaine entre 1990 et 2020 est de ... millions. »

b. Quel est le bilan pour la population rurale entre 1990 et 2020 ?

c. En déduire le bilan global pour la population brésilienne entre 1990 et 2020.

2. Calculer la population totale du Brésil en 2020.

62 Voici un programme de calcul.

- Choisir un nombre relatif.
- Ajouter −3.
- Soustraire 10.
- Ajouter −91.
- Soustraire −100.
- Annoncer le nombre obtenu.

Après avoir appliqué ce programme, Célia a annoncé le nombre −96.

Objectif Retrouver le nombre choisi par Célia.

a. Recopier et compléter.

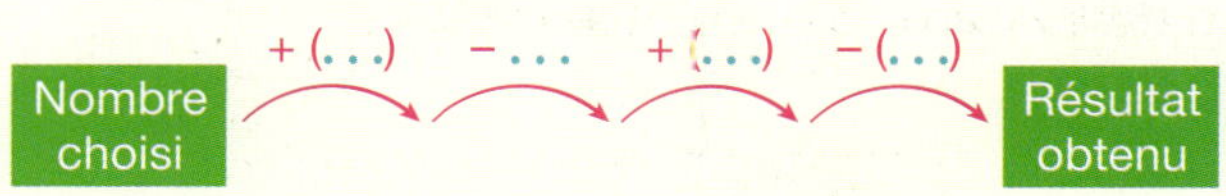

b. Par quelle seule opération peut-on passer du nombre choisi au résultat obtenu ?

c. Retrouver alors le nombre choisi par Célia.

Parcours différenciés

Je m'évalue

Pour chaque question, une seule réponse est exacte.

QCM supplémentaires
college.nathan.fr/tm5112

	a	b	c	En cas d'erreur
63 (−7) + (−5) = (−12) peut s'écrire plus simplement…	−7 + −5 = −12	−7 + (−5) = −12	7 + 5 = −12	Cours 1 p. 106
64 −4 + (−5) est égal à…	1	−1	−9	
65 4,7 + (−10) est égal à…	−14,7	−5,3	5,3	
66 −1 + 100 est égal à…	99	−99	−101	
67 −7 + 2 est égal à…	−9	−5	5	
68 −27,5 − (−7,5) est égal à…	−27,5 − −7,5	−27,5 − 7,5	−27,5 + 7,5	Cours 2 p. 106
69 A = −8 + 14 et B = 8 − 14 Alors…	A = B	A et B sont opposés	A < B	
70 2 − 7 est égal à…	−27	5	−5	
71 −5 − 4 est égal à…	−1	1	−9	Ex 1 p. 107
72 6 − (−4) est égal à…	2	10	−2	
73 −7,4 − (−2,7) est égal à…	−10,1	4,7	−4,7	
74 6 + (−7) + (−3) + 2 est égal à…	−6	18	−2	Ex 4 p. 107
75 1 − 2 + 3 − 4 est égal à…	10	−2	−8	
76 −7 + 12 − 4 + 3 − 10 est égal à…	15 − 21	5 − 10	−15 − 21	
77 Sur la droite graduée ci-dessous, les points A et B ont pour abscisses respectives a et b. 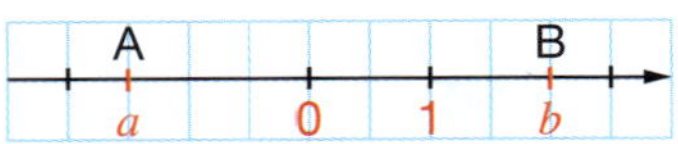 La distance AB est égale à…	$a - b$	$a + b$	$b - a$	Cours 3 p. 106
78 Sur une droite graduée, les points A et B ont pour abscisses respectives −5 et −8. La distance BA est égale à…	−3	3	13	

Je réalise mon parcours

Selon ton score page précédente

Parcours conseillé
- Entre **0 et 7 bonnes réponses** : drapeau vert
- Entre **8 et 12 bonnes réponses** : drapeau bleu
- **13 bonnes réponses ou plus** : drapeau rouge

79 Soustraire des nombres relatifs

Le tableau ci-contre donne par trimestre les températures moyennes, en °C, de différentes villes du Canada.
On se propose de calculer des différences de température entre ces villes.

	Churchill	Inuvik	Calgary
Janvier-mars	−23	−26	−4,5
Avril-juin	−2,5	−0,5	8,5
Juillet-septembre	10,5	9,5	13,5
Octobre-décembre	−13	−15	−1,5

PARCOURS 1

On s'intéresse aux différences de température entre différentes villes durant la période janvier-mars.

Te souviens-tu comment soustraire un nombre relatif ?

Oui, il faut ajouter son opposé.

a. Recopier et compléter : « (−23) − (−26) = (−23) + (...) = ..., donc la différence de température moyenne durant la période janvier-mars entre Churchill et Inuvik est de ... °C. »
b. Calculer de la même manière la différence de température durant la période janvier-mars entre Churchill et Calgary, puis entre Inuvik et Calgary.

PARCOURS 2

Calculer pour les quatre trimestres la différence de température entre Churchill et Inuvik.

PARCOURS 3

Ranger ces villes dans l'ordre décroissant des températures moyennes annuelles.

80 Enchaîner des additions et des soustractions

Pendant leurs vacances, Thomas, Lise et Alexandre jouent à un jeu de société dans lequel on peut gagner ou perdre des pièces d'or. Ils relèvent chaque jour de la semaine le nombre de pièces gagnées ou perdues.
Le tableau ci-contre résume leurs gains et leurs pertes.
On se propose de faire le bilan des pièces d'or gagnées ou perdues pendant la semaine.

	Lundi	Mardi	Mercredi	Jeudi	Vendredi
Thomas	7	9	−2	−6	11
Lise	−12	−6	−7	−5	−15
Alexandre	4	−1	−4	9	7

PARCOURS 1

On s'intéresse aux pièces d'or gagnées et perdues par les trois joueurs au cours d'une journée.

Te souviens-tu comment calculer une suite d'additions ?

Oui, on peut la calculer de la gauche vers la droite.

a. Recopier et compléter : « 7 + (−12) + 4 = ... + 4 = ... »
Les joueurs ont-ils gagné ou perdu des pièces ce jour-là ? Si oui, combien ?
b. Calculer de même le nombre total de pièces gagnées ou perdues par les joueurs le mardi.

PARCOURS 2

Quel jour les joueurs ont-ils gagné le plus de pièces d'or ? en ont-ils perdu le plus ?

PARCOURS 3

Ranger les joueurs dans l'ordre décroissant de leurs scores sur la semaine.

Calculer avec des nombres relatifs

81 Algo Additionner des nombres relatifs

Livret Scratch p. 4 et 5

Avec le logiciel Scratch, l'instruction « nombre aléatoire entre -10 et 10 » renvoie un nombre entier relatif au hasard compris entre –10 et 10 (inclus).

Le script Scratch ci-contre, calcule la somme de deux nombres entiers aléatoires, demande le résultat à l'utilisateur puis valide ou non son résultat.

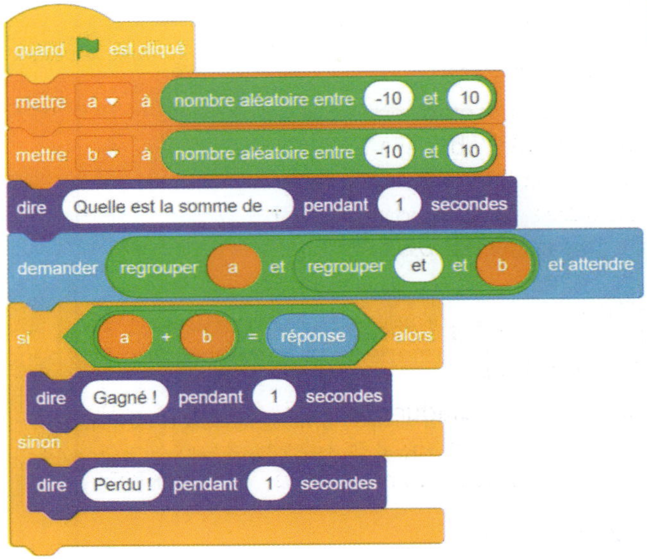

1. a. Tester le script à la main pour les valeurs suivantes de **a**, **b** et **réponse**.
Quel est dans chaque cas le message énoncé par le lutin ?

	a	b	réponse
1er essai	–5	–6	1
2e essai	4	–7	–3
3e essai	–9	3	3

b. Ouvrir le logiciel Scratch et saisir ce script.
L'exécuter afin de tester son fonctionnement.

2. On souhaite que l'utilisateur réponde à dix questions successives.
Pour cela, modifier le script précédent en insérant la boucle « répéter … fois ».
Compléter la valeur manquante.

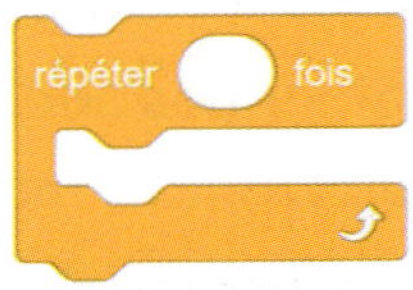

3. On modifie à présent le script afin qu'il compte le nombre de bonnes réponses de l'utilisateur.
a. Créer une variable **Score**.
b. Insérer les instructions suivantes dans le script de la question **2** pour obtenir le résultat demandé :

Faire énoncer le contenu de la variable **Score** par le lutin à la fin du script.

82 Tice Utiliser la calculatrice

Pour effectuer des calculs à l'aide de la calculatrice, il faut bien distinguer :
• le – qui indique une soustraction (touche [–]) ;
• le – qui indique qu'un nombre relatif est négatif ([(–)] pour TI, [SECONDE] [(–) Simp] pour Casio).

a. A = 3,2 + (–5,3) B = –5,7 – 9,4
À l'aide de la calculatrice, vérifier les résultats affichés sur l'écran ci-contre.

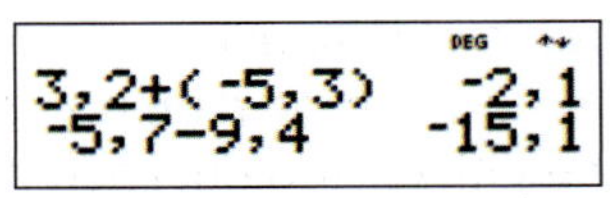

b. Utiliser la calculatrice pour calculer :
C = 2 650 + (–453) + 267 – 1 793 D = –120,9 – 98,3 + (–57,2) + 111,5 E = 7,8 – (13,4 – 8) + (–16,3 – 36)

c. x désigne un nombre relatif et F = 521,3 – 2 381 + 95,5 – x.
À l'aide de la calculatrice, calculer la valeur de F lorsque :
• $x = 76$ • $x = -456$ • $x = 98{,}09$ • $x = -2\,154{,}83$

83 Communiquer en anglais

Calculer • Communiquer

Julius Caesar was born in 100 before common era and first tried to conquer England in 55 before common era. How old was he when he first tried to conquer England?

84 Utiliser un schéma

Représenter • Raisonner

Sur une droite graduée, A, B et C sont trois points. On sait que l'abscisse du point A est –4,5 et que AB = 5,1 et BC = 1,2.
Quelle est l'abscisse du point C ?
Donner toutes les possibilités.

85 Calculer l'abscisse d'un milieu

Raisonner • Calculer

Sur une droite graduée, F et G sont les points d'abscisses respectives –51,2 et –23,6.
Calculer l'abscisse du milieu M du segment [FG].

Coup de pouce
Calculer d'abord la longueur FG, puis la longueur FM.

86 Conjecturer

Raisonner • Calculer • Communiquer

a. Calculer :
- 1 – 2 + 3
- 1 – 2 + 3 – 4
- 1 – 2 + 3 – 4 + 5
- 1 – 2 + 3 – 4 + 5 – 6

b. Sans calculer, prévoir le résultat de :
- 1 – 2 + 3 – 4 + 5 – 6 + 7
- 1 – 2 + 3 – 4 + 5 – 6 + 7 – 8

Vérifier par le calcul.

c. Sans calculer, prévoir le résultat de :
1 – 2 + 3 – 4 + 5 – 6 + 7 – 8 + … + 2 021 – 2 022.

87 Traiter un Vrai ou Faux

Raisonner • Communiquer

Dans chaque cas, dire si l'affirmation est vraie ou fausse. Expliquer.

a. « La somme d'un nombre positif et d'un nombre négatif est toujours négative. »

b. « La différence de deux nombres positifs est toujours positive. »

c. « La différence entre un nombre positif et un nombre négatif est toujours positive. »

88 Traduire par une expression

Chercher • Calculer • Communiquer

Traduire chaque phrase par une expression numérique puis calculer cette expression.

a. La différence entre 9 et l'opposé de 11.

b. La somme de –7 et de la différence entre 3 et –2.

c. La différence entre –7 et la somme de 3 et –5.

89 Comprendre une situation

Raisonner • Calculer

Des élèves répondent à un QCM qui comporte 20 questions. Le barème est le suivant :
- une bonne réponse rapporte 3 points ;
- une mauvaise réponse enlève 1 point ;
- une absence de réponse ne rapporte ni n'enlève de points.

1. Quelle est la note maximale qu'un élève peut avoir ? la note minimale ?

2. Voici les résultats obtenus par Alex, Léa et Julie.

	Bonnes réponses	Mauvaises réponses	Absences de réponse
Alex	14	6	0
Léa	12	?	3
Julie	?	7	2

Calculer la note obtenue par chacun de ces trois élèves.

90 Algo Soustraire des nombres relatifs

Chercher • Modéliser • Raisonner

1. On se propose d'écrire un script qui demande deux nombres relatifs à l'utilisateur et en calcule la différence.

a. Ouvrir le logiciel Scratch et créer deux variables a et b.

b. Saisir en les ordonnant les instructions ci-dessous pour réaliser le script.

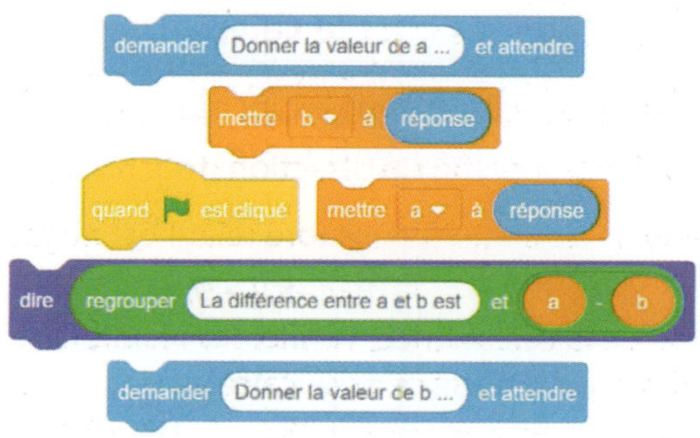

2. Utiliser le script précédent pour calculer chaque différence. *Utiliser « . » au lieu de « , ».*

A = 2,73 – 7,5 B = 12,5 – (–7,5) C = –4,1 – 6,7

91 Communiquer en anglais

Calculer • Communiquer

Find three consecutive integers whose sum is equal to minus forty two.

92 Analyser des informations

Chercher • Modéliser • Communiquer

Des spéléologues sont restés prisonniers d'un gouffre à cause d'une crue des rivières souterraines.
Les secours ont installé une équipe médicale à l'intérieur du gouffre à la cote –600 m (c'est-à-dire à 600 m de profondeur).
Ils découvrent deux premiers spéléologues à la cote –800 m et les deux derniers à la cote –950 m.

1. Quelle différence de profondeur y a-t-il entre l'équipe médicale et chaque groupe secouru ?

2. Les deux spéléologues situés le plus profondément étaient à 172 m du fond du gouffre.
À quelle cote est situé le fond du gouffre ?

3. L'entrée de ce gouffre est située à 1 460 m d'altitude.
Quelle est l'altitude :

a. du fond du gouffre ?

b. de l'équipe médicale ?

93 Utiliser des dés « négatifs »

Chercher • Calculer • Communiquer

Linda, Issam, Chloé et Alexis s'amusent avec des dés qui comportent les faces :

– 1 ; 2 ; – 3 ; 4 ; – 5 et 6.

Ils décident de lancer 10 fois chacun le dé puis de compter leurs points. Voici les résultats.

Linda : 4 ; – 5 ; – 5 ; – 1 ; 6 ; – 3 ; 6 ; 2 ; – 5 ; – 3
Issam : – 3 ; – 1 ; 4 ; 4 ; 6 ; – 5 ; – 1 ; 2 ; – 5 ; 2
Chloé : 2 ; – 1 ; 6 ; – 5 ; – 3 ; 2 ; – 1 ; 4 ; 4 ; – 3
Alexis : 6 ; – 3 ; – 5 ; 2 ; – 5 ; – 1 ; 4 ; – 3 ; – 3 ; 6

1. a. Calculer le score de chacun.

b. Donner le classement de cette partie.

2. Clara joue également et obtient un score de – 9.

a. Proposer des résultats possibles pour ses 10 lancers.

b. Calculer son écart avec le score de Chloé.

94 Comprendre et expliquer

Représenter • Calculer

Sur une droite graduée, P, L, U, S sont des points.
On sait que l'abscisse du point P est 5, que les distances PL et US sont égales à 8 et que U est le milieu de [PL].
Quelle est l'abscisse du point S sachant qu'un seul des points P, L, U et S a une abscisse négative ?

95 Imaginer une stratégie

Raisonner • Calculer • Communiquer

Recopier et compléter par neuf nombres entiers relatifs consécutifs de façon que les sommes sur chaque ligne, chaque colonne et chaque diagonale soient égales à 0.

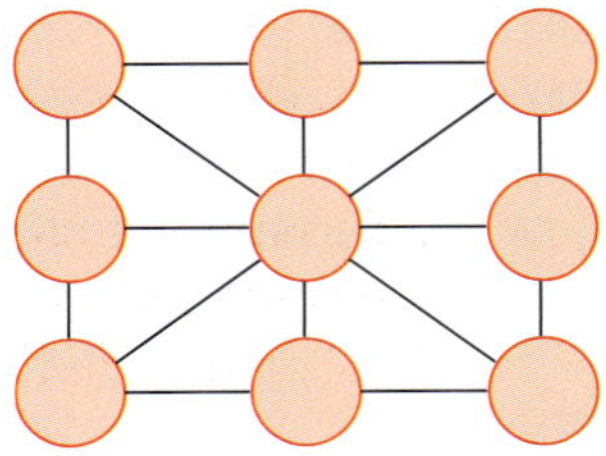

96 Problème ouvert

Raisonner • Calculer • Communiquer

Ce tableau est complété avec les nombres entiers de –8 compris à 7 compris, chacun de ces nombres étant utilisé une seule fois.
Recopier et compléter ce tableau de façon que les sommes sur chaque ligne, sur chaque colonne, chaque diagonale soient égales.

		–7	4
	1	2	–1
		–2	3
		5	

Narration de RECHERCHE

97 PROBLÈME Voici cinq nombres :

–5 ; 6,7 ; 9,4 ; –1 ; –0,9.

Utiliser uniquement des additions, des soustractions, des parenthèses pour obtenir le résultat :

a. le plus grand ; **b.** le plus petit ;

c. le plus proche de 0.

Raconter sur une feuille les différentes étapes de la recherche et les remarques qui ont fait changer de méthode ou qui ont permis de résoudre le problème.

Des défis

98 Étudier une somme variable

Plusoumoins et Plusémoins sont deux nombres relatifs. À midi, ils sont positifs.
Puis Plusoumoins change de signe toutes les 5 min, et Plusémoins toutes les 15 min.
À 13 h 17, quel sera le signe de leur somme ?

D'après Concours Intégral

99 Placer des parenthèses

Les égalités suivantes sont fausses. Ajouter des parenthèses pour que ces égalités soient vraies.

a. – 5 – 5 – 4 – 7 = 1 **b.** 1,4 – 5 – 6,3 – 9 = –6,3

Je prends des initiatives

TÂCHES COMPLEXES

100 JOUER avec les nombres relatifs

▸ La situation-problème

Retrouver la stratégie qui a permis à Lola de gagner au « Jeu des nombres relatifs » avec ses 3 premiers tirages. Jouer ensuite avec des camarades et imaginer une stratégie qui permet d'avoir le plus de chances de gagner.

▸ Les supports de travail

Les documents, la calculatrice, une photocopie (doc. 1).

Toute piste de recherche, même non aboutie, figurera sur la feuille.

Doc. 1

Le plateau de jeu et les deux tas

–12	–11	–10	–9	–8
–7	–6	–5	–4	–3
–2	–1	0	1	2
3	4	5	6	7
8	9	10	11	12

• Le premier tas contient six papiers sur lesquels sont inscrits les nombres 1 ; 2 ; 3 ; –4 ; –5 ; –6.

• Le second tas contient six papiers sur lesquels sont inscrits les nombres –1 ; –2 ; –3 ; 4 ; 5 ; 6.

Doc. 2

La règle du jeu

• Un joueur tire au hasard un papier dans chacun des deux tas. Il peut entourer sur la grille un nombre obtenu en ajoutant ou en retranchant les deux nombres tirés.

• Le gagnant est le premier à entourer sur la grille trois nombres alignés horizontalement, verticalement ou en diagonale.

Doc. 3

Les trois premiers tirages de Lola

1 –4 et –3 2 –5 et –2 3 –4 et –1

Source : d'après http://nrich.maths.org/5864

101 DÉCRYPTER un message codé

▸ La situation-problème

Aider l'agent secret James 007 à décoder le message qu'il vient de recevoir.

▸ Les supports de travail

Les documents, du papier et un crayon.

Toute piste de recherche, même non aboutie, figurera sur la feuille.

Doc. 1

–8 ▲ (–4) ♥ (–3) ◇ (–8),
–2 ▲ 7, –3 ◇ 7, –4 ◇ 2, –3 ▲ 16,
–12 ◇ (–2) ♥ –5 ◇ 2, –5 ▲ (–3),
6 ▲ 2, –7 ◇ (–10), –15 ◇ (–5),
–2 ▲ 8

Doc. 2

La grille de décodage

–13	–12	–11	–10	–9	–8	–7	–6	–5
A	B	C	D	E	F	G	H	I

–4	–3	–2	–1	0	1	2	3	4
J	K	L	M	N	O	P	Q	R

5	6	7	8	9	10	11	12
S	T	U	V	W	X	Y	Z

Doc. 3

Les indices pour le décodage

• ▲ et ◇ désignent une addition et une soustraction modifiées. Ainsi :
2 ▲ 3 = 4 ; 3 ▲ 5 = 7 ; 3 ▲ (–7) = –5 ;
–2 ▲ (–4) = –7 ; 8 ▲ (–7) = 0 ;
4 ◇ (–2) = 7 ; 7 ◇ (–2) = 10 ; 1 ◇ 1 = 1 ;
2 ◇ (–3) = 6 ; 0 ◇ 4 = –3.

• Une virgule sépare deux lettres.

• ♥ désigne un espace.

CHAPITRE
8

Utiliser la divisibilité et les nombres premiers

Le phare de Cordouan situé à l'embouchure de l'estuaire de la Gironde vient d'entrer au patrimoine mondial de l'Unesco.
Son feu est situé à 60 m de hauteur. Le signal qu'il émet, formé de séquences lumineuses, se répète toutes les 12 s. Sur une durée donnée, une division permet de déterminer le nombre de fois où le signal est observé.

Bien démarrer

Pour chaque question, une réponse ou plusieurs sont exactes.

		a	b	c
1	« En 51, combien de fois 8 ? » Il y va…	5 fois	6 fois	7 fois
2	« En 68, combien de fois 9 ? » Il y va 7 fois et il reste…	0	4	5
3	On peut lire le quotient et le reste de la division de 49 par 6 sur l'égalité…	$49 = 8 \times 6 + 1$	$49 = 7 \times 6 + 7$	$49 = 9 \times 6 - 5$
4	35 est un multiple de…	2	5	7
5	Le nombre 13 divise…	13	26	52
6	Le nombre de diviseurs de 23 est…	1	2	3

Vérifie tes réponses p. 306

ACTIVITÉ 1 Effectuer une division euclidienne

Cours Paragraphe 1, p. 120

Le trésor d'un galion contient 185 pièces d'or.
Le capitaine décide de les partager entre les 12 marins les plus valeureux de son équipage, chaque marin devant recevoir le même nombre de pièces.

1 Expliquer pourquoi chacun aura entre 10 et 20 pièces d'or.

2 **a.** Recopier et compléter la division ci-contre.
b. En déduire le nombre de pièces d'or reçues par chaque marin.
c. Combien le trésor aurait-il dû contenir de pièces supplémentaires pour que chaque marin en reçoive une de plus ?

	1	8	5	1	2
−	•	•	↓	1	•
		•	5		
	−	•	•		
			•		

3 Vérifier les résultats de la division à l'aide de la calculatrice (utiliser 2nde ÷ ou ⊢).

ACTIVITÉ 2 Décomposer un nombre en produit de deux facteurs

Cours Paragraphe 2, p. 120

1 On souhaite décomposer le nombre 28 en produit de deux nombres entiers de toutes les façons possibles. On considère pour cela les nombres entiers successifs : 1, 2, 3, …
On remarque que : • 28 est divisible par 1 et $28 = 1 \times 28$, • 28 est divisible par 2 et $28 = 2 \times 14$.
a. 28 est-il divisible par 3 ? par 4 ? En déduire une nouvelle décomposition.
b. 28 est-il divisible par 5 ? par 6 ?
c. Expliquer pourquoi la recherche peut s'arrêter là.

2 Hugo possède 28 figurines qu'il souhaite disposer en forme de rectangle.
Comment peut-il procéder ? Envisager toutes les possibilités.

ACTIVITÉ 3 Aborder les nombres premiers

Cours Paragraphes 3 et 4, p. 122

1 **a.** Lister les diviseurs de chacun des nombres :
• 3 • 6 • 11 • 14 • 19
b. On dit qu'un nombre est **premier** lorsqu'il a exactement deux diviseurs 1 et lui-même.
Parmi les nombres précédents, quels sont ceux qui sont premiers ?

2 Un professeur a demandé à ses élèves de décomposer le nombre 24 en produit de nombres premiers.
Parmi les réponses ci-dessous, lesquelles vérifient cette consigne ?

1 Division euclidienne

Exercices 12 à 19

DÉFINITION Effectuer la **division euclidienne** d'un nombre entier (le **dividende**) par un nombre entier (le diviseur) différent de 0, c'est trouver deux nombres entiers, le **quotient** et le **reste**, tels que :

dividende = **quotient** × diviseur + **reste** avec **reste** < diviseur.

Exemple

Division euclidienne de 269 par 7

L'encadrement $7 \times 10 < 269 < 7 \times 100$ permet de prévoir que le quotient de 269 par 7 a deux chiffres.

Calcul posé

	2	6	9	7	
–	2	1		3	8
		5	9		
	–	5	6		
			3		

$269 = 38 \times 7 + 3$ et $3 < 7$

Le quotient est 38 et le reste est 3.

À l'aide de la calculatrice

• TI-Collège Plus : 269 [2nde] [÷] 7 [entrer]

269⊢7 Q=38 R=3

• Casio fx-92 Spéciale Collège : 269 [⊢] 7 [EXE]

269⊢7
Q=38;R=3

2 Divisibilité

Exercices 20 à 26

a. Multiples et diviseurs

Vocabulaire : • La division euclidienne de 54 par 9 a pour reste 0 ; en effet $54 = 6 \times 9 + 0$.
On dit alors que « 54 est un **multiple** de 9 » ou « 54 est **divisible** par 9 ».
On dit aussi que « 9 est un **diviseur** de 54 ».
• De façon générale, les multiples de 9 sont les nombres qui peuvent s'écrire $9k$ où k désigne un nombre entier.

b. Critères de divisibilité

PROPRIÉTÉS Un nombre entier est divisible :
- **par 2** lorsque son chiffre des unités est **0**, **2**, **4**, **6** ou **8** ;
- **par 5** lorsque son chiffre des unités est **0** ou **5** ;
- **par 10** lorsque son chiffre des unités est **0**.

Exemples

• 248 est divisible par 2.

• 90 est divisible par 2, par 5 et par 10.

PROPRIÉTÉS Un nombre est divisible :
- **par 3** lorsque **la somme de ses chiffres** est divisible par 3 ;
- **par 9** lorsque **la somme de ses chiffres** est divisible par 9.

Exemple

1 854 est divisible par 3. En effet, $1 + 8 + 5 + 4 = 18$ et 18 est divisible par 3.
18 est aussi divisible par 9 donc 1 854 est divisible par 9.

J'applique le cours

1 Effectuer et interpréter une division euclidienne

EXERCICE RÉSOLU

ÉNONCÉ Louis est maraîcher. Aujourd'hui, il a récolté 188 melons qu'il range dans des caisses pouvant contenir chacune 12 melons.

a. Calculer à la main le nombre de caisses complètes remplies par Louis.

b. Une caisse est incomplète.
Combien manque-t-il de melons dans cette caisse ?

SOLUTION

a. On effectue la division euclidienne de 188 par 12.
Le quotient est 15, donc Louis a rempli 15 caisses complètes.

b. Le reste de la division est 8 donc la caisse incomplète contient 8 melons et il manque 4 melons.

	1	8	8	1	2
−	1	2		1	5
		6	8		
	−	6	0		
			8		

CONSEIL
Pour vérifier les résultats, on peut calculer $15 \times 12 + 8$ ou bien utiliser la calculatrice.

À TON TOUR

2 Dans son verger, Claude a planté 162 pommiers en rangées de 14 pommiers.

a. Combien de rangées complètes Claude a-t-il plantées ?

b. Une rangée est incomplète.
Combien manque-t-il d'arbres dans cette rangée ?

3 186 élèves du collège sont inscrits à un tournoi de rugby.

a. Combien d'équipes complètes de 15 joueurs peut-on former ?

b. Combien manque-t-il d'élèves pour former une équipe supplémentaire ?

4 Chercher les diviseurs communs à deux nombres

EXERCICE RÉSOLU

ÉNONCÉ Un garçon de café doit répartir 36 croissants et 24 pains au chocolat dans des corbeilles.
Chaque corbeille doit avoir le même contenu.
Quelles sont les répartitions possibles ?

SOLUTION

Le nombre de croissants est le même dans chaque corbeille donc le nombre de corbeilles est un diviseur de 36. De même pour les pains au chocolat donc le nombre de corbeilles est aussi un diviseur de 24.
Les diviseurs communs à 36 et 24 sont les nombres : 1, 2, 3, 4, 6 et 12.
Les répartitions possibles sont alors données dans le tableau :

Nombre de corbeilles	1	2	3	4	6	12
Nombre de croissants	36	18	12	9	6	3
Nombre de pains au chocolat	24	12	8	6	4	2

CONSEILS
- Les diviseurs de 36 sont : **1**, **2**, **3**, **4**, **6**, 9, **12**, 18 et 36.
- Les diviseurs de 24 sont : **1**, **2**, **3**, **4**, **6**, 8, **12** et 24.

À TON TOUR

5 Sandra range ses photographies de vacances dans son album.
Elle a 54 photos de paysage et 12 portraits.
Elle souhaite les disposer par pages, chacune contenant le même nombre de paysages et le même nombre de portraits.
Quelles sont les répartitions possibles ?

VIDÉOS de cours jaicompris.com

3 Nombres premiers inférieurs à 30

Exercices 27 à 36

DÉFINITION Un nombre premier est un nombre entier qui a exactement deux diviseurs : 1 et lui-même.

Exemples

- 6 n'est pas un nombre premier car il est divisible par 1, 2, 3 et 6. Il a quatre diviseurs.
- 1 n'est pas un nombre premier car il admet un seul diviseur, lui-même.
- 0 n'est pas un nombre premier car il est divisible par n'importe quel nombre entier non nul.

Liste des nombres premiers inférieurs à 30

2	3	5	7	11	13	17	19	23	29

4 Utilisation des nombres premiers

Exercices 37 à 45

a. Décomposition d'un nombre en produit de facteurs premiers

PROPRIÉTÉ (admise) Un nombre entier supérieur ou égal à 2 se décompose en produit de facteurs premiers. Cette décomposition est unique, à l'ordre près.

Exemple 1

Décomposition de 60 en produit de facteurs premiers

La décomposition est unique : elle ne dépend pas du procédé utilisé pour l'obtenir.

1re méthode : on cherche les diviseurs premiers de 60 dans l'ordre croissant.

- 60 est divisible par 2 : $60 = 2 \times 30$
- 30 est divisible par 2 : $60 = 2 \times 2 \times 15$
- 15 est divisible par 3 : $60 = 2 \times 2 \times 3 \times 5$

Or, 5 est un nombre premier, donc la décomposition de 60 en produit de facteurs premiers est terminée.

On écrit cette décomposition : $\mathbf{60 = 2^2 \times 3 \times 5}$.

Disposition pratique

60	2
30	2
15	3
5	5
1	

2e méthode : on écrit d'abord un produit quelconque égal à 60.

$$60 = 6 \times 10 \text{ donc } 60 = 2 \times 3 \times 2 \times 5$$ (les nombres 2, 3, 5 sont premiers)

Donc la décomposition de 60 en produit de facteurs premiers est : $\mathbf{60 = 2^2 \times 3 \times 5}$.

Exemple 2

Décomposition de 630 en produit de facteurs premiers

$630 = 63 \times 10 = 9 \times 7 \times 2 \times 5$ donc $630 = 2 \times 3 \times 3 \times 5 \times 7$, c'est-à-dire $\mathbf{630 = 2 \times 3^2 \times 5 \times 7}$.

b. Simplification d'une fraction

Pour simplifier une fraction, on peut utiliser les critères de divisibilité ou bien les décompositions en produits de facteurs premiers du numérateur et du dénominateur.

Exemple

Simplification de la fraction $\frac{60}{45}$

$60 = 2^2 \times 3 \times 5$ (d'après l'exemple 1 ci-dessus) et $45 = 5 \times 9 = 5 \times 3 \times 3 = 3^2 \times 5$.

Donc $\frac{60}{45} = \frac{2^2 \times 3 \times 5}{3 \times 3 \times 5} = \frac{2^2}{3} = \frac{4}{3}$.

J'applique le cours

6 Décomposer un nombre en produit de facteurs premiers — EXERCICE RÉSOLU

ÉNONCÉ Dans chaque cas, décomposer le nombre en produit de facteurs premiers.
a. 85 **b.** 153

SOLUTION
a. On cherche les diviseurs premiers de 85 dans l'ordre croissant : 85 est divisible par 5 et $85 = 5 \times 17$.
17 est un nombre premier, donc la décomposition de 85 en produit de facteurs premiers est : $85 = 5 \times 17$.
b. On procède de la même façon pour 153 :
153 est divisible par 3 et $153 = 3 \times 51$.
51 est divisible par 3 et $51 = 3 \times 17$.
Donc la décomposition de 153 en produit de facteurs premiers est : $153 = 3 \times 3 \times 17 = 3^2 \times 17$.

CONSEILS
- 85 n'est pas divisible par 2 ni par 3.
- On peut aussi remarquer que 153 est divisible par 9 et écrire :
$153 = 9 \times 17 = 3^2 \times 17$.

À TON TOUR

7 Dans chaque cas, décomposer le nombre en produit de facteurs premiers.
a. 150
b. 285

8 **a.** Décomposer le nombre 1 575 en produit de facteurs premiers.
b. En déduire la décomposition en produit de facteurs premiers de 3 150.

9 Simplifier une proportion — EXERCICE RÉSOLU

ÉNONCÉ Dans une boulangerie, un bocal contient 153 bonbons.
Parmi ces bonbons, 85 sont à la menthe.
a. Déterminer la forme simplifiée de la proportion de bonbons à la menthe dans le bocal.
b. Un client affirme : « Le bocal contient plus d'un bonbon à la menthe sur deux. » Que penser de cette affirmation ?

SOLUTION
a. La proportion de bonbons à la menthe est $\frac{85}{153}$
et $\frac{85}{153} = \frac{5 \times 17}{3^2 \times 17} = \frac{5}{3^2} = \frac{5}{9}$.
b. $\frac{5}{9} > \frac{5}{10}$ et $\frac{5}{10} = \frac{1}{2}$ donc le client a raison.

CONSEILS
- On utilise les décompositions en produits de facteurs premiers obtenues à l'exercice 6.
- Les fractions ont le même numérateur et $9 < 10$.
On obtient des parts plus grandes en partageant 5 en 9 parts que 5 en 10 parts.

À TON TOUR

10 **a.** Utiliser les décompositions en produits de facteurs premiers pour simplifier la fraction $\frac{150}{285}$.
b. Justifier que $\frac{150}{285}$ est supérieur à la fraction $\frac{1}{2}$.

11 La collection de Léo contient 660 timbres dont 33 proviennent du Bostwana.
Utiliser les décompositions en produits de facteurs premiers pour simplifier la proportion de timbres du Bostwana dans la collection de Léo.

Je travaille mes automatismes

Connaître la division euclidienne

À l'oral — **Questions flash**

12 Arthur a effectué une division euclidienne.
Citer oralement le dividende, le diviseur, le quotient et le reste.

	8	5	7	
−	7		1	2
	1	5		
−	1	4		
		1		

13 CALCUL MENTAL Déterminer mentalement le quotient et le reste de la division euclidienne de 30 par 8.

14 Effectuer à la main chaque division euclidienne, puis vérifier le résultat à la calculatrice.
a. 453 par 6 **b.** 789 par 15 **c.** 8 361 par 25

15 CORRIGÉ en vidéo jaicompris.com
Un fleuriste réalise des bouquets de 9 roses.
Il dispose de 115 roses.
a. Calculer à la main le nombre maximal de bouquets qu'il peut réaliser.
b. Combien de roses lui manque-t-il pour réaliser un bouquet supplémentaire ?

16 Un libraire range 379 romans sur des étagères pouvant contenir chacune 28 de ces romans.
a. Combien doit-il prévoir d'étagères ?
b. La dernière étagère est incomplète.
Combien de romans contient-elle ?

17 Voici l'affichage d'une calculatrice.

```
DEG
1574⊢27
        Q=58  R=8
```

a. Décrire cet affichage.
b. Recopier et compléter :
1 574 = ... × 27 + 8 et ... < 27.

18 Pour chacune des divisions euclidiennes, trouver le nombre manquant.

a. ■ ■ | 6 — 5 | 1 1
b. 7 7 | ■ — 5 | 9
c. 8 9 | ■ — 1 | 2 2

19 On sait que 137 = 9 × 14 + 11.
a. Donner le quotient et le reste de la division euclidienne de 137 par 14.
b. Déterminer mentalement le quotient et le reste de la division euclidienne de 137 par 9.

Étudier la divisibilité

À l'oral — **Questions flash**

20 Énoncer les multiples de 7 compris entre 62 et 85.

21 Citer un nombre divisible par 3 et par 5 compris entre 70 et 85.

22 Voici une liste de nombres entiers.

42	81	85	90	121	324	1 015

Recopier parmi ces nombres ceux qui sont :
a. multiples de 2 ; **b.** multiples de 3 ;
c. multiples de 5 ; **d.** multiples de 9.

23 Dans chaque cas, dresser la liste des diviseurs du nombre :
a. 28 **b.** 44 **c.** 78

24 Déterminer parmi les nombres 2, 3, 5 et 9 ceux qui divisent à la fois 456 et 1 980.

25 Une sauterelle A fait des sauts de 50 cm de long et une sauterelle B fait des sauts de 30 cm de long.
Elles sont placées toutes les deux à l'extrémité d'une planche de longueur 2 000 cm.

a. Laquelle des deux sauterelles arrivera exactement à l'extrémité de la planche ?
Combien de sauts aura-t-elle effectués ?
b. Combien de sauts la sauterelle B fera-t-elle sur la planche ?

26 **a.** Écrire les multiples de 5 compris entre 1 et 40.
b. Écrire les multiples de 6 compris entre 1 et 40.
c. Citer un multiple commun à 5 et 6.
d. Le phare du rocher émet un signal toutes les 5 min et celui de la plage toutes les 6 min.
À un instant donné, Loïc a remarqué que les deux phares émettaient leurs signaux simultanément.
Combien de temps devra-t-il attendre pour voir à nouveau les signaux synchronisés ?

Je travaille mes automatismes

Connaître les nombres premiers

À l'oral — **Questions flash**

27 Citer trois nombres premiers compris entre 15 et 25.

28 Dans la liste suivante, un seul nombre est premier. Lequel ?

• 21 • 27 • 29 • 32 • 45

29 Aucun des nombres suivants n'est premier. Expliquer pourquoi.

• 81 • 111 • 125 • 183 • 198

30 Dans chaque cas, dire si le nombre est premier ou non et expliquer la réponse.

a. 12 **b.** 13 **c.** 23 **d.** 33 **e.** 45

31

a. Ethan a-t-il raison ?
b. Mathis a-t-il raison ?

32 Myriam a choisi deux nombres premiers inférieurs à 30 dont le produit est égal à 161.
Retrouver les nombres premiers choisis par Myriam.

33 Trouver cinq nombres consécutifs qui ne sont pas premiers.

34 n désigne un nombre entier.
Expliquer pourquoi le nombre $19n$ est premier pour une seule valeur de n.

35 $A = 13 + 7 \times 13$
Expliquer, sans calcul, pourquoi ce nombre n'est pas un nombre premier.

36 **a.** Vérifier que 31 n'est divisible par aucun des nombres entiers de 2 à 15.
b. Que peut-on en déduire pour ce nombre ?

Décomposer un nombre en produit de facteurs premiers

À l'oral — **Questions flash**

37 Dans chaque cas, citer le plus petit diviseur premier du nombre.

a. 26 **b.** 45 **c.** 77 **d.** 85 **e.** 108

38 CALCUL MENTAL Déterminer mentalement la décomposition en produit de facteurs premiers de 50.

39 CALCUL MENTAL Calculer mentalement :

a. $2^2 \times 5$ **b.** 3×5^2 **c.** $2 \times 5 \times 3^3$

40 Voici trois écritures du nombre 42 :

• $42 = 6 \times 7$ • $42 = 14 \times 3$ • $42 = 2 \times 21$

a. À partir de chacune d'elles, déterminer la décomposition en produit de facteurs premiers de 42.
b. Trouve-t-on dans les trois cas la même décomposition ?

41 Tarik a écrit : $414 = 23 \times 18$.
À partir de cette écriture, déterminer la décomposition en produit de facteurs premiers de 414.

42 Amélie a commencé ci-contre la décomposition de 693 en produit de facteurs premiers.
a. Poursuivre son travail.
b. Écrire la décomposition obtenue.

693	3
231	3
…	…
…	…
…	

43 CORRIGÉ en vidéo jaicompris.com

Décomposer chaque nombre en produit de facteurs premiers.

a. 95 **b.** 105 **c.** 126 **d.** 147 **e.** 210 **f.** 550

44 La décomposition en produit de facteurs premiers de 585 est : $585 = 3^2 \times 5 \times 13$.
Dans chaque cas, à l'aide de cette décomposition, obtenir une fraction égale à la fraction donnée.

a. $\dfrac{585}{18}$ **b.** $\dfrac{585}{39}$ **c.** $\dfrac{90}{585}$

45 Utiliser des décompositions en produits de facteurs premiers pour simplifier chaque fraction.

a. $\dfrac{35}{42}$ **b.** $\dfrac{20}{52}$ **c.** $\dfrac{63}{99}$ **d.** $\dfrac{121}{99}$

Étudier la divisibilité

46 Recopier et compléter chaque division euclidienne.

a.
```
 8 3 7 | 1 3
– 7 8  | ■ ■
   ■ ■
 – 5 2
     ■
```

b.
```
 1 5 2 3 | 3 5
– ■ ■ ■  | 4 3
   ■ ■ ■
 – ■ ■ ■
     ■ ■
```

c.
```
 5 7 3 9 | 5 6
– ■ ■    | 1 ■ 2
   ■ ■
 –   ■
   1 3 9
 – ■ ■ ■
     2 7
```

47 Recopier et compléter le tableau ci-dessous.

Dividende	Diviseur	Quotient	Reste
95	7		
	8	12	7
58		5	3

48 CORRIGÉ en vidéo jaicompris.com

Voici la copie de Steven, mais il a commis une erreur.

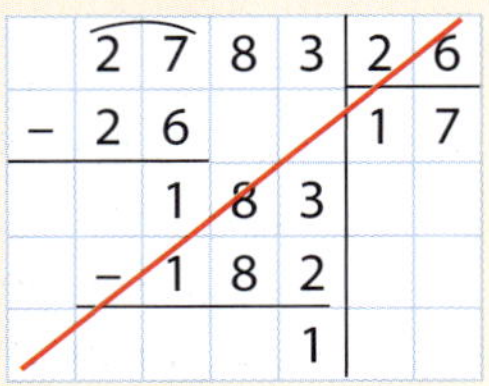

a. D'après l'encadrement :
$2\,600 < 2\,783 < 26\,000$,
combien le quotient de cette division devrait-il avoir de chiffres ?

b. Effectuer correctement cette division à la main.

49 Pour un déplacement, un club de supporters prévoit de transporter 452 personnes dans des bus pouvant accueillir chacun 59 supporters.

a. Combien de bus faut-il prévoir ?

b. Tous les bus sont complets sauf un, combien de places vides contient-il ?

50 Un cuisinier prépare des sandwichs pour 17 randonneurs. Avec une baguette de pain, il peut faire 3 sandwichs et chaque randonneur emporte 2 sandwichs.

a. Combien de baguettes doit-il prévoir ?

b. Combien de sandwichs supplémentaires aurait-il pu faire ?

51 Sur une longueur de 4 650 m, 16 éoliennes ont été installées, espacées de la même distance.
Une distance minimale de 300 m entre deux éoliennes est recommandée.
Est-ce le cas ici ?

52 Floriane dispose d'une planche de bois de longueur 900 mm. Elle la découpe en 11 morceaux de même longueur.
Le trait de scie a une épaisseur de 2 mm.
Calculer la longueur de chacun des morceaux.

53 Brian dessine une frise. Il répète un motif formé de 6 carrés en partant de la gauche.
Voici le début de cette frise :

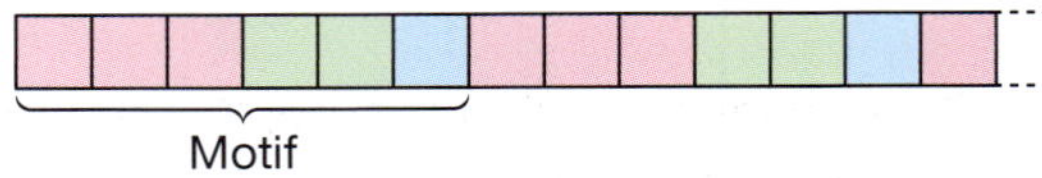

Lou lui demande : « Quelle sera la couleur du 58e carré de ta frise ? » Aider Brian à répondre.

54 Voici une frise obtenue en répétant les motifs carré-triangle-disque à partir de la gauche :

■ ▲ ● ■ ▲ ● ■ …

Quel sera le :

a. 16e motif ? **b.** 105e motif ?

55 Déterminer les multiples à la fois de 5 et 9 qui sont compris entre 100 et 200.

56 **a.** Recopier et compléter :
- $42 = \ldots \times 6$
- $78 = \ldots \times 6$
- $96 = \ldots \times 6$

b. Donner l'écriture générale d'un multiple de 6.

c. Expliquer pourquoi un multiple de 6 est aussi un multiple de 2 et un multiple de 3.

57 Déterminer le plus petit multiple commun non nul aux deux nombres 42 et 70.

58 Un bibliothécaire doit répartir 540 livres sur des étagères. Chaque étagère doit contenir le même nombre de livres.
Cela est-il possible avec 23 étagères ? avec 27 étagères ?

59 Jeux et casse-tête Tom et ses amis participent à un *escape game*. Ils ne pourront trouver la sortie qu'en se déplaçant d'une pièce à l'autre. Les pièces par lesquelles ils peuvent passer sont numérotées avec des nombres multiples à la fois de 2 et de 9.
Aider Tom et ses amis à trouver la sortie.

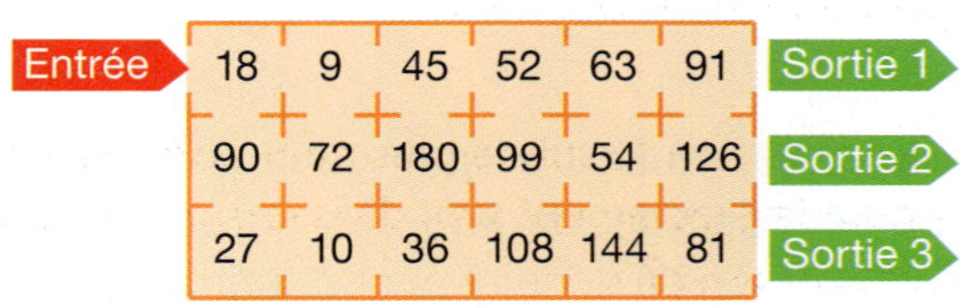

Je m'entraîne

Travailler avec les nombres premiers

60 Un seul nombre premier divise 1 400 et 1 323. Quel est ce nombre ? *Il est inférieur à 30.*

61 n désigne un nombre entier non nul.
Mélanie affirme : « Les nombres de la forme $6n + 1$ sont des nombres premiers. »
A-t-elle raison ? Expliquer.

62 **a.** Dans chaque cas, décomposer le nombre en produit de facteurs premiers.
- 126
- 180

b. En déduire la décomposition en produit de facteurs premiers du nombre 126×180 (c'est-à-dire 22 680).

63 On donne la décomposition en produit de facteurs premiers : $42 = 2 \times 3 \times 7$.
À partir de cette décomposition, déterminer les huit diviseurs de 42.

64 **1.** Dans chaque cas, décomposer le nombre en produit de facteurs premiers.
a. 68 **b.** 96 **c.** 180
2. Simplifier chacune des fractions :
a. $\frac{96}{68}$ **b.** $\frac{68}{180}$ **c.** $\frac{180}{96}$

65 **1.** Dans chaque cas, décomposer le nombre en produit de facteurs premiers.
a. 18 **b.** 24 **c.** 72
2. a. Vérifier que 72 est un multiple commun à 18 et 24.
b. Recopier et compléter :

$$\frac{7}{18} = \frac{\dots}{72} \quad \text{et} \quad \frac{5}{24} = \frac{\dots}{72}$$

66 Une boîte contient 150 bonbons au chocolat noir et 120 au chocolat blanc.
a. Décomposer 150 et 270 en produits de facteurs premiers.
b. Déterminer la forme simplifiée de la proportion de bonbons au chocolat noir dans la boîte.
c. Hugo mange trois bonbons au chocolat noir et trois bonbons au chocolat blanc.
A-t-on toujours la même proportion de bonbons au chocolat noir dans la boîte ?

67 **Jeux et casse-tête** « Je suis le plus petit nombre entier qui possède exactement sept diviseurs premiers distincts. Qui suis-je ? »

Synthèse

Utiliser les propriétés des nombres entiers

68 Maria veut clôturer entièrement un terrain rectangulaire de largeur 24 m et d'aire 1 080 m^2.
On lui propose différents modèles de grillages.

Modèle de grillage	Top	Gris	Vert
Longueur d'un rouleau (en m)	30	25	20
Prix d'un rouleau (en €)	40	35	30

Objectif Aider Maria à déterminer le modèle de grillage le plus économique.

a. Déterminer la longueur puis le périmètre du terrain de Maria.
b. Pour chaque modèle de grillage, calculer le nombre de rouleaux dont Maria a besoin.
c. En déduire alors le modèle de grillage le plus économique.

69 Trois bateaux A, B, C assurent des liaisons maritimes au départ du port de Marseille.
Le bateau A part du port tous les 7 jours, le bateau B tous les 12 jours et le bateau C tous les 14 jours.
Le 1er mars, ils partent tous les trois ensemble.

Objectif Déterminer la prochaine date à laquelle ils partiront à nouveau tous les trois ensemble.

a. Écrire les multiples inférieurs à 100 :
- de 7 ;
- de 12 ;
- de 14.

b. Combien de jours faut-il attendre avant la date cherchée ? Quelle est cette date ?

70 La batterie du vélo électrique de Lou a une capacité de 650 Wh (wattheure). Lou affirme : « Après ma balade, mon vélo affiche qu'il a consommé 312 Wh. »

Objectif Représenter la fraction de la capacité de la batterie déjà consommée.

a. Décomposer 650 et 312 en produits de facteurs premiers.
b. En déduire la forme simplifiée de la fraction $\frac{312}{650}$.
c. Réaliser cette jauge sur papier quadrillé et représenter la capacité restante de cette batterie.

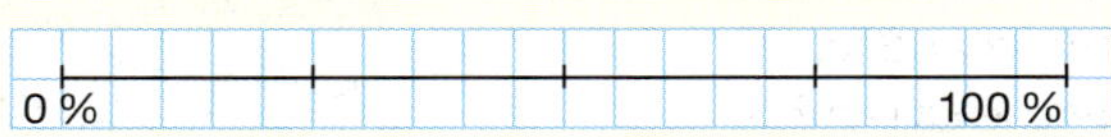

Parcours différenciés

Je m'évalue

Pour chaque question, une seule réponse est exacte.

QCM supplémentaires college.nathan.fr/tm5128

	a	b	c	En cas d'erreur
71 Dans la division euclidienne de 75 par 7, le quotient est égal à…	5	10	11	Cours 1 p. 120
72 Dans la division euclidienne de 327 par 11, le reste est égal à…	8	19	29	
73 Dans la division euclidienne d'un nombre entier par 7, le reste ne peut pas être égal à…	0	5	7	
74 L'égalité qui traduit la division euclidienne de 86 par 13 est…	$86 = 5 \times 13 + 21$	$86 = 6 \times 13 + 8$	$86 = 7 \times 13 - 5$	
75 Pour transporter un groupe de 275 personnes dans des cars de 60 places, il faut prévoir au minimum…	4 cars	5 cars	6 cars	Ex 1 p. 121
76 Le nombre 1 305 est un multiple de…	7	11	29	Cours 2 p. 120
77 Le nombre 837 est divisible par…	2	5	9	
78 Un nombre premier est…	18	23	27	Cours 3 p. 122
79 Le seul nombre premier pair est…	2	4	6	
80 Le nombre premier qui suit immédiatement 29 est…	30	31	37	
81 Le nombre $16n + 1$ est un nombre premier pour…	$n = 0$	$n = 1$	$n = 2$	
82 Une décomposition en produit de facteurs premiers est…	36×11	$4 \times 9 \times 11$	$2^2 \times 3^2 \times 11$	Cours 4 p. 122
83 Une fraction égale à $\frac{24}{170}$ est…	$\frac{12}{17}$	$\frac{8}{56}$	$\frac{12}{85}$	
84 Le nombre 360 a pour décomposition en produit de facteurs premiers…	$2^3 \times 3^2 \times 5$	$2 \times 6^2 \times 5$	$2^2 \times 3^2 \times 5$	Ex 6 p. 123
85 Dans sa tirelire, Paul a 84 pièces dont 35 pièces de 1 €. La proportion de pièces de 1 € est…	$\frac{5}{7}$	$\frac{12}{5}$	$\frac{5}{12}$	Ex 9 p. 123

Je réalise mon parcours

Selon ton score page précédente

Parcours conseillé
- Entre **0 et 7 bonnes réponses** :
- Entre **8 et 12 bonnes réponses** :
- **13 bonnes réponses ou plus** :

86 Utiliser la division euclidienne

Victor plante des rosiers régulièrement espacés autour d'une plate-bande rectangulaire de longueur 2 057 cm et de largeur 1 331 cm. Il prévoit de planter un rosier à chaque coin de la plate-bande. On s'intéresse à la distance de plantation qu'il doit laisser entre deux rosiers.

PARCOURS 1

Sur une longueur, Victor souhaite planter 18 rosiers.

a. Combien d'espacements Victor doit-il envisager ?
b. Recopier et compléter :
« Dans la division euclidienne de 2 057 par 17, le quotient est ... et le reste est .... »
c. En déduire la distance de plantation entre deux rosiers sur une longueur de la plate-bande.

PARCOURS 2

Sur une largeur de la plate-bande, Victor décide d'espacer les rosiers de 121 cm. Combien devra-t-il en planter ?

PARCOURS 3

Victor a prévu de planter 56 rosiers en tout.
Quelle distance de plantation doit-il prévoir ?

87 Utiliser la décomposition en produit de facteurs premiers

Tom vient de recevoir trois arrivages A, B, C de chocolats qu'il vendra pendant les fêtes de fin d'année. **Pour chaque arrivage**, il doit répartir les chocolats dans des ballotins. On se propose de déterminer les compositions possibles de ballotins identiques.

	Chocolat noir	Chocolat au lait	Chocolat blanc
Arrivage A	77	91	
Arrivage B	105	110	
Arrivage C	35	70	105

PARCOURS 1

On s'intéresse à l'arrivage A.

a. Recopier et compléter :
« Les décompositions en produits de facteurs premiers de 77 et 91 sont :

$77 = \ldots \times \ldots$ et $91 = \ldots \times \ldots$ »

b. Déterminer alors les diviseurs de 77, puis les diviseurs de 91.
c. Quels sont les diviseurs communs à ces deux nombres ?
d. En déduire le nombre de ballotins identiques que Tom peut réaliser.

PARCOURS 2

On s'intéresse à l'arrivage B.
a. Décomposer chacun des nombres 105 et 110 en produit de facteurs premiers.
b. Déterminer le nombre de ballotins que Tom peut réaliser.

PARCOURS 3

On s'intéresse à l'arrivage C.
a. Déterminer les diviseurs communs aux trois nombres 35, 70 et 105.
b. En déduire le nombre de ballotins que Tom peut réaliser.

Étudier la divisibilité

88 Algo Saisir et utiliser un script de divisibilité ▶ Livret Scratch p. 3 et 4

1. a. Le bloc (26 modulo 5) renvoie le reste de la division euclidienne de 26 par 5.
Quel résultat obtient-on ?

b. Quel nombre renvoie chacun des blocs :

• (84 modulo 3) ? • (97 modulo 9) ?

2. a. Ouvrir le logiciel Scratch, créer deux variables **N** et **D** puis saisir le script ci-contre.

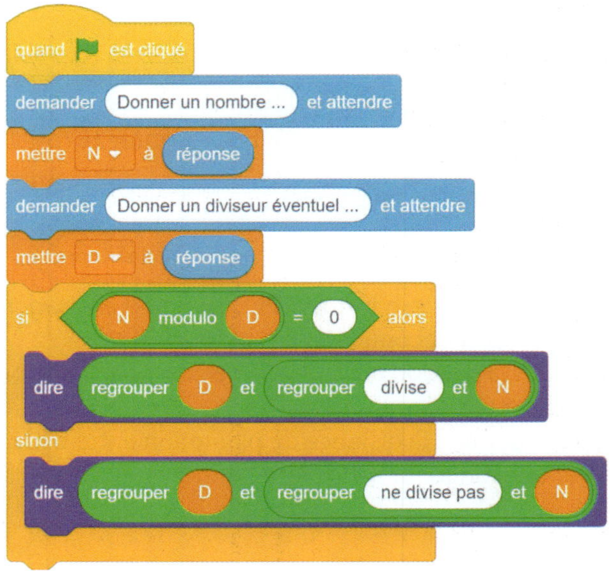

b. L'exécuter dans chacune des situations :
• N = 513 et D = 19 ; • N = 253 et D = 17.

Dans chaque cas, indiquer le message énoncé par le lutin.

3. Applications

a. Vérifier à l'aide du script que 13 est un diviseur de 221 et 689.

En déduire une fraction simplifiée égale à $\frac{221}{689}$.

b. À l'aide du script, tester si les nombres premiers 7, 11, 13 figurent dans la décomposition de 8 190 en produit de facteurs premiers.

89 Algo Compter le nombre de diviseurs ▶ Livret Scratch p. 3 à 5

Voici un script écrit dans le langage Scratch.

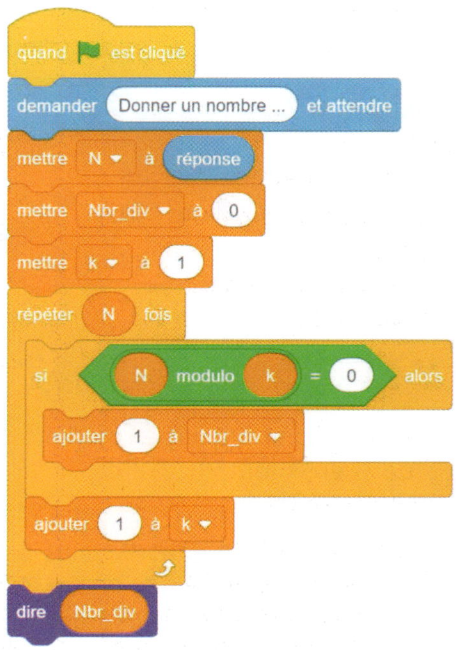

1. Exécution pas à pas

On exécute ce script pas à pas avec la valeur N = 12 saisie en entrée.

a. Recopier et compléter le tableau ci-dessous de suivi des variables.

Nbr_div	0	1	2	...
k	1	2	3	...

b. Quel résultat le lutin énonce-t-il ? L'interpréter.

2. Applications

a. Ouvrir le logiciel Scratch et saisir le script. L'exécuter avec N = 78.
Combien de diviseurs ce nombre admet-il ? En dresser la liste.

b. Donner le nombre de diviseurs de chacun des nombres :
• N = 242 ; • N = 384.

c. Exécuter le script avec N = 97.
Combien de diviseurs ce nombre admet-il ?
Que peut-on en déduire pour ce nombre ?

d. À l'aide du script, reconnaître les nombres premiers parmi les nombres suivants :
• N = 103 • N = 493 • N = 547 • N = 739

J'utilise mes compétences

90 Communiquer en anglais

Calculer • Communiquer

Bill: « I don't remember which integer I divided by 7. But, I'm sure that the quotient is 12 and the remainder is more than 4. » Is it possible to determine the number which Bill divided?

91 Utiliser les critères de divisibilité

Raisonner

Paul a écrit plusieurs fois de suite le chiffre 1, il a ainsi obtenu un nombre de la forme 111 …… 1.

1. Le nombre obtenu par Paul est-il :

• divisible par 2 ? • divisible par 5 ?

2. a. Justifier que les nombres 111 et 111 111 sont divisibles par 3.

b. Combien de fois Paul doit-il écrire le chiffre 1 pour que le nombre obtenu soit divisible par 3 ?

92 Diviser par 4

Raisonner • Calculer

ABCD est le carré représenté ci-dessous.

L'escargot Dudule part du point A et parcourt le carré toujours dans le même sens.

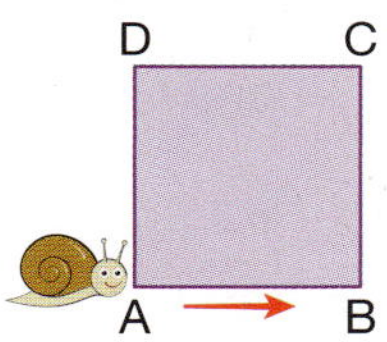

Déterminer son point d'arrivée lorsqu'il a franchi :

a. 17 côtés ; **b.** 47 côtés ; **c.** 314 côtés.

93 Diviser par 12

Raisonner • Calculer

L'horloge de la gare indique 2 h.

Quelle heure indiquera-t-elle dans :

a. 14 h ? **b.** 41 h ? **c.** 116 h ?

94 Trouver des nombres parfaits

Chercher • Calculer

Un nombre entier est **parfait** lorsque la somme de ses diviseurs est égale au double du nombre.

1. a. Écrire les diviseurs de 6.

b. Vérifier que 6 est un nombre parfait.

2. Déterminer les nombres parfaits inférieurs à 30.

95 Algo Étudier un programme

Raisonner • Calculer • Communiquer

1. On effectue la division euclidienne d'un nombre entier N par 7. Recopier et compléter le schéma :

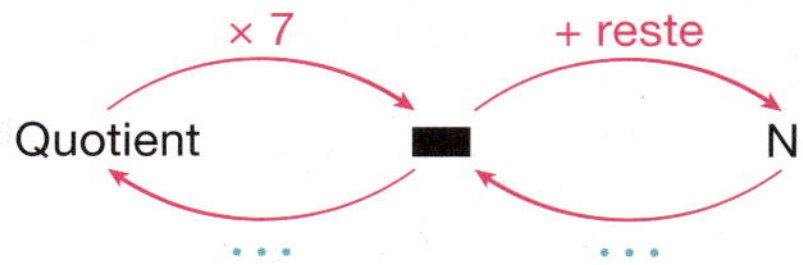

2. Voici un programme écrit dans le langage Scratch.

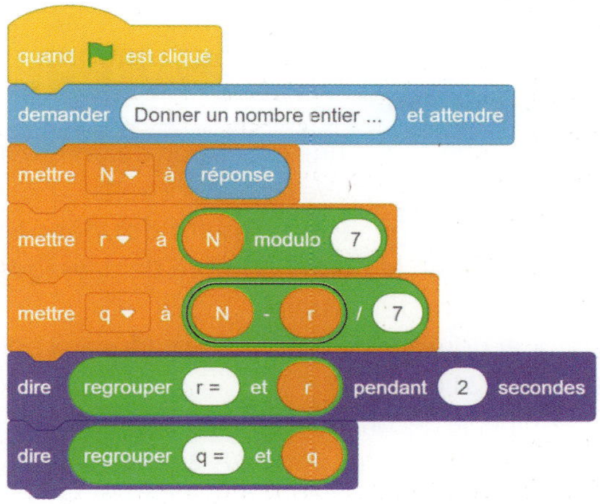

a. Exécuter ce programme pas à pas pour chacune des valeurs de la variable **N** du tableau ci-dessous. Dans chaque cas, déterminer les valeurs des variables **r** et **q** énoncées par le lutin.

N	5	11	26	77	95	143	701
r							
q							

b. Expliquer le rôle de ce programme.

Coup de pouce

Le bloc 

renvoie le reste de la division euclidienne de N par 7.

96 Déterminer un multiple commun

Raisonner • Calculer

Une roue d'engrenage A a 18 dents, elle est en contact avec une roue B de 24 dents.

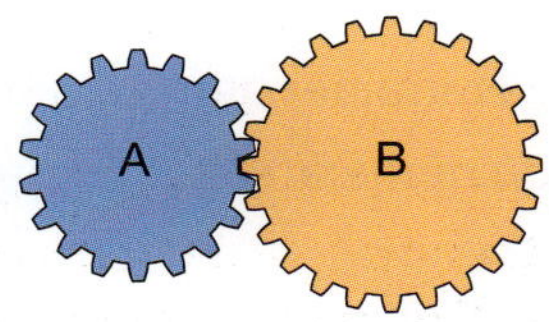

a. Écrire la liste des multiples de 18 et celle des multiples de 24 qui sont inférieurs à 100.

b. En déduire le plus petit multiple non nul commun aux deux nombres 18 et 24.

c. Au bout de combien de tours de chacune des roues seront-elles à nouveau, et pour la première fois dans la même position ?

J'utilise mes compétences

97 Communiquer en anglais

Chercher • Calculer • Communiquer

To transport a group of 793 people, coaches with a capacity of 59 passengers each and cars with a capacity of 4 passengers each are planned.
The coaches must be completely full and less than 25 cars are available.
How many coaches and cars are needed?
Give all the possible solutions.

98 Déterminer un diviseur commun

Chercher • Raisonner • Calculer

Un photographe réalise une exposition de ses œuvres. Il a 224 photos de paysage et 288 portraits.
Il souhaite disposer ses photos sur des panneaux contenant chacun le même nombre de paysages et le même nombre de portraits.
a. Expliquer pourquoi le nombre de panneaux est un diviseur de 224 et 288.
b. Déterminer la décomposition en produit de facteurs premiers de chacun des nombres 224 et 288.
c. Quel est le nombre maximum de panneaux que l'on peut envisager pour cette exposition ?
d. Combien chaque panneau contiendra-t-il alors de paysages et de portraits ?

99 Disposer en carré

Chercher • Raisonner • Calculer

Une association amène un groupe d'enfants voir la mer. Ils sont entre 500 et 1 000.
Lorsqu'on les groupe par 24 ou par 20 ou par 18, à chaque fois, il en reste 9.
Quel est le nombre d'enfants ? Peuvent-ils se placer de manière à former un carré ?

100 Comprendre et expliquer

Raisonner • Calculer

Déterminer une fraction égale à $\frac{15}{21}$ dont la somme du numérateur et du dénominateur est 132.

101 Imaginer une stratégie

Représenter • Raisonner • Calculer

Aline a découpé des rectangles de dimensions 48 cm et 72 cm. Elle les dispose sur la table, tous dans la même position, et les assemble pour former un carré.
Déterminer le côté du plus petit carré qu'elle peut ainsi obtenir.

102 Problème ouvert

Raisonner • Calculer • Communiquer

Un menuisier dispose de deux poutres, l'une de 875 cm et l'autre de 1 375 cm. Pour satisfaire une commande, il doit les partager en morceaux tous égaux, dont la longueur, en cm, doit être un nombre entier le plus grand possible.
Proposer une solution au menuisier.

Narration de RECHERCHE

103 PROBLÈME Zoë sait qu'elle a entre 300 et 400 jetons.
Si elle fait des tas de 17 jetons, il lui en reste 9.
Si elle fait des tas de 5 jetons, il lui en reste 3.
Combien Zoë a-t-elle de jetons ?

Raconter sur une feuille les différentes étapes de la recherche et les remarques qui ont fait changer de méthode ou qui ont permis de résoudre le problème.

Des défis

104 Rechercher des nombres

Trouver les nombres entiers qui possèdent six diviseurs et dont la décomposition en produit de facteurs premiers ne contient que 3 et 5 comme facteurs premiers.

105 Déterminer un horaire

Les cyclistes Jim et Léo s'entraînent sur un circuit.
Pour effectuer un tour du circuit :
• Jim met 3 min 18 s ; • Léo met 3 min 45 s.
Ils partent ensemble sur la ligne de départ à 10 h.
À quelle heure se retrouveront-ils à nouveau ensemble sur cette ligne ?

106 Trouver le plus grand nombre

Avec les cinq chiffres suivants et un chiffre au choix, on doit former un nombre divisible par 2, par 5 et par 9.

5 | 6 | 0 | 3 | 1 | ...

Quel est le plus grand de ces nombres ?

Je prends des initiatives

TÂCHES COMPLEXES

107 CONFECTIONNER un couvre-lit

La situation-problème

Pour réaliser un couvre-lit, Gabriel doit découper des carrés tous identiques dans sa pièce de tissu.
Tout le tissu doit être utilisé et chaque carré doit avoir le plus grand côté possible.
Sur la moitié des carrés, Gabriel veut faire imprimer une fleur d'hibiscus et sur l'autre moitié un palmier.
Déterminer le montant de la dépense que doit prévoir Gabriel.

Les supports de travail

Les documents, la calculatrice.

Toute piste de recherche, même non aboutie, figurera sur la feuille.

Doc. 1

La pièce de tissu de Gabriel

Doc. 2

Tarif de l'impression

	Prix unitaire
Fleur d'hibiscus	1,15 €
Palmier	0,70 €

108 COMPRENDRE le numéro Insee

La situation-problème

Le numéro Insee d'une personne est composé de 13 chiffres auxquels s'ajoutent deux chiffres d'une clé de sécurité.
Cette clé permet de détecter les erreurs les plus fréquentes lors de la saisie d'un numéro.
Vérifier que 70 est bien la clé de sécurité du numéro Insee de la carte vitale du doc. 1.

Les supports de travail

Les documents, la calculatrice.

Toute piste de recherche, même non aboutie, figurera sur la feuille.

Doc. 1

Le numéro Insee

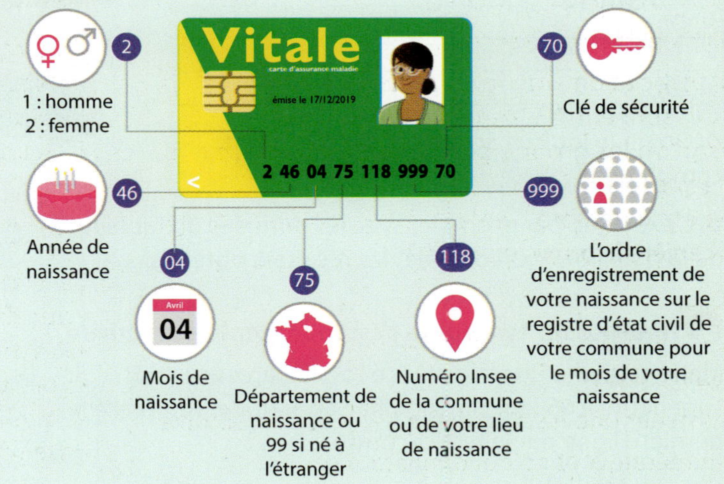

Doc. 2

La définition de la clé de sécurité

On considère le nombre formé par les 13 premiers chiffres du numéro Insee et on le divise par 97.
La clé de sécurité est la différence entre 97 et le reste de cette division.

PROJET 1
Calculer, tester une distance

Marie organise sa prochaine randonnée pédestre.
Elle envisage différents parcours et met au point un script afin de déterminer la distance totale qu'elle va parcourir pendant sa randonnée.
Dans la suite, les distances sont exprimées en km.

1 Programmer un calcul de distance

Voici ce script. Lors de son écriture, Marie a prévu de parcourir la même distance chaque matin (**Dm**) et chaque après-midi (**Da**).
La variable **Dt** représente la distance totale parcourue.

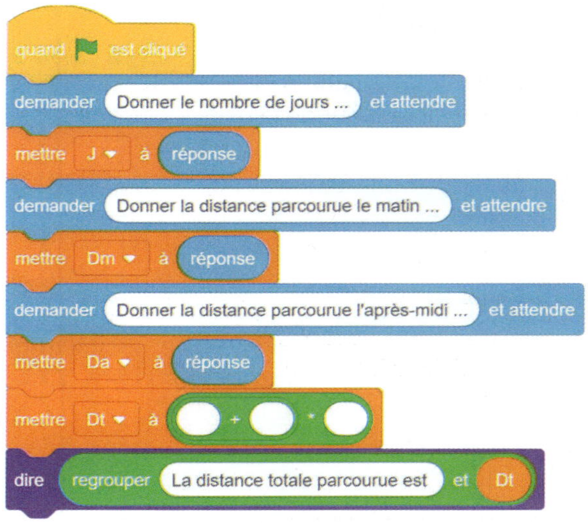

a. Par quelles variables doit-on compléter le calcul de la ligne **(1)** du script.

b. On exécute ce script de façon débranchée. Recopier et compléter le tableau ci-dessous.

J	3	5	5	7
Dm	8	7,5	7	5,5
Da	6,5	6	5,5	5
Dt				

c. Ouvrir le logiciel Scratch et saisir le script complété.

d. L'exécuter, par exemple, avec les données du tableau de la question **b** et contrôler les résultats obtenus.

2 Réaliser un test sur la distance totale parcourue

Marie souhaite que la distance totale parcourue soit supérieure à 65 km. Elle modifie son script et remplace la dernière ligne par le test ci-contre.

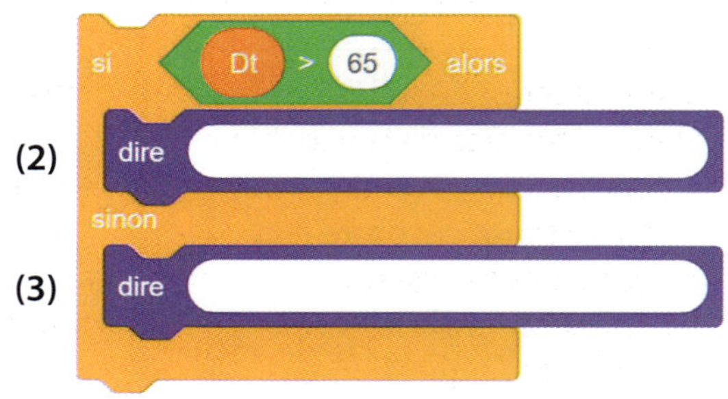

a. Aider Marie à terminer l'écriture de ce test en imaginant les phrases énoncées par le lutin aux lignes **(2)** et **(3)**.

b. Saisir le script modifié. L'exécuter dans différentes situations afin de vérifier son fonctionnement.

c. On donne la valeur 5 à la variable **J** et la valeur 8 à la variable **Dm**.
Donner des exemples de valeurs de la variable **Da** pour que la condition **Dt** > **65** soit vraie.

PROJET 2
Étudier une suite de hauteurs

**Une balle de tennis tombe d'une hauteur de 200 cm.
Elle rebondit plusieurs fois de suite et la hauteur de chaque rebond est égale aux $\frac{4}{5}$ de la hauteur de la chute.**

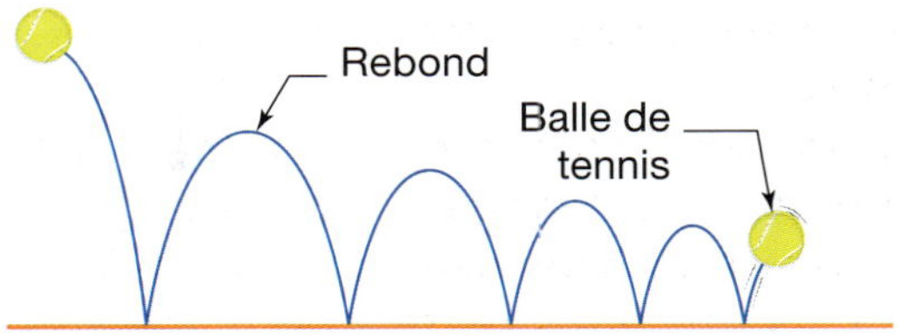

1 Déterminer les hauteurs successives des rebonds

a. Calculer la hauteur du 1er rebond, du 2e rebond.

b. Le script Scratch incomplet ci-contre détermine la hauteur de la balle au n-ième rebond.
Par quels nombres doit-on compléter le calcul de la ligne **(1)** du script.

c. Ouvrir le logiciel Scratch et saisir le script complété.

d. Exécuter le script afin d'obtenir une valeur arrondie de la hauteur de la balle :
- au 5e rebond ;
- au 10e rebond.

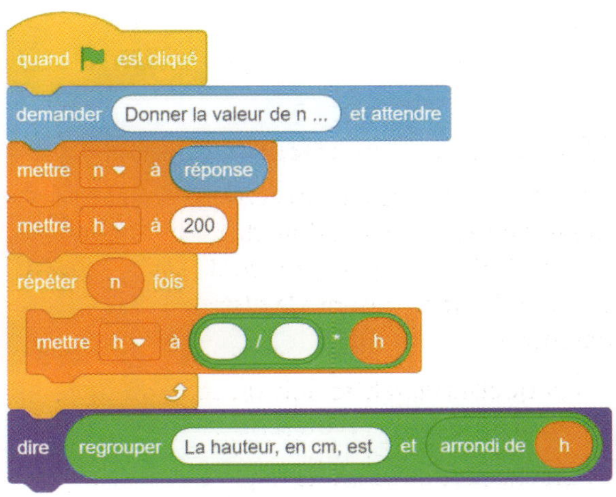

Info

renvoie le nombre entier le plus proche de h.

h	102,4	81,92	62,5
Arrondi de h	102	82	63

2 Déterminer un nombre de rebonds

Voici un nouveau script.

1. On l'exécute pas à pas.

a. Recopier et compléter le tableau ci-dessous de suivi des variables **h** et **n**.

h	200	160	
n	0	1	

Utiliser le script complété de la partie 1 pour obtenir les valeurs arrondies de la variable **h**.

b. Quelle est la valeur de la variable **n** énoncée par le lutin à la fin du script ci-contre ?
Interpréter cette valeur.

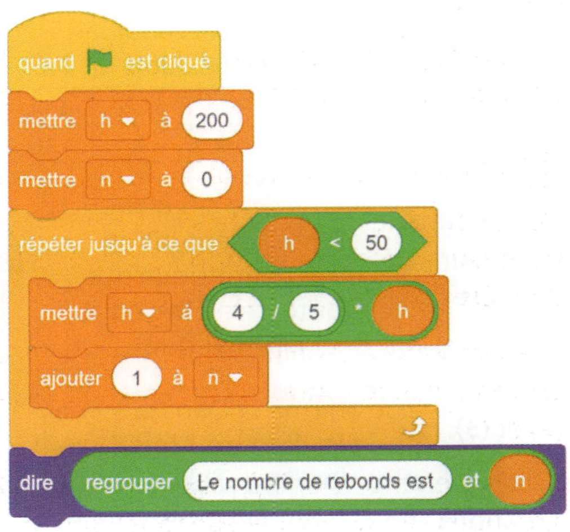

2. a. Saisir ce nouveau script et l'exécuter afin de vérifier le résultat de la question **1.b**.

b. Modifier le script pour déterminer à partir de quel rebond, la hauteur de la balle sera inférieure à :
- 20 cm ;
- 10 cm.

CHAPITRE 9

Traiter des données statistiques

En mai 2021, en France, lors d'un week-end de comptage national d'oiseaux, 92 703 oiseaux ont été observés dans 3 938 jardins. Ainsi, on compte en moyenne 24 oiseaux par jardin.
Le moineau domestique est l'espèce la plus abondante avec un effectif d'environ 20 000 individus observés. Il est présent dans 71 % des jardins.

Bien démarrer

Pour chaque question, une réponse ou plusieurs sont exactes.

<table>
<tr><th></th><th></th><th>a</th><th>b</th><th>c</th></tr>
<tr><td>1</td><td>Lors de l'élection des délégués de classe, trois élèves se présentent. Chaque élève vote pour un seul candidat.
Voici les résultats. Alors…
<table>
<tr><td>Candidat</td><td>Alex</td><td>Julie</td><td>Samir</td></tr>
<tr><td>Nombre de voix</td><td>6</td><td>10</td><td>8</td></tr>
</table></td><td>Julie a obtenu 6 voix</td><td>Samir a obtenu 2 voix de plus qu'Alex</td><td>24 élèves ont voté</td></tr>
<tr><td>2</td><td>Ce diagramme circulaire représente la répartition des titres de musique que Vic écoute, selon le genre. On peut affirmer que…
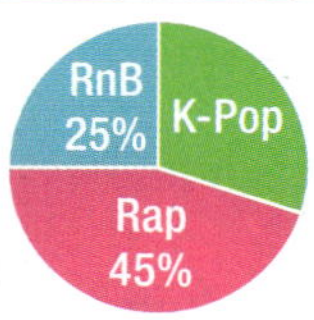
</td><td>le quart des titres sont du RnB</td><td>35 % des titres sont de la K-Pop</td><td>le genre préféré de Vic est le Rap</td></tr>
<tr><td>3</td><td>Zoé affirme : « Dans la chorale, il y a trois fois plus de filles (F) que de garçons (G). » Alors…
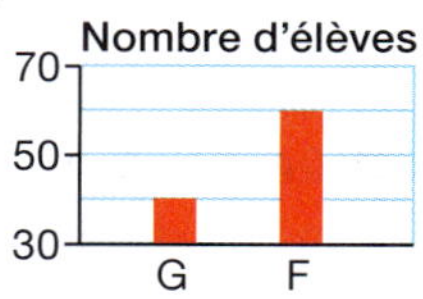
</td><td>l'affirmation est vraie</td><td>l'affirmation est fausse</td><td>on ne peut pas savoir si l'affirmation est vraie ou fausse</td></tr>
<tr><td>4</td><td>On reprend les données de la question 3.
Le nombre total d'élèves de la chorale est…</td><td>100</td><td>40</td><td>70</td></tr>
</table>

Vérifie tes réponses p. 306

ACTIVITÉ 1

Calculer des effectifs et des fréquences

Cours Paragraphe 1, p. 138

Une association de bénévoles recueille des hérissons blessés.
Aujourd'hui, on compte 40 hérissons dans le refuge : 6 sont blancs, 8 sont blonds, 14 sont gris, les autres sont noirs.

a. Recopier ce tableau.

Couleur	Blanc	Blond	Gris	Noir	Total
Effectif					
Proportion					
Fréquence (en %)					

b. Compléter la ligne « Effectif » par les nombres de hérissons qui conviennent.

c. Compléter la ligne « Proportion » par des fractions et la ligne « Fréquence » par des pourcentages.

ACTIVITÉ 2

Calculer une moyenne

Cours Paragraphe 2, p. 138

Chaque jour du mois de septembre, Yann a relevé la distance parcourue, en km, lors de son footing.

4 12 5 9 10 3 13 3 4 12 9 5 4 13 3 4 3 12 10 3 4 5 9 4 10 4 10 4 9 10

Ses enfants, Léa et Alex, calculent la **distance moyenne** parcourue par jour de deux façons différentes.

a. Léa : « J'additionne toutes ces distances, puis je divise par 30. »
Calculer, à la manière de Léa, la distance moyenne parcourue par jour par Yann.

b. Alex : « Je compte combien de fois il a parcouru 3 km, puis combien de fois il a parcouru 4 km, … J'ai fait un tableau. »

Distance (en km)	3	4	5	9	10	12	13
Effectif	5						

• Recopier et compléter le tableau ci-contre.
• Utiliser ce tableau pour calculer la distance moyenne parcourue par jour par Yann.

c. Recopier et compléter : « Yann aurait parcouru la même distance totale en septembre si chaque jour il avait parcouru … km. »

ACTIVITÉ 3

Réaliser un diagramme circulaire

Cours Paragraphe 3, p. 140

Un matin, 30 personnes ont donné leur sang dans un centre de don.
Le tableau ci-contre présente leur répartition selon le groupe sanguin.

Groupe sanguin	O	A	B	AB	Total
Effectif	13	8	6	3	30
Mesure de l'angle (en °)					

(Flèche de 30 vers la case jaune : × …)

a. Recopier ce tableau.

b. • Compléter la case colorée en jaune.
• Ce tableau est un tableau de proportionnalité. Calculer le coefficient de proportionnalité.
• Compléter la ligne « Mesure de l'angle (en °) ».

c. • Tracer un cercle de rayon 3 cm et l'un de ses rayons.
• À l'aide du rapporteur, reporter successivement l'angle correspondant à chaque groupe sanguin.
• Indiquer les légendes. Colorier chaque secteur.

VIDÉOS de cours jaicompris.com

1 Effectif, fréquence

Exercices 13 à 23

DÉFINITIONS Lors d'une enquête, une liste de données a été relevée.
- L'**effectif** d'une donnée est le nombre de fois où cette donnée apparaît dans la liste.
- L'**effectif total** est le nombre total de données dans la liste.
- La **fréquence** d'une donnée est **le quotient** de son effectif par l'effectif total.

Exemple

On a demandé aux élèves d'une classe « Combien as-tu de prénoms ? »

Nombre de prénoms	1	2	3	4	Total
Effectif	3	12	9	6	30
Fréquence	0,1	0,4	0,3	0,2	1

Chaque fréquence est un nombre compris entre 0 et 1. Leur somme est égale à 1.

L'effectif total est de 30 élèves.

12 élèves sur 30 ont deux prénoms, donc la fréquence des élèves qui ont deux prénoms est :

- $\frac{12}{30}$ (avec une fraction) ;
- 0,4 (avec une écriture décimale) ;
- 40 % (avec un pourcentage).

2 Moyenne

Exercices 24 à 29

a. Moyenne d'une série de données

DÉFINITION La **moyenne** d'une série de données est le nombre obtenu :
- en **additionnant** toutes les données de la série,
- puis en **divisant** cette somme par l'effectif total de la série.

Exemple

Le tableau ci-contre présente le nombre de clients d'un coiffeur.

Jour	Me	J	V	S
Effectif	11	15	23	19

$$\frac{11+15+23+19}{4}=\frac{68}{4}=17$$

En moyenne, ce coiffeur a eu 17 clients par jour pendant ces 4 jours.
Cela signifie qu'il aurait eu le même nombre total de clients s'il avait eu 17 clients chaque jour.

Remarque : la moyenne d'une série de données n'est pas forcément égale à l'une des données de la série, mais elle est toujours comprise entre les données extrêmes de la série.

b. Moyenne pondérée

DÉFINITION La **moyenne** d'une série de données, **pondérée** par les effectifs, est le nombre obtenu :
- en **additionnant** les produits de chaque donnée par son effectif,
- puis en **divisant** cette somme par l'effectif total de la série.

Exemple

Le tableau ci-contre présente les durées des séances d'entraînement au violon d'Iris au cours d'un mois.

Durée (en min)	15	20	30	45
Effectif	13	9	5	3

$$\frac{15\times 13+20\times 9+30\times 5+45\times 3}{13+9+5+3}=\frac{660}{30}=22$$

La durée moyenne de ces séances est 22 min.

J'applique le cours

1 Présenter des données par un tableau

EXERCICE RÉSOLU

ÉNONCÉ Cette année, 40 élèves sont inscrits au club Théâtre du collège Mermoz, dont 22 filles.
Compléter ce tableau pour présenter ces données.

	Fille	Garçon	Total
Effectif			
Fréquence (en %)			

SOLUTION

❶ 40 − 22 = 18 donc 18 garçons font du théâtre.

❷ • Parmi les 40 élèves du club, 22 sont des filles.
$\frac{22}{40} = 0{,}55$ donc 55 % des élèves sont des filles.
• 100 % − 55 % = 45 % donc il y a 45 % de garçons.

❸ On complète le tableau.

	Fille	Garçon	Total
Effectif	22	18	40
Fréquence (en %)	55	45	100

CONSEILS

• Sur la ligne « Effectif », on connaît le nombre de filles, il reste donc à calculer le nombre de garçons.

• Pour calculer la fréquence des garçons, on peut aussi effectuer : $\frac{18}{40} = 0{,}45$.

À TON TOUR

2 Parmi les 15 élèves en salle d'étude du collège Victor Hugo, il y a 6 filles. Réaliser et compléter ce tableau pour présenter ces données.

	Fille	Garçon	Total
Effectif			
Fréquence (en %)			

3 Un bouquet de 20 fleurs est composé de 8 roses (R), 7 marguerites (M) et de pivoines (P). Réaliser et compléter ce tableau pour présenter ces données.

	R	M	P	Total
Effectif				
Fréquence (en %)				

4 Calculer et interpréter une moyenne pondérée

EXERCICE RÉSOLU

ÉNONCÉ On a pesé des meules de fromage Beaufort :
6 meules pèsent 38 kg chacune et 12 meules pèsent 41 kg chacune.
a. Calculer la masse moyenne d'une de ces meules.
b. Interpréter cette moyenne dans le contexte de la situation.

SOLUTION

a. $\frac{38 \times 6 + 41 \times 12}{6 + 12} = \frac{228 + 492}{18} = \frac{720}{18} = 40$

La masse moyenne d'une meule est 40 kg.

b. La masse totale de ces meules de fromage aurait été la même si chaque meule avait pesé 40 kg.

CONSEILS

• On peut présenter les données par un tableau.

Masse (en kg)	38	41	Total
Effectif	6	12	18

• On vérifie que la moyenne est comprise entre les données extrêmes de la série :
$38 \text{ kg} < 40 \text{ kg} < 41 \text{ kg}$.

À TON TOUR

5 Au collège Jules Verne, on compte 5 classes de 24 élèves et 20 classes de 29 élèves.
a. Calculer le nombre moyen d'élèves par classe.
b. Interpréter cette moyenne.

6 Dans un immeuble, 2 familles possèdent 4 écrans, 6 familles en ont 5, 6 familles en ont 8 et 4 familles en ont 10.
Calculer le nombre moyen d'écrans par famille.

3 Représentations graphiques

Exercices 30 à 34

a. Diagramme en bâtons

On utilise ce type de diagramme pour représenter des données statistiques numériques.
Sur l'axe vertical, on indique les effectifs ou les fréquences des données.

RÈGLE Dans un diagramme en bâtons, les hauteurs des bâtons sont **proportionnelles** aux effectifs ou aux fréquences qu'ils représentent.

Exemple

Bilan des ventes d'anciens jouets par Joe, lors d'un vide grenier

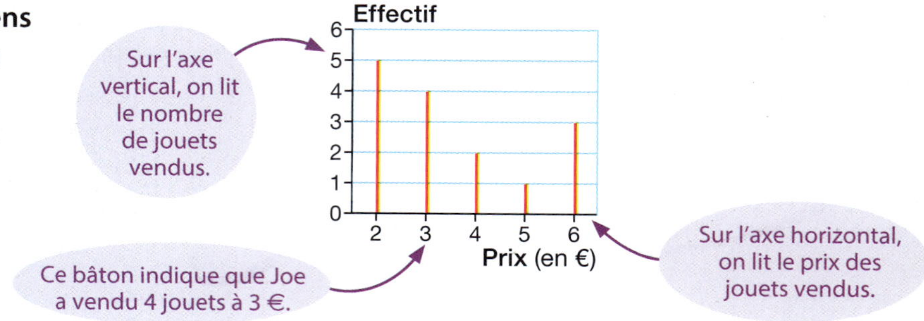

b. Diagramme circulaire ou semi-circulaire

On utilise ce type de diagramme pour représenter des données statistiques non numériques.

RÈGLE Dans un diagramme circulaire (ou semi-circulaire), les mesures des angles des secteurs sont **proportionnelles** aux effectifs ou aux fréquences qu'ils représentent.

Exemples

Répartition des déchets d'une famille

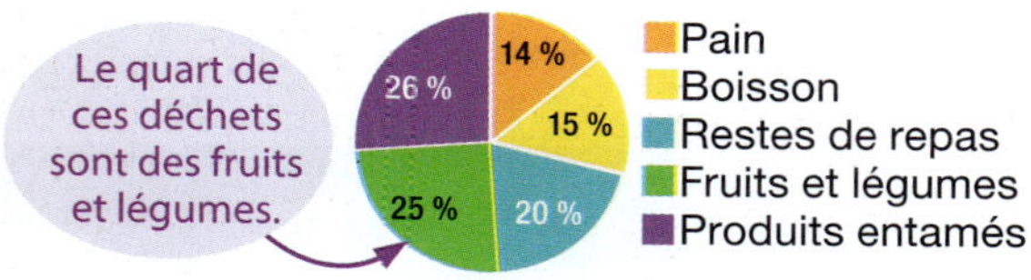

Répartition des avis de 360 spectateurs à la fin d'un concert

c. Graphique

On utilise un graphique pour représenter l'évolution d'une grandeur en fonction d'une autre.
Les données sont numériques.

Exemple

Évolution de la masse d'un chaton en fonction de l'âge

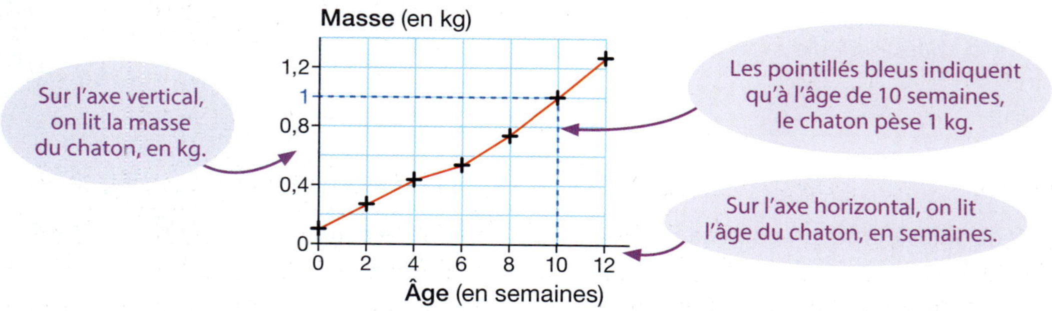

J'applique le cours

7 Réaliser un diagramme en bâtons

EXERCICE RÉSOLU

ÉNONCÉ Voici les pointures de chaussures de 12 enfants : 38 ; 36 ; 38 ; 39 ; 38 ; 38 ; 41 ; 37 ; 41 ; 39 ; 37 ; 39.
Présenter ces données par : **a.** un tableau d'effectifs ; **b.** un diagramme en bâtons.

SOLUTION

a.

Pointure	36	37	38	39	40	41	Total
Effectif	1	2	4	3	0	2	12

b. Voici le diagramme en bâtons.

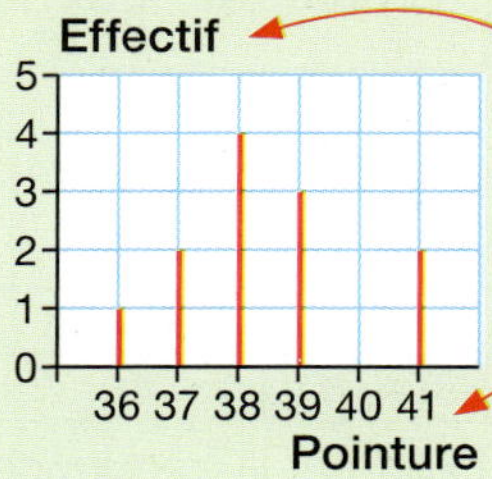

CONSEILS

• Dans la 1re ligne, on range les données dans l'ordre croissant (on a noté 40 même si son effectif est 0).
Dans la 2e ligne, on note l'effectif de chaque donnée.

• On indique les pointures sur l'axe horizontal et les effectifs sur l'axe vertical.
On gradue les axes (ici on a choisi 1 carreau par pointure et 1 carreau par enfant).

À TON TOUR

8 Voici les âges des 14 membres d'un orchestre.
9 ; 10 ; 12 ; 9 ; 12 ; 10 ; 12 ; 9 ; 13 ; 12 ; 9 ; 10 ; 9 ; 13
Présenter ces données par :
a. un tableau ; **b.** un diagramme en bâtons.

9 Voici les points lus sur un dé lors de 16 lancers.
6 ; 4 ; 1 ; 3 ; 5 ; 5 ; 6 ; 4 ; 6 ; 5 ; 6 ; 5 ; 6 ; 1 ; 6 ; 4
Présenter ces données par :
a. un tableau ; **b.** un diagramme en bâtons.

10 Réaliser un diagramme semi-circulaire

EXERCICE RÉSOLU

ÉNONCÉ Paul produit des œufs de tailles différentes.
Représenter ces données par un diagramme semi-circulaire.

Œuf	Petit	Moyen	Gros
Fréquence (en %)	20	50	30

SOLUTION

Œuf	Petit	Moyen	Gros	Total
Fréquence (en %)	20	50	30	100
Mesure de l'angle (en °)	36	90	54	180

× 1,8

Voici le diagramme.

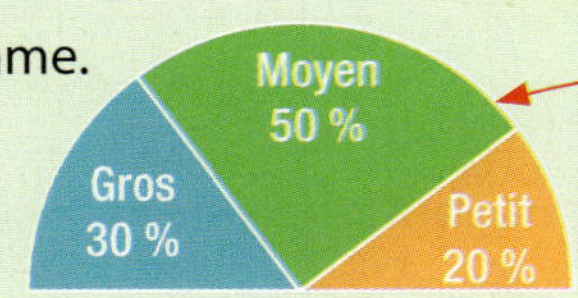

CONSEILS

• On recopie le tableau en ajoutant une ligne « Mesure de l'angle (en °) » et une colonne « Total ». On complète la case jaune par 180.
• 180 = 100 × 1,8 donc pour calculer la mesure de l'angle de chaque secteur, on effectue 20 × 1,8 = 36, …
• On trace un demi-cercle. À l'aide du rapporteur, on reporte les angles successivement.
On écrit les légendes et on colorie.

À TON TOUR

11 Un entrepôt est partagé en trois zones.

Zone	Arrivée	Stockage	Livraison
Fréquence (en %)	20	45	35

Représenter ces données par un diagramme semi-circulaire.

12 Voici la répartition des coureurs d'un trail.

Catégorie	Junior	Espoir	Senior	Master
Fréquence	0,1	0,25	0,4	0,25

Représenter ces données par un diagramme semi-circulaire.

Je travaille mes automatismes

Lire, interpréter des données

À l'oral — **Questions flash**

13 Ce tableau présente le moyen de transport d'élèves pour venir au collège.

❶	Bus	Marche	Vélo	Voiture
❷	52	47	23	35

Donner oralement la légende :
a. en case ❶ ; **b.** en case ❷.

14 CALCUL MENTAL Avec les données de l'exercice **13**, calculer mentalement le nombre total d'élèves qui utilisent ces moyens de transport.

15 Ce diagramme en bâtons représente le nombre de buts marqués lors d'une journée de football en Ligue 1.

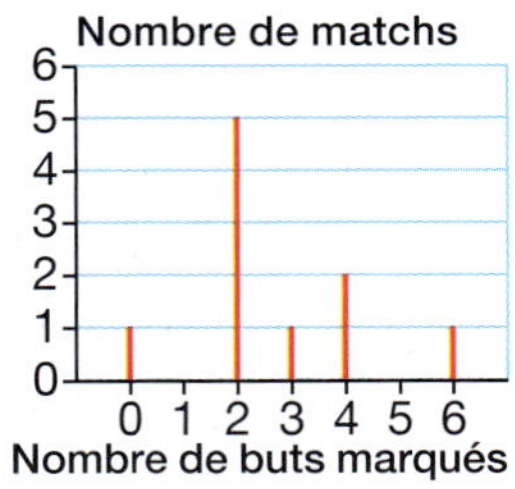

a. Quel est le nombre de matchs où 2 buts ont été marqués ?
b. Expliquer pourquoi il n'y a eu aucun score 0 - 1 ou 1 - 0.

16 Un pêcheur vend 60 % de ses poissons à un restaurateur A et le reste à un restaurateur B.
Ce diagramme circulaire représente cette répartition.

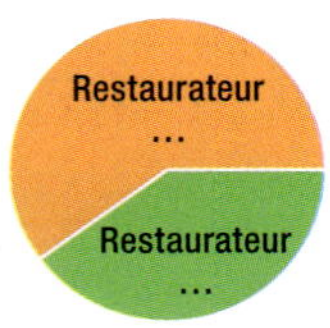

a. Quelle est la couleur du secteur qui représente les ventes au restaurateur A ?
b. Quel est le pourcentage des poissons vendus au restaurateur B ?

17 Un éleveur a surveillé régulièrement la croissance d'un poulain de sa naissance à 1 an.

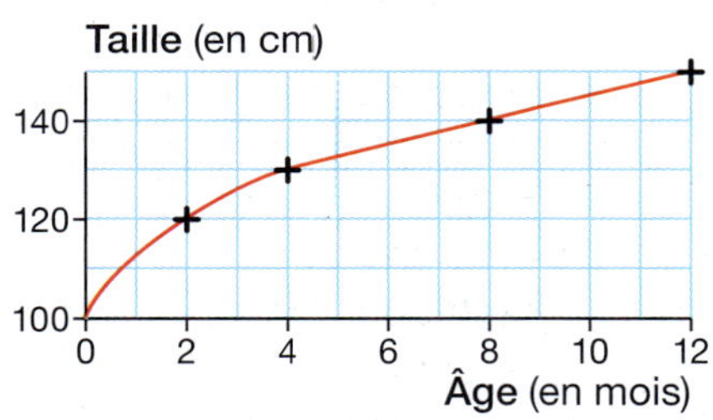

a. Quelle était la taille du poulain :
• à 8 mois ? • à 1 an ?
b. À quel âge le poulain mesurait-il 120 cm ?
c. Quelle était sa taille à la naissance ?

Calculer des effectifs et des fréquences

À l'oral — **Questions flash**

18 Sur un marché, Steffi achète 3 kiwis à 1 € pièce, 10 abricots pour 6 € et 6 pêches pour 5 €.
Dire oralement l'effectif total des fruits achetés.

19 CALCUL MENTAL Un sac contient 11 jetons rouges, 3 bleus et 6 verts.
Déterminer mentalement la proportion, en pourcentage, de jetons verts dans le sac.

20 Ce tableau présente la répartition des élèves d'une classe de 5e.

	Externe	Demi-pensionnaire	Total
Effectif	10	15	25

Exprimer la fréquence des élèves demi-pensionnaires de cette classe à l'aide :
• d'une fraction ; • d'un pourcentage.

21 Voici les votes au 2e tour de l'élection des délégués d'une classe.

a. Quel élève a été élu ?
b. Présenter les résultats du vote par un tableau.
c. Pourquoi peut-on dire qu'Ugo a obtenu le vote d'un élève sur trois ?

22 CORRIGÉ en vidéo jaicompris.com

Voici les âges des élèves d'une classe de 5e.

12 11 13 12 11 12 12 11 14 12
13 12 13 11 12 14 12 14 11 13

a. Recopier et compléter le tableau ci-dessous.

Âge	11	12	13	14	Total
Effectif					
Fréquence (en %)					

b. Quelle catégorie a une fréquence de $\frac{1}{4}$?

23 Les surfaces de 30 terrains d'un lotissement se répartissent selon le tableau ci-dessous.

Surface (en m^2)	265	330	430	550	Total
Fréquence	0,3	0,4	0,2	0,1	
Effectif					

a. Alix affirme : « 9 terrains du lotissement ont une surface de 265 m^2. » Est-ce exact ? Expliquer.
b. Recopier le tableau et le compléter.

Je travaille mes automatismes

Calculer, interpréter une moyenne

À l'oral — **Questions flash**

24 CALCUL MENTAL Déterminer mentalement qui a eu la meilleure moyenne en Français.
Notes d'Émilie : 17 ; 12 ; 9 ; 18.
Notes de Victor : 15,5 ; 9,5 ; 14 ; abs.

25 CALCUL MENTAL C'est l'anniversaire des triplés Jason, Jonah et Julian : ils ont 12 ans. Leur sœur Tessa a 8 ans. Calculer mentalement l'âge moyen des enfants de cette famille.

26 CORRIGÉ en vidéo jaicompris.com

Voici cinq températures.

−4 °C   −2 °C   −1 °C   4 °C   8 °C

Mia annonce : « La moyenne de ces températures est 5 °C. » Est-ce exact ? Expliquer.

27 Ewan a relevé pendant cinq jours la durée, en minutes, de sa lecture.

Lundi	Mardi	Mercredi	Jeudi	Vendredi
28	33	29	30	35

Calculer la durée moyenne de sa lecture par jour.

28 Ce tableau présente les ventes de rosiers un samedi chez un pépiniériste.

Prix (en €)	15	17	20	22
Effectif	2	4	3	1

a. Quel est le prix moyen de vente de ces rosiers ?
b. Interpréter cette moyenne dans ce contexte.

29 Le diagramme en bâtons ci-dessous représente les longueurs des langoustes relevées par un pêcheur.

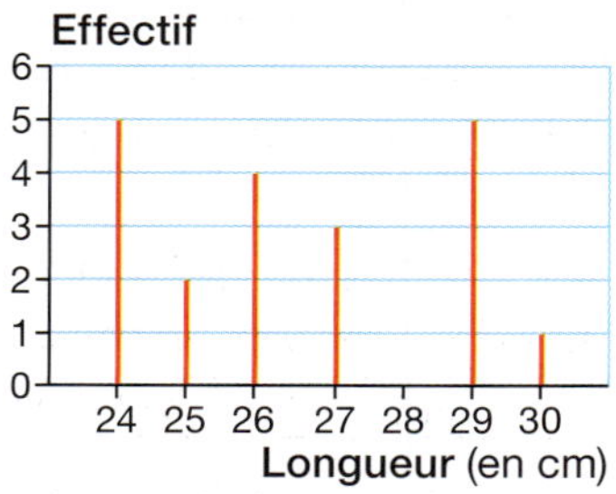

a. Présenter les effectifs dans un tableau.
b. Calculer la longueur moyenne de ces langoustes.
c. Calculer la fréquence, en pourcentage, des langoustes plus longues que la moyenne.

Représenter des données

À l'oral — **Questions flash**

30 Max représente par un diagramme en bâtons les effectifs des notes entières, de 8 à 18, obtenues par les élèves d'une classe.
a. Préciser oralement la légende qu'il écrit :
• sur l'axe horizontal ; • sur l'axe vertical.
b. Combien de bâtons Max tracera-t-il au maximum ?

31 Dans sa bibliothèque, Méline possède 10 mangas, 10 romans et 20 BD.
Elle souhaite représenter cette répartition par un diagramme semi-circulaire.
Elle s'exclame : « Facile ! » Expliquer pourquoi.

32 Voici la répartition des élèves du Club Journal d'un collège selon leur âge.

Âge	10	11	12	13	14	15
Effectif	3	7	4	8	6	5

Représenter cette répartition par un diagramme en bâtons. *Sur l'axe vertical, prendre 5 mm pour 1 élève.*

33 Aux Jeux olympiques de Tokyo 2020, les Pays-Bas ont obtenu 10 médailles d'or, 12 médailles d'argent et 14 médailles de bronze.
Représenter ces données par un diagramme circulaire.

34 Deux femelles panda géant sont nées le 2 août 2021 au ZooParc de Beauval (Loir-et-Cher).
Le tableau ci-dessous présente l'évolution de la masse, en g, de l'une d'elles en fonction de la date, au cours de sa première semaine.

Date	02	03	04	05	06	07	08
Masse (en g)	150	140	130	140	140	160	170

On se propose de représenter ces données par un graphique comme celui commencé ci-contre.

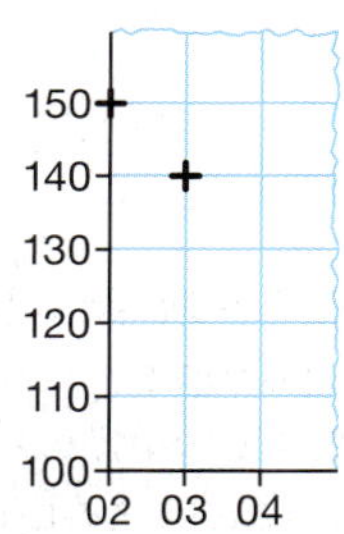

a. Tracer les deux axes et les graduer. Indiquer les légendes.
b. Placer les différents points puis tracer la courbe de poids à main levée.

Je m'entraîne

Utiliser des effectifs, des fréquences

35 Une centrale solaire possède 2 000 panneaux. Chaque année, 5 % des panneaux se détériorent et doivent être retirés, tandis que 120 nouveaux panneaux sont installés.
Calculer le nombre de panneaux de cette centrale :
a. dans un an ; **b.** dans deux ans.

36 Ivo possède 600 pommiers de quatre variétés.
Le quart de ses pommiers sont de la variété Elstar.
Il a 180 pommiers Fuji et 165 pommiers Gala.
Les autres sont des pommiers Golden.
a. Recopier le tableau ci-dessous.

Variété	Elstar	Fuji	Gala	Golden	Total
Effectif					
Fréquence					

b. Compléter la ligne « Effectif ».
c. Compléter la ligne « Fréquence » par des nombres en écriture décimale.
d. Ivo affirme : « Les pommiers Elstar et Fuji représentent plus de 50 % de mes pommiers. » A-t-il raison ?

37 Dans une ferme on commercialise trois types de lait : 15 % de la production est du lait entier, 60 % du lait demi-écrémé et le reste du lait écrémé.
a. Calculer la proportion en pourcentage de la production de lait écrémé.
b. Lucas affirme : « Dans cette ferme, on produit quatre fois plus de lait demi-écrémé que de lait entier. »
A-t-il raison ? Expliquer.

38 Jeux et casse-tête À l'arrivée sur le site d'une classe Patrimoine, 50 % des élèves ont envoyé un SMS, 30 % en ont envoyé deux et les 12 élèves restants en ont envoyé trois.
Combien de SMS ont été envoyés en tout ?

Utiliser une moyenne

39 Clara note cinq prix de vente d'une trottinette.

a. Calculer le prix moyen de ces trottinettes.
b. Clara décide d'acheter le modèle dont le prix est le plus proche du prix moyen. Quel est ce prix ?

40 CORRIGÉ en vidéo jaicompris.com
Lary a cinq notes en SVT :
17 ; 15 ; 12 ; 9 ; 11.
a. Combien de points a-t-il ?
b. Quelle note minimale doit-il obtenir à la prochaine évaluation pour avoir au moins 13 de moyenne ?

41 Tice Flavie a saisi dans une feuille de calcul les distances, en km, parcourues par jour.

	A	B	C	D	E	F	G	H
1	374	475	326	408	372	431	273	
2	418	294	436	317	483	268	469	
3	352	406	234	492	451	384	254	

a. Saisir cette feuille de calcul.
b. En cellule H1, saisir la formule =MOYENNE(A1:G3) .
Quelle distance moyenne parcourt Flavie par jour ?

42 Un train à vapeur effectue des excursions.
Le conducteur l'a alimenté avec 700 L d'eau lors de 4 voyages et avec 720 L d'eau lors de 6 voyages.
a. Calculer la quantité d'eau moyenne par voyage.
b. Interpréter cette moyenne dans ce contexte.

43 En Polynésie, certaines chambres d'hôtes sont classées par nombre de fleurs de tiaré.

a. Déterminer le nombre moyen de fleurs de ces 20 chambres.
b. Tao affirme : « 60 % de ces chambres ont obtenu plus de la moyenne. » A-t-il raison ?

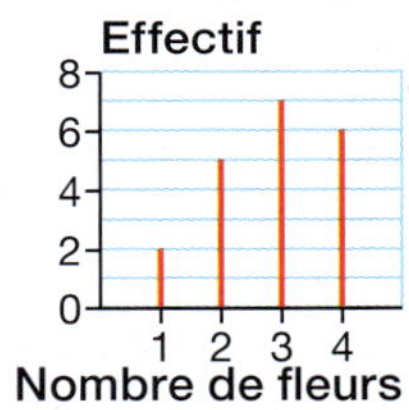

44 Tice On se propose de calculer l'âge moyen des membres d'un club d'escrime.

	A	B	C	D	E	F
1	**Âge**	11	13	15	20	Total
2	**Effectif**	13	19	22	26	
3	**Produit**					

1. Saisir cette feuille de calcul.
2. a. En cellule B3, saisir la formule =B1*B2 , avant de la recopier jusqu'en cellule E3.
b. Compléter les cellules F2 et F3.
c. En cellule F4, calculer l'âge moyen des membres.
3. En cellule G3, saisir la formule =SOMMEPROD(B1:E1;B2:E2) .
Que remarque-t-on ?

45 Jeux et casse-tête Aël a placé respectivement 1, 4, 6 et 9 kiwis dans quatre paniers. Combien de kiwis au minimum doit-elle déplacer pour qu'il y ait le même nombre de kiwis dans chaque panier ?

Utiliser un diagramme, un graphique

46 Voici les longueurs, en cm, de 100 tortues.

Longueur (en cm)	15	16	17	18	19	20
Effectif	18	22	16	24	8	12

Représenter cette répartition par un diagramme en bâtons.
Sur l'axe vertical, choisir un carreau pour représenter 2 tortues.

47 Représenter par un diagramme circulaire la répartition par pays des bénévoles qui restaurent un château en Périgord.

Pays	Effectif
Allemagne	15
Belgique	5
France	30
Pays-Bas	25

48 Ce graphique représente l'évolution de la température d'une baguette de pain après sa sortie du four.

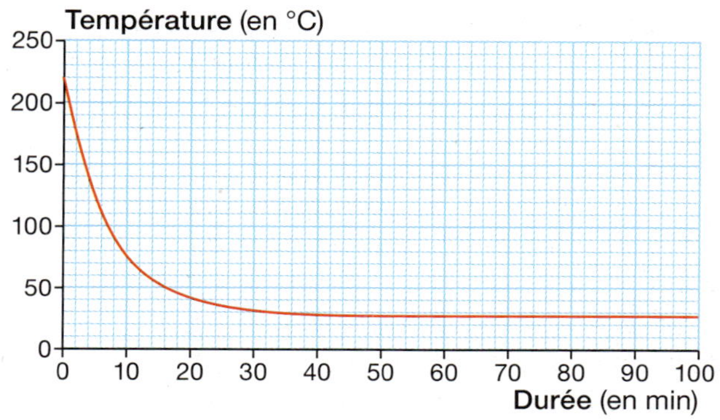

Répondre aux questions ci-dessous avec la précision permise par le graphique.
a. Quelle est la température de la baguette à la sortie du four ?
b. On met la baguette en rayon lorsque sa température est inférieure ou égale à 40 °C.
Quel est le temps d'attente minimum entre la sortie du four de la baguette et sa mise en rayon ?
c. La température de la baguette se stabilise autour de celle du magasin. Quelle est cette température ?

49 Jeux et casse-tête Lors de l'élection des délégués, Güven a obtenu 9 voix, Samia 15 voix et Lalie 12 voix.
Quel diagramme circulaire représente ce vote ?

1
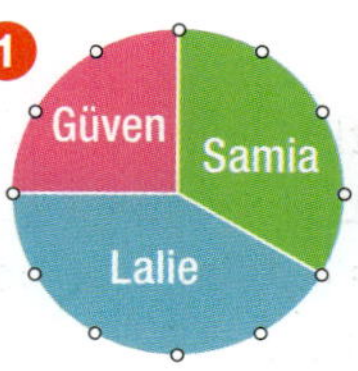

2
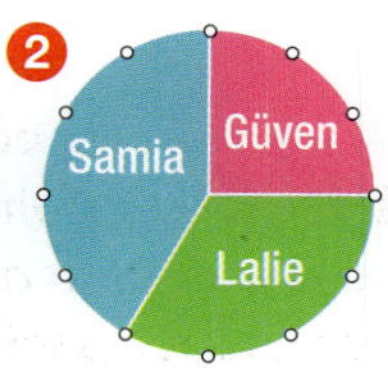

3
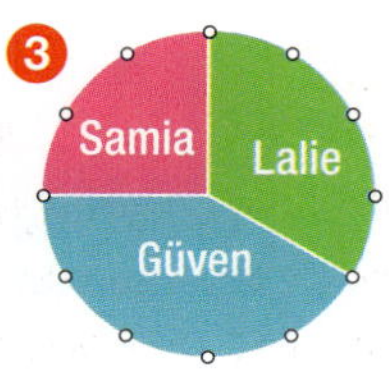

Utiliser des données statistiques

Synthèse

50 Les élèves de la chorale du collège doivent choisir leur chant préféré parmi les chants A, B, C, D et E pour leur concert de fin d'année. Voici leurs réponses.

A	B	C	E	D	D	A	D	E	A	C	B
E	C	A	D	E	D	B	D	A	E	D	A
D	A	B	D	A	C	E	A	D	D	A	D
B	D	E	E	D	A	D	B	C	A	D	E

Objectif Déterminer dans quelle proportion a été choisi le chant favori.

a. Présenter ces données par un tableau où figure l'effectif de chaque chant.
b. Quel est le chant préféré par ces élèves ?
c. Calculer le pourcentage d'élèves qui ont choisi ce chant. *Donner une valeur approchée à l'unité près.*

51 Voici la répartition des 800 marins pêcheurs des Hauts-de-France en 2018.

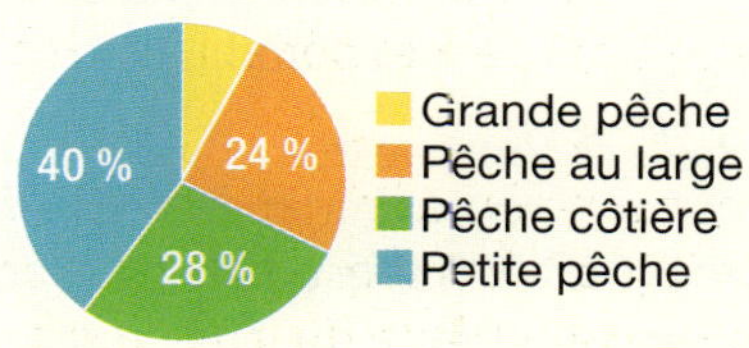

Source : DPMA

Objectif Présenter cette répartition dans un tableau où figurent l'effectif et la fréquence de chaque catégorie.

a. Calculer la fréquence de « Grande pêche ».
b. Calculer les effectifs par catégorie.
c. Présenter ces effectifs et ces fréquences par un tableau de trois lignes.
Ajouter et compléter une colonne « Total ».

52 Lors d'un tournoi d'échec, on remarque qu'un joueur sur cinq a moins de 15 ans dans la salle 1 et un joueur sur trois a moins de 15 ans dans la salle 2.
Il y a 100 joueurs au total en salle 1.
Edgar, l'organisateur du tournoi affirme : « Je ne peux pas savoir dans laquelle de ces deux salles il y a le plus de joueurs de moins de 15 ans. »

Objectif Étudier cette affirmation.

1. Calculer le nombre de joueurs de moins de 15 ans :
a. en salle 1 ;
b. en salle 2, s'il y a en salle 2 :
• 120 joueurs ; • 60 joueurs ; • 54 joueurs.
2. Dire si l'affirmation d'Edgar est vraie ou fausse.

Parcours différenciés

Je m'évalue

Pour chaque question, une seule réponse est exacte.

QCM supplémentaires college.nathan.fr/tm5146

<table>
<tr><th></th><th>a</th><th>b</th><th>c</th><th>En cas d'erreur</th></tr>
<tr><td>53 En 5e A, il y a 16 filles et 9 garçons. L'effectif total de la classe est…</td><td>25</td><td>26</td><td>27</td><td rowspan="2">Cours 1 p. 138</td></tr>
<tr><td>54 La fréquence des filles dans la classe de 5e A de l'exercice 53 est…</td><td>0,64 %</td><td>6,4 %</td><td>64 %</td></tr>
<tr><td>55 2 °C ; 7 °C ; 8 °C ; 13 °C ; 15 °C
La moyenne de cette liste de températures est…</td><td>8 °C</td><td>9 °C</td><td>10 °C</td><td>Cours 2 p. 138</td></tr>
<tr><td>56 L'âge moyen de ces boxeurs est…<table><tr><th>Âge</th><td>30</td><td>32</td><td>33</td><td>35</td><td>36</td></tr><tr><th>Effectif</th><td>4</td><td>4</td><td>5</td><td>9</td><td>10</td></tr></table></td><td>33 ans</td><td>34 ans</td><td>35 ans</td><td>Ex 4 p. 139</td></tr>
<tr><td>57 Un diagramme en bâtons qui représente le tableau ci-contre est…<table><tr><th>Note</th><td>0</td><td>1</td><td>2</td><td>3</td></tr><tr><th>Effectif</th><td>1</td><td>4</td><td>3</td><td>2</td></tr></table></td><td>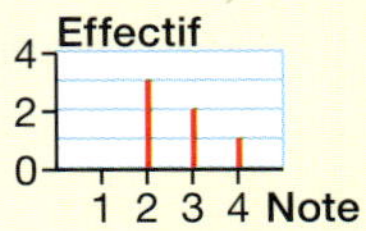</td><td>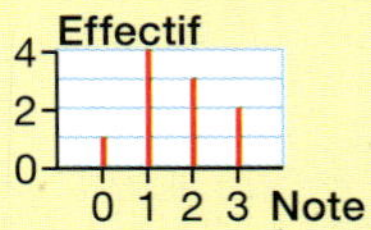</td><td>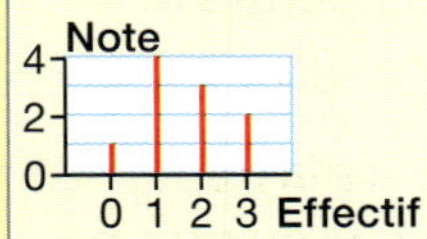</td><td rowspan="3">Cours 3 p. 140</td></tr>
<tr><td>58 Voici la répartition des ventes de yaourts aromatisés. L'arôme qui représente 25 % des ventes est…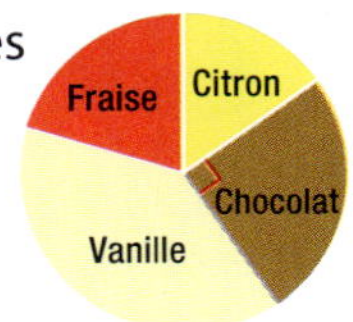</td><td>la fraise</td><td>le citron</td><td>le chocolat</td></tr>
<tr><td>59 Ce graphique représente l'évolution de l'altitude, en m, d'un drone, en fonction de la durée du vol, en min. Le drone est à une altitude de 10 m après…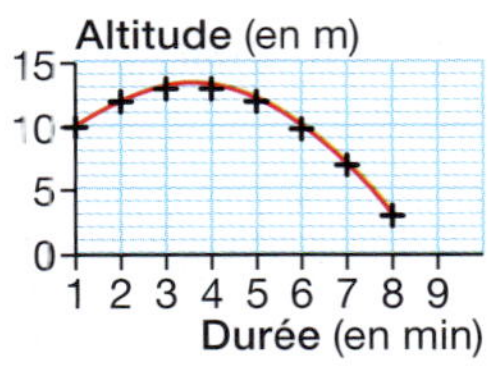</td><td>1 min ou 6 min de vol</td><td>3 min ou 4 min de vol</td><td>8 min de vol</td></tr>
<tr><td>60 Sur le diagramme de l'exercice 58, l'arôme vanille représente 40 % des ventes. L'angle de ce secteur est…</td><td>40°</td><td>144°</td><td>160°</td><td>Ex 10 p. 141</td></tr>
</table>

Je réalise mon parcours

Selon ton score page précédente

Parcours conseillé
- Entre **0 et 3 bonnes réponses** : drapeau vert
- Entre **4 et 6 bonnes réponses** : drapeau bleu
- **7 bonnes réponses ou plus** : drapeau rouge

61 Comparer des fréquences

Voici des informations sur trois groupes de personnes qui viennent de passer l'examen du permis de conduire.
- **Groupe A :** 20 candidats ayant suivi une formation avec conduite accompagnée ; 17 permis obtenus.
- **Groupe B :** 50 candidats ayant suivi une formation accélérée ; 33 permis obtenus.
- **Groupe C :** 75 candidats ayant échoué auparavant ; 54 permis obtenus.

PARCOURS 1

On s'intéresse ici aux candidats du **groupe A**.

— Qu'appelle-t-on fréquence d'une donnée ?
— C'est la proportion de cette donnée dans un échantillon.

a. Recopier et compléter : « … candidats parmi … ont obtenu leur permis de conduire.
Donc le taux de réussite est $\frac{\dots}{\dots}$. »

b. En déduire la fréquence en pourcentage des candidats du **groupe A** ayant obtenu leur permis de conduire.

PARCOURS 2

a. Calculer le taux de réussite en pourcentage des candidats de chaque groupe.

b. Comparer ces fréquences. Interpréter le résultat.

PARCOURS 3

César affirme : « Un seul groupe a un taux de réussite inférieur au taux de réussite de l'ensemble des trois groupes. »
A-t-il raison ?

62 Calculer une moyenne

Lors d'une étude sur les flamants roses, des bénévoles ont bagué et pesé des poussins. Naty, appelée sur un autre site, ne s'est occupée que de 10 poussins. Voici les bilans des masses, en kg, des poussins étudiés.

10 poussins étudiés par Naty

2,7	2,8	2,7	3	2,9
3	2,9	3	2,9	3

640 autres poussins

Masse (en kg)	2	2,1	2,2	2,3	2,5	2,6	2,7	2,9	3
Effectif	44	66	68	62	82	105	98	64	51

PARCOURS 1

On s'intéresse aux poussins étudiés par Naty.

— Te souviens-tu comment on calcule la moyenne d'une liste ?
— Oui ! On additionne toutes les valeurs et on divise par l'effectif total.

a. Recopier et compléter : « La moyenne de ces dix masses est le … de la … des données par l'effectif … . »

b. Calculer la masse moyenne, en kg, des 10 poussins étudiés par Naty.

PARCOURS 2

On s'intéresse aux 640 autres poussins. Calculer la masse moyenne, en kg, de ces poussins.

PARCOURS 3

Sandra affirme : « Pour l'ensemble des 650 poussins, plus d'un poussin sur deux pèse plus que la masse moyenne. » A-t-elle raison ?

Traiter des données statistiques

63 Algo Déterminer la moyenne de deux nombres ▶ Livret Scratch p. 3

1. Quelle est la moyenne des nombres : • 10 et 16 ? • 9 et 12 ? • 7,5 et 12,7 ?

2. On souhaite que le lutin du logiciel Scratch calcule la moyenne de deux nombres.
Pour cela, on crée trois variables, qu'on nomme **Nombre_1**, **Nombre_2** et **Moyenne**.

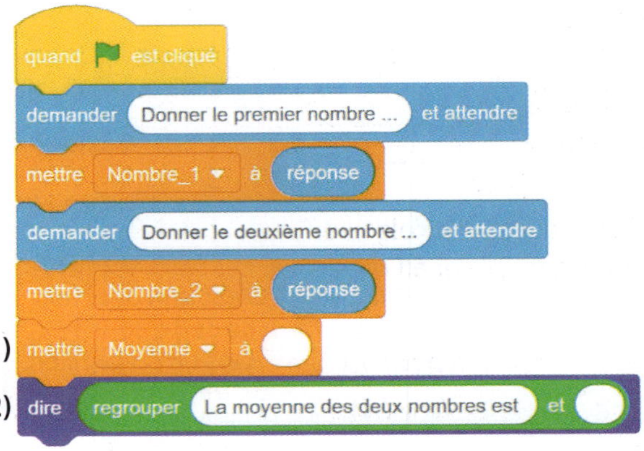

a. Pour compléter la ligne **(1)**, utilise-t-on

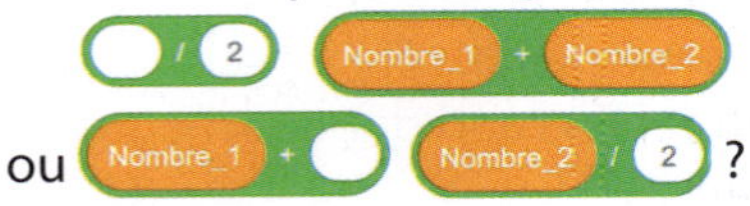

?

b. Comment complète-t-on la ligne **(2)** ?
c. Ouvrir le logiciel Scratch et saisir le script complété.
d. Tester le script avec les données de la question **1**.

3. Travail en binôme, à effectuer plusieurs fois, en alternant les rôles.
• Un élève choisit deux nombres entiers, inférieurs à 100, les écrit et exécute le script secrètement.
• L'autre élève calcule mentalement la moyenne des deux nombres et l'écrit.
• Les deux élèves vérifient les réponses en comparant la réponse écrite et celle du lutin.

64 Tice Construire un graphique et l'interpréter

Après un gros orage, on surveille la crue et la décrue d'une rivière qui traverse une commune.
On a relevé les débits de la rivière, en m^3 par seconde (m^3/s), pour les premières heures de l'épisode.

	A	B	C	D	E	F	G	H	I	J	K	L	M	N	O	P	Q	R	S	T	U	V
1	**Temps (en h)**	0	2	4	6	8	10	12	14	16	18	20	22	24	26	28	30	32	34	36	38	40
2	**Débit (en m^3/s)**	50	80	92	96	94	90	85	80	75	70	67	63	60	58	56	55	53	52	51	50,5	50,3

On se propose de représenter ces données par un graphique.

1. Télécharger la feuille de calcul ci-dessus sur le site compagnon.

2. a. Sélectionner le tableau et insérer un diagramme ( ).
Dans l'assistant de diagramme :
• choisir un type de diagramme : Ligne et (Points et lignes) ;
• préciser la plage de données : cocher comme ci-contre ;
• préciser les éléments du diagramme : décocher « Afficher la légende » et compléter les titres des axes. Cliquer sur Terminer.

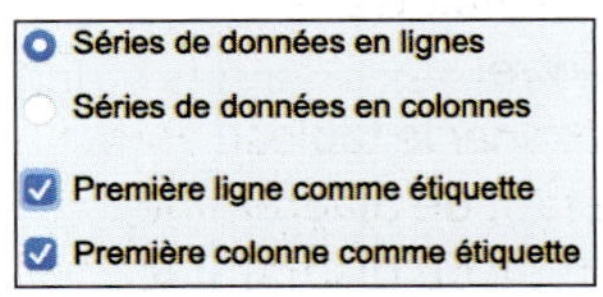

b. Faire un clic droit sur l'axe horizontal et cliquer sur Insérer la grille principale .
Faire un clic droit sur l'axe vertical et cliquer sur Insérer une grille secondaire .

3. a. En utilisant le graphique, et avec la précision permise par celui-ci, indiquer l'intervalle de temps pendant lequel le débit de la rivière est supérieur à 70 m^3/s, avec risque d'inondation.
b. Commenter l'évolution du débit de la rivière depuis le début de la crue.

65 Communiquer en anglais

Raisonner • Calculer • Communiquer

A family picked 50 mushrooms of various species from two forests.

• 30 mushrooms of which 40% boletus, in forest F1.
• 20 mushrooms of which 70% boletus, in forest F2.

a. Copy and fill in the table below with the frequency for each category.

	F1	F2	Total
Bolet			
Other			
Total			

b. Compute the relative frequency of boletus, in percentage, over all collected mushrooms.

66 Interpréter des données

Modéliser • Calculer • Communiquer

Chaque jour d'une semaine, une pharmacienne a noté le nombre de clients dans ce tableau.

Jour	L	Ma	Me	J	V	S
Effectif	12	45	54	39	30	60

Pour chaque affirmation, dire si elle est vraie ou fausse. Expliquer.

a. Un quart des clients sont venus le samedi.
b. 5 % des clients sont venus le lundi.
c. $\frac{5}{16}$ des clients sont venus le mardi.
d. Il y a eu en moyenne 40 clients par jour.

67 Tice Réaliser un diagramme circulaire

Représenter • Communiquer

En France, la destination des déchets ménagers récoltés en 2017 se répartit ainsi.

	A	B
1	Destination	Quantité (en millions de tonnes)
2	Compostage	6,4
3	Incinération	12,2
4	Recyclage	11,1
5	Stockage	8,5
6	Autres	0,8

Source : ADEME

1. Saisir la feuille de calcul ci-contre.

2. a. Sélectionner le tableau et insérer un diagramme. Dans l'assistant de diagramme :

• choisir le type du diagramme : Secteur et (Normal) ;
• préciser les éléments du diagramme : saisir le titre. Cliquer sur Terminer.

b. Sélectionner le diagramme et insérer des étiquettes de données. Les formater. Cocher « Afficher la valeur sous forme de pourcentage ».
Dans Placement, choisir « Adaptation optimale ».

68 Tice Réaliser un diagramme en bâtons

Représenter • Communiquer

Voici la répartition des salaires mensuels, en euros, des employés d'une entreprise.

	A	B	C	D	E	F	G
1	Salaire (en €)	1 800	1 900	2 000	2 100	2 200	2 300
2	Effectif	23	35	18	11	8	5

a. Saisir cette feuille de calcul.

b. Sélectionner le tableau et insérer un diagramme. Dans l'assistant de diagramme, sélectionner :

• type du diagramme : Colonne et (Normal) ;
• plage de données : cocher comme ci-contre ;
• éléments du diagramme : décocher « Afficher la légende » et compléter les titres des axes. Cliquer sur Terminer.

- (●) Séries de données en lignes
- ( ) Séries de données en colonnes
- [x] Première ligne comme étiquette
- [x] Première colonne comme étiquette

c. Sélectionner le diagramme et « Formater les séries de données… » puis, dans l'onglet « Options », régler « Espacement » sur 400 %.

69 Comprendre la notion de moyenne

Modéliser • Raisonner

Mehdi a eu trois notes cette semaine : 14 ; 9 et 13.

1. Vérifier que la moyenne de ces notes est 12.

2. Recopier chaque phrase et la compléter.

a. S'il avait eu moins de 14 à sa première note, sa moyenne aurait été … à 12.
b. S'il avait eu 6 points de plus à chaque note, sa moyenne aurait augmenté de … points.
c. S'il avait eu 6 points de plus à une note, sa moyenne aurait augmenté de … points.

70 Imaginer une situation

Chercher • Raisonner • Calculer

Cet été, quatre adolescents ont lu en moyenne 8 livres.
Ben : « Vous êtes deux à avoir lu plus de 8 livres ! »
Lila : « Non, nous sommes trois ! Et chacun de nous a lu au moins 3 livres. »
Comment cela est-il possible ?

71 Communiquer en anglais

Raisonner • Calculer • Communiquer

The number of teleworkers in a company of 5,000 was recorded for six weeks starting in May 2020.

Week	#19	#20	#21	#22	#23	#24
Frequency	500	620	965	830	725	1 640

Kate says: "On average, 20% of the staff have teleworked during this period."
Is that correct? Explain.

72 Traiter des données statistiques

Modéliser • Représenter

Des enfants ont compté leurs cycles respiratoires (composés d'une inspiration et d'une expiration) par minute, au repos. Voici leurs relevés.

25	20	24	22	25	22	23	20	26	27
23	24	25	23	20	28	30	23	27	24
20	25	22	23	23	27	28	20	24	25

a. Présenter ces données par un tableau comme commencé ci-dessous.

Rythme respiratoire	20	21	22
Effectif	5	0	3

b. Représenter ces données par un diagramme en bâtons.

73 Comprendre et expliquer

Chercher • Raisonner • Calculer

Au bord d'un lac, le responsable d'un centre de location de paddles a relevé le temps d'attente pour obtenir une planche, en min, de 50 clients.

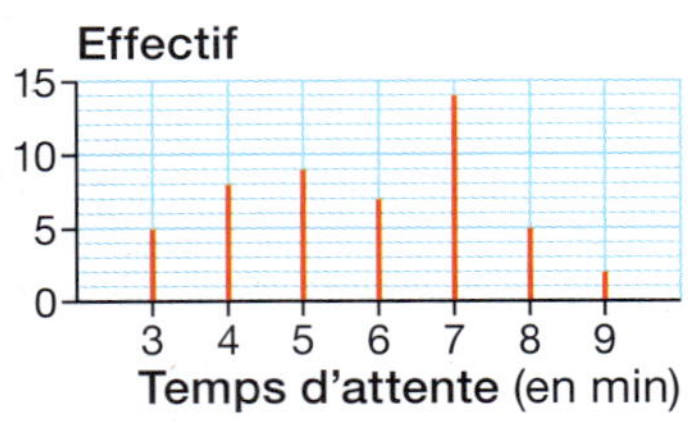

Il ajoutera une planche supplémentaire si le temps moyen d'attente dépasse 5 min.
Doit-il ajouter une nouvelle planche ? Expliquer.

74 Imaginer une stratégie

Chercher • Raisonner • Communiquer

Dans le monde, 4 300 milliards de mégots de cigarettes sont jetés chaque année dans les rues, …
Selon une association, cela correspond à une moyenne d'environ 136 000 mégots par seconde. Est-ce exact ?

75 Problème ouvert

Chercher • Raisonner • Calculer

Voici les résultats d'Ari lors d'une épreuve de tir à l'arc en deux manches ❶ et ❷ de 36 flèches chacune.

❶

Nombre de points	3	6	7	8	9	10
Nombre de flèches	2	3	2	9	13	7

❷

Nombre de points	5	6	7	8	9	10
Nombre de flèches	1	1	2	10	10	12

Pour calculer la moyenne d'Ari sur les deux manches, Edwin propose : « On calcule la moyenne par manche, on les ajoute puis on divise par 2. »
A-t-il raison ? Sinon, calculer autrement.

Narration de RECHERCHE

76 **PROBLÈME** Lors de la constitution du bureau d'une association, 5 personnes se présentent. Un participant note que Marion a 72 voix et Hugo 48 voix, que Lola a 10 % des voix, Tom 28 % et Hugo 12 %. Il ne note rien pour la 5e candidate, Louisa.
Le bureau est constitué des trois candidat(e)s ayant obtenu le plus de voix. Qui sont les élu(e)s ?

Raconter sur une feuille les différentes étapes de la recherche et les remarques qui ont fait changer de méthode ou qui ont permis de résoudre le problème.

Des défis

77 Calculer un écart

La moyenne d'âge d'Éva et de Tom est 11,5 ans.
La moyenne d'âges d'Éva et de Samir est 14 ans.
Combien d'années Samir a-t-il de plus que Tom ?

78 Résoudre une énigme

La moyenne de 64 nombres est 64.
La moyenne des 36 premiers nombres est 36.
Quelle est la moyenne des 28 derniers ?

Je prends des initiatives

TÂCHES COMPLEXES

79 PRÉSENTER des sondages

▸ La situation-problème

En imaginant être journaliste sur Internet, résumer dans un seul tableau les effectifs des différents sondages effectués par trois instituts sur le temps de trajet domicile-travail de salariés d'entreprises.

Doc. 1

Le sondage Ipof

Moins de 15 min	39 %
De 15 à 29 min	28 %
De 30 à 44 min	10 %
De 45 à 59 min	6 %
1 h et plus	4 %
Pas de trajet	13 %

Sondage réalisé auprès de 1 125 actifs.

Doc. 2

Le sondage Imagine

	Nombre de réponses
Moins de 15 min	320
De 15 à 29 min	360
De 30 à 59 min	210
1 h et plus	120

Doc. 3

Le sondage du site *La Planète* : 648 votes

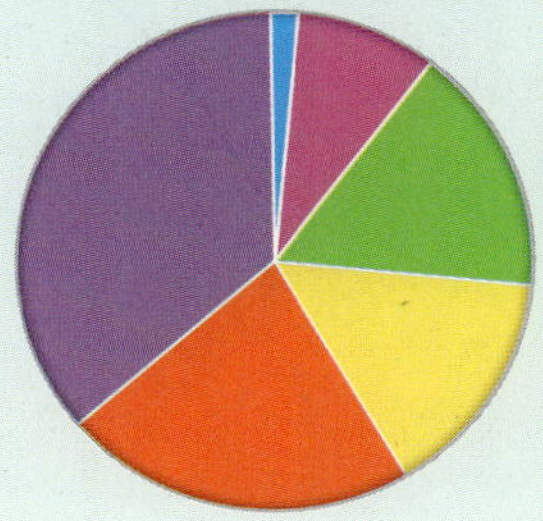

▸ Les supports de travail

Les documents, la calculatrice, les instruments de géométrie.

Toute piste de recherche, même non aboutie, figurera sur la feuille.

80 PRÉSENTER DES DONNÉES sur le climat à Brest

▸ La situation-problème

Solène habite à Brest. Pour le journal de son collège, elle souhaite :
• réaliser un diagramme qui représente les données climatiques de sa ville ;
• calculer la moyenne annuelle pour les différentes données et présenter les résultats.
Aider Solène à réaliser ces deux tâches.

▸ Les supports de travail

Les documents, la calculatrice, le tableur.

Toute piste de recherche, même non aboutie, figurera sur la feuille.

Doc. 1

Un tutoriel de réalisation

Télécharger le tableau sur le site compagnon.
• Le sélectionner et insérer un diagramme **Colonne et ligne** (Diagramme combiné : lignes et colonnes, avec 2 lignes).
• Double-cliquer sur une ligne de températures et choisir l'option **Axe Y secondaire** .
Faire de même avec l'autre ligne de températures.
• Donner des titres aux axes.

Doc. 2

Les données à Brest pour l'année 2020

Source : www.meteo.net

	A	B	C	D	E	F	G	H	I	J	K	L	M
1		J	F	M	A	M	J	Jt	A	S	O	N	D
2	**Précipitations** (en mm)	111	153	80	75	72	161	39	96	67	149	82	271
3	**Température Max** (en °C)	11	11	11	15	18	17	18	19	19	14	14	10
4	**Température Min** (en °C)	8	9	9	11	14	14	15	16	14	11	11	9

CHAPITRE

10

S'initier aux probabilités

La dernière crue centennale de la Seine a eu lieu pendant l'hiver 1910.
Chaque année, il y a 1 possibilité sur 100, qu'une telle crue se produise.
On sait calculer que, sur une période de 100 ans, la probabilité d'avoir au moins une crue centennale est environ 0,634, c'est-à-dire environ 634 possibilités sur 1 000.

Bien démarrer

Pour chaque question, une réponse ou plusieurs sont exactes.

		a	b	c
1	La fraction $\frac{13}{25}$ est égale à…	0,25	0,5	0,52
2	La proportion $\frac{5}{8}$ peut aussi s'exprimer sous la forme…	0,625	62,5 %	6,25 %
3	La fraction $\frac{9}{18}$ est égale à…	$\frac{1}{2}$	$\frac{1}{9}$	$\frac{3}{6}$
4	La somme $\frac{1}{12}+\frac{1}{12}+\frac{1}{12}+\frac{1}{12}$ est égale à…	$\frac{4}{48}$	$\frac{4}{12}$	$\frac{1}{3}$
5	Sur cette demi-droite graduée, la flèche rouge repère le nombre… 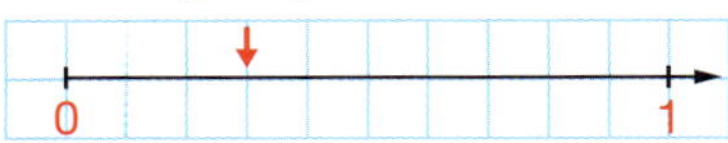	0,2	0,3	0,35
6	Une urne contient 3 boules rouges et 2 boules vertes. La proportion de boules rouges est …	$\frac{3}{5}$	$\frac{3}{2}$	$\frac{5}{3}$

Vérifie tes réponses p. 306

Je découvre

ACTIVITÉ

1 Appréhender le hasard

▸ Cours Paragraphes 1 et 2, p. 154

Voici une liste d'événements ; chacun d'eux peut se produire ou non.
(1) Demain a lieu le tirage de la loterie, mon billet va gagner le gros lot.
(2) Lou lance une pièce de monnaie, elle obtient Face.
(3) Le premier jour de l'année 2023 sera le 1er janvier.
(4) On lance un dé, on obtient la face numérotée 6.
(5) Je désigne au hasard un élève de ma classe, ce sera une fille.
(6) Paul choisit au hasard un nombre entier compris entre 1 et 10, il est différent de 5.
À l'aide de l'échelle ci-contre, qualifier ces événements suivant la probabilité qu'ils ont de se produire.

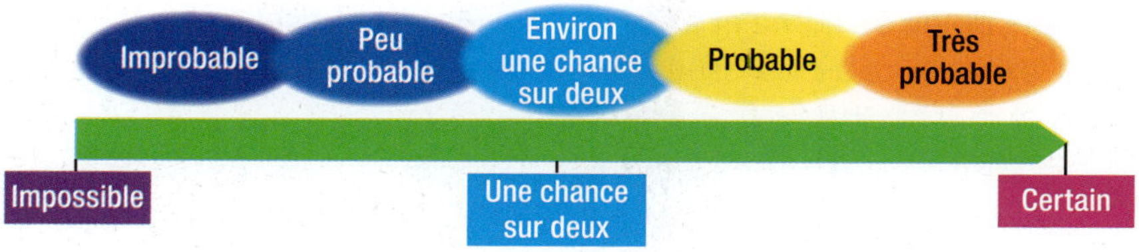

ACTIVITÉ

2 Introduire le vocabulaire des probabilités

▸ Cours Paragraphes 1 et 2, p. 154

Martin et Faïza jouent aux dés. Le dé de Faïza possède six faces numérotées de 1 à 6.
Martin qui aime gagner a un dé dont toutes les faces sont numérotées 6.
a. Faïza lance son dé. Peut-on prévoir à l'avance et avec certitude le numéro qu'elle va obtenir ?
Qu'en est-il lorsque Martin lance son dé ?
b. Recopier et compléter : « Il y a ... chance sur ... que Faïza obtienne le numéro 3. »
On dit que **la probabilité** de l'issue 3 est $\frac{1}{6}$.
c. Quelle est la probabilité d'obtenir le numéro 6 : • pour Faïza ? • pour Martin ?

Remarque
Dans la situation du **a**, on parle d'**expérience aléatoire**. Un **résultat** (ou une **issue**) de cette expérience est un numéro de 1 à 6.

ACTIVITÉ

3 Déterminer la probabilité d'un événement

▸ Cours Paragraphe 2, p. 154

À la fête foraine, une roue de loterie est divisée en douze secteurs identiques numérotés de 1 à 12.
Quatre secteurs sont coloriés en rouge et les huit autres en vert.
Caroline fait tourner la roue et observe le numéro obtenu.

1 Combien l'expérience compte-t-elle d'issues ?

2 On s'intéresse à l'**événement** « Caroline obtient un numéro inscrit sur un secteur vert ».
a. Quelles sont les issues qui réalisent cet événement ?
b. Recopier et compléter : « Il y a ... chances sur 12 que l'événement se réalise. »
c. En déduire la probabilité de cet événement.

3 Quelle est la probabilité que Caroline obtienne un numéro inscrit sur un secteur rouge ?

Cours

VIDÉOS de cours
jaicompris.com

1 Vocabulaire d'une expérience aléatoire

▶ Exercices 7 à 12

a. Expérience aléatoire

DÉFINITION Une expérience est dite **aléatoire** lorsqu'elle a plusieurs **issues** (ou **résultats**) possibles et que l'on ne peut pas prévoir avec certitude quelle issue se produira.

Exemple

On place dans une urne opaque cinq boules. Chacune d'elles porte une lettre du mot BOULE. Une expérience aléatoire consiste à tirer au hasard une boule de l'urne et à lire la lettre inscrite sur celle-ci.
L'expérience a cinq issues possibles, il s'agit des lettres B, O, U, L, E.

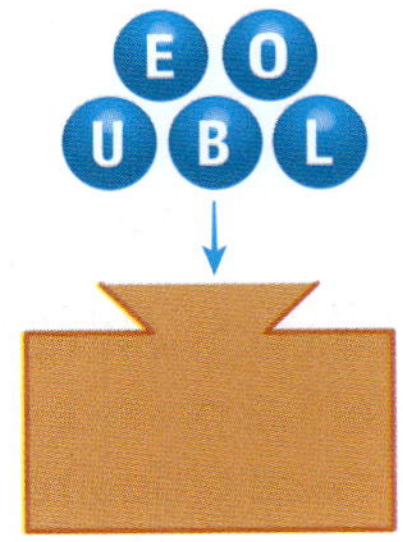

b. Événement

DÉFINITION Un **événement** est constitué par certaines issues d'une expérience aléatoire.
On le décrit par une phrase ou par la liste des issues qui le réalisent.

Exemple

On reprend l'exemple précédent.
L'événement « La lettre obtenue est une voyelle » est réalisé par les issues O, U et E.

2 Probabilité d'une issue, d'un événement

▶ Exercices 13 à 25

• Dans l'expérience décrite au paragraphe 1, il y a **1 chance sur 5** d'obtenir chacune des lettres.
On dit que chaque issue a pour **probabilité** $\frac{1}{5}$. On peut aussi exprimer cette probabilité par un nombre à virgule (0,2) ou sous la forme d'un pourcentage (20 %).

• La probabilité d'un événement estime les chances qu'il a de se produire, **cette probabilité est comprise entre 0 et 1**. Voici une **échelle de probabilités** :

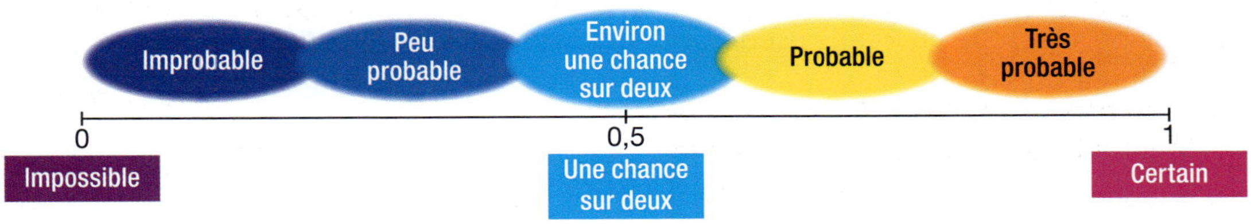

Plus un événement a de chances de se réaliser, plus sa probabilité est proche de 1.
Moins un événement a de chances de se réaliser, plus sa probabilité est proche de 0.

Exemple

On reprend l'exemple décrit au paragraphe 1.

La probabilité de l'événement « La lettre obtenue est une voyelle » est égale à $\frac{3}{5}$, soit 0,6.

Cet événement a plus d'une chance sur deux de se produire, il est probable.

J'applique le cours

1 Placer une issue sur une échelle de probabilités

EXERCICE RÉSOLU

ÉNONCÉ Une galette des Rois contient une fève. On partage cette galette en huit parts égales. Maria prend une part au hasard.
Reproduire l'échelle de probabilités ci-contre et situer la probabilité que Maria tombe sur la fève.

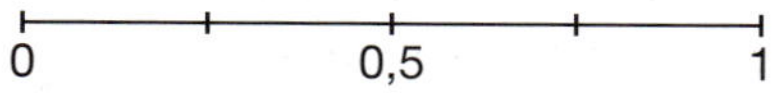

SOLUTION

Maria prend une part au hasard donc la probabilité que cette part contienne la fève est : $\frac{1}{8} = 0{,}125$.

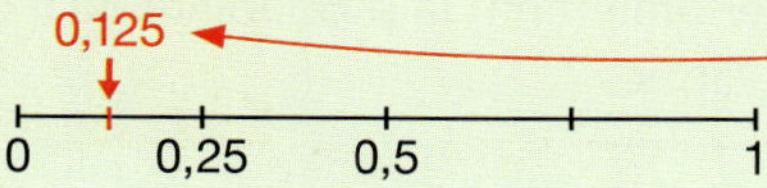

CONSEILS
- On peut imaginer que Maria prend une part sans voir la galette.
- On écrit la probabilité sous forme décimale.
- Cette issue est improbable.

À TON TOUR

2 Sur les dix billets d'un carnet de tombola, un seul est gagnant. Théo choisit au hasard un billet de ce carnet. Situer sur une échelle la probabilité que Théo obtienne le billet gagnant.

3 On tire au hasard une carte dans un jeu de 32 cartes. Sur l'échelle de probabilités ci-dessous, quelle lettre repère la probabilité de l'issue Roi de Pique ?

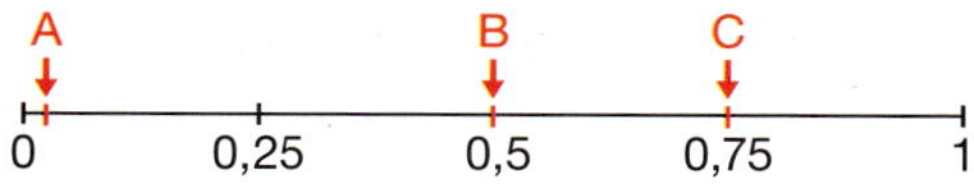

4 Déterminer la probabilité d'un événement

EXERCICE RÉSOLU

ÉNONCÉ La fonction `nombre aléatoire entre 1 et 100` du logiciel Scratch renvoie un nombre entier aléatoire compris entre 1 et 100.

a. Quelle est la probabilité de chacune des issues ?

b. Déterminer la probabilité d'obtenir un nombre supérieur ou égal à 75.

SOLUTION

a. Chaque issue, c'est-à-dire chaque nombre entier de 1 à 100, a pour probabilité $\frac{1}{100}$.

b. Parmi les nombres entiers de 1 à 100, 26 sont supérieurs ou égaux à 75 donc la probabilité d'obtenir un nombre supérieur ou égal à 75 est : $\frac{26}{100} = 0{,}26$.

CONSEILS
- On a 100 issues possibles et chacune a la même chance d'être obtenue.

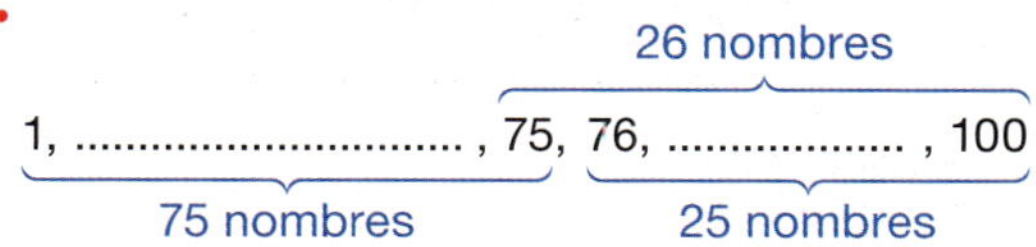

À TON TOUR

5 La fonction `nombre aléatoire entre 1 et 50` du logiciel Scratch renvoie un nombre entier aléatoire compris entre 1 et 50.

a. Quelle est la probabilité de chacune des issues ?

b. Déterminer la probabilité d'obtenir un nombre supérieur ou égal à 30.

6 Un sac contient vingt jetons identiques numérotés de 1 à 20. On tire au hasard un jeton du sac et on relève son numéro.

a. Quelle est la probabilité de l'issue 10 ?

b. Déterminer la probabilité d'obtenir un numéro compris entre 5 et 13.

Je travaille mes automatismes

Connaître le vocabulaire des probabilités

À l'oral

Questions flash

7 Une expérience consiste à compter le nombre de crayons dans la trousse de Léo.
S'agit-il d'une expérience aléatoire ?

8 On lance la boule au hasard sur cette roulette. Elle s'arrête sur l'une des cases dont on relève le numéro.
Quelles sont les issues de cette expérience aléatoire ?

9 On dispose d'une boîte et de six jetons représentés ci-contre. Ils sont de couleurs différentes et portent chacun un numéro de 1 à 6.

À l'aide de ce matériel, décrire une expérience aléatoire et indiquer ses issues.

10 La roue de loterie représentée ci-contre est équilibrée et divisée en huit secteurs de même forme. Chaque secteur est numéroté et de couleur grise ou blanche.
On fait tourner la roue et on observe le secteur repéré.

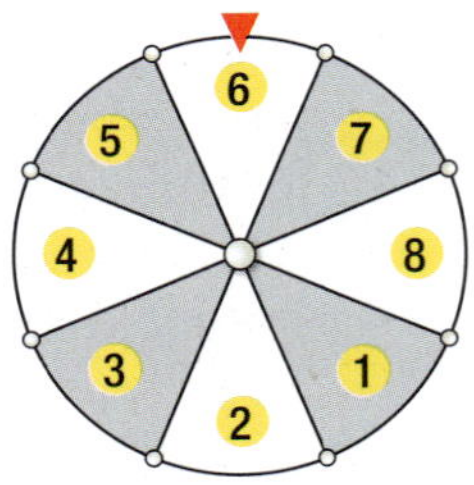

a. On s'intéresse au numéro du secteur.
Quelles sont les issues de l'expérience aléatoire ?
b. On s'intéresse à la couleur du secteur.
Quelles sont les issues de l'expérience aléatoire ?

11 CORRIGÉ en vidéo jaicompris.com

Sur une grille de jeu, figurent les numéros de 1 à 49. Émile coche un numéro au hasard.
a. Combien l'expérience compte-t-elle d'issues ?
b. Déterminer le nombre d'issues qui réalisent l'événement « Le nombre coché par Émile a deux chiffres ».

12 Une urne contient six boules, chacune d'elles porte une lettre du mot N U M E R O.
On tire au hasard une boule de l'urne et on note la lettre obtenue.
Quelles sont les issues qui ne réalisent pas l'événement « Obtenir une voyelle » ?

Déterminer la probabilité d'une issue

À l'oral

Questions flash

13 Awa et Ilan lancent un dé équilibré à six faces numérotées de 1 à 6 .
Avant de lancer le dé, Awa parie sur la face 3 et Ilan sur la face 6.
Awa affirme : « J'ai plus de chances de gagner que toi. » A-t-elle raison ? Expliquer.

14 Victor choisit une carte au hasard dans un jeu de 52 cartes.
Indiquer oralement la probabilité qu'il obtienne le 5 de Pique.

15 Les cinq secteurs de la roue de loterie équilibrée ci-contre sont identiques et portent chacun une figure. On fait tourner la roue et on observe la figure qui s'arrête en face du repère.

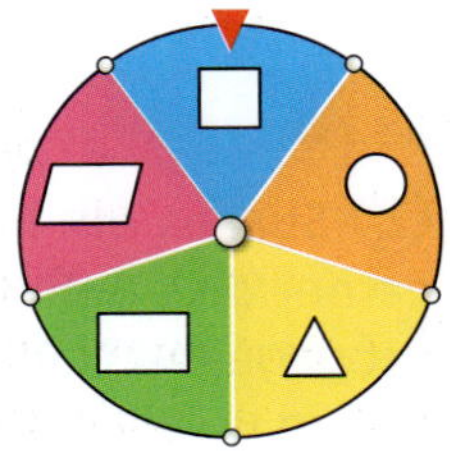

a. Recopier et compléter la phrase : « Il y a ... chance sur ... d'obtenir le triangle. »
b. Donner la probabilité de chacune des issues de cette expérience aléatoire.

16 L'urne représentée ci-dessous contient huit boules de même forme. Chacune d'elles porte une lettre.
On tire au hasard une boule de l'urne et on note la lettre obtenue.

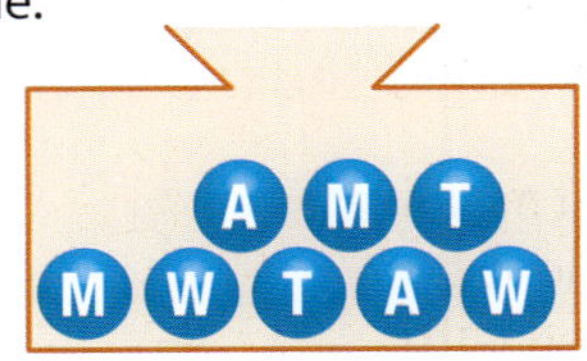

a. Quelles sont les issues de cette expérience aléatoire ?
b. Recopier et compléter la phrase : « Il y a ... chances sur 8 d'obtenir la lettre A. »
Quelle est la probabilité de l'issue A ?
c. Quelle est la probabilité de chacune des autres issues ?

17 Dans un script Scratch, on peut lire l'instruction :

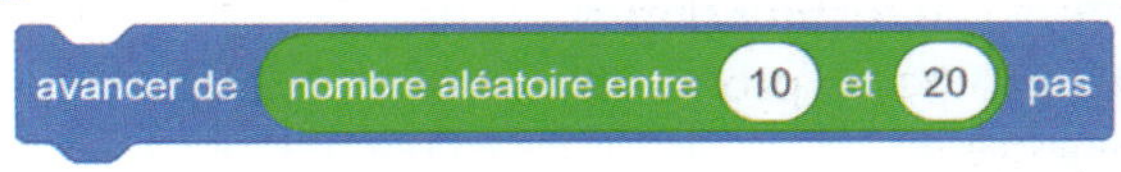

Lorsqu'elle est exécutée, quelle est la probabilité que le lutin avance de 15 pas ?

Déterminer la probabilité d'un événement

À l'oral — **Questions flash**

18 Pour chacune des expériences suivantes, dire si l'événement noté E est impossible, peu probable, probable ou certain.

a. On choisit au hasard un mois de l'année.
E : « Il est formé de 32 jours »

b. On lance un dé à six faces numérotées de 1 à 6 et on relève le numéro de la face supérieure.
E : « Le nombre obtenu est inférieur à 7 »

c. Une tombola compte 1 000 billets dont 50 gagnants. Pierre achète un billet.
E : « Le billet de Pierre est gagnant »

d. On désigne au hasard un élève d'une classe.
E : « Il porte un vêtement vert. »

19 Une urne contient trois boules rouges et deux boules vertes.
On tire au hasard une boule de l'urne.
A-t-on autant de chances de tirer une boule verte qu'une boule rouge ? Expliquer.

20 Trois événements A, B et C ont pour probabilités respectives $\frac{1}{4}$, 45 % et 0,3.
Ranger ces événements du moins probable au plus probable.

21 Le Rami se joue avec deux jeux de 52 cartes classiques et 4 jokers.
Ces cartes sont mélangées et Clément tire au hasard une carte du paquet.

Quelle est la probabilité que Clément obtienne un joker ? Simplifier la fraction obtenue.

22 Une roue de loterie est divisée en six secteurs identiques numérotés et de couleurs différentes.
On fait tourner la roue et on s'intéresse au secteur obtenu.

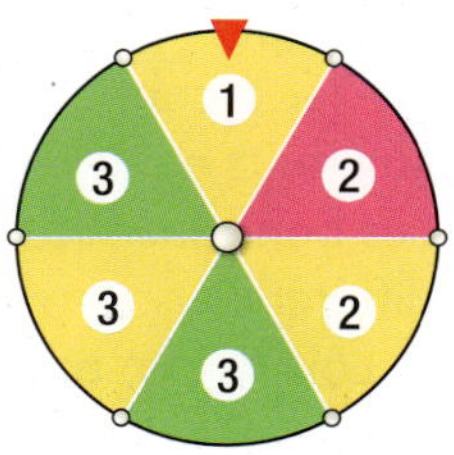

Déterminer la probabilité que ce secteur :

a. soit vert ; **b.** porte le numéro 3 ;
c. soit jaune et porte le numéro 2.

23 Un sac contient 100 jetons numérotés de 1 à 100.
On tire au hasard un jeton et on note le numéro obtenu.
Voici quatre événements :
E : « Le numéro obtenu est pair » ;
F : « Le numéro obtenu est un multiple de 5 » ;
G : « Le numéro obtenu est inférieur ou égal à 75 » ;
H : « Le numéro obtenu contient au moins une fois le chiffre 0 ».
Reproduire l'échelle de probabilités ci-dessous et la compléter en reportant les événements et leurs probabilités.

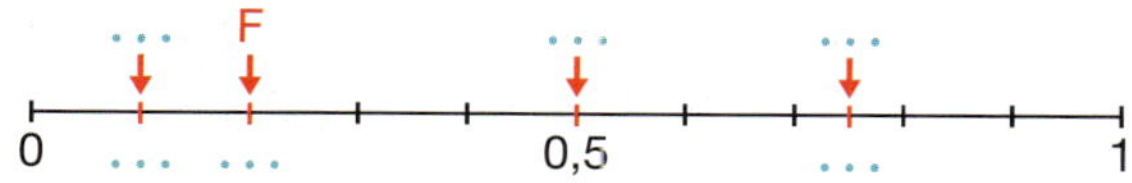

24 CORRIGÉ en vidéo — jaicompris.com

Une urne contient des boules colorées et sur chaque boule est inscrite une lettre.
Le tableau suivant donne la répartition des boules.

Lettre \ Couleur	Bleu	Vert	Jaune
X	3	2	5
Y	2	6	2

1. Combien y a-t-il de boules dans l'urne ?

2. On tire une boule au hasard, on note sa couleur et la lettre qu'elle porte.

a. Vérifier qu'il y a 1 chance sur 10 d'obtenir une boule verte portant la lettre X.

b. Quelle est la probabilité d'obtenir une boule jaune ?

c. A-t-on autant de chances d'obtenir une boule portant la lettre X qu'une boule portant la lettre Y ?

d. Quelle est la probabilité de ne pas obtenir une boule bleue ?

25 Romane, Mathis et Célia échangent sur la probabilité d'un événement.

Célia a raison, expliquer pourquoi.

Connaître le vocabulaire des probabilités

26 On dispose de deux dés, l'un rouge et l'autre vert.

On lance les deux dés et on note les deux numéros obtenus.
On forme alors un nombre dont le chiffre des dizaines est le nombre obtenu avec le dé rouge et le chiffre des unités celui obtenu avec le dé vert.
Quelles sont les issues de cette expérience aléatoire, c'est-à-dire les nombres que l'on peut ainsi former ?

27 **Algo** Voici un script Scratch qui réalise la simulation du lancer d'un dé équilibré dont les faces sont numérotées de 1 à 6.

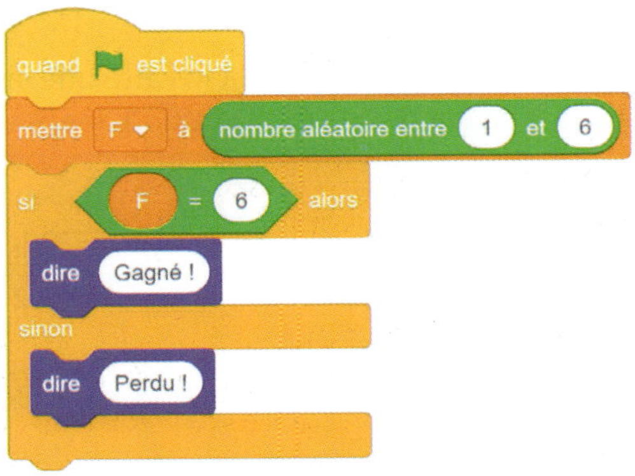

Donner les issues qui réalisent l'événement :
a. « Le lutin énonce Gagné ! » ;
b. « Le lutin énonce Perdu ! ».

28 CORRIGÉ en vidéo jaicompris.com

Une boîte contient huit papiers numérotés :

7, 15, 21, 27, 32, 35, 39, 49.

On tire au hasard un papier et on lit son numéro.
1. Citer les issues qui réalisent l'événement :
a. « Obtenir un multiple de 3 » ;
b. « Obtenir un multiple de 7 ».
2. Existe-t-il une issue qui ne réalise aucun des deux événements précédents ?

29 **Jeux et casse-tête** Une roue de loterie est divisée en 24 secteurs identiques numérotés de 1 à 24.
Sarah et Louis font tourner la roue. Sarah parie que le numéro sorti sera pair et Louis qu'il sera impair.
Lequel des deux amis a le plus de chances de gagner son pari ?

Déterminer une probabilité

30 Voici les patrons de trois dés équilibrés.

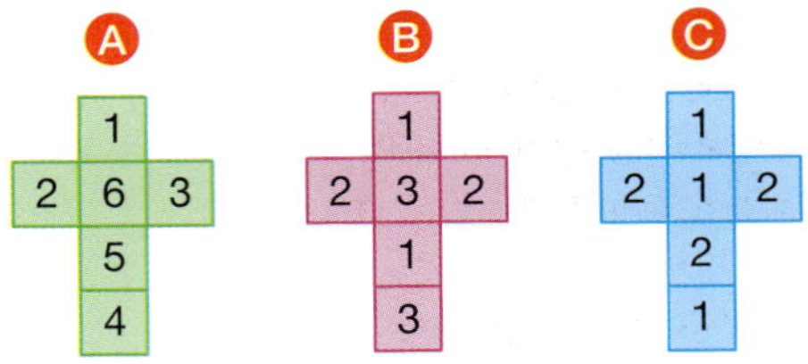

On lance un dé et on note le numéro inscrit sur la face supérieure. Pour chaque dé :
a. indiquer les issues de l'expérience ;
b. donner la probabilité de chaque issue à l'aide d'une fraction la plus simple possible.

31 Les trois urnes ci-dessous contiennent des boules de couleur.
On tire une boule au hasard dans l'une des urnes.

Pour chaque urne, on a repéré par une lettre sur une échelle de probabilités, la probabilité d'obtenir la boule rouge.

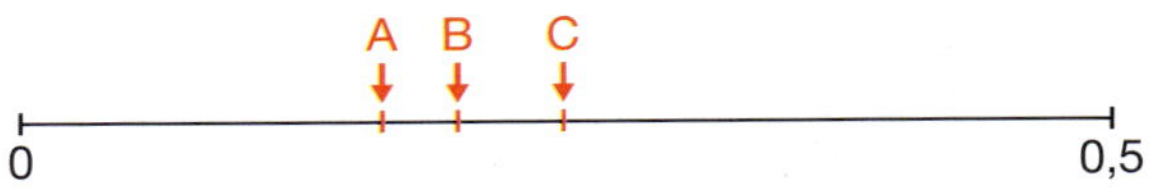

Associer chaque lettre à l'urne qui lui correspond.

32 Kenzo a lancé trois fois de suite un dé équilibré.
À chaque lancer, il a obtenu la face numérotée 6.
Il lance alors le dé une quatrième fois.
Quelle est la probabilité que Kenzo obtienne une nouvelle fois la face 6 ?

33 Lola dispose de deux sacs :
- le sac A contient 6 bonbons aux fruits et 10 bonbons au chocolat ;
- le sac B contient 8 bonbons aux fruits et 12 bonbons au chocolat.

Les bonbons sont enveloppés et on ne peut pas les différencier.
a. Lola tire un bonbon du sac A.
Quelle est la probabilité que ce bonbon soit aux fruits ?
b. Lola préfère les bonbons au chocolat.
Dans quel sac a-t-elle le plus de chances de tirer un bonbon au chocolat ? Expliquer.

34 Un magazine de voyages contient 85 pages réparties de la façon suivante :
- trois cinquièmes de reportages ;
- 19 pages de photographies ;
- 5 pages pour le sommaire et les jeux ;
- le reste pour les publicités.

On ouvre le magazine et on désigne une page au hasard.

1. Donner la probabilité de tomber :
a. sur une page de reportages ;
b. sur une page de photographies.
2. Déterminer la probabilité de tomber sur une page de publicités.

35 **Algo** Dans sa tirelire, Alice dispose de 15 pièces de 1 € ou 2 €.

Le programme Scratch ci-dessous simule le choix au hasard d'une pièce de la tirelire et donne sa valeur.

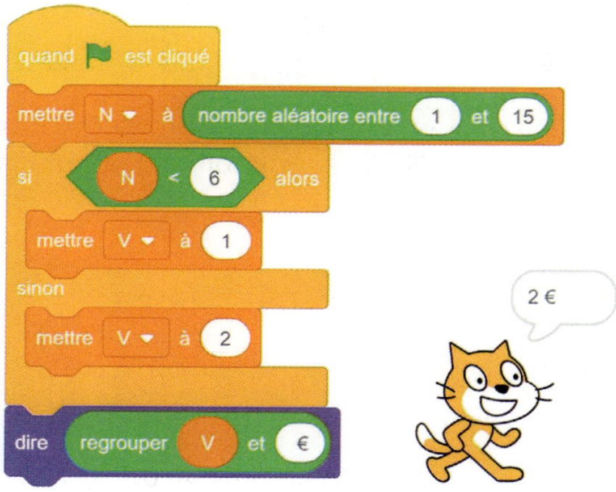

1. Combien la tirelire compte-t-elle :
a. de pièces de 1 € ? **b.** de pièces de 2 € ?
2. En déduire la probabilité d'obtenir :
a. une pièce de 1 € ; **b.** une pièce de 2 €.

36 **Jeux et casse-tête** Enzo a deux dés équilibrés, un dé cubique dont les faces sont numérotées 1 ; 1 ; 2 ; 2 ; 3 ; 3 et un dé en forme de pyramide à base triangulaire dont les faces sont numérotées 1 ; 2 ; 3 ; 5.

Enzo lance un dé au choix et effectue la somme des numéros visibles. Pour gagner, il doit obtenir une somme égale à 10.
Avec quel dé Enzo a-t-il le plus de chances de gagner ?

Synthèse

Utiliser les probabilités

37 À la fête foraine, il y a deux roues de loterie équilibrées. Chacune est formée de secteurs identiques.

On gagne si le repère marque la couleur verte.

Objectif Déterminer la roue avec laquelle il est préférable de jouer.

1. Pour chacune des roues, donner :
a. le nombre de secteurs et le nombre de secteurs verts ;
b. la probabilité d'obtenir un secteur vert.
2. Comparer les probabilités obtenues et conclure.

38 Au collège, Tom doit choisir un code formé de trois lettres pour fermer son casier. Il décide d'utiliser les trois lettres de son prénom dans un ordre quelconque.

Objectif Déterminer la probabilité que le code choisi soit « MOT ».

a. Écrire tous les codes commençant par : • T • O • M
b. En déduire la probabilité que le code choisi soit « MOT ».

39 Louisa a téléchargé une liste de dix chansons sur son téléphone. Trois titres de l'artiste Angèle figurent dans cette liste. Louisa utilise la fonction aléatoire de son téléphone qui choisit de diffuser au hasard un titre parmi ceux enregistrés.
Cette fonction évite la répétition deux fois de suite d'un même titre.

Objectif Calculer des probabilités concernant les deux premiers titres écoutés par Louisa.

1. Déterminer la probabilité que le 1er titre diffusé soit un titre d'Angèle.
2. Dans chaque cas, déterminer la probabilité que le 2e titre diffusé soit un titre d'Angèle.
a. Le 1er titre est un titre d'Angèle.
b. Le 1er titre n'est pas un titre d'Angèle.

Parcours différenciés

Je m'évalue

Pour chaque question, une seule réponse est exacte.

QCM supplémentaires
college.nathan.fr/tm5160

	a	b	c	En cas d'erreur
40 Une expérience aléatoire consiste par exemple à…	lancer un dé où 6 figure sur chaque face	demander son prénom à sa maman	lancer une pièce de 1 € non truquée	Cours 1 p. 154
41 On choisit au hasard un mois de l'année. L'événement « Le mois compte 30 jours » est réalisé par…	4 issues	6 issues	7 issues	
42 Voici un patron d'un dé équilibré. On lance ce dé et on s'intéresse à la couleur de la face obtenue. Une face bleue est obtenue avec… 	1 chance sur 6	1 chance sur 2	3 chances sur 4	Cours 2 p. 154
43 Hélène tire au hasard une carte dans un jeu des 7 familles. Il y a 6 cartes dans chaque famille. La probabilité qu'elle obtienne une carte « grand-père » est…	$\frac{1}{6}$	$\frac{1}{7}$	$\frac{1}{42}$	
44 Une boîte contient 6 cubes : 1 jaune, 2 bleus et 3 verts. On tire un cube au hasard. Sur cette échelle, l'événement « La couleur obtenue est bleue » est repéré par la lettre… 	A	B	C	Ex. 1 p. 155
45 À l'aide d'un script Scratch, on obtient un nombre entier aléatoire compris entre 1 et 50. L'échelle de probabilités sur laquelle figurent les événements ci-dessous est… X : « Le nombre est multiple de 5 » ; Y : « Le nombre est multiple de 10 ».	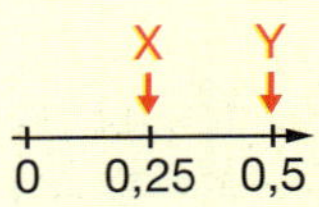	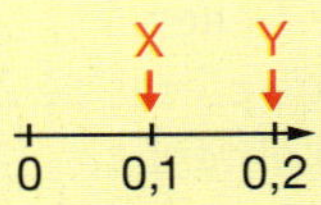	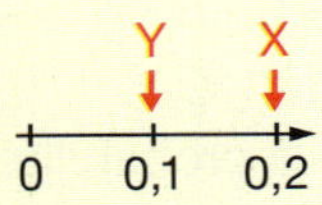	
46 Une urne contient 26 jetons et chaque jeton porte une lettre de l'alphabet. Aline tire au hasard un jeton, la probabilité qu'elle obtienne une consonne est…	$\frac{3}{13}$	$\frac{10}{13}$	1	Ex. 4 p. 155

Je réalise mon parcours

Selon ton score page précédente

Parcours conseillé
- Entre **0 et 3 bonnes réponses** : drapeau vert
- **4 ou 5 bonnes réponses** : drapeau bleu
- **6 bonnes réponses ou plus** : drapeau rouge

47 Déterminer la probabilité d'une issue

Un sac contient des jetons numérotés de 10 à 25.
Flora tire au hasard un jeton et note son numéro, elle ne le remet pas dans le sac.
Djamel tire ensuite un jeton dans les mêmes conditions.
Et ainsi de suite.

PARCOURS 1

On s'intéresse au 1er tirage de Flora.

Comment détermine-t-on la probabilité que Flora tire le jeton 22 ?

Il faut connaître le nombre d'issues et le nombre de jetons 22.

a. Recopier et compléter : « Les issues de l'expérience aléatoire sont les numéros de ... à .... »
b. Combien d'issues l'expérience compte-t-elle ?
c. Quelle est la probabilité que Flora obtienne le jeton 22 ?

PARCOURS 2

Flora a tiré en premier le jeton 13.
Quelle est alors la probabilité que Djamel tire le jeton 22 ?

PARCOURS 3

Flora et Djamel ont tiré successivement les jetons 16 ; 14 ; 23 ; 19.
C'est au tour de Flora de jouer.
Quelle est la probabilité qu'elle obtienne le jeton 25 ?

48 Déterminer la probabilité d'un événement

Une roue de loterie équilibrée est divisée en 16 secteurs identiques.
On fait tourner la roue et on s'intéresse au secteur marqué par le repère.
L'expérience aléatoire compte ainsi 16 issues possibles.
Le gain du joueur dépend de la couleur du secteur repéré :
- Rouge : 100 jetons
- Bleu : 50 jetons
- Jaune : 20 jetons
- Vert : 10 jetons

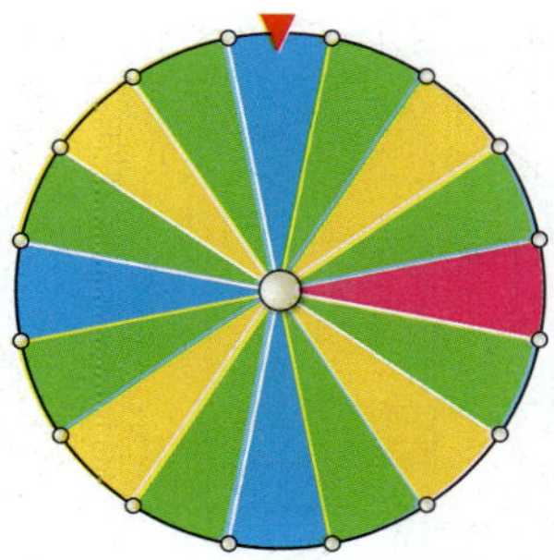

PARCOURS 1

On s'intéresse à la probabilité de l'événement « Le gain s'élève à 50 jetons ».

Comment détermine-t-on la probabilité d'un événement ?

Facile ! on compte le nombre d'issues qui réalisent cet événement.

a. Recopier et compléter : « L'événement est réalisé par ... issues. »
b. En déduire la probabilité cherchée.

PARCOURS 2

Quelle est la probabilité de chacun des événements :
a. « Le gain est de 50 jetons ou plus » ;
b. « Le gain est de 20 jetons ou plus ».

PARCOURS 3

Déterminer la probabilité de l'événement « Le gain est inférieur à 25 jetons ».

Simuler des expériences aléatoires

49 Algo Simuler le lancer d'un dé

▸ Livret Scratch p. 3 et 4

Alex dispose d'un dé équilibré ayant la forme d'une pyramide à base triangulaire.
Sur chacune des quatre faces est écrite une lettre de son prénom.
Il lance le dé, s'intéresse à la lettre de la face cachée et note cette lettre.

1. a. Quelles sont les issues de cette expérience aléatoire ?

b. Quelle est la probabilité qu'Alex note la lettre X ?

2. Alex a commencé à écrire un script Scratch afin de simuler cette expérience aléatoire.

a. Proposer une façon de compléter les lignes **(1)**, **(2)**, **(3)** et **(4)** du script.

b. Ouvrir le logiciel Scratch, saisir le script complété et l'exécuter afin de simuler l'expérience aléatoire.

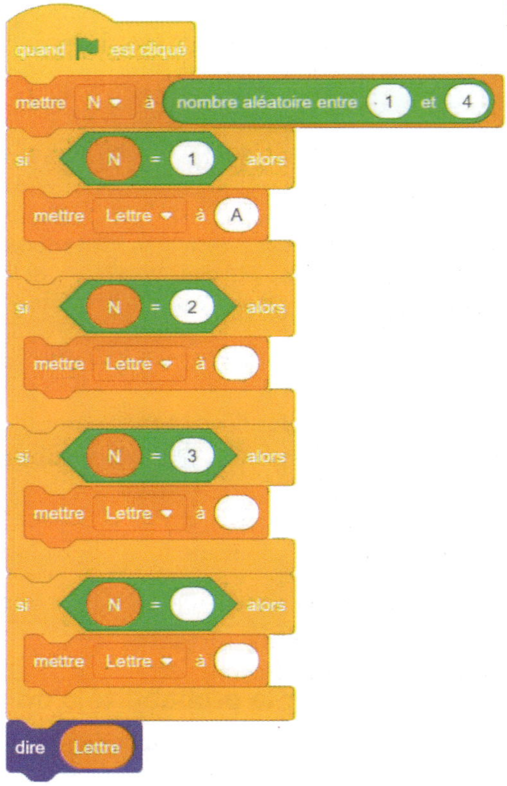

50 Tice Obtenir des codes aléatoires

À l'entrée d'un immeuble, un digicode commande l'ouverture de la porte.
Le code d'ouverture est formé de trois chiffres.

1.a. Expliquer pourquoi il y a 1 000 codes différents possibles.

b. Quelle probabilité a-t-on de saisir le bon code en tapant trois chiffres au hasard ? Sur l'échelle de probabilités ci-contre, quelle lettre repère cette probabilité ?

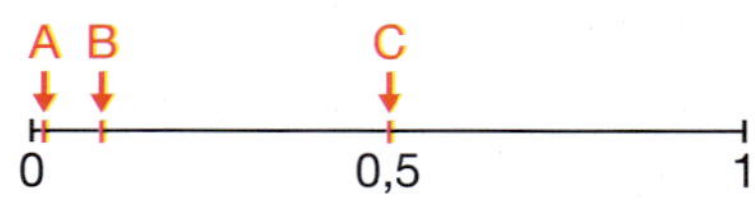

2. On se propose de réaliser à l'aide du tableur une feuille de calcul qui affiche un code au hasard.

a. Dans la cellule A1, saisir la formule :

=ALEA.ENTRE.BORNES(0;9)

	A	B	C
1	7	4	1

b. Recopier cette formule en B1 et C1.

c. Recalculer plusieurs fois la feuille (Ctrl+Maj+F9) afin d'obtenir des exemples de codes aléatoires.

51 Communiquer en anglais

Raisonner • Communiquer

A box contains sweets of different colours: orange, green, purple, red and yellow.
There is the same number of sweets for each colour.
Harry picks randomly one sweet from the box.
What is the probability that Harry picks an orange sweet or a purple sweet?

52 Comparer des probabilités

Raisonner • Calculer • Communiquer

À la fête foraine, dans un stand, sont disposées trois roues de loterie. Les secteurs d'une même roue sont identiques.

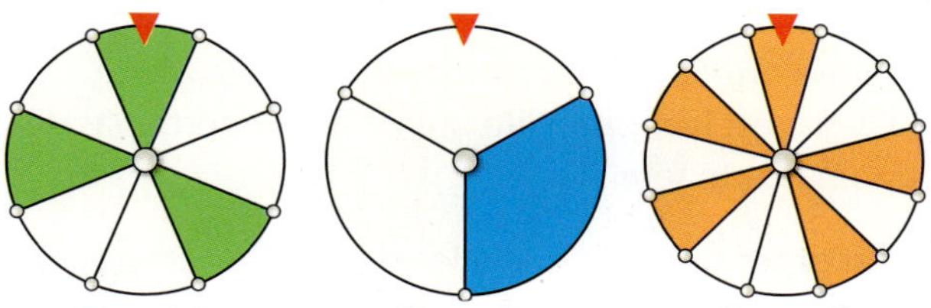

Roue A — Roue B — Roue C

Un joueur choisit une roue, la fait tourner et gagne un lot si le repère marque un secteur coloré.
Avec laquelle des trois roues est-il préférable de jouer ?

53 Choisir un jour au hasard

Raisonner • Calculer

Pour organiser une fête, un groupe d'amis choisit au hasard un jour du mois de juillet.
Par la suite, donner la valeur exacte et une valeur approchée au centième près de chaque résultat.
Déterminer la probabilité que ce jour tombe :

a. le 14 juillet ;
b. dans la première quinzaine de juillet ;
c. dans la dernière décade de juillet.

54 Algo Choisir un nombre au hasard

Chercher • Raisonner • Calculer

Dans un programme, l'affectation suivante est exécutée :

a. Déterminer la probabilité de l'événement :
- « N est un carré » ;
- « N est un cube ».

b. Quelle est la probabilité que les deux événements précédents soient réalisés simultanément ?

55 Compter des dominos

Raisonner • Calculer

Voici les 28 pièces d'un jeu de dominos.

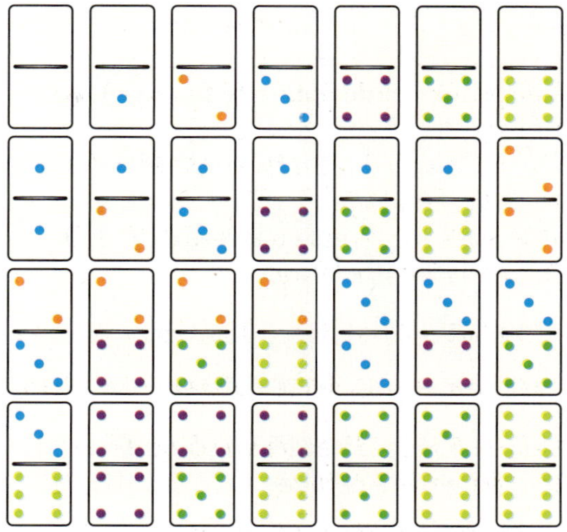

Les dominos sont mélangés et retournés sur une table.
On choisit un domino au hasard.

1. Quelle est la probabilité d'obtenir un double, c'est-à-dire un domino avec deux cases identiques ?
2. Quelle est la probabilité que la somme des points marqués sur le domino soit :
a. égale à 6 ?
b. supérieure ou égale à 6 ?

56 Jouer à la bataille navale

Raisonner • Calculer

Sur sa grille de bataille navale, Gaston a placé un porte-avions (5 cases), un croiseur (4 cases), un contre-torpilleur (3 cases), un sous-marin (3 cases) et un torpilleur (2 cases).

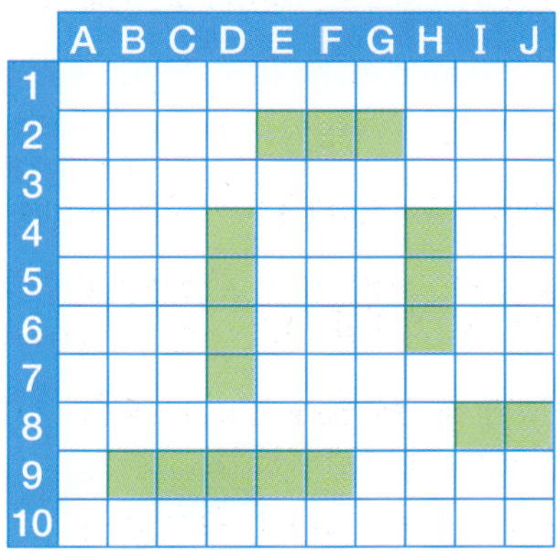

Lors du premier tir de son adversaire, quelle est la probabilité que :
a. le porte-avions soit touché ?
b. le sous-marin soit touché ?
c. l'un de ses bâtiments soit touché ?

57 Algo Comprendre et expliquer

Raisonner • Communiquer

Voici un script écrit avec le langage Scratch.

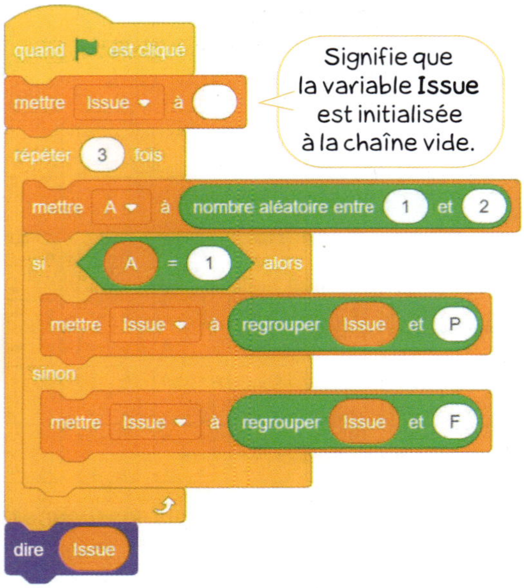

Une expérience aléatoire consiste à exécuter ce script et à noter le message énoncé par le lutin à la fin de son déroulement.

Quelle est la probabilité que ce message soit formé de trois lettres identiques ?

58 Imaginer une stratégie

Chercher • Modéliser • Raisonner

Pour se rendre au collège (Co) depuis son habitation (Ha), Kenji a le choix entre plusieurs trajets.
Sur le plan ci-dessous, il suit les directions fléchées et ne revient pas en arrière.

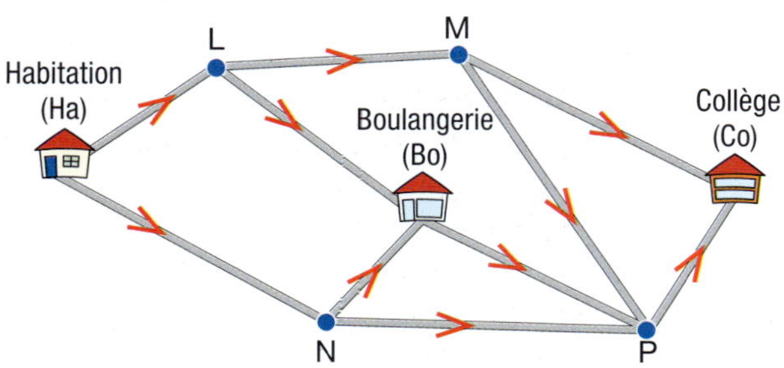

Ce matin, Kenji choisit un trajet au hasard.
Quelle est la probabilité que Kenji passe devant la boulangerie (Bo) ?

59 Problème ouvert

Chercher • Raisonner • Communiquer

Un ascenseur dessert cinq étages.
Deux personnes le prennent au rez-de-chaussée et on ne connaît pas l'étage auquel chacune d'elles va descendre.
Quelle est la probabilité que ces deux personnes descendent toutes les deux au 5e étage ?

Narration de RECHERCHE

60 PROBLÈME Arthur se rend à une fête, il ne sait pas quelle tenue choisir et décide alors de prendre au hasard une chemise et un pantalon.
Dans son armoire, il dispose de quatre chemises (une bleue, deux blanches et une noire) et de trois pantalons (un bleu, un gris et un noir).
Quelle est la probabilité qu'Arthur ne porte pas de noir à cette fête ?

Raconter sur une feuille les différentes étapes de la recherche et les remarques qui ont fait changer de méthode ou qui ont permis de résoudre le problème.

Des défis

61 Compter des cubes

Un cube dont les faces sont colorées est divisé en 27 petits cubes identiques comme le montre la photo ci-contre.
On détache ces 27 cubes et on les place dans un sac puis on tire au hasard un cube du sac.

Quelle est la probabilité que ce cube ait au plus une face colorée ?

62 Tirer un jeton

Une urne contient trois jetons carrés noirs, un jeton carré blanc, deux jetons ronds noirs et quatre jetons ronds blancs.
On tire un jeton au hasard, on observe sa forme et sa couleur.
A-t-on plus de chances de tirer un jeton noir ou un jeton rond ?

Je prends des initiatives

TÂCHES COMPLEXES

63 SIMULER une expérience aléatoire

La situation-problème

Lisa possède un dé équilibré dont les six faces sont numérotées de façon inhabituelle.
Elle a commencé à écrire un script avec le langage Scratch afin de simuler le lancer de son dé.
Ouvrir le logiciel Scratch, saisir en le complétant le script de Lisa et tester le script obtenu.

Doc. 1

Un patron du dé

Doc. 2

Le script de Lisa

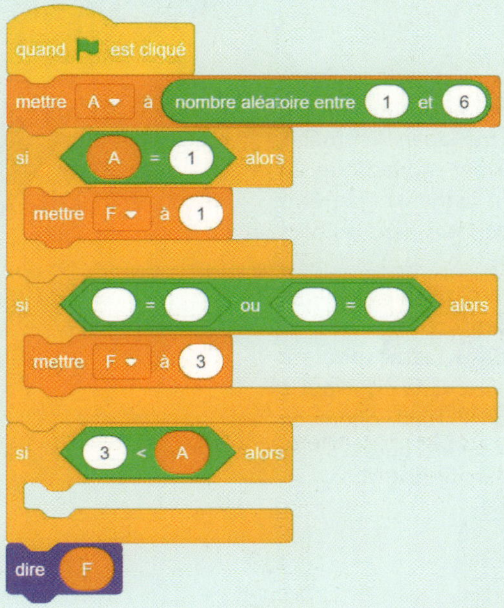

Doc. 3

L'opérateur « ou »

x désigne un nombre relatif, la condition

est vraie lorsque x = –1 ou bien lorsque x = 1 et fausse pour les autres valeurs de x.

Les supports de travail

Les documents, l'ordinateur, le logiciel Scratch.
Toute piste de recherche, même non aboutie, figurera sur la feuille.

64 COLORIER des drapeaux

La situation-problème

Marie-Pierre choisit au hasard trois crayons de couleur dans sa trousse afin de colorier un drapeau.
Déterminer, pour chaque drapeau, la probabilité que Marie-Pierre puisse le colorier.

Doc. 1

Les drapeaux

Sénégal Italie Autriche

Doc. 2

Le matériel de Marie-Pierre

- Au départ, la feuille est blanche.
- La trousse contient :
  – un crayon rouge ;
  – un crayon bleu ;
  – un crayon jaune ;
  – un crayon vert.
- La trousse est opaque et les crayons sont indiscernables au toucher.

Les supports de travail

Les documents.
Toute piste de recherche, même non aboutie, figurera sur la feuille.

CHAPITRE
11
Étudier des situations de proportionnalité

En France, depuis le 1er janvier 2019, tous les emballages ménagers (en métal, en carton, en plastique, en papier) se trient et peuvent être déposés dans les bacs jaunes.
Grâce à ce recyclage, le rejet de 1,6 million de tonnes de CO_2 dans l'atmosphère a été évité. Cela équivaut à environ 800 000 voitures en moins sur les routes.

Bien démarrer

Pour chaque question, une réponse ou plusieurs sont exactes.

		a	b	c
1	Le coefficient de proportionnalité indiqué sur ce tableau est… **Nombre de boîtes** : 4 ; **Prix** (en €) : 10 ; × …	6	0,4	2,5
2	10 L d'essence coûtent 15 €. Donc…	5 L coûtent 7,50 €	15 L coûtent 22,50 €	20 L coûtent 25 €
3	Cinq boîtes de conserve identiques pèsent 3,75 kg. Une boîte pèse…	1,25 kg	0,75 kg	0,8 kg
4	Le corps d'un adulte contient environ 60 % d'eau. Donc le corps d'un adulte qui pèse…	60 kg contient 100 L d'eau	70 kg contient 42 L d'eau	80 kg contient 48 L d'eau
5	On agrandit un carré de côté 6 cm dans le rapport $\frac{3}{2}$. Le carré obtenu a pour côté…	7,5 cm	9 cm	15 cm

Vérifie tes réponses p. 306

ACTIVITÉ

1 Calculer une quatrième proportionnelle

Cours Paragraphe 2, p. 168

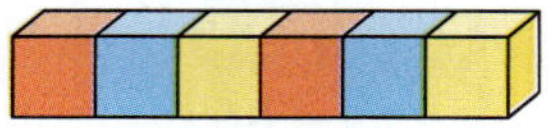

Un alignement de six cubes tous identiques mesure 10,8 cm de longueur (les cubes sont accolés).

1 Trois élèves ont calculé la longueur d'un alignement de 15 de ces cubes. Voici une partie de leur travail.

Nolan

×…

Nombre de cubes	6	15
Longueur (en cm)	10,8	x

15 : 6 = … donc

15 = 6×… et x = 10,8×…,

soit x = …

Hortense

Nombre de cubes	6	15
Longueur (en cm)	10,8	x

×…

10,8 : 6 = … donc

10,8 = 6×… et x = 15×…,

soit x = …

Thomas

	Nombre de cubes	Longueur (en cm)
	6	10,8
	6	…
	3	…
Total	15	x = …

Retrouver les calculs effectués par ces trois élèves.

2 Nina a réalisé un alignement de 30,6 cm de longueur. Combien de cubes a-t-elle utilisés ?

ACTIVITÉ

2 Découvrir la notion de ratio

Cours Paragraphe 3, p. 170

Zélie et Nans jouent avec un jeu de 40 cartes. Ils se partagent les cartes de la façon suivante : au 1er tour, Zélie pioche 3 cartes puis Nans en pioche 2 ; le tour suivant, Zélie pioche à nouveau 3 cartes et Nans en pioche à nouveau 2. Ils continuent ainsi jusqu'à avoir pioché toutes les cartes.

Remarque

On dit que ce partage s'est effectué dans le ratio « **3 pour 2** » et on note « **3 : 2** ».

1 **a.** Quel est le nombre total de cartes piochées à chaque tour ? Combien de tours sont effectués ?

b. Indiquer le nombre total de cartes piochées par Zélie, puis par Nans.

2 Combien de cartes ont Zélie et Nans s'ils se partagent les 40 cartes selon le ratio 5 : 3 ?

3 Lors d'une nouvelle partie, Zélie, Nans et Tina se partagent les 40 cartes selon le ratio 5 : 3 : 2.

a. Comment sont réparties les cartes à chaque tour de pioche ?

b. Quel est le nombre total de cartes piochées par chaque enfant ?

ACTIVITÉ

3 Calculer et appliquer un pourcentage

Cours Paragraphe 4, p. 172

Un maraîcher possède un terrain de 3 000 m^2 sur lequel est installée une serre de 480 m^2.

1 Recopier et compléter : $\frac{480}{3\,000} = \frac{30 \times \ldots}{\ldots \times 100} = \frac{\ldots}{100} = \ldots\ \%$.

Quel pourcentage de la surface du terrain est sous serre ?

2 Ce maraîcher souhaite augmenter de 30 % la surface de la serre.

a. Calculer la surface supplémentaire de serre qu'il doit installer.

b. Quelle est alors la surface totale de la serre ?

Cours

▶ VIDÉOS de cours jaicompris.com

1 Situations relevant ou non de la proportionnalité

▶ Exercices 18 à 24

DÉFINITION Une situation où l'on étudie deux grandeurs (prix, masse…) est dite **de proportionnalité** lorsqu'on obtient les valeurs prises par une grandeur en **multipliant par un même nombre** les valeurs prises par l'autre grandeur. Ce nombre est appelé le **coefficient de proportionnalité**.

Exemples

• Situation de proportionnalité
1 kg de pommes coûte **2,60** €. Pour 5 kg de pommes on paie 5 × **2,6** € soit 13 €.
Le prix à payer est **proportionnel** à la masse de pommes achetée.
Le coefficient de proportionnalité est **2,6**.

• Situation de non-proportionnalité
Léa a 30 ans et elle mesure 1,70 m.
À l'âge de 15 ans, elle mesurait 1,50 m.
De 15 à 30 ans, son âge a doublé, mais pas sa taille (Léa ne mesure pas 3 m à 30 ans !).
Donc la taille n'est **pas proportionnelle** à l'âge.

Vocabulaire : pour une situation de proportionnalité, le tableau présentant les valeurs prises par chaque grandeur est aussi dit **tableau de proportionnalité**.

Exemple

On relève la masse de sel dans certains échantillons d'eau de mer.

Volume d'eau (en L)	1,5	4	7
Masse de sel (en g)	48	128	224

$\frac{48}{1{,}5} = \mathbf{32}$, $\frac{128}{4} = \mathbf{32}$ et $\frac{224}{7} = \mathbf{32}$.

Tous les quotients sont égaux, donc ce tableau est un tableau de proportionnalité. Le coefficient de proportionnalité est **32**, il signifie qu'il y a **32** g de sel dans 1 L d'eau de mer de ces échantillons.

2 Calcul d'une quatrième proportionnelle

▶ Exercices 25 à 31

PROPRIÉTÉ - DÉFINITION Dans un tableau de proportionnalité, lorsqu'on connaît trois nombres non nuls (dont deux se correspondent), on peut calculer le quatrième nombre manquant.
Ce nombre manquant est appelé une **quatrième proportionnelle**.

Exemple

Le prix, en €, de cerises est proportionnel à leur masse, en kg.
Voici quatre méthodes différentes pour calculer x, la quatrième proportionnelle du tableau ci-contre.

Masse (en kg)	4	6
Prix (en €)	11,20	x

① Coefficient de proportionnalité

×2,8 (de la 1re ligne à la 2e)

4	6
11,20	x

11,20 : 4 = **2,8**

x = 6 × **2,8** = 16,8

② Multiplication d'une quantité

×1,5 (de 4 à 6)

4	6
11,20	x

6 : 4 = **1,5**

x = 11,20 × **1,5** = 16,8

③ Passage à l'unité

Pour 4 kg, on paie 11,20 €, donc pour 1 kg, on paie 4 fois moins, soit **2,80** € (car 11,20 : 4 = 2,80).
Pour 6 kg on paie 6 fois plus que pour 1 kg, soit 16,80 € (6 × **2,8** = 16,8).

④ Addition de quantités

4 + 2 = 6 et 11,20 + 5,60 = 16,80 donc x = 16,80.
Ainsi, le prix de 6 kg de cerises est 16,80 €.

+ (4 + 2 → 6)

4	2	6
11,20	5,60	x

J'applique le cours

1 Calculer une quatrième proportionnelle

EXERCICE RÉSOLU

ÉNONCÉ Pour protéger des habitations lors d'une inondation, la population d'une commune construit des barrières avec des sacs de sable.
Avant d'être utilisés, 8 sacs de sable, tous identiques, pèsent 140 kg.
a. Combien pèsent 20 de ces sacs ?
b. Combien de sacs faut-il pour obtenir une masse totale de 910 kg ?

SOLUTION
Cette situation se traduit par le tableau de proportionnalité suivant :

Nombre de sacs	8	20	...
Masse (en kg)	140	...	910

(×...)

a. $140 : 8 = 17{,}5$ donc on peut compléter le tableau par le coefficient de proportionnalité 17,5 (❶).
$20 \times 17{,}5 = 350$, donc 20 sacs de sable pèsent 350 kg.
On complète la case correspondante du tableau (❷).
b. On cherche le nombre manquant dans l'égalité $\ldots \times 17{,}5 = 910$.
Or, $910 : 17{,}5 = 52$, donc il faut 52 sacs de sable pour avoir une masse de 910 kg.
On complète la case correspondante du tableau (❸).

Nombre de sacs	8	20	52 ❸
Masse (en kg)	140	350 ❷	910

(×17,5 ❶)

CONSEILS
- Pour mieux visualiser les données de l'énoncé ainsi que les nombres demandés, on peut dresser un tableau de proportionnalité.
- Ce coefficient signifie que 1 sac de sable pèse 17,5 kg.
- On peut aussi utiliser la multiplication d'une quantité par un nombre :
8 sacs $\times 2{,}5 = 20$ sacs et 140 kg $\times 2{,}5 = 350$ kg.
- On passe de la 1re ligne à la 2e en multipliant par 17,5 donc on passe de la 2e ligne à la 1re en **divisant par** 17,5.
- Sur une copie, on fait un seul tableau que l'on complète au fur et à mesure.

À TON TOUR

2 Le prix de vente de verres est proportionnel au nombre de verres achetés.
On sait que 6 verres coûtent 13,50 €.

Nombre de verres	6	9	❸
Prix (en €)	13,5	❷	33,75

(×... ❶)

a. Calculer le coefficient de proportionnalité ❶.
Que signifie-t-il pour la situation ?
b. Calculer les nombres ❷ et ❸.
Interpréter ces résultats pour la situation.

3 Avec 15 kg de blé, on obtient 12 kg de farine.
On suppose qu'il y a proportionnalité entre la quantité de blé et la quantité de farine obtenue. Utiliser un tableau de proportionnalité pour calculer la quantité :
a. de farine obtenue avec 25 kg de blé ;
b. de blé qu'il faut pour obtenir 36 kg de farine.

4 Avec 2,5 L de vernis, on peint 30 m² d'une surface en bois. On suppose qu'il s'agit d'une situation de proportionnalité.
Utiliser un tableau de proportionnalité pour calculer :
a. la surface peinte avec 8 L de ce vernis ;
b. la surface peinte avec 6,5 L de ce vernis ;
c. la quantité de vernis à utiliser pour peindre 42 m².

5 À un jeu vidéo, avec 750 points on obtient 3 coupes et avec 1 250 points on obtient 5 coupes.
a. Le nombre de points est-il proportionnel au nombre de coupes ? Expliquer.
b. Combien de coupes faut-il pour obtenir 4 000 points ?
c. Avec 9 coupes, combien de points Mia a-t-elle ?

3 Partage d'une quantité selon un ratio

Exercices 32 à 39

a. Partage en deux parts selon un ratio donné

DÉFINITION a et b désignent deux nombres positifs non nuls.
Dire que deux nombres sont **dans le ratio $a:b$** (lire « a **pour** b ») signifie que **ces deux nombres sont proportionnels à a et b.**

Exemple

Les nombres 14 et 21 sont dans le ratio 2 : 3 car $\frac{14}{2} = \frac{21}{3} = 7$.

Ainsi, le tableau ci-contre est un tableau de proportionnalité.

2	3	×7
14	21	

PROPRIÉTÉ a et b désignent deux nombres positifs non nuls.
Les deux parts (part 1 et part 2) en lesquelles on partage une quantité selon le ratio $a:b$ vérifient :

$$\frac{\text{part 1}}{a} = \frac{\text{part 2}}{b} = \frac{\text{quantité}}{a+b}.$$

Exemple

On partage 15 jetons entre Liv et Aya selon le ratio 2 : 3.
À chaque fois que Liv reçoit 2 jetons, Aya en reçoit 3.
À chaque tour, on distribue ainsi 5 jetons (2 + 3 = 5).

- Liv reçoit $\frac{2}{5}$ des 15 jetons : $\frac{2}{5} \times 15 = 6$, donc Liv reçoit 6 jetons.
- Aya reçoit $\frac{3}{5}$ des 15 jetons : $\frac{3}{5} \times 15 = 9$, donc Aya reçoit 9 jetons.

Le tableau ci-dessous est un tableau de proportionnalité.

Nombre de jetons de Liv	Nombre de jetons d'Aya	Nombre total de jetons
2	3	5
6	9	15

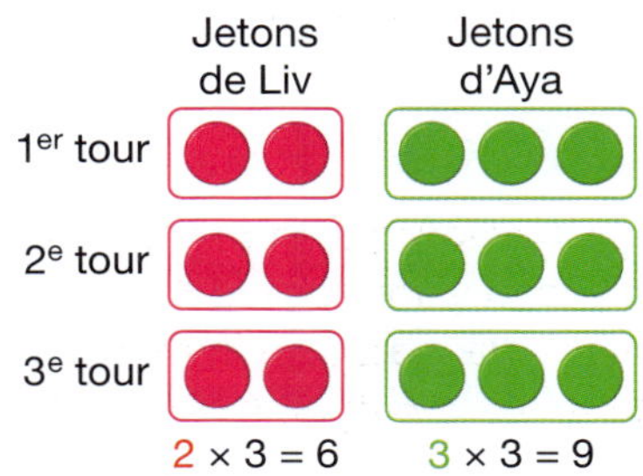

b. Partage en trois parts selon un ratio donné

DÉFINITION a, b et c désignent trois nombres positifs non nuls.
Dire que trois nombres sont **dans le ratio $a:b:c$** signifie que **ces trois nombres sont proportionnels à a, b et c.**

Exemple

Les nombres 4, 12 et 20 sont dans le ratio 1 : 3 : 5 car $\frac{4}{1} = \frac{12}{3} = \frac{20}{5} = 4$.

Ainsi, le tableau ci-contre est un tableau de proportionnalité.

1	3	5	×4
4	12	20	

PROPRIÉTÉ a, b et c désignent trois nombres positifs non nuls.
Les trois parts (part 1, part 2 et part 3) en lesquelles on partage une quantité selon le ratio $a:b:c$ vérifient :

$$\frac{\text{part 1}}{a} = \frac{\text{part 2}}{b} = \frac{\text{part 3}}{c} = \frac{\text{quantité}}{a+b+c}.$$

J'applique le cours

6 Partager en deux parts selon un ratio

EXERCICE RÉSOLU

ÉNONCÉ Pour fertiliser ses plantations, Axel prépare un mélange de compost et de terre dans le ratio 3 : 4.
Calculer la masse de compost et celle de terre à utiliser pour préparer 84 kg de ce mélange.

SOLUTION

• 3 + 4 = 7, donc la masse de compost représente les $\frac{3}{7}$ de la masse totale du mélange.

Or $\frac{3}{7} \times 84 \text{ kg} = \frac{3}{7} \times 7 \times 12 \text{ kg} = 3 \times 12 \text{ kg}$,

soit $\frac{3}{7} \times 84 \text{ kg} = 36 \text{ kg}$.

Ainsi, il y a 36 kg de compost dans le mélange.

• 84 kg – 36 kg = 48 kg

Donc il y a 48 kg de terre dans le mélange.

CONSEILS

• On peut représenter cette situation par un schéma de ce type.

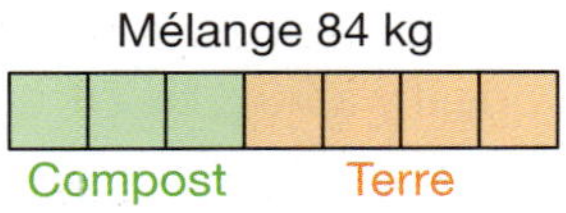

On applique la propriété énoncée au paragraphe 3 a du cours.

• La masse de terre représente aussi les $\frac{4}{7}$ du mélange : $\frac{4}{7} \times 84 \text{ kg} = 4 \times 12 \text{ kg} = 48 \text{ kg}$.

À TON TOUR

7 Un smoothie est préparé avec des framboises et du yaourt selon le ratio 4 : 3.
Calculer la masse de framboises et celle de yaourt à utiliser pour préparer 175 g de smoothie.

8 Maël et Noé se partagent une somme d'argent selon le ratio 3 : 5.
Calculer les parts de Maël et de Noé s'ils se partagent ainsi 240 €.

9 Partager en trois parts selon un ratio

EXERCICE RÉSOLU

ÉNONCÉ Un alliage est obtenu en mélangeant de l'étain, du zinc et du fer dans le ratio 4 : 5 : 1.
Calculer la quantité de chaque métal à mélanger pour obtenir 750 g de cet alliage.

SOLUTION

• 4 + 5 + 1 = 10, donc l'alliage est composé aux $\frac{4}{10}$ d'étain, aux $\frac{5}{10}$ de zinc et au $\frac{1}{10}$ de fer.

• $\frac{4}{10} \times 750 \text{ g} = \frac{4}{10} \times 10 \times 75 \text{ g} = 4 \times 75 \text{ g} = 300 \text{ g}$

• $\frac{5}{10} \times 750 \text{ g} = \frac{5}{10} \times 10 \times 75 \text{ g} = 5 \times 75 \text{ g} = 375 \text{ g}$

• 750 g – 300 g – 375 g = 75 g

Donc il faut mélanger 300 g d'étain, 375 g de zinc et 75 g de fer.

CONSEILS

• On remarque que $\frac{4}{10} = \frac{2}{5}$, mais cela ne facilite pas le calcul de la masse d'étain.

• En revanche, en remarquant que $\frac{5}{10} = \frac{1}{2}$, on peut dire que la masse de zinc est la moitié de 750 g, c'est-à-dire 375 g.

• On peut aussi effectuer $\frac{1}{10} \times 750 \text{ g}$ et on obtient également 75 g de fer.

À TON TOUR

10 Pour réaliser 250 g de roses des sables, Eva mélange du chocolat, des corn-flakes et du beurre dans le ratio 5 : 3 : 2.
Calculer la masse de chaque ingrédient.

11 Pour réaliser 560 mL de vinaigrette, on mélange de l'huile, du vinaigre et de la moutarde dans le ratio 4 : 2 : 1.
Calculer la quantité de chaque ingrédient.

4 Pourcentage

Exercices 40 à 44

a. Application d'un pourcentage

PROPRIÉTÉ t désigne un nombre. Prendre t % d'un nombre (ou d'une quantité) c'est **multiplier** ce nombre (ou cette quantité) par $\frac{t}{100}$.

Exemple

Une tablette de 125 g de chocolat contient 72 % de cacao.

$$\frac{72}{100} \times 125 = 0{,}72 \times 125 = 90 \text{ g}$$

Donc il y a 90 g de cacao dans cette tablette de 125 g.

Masse de chocolat (en g)	100	125
Masse de cacao (en g)	72	90

$\times \frac{72}{100}$

Remarque : on peut aussi utiliser le tableau de proportionnalité ci-dessus.

b. Calcul d'un pourcentage

MÉTHODE Calculer un pourcentage revient à **écrire une proportion de dénominateur 100.**

Exemple

Dans une classe de 28 élèves, 7 élèves sont internes.

$$\frac{7}{28} = 0{,}25 = \frac{25}{100}$$

Donc 25 % des élèves de cette classe sont internes.

Nombre d'internes	7	?
Nombre total d'élèves	28	100

$\times \frac{?}{100}$

Remarque : on peut aussi utiliser le tableau de proportionnalité ci-dessus.

5 Échelle

Exercices 45 à 47

DÉFINITION L'échelle d'un plan est le **coefficient de proportionnalité** entre les distances sur le plan et les distances réelles exprimées dans la même unité : $\frac{\textbf{distance sur le plan}}{\textbf{distance réelle}}$.

Remarque : en pratique, l'échelle d'une carte s'exprime par une fraction de numérateur 1.

Exemple 1

Une maquette d'un bateau est réalisée à l'échelle $\frac{1}{20}$.

Cela signifie que 1 cm sur la maquette représente 20 cm dans la réalité.

Ce bateau a une longueur de 4,8 m, c'est-à-dire 480 cm.

Or, 480 cm $\times \frac{1}{20} = 24$ cm.

Ainsi, la maquette de ce bateau mesure 24 cm de longueur.

Exemple 2

Sur une carte, 5 cm représentent 100 km, soit 10 000 000 cm.

L'échelle de cette carte est $\frac{5}{10\,000\,000}$, c'est-à-dire $\frac{1}{2\,000\,000}$.

On dit que la carte est au « un deux millionièmes » et l'on note parfois l'échelle 1/2 000 000.

J'applique le cours

12 Calculer un pourcentage

EXERCICE RÉSOLU

ÉNONCÉ Un boulanger a préparé 160 baguettes.
À 10 h, il lui reste 96 baguettes.
Calculer le pourcentage de baguettes qu'il a vendues.

SOLUTION

• 160 – 96 = 64.
Donc le boulanger a vendu 64 baguettes sur un total de 160 baguettes.

• $\frac{64}{160} = 0,4 = \frac{40}{100}$

Ainsi, 40 % des baguettes ont été vendues à 10 h.

CONSEILS

• On peut schématiser la situation :

160 baguettes	
64 baguettes vendues	

• On écrit la proportion de baguettes vendues sous la forme d'une fraction de dénominateur 100.

À TON TOUR

13 Lors d'une compétition de course à pied, 140 personnes sont inscrites dont 63 femmes. Quel est le pourcentage de femmes inscrites à cette compétition ?

14 Dans un élevage de 45 chevaux, 17 chevaux sont noirs, 19 sont marron et les autres sont gris.
Calculer le pourcentage de chevaux gris de cet élevage.

15 Utiliser une échelle

EXERCICE RÉSOLU

ÉNONCÉ Mathilde construit une maquette à l'échelle 1/5 d'un kayak.

a. En réalité, le kayak mesure 2,40 m de longueur.
Quelle est la longueur, en cm, de la maquette ?

b. La maquette a une largeur de 14 cm. Quelle est la largeur réelle, en cm, du kayak ?

SOLUTION

Sur cette maquette à l'échelle 1/5, 1 cm représente 5 cm dans la réalité. On peut utiliser le tableau de proportionnalité suivant :

Longueur sur la maquette (en cm)	1	x	14
Longueur réelle (en cm)	5	240	y

(×5 de la première ligne vers la seconde ; $\times \frac{1}{5}$ de la seconde ligne vers la première)

a. $x = 240\text{ cm} \times \frac{1}{5} = \frac{240\text{ cm}}{5} = 48\text{ cm}$

La longueur de la maquette est 48 cm.

b. $y = 14\text{ cm} \times 5 = 70\text{ cm}$

La largeur réelle du kayak est 70 cm.

CONSEILS

• L'échelle 1/5 est le coefficient de proportionnalité qui permet de passer des longueurs réelles aux longueurs sur la maquette.

• On convertit les longueurs dans une même unité, ici le centimètre : 2,40 m = 240 cm.

• On multiplie par 5 pour passer des longueurs sur la maquette aux longueurs réelles.

À TON TOUR

16 Camion : longueur réelle 5,2 m.
Maquette : échelle 1/20 et largeur 12 cm.

a. Quelle est la longueur, en cm, de la maquette ?

b. Quelle est la largeur réelle, en m, du camion ?

17 Pont : longueur réelle 85 m.
Maquette : échelle 1/100 et largeur 11,2 cm.

a. Quelle est la longueur, en cm, de la maquette ?

b. Quelle est la largeur réelle, en m, du pont ?

Reconnaître la proportionnalité

À l'oral — **Questions flash**

18 Dans chaque cas, expliquer oralement s'il s'agit ou non d'une situation de proportionnalité.
a. Chez le boulanger, un croissant coûte 0,90 € et un lot de 5 croissants coûte 3,60 €.
b. 600 mL d'huile pèsent 540 g et 200 mL d'huile pèsent 180 g.
c. Sur le marché, 250 g de fraises sont vendus 2,20 € et 1 kg de ces fraises est vendu 8,50 €.
d. Une pizza de diamètre 26 cm pèse 273 g.
Une autre pizza de diamètre 13 cm pèse 135 g.

19 Le prix de ce journal est-il proportionnel à la durée de l'abonnement ? Expliquer.

Abonnement
• 2 mois : 16 €
• 1 an : 92 €

20 Dans chaque cas, expliquer s'il s'agit ou non d'un tableau de proportionnalité.

a.

Masse (en kg)	10	50	75
Prix (en €)	18	90	135

b.

Temps (en min)	8	10	14
Distance (en km)	6	7,5	11

21 CORRIGÉ en vidéo jaicompris.com

Le prix indiqué pour ces achats est-il proportionnel à la masse achetée ? Expliquer.

Amandes 300 g 5,40 € — Amandes 450 g 8,10 € — Amandes 700 g 12,60 €

22 La durée de fabrication est-elle proportionnelle au nombre de pièces ? Expliquer.

Nombre de pièces	6	14	38
Durée (en min)	15	35	95

23 Un bouquet de huit tulipes coûte 9,20 € et un bouquet de vingt tulipes coûte 21,50 €.
Montrer que le prix n'est pas proportionnel au nombre de tulipes.

24 12 m^3 de béton pèsent 27,6 t et 7 m^3 de ce même béton pèsent 16,1 t. Vérifier que la masse de béton est proportionnelle au volume.

Calculer une quatrième proportionnelle

À l'oral — **Questions flash**

25 Voici un tableau de proportionnalité.

Quantité d'eau (en L)	4	10
Prix (en €)	5	x

Parmi les expressions suivantes, indiquer oralement laquelle ou lesquelles permettent de calculer x.
(1) $5 + 6$ **(2)** $10 \times 1{,}25$ **(3)** $5 + 5 + 2{,}5$

26 CALCUL MENTAL Dans une recette de cuisine, il faut 30 cL de lait et 20 g de farine.
Calculer mentalement :
a. la masse de farine pour 45 cL de lait ;
b. le volume de lait pour 70 g de farine.

27 Voici un tableau de proportionnalité.

Nombre de briques	8	11	3	...
Hauteur (en m)	1,6	2,2	...	3,8

Recopier et compléter ce tableau en utilisant seulement l'addition ou la soustraction de quantités.

28 Recopier et compléter le tableau de proportionnalité ci-dessous, en utilisant la multiplication ou la division d'une quantité par un nombre.

Nombre de séances	6	2	28	7
Prix (en €)	27	...	...	...

29 Recopier et compléter ce tableau de proportionnalité.

Masse (en kg)	2	5	7,2	...
Prix (en €)	7	...	...	29,4

(flèche : × ...)

30 Un morceau de fromage de brebis de 75 g contient 450 mg de calcium.
1. Calculer la masse de calcium que contient :
a. 25 g de ce fromage ;
b. 200 g de ce fromage.
2. Quelle masse, en g, de ce fromage contient 90 mg de calcium ?

31 15 L d'essence coûtent 24,60 €.
a. Calculer le prix de 1 L d'essence.
b. Calculer le prix de 28 L d'essence.
c. Combien de litres d'essence achète-t-on avec 32,80 € ?

Je travaille mes automatismes

Partager une quantité selon un ratio

À l'oral — **Questions flash**

32 Dans une classe de 25 élèves, il y a 11 filles.
Indiquer oralement le ratio « filles : garçons ».

33 Mila et Zoé se partagent des perles dans le ratio 5 : 2. Répondre oralement dans chaque cas.
a. Si Mila reçoit 10 perles, combien Zoé en reçoit-elle ?
b. Si Zoé reçoit 6 perles, combien Mila en reçoit-elle ?

34 Voici des jetons de couleur numérotés.

a. Quel est le ratio « jetons bleus : jetons rouges » ?
b. Dans quel ratio sont les jetons rouges, verts et bleus ?
c. Indiquer le ratio « nombres pairs : nombres impairs ».

35
Ligne 1
Ligne 2
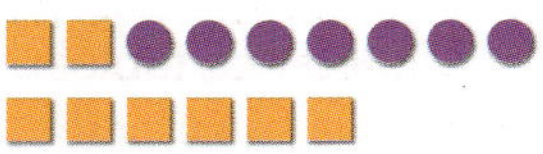

a. Quel est le ratio « carrés : ronds » sur la ligne 1 ?
b. Combien de ronds faut-il placer sur la ligne 2 pour que le ratio « carrés : ronds » soit le même que sur la ligne 1 ?

36 On range des cubes dans deux sacs selon le ratio 3 : 7.
Combien de cubes contient le 2e sac lorsque le 1er sac contient : **a.** 12 cubes ? **b.** 75 cubes ?

37 Sur une bande, Lucas colorie 1 carreau bleu pour 3 carreaux verts.
Combien y a-t-il de carreaux de chaque couleur s'il colorie au total :
a. 8 carreaux ? **b.** 20 carreaux ? **c.** 32 carreaux ?

38 Une citronnade est un mélange d'eau et de jus de citron dans le ratio 5 : 3. Quels sont les volumes d'eau et de jus de citron à mélanger pour préparer :
a. 8 L de cette citronnade ?
b. 24 L de cette citronnade ?

39 Tim et Tom se partagent une somme d'argent dans le ratio 3 : 4.
Indiquer la somme reçue par chacun s'ils se partagent :
a. 7 € **b.** 35 € **c.** 42 €

Appliquer et calculer un pourcentage

À l'oral — **Questions flash**

40 CALCUL MENTAL Calculer mentalement :
a. 50 % de 68 € ; **b.** 25 % de 240 km ;
c. 10 % de 360 kg ; **d.** 75 % de 80 L.

41 Exprimer oralement chaque nombre sous la forme d'un pourcentage.
a. 0,15 **b.** 0,01 **c.** $\frac{7}{10}$ **d.** $\frac{13}{20}$ **e.** $\frac{3}{25}$

42 **a.** Une barre énergétique de 32 g contient 5 % de protéines.
Calculer la masse de protéines dans cette barre.
b. Cette barre contient 6 g de matières grasses.
Calculer le pourcentage de matières grasses dans cette barre.

43 CORRIGÉ en vidéo jaicompris.com
Dans un collège de 640 élèves, 160 élèves sont en 5e.
a. Calculer le pourcentage d'élèves de 5e.
b. 20 % des élèves de 5e étudient le latin.
Combien d'élèves de 5e étudient le latin ?

44 Lors d'un tournoi de basket au collège, Félix a marqué 14 paniers sur 20 lancers.
Calculer le pourcentage de réussite de Félix.

Utiliser une échelle

À l'oral — **Questions flash**

45 Le plan d'une maison est à l'échelle 1/200.
a. Lire en complétant : « 1 cm sur le plan représente ... cm dans la réalité, c'est-à-dire ... m. »
b. Quelles propositions suivantes indiquent la longueur réelle d'un mur de 2,4 cm sur ce plan ?
(1) 480 cm **(2)** 1,2 m **(3)** 12 m **(4)** 4,8 m

46 Sur un plan, 5 m dans la réalité sont représentés par un segment de 1 cm.
a. Exprimer 5 m en cm.
b. Écrire l'échelle de ce plan sous la forme $\frac{1}{\dots}$.

47 Un placard de cuisine est dessiné à l'échelle 1/5.
Ce meuble mesure 82 cm de hauteur en réalité.
Quelle est sa hauteur sur le dessin ?

Je m'entraîne

Reconnaître la proportionnalité

48 **a.** La masse de cacao est-elle proportionnelle à la masse de chocolat ? Expliquer.

Masse de chocolat (en g)	75	180	210
Masse de cacao (en g)	60	144	168

b. Interpréter le coefficient de proportionnalité obtenu.

49 Gaby a acheté plusieurs morceaux de ruban. Voici leurs prix.

Longueur (en m)	0,8	1,4	2,6
Prix (en €)	1,80	3,15	5,85

Vérifier que ce tableau est un tableau de proportionnalité.

50 Voici les tarifs pour des trajets en bus.

Durée	Distance	Prix
45 min	75 km	7,20 €
70 min	125 km	12 €

Le prix est-il proportionnel :
a. à la durée du trajet ?
b. à la distance parcourue ?

51 Dans chaque cas, dire si l'affirmation est vraie ou fausse et expliquer.
a. Le périmètre d'un triangle équilatéral est proportionnel à la longueur de son côté.
b. Si on double la longueur du côté d'un carré, alors le périmètre de ce carré est aussi doublé.
c. L'aire d'un disque est proportionnelle à son rayon.

52 On s'intéresse au volume de trois cubes.

Longueur d'une arête (en cm)	4	7	9
Volume (en cm^3)			

a. Recopier et compléter ce tableau.
b. S'agit-il d'un tableau de proportionnalité ?

53 Jeux et casse-tête Sur une photocopie, écrire ces six nombres dans le tableau afin d'obtenir un tableau de proportionnalité.

12 12 24
16 8 18

Calculer une quatrième proportionnelle

54 CORRIGÉ en vidéo jaicompris.com
Voici un énoncé de problème.
Un paquet de 200 feuilles de papier pèse 160 g.
La masse est proportionnelle au nombre de feuilles.
a. Combien pèse un paquet de 250 feuilles ?
b. Combien de feuilles contient un paquet de 60 g ?
Recopier et compléter ce tableau avec les données de l'énoncé, puis répondre aux questions posées.

Nombre de feuilles			
Masse (en g)			

55 Pour fabriquer 4 kg de fromage, Loïc utilise 25 L de lait. On suppose qu'il y a proportionnalité entre le volume de lait et la masse de fromage obtenu.
1. Calculer le volume de lait nécessaire pour faire :
a. 1 kg de fromage ; **b.** 7 kg de fromage.
2. Quelle est la masse de fromage fabriquée avec :
a. 1 L de lait ? **b.** 35 L de lait ?

56 Julie s'entraîne sur un tapis de course.
Après 10 min de course, l'appareil indique « 1 250 m parcourus ».
Julie continue à courir à la même vitesse.
a. Calculer la distance parcourue en 1 min.
b. Julie a couru au total pendant 54 min.
Calculer la distance ainsi parcourue, en m puis en km.
c. En combien de temps parcourt-elle 4,5 km ?

57 Un tube métallique mesure 75 cm de long et pèse 6 kg. La longueur et la masse de ce tube sont proportionnelles.
a. On découpe, dans ce tube, deux morceaux de longueurs 25 cm et 10 cm.
Calculer la masse de chaque morceau.
b. On découpe un troisième morceau qui pèse 1,8 kg.
Quelle est sa longueur ?

58 Des ballons sont vendus à l'unité.
Six ballons coûtent 75 €.
Calculer le prix de 10 ballons de deux façons :
a. en commençant par calculer le prix de 2 ballons ;
b. en utilisant un tableau de proportionnalité.
Préciser alors le coefficient de proportionnalité.

59 Le volume d'eau qui s'écoule d'un robinet est proportionnel à la durée d'ouverture.

Durée (en min)	5
Volume (en L)	47

a. Calculer le volume d'eau qui s'écoule de ce robinet en 1 min, puis en 12 min.
b. Retrouver le volume d'eau écoulée en 12 min en utilisant un coefficient de proportionnalité.

60 **a.** La masse de sable est-elle proportionnelle à son volume ?

Volume de sable (en m^3)	3	7
Masse de sable (en t)	4,8	11,2

b. Calculer de deux façons différentes la masse de 4 m^3 de sable.
c. Un camion peut charger au plus 7,2 t.
Quel volume maximal de sable peut-il transporter ?

61 **a.** Vérifier que le prix du café en grains est proportionnel à la masse de café acheté.
b. Calculer le prix de 1,8 kg de ce café.
c. Quelle masse de café peut-on acheter avec 120 € ?

Café en grains
72 € les 3 kg
108 € les 4,5 kg

62 Algo Des olives sont vendues « au poids ».
Ce script Scratch incomplet permet de calculer le prix des olives en fonction de la masse proposée.

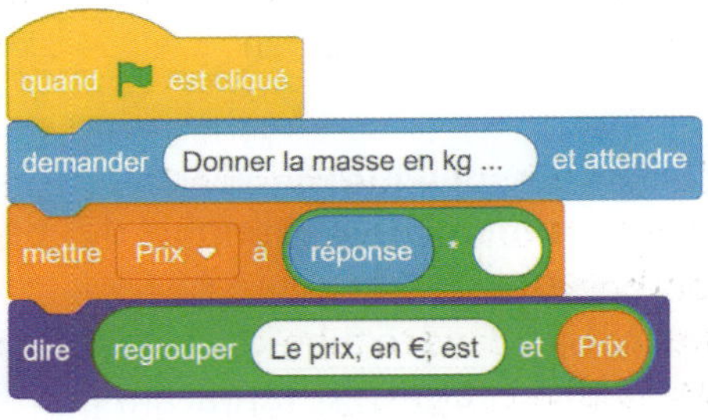

a. Pour une masse de 4 kg, le lutin énonce « Le prix, en €, est 6.4 ».
Quel est le nombre manquant à la ligne **(1)** ?
b. Le lutin énonce « Le prix, en €, est 10 ».
Quelle est la masse donnée ?

63 Jeux et casse-tête Des cubes de même couleur ont la même masse.

12 cubes rouges pèsent autant que 5 cubes verts.
3 cubes verts pèsent autant que 8 cubes jaunes.
Combien de cubes jaunes pèsent autant que 18 cubes rouges ?

Partager une quantité selon un ratio

64 Dans une boîte de chocolats, Léo a compté 8 chocolats noirs et 12 chocolats au lait.
a. Recopier et compléter : $\frac{8}{12} = \frac{8:4}{12:\ldots} = \frac{\ldots}{\ldots}$
b. Écrire, sous la forme la plus simple possible, le ratio « chocolats noirs : chocolats au lait ».

65 Le laiton est un alliage de cuivre et de zinc dans le ratio 7 : 3.
1. Quelle masse de laiton peut-on fabriquer avec 12 kg de zinc ?
2. Quelle fraction de la masse de laiton représente :
a. le cuivre ? **b.** le zinc ?
3. Calculer les masses de cuivre et de zinc à utiliser pour fabriquer 25 kg de laiton.

66 CORRIGÉ en vidéo jaicompris.com
On découpe un fil de 18 cm de longueur en deux morceaux dans le ratio 4 : 2.
Calculer la longueur :
a. du grand morceau ; **b.** du petit morceau.

67 Atem mélange du sirop et de l'eau dans le ratio 2 : 7.
Il affirme : « J'utilise 20 cL de sirop. »
Quelle est la contenance minimale de la bouteille qu'Atem doit utiliser ?

68 Dans une recette de pain, il faut mélanger 250 g de farine de seigle et 150 g de farine de blé.
a. Dans quel ratio, le plus simple possible, sont la masse de farine de seigle et la masse de farine de blé ?
b. Calculer la masse d'un pain préparé avec 60 g de farine de blé.
c. Calculer la masse, en g, de chaque farine nécessaire pour préparer un pain de 1 kg.

69 Une équipe de football a joué 8 matchs. Elle a gagné 3 fois, fait 2 matchs nuls et a perdu les autres matchs. Dans quel ratio sont les matchs gagnés, nuls et perdus ?

70 Un pâtissier a préparé 12 macarons à la framboise, 8 au chocolat et 20 à la pistache.
Vérifier que le ratio « framboise : chocolat : pistache » est 3 : 2 : 5.

71 Un terrain de 5 400 m^2 est partagé en trois parties selon le ratio 2 : 3 : 5.
a. Expliquer pourquoi la surface de la plus petite des trois parties représente $\frac{1}{5}$ du terrain.
b. Calculer la surface de chaque partie.

72 Pour réaliser une boisson « multifruits », des jus de pêche, de pomme et d'orange sont mélangés dans le ratio 2 : 3 : 4.
a. Avec 1,5 L de jus de pomme, quels volumes de jus de pêche et de jus d'orange faut-il mélanger pour respecter ce ratio ?
b. Calculer le volume de chaque jus à prévoir pour réaliser 3,6 L de cette boisson.

73 On partage 76 € en trois parts dans le ratio 1 : 2 : 5.
Calculer le montant de chaque part.

74 Le périmètre d'un triangle est 42 cm.
Les longueurs de ses côtés sont dans le ratio 7 : 5 : 3.
Calculer la longueur de chaque côté.

75 *Jeux et casse-tête* Combien de croix faut-il dessiner en plus sur cette grille pour que le ratio « ronds : croix » soit égal au ratio « croix : cases blanches » ?

O						
				×	O	
	×		O			

Appliquer et calculer un pourcentage

76 40 % des 560 élèves d'un collège viennent au collège en bus, 25 % à vélo et les autres à pied.
Quel est le nombre d'élèves venant à pied ?

77 Parmi les 175 adhérents d'un club de ski, 60 % sont des jeunes de moins de 18 ans.
Parmi ces jeunes, 20 % pratiquent le biathlon.
Calculer le nombre de jeunes de ce club qui font du biathlon.

78 Pour ce sac à dos, calculer, en euros :
a. le montant de la remise ;
b. le prix soldé.

79 CORRIGÉ en vidéo jaicompris.com
Le loyer mensuel d'un studio est 350 €.
Ce loyer augmente de 2 %.
Calculer le montant, en €, du nouveau loyer.

80 Un rallye pédestre a réuni 240 participants inscrits dans trois catégories d'âge : 24 juniors, 60 vétérans et des séniors.
Calculer le pourcentage des participants de chaque catégorie.

81 Nina met en moyenne 72 min par jour pour aller et revenir de son travail.
a. Exprimer 72 min en heures décimales.
b. Quel pourcentage d'une journée de 24 h ce temps de trajet représente-t-il ?

82 Dans chaque cas, quel est le pourcentage de voyelles dans le mot ?
a. DOUZE **b.** PROPORTIONNELLE

83 Le tableau ci-dessous présente les réponses à la question : « Pensez-vous faire attention au gaspillage alimentaire ? »

Tranche d'âge	Nombre de personnes interrogées	Nombre de « oui »
Moins de 12 ans	40	30
De 12 à 18 ans	80	64
De 18 à 25 ans	280	196

a. Pour quelle tranche d'âge le pourcentage de réponses « oui » est-il le plus élevé ?
b. Quel pourcentage de l'ensemble des personnes interrogées ont répondu « oui » ?

84 *Jeux et casse-tête* Les cartes représentant un même nombre peuvent être regroupées par deux, sauf une : laquelle ?

20 % | $\frac{3}{3}$ | Un demi | $\frac{20}{10}$

$\frac{2}{5}$ | $\frac{2}{10}$ | 200 %

50 % | Cent pour cent | $\frac{10}{100}$ | 40 %

Utiliser une échelle

85 *Le Penseur* est une statue de 1,80 m de hauteur, réalisée en 1903 par le sculpteur Auguste Rodin. Une reproduction de cette statue est réalisée à l'échelle 1/10.
Calculer la hauteur de cette reproduction, en m puis en cm.

86 Voici un plan du Jardin zoologique de Lyon.
Quelle distance, dans la réalité, y a-t-il entre les deux points marqués en rouge ?

87 Sur un plan, un appartement est représenté par un rectangle de longueur 18 cm. Les dimensions réelles de l'appartement sont 9 m sur 7,1 m.
a. Exprimer 9 m et 7,1 m en cm.
b. Recopier et compléter le tableau suivant :

Distance sur le plan (en cm)	18	1	
Distance dans la réalité (en cm)			710

c. Écrire l'échelle de ce plan sous la forme $\frac{1}{\dots}$.

88 Naïm a construit une maquette d'une voiture de Formule 1. Cette voiture mesure 4 m de longueur en réalité. La longueur de la maquette est 16 cm.
Quelle est l'échelle de cette maquette ?

89 *La Maison Carrée*, temple romain situé à Nîmes, a la forme d'un rectangle de 26 m sur 15 m.
Réaliser un plan de ce bâtiment à l'échelle 1/400.

90 **Jeux et casse-tête** Voici une reproduction d'un puzzle carré dont le côté mesure 15 cm en réalité.
Reproduire en vraie grandeur les pièces verte et rouge.

Utiliser la proportionnalité

Synthèse

91 Inès veut repeindre deux murs de son salon.
Les murs sont des rectangles de dimensions 5,8 m sur 2,4 m et 4,7 m sur 2,4 m.
1 L de peinture permet de couvrir 8 m^2 et il faut deux couches de peinture.
Un pot de peinture de 2,5 L coûte 23 €.

Objectif Calculer le budget minimal qu'Inès doit prévoir pour l'achat de la peinture.

a. Montrer que la surface totale à peindre est 50,4 m^2 pour deux couches.
b. Calculer la quantité, en L, de peinture à prévoir.
c. Calculer le nombre minimal de pots de peinture à acheter et le coût total.

92 Une commune a organisé un référendum pour demander l'avis des électeurs sur la construction d'un parc de loisirs.
Le « oui » l'a emporté avec 70 % des voix.
Mais seulement 25 % des 3 400 électeurs ont voté.
Un journaliste affirme : « Moins de 20 % des électeurs sont favorables à la création du parc de loisirs. »

Objectif Vérifier cette affirmation.

a. Calculer le nombre de votants.
b. Calculer le nombre de personnes qui ont voté « oui ».
c. Calculer le pourcentage de personnes qui ont voté « oui » par rapport au nombre total d'électeurs.

93 Anna et Sohan ont investi respectivement 300 € et 500 € dans une société.
Aujourd'hui, cette société a pris de la valeur et leurs parts représentent 10 000 € au total.

Objectif Déterminer les parts actuelles d'Anna et Sohan.

a. Selon quel ratio Anna et Sohan ont-ils investi dans la société ? Simplifier la réponse.
b. Calculer la part actuelle de chacun d'eux.

94 Sur un plan, la place des Vosges à Paris est représentée par un rectangle de 16 cm sur 17,5 cm.
La longueur réelle de cette place est 140 m.

Objectif Réaliser un second plan de cette place.

a. Déterminer la largeur réelle, en m, de la place.
b. Représenter cette place à l'échelle 1/2 000.

Parcours différenciés

Je m'évalue

Pour chaque question, une seule réponse est exacte.

QCM supplémentaires
college.nathan.fr/tm5180

	a	b	c	En cas d'erreur
95 Un tableau de proportionnalité est le tableau…	5 ; 6 ; 7 13 ; 14 ; 15	3 ; 5 ; 0 24 ; 40 ; 8	4 ; 6 ; 16 10 ; 15 ; 40	Cours 1 p. 168
96 20 boîtes identiques pèsent 8 kg. Une de ces boîtes pèse…	400 g	2,5 kg	0,5 kg	
97 8 bracelets coûtent 5 €. Pour 25 €, on achète…	30 de ces bracelets	40 de ces bracelets	50 de ces bracelets	Cours 2 p. 168
98 3 m^3 de terre pèsent 7,2 t et 4 m^3 de cette terre pèsent 9,6 t. Alors 14 m^3 de cette terre pèsent…	4,8 t	16,8 t	33,6 t	
99 8 stylos identiques coûtent 4,80 €. Alors 12 de ces mêmes stylos coûtent…	8,80 €	7,20 €	8 €	Ex 1 p. 169
100 Des billes vertes et rouges sont partagées dans le ratio 3 : 2. S'il y a 54 billes vertes, alors il y a…	36 billes rouges	32 billes rouges	81 billes rouges	Cours 3 p. 170
101 En coupant un fil de 48 cm selon un ratio 3 : 5, on obtient deux morceaux de…	14 cm et 34 cm	16 cm et 32 cm	18 cm et 30 cm	
102 Une planche de 5 m est partagée dans le ratio 3 : 5 : 2. Le plus grand morceau mesure…	1,5 m	2,5 m	3 m	Ex 9 p. 171
103 Dans un collège, il y a 480 élèves, dont 45 % de filles. Le nombre de garçons est…	216	235	264	Cours 4 p. 172
104 Une solution a été obtenue en mélangeant 15 cL d'acide et 60 cL d'eau. Le pourcentage d'acide dans cette solution est…	20 %	25 %	40 %	Ex 12 p. 173
105 Sur un plan à l'échelle 1/250, un mur de 8 m de longueur est représenté par un segment de…	20 cm	32 mm	32 cm	Cours 5 p. 172

Selon ton score page précédente

Parcours conseillé
- Entre **0 et 5 bonnes réponses** : drapeau vert
- Entre **6 et 8 bonnes réponses** : drapeau bleu
- **9 bonnes réponses ou plus** : drapeau rouge

106 Calculer un coût

Ilyes veut préparer de la confiture de pêches selon la recette de sa grand-mère.
Pour 4 pots, il faut les ingrédients ci-contre.
On se propose de déterminer le coût de fabrication selon le nombre de pots.

Ingrédients pour 4 pots

900 g	2	1,2 kg	1 dL
2,80 € le kg	**0,80 € l'un**	**1,10 € le kg**	

PARCOURS 1

Ilyes prépare 6 pots.

Comment connaître la masse de sucre pour 6 pots ?

Tu peux commencer par calculer la masse pour 2 pots.

a. Recopier et compéter : « Pour 4 pots, il faut ... kg de sucre, donc pour 2 pots, il en faut ... : 2, soit ... kg. »
b. Calculer la masse de sucre nécessaire pour 6 pots.
c. Calculer le prix à payer pour l'achat du sucre.
d. Sachant que le prix d'achat des autres ingrédients est 6,18 €, calculer la dépense totale pour préparer 6 pots.

PARCOURS 2

Ilyes prépare 10 pots.
Calculer le prix à payer pour l'achat de chaque ingrédient puis la dépense totale.

PARCOURS 3

Il y a une promotion sur les citrons : « Pour 4 citrons achetés, 1 gratuit ».
Ilyes a un budget de 20 €.
Cette somme est-elle suffisante pour préparer 15 pots de cette confiture ?

107 Utiliser des pourcentages et des ratios

Un bijoutier fabrique des bracelets en utilisant différentes teintes d'or.
On se propose de déterminer le pourcentage d'or pur que contient un bracelet de 24 g selon les proportions des différentes teintes d'or utilisées.

Composition de plusieurs teintes d'or

Or jaune	Or rose	Or vert
Or pur, argent et cuivre selon le ratio 6 : 1 : 1.	75 % d'or pur, 5 % d'argent et 20 % de cuivre.	Or pur et argent selon le ratio 3 : 1.

PARCOURS 1

Un des bracelets contient 18 g d'or vert et 6 g d'or rose.

Que signifie le ratio 3 : 1 ?

Pour 3 doses d'or pur, on ajoute 1 dose d'argent.

a. Recopier et compéter : « 3 + 1 = ..., donc la fraction d'or pur contenu dans l'or vert est $\frac{...}{...}$.
Il y a donc $\frac{...}{...} \times 18$ g d'or pur, c'est-à-dire ... g. »
b. Calculer la masse d'or pur contenue dans 6 g d'or rose.
c. Calculer la masse totale d'or pur contenu dans ce bracelet.
d. En déduire le pourcentage total d'or pur de ce bracelet.

PARCOURS 2

Un des bracelets contient 18 g d'or jaune et 6 g d'or rose.
a. Calculer la masse d'or pur contenue dans 18 g d'or jaune puis celle dans 6 g d'or rose.
b. En déduire le pourcentage total d'or pur de ce bracelet.

PARCOURS 3

Calculer le pourcentage total d'or pur contenu dans un bracelet de 24 g, composé de 60 % d'or jaune et 40 % d'or rose.

Utiliser des pourcentages ou des ratios

108 Algo Appliquer des pourcentages de réduction ▸ Livret Scratch p. 3

Dans une boutique, des articles sont soldés à –10 %.

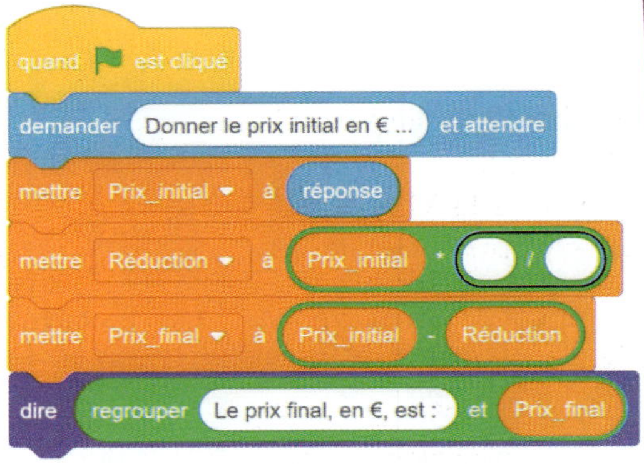

1. Calculer un prix soldé

Un article coûte 65 €.

a. Calculer le montant de la réduction, en €.

b. Calculer le prix de cet article soldé.

2. Comprendre un script

Le script ci-contre permet de calculer le prix soldé pour un taux de réduction de 10 %.

a. Quels nombres permettent de compléter la ligne **(1)** ?

b. Ouvrir le logiciel Scratch. Saisir le script complété.

c. Exécuter ce script pour un prix initial de 65 € et vérifier la réponse de la question **1.b**.

3. Modifier le pourcentage de réduction

a. Calculer à la main le prix final pour un prix initial de 65 € et un pourcentage de réduction de 20 %.

b. Créer une variable **Pourcentage** et modifier le script précédent à l'aide des blocs ci-dessous pour demander à l'utilisateur le taux de réduction.

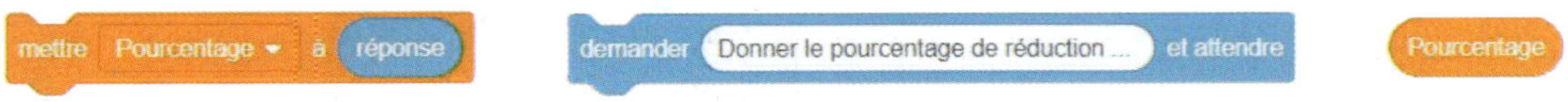

c. Tester ce nouveau script et vérifier le résultat de la question **3.a**.

109 Tice Partager selon un ratio

Axel prépare des pots de peinture verte en mélangeant de la peinture bleue, de la peinture jaune et de la peinture blanche selon le ratio 5 : 2 : 1.
Il souhaite fabriquer des pots de peinture verte de 6 L, 4 L, 2,5 L ou 1 L.

1. Étudier une première situation

a. Quelle fraction du volume total représente le volume de peinture :
• bleue ? • jaune ? • blanche ?

b. Calculer les volumes de peintures bleue, jaune et blanche pour préparer un pot de 6 L de peinture verte.

2. Réaliser une feuille de calcul

a. Saisir la feuille de calcul ci-contre.
Dans la cellule B5, saisir `=B2+B3+B4`.

b. Dans la cellule C2, saisir la formule `=C5*$B2/$B5` puis la recopier vers la droite.

c. Dans les cellules C3 et C4, saisir les formules permettant de calculer les volumes de peinture jaune et blanche.
Les recopier ensuite vers la droite.

	A	B	C	D	E	F
1		**Dose**	**Volume (en L)**	**Volume (en L)**	**Volume (en L)**	**Volume (en L)**
2	**Peinture bleue**	5				
3	**Peinture jaune**	2				
4	**Peinture blanche**	1				
5	**Peinture verte**		6	4	2,5	1

110 Communiquer en anglais

Calculer • Communiquer

The ratio of the measures of the three angles of a triangle is 5 : 2 : 2. Compute the measure of each angle.

111 Utiliser des grands nombres

Raisonner • Calculer

La distance réelle à vol d'oiseau entre Paris et Dijon est 260 km.
Sur une carte à l'échelle 1/2 000 000, calculer la distance, en cm, qui sépare ces deux villes, en ligne droite.

112 Calculer un pourcentage

Raisonner • Calculer

Une bouteille pleine contient 1,2 L d'eau distillée. Julie a renversé la bouteille et a perdu une partie du liquide. Elle verse l'eau restante dans une éprouvette graduée et observe le résultat ci-contre.

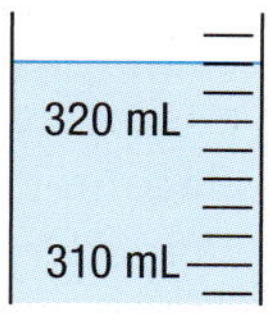

Quel pourcentage du volume initial d'eau Julie a-t-elle récupéré ?

113 Calculer un coût

Raisonner • Calculer

Arthur souhaite clôturer un enclos rectangulaire de 15 m sur 12 m, en laissant une ouverture de 2 m.
La clôture coûte 12,50 € le mètre et le commerçant accorde une remise de 10 % à Arthur.
Calculer le coût de la clôture.

114 Calculer un pourcentage de hausse

Raisonner • Calculer

En 2019, environ 500 milliers de trottinettes électriques ont été vendues en France et 640 milliers en 2020.

a. Combien de trottinettes ont été vendues en plus en 2020 par rapport à 2019 ?
b. Exprimer cette hausse sous la forme d'un pourcentage.

115 Calculer un pourcentage de baisse

Raisonner • Calculer

En 40 ans, la superficie de la forêt amazonienne est passée de 6,25 millions à 5,5 millions de km^2.
Exprimer cette diminution sous la forme d'un pourcentage.

116 Algo Modifier un script

Calculer • Communiquer

Pour fabriquer 3 m^3 de béton, il faut 2,7 t de sable, 0,9 t de ciment et 3,3 t de gravier.
Voici un script Scratch incomplet qui permet de calculer la quantité de sable selon le volume de béton à préparer.

a. Indiquer les nombres manquants à la ligne **(1)** pour calculer la masse de sable.
b. Ouvrir le logiciel Scratch et saisir ce script complété. Vérifier que pour fabriquer 10 m^3 de béton, il faut 9 t de sable.
c. Modifier ce script afin de calculer aussi la masse de ciment, puis celle de gravier.

117 Relier le numérique et la géométrie

Raisonner • Calculer

Voici les dimensions, en cm, et les puissances, en watts, de trois panneaux solaires rectangulaires.

54×20	300×100	600×140
9 W	250 W	700 W

a. La puissance d'un panneau est-elle proportionnelle à son périmètre ? Expliquer.
b. La puissance d'un panneau est-elle proportionnelle à son aire ? Expliquer.
c. Quelle devrait être la longueur d'un panneau qui a pour largeur 1,80 m et pour puissance 300 W ?

118 Utiliser différentes unités

Raisonner • Calculer • Communiquer

Une perfusion est un dispositif médical de goutte à goutte.
Une infirmière doit perfuser à un patient 600 mL de solution en 4 h.
1 mL de cette solution correspond à 20 gouttes.
La perfusion se règle en fixant le nombre de gouttes à perfuser en 1 min.
a. Combien de gouttes l'infirmière doit-elle fixer ?
b. Une perfusion contient 8 000 gouttes.
Exprimer sa durée en heures et minutes.

J'utilise mes compétences

119 Communiquer en anglais

Calculer • Communiquer

Emma is on holiday in France and she exchanged 10 £ for 12 €. Help Emma translate these prices into British pounds.

120 Utiliser un ratio

Chercher • Modéliser • Calculer

Le ratio « longueur : largeur » d'un rectangle est 3 : 2.
Le périmètre de ce rectangle est 70 cm.
Calculer l'aire, en cm^2, de ce rectangle.

121 Comprendre et expliquer

Modéliser • Raisonner • Calculer

Voici le plan d'un appartement dont le prix proposé est 161 000 €.

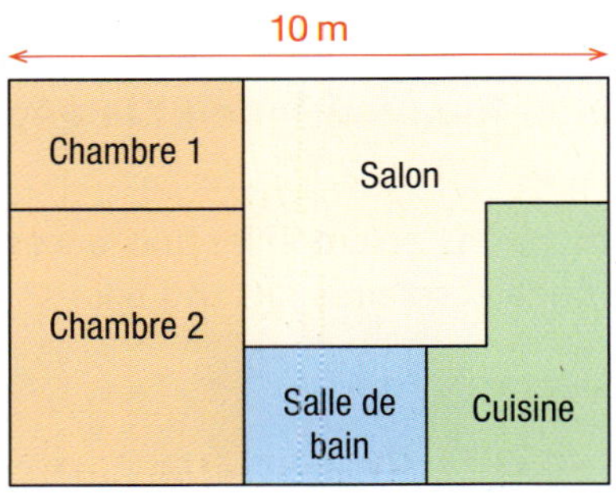

Calculer le prix par m^2 de cet appartement.

122 Imaginer une stratégie

Calculer • Raisonner • Communiquer

Un confiseur prépare des sachets d'œufs en chocolat.

Tous les œufs en chocolat ont la même masse.
Les étiquettes ont été mélangées et il en manque une.

260 g 585 g 390 g

Déterminer le sachet pour lequel il n'y a pas d'étiquette et indiquer sa masse.

123 Problème ouvert

Chercher • Raisonner

Lilou a choisi deux nombres entiers qui sont dans le ratio 5 : 8.
Si elle soustrait 2 à chacun de ces nombres, elle obtient deux nouveaux nombres qui sont dans le ratio 3 : 5.
Déterminer les deux nombres choisis par Lilou.

Narration de RECHERCHE

124 PROBLÈME Dans une entreprise de 120 salariés :
- 60 % des salariés sont des hommes ;
- 70 % des salariés ont moins de 35 ans ;
- 25 % des femmes ont plus de 35 ans.

Combien d'hommes ont plus de 35 ans dans cette entreprise ?

Raconter sur une feuille les différentes étapes de la recherche et les remarques qui ont fait changer de méthode ou qui ont permis de résoudre le problème.

Des défis

125 Déterminer une aire

Un champ rectangulaire est partagé en trois parcelles A, B et C.
Les aires de deux de ces parcelles sont 180 m^2 et 252 m^2.

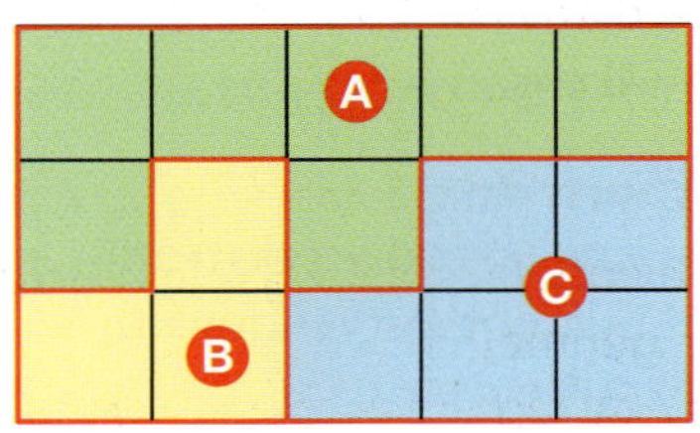

Quelle est l'aire de ce champ ?

126 Comprendre une situation

Six amis prévoient de mettre vingt jours pour traverser l'océan Atlantique à bord d'un voilier.
Ils emportent pour vingt-cinq jours de nourriture.
Après cinq jours de navigation, ils font une escale et accueillent deux équipiers de plus.
Y aura-t-il assez de nourriture pour tous pour terminer la traversée ?

Je prends des initiatives

TÂCHES COMPLEXES

127 CHOISIR un trajet économique

▶ La situation-problème

Solveig voyage en voiture au Royaume-Uni.
Elle souhaite aller de Londres à Manchester.
Quel(s) itinéraire(s) peut-elle choisir pour ne pas dépasser un budget de 30 € ?

▶ Les supports de travail

Les documents, la calculatrice.
Toute piste de recherche, même non aboutie, figurera sur la feuille.

Doc. 1

Les itinéraires possibles
Itinéraire 1 : 310 km (dont 290 km sur autoroute avec un péage de 2,30 £).
Itinéraire 2 : 320 km (dont 210 km sur autoroute gratuite).
Itinéraire 3 : 345 km (dont 155 km sur autoroute gratuite).

Doc. 2

La consommation de la voiture de Solveig
Consommation mixte (route et ville) : 5,4 L pour 100 km.
Consommation autoroute : 6 L pour 100 km.

Doc. 3

Prix de l'essence et taux de change
Au Royaume-Uni, 1 L d'essence coûte 1,25 £.
Solveig a échangé 360 € contre 300 £.

128 ESTIMER la superficie d'un glacier

▶ La situation-problème

Élio affirme : « Avec le réchauffement climatique, la superficie du glacier Cook a diminué d'environ 30 % entre 1963 et 2013. » A-t-il raison ?

▶ Les supports de travail

Les documents, la calculatrice, les instruments de géométrie.
Toute piste de recherche, même non aboutie, figurera sur la feuille.

Doc. 1

La photographie, en 2013, du glacier délimité par un polygone

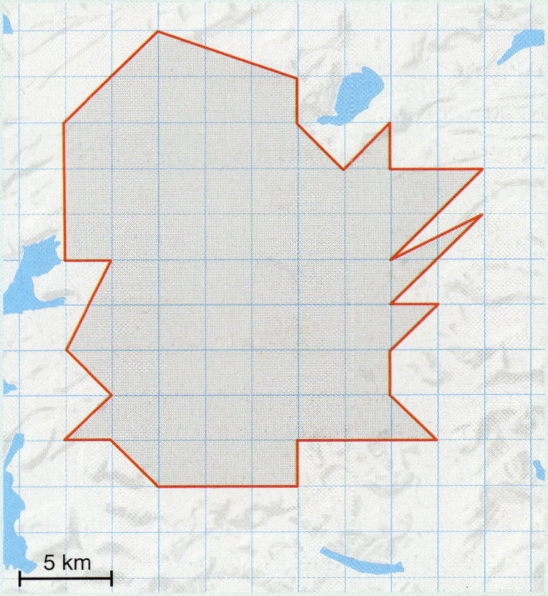

Doc. 2

Le glacier Cook
Le glacier Cook est le plus grand glacier entièrement français.
Situé dans les îles Kerguelen, au sud de l'océan Indien dans l'Antarctique, il culmine à 1 049 m d'altitude.
Sa superficie était d'environ 500 km² en 1963.

PROJET 3

Simuler une expérience aléatoire

Julie possède un dé équilibré dont les faces sont coloriées.
Un patron de ce dé est représenté ci-contre.
Une expérience aléatoire consiste à lancer le dé et à noter la couleur de la face supérieure.

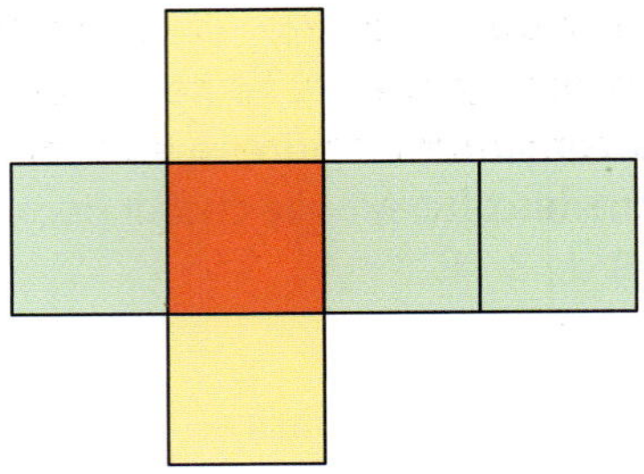

1 Étudier l'expérience aléatoire

a. Quelles sont les issues de cette expérience aléatoire ?

b. Déterminer la probabilité de chacune d'elles.

2 Étudier un script

Julie souhaite simuler, c'est-à-dire réaliser artificiellement, l'expérience aléatoire à l'aide d'un script Scratch.
Le voici ci-contre.
Lorsqu'il est exécuté, la variable **d** prend pour valeur un nombre entier aléatoire compris entre 1 et 6.

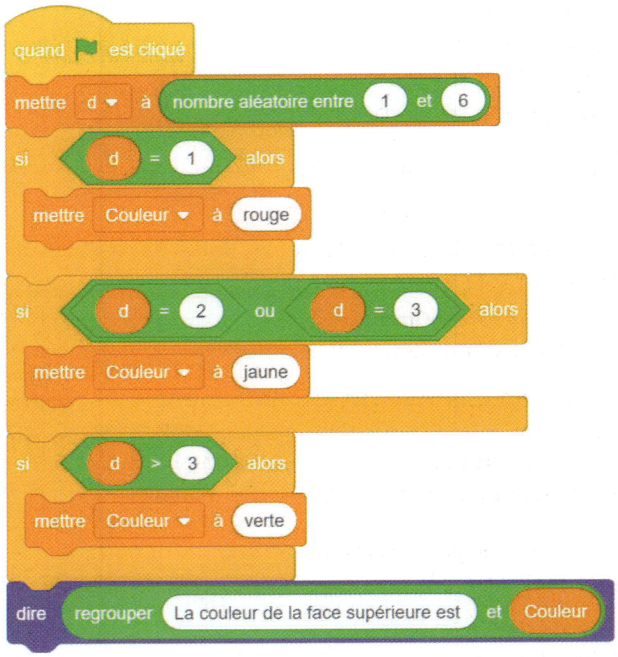

a. Reproduire et compléter le tableau ci-dessous qui donne le contenu de la variable **Couleur** suivant la valeur de la variable **d**.

d	1	2	3	4	5	6
Couleur						

b. Ouvrir le logiciel Scratch et saisir le script de Julie.

c. Exécuter le script dix fois de suite.
Recopier le tableau ci-contre et noter le nombre de fois où chaque issue est réalisée.

Issue	**Nombre de réalisations**
rouge	
jaune	
verte	

3 Modifier le script

Louis possède également un dé équilibré mais les faces de son dé ne sont pas coloriées de la même façon que celles du dé de Julie.
Le dé de Louis a une face marron, une face bleue et quatre faces orange.

a. Écrire un script afin de réaliser une simulation du lancer du dé de Louis.

b. Tester le script obtenu.

PROJET 4

Évaluer une consommation d'essence lors d'un trajet

Dans le cadre de son travail, Alex effectue de nombreux trajets en voiture. Il souhaite pouvoir prévoir sa consommation d'essence afin de choisir les parcours les plus économiques.

1 Étudier un script

Voici un script qui permet de saisir pour un trajet donné :
- la distance **Dr**, en km, parcourue sur route ;
- la distance **Da**, en km, parcourue sur autoroute.

La voiture d'Alex consomme 5,5 L pour 100 km sur route et 6,2 L pour 100 km sur autoroute.

```
quand [drapeau] est cliqué
demander (Donner la distance, en km, sur route ...) et attendre
mettre Dr à (réponse)
demander (Donner la distance, en km, sur autoroute ...) et attendre
mettre Da à (réponse)
mettre Cr à ((5.5) * (Dr) / (100))
(1) mettre Ca à (( ) * ( ) / ( ))
mettre Ct à ((Cr) + (Ca))
dire (regrouper (La consommation, en L, est) et (Ct)) pendant (5) secondes
```

1. a. Que représente la variable **Cr** ?

b. Par quels nombres et quelle variable doit-on compléter le calcul de la ligne **(1)** pour déterminer la valeur de la variable **Ca** ? Que représente cette variable ?

c. Que représente la variable **Ct** ?

2. On exécute ce script de façon débranchée. Recopier et compléter le tableau ci-contre.

Dr	52	354	620	306
Da	320	25	0	295
Cr				
Ca				
Ct				

3. Ouvrir le logiciel Scratch, saisir le script complété et le tester avec les données du tableau de la question **2**.

2 Calculer le coût d'un trajet

Alex fait le plein d'essence dans une station où 1 L d'essence coûte 1,65 €.
On complète le script par les instructions ci-contre où la variable **P** représente le coût total (en €) de l'essence consommée pendant le trajet.

```
(2) mettre P à (( ) * ( ))
dire (regrouper (Le coût, en €, de l'essence est) et (P))
```

a. Par quel nombre et quelle variable doit-on compléter le calcul de la ligne **(2)** ?

b. Saisir ces deux instructions.

c. À l'aide du script, déterminer le coût (en €) de l'essence consommée pour chacun des trajets définis dans le tableau de la question **1 2.**
Donner une valeur approchée au centième près de chaque résultat.

CHAPITRE 12

Calculer des longueurs et des aires

Le 20 juin 2021, Thomas Pesquet et Shane Kimbrough sont sortis de la Station spatiale internationale afin d'installer des nouveaux panneaux solaires. Placés devant les anciens, ces nouveaux panneaux solaires font 6 m de largeur et 19 m de longueur, pour une aire de 114 m².

Bien démarrer

Pour chaque question, une réponse ou plusieurs sont exactes.

		a	b	c
1	Le périmètre $\mathcal{P}$ et l'aire $\mathcal{A}$ de la figure ci-contre sont… 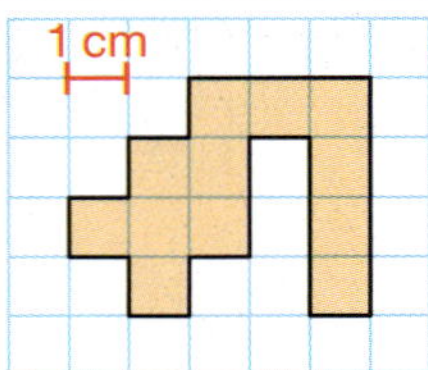	$\mathcal{P} = 24$ cm et $\mathcal{A} = 11$ cm²	$\mathcal{P} = 25$ cm et $\mathcal{A} = 13$ cm²	$\mathcal{P} = 24$ cm et $\mathcal{A} = 12$ cm²
2	Un rectangle de dimensions 4 cm et 6 cm et un carré de côté 5 cm ont…	le même périmètre et des aires différentes	le même périmètre et la même aire	la même aire et des périmètres différents
3	Un village a une superficie de 1,2 km², c'est-à-dire…	12 000 dam²	1 200 000 m²	1 200 hm²
4	Un disque de diamètre 10 cm possède…	un rayon de 5 cm	une longueur de 10π cm	une aire de 25π cm²

Vérifie tes réponses p. 306

ACTIVITÉ

1 Calculer des périmètres et des aires

Cours Paragraphes 1 et 2a, b, p. 190

Voici le schéma simplifié d'un hippodrome.
La piste sur laquelle les chevaux courent est coloriée en vert. Elle est large de 30 m.

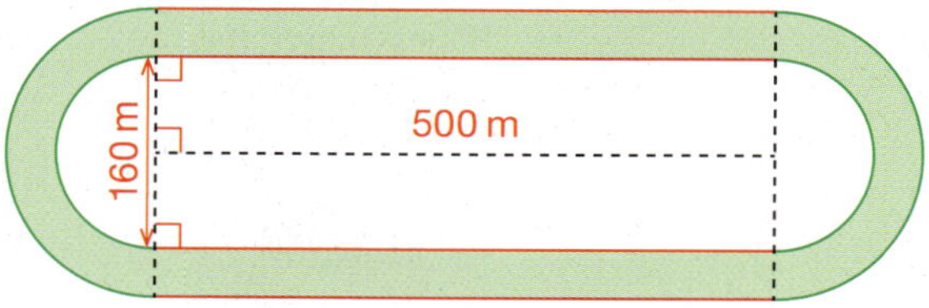

Par la suite, donner des valeurs approchées à l'unité près.

1 Afin d'éviter les sorties de piste et de protéger les spectateurs, des barrières de sécurité (en rouge et en vert sur le schéma) doivent être installées de part et d'autre de la piste.

a. Calculer la longueur, en m, des barrières en vert.

b. Calculer alors la longueur totale, en m, de toutes les barrières.

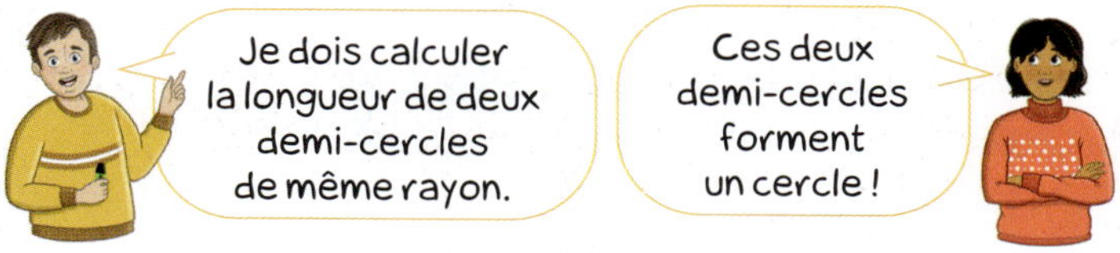

2 Calculer l'aire, en m^2, de la surface (en blanc) délimitée par la piste.

ACTIVITÉ

2 Calculer l'aire d'un parallélogramme

Cours Paragraphe 2c, p. 190

Dans le cadre de travaux manuels sur le thème de la récupération des déchets du quotidien, Maelys souhaite décorer des rouleaux de carton.
En ouvrant un de ces rouleaux, elle obtient le parallélogramme ci-dessous.

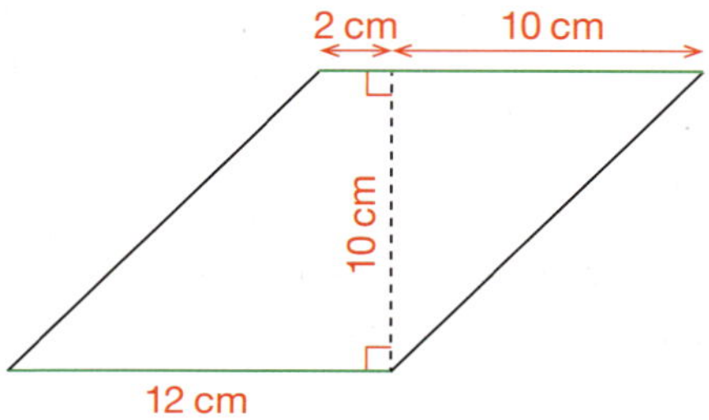

a. Construire cette figure sur papier uni.

b. Découper ce parallélogramme en deux morceaux et assembler ces morceaux pour obtenir un rectangle.

c. Calculer l'aire, en cm^2, de la surface à peindre pour décorer un rouleau.

Vocabulaire
La longueur du segment en pointillés est la **hauteur** du parallélogramme relative aux côtés verts.

Cours

Dans toutes les formules, **les longueurs doivent être exprimées dans la même unité.**

1 Périmètre : formulaire

Exercices 7 à 18

Périmètre $\mathcal{P}$…		Longueur L d'un cercle
d'un carré	**d'un rectangle**	
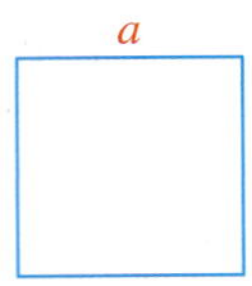 $\mathcal{P} = 4 \times a$	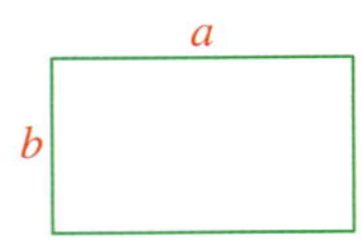 $\mathcal{P} = 2 \times a + 2 \times b$ ou $\mathcal{P} = 2 \times (a + b)$	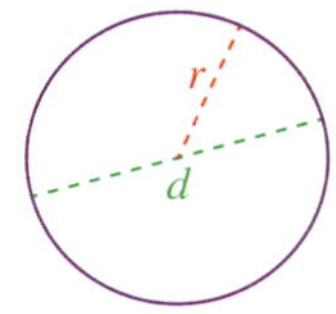 $L = \pi \times d$ $L = 2 \times \pi \times r$ Pour calculer une valeur approchée de L, on peut utiliser la touche π de la calculatrice.

2 Aire : unités et formulaire

Exercices 19 à 32

a. Unités d'aire

Chaque unité d'aire est **100** fois plus grande que celle de rang immédiatement **inférieur**.

1 km²	← ×100	1 hm²	← ×100	1 dam²	← ×100	1 m²	← ×100	1 dm²	← ×100	1 cm²	← ×100	1 mm²

1 km² = **100** hm² 1 hm² = **100** dam² 1 dam² = **100** m²
1 m² = **100** dm² 1 dm² = **100** cm² 1 cm² = **100** mm²

Unités agraires :
l'hectare (ha), l'are (a)
1 **ha** = 1 hm² = 10 000 m²
1 **a** = 1 dam² = 100 m²

b. Formulaire

Aire $\mathcal{A}$…				
d'un carré	**d'un rectangle**	**d'un triangle rectangle**	**d'un triangle**	**d'un disque**
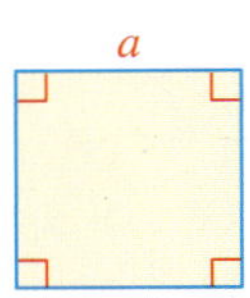 $\mathcal{A} = a \times a$ ou $\mathcal{A} = a^2$	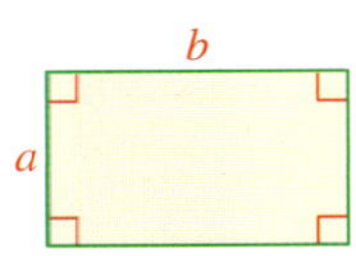 $\mathcal{A} = a \times b$	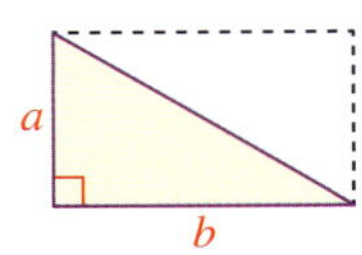 $\mathcal{A} = (a \times b) : 2$	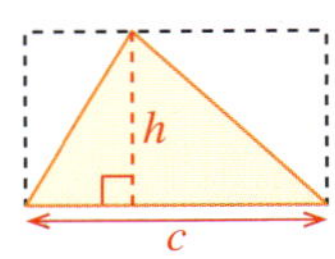 $\mathcal{A} = (c \times h) : 2$ ou $\mathcal{A} = \frac{c \times h}{2}$	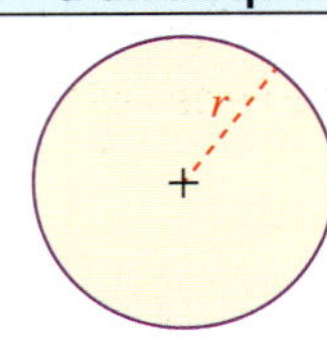 $\mathcal{A} = \pi \times r \times r$ ou $\mathcal{A} = \pi \times r^2$

c. Aire d'un parallélogramme

La définition d'un parallélogramme est rappelée page 278.

DÉFINITION Dans un parallélogramme, la **hauteur** h relative à un côté est la longueur d'un segment partant d'un sommet et perpendiculaire à ce côté.
On dit aussi qu'un tel segment est une hauteur du parallélogramme.

PROPRIÉTÉ L'aire $\mathcal{A}$ d'un parallélogramme est égale au produit de la longueur c d'un côté par la hauteur h relative à ce côté.

$$\mathcal{A} = c \times h$$

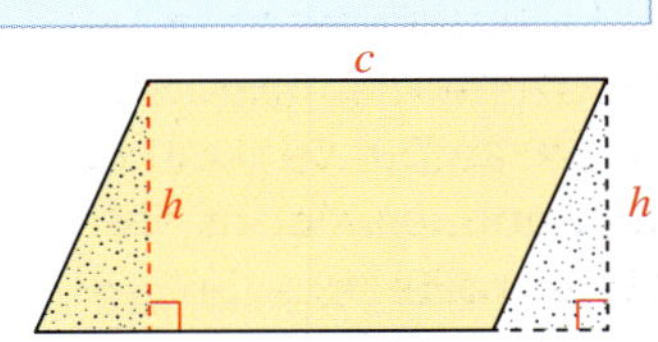

J'applique le cours

① Assembler pour calculer un périmètre

EXERCICE RÉSOLU

ÉNONCÉ Le plateau d'une table est constitué d'un carré de côté 100 cm et de quatre demi-disques.
Calculer le périmètre $\mathcal{P}$, en cm, de cette table.
Donner une valeur approchée à l'unité près.

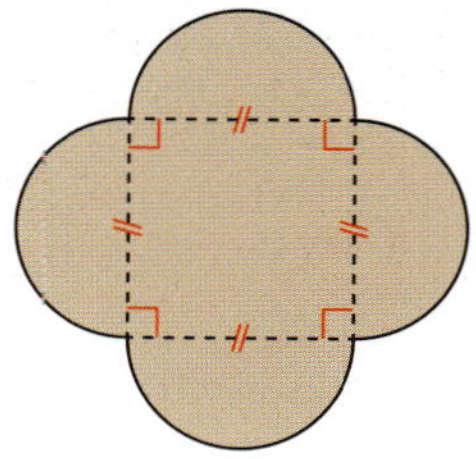

SOLUTION

Avec les quatre demi-cercles de diamètre 100 cm, on peut former deux cercles de diamètre $d = 100$ cm.
Ainsi, $\mathcal{P} = 2 \times \pi \times d = 2 \times \pi \times 100 \text{ cm} = 200 \times \pi \text{ cm}$.
Le périmètre de cette table est d'environ 628 cm.

CONSEILS

• À l'aide de la touche π de la calculatrice :

```
200×π
628,3185307
```

À TON TOUR

② Le terrain ci-contre est constitué d'un triangle et d'un demi-disque.
Calculer une valeur approchée à l'unité près du périmètre, en m, de ce terrain.

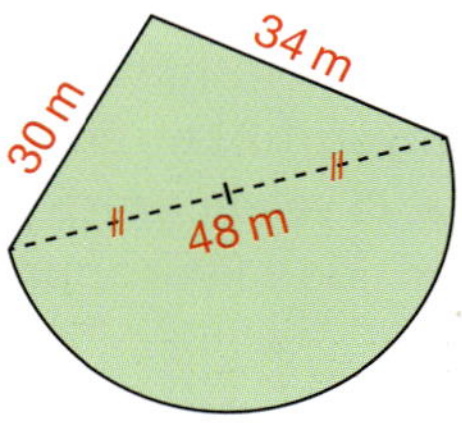

③ La figure ci-contre est constituée de deux demi-disques et d'un rectangle.
Calculer une valeur approchée à l'unité près du périmètre, en dm, de cette figure.

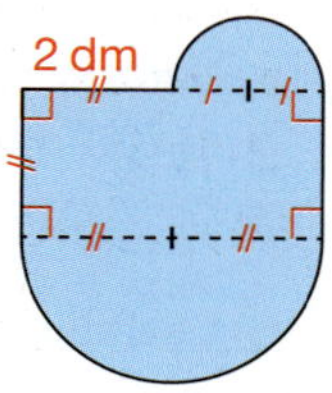

④ Calculer l'aire d'un assemblage de figures

EXERCICE RÉSOLU

ÉNONCÉ La figure ci-contre est constituée d'un parallélogramme et d'un demi-disque.
Calculer l'aire $\mathcal{A}$, en cm², de cette figure.
Donner une valeur approchée à l'unité près.

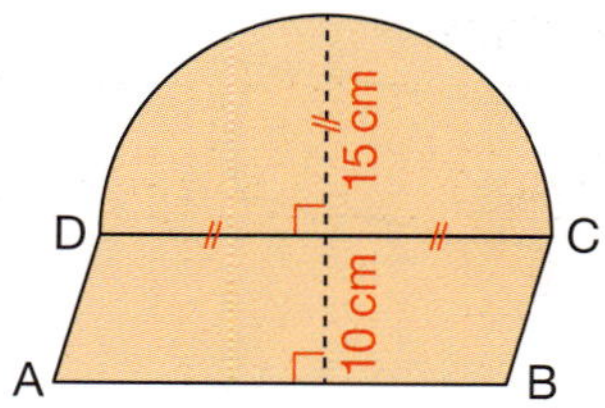

SOLUTION

• Aire $\mathcal{A}_1$ du parallélogramme :
$\mathcal{A}_1 = 30 \text{ cm} \times 10 \text{ cm} = 300 \text{ cm}^2$.
• Aire $\mathcal{A}_2$ du demi-disque de rayon 15 cm :
$\mathcal{A}_2 = \pi \times 15^2 \text{ cm}^2 : 2$ et $\mathcal{A}_2 \approx 353 \text{ cm}^2$.
• Ainsi, $\mathcal{A} = \mathcal{A}_1 + \mathcal{A}_2$ et :
$\mathcal{A} \approx 300 \text{ cm}^2 + 353 \text{ cm}^2$, soit $\mathcal{A} \approx 653 \text{ cm}^2$.

CONSEILS

• La hauteur relative au côté [AB] (ou [CD]) du parallélogramme est 10 cm.
• À l'aide de la calculatrice :

```
π×15²:2
353,4291735
```

À TON TOUR

⑤ La figure ci-contre est constituée d'un parallélogramme et d'un demi-disque.
Calculer une valeur approchée à l'unité près de l'aire, en dm², de cette figure.

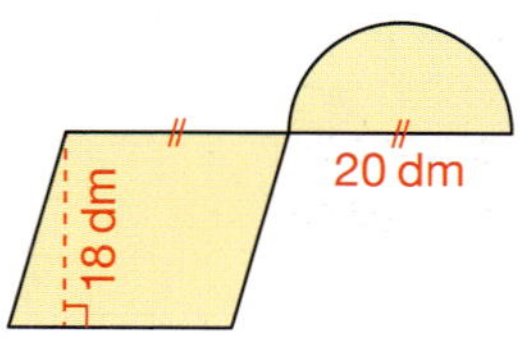

⑥ La figure ci-contre est constituée d'un rectangle et d'un demi-disque.
Calculer une valeur approchée à l'unité près de l'aire, en m², de la partie coloriée.

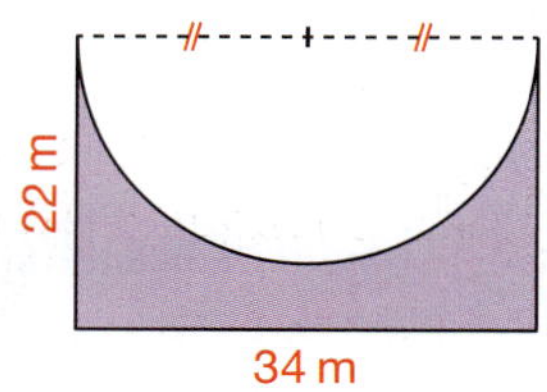

Je travaille mes automatismes

Calculer un périmètre

À l'oral

Questions flash

7 Lire en complétant.

a. 1 m = … cm **b.** 1 m = … mm
c. 1 cm = 10 … **d.** 10 dm = 1 …

8 Indiquer oralement si ces figures ont le même périmètre.

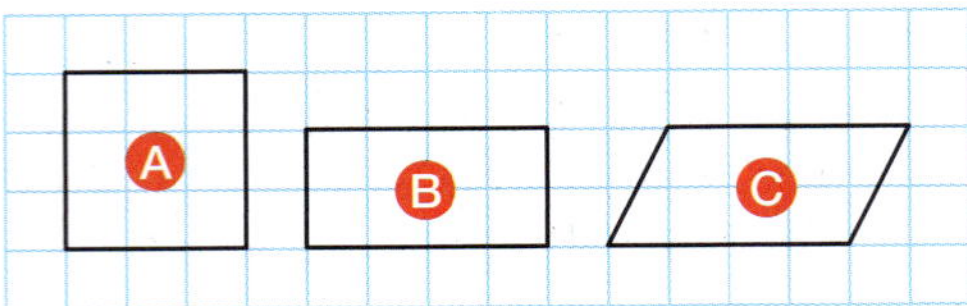

9 CALCUL MENTAL Calculer mentalement le périmètre d'un :

a. triangle équilatéral de côté 1,5 dm ;
b. losange de côté 3,5 cm ;
c. carré de côté 2,6 cm ;
d. rectangle de dimensions 7 cm et 4 cm.

10 Calculer le périmètre de chaque figure.

a.

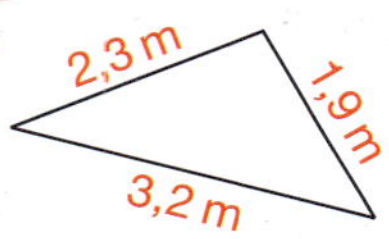

b.

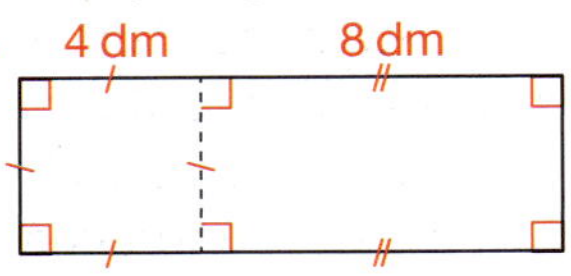

c.

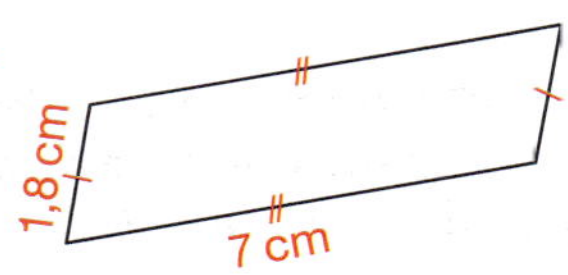

d.

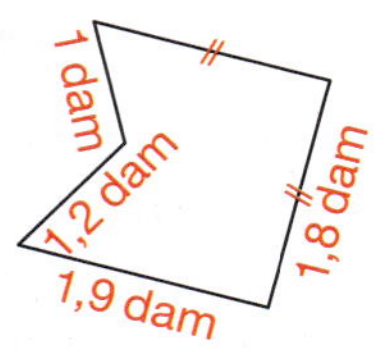

11 Dans chaque cas, calculer le périmètre de la figure.

a.

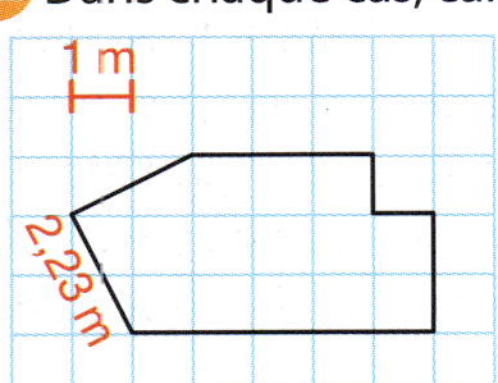

b.

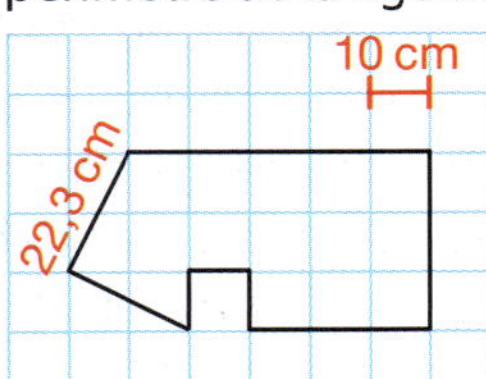

12 Un triangle ABC rectangle en A a pour périmètre 19,2 cm.
On sait que AB = 4,8 cm et que AC = 6,4 cm.
Calculer la longueur BC du troisième côté.

13 Chacun de ces deux carrés a pour périmètre 36 cm.
Quel est le périmètre de cette figure ?

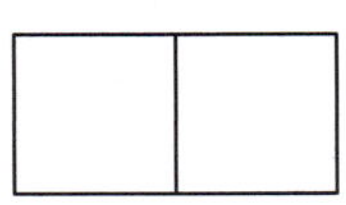

14 Il a fallu 73,20 m de corde pour installer les 3 cordes de ce ring de boxe carré.

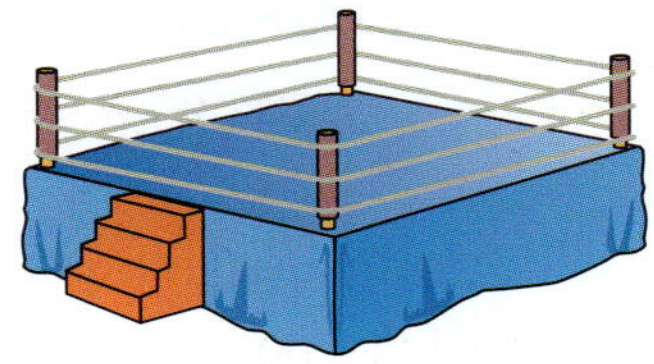

a. Calculer le périmètre de ce ring.
b. Calculer le côté de ce ring.

15 Le schéma ci-dessous précise les dimensions d'un court de tennis.
Calculer le périmètre, en m, de ce court de tennis.

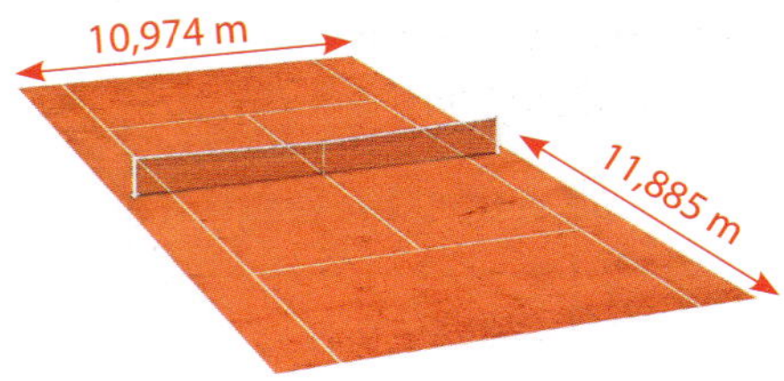

16 Déterminer la longueur, en cm, d'un cercle de rayon 1,2 cm, en donnant :

a. la valeur exacte en fonction de π ;
b. une valeur approchée au dixième près.

17 Formée à partir d'un ancien volcan, la structure de Richat (désert mauritanien) dessine un cercle de 50 km de diamètre.

Déterminer la valeur exacte du périmètre, en km, de cette structure.
Donner une valeur approchée à l'unité près.

18 CORRIGÉ en vidéo jaicompris.com

Dans chaque cas, calculer le périmètre de la figure dans l'unité indiquée.
Donner une valeur approchée à l'unité près.

a.

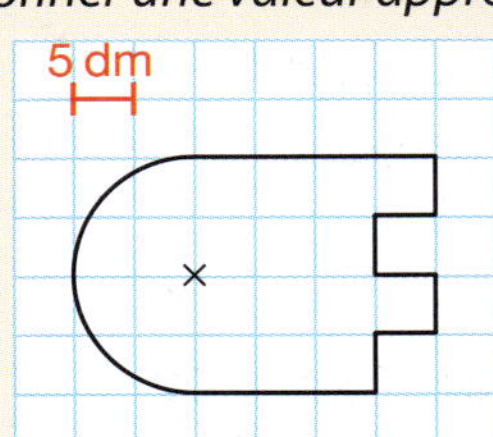

b.

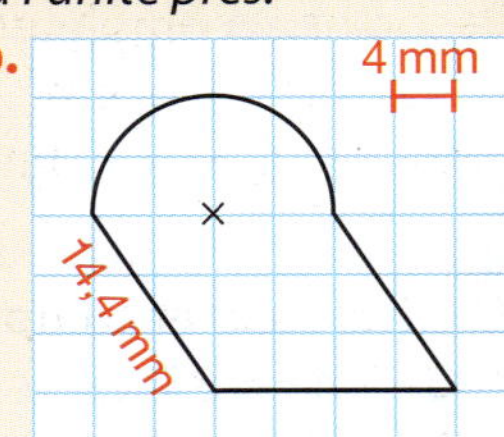

Calculer une aire

À l'oral

Questions flash

19 Lire en complétant.

a. 1 m^2 = … dm^2 **b.** 1 m^2 = … cm^2
c. 1 cm^2 = 100 … **d.** 1 hm^2 = 10 000 …

20 Lire en complétant.

a. 1 ha = … m^2 **b.** 1 ha = … a

21 Pour ce parallélogramme, citer un côté auquel :

a. la hauteur h_1 est relative ;
b. la hauteur h_2 est relative.

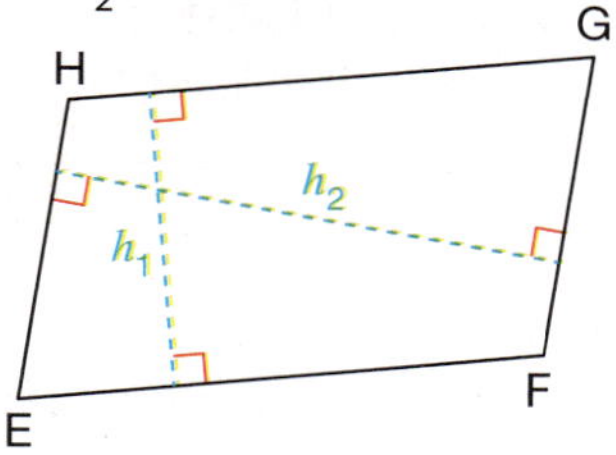

22 CALCUL MENTAL Calculer mentalement l'aire de ce trapèze rectangle.

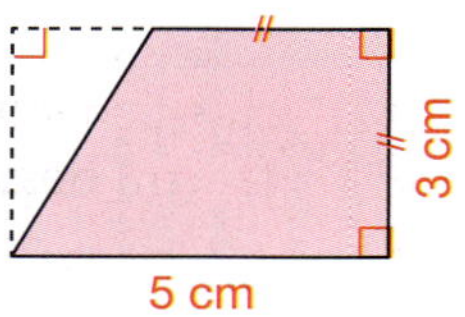

23 CALCUL MENTAL Dans chaque cas, calculer mentalement l'aire du triangle.

a.

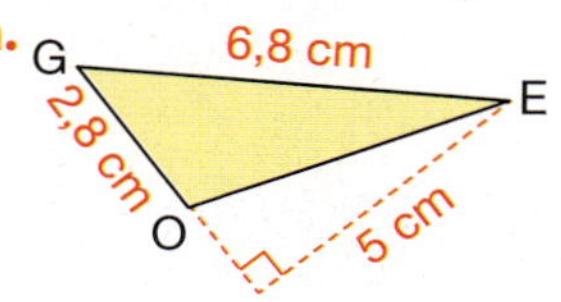

b.

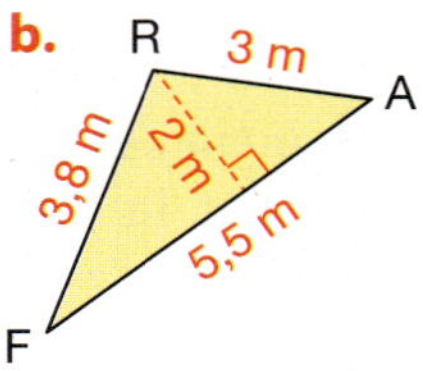

24 Recopier et compléter.

a. 0,183 m^2 = … dm^2 **b.** 1,34 cm^2 = … mm^2
c. 7,43 dam^2 = … dm^2 **d.** 0,58 m^2 = … mm^2

25 CORRIGÉ en vidéo jaicompris.com

Recopier et compléter.

a. 183 mm^2 = … cm^2 **b.** 12 000 cm^2 = … m^2
c. 34 000 dm^2 = … hm^2 **d.** 3 600 m^2 = … km^2

26 Recopier et compléter.

a. 0,85 m^2 = 85 … **b.** 0,071 ha = 710 …
c. 75 000 m^2 = 7,5 … **d.** 300 cm^2 = 3 …

27 Dans chaque cas, calculer l'aire, en cm^2, du parallélogramme.

a.

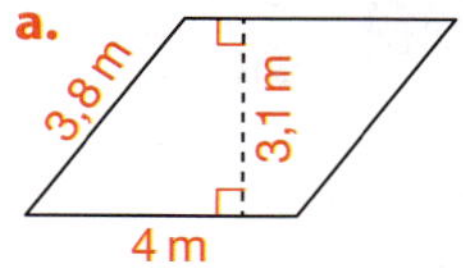

b.

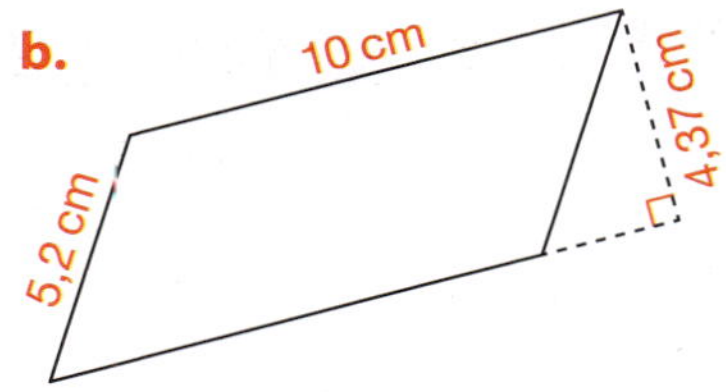

28 Comparer les aires des trois parallélogrammes représentés ci-dessous.

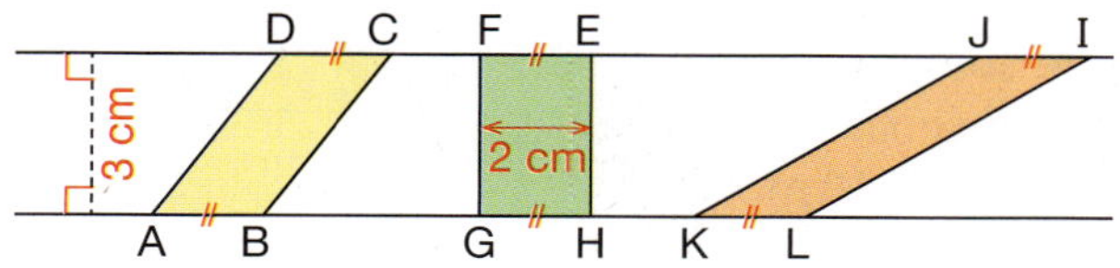

29 ABEF est un parallélogramme tel que :
AB = 7,5 cm, BE = 5 cm,
CD = 3 cm, GH = 4,5 cm.
Calculer son aire, en cm^2, de deux façons différentes.

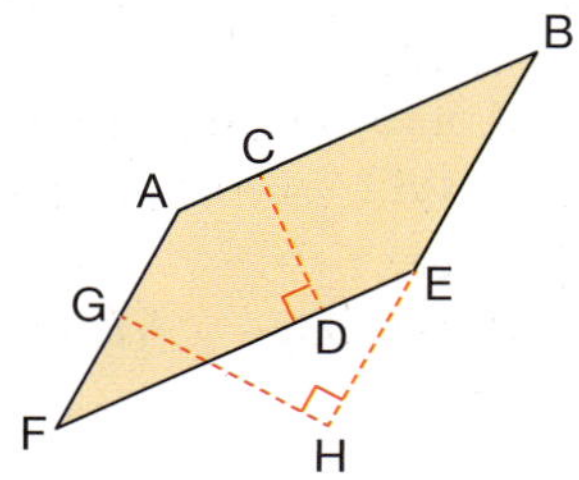

30 Déterminer l'aire, en cm^2, d'un disque de rayon 10 cm, en donnant :

a. la valeur exacte en fonction de π ;
b. une valeur approchée au dixième près.

31 Situé dans les eaux du Belize (Amérique centrale), le Grand Trou Bleu est un espace sous-marin qui dessine en surface un disque de 300 m de diamètre.
Calculer son aire, en m^2.
Donner une valeur approchée au centième près.

32 Construit au IVe siècle avant notre ère, le stade des Panathénées est un stade, situé en Grèce, où avaient lieu courses de chevaux et combats de gladiateurs.
La partie basse (en dehors des gradins) est formée d'un rectangle de longueur 190 m et d'un demi-disque de diamètre 38 m.
Calculer une valeur approchée au dixième près de l'aire, en m^2, de la partie basse.

Calculer un périmètre

33 Calculer le périmètre, en m, de cette figure.

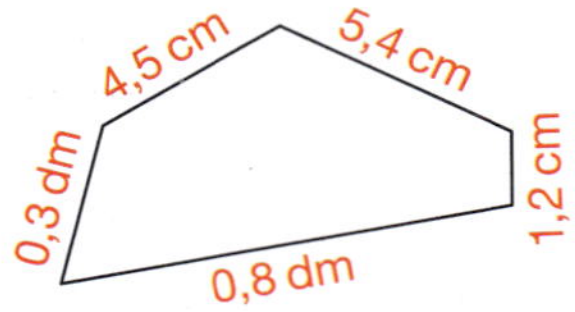

34 Le potager bio de la famille Dujardin est représenté par le polygone ABCD ci-contre.
Elle souhaite le clôturer avec du grillage vendu par rouleau de 10 m.

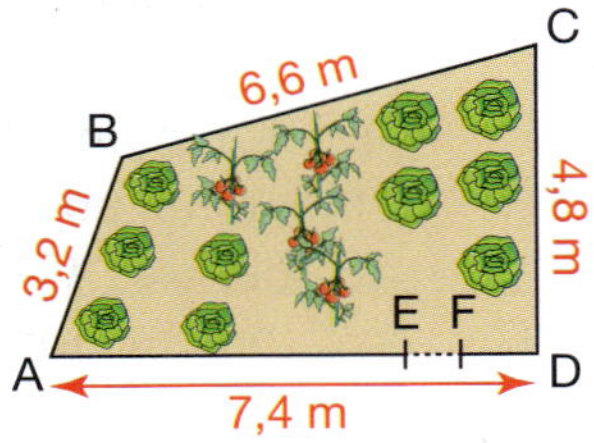

Elle prévoit un portillon de 1 m représenté sur le schéma par le segment [EF].

a. Calculer la longueur, en m, de grillage à prévoir.

b. Combien de rouleaux de grillage la famille doit-elle acheter ?

35 CORRIGÉ en vidéo jaicompris.com

Une tablette tactile, schématisée ci-contre, est de forme rectangulaire mais arrondie en chacun de ses sommets par un quart de cercle.
Calculer une valeur approchée au dixième près du périmètre, en cm, de cette tablette.

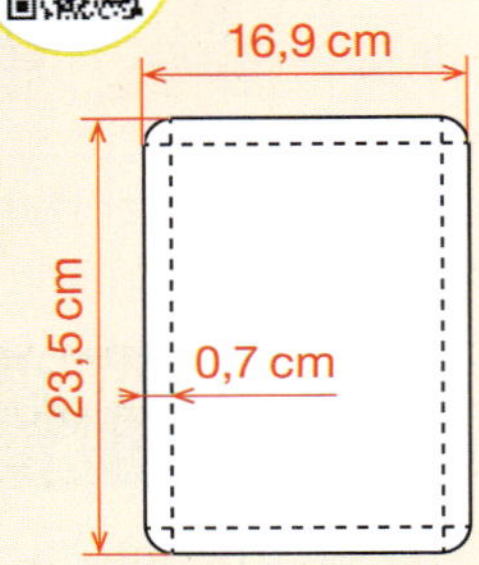

36 **a.** Un rectangle de largeur 5,4 dm a pour périmètre 24,2 dm.
Calculer sa longueur.

b. IJK est un triangle isocèle en K de périmètre 15 mm et tel que IJ = 6 mm.
Calculer IK.

Coup de pouce
On peut réaliser un schéma.

37 Pour délimiter un jardin carré, on a utilisé 112 m de clôture en bois. Sachant qu'on a laissé une ouverture de 2 m pour un portail, calculer la longueur d'un côté de ce jardin.

38 La ligne bleue, tracée à l'aide d'un compas, a une longueur de 32 cm.
Calculer une valeur approchée au dixième près des dimensions, en cm, du rectangle ABCD.

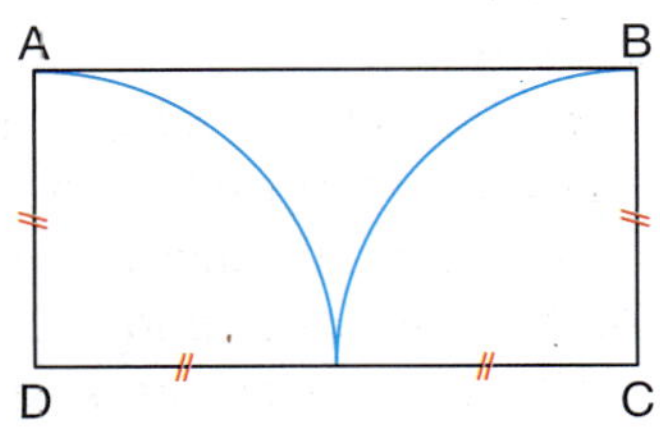

39 Dans le lac de Covão dos Conchos, au Portugal, un barrage artificiel circulaire de 48 m de circonférence permet de déverser l'eau dans une autre lagune.
Calculer une valeur approchée à l'unité près du rayon, en cm, de ce barrage.

40 Jeux et casse-tête Quel est le périmètre de cette figure ?
Les segments de même couleur sont parallèles.

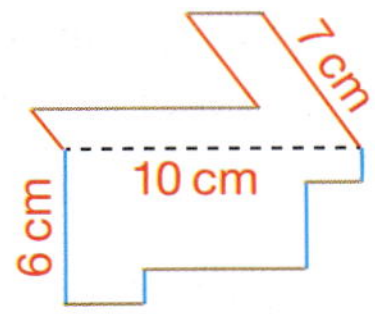

Calculer une aire

41 ABCD est un rectangle de dimensions 36 cm et 24 cm.
Calculer l'aire du triangle BGH.

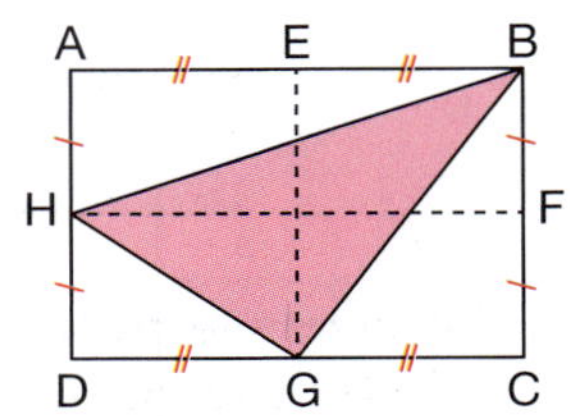

42 Evan affirme : « Les parallélogrammes MNOP et IJKL ont la même aire. »
A-t-il raison ? Expliquer.

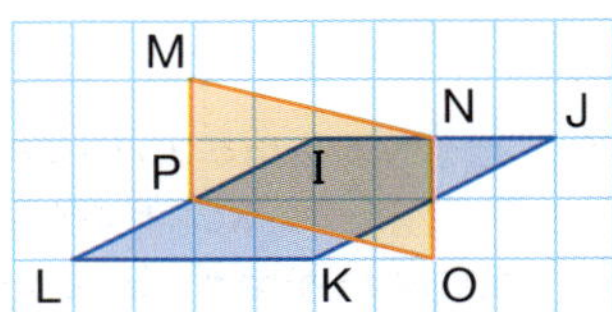

43 Calculer une valeur approchée au dixième près de l'aire, en cm², de cet assemblage de figures.

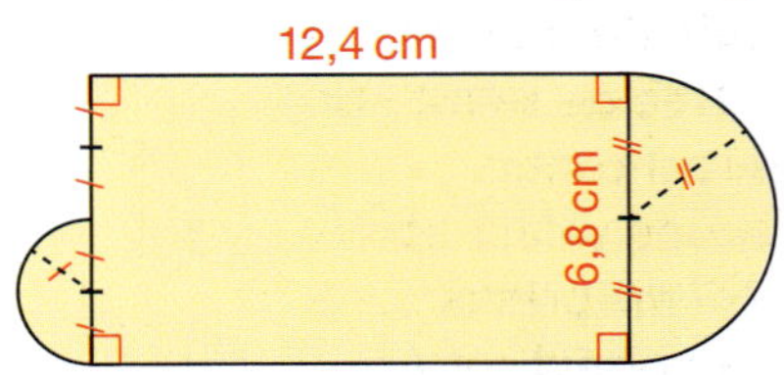

44 **a.** Construire un carré ABCD de côté 5 cm.

b. Construire le point E tel que le quadrilatère ABEC soit un parallélogramme.

c. Calculer l'aire du parallélogramme ABEC.

45 Un parc et sa pelouse représentés ci-dessous sont des parallélogrammes.
Calculer l'aire, en m², des allées grisées de ce parc.

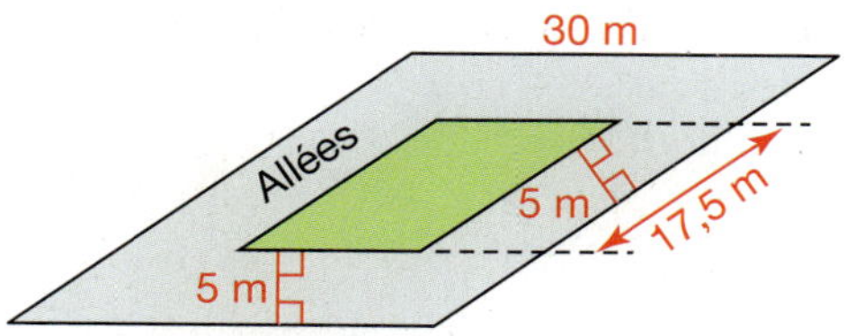

46 Cette figure représente un parallélogramme ABCD tel que DC = 9 cm, AH = 25 mm, BC = 3 cm.

a. Calculer l'aire du parallélogramme ABCD.
b. Calculer la hauteur relative au côté [BC].

47 Cette figure représente un parallélogramme BLEU tel que BL = 18 cm, h = 3,6 cm, h' = 12 cm.

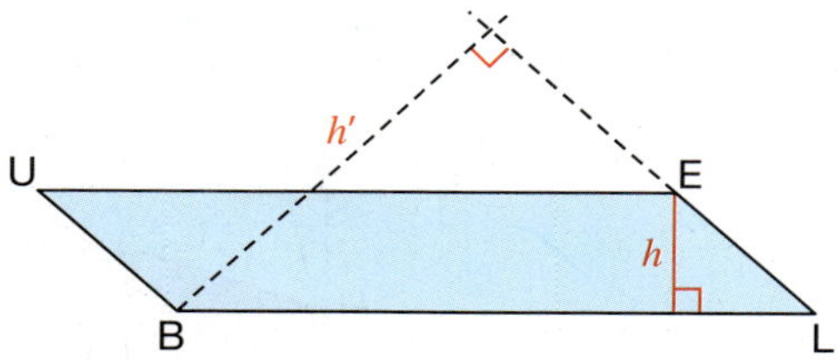

a. Calculer l'aire du parallélogramme BLEU.
b. Calculer la longueur LE.

48 **a.** Construire un losange ABCD tel que :
AC = 6 cm et BD = 8 cm.
b. Calculer l'aire du losange ABCD.
c. Calculer la hauteur du losange relative au côté [AB] sachant que AB = 5 cm.

49 Lia souhaite repeindre la porte d'entrée de sa maison, schématisée ci-contre.
a. Calculer une valeur approchée au dixième près de l'aire, en m², de la porte d'entrée.
b. Lia a acheté un pot de 0,5 L d'une peinture qui couvre 3 m² par litre.
Aura-t-elle suffisamment de peinture ?

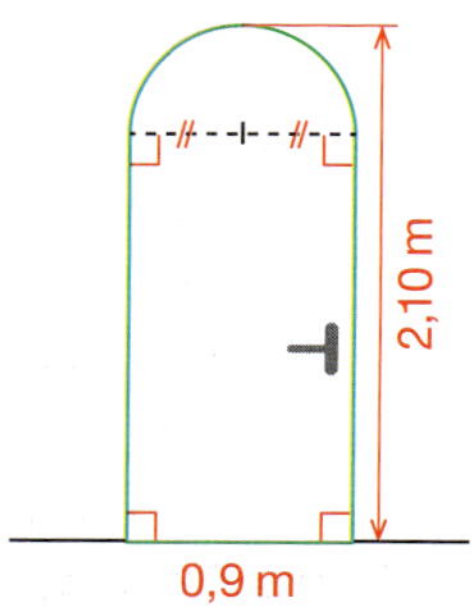

50 Thomas a tracé deux demi-cercles de rayon 2,4 cm de centres A et B puis le triangle DEF dont la hauteur issue de F mesure 9,6 cm.
Calculer une valeur approchée au centième près de l'aire, en cm², de la surface jaune.

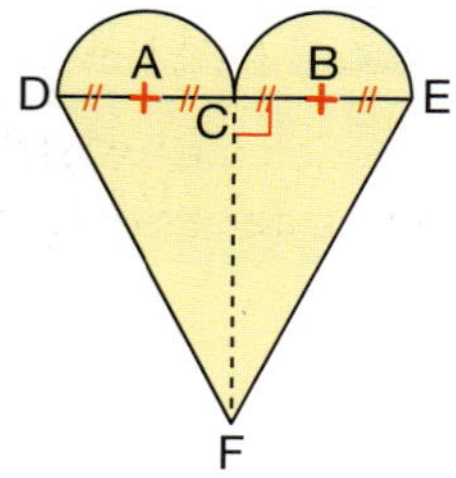

51 **a.** Tracer un segment [AB] de longueur 6 cm.
b. Construire deux points M et N tels que l'aire de chacun des triangles ABM et ABN soit 15 cm².
Expliquer la construction.

52 **Jeux et casse-tête** Tracer ces quatre figures sur papier quadrillé, les découper et les assembler pour former un carré.
Quelle est l'aire de ce carré ?

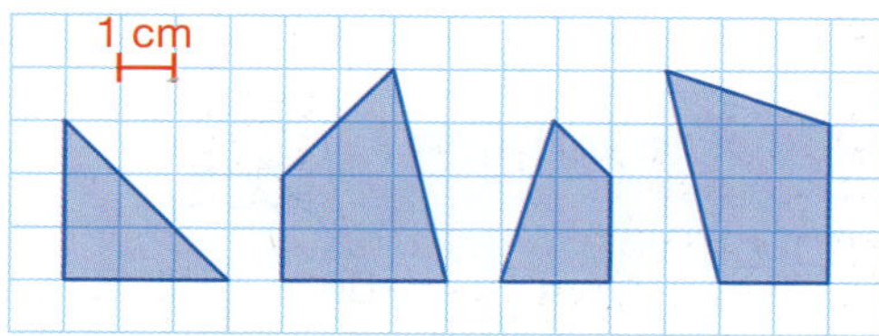

Synthèse

Utiliser les périmètres et les aires

53 Un jardinier doit semer du gazon dans un parterre circulaire, sur le pourtour duquel il a déjà planté 150 narcisses espacés de 22 cm.
Il faut une boîte de 1 kg de graines pour planter 30 m² de gazon.

Objectif Déterminer le nombre de boîtes de graines que le jardinier doit prévoir.

a. Calculer le périmètre, en cm puis en m, de ce parterre.
b. En déduire une valeur approchée au dixième près du rayon, en m, de ce parterre.
c. Calculer une valeur approchée à l'unité près de l'aire, en m², de ce parterre.
d. Combien de boîtes de graines le jardinier doit-il prévoir ?

Parcours différenciés

Je m'évalue

Pour chaque question, une seule réponse est exacte.

	a	b	c	En cas d'erreur
54 ABC est un triangle isocèle en A tel que AB = 30 cm et BC = 20 cm. Son périmètre est…	80 cm	800 cm	80 cm^2	*Cours 1 p. 190*
55 La longueur d'un cercle de rayon 6 cm est…	6π cm	12π cm	36π cm	
56 Cette figure est constituée de deux demi-cercles de rayon 3 cm. Le périmètre de cette figure est environ… 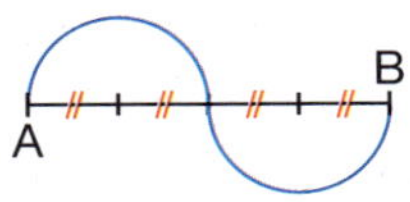	49,7 cm	18,8 cm	30,8 cm	*Ex. 1 p. 191*
57 7,2 dm^2 est égal à…	0,72 cm^2	72 cm^2	720 cm^2	*Cours 2 p. 190*
58 63 ha est égal à…	0,63 km^2	6,3 km^2	63 km^2	
59 L'aire du triangle représenté ci-contre est… 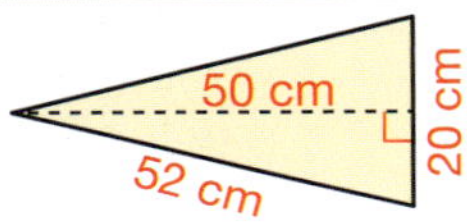	520 cm^2	500 cm^2	1 000 cm^2	
60 L'aire d'un disque de diamètre 10 cm est…	10π cm^2	100π cm^2	25π cm^2	
61 L'aire du parallélogramme ABCD ci-contre est… 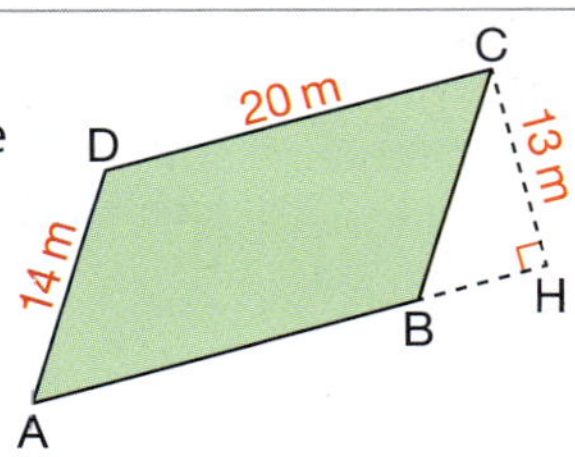	130 m^2	182 m^2	260 m^2	
62 Cette figure est constituée d'un rectangle et d'un demi-disque. L'aire de cette figure est environ… 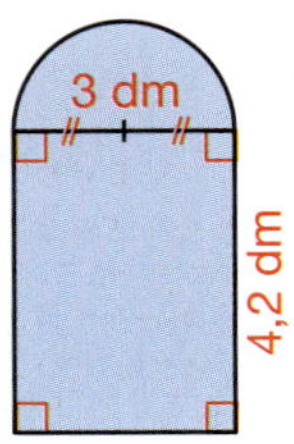	19 dm^2	18 dm^2	16 cm^2	*Ex. 4 p. 191*

Selon ton score page précédente

Parcours conseillé
- Entre **0 et 4 bonnes réponses** : drapeau vert
- Entre **5 et 7 bonnes réponses** : drapeau bleu
- **8 bonnes réponses ou plus** : drapeau rouge

63 Calculer le périmètre d'une figure complexe

ABCD est un carré de côté 10 cm.
Des quarts de cercles de rayon 2,9 cm et de centres A, B, C, D coupent les côtés du carré en I, J, K, L, M, N, O, P.
On se propose de calculer différentes longueurs.

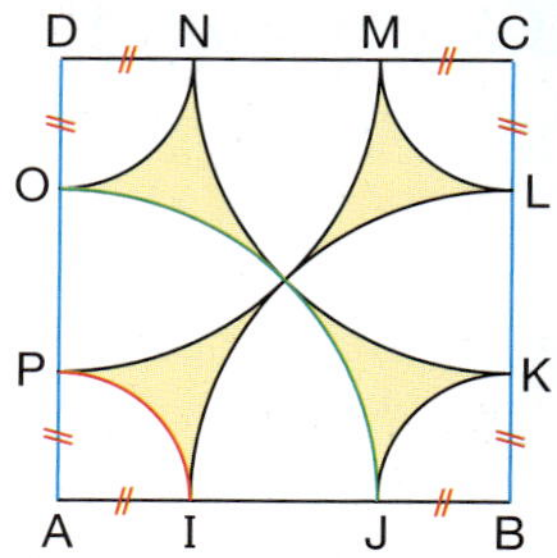

PARCOURS 1

On s'intéresse au quart de cercle colorié en rouge.

> Comment calculer la longueur d'un quart de cercle ?

> La moitié de $2 \times \pi \times r$, c'est $\pi \times r$ et la moitié de $\pi \times r$, c'est $\pi \times r : 2$.

a. Recopier et compléter : « La moitié de la moitié d'un nombre, c'est le ... de ce nombre. »
b. Calculer une valeur approchée au centième près de la longueur, en cm, du quart de cercle rouge.

PARCOURS 2

a. Calculer le rayon du quart de cercle vert.
b. Calculer une valeur approchée au centième près de la longueur, en cm, du quart de cercle vert.

PARCOURS 3

Calculer une valeur approchée au centième près du périmètre, en cm, de la figure coloriée en jaune.

64 Comparer des aires dans un parallélogramme

M est un point situé à l'intérieur du parallélogramme ABCD ci-contre.
[KH] est un segment passant par M et perpendiculaire aux côtés [AB] et [CD].
On sait que CD = 5 cm et HK = 3 cm.
On se propose de calculer des aires dans cette figure.

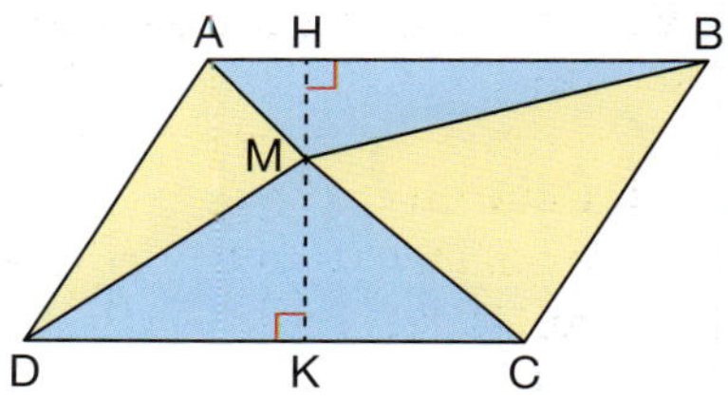

PARCOURS 1

On considère ici que MK = 2,1 cm.

> Comment calculer l'aire d'un triangle ?

> On multiplie la base par la hauteur, puis on divise par 2.

a. Recopier et compléter : « L'aire $\mathcal{A}$ du triangle CMD est $\mathcal{A} = (\text{CD} \times \ldots) : 2$, c'est-à-dire $\mathcal{A} = (\ldots \text{ cm} \times \ldots \text{ cm}) : 2$, soit $\mathcal{A} = \ldots \text{ cm}^2$. »
b. Calculer l'aire du triangle AMB.

PARCOURS 2

On considère ici que HM = 0,8 cm.
a. Calculer l'aire de la surface bleue.
b. Calculer l'aire de la surface jaune. Que constate-t-on ?

PARCOURS 3

On note HM = h.
Montrer que les aires des surfaces bleue et jaune sont égales.

Calculer une aire

65 Algo Compléter puis exécuter un script Scratch ▸ Livret Scratch p. 3

Clara est chargée de la création d'un logo pour le salon de l'innovation.
Elle a dessiné le « i » stylisé ci-contre formé d'un demi-disque, d'un triangle rectangle et d'un parallélogramme.

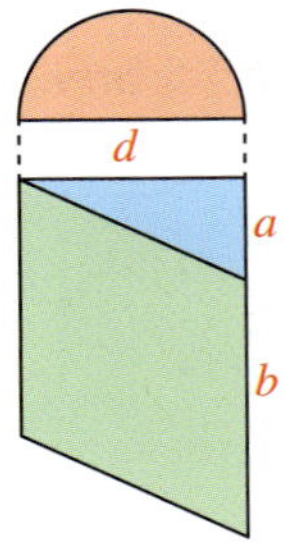

1. Calculer des aires

Dans cette question, on choisit $a = 2$, $b = 6$, $d = 4$.
Lorsque nécessaire, donner une valeur approchée au centième près.

a. Calculer l'aire de chacune des surfaces coloriées.

b. Calculer l'aire totale du logo.

2. Programmer un script

Dans le script Scratch incomplet ci-contre les variables **Rouge**, **Bleue**, **Verte** représentent les aires respectives des surfaces rouge, bleue, verte du logo.
À la fin de l'exécution du script, le lutin énonce l'aire totale du logo.
Parmi les calculs des instructions ① à ④ ci-dessous, lequel permet de compléter :

a. la ligne **(1)** ?

b. la ligne **(2)** ?

c. la ligne **(3)** ?

d. la ligne **(4)** ?

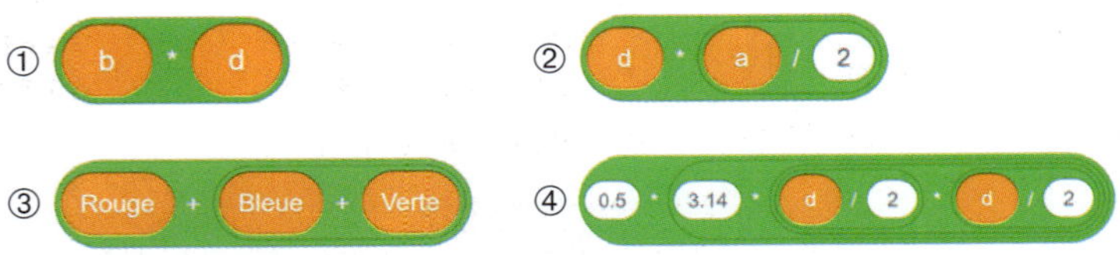

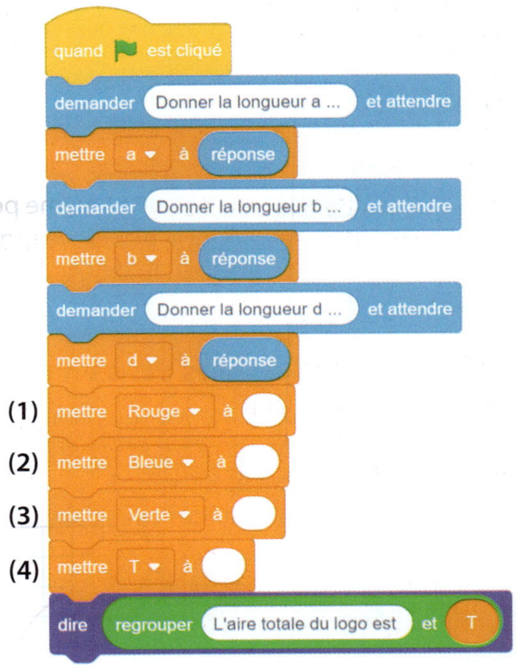

3. Saisir et exécuter le script

a. Ouvrir le logiciel Scratch.
Saisir le script complété de la question **2**.

b. Exécuter ce script pour chacune des situations suivantes :

- $a = 2$, $b = 6$, $d = 4$
- $a = 7$, $b = 12$, $d = 5$

66 Communiquer en anglais

Calculer • Communiquer

Figure ❶ has an area of 20 dm² and consists of five identical squares.
Figure ❷ consists of two squares and an isosceles right triangle.
Compute the area, in dm², of figure ❷.

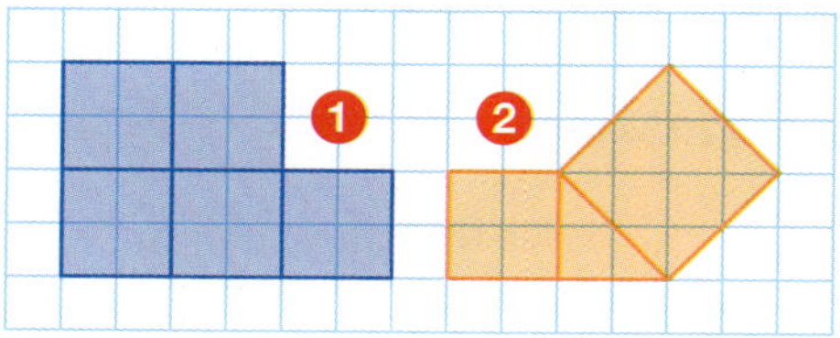

67 Imaginer des constructions

Représenter • Communiquer

Construire deux parallélogrammes non superposables ayant chacun une aire de 20 cm² et un côté de 8 cm.

68 Imaginer une étape

Raisonner • Calculer

Un rectangle de longueur 8 cm a le même périmètre qu'un carré de 6 cm de côté. Calculer sa largeur.

69 Comparer des longueurs

Calculer • Communiquer

Les lignes ci-dessous sont constituées de segments, de quarts de cercles ou de demi-cercles.
Quelle est la plus longue de ces quatre lignes ?

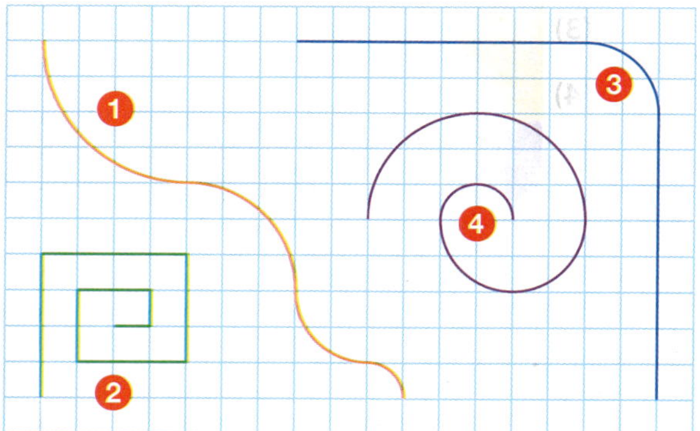

70 Prouver sans calculer

Représenter • Raisonner • Communiquer

ABCD est un parallélogramme.
E est le symétrique du point D par rapport au point C.
Comparer les aires du triangle ADE et du parallélogramme ABCD.

71 Additionner des hauteurs

Raisonner • Calculer

Calculer l'aire de la surface jaune, sachant qu'elle est constituée de parallélogrammes et que le quadrilatère ABCD est un rectangle.

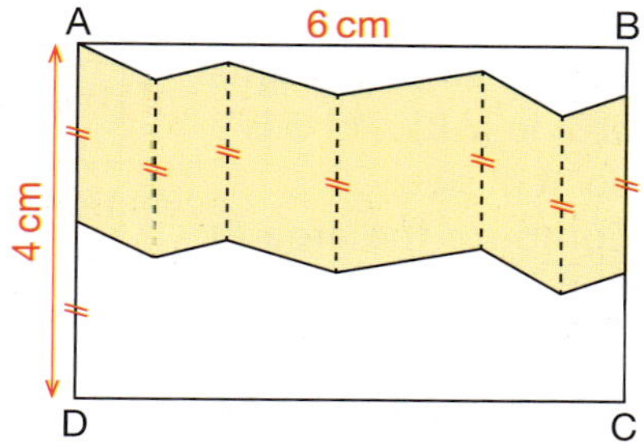

72 Comparer des aires

Calculer • Communiquer

Voici un demi-terrain de handball de forme carrée.
Lila affirme : « L'aire de la surface bleue est environ cinq fois supérieure à celle de la surface orange. »
A-t-elle raison ? Expliquer.

73 ART ET CULTURE Tracer des cercles

Modéliser • Calculer

Carrés avec cercles concentriques est une huile sur toile de 23,9 cm sur 31,6 cm réalisée en 1913 par le peintre russe Wassily Kandinsky (1866-1944).

a. Dans un carré de côté 8 cm, tracer un cercle de plus grand diamètre possible. Noter O son centre.
b. Tracer plusieurs cercles concentriques de centre O tous entièrement à l'intérieur du carré et colorier les différentes couronnes obtenues.
c. Calculer l'aire, en cm², de la partie du carré non coloriée. *Donner une valeur approchée à l'unité près.*

J'utilise mes compétences

74 Communiquer en anglais

Calculer • Communiquer

ABCD is a rectangle.
E and F are two points of side [AB] and G is a point of side [CD].
Compute the area of the yellow surface.

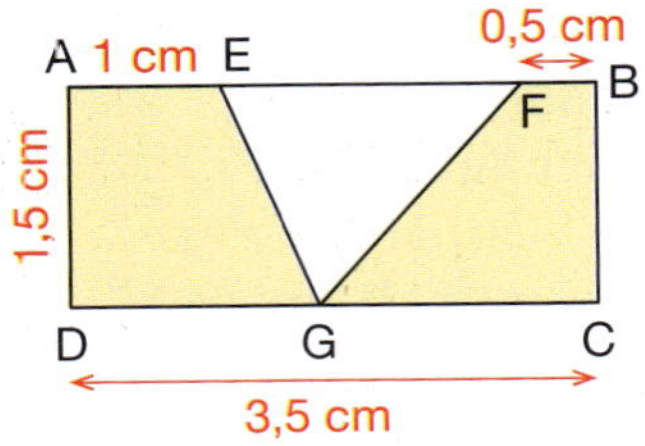

75 Utiliser des propriétés géométriques

Raisonner • Calculer

(AC) est l'axe de symétrie d'une pièce percée d'un trou circulaire de centre E et de rayon 1,5 cm.
Les droites (AC) et (BD) sont perpendiculaires en E.
AC = 18 cm, BD = 12 cm.
Calculer une valeur approchée à l'unité près de l'aire, en cm², de cette pièce.

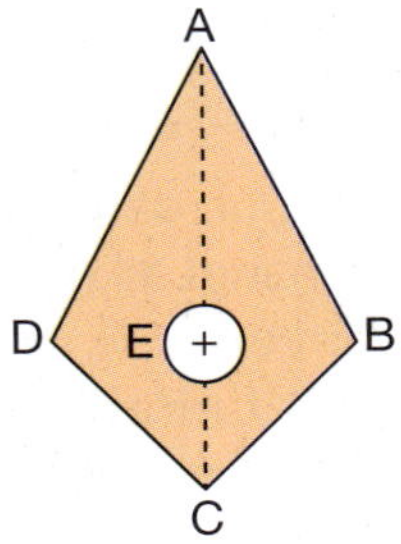

76 Calculer des proportions

Chercher • Raisonner

Depuis le 18 juin 1996, le drapeau des Seychelles se compose de cinq écharpes obliques de couleurs bleue, jaune, rouge, blanche et verte.

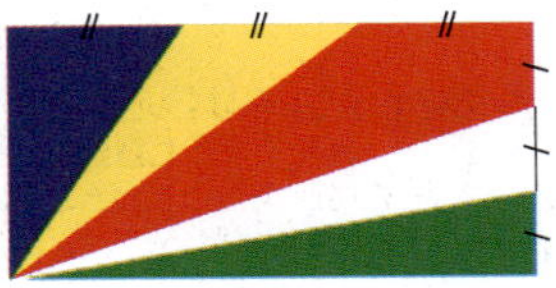

Calculer la proportion du drapeau que représente chacune de ces écharpes.

77 Comprendre et expliquer

Raisonner • Communiquer

D est un point intérieur au triangle ABC.
E, F, G sont des points de ce triangle et :
DE = DF = DG = 1,8 cm.
Le périmètre du triangle ABC est égal à 9,5 cm.
Calculer l'aire du triangle ABC.

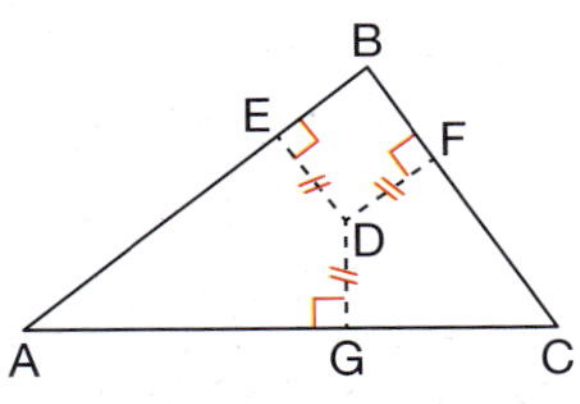

78 Imaginer une stratégie

Raisonner • Représenter

a. Construire un parallélogramme ABCD.
b. Avec la règle graduée, construire un quadrilatère ABED ayant une aire égale au quart de celle du parallélogramme ABCD.

79 Problème ouvert

Raisonner • Calculer

ABCD est un parallélogramme tel que :
AB = 7,6 cm et AG = 4,8 cm
où [AG] est la hauteur relative au côté [CD].
Calculer l'aire, en cm², du triangle CEF.

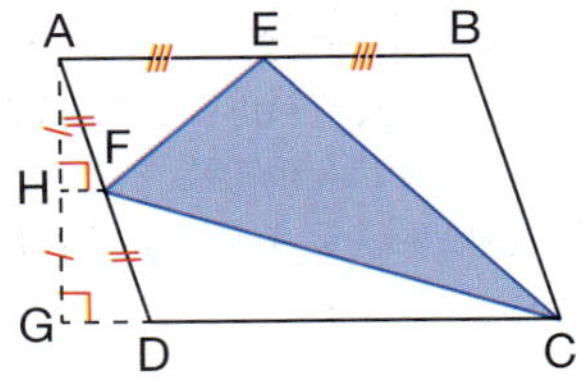

Narration de RECHERCHE

80 PROBLÈME La figure ci-contre représente une « fleur » à quatre pétales inscrite dans un carré de côté 3 cm.
Calculer l'aire, en cm², de cette « fleur ».
Donner une valeur approchée à l'unité près de cette aire.

Raconter sur une feuille les différentes étapes de la recherche et les remarques qui ont fait changer de méthode ou qui ont permis de résoudre le problème.

Des défis

81 Associer des longueurs

Calculer le périmètre, en cm, de la figure ci-dessous.
Cette figure n'est pas à l'échelle.

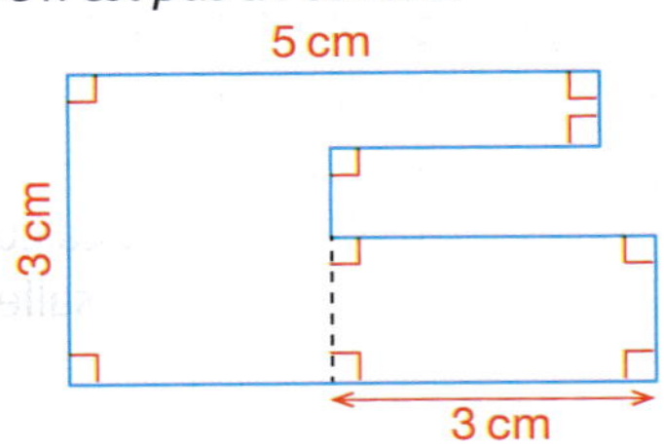

82 Reconnaître un triangle

Quelque chose entre ces figures semble paradoxal.
Et pourtant ce n'est pas le cas.
Expliquer pourquoi.

Je prends des initiatives

TÂCHES COMPLEXES

83 ESTIMER des aires

▸ La situation-problème

On s'intéresse à deux pays d'Afrique : la Namibie et l'Afrique du Sud.
Donner une estimation à la centaine de mille près de l'aire, en km^2, de chacun de ces pays.

▸ Les supports de travail

Les documents, la règle graduée, la calculatrice.

Toute piste de recherche, même non aboutie, figurera sur la feuille.

Ville de Lüderitz en Namibie

Cape Town en Afrique du Sud

Doc. 1

Situation géographique

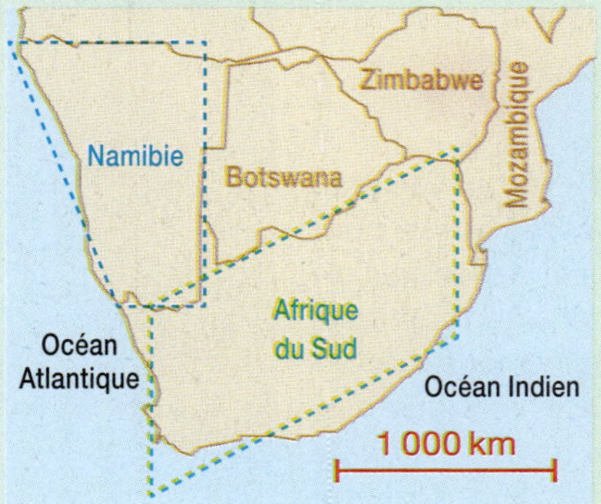

Doc. 2

Informations

- La Namibie est modélisée par un trapèze rectangle.
- L'Afrique du Sud est modélisée par un parallélogramme.

84 ORGANISER un concert

▸ La situation-problème

Une association organise un concert dans une salle prêtée par la commune.
Aider le trésorier de l'association à calculer le montant de la recette dans le cas où la salle est pleine.

▸ Les supports de travail

Les documents, la règle graduée, la calculatrice.

Toute piste de recherche, même non aboutie, figurera sur la feuille.

Doc. 1

Le plan de la salle

La salle est composée d'un trapèze et de deux quarts de disque séparés par une allée de 2 m de largeur.

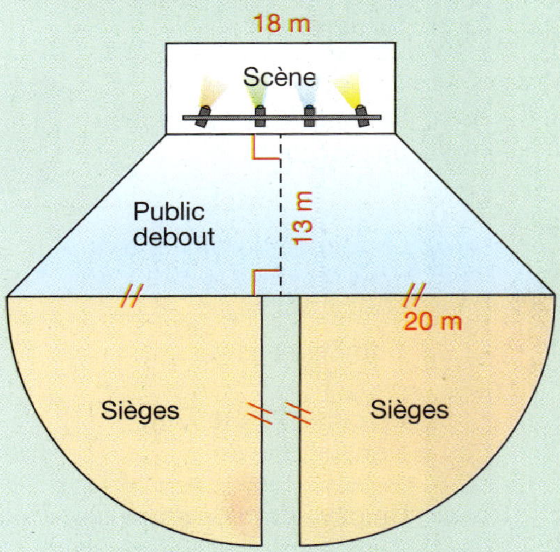

Doc. 2

Des renseignements sur les places

- On peut placer en moyenne 1,7 siège par m^2 dans les zones « Sièges ».
- On compte en moyenne 3 personnes par m^2 dans la zone « Public debout ».
- Les tarifs sont les suivants :
  – place debout : 50 € ;
  – place assise : 90 €.

CHAPITRE 13

Calculer des volumes

Cygnus est un vaisseau cargo spatial utilisé pour ravitailler la Station spatiale internationale en nourriture et en équipements.
La partie cylindrique destinée au fret est haute de 6,36 m et a un diamètre de 3,07 m. Cygnus peut transporter 27 m^3 de ravitaillement.

Bien démarrer

Pour chaque question, une réponse ou plusieurs sont exactes.

		a	b	c
1	1 L est égal à…	0,1 dL	100 cL	1 000 mL
2	La contenance d'un seau de maçon est… 	120 dL	120 cL	1 200 mL
3	Le volume de lait contenu dans une brique de 1 L est… 	1 m^3	1 dm^3	1 cm^3
4	1 dm^3 est égal à…	0,001 m^3	100 cm^3	1 000 cm^3
5	Un cube d'arête 7 cm a un volume de…	21 cm^3	49 cm^3	343 cm^3
6	Un pavé droit de dimensions 5 cm, 7 cm, 2 cm a un volume de…	70 cm^3	0,07 dm^3	14 cm^3

Vérifie tes réponses p. 306

ACTIVITÉ 1 Relier les unités de volume et de contenance

Cours Paragraphe 1, p. 204

La maison ci-contre est constituée de trois pavés droits.
La profondeur du garage est de 4 m.

a. Calculer le volume, en m^3, de chacun des pavés droits.
En déduire le volume, en m^3, de la maison.

b. Exprimer le volume de la maison en dm^3.
Combien de litres d'air cette maison peut-elle contenir ?

Rappel
$1 \text{ m}^3 = 1\,000 \text{ dm}^3$
$1 \text{ dm}^3 = 1 \text{ L}$

ACTIVITÉ 2 Calculer le volume d'un prisme droit

Cours Paragraphe 2, p. 204

a. Dans chaque cas, utiliser l'assemblage ou le découpage suggéré pour calculer le volume $\mathscr{V}$ du prisme droit ABCDEF.

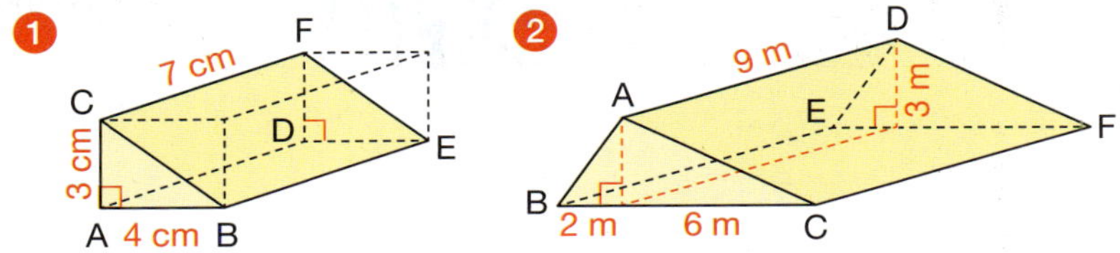

b. Dans chaque cas, vérifier que le volume $\mathscr{V}$ trouvé à la question **a** est égal au produit de l'aire $\mathscr{B}$ de la base ABC par la hauteur h (la longueur AD) du prisme droit.

ACTIVITÉ 3 Calculer le volume d'un cylindre

Cours Paragraphe 2, p. 204

On admet que, comme pour les prismes droits, le volume $\mathscr{V}$ d'un cylindre est égal au produit de l'aire $\mathscr{B}$ d'une base par la hauteur h du solide.

On considère le chauffe-eau solaire en forme de cylindre représenté ci-dessous.

a. Calculer son volume $\mathscr{V}$, en m^3.
Donner une valeur approchée au dixième près.

b. Combien de litres d'eau ce chauffe-eau peut-il contenir environ ?

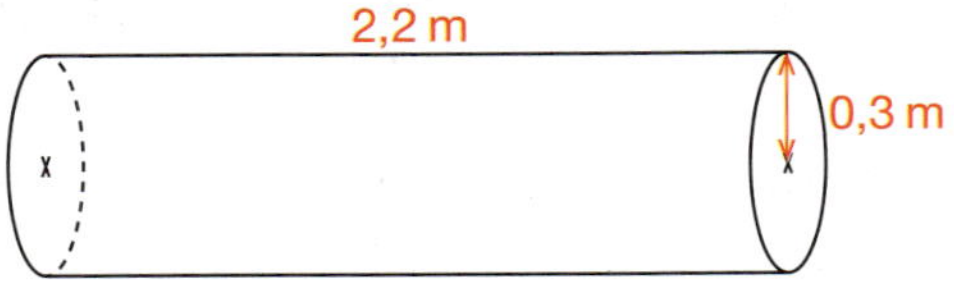

Cours

VIDÉOS de cours jaicompris.com

1 Unités de volume et de contenance

Exercices 8 à 17

Chaque unité de volume est **1 000 fois plus grande** que celle de rang immédiatement **inférieur**.
Chaque unité de contenance est **10 fois plus grande** que celle de rang immédiatement **inférieur**.

Volume			1 km^3			1 hm^3			1 dam^3			1 m^3			1 dm^3			1 cm^3			1 mm^3
Contenance												1 kL	1 hL	1 daL	1 L	1 dL	1 cL	1 mL			

- 1 m^3 = **1 000** dm^3
- 1 dm^3 = **1 000** cm^3
- 1 cm^3 = **1 000** mm^3
- 1 hL = **10** daL
- 1 daL = **10** L
- 1 L = **10** dL

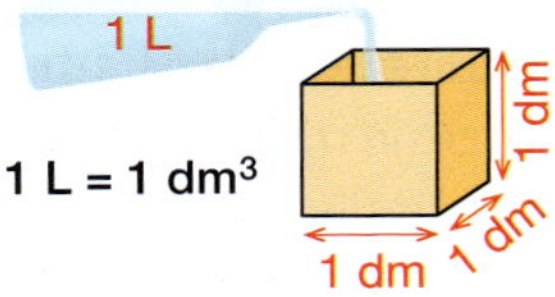

Exemples

- $0{,}27\ \text{m}^3 = 0{,}27 \times 1\ \text{m}^3 = 0{,}27 \times 1\,000\ \text{dm}^3 = 270\ \text{dm}^3 = 270\ \text{L}$
- $25\ \text{daL} = 25 \times 1\text{daL} = 25 \times 10\ \text{L} = 250\ \text{L} = 250\ \text{dm}^3$

2 Volume : formulaire

Exercices 18 à 36

Toutes les longueurs qui interviennent dans les formules ci-dessous doivent être exprimées dans la même unité.

Volume d'un pavé droit de dimensions L, ℓ, h

$\mathcal{V} = \text{L} \times \ell \times h$

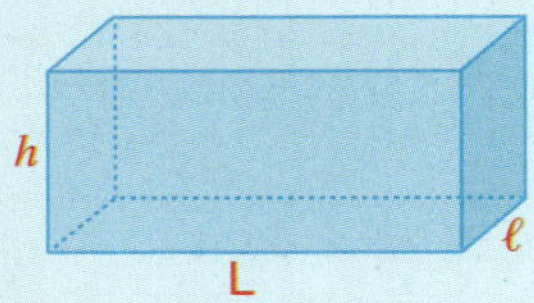

Volume d'un cube de côté c

$\mathcal{V} = c \times c \times c$
ou $\mathcal{V} = c^3$

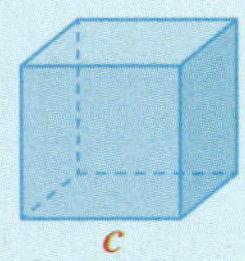

Volume d'un prisme droit de base d'aire $\mathcal{B}$ et de hauteur h

$\mathcal{V} = \mathcal{B} \times h$

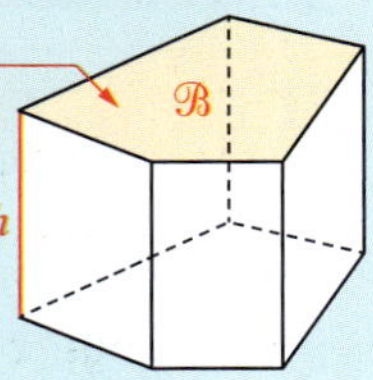

Volume d'un cylindre de base d'aire $\mathcal{B}$ et de hauteur h

$\mathcal{V} = \mathcal{B} \times h$
ou,
avec r rayon d'une base :
$\mathcal{V} = \pi \times r^2 \times h$

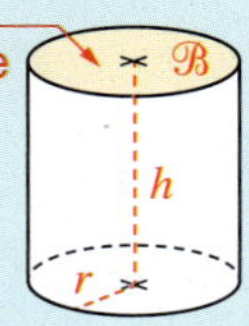

Exemple

ABCDEF est le prisme droit à base triangulaire représenté ci-contre.

- Aire de sa base ABC :

$$\mathcal{B} = (\text{AB} \times \text{BC}) : 2,$$

soit $\mathcal{B} = (10\ \text{cm} \times 4\ \text{cm}) : 2 = 40\ \text{cm}^2 : 2 = 20\ \text{cm}^2$.

- Hauteur du prisme droit :

$$h = \text{BE} = 9\ \text{cm}.$$

- Volume du prisme droit :

$$\mathcal{V} = \mathcal{B} \times h = 20\ \text{cm}^2 \times 9\ \text{cm} = 180\ \text{cm}^3.$$

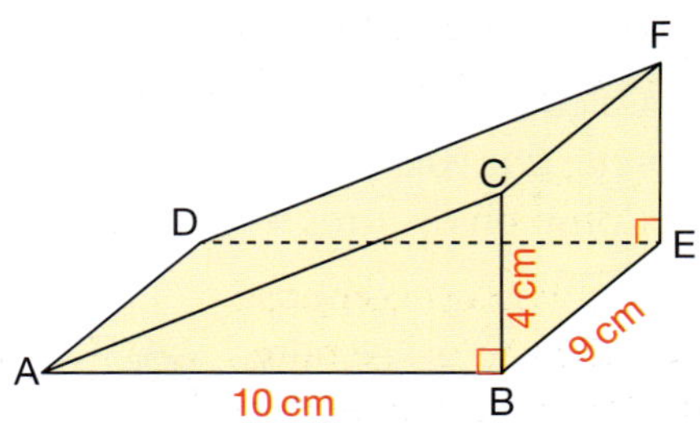

J'applique le cours

1 Convertir des unités de volume et de contenance

EXERCICE RÉSOLU

ÉNONCÉ Dans chaque cas, dire si l'affirmation est fausse ou si elle peut être vraie. Expliquer.

a. Une salle de classe a un volume de 2 000 dm³.

b. Un hangar contient 2 300 000 L d'air.

c. Le volume d'un verre d'eau est de 0,5 m³.

SOLUTION

a. 2 000 dm³ = 2 m³. Cette salle est donc l'équivalent d'un pavé droit de dimensions 2 m, 1 m, 1 m.
Cette affirmation est fausse.

b. 2 300 000 L = 2 300 000 dm³ = 2 300 m³.
2 300 m³ = 23 m × 10 m × 10 m. C'est le cas d'un hangar de dimensions 23 m × 10 m × 10 m.
L'affirmation peut être vraie.

c. 0,5 m³ = 500 dm³ = 500 L. Cette affirmation est fausse.

CONSEILS

- On imagine les dimensions d'un pavé droit de même volume.
- Un verre d'eau contient environ 25 cL, c'est-à-dire environ 0,25 L.

À TON TOUR

2 Dans chaque cas, dire si l'affirmation est fausse ou peut être vraie. Expliquer.

a. La Terre a un volume de 9 milliards de m³.

b. Une piscine pour enfants contient 200 L d'eau.

3 Dans chaque cas, exprimer en L.

a. 270 cL **b.** 1 740 mL **c.** 0,37 hL

4 Dans chaque cas, exprimer en m³.

a. 2 400 cm³ **b.** 3,2 hm³ **c.** 1 200 000 mm³

5 Calculer le volume d'un assemblage de solides

EXERCICE RÉSOLU

ÉNONCÉ Le coffre de pirate présenté ci-contre a la forme d'un pavé droit surmonté d'un demi-cylindre.
Calculer le volume $\mathcal{V}$, en cm³, de ce coffre.
Donner une valeur approchée à l'unité près.

SOLUTION

- Volume $\mathcal{V}_1$ du pavé droit :
$\mathcal{V}_1 = 80\text{ cm} \times 36\text{ cm} \times 40\text{ cm} = 115\,200\text{ cm}^3$.
- Volume $\mathcal{V}_2$ du demi-cylindre : sa hauteur est $h = 80$ cm, son rayon est $r = 36\text{ cm} : 2 = 18$ cm.
$\mathcal{V}_2 = \pi \times r^2 \times h : 2 = \pi \times 18^2\text{ cm}^2 \times 80\text{ cm} : 2$
$\mathcal{V}_2 = \pi \times 18^2 \times 80 : 2\text{ cm}^3$ et $\mathcal{V}_2 \approx 40\,715\text{ cm}^3$.
- Volume $\mathcal{V}$ du coffre : $\mathcal{V} = \mathcal{V}_1 + \mathcal{V}_2$, donc
$\mathcal{V} \approx 115\,200\text{ cm}^3 + 40\,715\text{ cm}^3$, soit $\mathcal{V} \approx 155\,915\text{ cm}^3$.

CONSEILS

- On identifie les dimensions utiles pour chacun des solides.
- Pour le cylindre, le rayon r est la moitié de la largeur (36 cm) du coffre.
- On utilise la calculatrice.

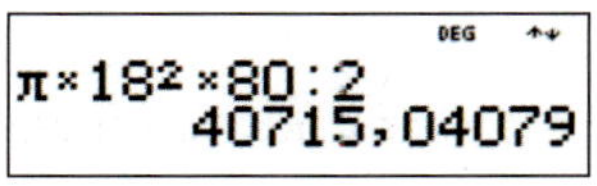

À TON TOUR

6 Ce solide est composé d'un cube et d'un cylindre. Calculer une valeur approchée à l'unité près du volume, en cm³, de ce solide.

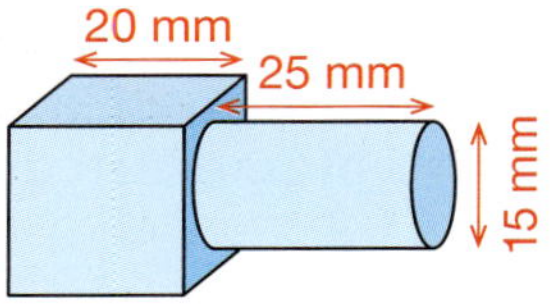

7 Un écrou est constitué d'un pavé droit auquel on a enlevé un cylindre de diamètre 1 cm. Calculer une valeur approchée au dixième près du volume, en cm³, de cet écrou.

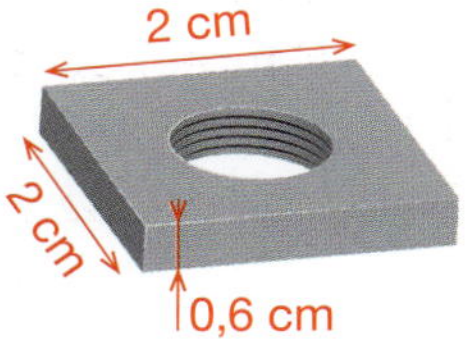

Je travaille mes automatismes

Relier unités de volume et de contenance

À l'oral — **Questions flash**

8 Lire en complétant.

a. 1 L = … dL **b.** 1 L = … hL
c. 1 cL = … mL **d.** 10 daL = … cL

9 Lire en complétant.

a. 1 m^3 = … cm^3 **b.** 1 dm^3 = … mm^3
c. 1 dam^3 = … hm^3 **d.** 1 cm^3 = … dm^3

10 Lire en complétant.

a. 1 dm^3 = … L **b.** 1 m^3 = … L
c. 1 cL = … cm^3 **d.** 1 kL = … m^3

11 Recopier et compléter.

a. 3,1 m^3 = 3,1 × … dm^3 = … dm^3
b. 7,5 dm^3 = 7,5 × … cm^3 = … cm^3
c. 84 cm^3 = 84 × … mm^3 = … mm^3

12 Recopier et compléter.

a. 1 475 cm^3 = 1 475 × … m^3 = … m^3
b. 25 mm^3 = 25 × … dm^3 = … dm^3
c. 123 m^3 = 123 × … dam^3 = … dam^3

13 Recopier et compléter.

a. 15,73 cL = 15,73 × … L = … L
b. 0,035 kL = 0,035 × … daL = … daL

14 Recopier et compléter.

a. 25,4 dam^3 = 25,4 × … dm^3 = … L
b. 0,035 m^3 = 0,035 × … dm^3 = … L

15 CORRIGÉ en vidéo jaicompris.com

Recopier et compléter.

a. 0,000 75 m^3 = … cm^3 **b.** 3,7 dm^3 = … m^3
c. 5,85 cm^3 = … mm^3 **d.** 550 mm^3 = … cm^3
e. 54 m^3 = … hL **f.** 5 000 cm^3 = … mL

16 Recopier et compléter.

a. 12,5 hL = … m^3 **b.** 5 cL = … cm^3
c. 0,25 L = … cm^3 **d.** 12 mL = … mm^3

17 Mathis a-t-il raison ? Expliquer.

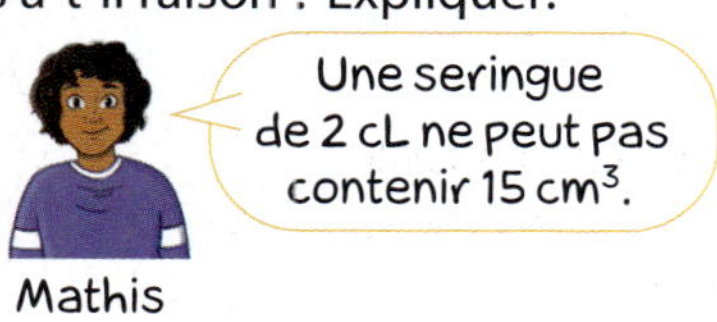

Calculer des volumes de pavés droits

À l'oral — **Questions flash**

18 Ce pavé droit est rempli de petits cubes de 1 cm d'arête. Combien en contient-il ? Quel est son volume ?

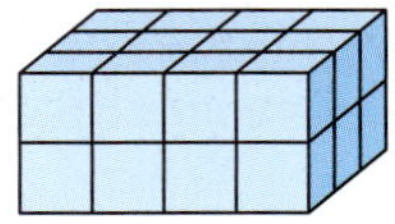

19 CALCUL MENTAL Calculer mentalement le volume de chaque pavé droit.

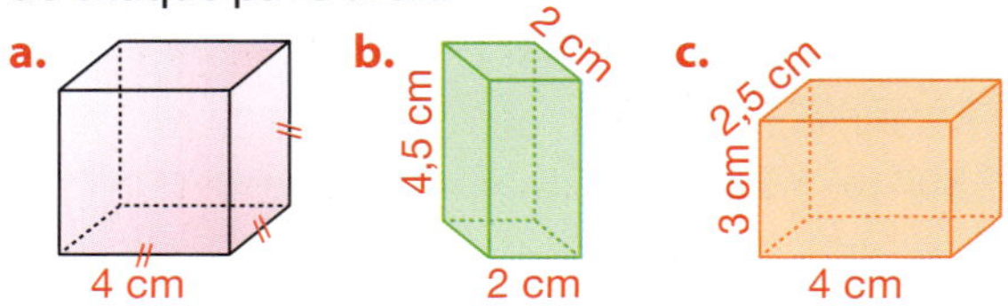

20 Un aquarium a une longueur de 80 cm et une largeur de 30 cm. Il contient de l'eau sur une hauteur de 35 cm.

a. Calculer le volume d'eau, en cm^3, contenu dans cet aquarium.

b. Combien de litres d'eau a-t-on versés dans cet aquarium ?

21 La petite salière ci-contre a la forme d'un cube.
Elle est remplie aux trois quarts de sa hauteur.
Calculer le volume, en mm^3 puis en cm^3, de sel contenu dans cette salière.

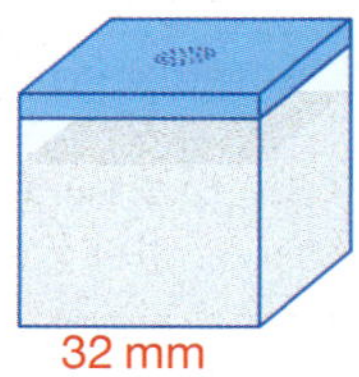

22 Ce pavé droit a un volume de 396 cm^3.
Quelle est sa troisième dimension, en cm ?

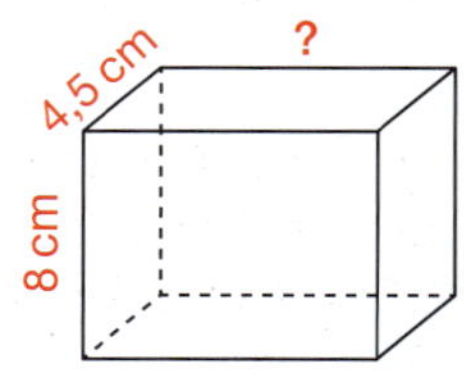

23 Situé dans le quartier de Carabanchel, à Madrid, ce bâtiment a la forme d'un pavé droit de longueur 22 m et de largeur 8 m.
Son volume est de 2 464 m^3.
Quelle est sa hauteur, en m ?

Je travaille mes automatismes

Calculer des volumes de prismes droits

À l'oral — **Questions flash**

24 CALCUL MENTAL Calculer mentalement le volume, en m^3, de chacun des prismes droits ci-dessous.

a.

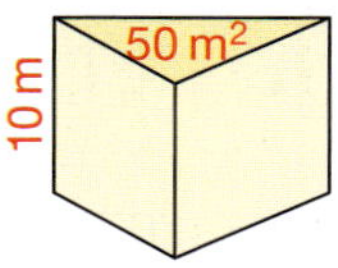

b.

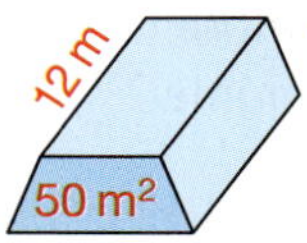

c.

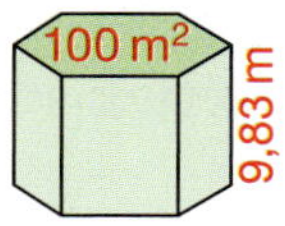

25 CALCUL MENTAL Calculer mentalement le volume de ce prisme droit.

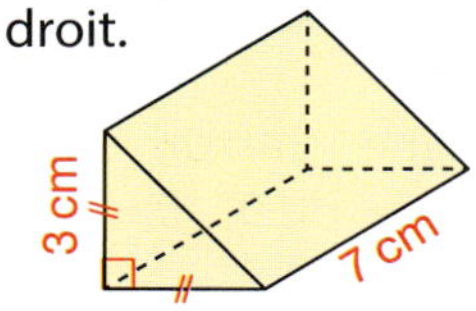

26 Voici un prisme droit ABCDEF contenu dans un pavé droit.

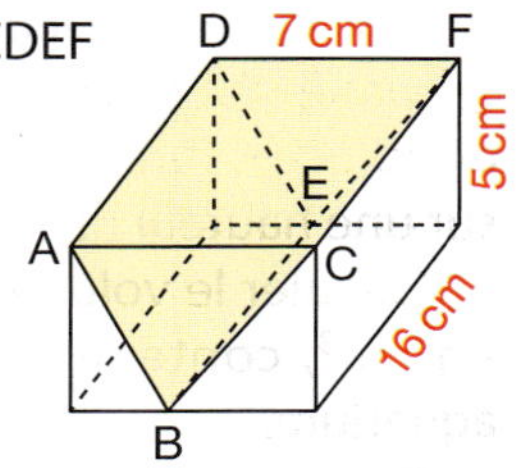

a. Quelles sont les bases de ce prisme droit ?
b. Calculer l'aire d'une base, en cm^2.
c. Quelle est la hauteur de ce prisme droit ?
d. Calculer le volume, en cm^3, du prisme ABCDEF.

27 CORRIGÉ en vidéo jaicompris.com

Cette tente a la forme d'un prisme droit.
a. Calculer l'aire d'une base, en m^2.
b. Calculer le volume, en m^3, de cette tente.

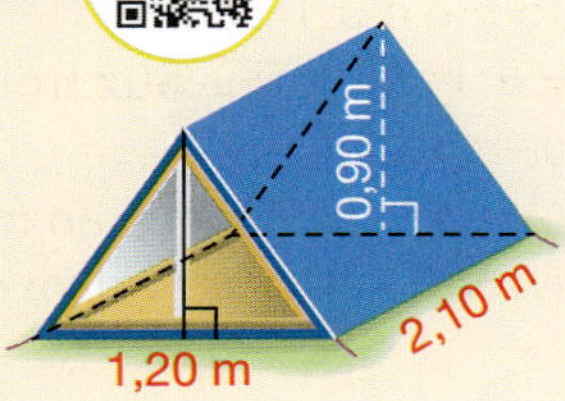

28 Calculer le volume de ce prisme droit sachant que : BC = 4 cm, AH = 1,5 cm, BE = 2 cm.

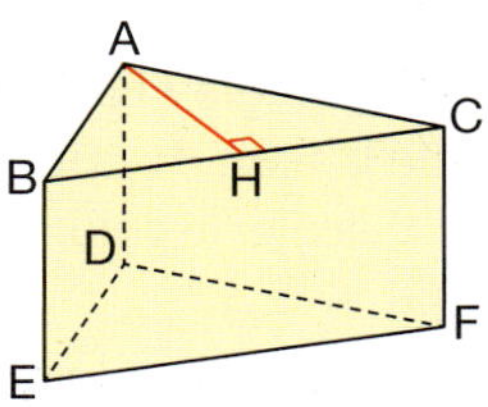

29 Le coffret de la figure ❶ a la forme d'un prisme droit dont une base est représentée sur la figure ❷.

❶

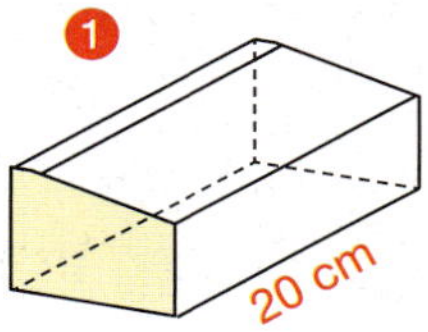

❷

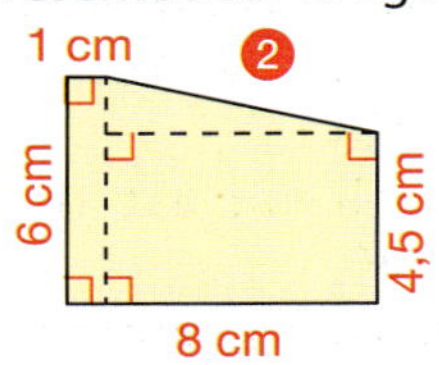

Calculer le volume, en cm^3, de ce coffret.

Calculer des volumes de cylindres

À l'oral — **Questions flash**

30 CALCUL MENTAL Les solides numérotés ❶ à ❹ ci-dessous sont tous des cylindres. Déterminer mentalement celui qui a le plus grand volume.

	Aire de base ($\mathcal{B}$)	Hauteur (h)
❶	15 cm^2	3 cm
❷	12 cm^2	5 cm
❸	25 cm^2	3 cm
❹	30 cm^2	2 cm

31 CALCUL MENTAL Dans chaque cas, calculer mentalement le volume du cylindre.
Prendre 3 pour valeur approchée de π.
a. Rayon 5 cm et hauteur 2 cm.
b. Rayon 2 m et hauteur 7 m.

32 Calculer le volume, en m^3, d'un cylindre de rayon 2,3 m et de hauteur 5 m.
Prendre 3,14 pour valeur approchée de π.

33 Utiliser la calculatrice pour calculer une valeur approchée au dixième près du volume, en cm^3, d'un cylindre :
a. de rayon 2,4 cm et de hauteur 3 cm ;
b. de rayon 125 cm et de hauteur 12 cm.

34 **a.** Quel est le rayon, en dm, du cylindre représenté ci-contre ?
b. Calculer son volume, en dm^3.
Prendre 3,1 pour valeur approchée de π.

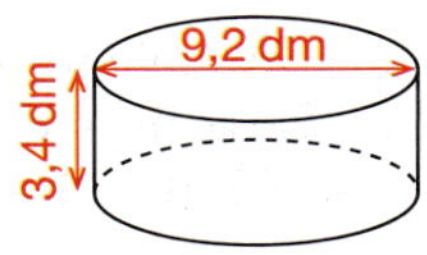

35 Adèle utilise une seringue de cuisine pour garnir des choux à la crème.
La partie cylindrique de la seringue a un diamètre de 6 cm pour une longueur de 18 cm.
Calculer une valeur approchée à l'unité près du volume, en cm^3, de cette seringue.

36 Le rouleau de paille ci-contre a une base d'aire 1,8 m^2 et pour volume 2,7 m^3.
Calculer une valeur approchée à l'unité près de sa hauteur en m.

Je m'entraîne

Convertir des unités de volume et de contenance

37 CORRIGÉ en vidéo jaicompris.com

Une bouteille de jus d'orange a une contenance de 800 mL et un verre a un volume de 200 cm^3.

a. Exprimer ces deux données en dm^3.

b. Combien de verres de jus d'orange peut-on servir avec cette bouteille ?

38 Le camion-citerne ci-dessous contient environ 0,27 dam^3 d'essence.

Lucas possède un scooter dont le réservoir peut contenir 60 dL d'essence.

a. Exprimer ces deux données en L.

b. Combien de fois Lucas pourrait-il faire le plein de son réservoir avec le contenu du camion ?

39 Situé entre la France et la Suisse, le lac Léman (photo ci-dessous) a un volume d'environ 90 milliards de m^3. Le lac d'Annecy, lui, a une contenance d'environ 1 120 000 000 000 L.

a. Exprimer ces deux données en km^3.

b. Combien le lac Léman contient-il de lacs d'Annecy ? *Donner une valeur approchée à l'unité près.*

40 Jeux et casse-tête La contenance indiquée sur une brique est la somme des contenances des briques sur lesquelles elle repose. Recopier et compléter.

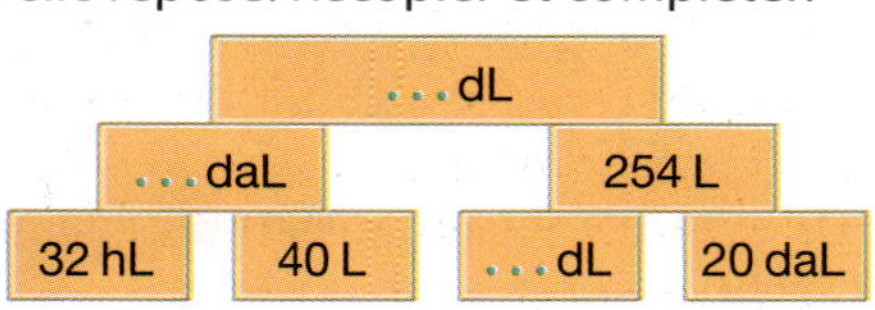

Calculer des volumes de pavés droits et de prismes droits

41 Une pièce métallique est constituée de deux pavés droits.
Calculer le volume, en cm^3, de cette pièce.

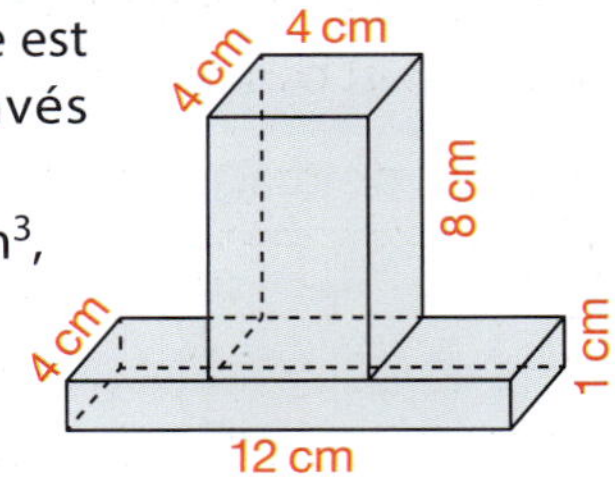

42 Une cuve a la forme d'un pavé droit de dimensions 6 dm, 14 dm et 8 dm.

a. Calculer le volume $\mathscr{V}$, en dm^3, de cette cuve.

b. Combien de seaux de 9 L faudra-t-il pour remplir la cuve ?

43 On a commencé le patron d'un prisme droit.

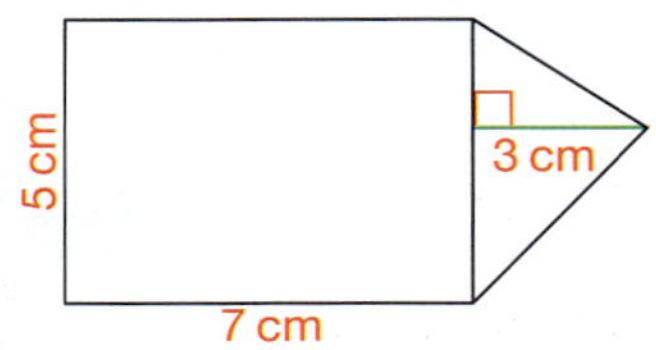

Calculer le volume, en cm^2, de ce prisme droit.

44 Voici un pot de confiture. Sa base est l'hexagone régulier représenté ci-dessous.

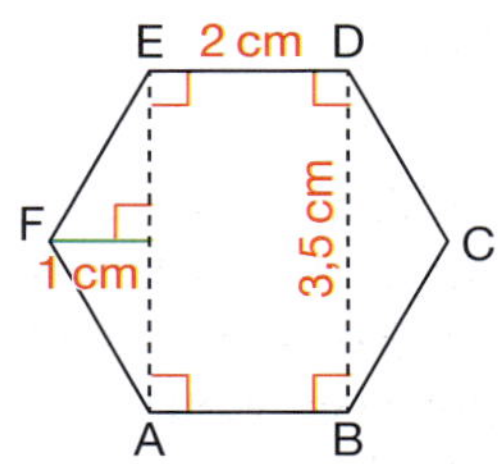

a. Calculer l'aire, en cm^2 :
- du triangle AEF ;
- du rectangle ABDE ;
- de la base du pot de confiture.

b. Calculer le volume, en cm^3, de ce pot de confiture.

45 Situé à Manhattan (New York), le Flatiron Building est un immeuble ayant la forme d'un prisme droit à base triangulaire.
Sa surface au sol a une aire de 650 m^2 et son volume est de 56 550 m^3.
Calculer sa hauteur.

Je m'entraîne

46 Ce tableau donne des informations sur quatre prismes droits qui ont la forme ci-contre. Recopier et compléter.

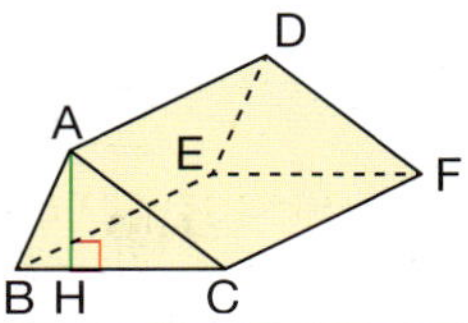

BC	3 dm	4 cm	3,2 m	... dm
AH	40 cm	3,5 cm	... m	6,5 dm
AD	1,2 m	... cm	0,9 dam	80 cm
Volume	... dm^3	105 cm^3	216 m^3	0,13 m^3

47 Jeux et casse-tête Un prisme droit de hauteur 5 cm a pour base un parallélogramme dont les côtés mesurent 6 cm et 4 cm. Son volume est 90 cm^3.
Réaliser une maquette en vraie grandeur de ce prisme droit.

Calculer des volumes de cylindres

48 Un chateau d'eau est formé de deux cylindres :
- un de hauteur 20 m et de rayon 6 m ;
- l'autre de hauteur 2 m et de rayon 8 m.

Calculer son volume en m^3.
Donner une valeur approchée à l'unité près.

49 Mathilde vient d'acheter une poubelle de forme cylindrique dont la hauteur est 55 cm et le diamètre 26,5 cm. Elle hésite sur la capacité des sacs-poubelles à mettre à l'intérieur.
Doit-elle choisir des sacs de 10 L, 30 L ou 50 L ?

50 Un carton contient exactement deux niveaux de quinze boîtes de conserve chacun.

Chaque boîte cylindrique de hauteur 11,5 cm a un diamètre de 10 cm.
Calculer une valeur approchée à l'unité près du volume, en cm^3, laissé libre autour des boîtes de conserve.

51 Un tube en plastique a la forme d'un cylindre creux de longueur 1,4 m, de rayon intérieur 35 mm, de rayon extérieur 42 mm.

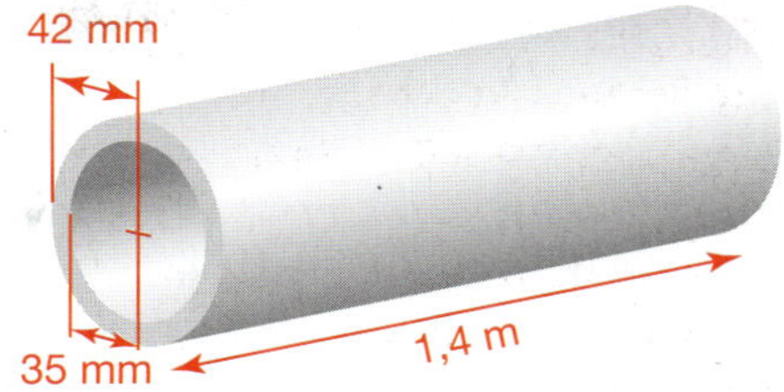

Calculer une valeur approchée au dixième près du volume, en dm^3, de plastique nécessaire à la réalisation de ce tube.

52 Un tuyau d'arrosage cylindrique a 25 mm de diamètre.
Quelle doit être sa longueur, en dm, afin qu'il contienne 5 L d'eau ?
Donner une valeur approchée à l'unité près.

53 Jeux et casse-tête L'eau va-t-elle déborder de la casserole lorsqu'on verse le contenu de la bouteille ?

Synthèse

Utiliser des calculs de volumes

54 Une entreprise commercialise sur Internet un abri pour bétail ayant la forme d'un pavé droit surmonté d'un demi-cylindre.

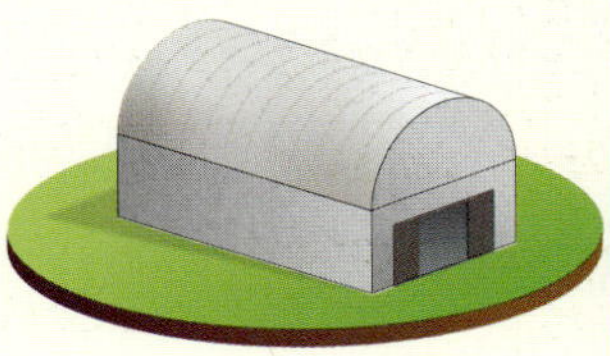

Spécifications produit

Largeur .... 5,00 m
Longueur .... 6,00 m
Hauteur .... 4,70 m

Objectif Calculer le volume, en m^3, de cet abri.

a. Calculer le rayon du demi-cylindre ; en déduire son volume en m^3.
Donner une valeur approchée à l'unité près.
b. Calculer la dimension manquante du pavé droit ; en déduire son volume en m^3.
c. En déduire une valeur approchée du volume, en m^3, de cet abri pour bétail.

Parcours différenciés

Je m'évalue

Pour chaque question, une seule réponse est exacte.

QCM supplémentaires
college.nathan.fr/tm5210

	a	b	c	En cas d'erreur
55 560 m^3 est égal à…	56 dm^3	5 600 dm^3	560 000 dm^3	
56 1 500 cm^3 est égal à…	15 m^3	0,001 5 m^3	0,15 m^3	Cours 1 p. 204
57 Un seau de volume 2 000 cm^3 contient…	2 000 cL	200 dL	2 L	
58 Une bouteille de jus de fruits contient 1,5 L. Son volume est de…	1 500 dm^3	1 500 cm^3	1 500 mm^3	Ex. 1 p. 205
59 Le volume d'un pavé droit de dimensions 4 cm, 5 cm et 3 cm est…	60 cm^3	30 cm^3	12 cm^3	
60 Un prisme droit de hauteur 4 cm a pour base un triangle rectangle de côtés de l'angle droit 4 cm et 2 cm. Son volume est égal à…	32 cm^3	16 cm^3	24 cm^3	
61 Le volume d'un cylindre de diamètre 3 cm et de hauteur 10 cm est…	environ 202 cm^3	environ 71 cm^3	environ 94 cm^3	Cours 2 p. 204
62 Un prisme droit de volume 350 cm^3 a pour hauteur 28 cm. L'aire de sa base est…	environ 3,53 cm^2	12,5 cm^2	12,5 cm	
63 Un cylindre a pour volume 216,48 cm^3. Ses bases sont des disques de 13,2 cm^2. Sa hauteur est…	16,4 cm	environ 14,7 cm	2 831,136 cm	
64 Ce solide est un assemblage de deux pavés droits. Son volume est… 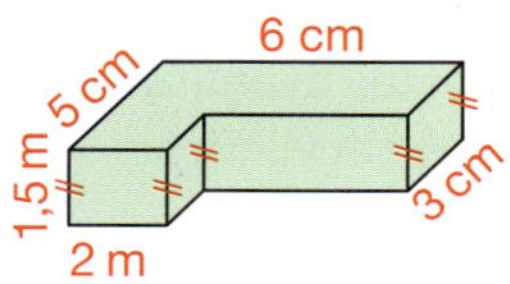	45 cm^3	33 cm^3	12 cm^3	
65 Le plateau d'une table d'épaisseur 3 cm est formé d'un pavé droit et de deux demi-cylindres. Son volume est… 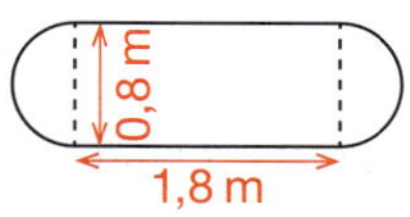	environ 104 dm^3	environ 66 dm^3	environ 58 dm^3	Ex. 5 p. 205

Je réalise mon parcours

Selon ton score page précédente

Parcours conseillé
- Entre **0 et 5 bonnes réponses** : drapeau vert
- Entre **6 et 8 bonnes réponses** : drapeau bleu
- **9 bonnes réponses ou plus** : drapeau rouge

66 Comparer des volumes et des contenances

Voici les volumes ou les contenances de neuf étangs de France.

- Étang de Thau : 0,34 km^3
- Étang de Leucate : 95 hm^3
- Étang de Bolmon : 9 milliards de L
- Étang de l'Or : 32 600 000 m^3
- Étang de Diane : 89 600 dam^3
- Étang de Meuzac : 27,7 milliards de mL
- Étang de Berre : 980 milliards de dm^3
- Étang de Cieux : 807 000 kL
- Étang de Vendres : 80 millions d'hL

On se propose de comparer certains volumes.

PARCOURS 1

On s'intéresse ici aux étangs de l'Or et de Thau.

Comment comparer des volumes et des contenances ?

Il faut les exprimer dans une même unité.

a. Recopier et compléter : « Le volume de l'étang de l'Or est : 32 600 000 m^3 = ... dam^3 = ... hm^3 = ... km^3. »
b. De l'étang de l'Or et de l'étang de Thau, lequel a le plus grand volume ?
c. Comparer les volumes des étangs de Berre et de Diane.

PARCOURS 2

Ranger les étangs de l'Or, de Leucate et de Cieux dans l'ordre croissant de volumes.

PARCOURS 3

Ranger ces neuf étangs dans l'ordre croissant de volumes.

67 Calculer des volumes de solides complexes

Afin de décorer le hall d'accueil d'une entreprise, un designer a fait imprimer en 3D les lettres ci-contre.
Ces trois lettres ont pour épaisseur 40 cm.

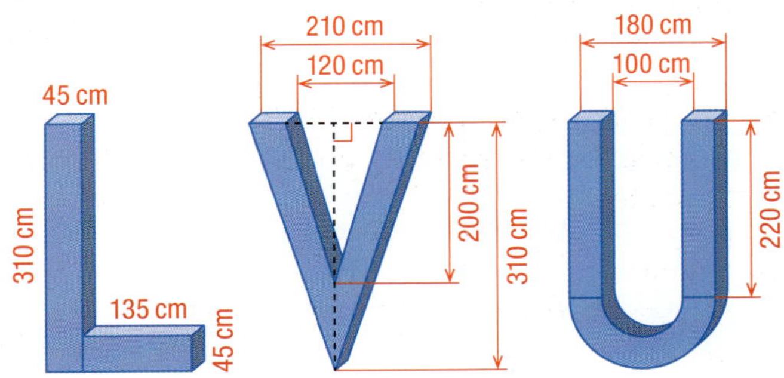

PARCOURS 1

On s'intéresse à la lettre L.

Comment calculer le volume de solides complexes ?

On les décompose en solides connus : pavé, prisme, cylindre...

a. Recopier et compléter la phrase :
« La barre verticale du L est un ... de dimensions ..., ... et ... donc son volume $\mathcal{V}_1$ est égal à ... cm^3. »
b. Calculer le volume $\mathcal{V}_2$, en cm^3, de la barre horizontale de la lettre L.
c. En déduire le volume total $\mathcal{V}$, en cm^3, de la lettre L.

PARCOURS 2

La lettre V est formée d'un grand prisme droit évidé d'un petit prisme droit.
a. Calculer le volume, en cm^3, du grand prisme droit, puis du petit prisme droit.
b. En déduire le volume, en cm^3, de la lettre V.

PARCOURS 3

Calculer le volume, en cm^3, de la lettre U.
Donner une valeur approchée à l'unité près.

Calculer des volumes de prismes droits et de cylindres

68 Algo Comparer des volumes ▸ Livret Scratch p. 4

a et b désignent deux nombres décimaux.
Gabin a représenté un cylindre et un prisme droit contenus dans un pavé droit.

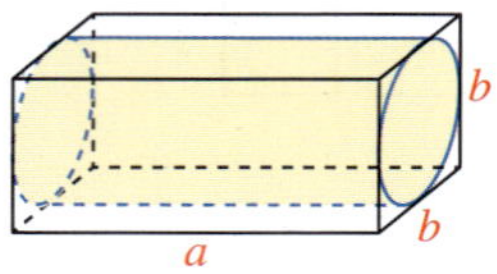

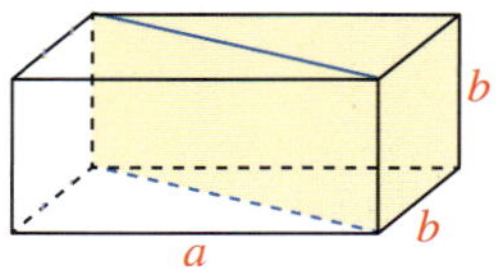

1. On note $\mathcal{V}$ et v les volumes respectifs du cylindre et du prisme droit.
Exprimer $\mathcal{V}$ et v en fonction de a et b.

2. Voici un script Scratch qui permet de comparer les volumes de ces solides.

a. Ouvrir le logiciel Scratch.
Saisir le script ci-contre en complétant les lignes **(1)** et **(2)** à l'aide des variables **a** et **b**.

b. Exécuter ce script pour différentes valeurs de **a** et **b**. Que constate-t-on ?

c. Gabin affirme : « $\pi : 4 > 1 : 2$, donc cela justifie la remarque précédente. »
Expliquer cette affirmation.

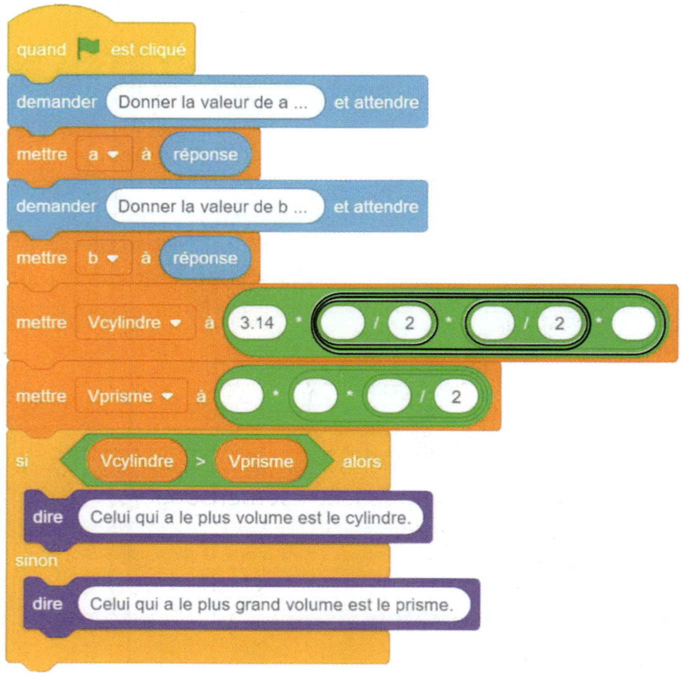

69 Tice Représenter un cylindre et afficher son volume

On se propose d'utiliser le logiciel GeoGebra pour construire un cylindre de rayon 2 et de hauteur 5.

1. a. Ouvrir le logiciel GeoGebra et cliquer sur Géométrie 3D.
Faire un clic droit et décocher Afficher axes et Afficher plan.

b. Créer un point A, puis un segment [AB] de longueur 5 cm (utiliser Segment de longueur donnée).

c. Cliquer sur Cylindre, puis cliquer sur A et B, renseigner alors le rayon 2.

d. Déplacer les points A et B, observer la représentation du cylindre.

e. Cliquer sur Volume, puis sur le cylindre (le logiciel le note a).
Vérifier à l'aide de la calculatrice que le logiciel affiche une valeur approchée au centième près.

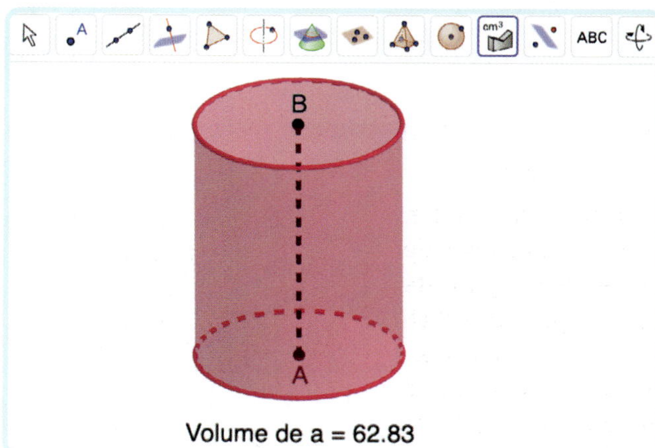

2. Représenter un cylindre de son choix et afficher son volume.

J'utilise mes compétences

70 Communiquer en anglais

Raisonner • Calculer • Communiquer

This is a hut in the shape of a right prism.
Compute its volume.

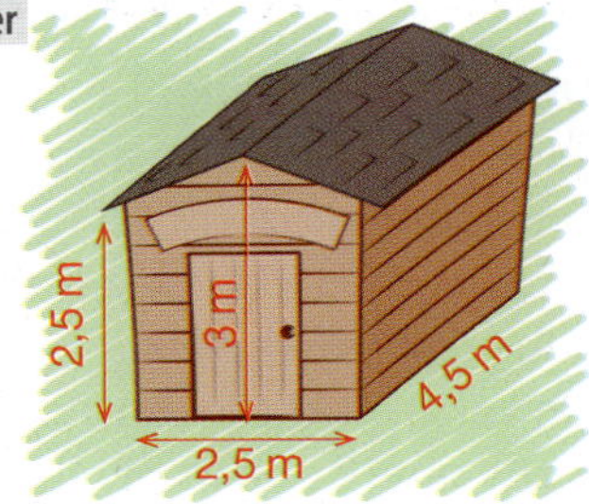

71 Avoir un regard critique

Raisonner • Calculer • Communiquer

Emmie affirme : « Cette publicité est mensongère. »
Discuter son affirmation.

72 Étudier un solide complexe

Raisonner • Calculer

Déterminer le volume de béton nécessaire pour réaliser ces deux marches d'escalier.

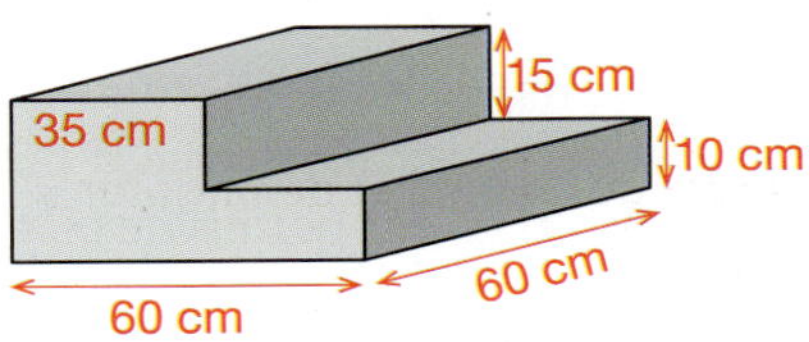

73 Exprimer en gallons

Calculer • Communiquer

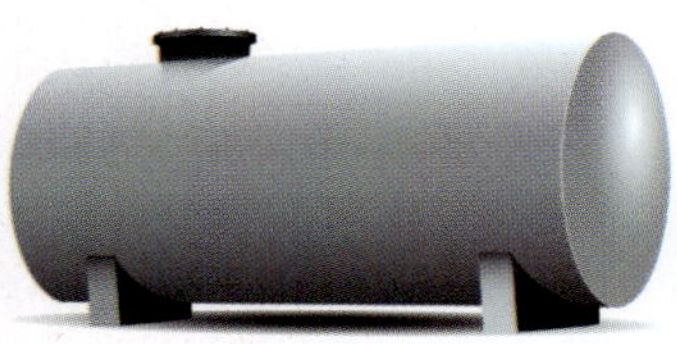

Dans un endroit isolé, une cuve d'essence de forme cylindrique a été installée pour le ravitaillement des véhicules.
Le gallon est une unité de contenance utilisée aux États-Unis :

1 gallon = 3,78 L.

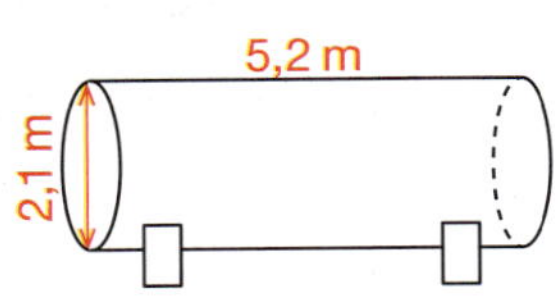

Calculer une valeur approchée au dixième près de la contenance, en gallons, de cette cuve.

74 Visualiser pour calculer (1)

Représenter • Raisonner • Calculer

Voici les vues du dessus et de face d'un prisme droit dont la base est un pentagone.

Vue du dessus **Vue de face**

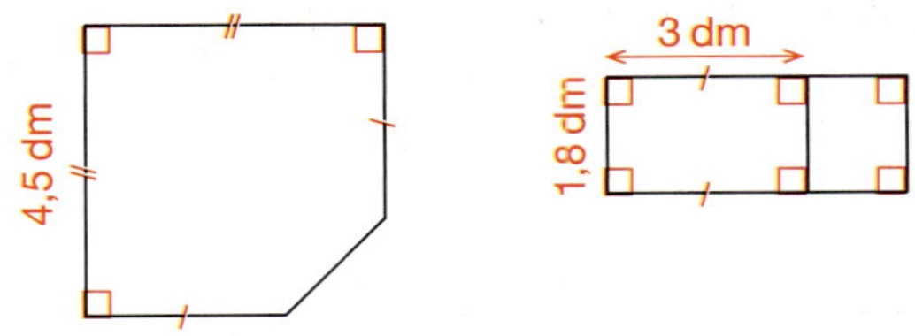

Calculer le volume, en dm^3 puis la contenance, en cL, de ce solide.

75 Visualiser pour calculer (2)

Représenter • Raisonner • Calculer

Voici les vues du dessus et de face d'un solide constitué d'un pavé droit et de deux demi-cylindres accolés.

Vue du dessus **Vue de face**

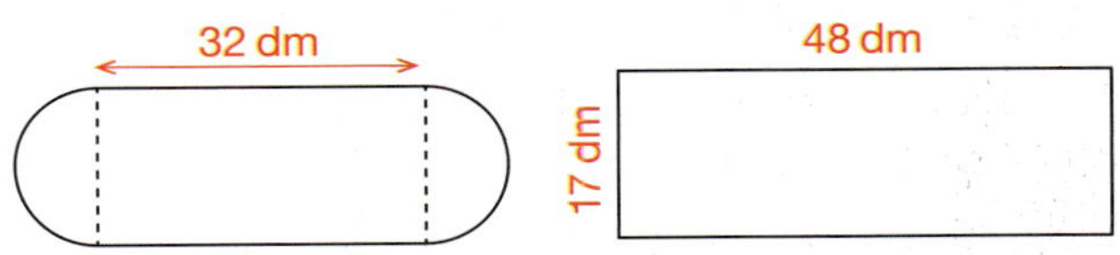

Calculer une valeur approchée à l'unité près du volume, en m^3, de ce solide puis de sa contenance, en hL.

76 Faire des prévisions

Raisonner • Calculer

Le volume des glaciers continentaux (Antarctique, Groenland…) est estimé à un peu plus de 30 millions de km^3.

Sur Terre, la surface couverte par les océans est de 357 millions de km^2.
De quelle hauteur, en m, s'élèveraient les océans si tous les glaciers continentaux fondaient ?

77 Communiquer en anglais

Calculer • Communiquer

The base of a right prism is a right-angled triangle with sides 5 cm, 4 cm and 3 cm. We know that the volume of this prism is 60 cm³. Compute its height.

78 Passer par la hauteur

Raisonner • Calculer

Un prisme droit à un volume égal à 1 428 cm³, sa base est le triangle ABC représenté ci-dessous.

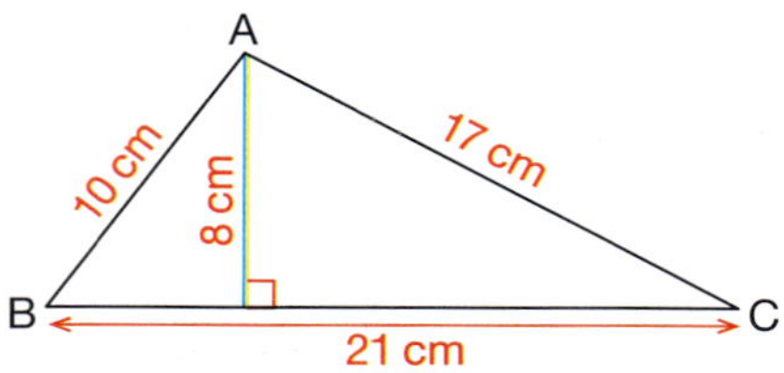

Démontrer que l'une des faces latérales de ce prisme droit est un carré.

79 Comprendre et expliquer

Raisonner • Calculer

Un tuyau d'arrosage de 40 m de long a un diamètre intérieur de 2 cm.
Son épaisseur est de 3 mm : il y a 2,5 mm de caoutchouc à l'extérieur du tuyau et 0,5 mm de PVC (polychlorure de vinyle) à l'intérieur du tuyau.

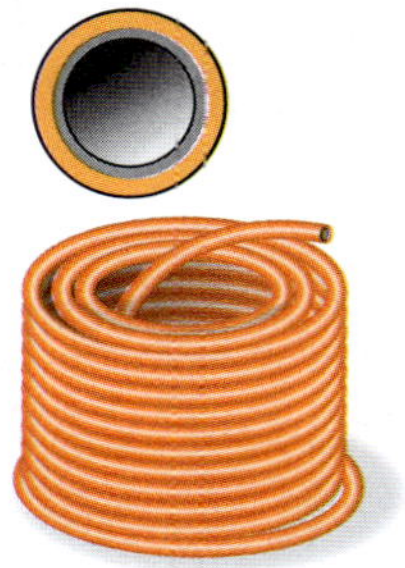

Calculer une valeur approchée au dixième près du volume, en dm³, de chacune des matières utilisées pour ce tuyau.

80 Imaginer une stratégie

Raisonner • Calculer

Deux glaçons sont posés au fond d'un verre cylindrique de 3 cm de rayon. Les glaçons sont des cubes de 3 cm d'arête. On sait que la glace en fondant donne un volume d'eau égal à 90 % de celui des glaçons.
Quelle est la hauteur d'eau obtenue dans le verre après la fonte des glaçons ?

81 Problème ouvert

Raisonner • Calculer • Communiquer

Un premier récipient est formé d'un demi-cylindre surmonté d'un cube d'arête 10 cm.
Un second récipient est formé d'un prisme droit dont la base est un triangle rectangle isocèle surmonté d'un cube d'arête 11 cm.
On verse 1 L d'eau dans chacun des deux récipients.
Dans quel cube le niveau de l'eau sera-t-il le plus élevé ?

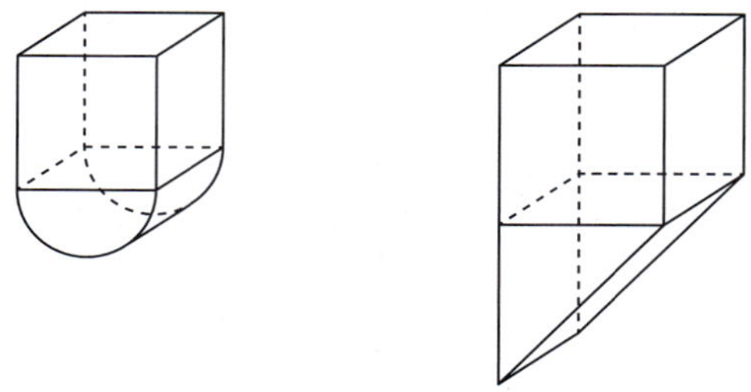

Narration de RECHERCHE

82 PROBLÈME Tice Un gâteau d'anniversaire est formé de quatre cylindres superposés dont le diamètre et la hauteur sont égaux.
D'un étage à l'autre, la hauteur du cylindre diminue de moitié.
Utiliser le tableur pour déterminer la hauteur, en cm, du cylindre de l'étage du bas afin que le volume du gâteau soit 8 306 cm³.
Donner une valeur approchée à l'unité près.

Raconter sur une feuille les différentes étapes de la recherche et les remarques qui ont fait changer de méthode ou qui ont permis de résoudre le problème.

Des défis

83 Tirer des conséquences

Le volume d'un cube est égal à 27×343 cm³.
Quelle est l'arête de ce cube ?

84 Compter des cubes

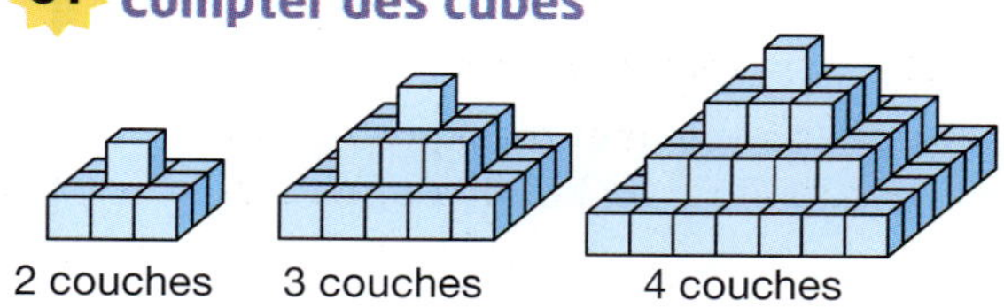

Combien de cubes contient la pyramide qui a 6 couches ?

Je prends des initiatives

TÂCHES COMPLEXES

85 FABRIQUER des pochettes de bonbons

La situation-problème

Une société organise des anniversaires pour enfants. Lors d'un anniversaire, des pochettes décorées de forme cylindrique seront remplies de bonbons pour être distribuées aux enfants.
Pour la création d'une pochette cylindrique, on dispose d'une feuille rectangulaire cartonnée qui sera repliée et collée selon l'un des pliages ci-dessous (doc. 2 et 3).
Déterminer le modèle de pliage à choisir afin que chaque enfant ait une pochette de bonbons et indiquer le nombre de pochettes restantes.

Les supports de travail

Les documents, la calculatrice.
Toute piste de recherche, même non aboutie, figurera sur la feuille.

Doc. 1

D'autres informations

- Volume de bonbons commandé : 35 dm^3.
- 30 enfants sont prévus à l'anniversaire.

Doc. 2

Modèle 1 de pliage

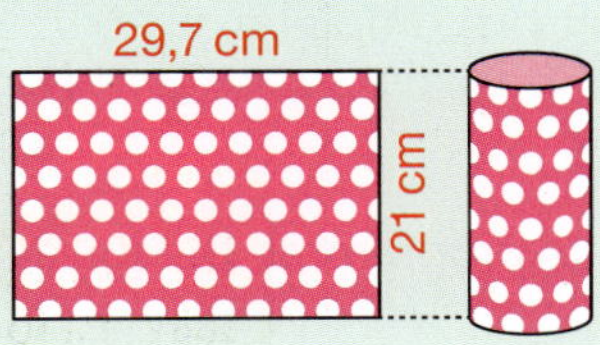

Doc. 3

Modèle 2 de pliage

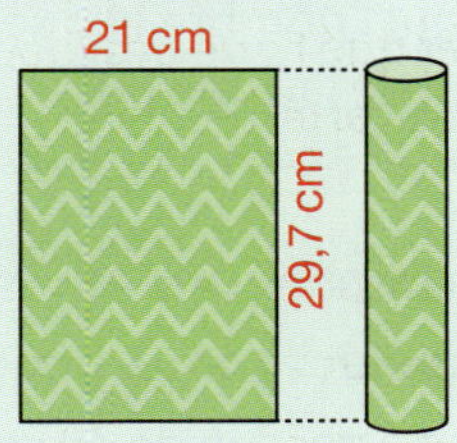

86 TRANSPORTER des blocs de béton

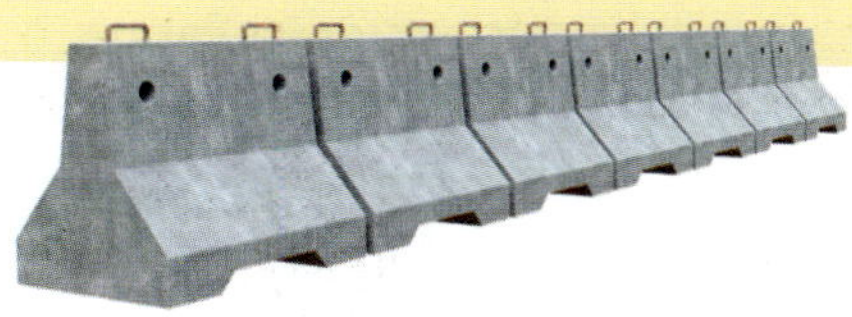

La situation-problème

Sur les chantiers routiers, on utilise des blocs de béton pour séparer la route et la zone de travaux afin de protéger les automobilistes et les intervenants.
Avant d'être déployés sur un chantier, ces blocs doivent être amenés par camion. Ils peuvent être empilés.
Calculer le nombre de blocs que le camion de l'entreprise peut transporter jusqu'à la zone de travaux.

Doc. 1

Forme d'un bloc

Un bloc de béton est constitué de deux pavés droits et d'un prisme droit à base un trapèze isocèle.

Doc. 2

D'autres informations

- Le camion peut transporter 12 t.
- Chaque m^3 de béton a une masse de 1,44 t.

Doc. 3

Dimensions d'un bloc

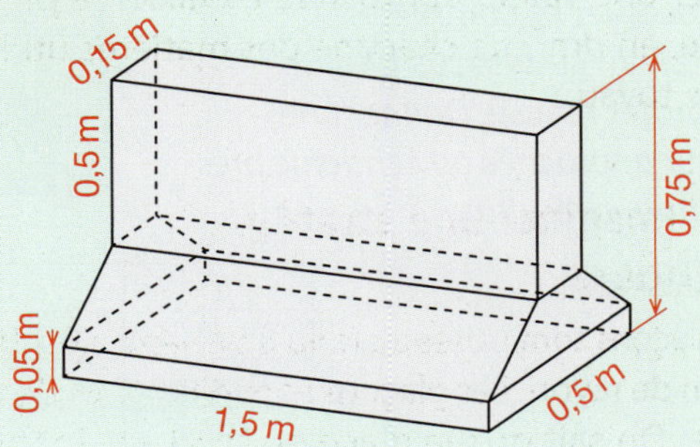

Les supports de travail

Les documents, la calculatrice.
Toute piste de recherche, même non aboutie, figurera sur la feuille.

PROJET 5

Calculer des aires

Un paysagiste prévoit de construire un bassin circulaire entouré d'une allée de gravier.
Afin de prévoir les quantités de matériaux nécessaires à la construction, il met au point un projet Scratch qui doit permettre de calculer l'aire du bassin et celle de l'allée.
Les distances sont exprimées en m et les aires en m².

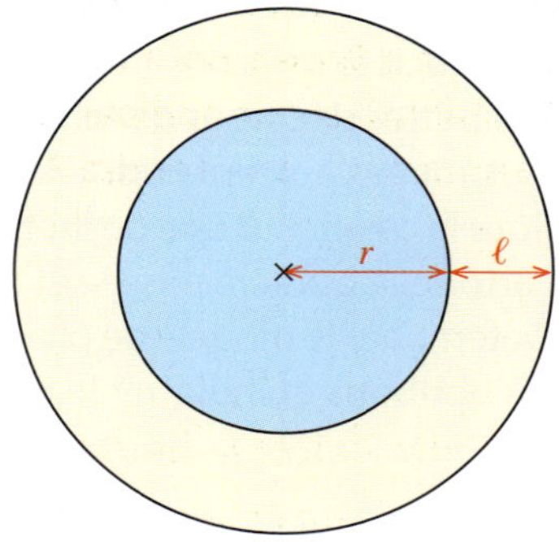

❶ Écrire un sous-programme de calcul d'aire

Le sous-programme **Disque** ci-contre, calcule l'aire d'un disque de rayon **x**.

a. Par quel nombre et quelle variable doit-on compléter le calcul de la ligne **(1)** ?
Prendre 3,14 comme valeur approchée de π.

(1)

b. Ouvrir le logiciel Scratch et saisir le sous-programme **Disque** avec l'entrée **x**.

❷ Appeler le sous-programme Disque

Lorsqu'on exécute le programme ci-contre, on donne le rayon **r** du bassin, la largeur **l** de l'allée et le lutin énonce après les calculs l'aire du bassin et celle de l'allée.

a. Que représente la variable **Bassin** ?

b. Interpréter de même le contenu de la variable **Allée**.
Par quelles variables doit-on compléter le calcul de la ligne **(2)** ?

c. Saisir le programme complété.

d. Recopier et compléter le tableau ci-dessous à l'aide du projet réalisé. *Donner une valeur approchée au centième près de chaque résultat.*

(2)

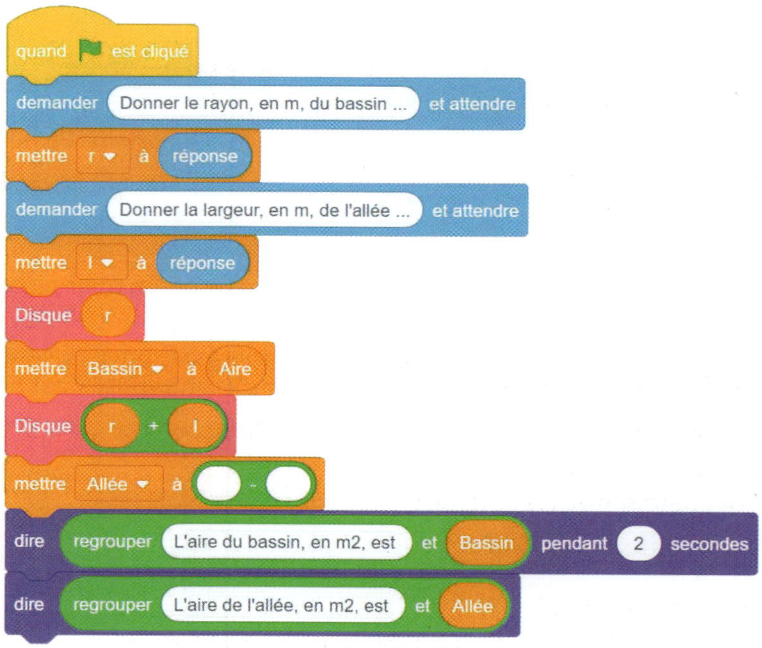

r	2	3	3	4	5
l	0,8	1	1,2	1,5	1,5
Bassin					
Allée					

e. Le paysagiste fixe le rayon du bassin à 4 m et souhaite que l'aire de l'allée soit supérieure à celle du bassin. Proposer des valeurs possibles pour la largeur de l'allée.

PROJET 6

Étudier des propriétés du volume du cylindre

On s'intéresse au volume $\mathcal{V}$ d'un cylindre de révolution de hauteur h et dont la base a pour rayon r (l'unité de longueur est le cm).
Ce volume est donné par la formule : $\mathcal{V} = \pi \times r^2 \times h$.
Dans la suite, on prendra 3,14 pour valeur approchée de π.

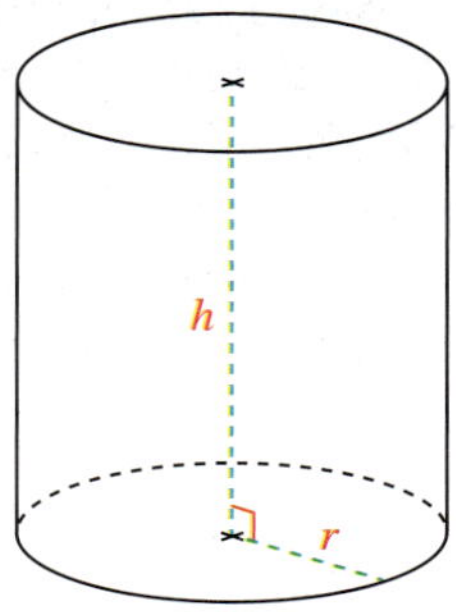

1 Faire varier la hauteur du cylindre

Voici un script écrit en langage Scratch.

1. Lorsqu'on l'exécute, on donne une valeur au rayon **r**, on initialise la variable **h** à 0 puis dans la boucle, on calcule le volume du cylindre pour six valeurs de la hauteur **h**. Lesquelles ?

2. a. Ouvrir le logiciel Scratch et saisir le script.

b. L'exécuter avec **r** = 2.
Recopier le tableau ci-dessous et reporter les valeurs du volume obtenu.

h (en cm)	0	1	2	3	4	5
V (en cm³)						

c. Le volume du cylindre est-il proportionnel à sa hauteur ? Justifier la réponse.

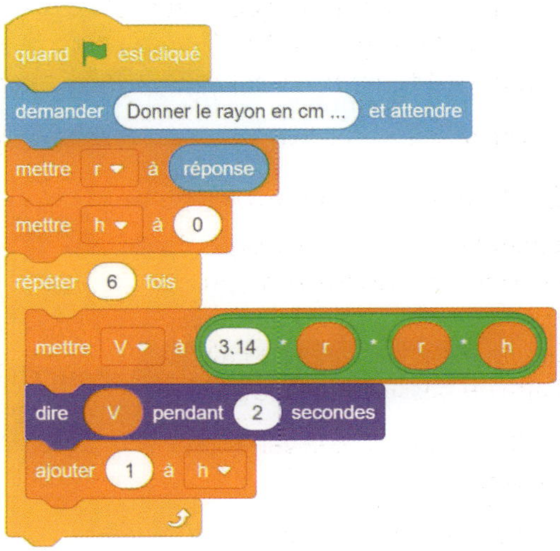

2 Faire varier le rayon de la base du cylindre

Voici un nouveau script.

1. Lorsqu'on l'exécute, le lutin énonce à la fin six valeurs du volume du cylindre.
Comment sont-elles obtenues ?

2. a. Saisir ce script.

b. L'exécuter avec **h** = 5.
Recopier le tableau ci-dessous et reporter les valeurs du volume obtenu.

r (en cm)	0	1	2	3	4	5
V (en cm³)						

c. Le volume du cylindre est-il proportionnel au rayon de sa base ? Justifier la réponse.

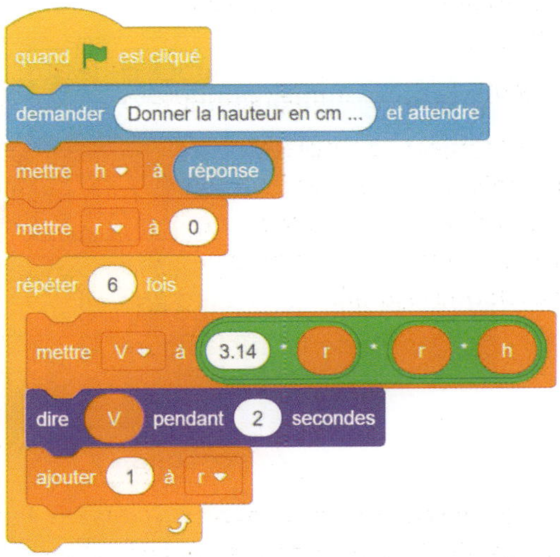

CHAPITRE
14

Représenter l'espace

Situées à Noisy-le-Grand (Seine-Saint-Denis), les arènes de Picasso ont été imaginées par l'architecte espagnol Manuel Núñez Yanowsky. Cet ensemble immobilier représente un chariot renversé : on peut y voir deux cylindres, qui évoquent les roues, et des pavés droits, qui figurent les bords du chariot.

Bien démarrer

Pour chaque question, une réponse ou plusieurs sont exactes.

		a	b	c
1	Sur cette droite graduée, le point A a pour abscisse… 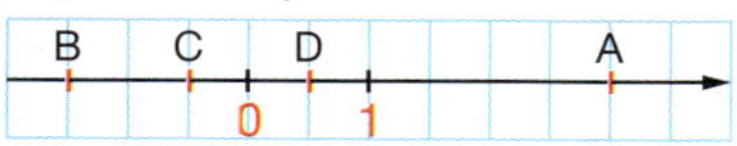	2	3	6
2	Sur la droite graduée ci-dessus, l'abscisse du point…	B est –1,5	C est –0,5	D est 0,5
3	Un pavé droit a… 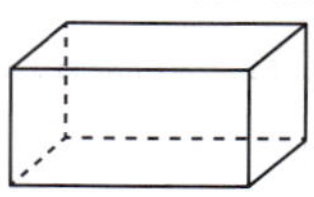	6 faces et 8 sommets	8 sommets et 12 arêtes	5 faces et 7 sommets
4	Un patron de cube est représenté sur la figure…	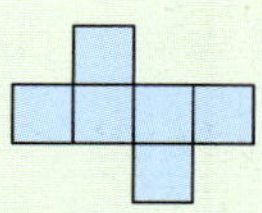	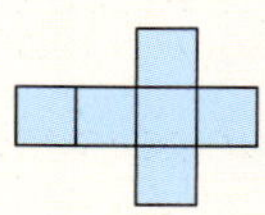	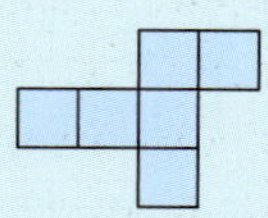
5	La hauteur de ce cône est le segment… 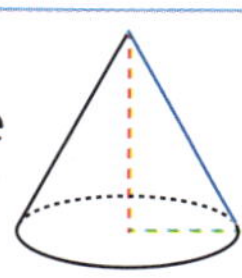	rouge	vert	bleu

Vérifie tes réponses p. 306

ACTIVITÉ

1 Se repérer dans le plan

Cours Paragraphe 1, p. 220

Clément (C), Anissa (A) et Sophie (S) aident Lena (L) à chercher son chat Mistigri.
Ils utilisent le **repère d'origine** le point O ci-contre ; il est formé de deux droites graduées perpendiculaires en O.

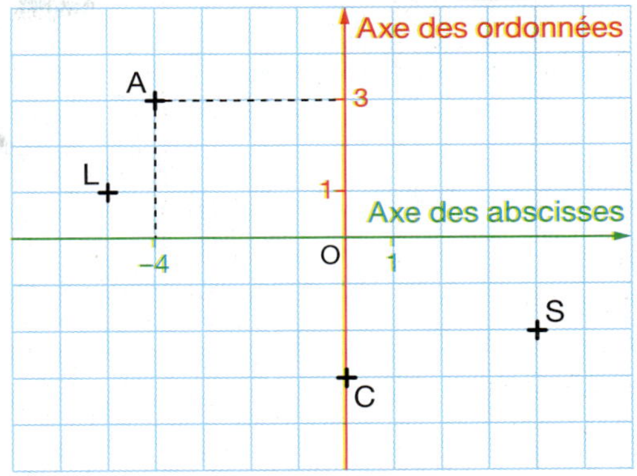

Au bout d'une heure de recherche, Anissa signale à ses amis qu'elle se trouve au point A d'**abscisse** –4 (lue sur l'axe des abscisses) et d'**ordonnée** 3 (lue sur l'axe des ordonnées).
On dit que le point A a pour **coordonnées** (–4 ; 3).

a. Tracer ce repère et graduer ses axes.
b. Écrire les coordonnées des points O, C, L et S.
c. Mistigri (M) est finalement retrouvé au point de coordonnées (–3 ; –2).
Placer le point M dans ce repère.

ACTIVITÉ

2 Réaliser un patron de pavé droit

Cours Paragraphe 2, p. 220

Pour les championnats du monde de VTT, Dylan doit présenter aux organisateurs une maquette du podium schématisé ci-dessous par la figure ❶. Elle est constituée d'un cube et d'un pavé droit.

a. Représenter, en vraie grandeur, un patron du cube de la figure ❶.
b. Tracer la figure ❷ en vraie grandeur et la compléter afin d'obtenir un patron du pavé droit.
c. Découper les patrons obtenus et les assembler afin d'obtenir une maquette du podium.

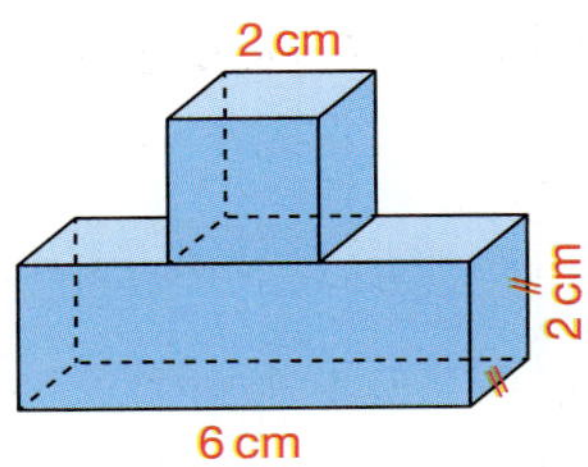

❶

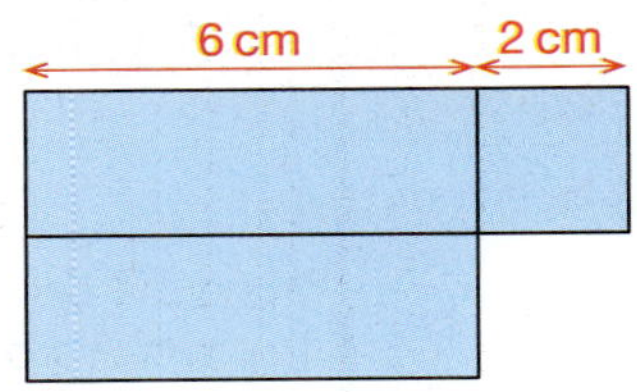

❷

3 Construire une maquette

Cours Paragraphe 3, p. 220

Lysa souhaite réaliser une maquette de la boîte cylindrique ci-contre.
Pour cela, elle a construit un patron de cette boîte (figure de droite).

a. Tracer, en vraie grandeur, sur papier uni, un patron de cette boîte. *Déterminer la longueur du rectangle.*
b. Découper ce patron afin d'obtenir une maquette de la boîte.

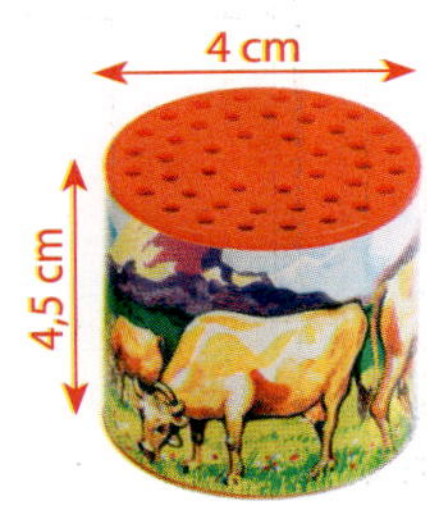

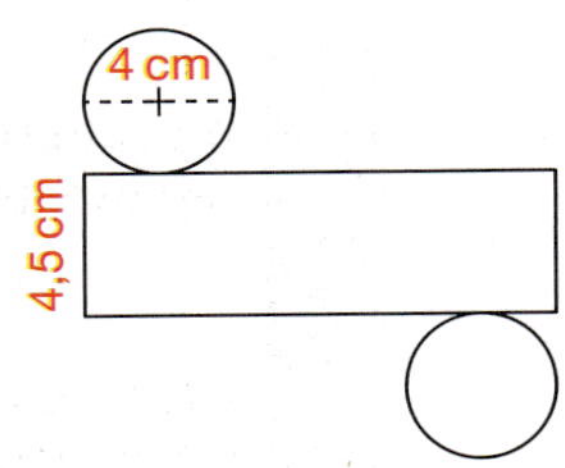

Cours

VIDÉOS de cours
jaicompris.com

1 Repérage dans le plan

▶ Exercices 5 à 10

DÉFINITION Un **repère orthogonal** du plan est constitué de deux droites graduées (ou axes) de même origine O et perpendiculaires.

DÉFINITION-PROPRIÉTÉ Dans un repère orthogonal, chaque point est repéré par deux nombres relatifs appelés les **coordonnées** de ce point.
Le premier nombre, lu sur l'axe horizontal, est l'**abscisse** et le second nombre, lu sur l'axe vertical, est l'**ordonnée**.

Exemple

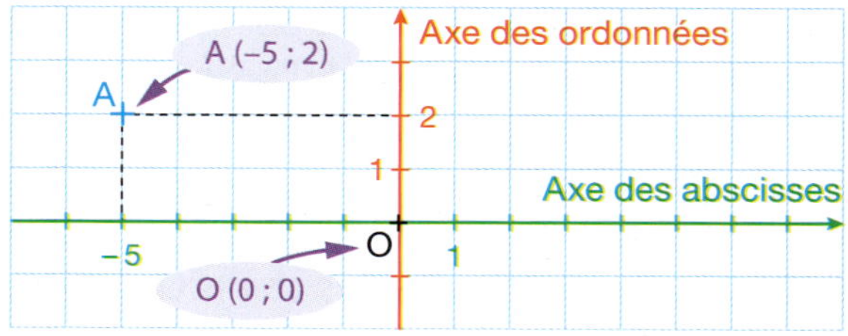

Le point A a pour coordonnées (−5 ; 2).

2 Pavé droit : perspective cavalière et patrons

▶ Exercices 16 à 20

a. Représentation en perspective cavalière

Une représentation en perspective cavalière d'un pavé droit permet de visualiser ses 6 faces, ses 8 sommets et ses 12 arêtes.

Exemple

Pour un observateur, trois arêtes de la boîte d'allumettes ci-contre sont cachées, elles sont représentées en perspective cavalière par des traits en pointillés.

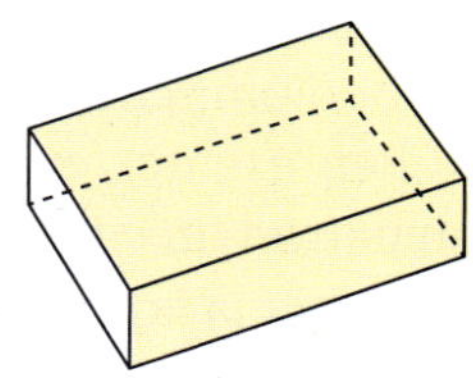

b. Un patron

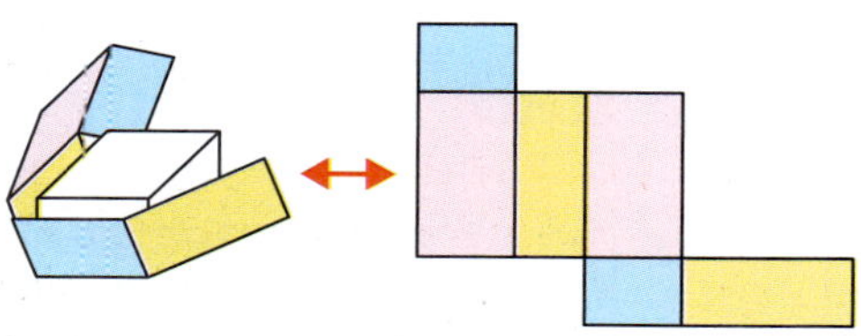

3 Cylindre : perspective cavalière et patrons

▶ Exercices 21 à 25

a. Représentation en perspective cavalière

Les deux bases, en vert, sont parallèles. Elles sont représentées par des disques légèrement déformés.
Pour un observateur, l'un des demi-cercles de base est caché, il est tracé en pointillés.

b. Un patron

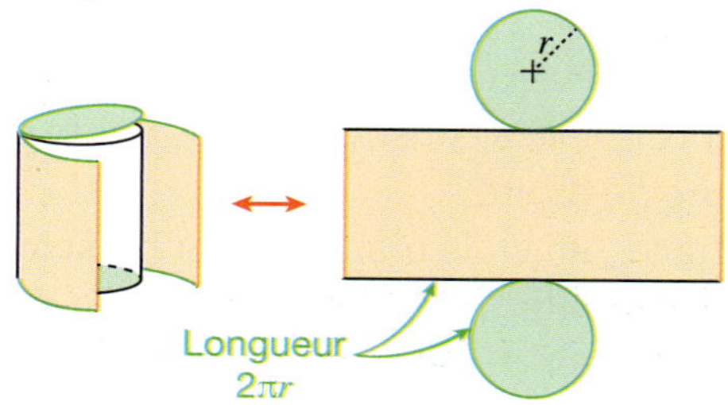

J'applique le cours

1 Se repérer dans un repère du plan

EXERCICE RÉSOLU

ÉNONCÉ **a.** Lire les coordonnées des points A et B dans le repère orthogonal ci-contre.
b. Placer le point C (–3 ; –2) dans ce repère.

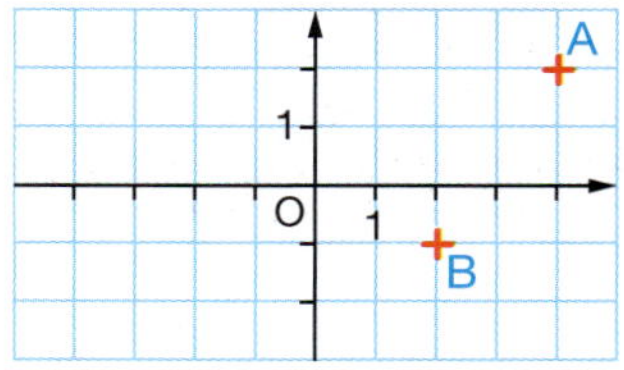

SOLUTION

a. Les coordonnées de A sont (4 ; 2) ; les coordonnées de B sont (2 ; –1).
b. Le point C est placé ci-contre.

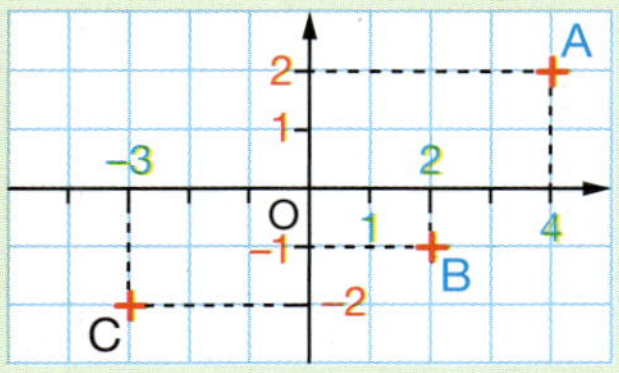

CONSEIL
- Pour lire les coordonnées du point A :
– on lit son **abscisse** sur l'axe horizontal,
– puis on lit son **ordonnée** sur l'axe vertical,
– on écrit ses **coordonnées** sous la forme :
(**abscisse** ; **ordonnée**).

À TON TOUR

2 **a.** Lire les coordonnées des points I, J, K, L dans ce repère orthogonal.
b. Tracer le repère ci-contre et placer les points :
- A (–4 ; 3)
- B (3 ; –2)
- C (–1 ; –1)

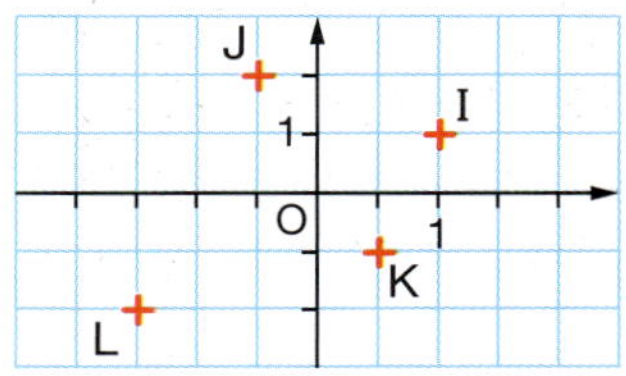

3 Construire un patron de pavé droit

EXERCICE RÉSOLU

ÉNONCÉ Ce fromage apéritif a la forme d'un pavé droit.
Construire en vraie grandeur un patron de ce pavé droit.

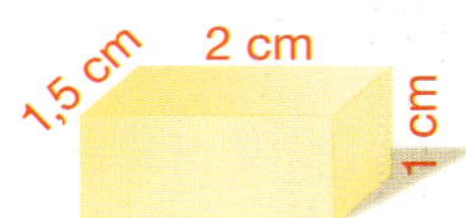

SOLUTION

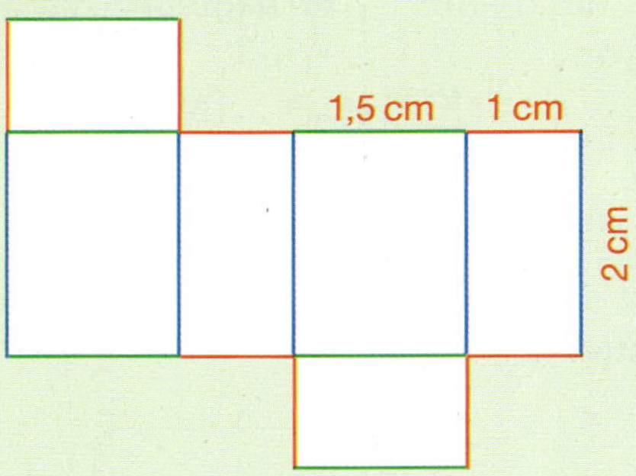

CONSEILS
- Un pavé droit comporte six faces, il y a donc six rectangles à tracer en vraie grandeur.
- Il faut s'assurer qu'en repliant le patron, une arête se superpose à une arête de même longueur.
- Pour s'aider, on peut colorer les arêtes de même longueur ou les indiquer par des codages.

À TON TOUR

4 Ce domino est assimilé à un pavé droit.
Construire en vraie grandeur un patron de ce pavé droit.

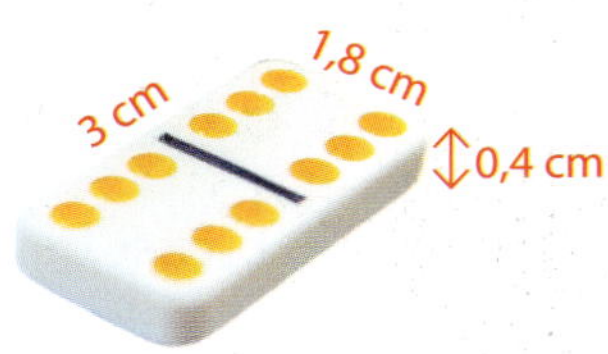

Je travaille mes automatismes

Se repérer dans le plan

À l'oral — *Questions flash*

5 Lire l'abscisse de chacun des points A, B, C, D, E et F dans le repère orthogonal ci-dessous.

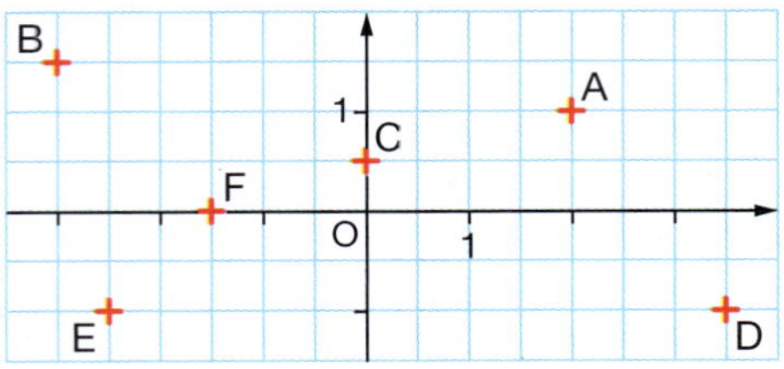

6 Dans le repère orthogonal ci-dessus, un point G a la même abscisse que le point E et la même ordonnée que le point A.
Quelles sont les coordonnées de ce point G ?

7 Écrire les coordonnées des points A, B, C, D et E du repère ci-dessous.

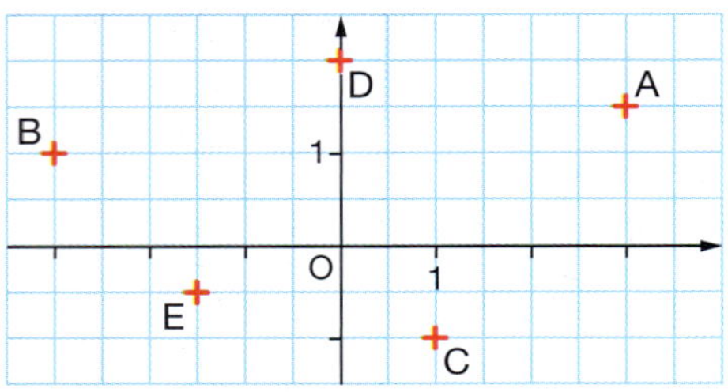

8 Dans un repère orthogonal où les axes sont gradués avec un carreau pour unité, placer les points :
- M (–1 ; 1)
- N (4 ; –1)
- P (–3 ; 0)
- Q (0 ; –5)
- R (2 ; –3)
- S (3 ; –2)

9 Recopier et compléter chaque phrase.
a. L'... d'un repère est le seul point dont les ... sont égales à zéro.
b. Tous les points situés au-dessus de l'... des abscisses ont une ordonnée ... et ceux situés au-dessous, une ordonnée ....
c. Tous les points de l'axe des ... ont une abscisse égale à zéro.
d. Tous les points de l'axe des ... ont une ordonnée égale à zéro.

10 CORRIGÉ en vidéo jaicompris.com
a. Dans un repère orthogonal, placer le point M de coordonnées (–2 ; 3).
b. Représenter :
- en vert, les points qui ont la même abscisse que M ;
- en bleu, les points qui ont la même ordonnée que M.

Reconnaître des solides

À l'oral — *Questions flash*

11 Nommer chacun des solides ci-dessous.

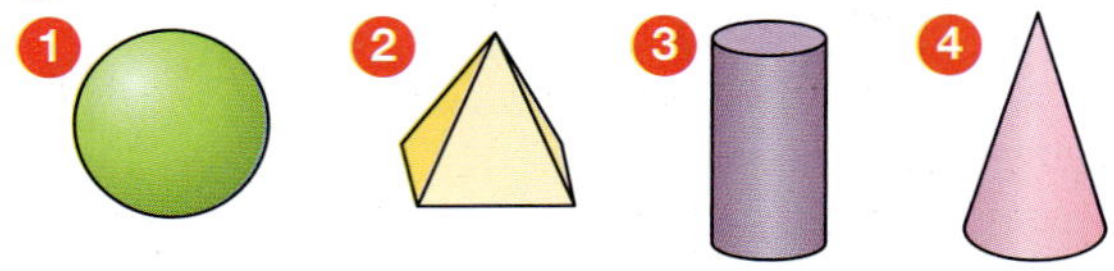

12 Décrire oralement chacun de ces solides.

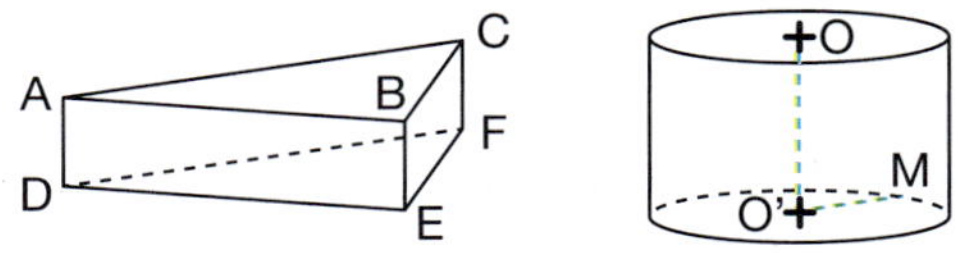

13 Décrire les solides qui composent :
a. cette borne kilométrique ;
b. la Cité judiciaire de Paris.

14 On se propose d'identifier les solides qui interviennent dans la figure ci-contre.
Recopier et compléter la phrase :
« Le solide ci-contre est formé :
- d'un ... de sommet ..., de hauteur ... et de rayon ...,
- et d'un ... de ... [OA] et de ... [AB]. »

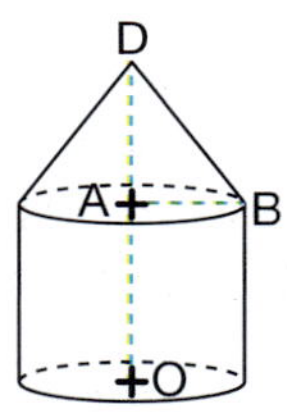

15 On se propose d'identifier les solides qui interviennent dans la mangeoire pour animaux dessinée ci-dessous.

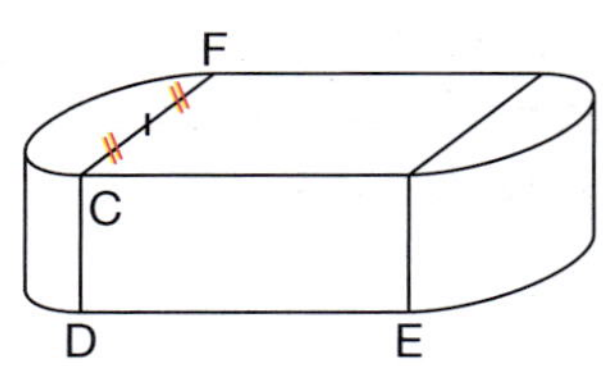

Recopier et compléter la phrase :
« La mangeoire est formée :
- d'un ... droit de dimensions FC, ... et ...,
- et de deux demi-... de hauteur ... et de diamètre .... »

Je travaille mes automatismes

Représenter un pavé droit

À l'oral

Questions flash

16 Voici des représentations en perspective cavalière de pavés droits.
Deux d'entre elles sont incorrectes. Lesquelles ? Expliquer.

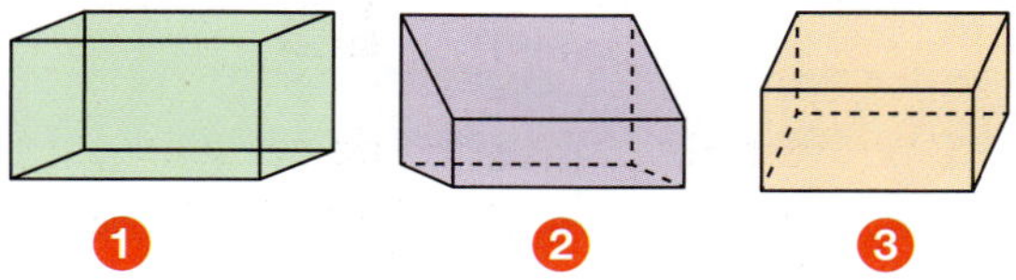

17 Cette figure est-elle un patron d'un pavé droit ?
Expliquer.

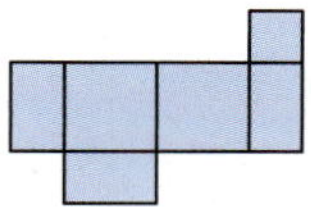

18 CORRIGÉ en vidéo jaicompris.com

Voici un pavé droit ABCDEFGH en perspective cavalière.
Réaliser un patron de ce pavé droit.

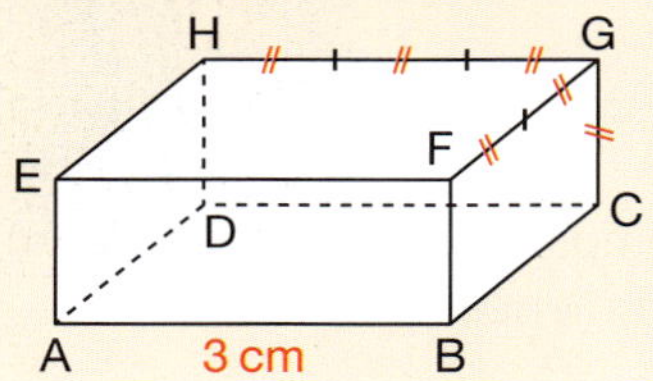

19 Sur les quadrillages ci-dessous, on a commencé la représentation en perspective cavalière de deux pavés droits ABCDEFGH et IJKLMNOP.
Tracer ces figures et les compléter.

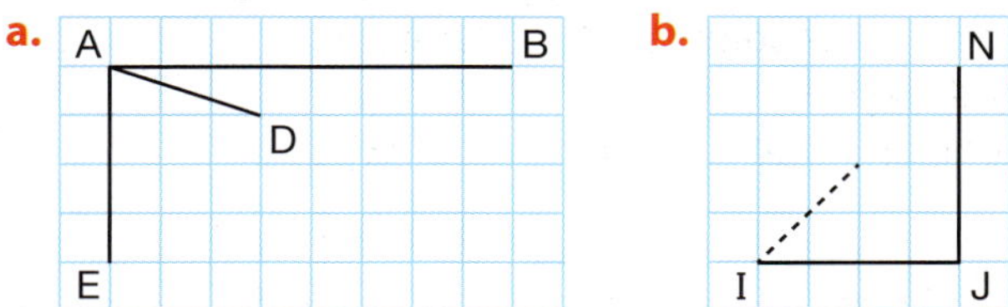

20 La figure ❶ représente un patron d'un pavé droit.
Sur la figure ❷, on a commencé la représentation de ce pavé droit en perspective cavalière.
Tracer et compléter la figure ❷.

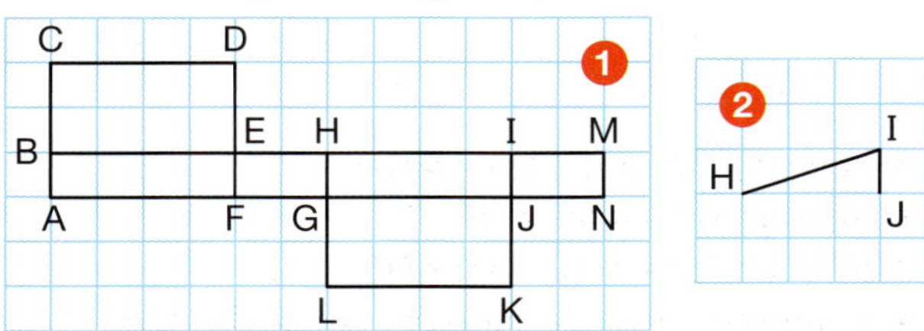

Représenter un cylindre

À l'oral

Questions flash

21 Voici des représentations en perspective cavalière d'un cylindre de rayon 2 et de hauteur 5.
L'une d'elles est incorrecte. Laquelle ?
Expliquer.

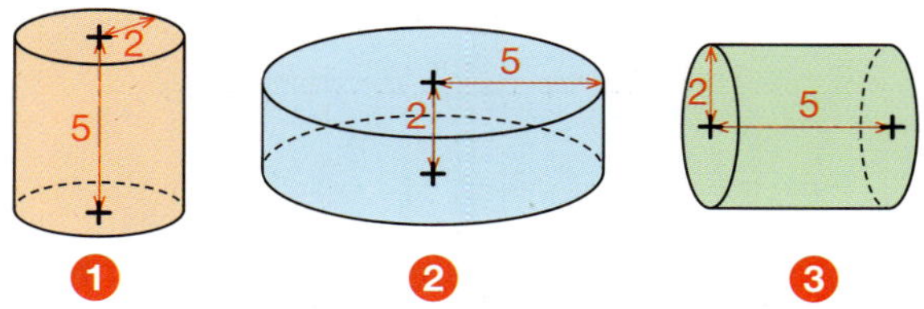

22 Cette figure est-elle un patron d'un cylindre ?
Expliquer.

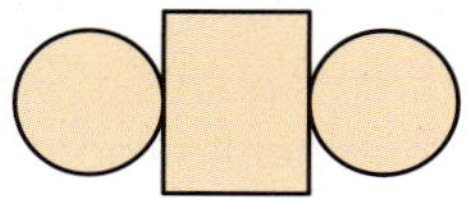

23 Dans chaque cas, tracer la figure et la compléter pour obtenir une représentation en perspective cavalière d'un cylindre.

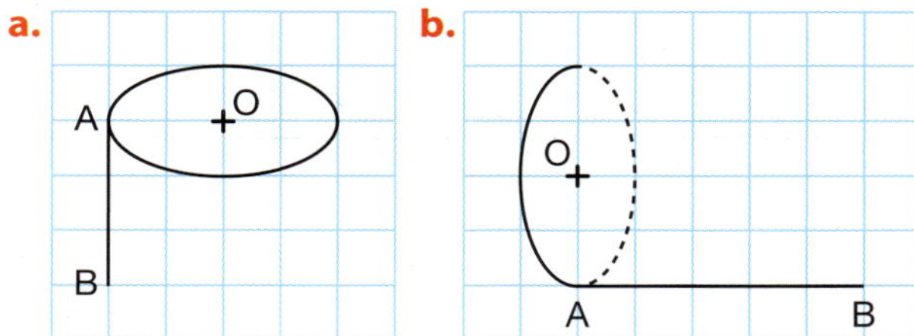

24 La figure ❶ représente un cylindre en perspective cavalière. Sur la figure ❷, on a commencé un patron de ce cylindre.
Tracer et compléter ce patron.

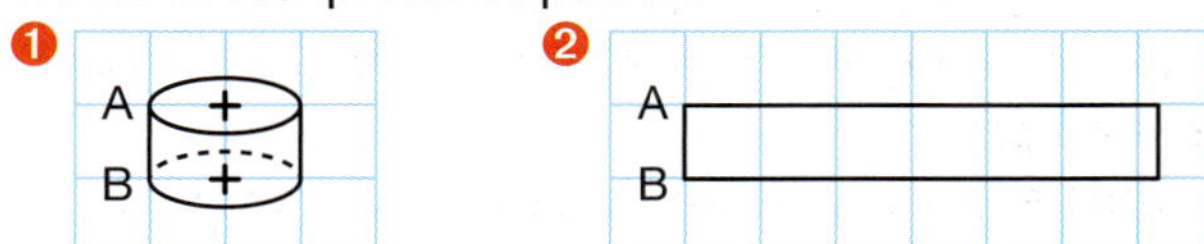

25 Tracer et compléter les figures ❶ et ❷ afin que la figure ❶ représente un cylindre de hauteur [MN] en perspective cavalière et que la figure ❷ représente un patron de ce cylindre.

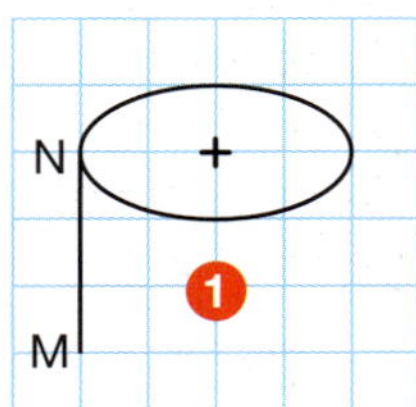

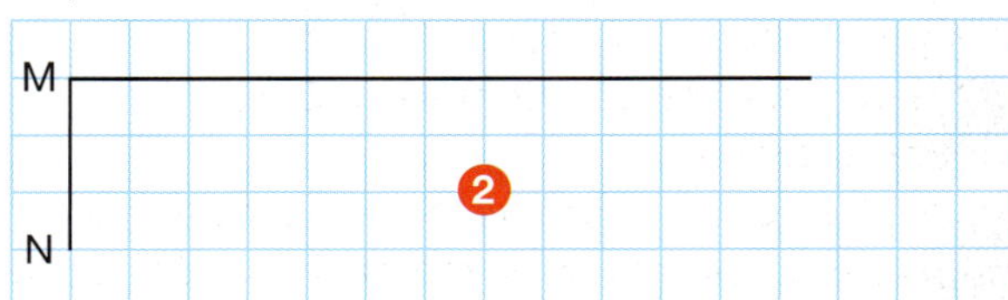

Se repérer dans un plan

26 CORRIGÉ en vidéo jaicompris.com

Lire les coordonnées des points A, B, C dans ce repère orthogonal.

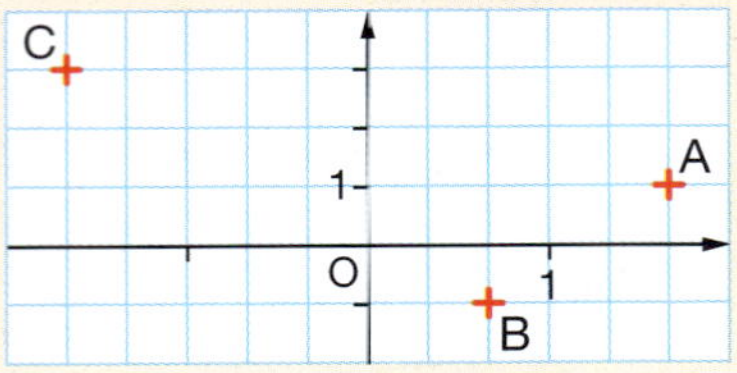

27 Corentin et Sarah organisent une randonnée à Port-Cros (dans le Var) afin de faire le tour de l'île.
Les lieux indiqués sur la carte correspondent aux différents points d'arrêt pendant leur parcours.
Déterminer les coordonnées de ces points d'arrêt.

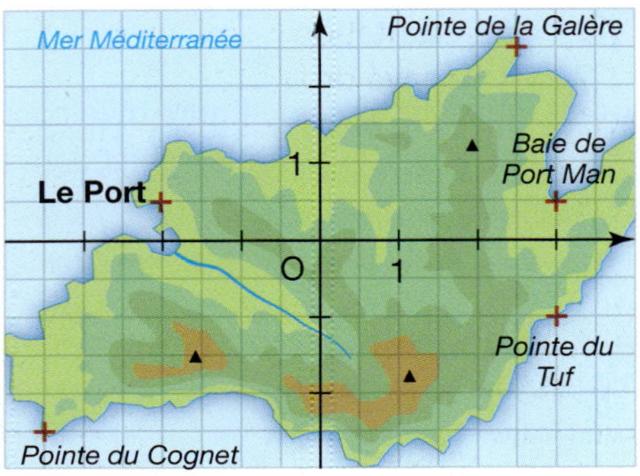

28 Tracer un repère d'origine O et d'unité 1 cm sur chaque axe puis placer chacun des points :
- M (–4 ; 3)
- N (1 ; –2)
- P (4 ; 1)
- Q $\left(2 ; \frac{1}{2}\right)$
- R $\left(-\frac{3}{2} ; 4\right)$
- S $\left(\frac{5}{2} ; -\frac{5}{2}\right)$

29 Tracer un repère d'origine O et d'unité 3 cm sur chaque axe puis placer chacun des points :
- A $\left(\frac{1}{3} ; 1\right)$
- B $\left(-\frac{2}{3} ; 2\right)$
- C $\left(\frac{4}{3} ; -1\right)$
- D $\left(-\frac{5}{3} ; -\frac{5}{3}\right)$
- E $\left(\frac{1}{6} ; \frac{4}{3}\right)$
- F $\left(-\frac{5}{6} ; \frac{7}{6}\right)$

30 **a.** Sur papier millimétré, tracer un repère d'origine O et d'unité 1 cm sur chaque axe.
b. Placer les points suivants :
- F (1 ; 3)
- G (– 2 ; 5)
- H (3,5 ; – 3)
- I (0 ; 1,5)
- J (– 0,7 ; – 2,3)
- K (– 4,2 ; 0)

c. Placer le point L, qui a la même abscisse que H et la même ordonnée que J.
d. Placer le point M dont l'abscisse est l'opposée de l'ordonnée de F et dont l'ordonnée est l'opposée de l'abscisse de G.

31 *Jeux et casse-tête* Jordan a oublié de tracer les axes et de marquer les unités de son repère.
Aider Jordan à les retrouver.

Représenter un pavé droit

32 Situé à Pékin, le Water Cube est une piscine olympique ayant la forme d'un pavé droit.
Tracer et compléter sa représentation en perspective cavalière commencée ci-contre.

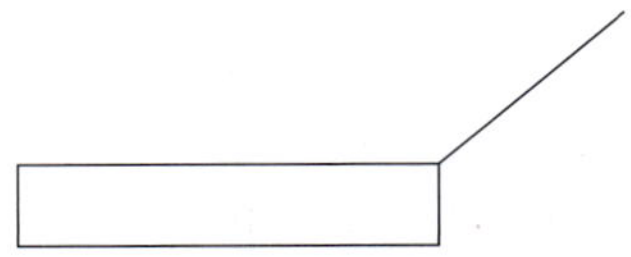

33 La boîte de bonbons ci-dessous a la forme d'un pavé droit.
Réaliser et compléter sa représentation en perspective cavalière commencée ci-dessous.

34 Tracer une représentation en perspective cavalière du pavé droit ci-contre en prenant pour face de devant :
a. la face jaune ;
b. la face verte.

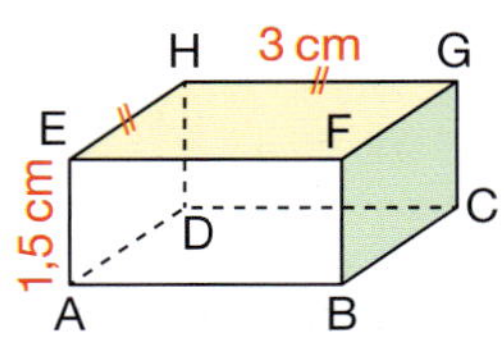

35 Voici un patron d'un pavé droit.
Représenter ce pavé droit en perspective cavalière.

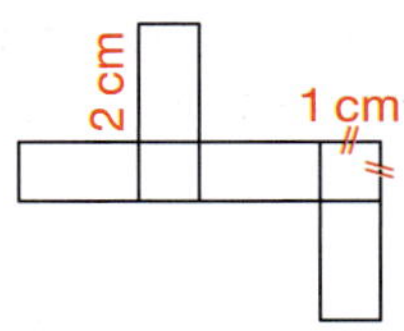

36 Tracer un patron d'un cube d'arête 2,5 cm.

37 Tracer un patron d'un pavé droit de dimensions 2,8 cm, 5 cm, 3,4 cm.

38 **Jeux et casse-tête** Dans quel rectangle d'aire minimale peut-on découper toutes les faces d'un pavé droit de dimensions 5 cm, 3 cm et 2 cm ?

Représenter un cylindre

39 Tracer la figure et la compléter pour obtenir une représentation en perspective cavalière d'un cylindre dont les bases ont pour centres A et B.

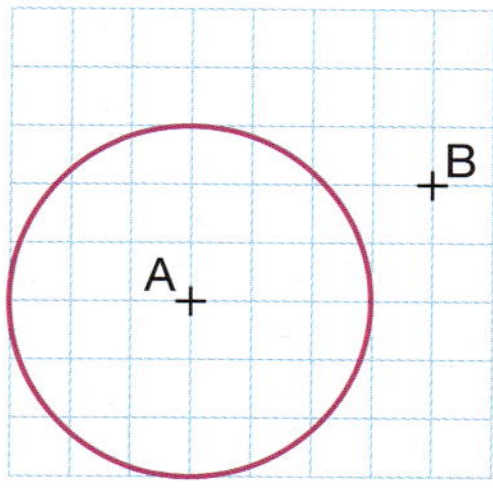

40 $\mathscr{C}$ désigne un cercle de rayon 2 cm.

a. Calculer une valeur approchée au dixième près de la longueur, en cm, de ce cercle.

b. Quelle doit-être la longueur d'un segment vert ci-contre pour que cette figure soit un patron d'un cylindre ?

c. Tracer en vraie grandeur et découper ce patron afin de réaliser une maquette du cylindre.

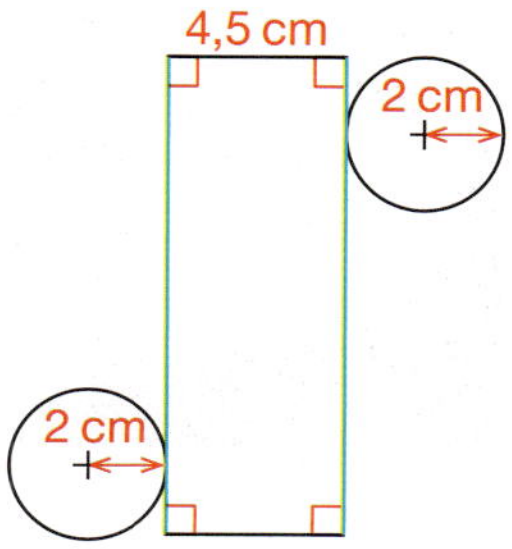

41 Le tube de vitamine C ci-contre a la forme d'un cylindre.

a. Calculer une valeur approchée au dixième près du périmètre, en cm, d'un disque de base.

b. Construire un patron en vraie grandeur de ce tube de vitamine C.

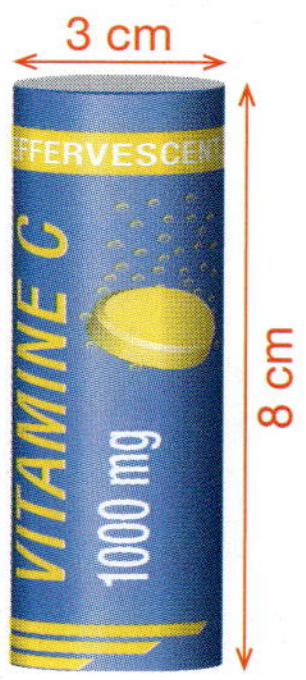

42 Le pot de crème hydratante ci-contre a la forme d'un cylindre. Construire un patron en vraie grandeur de ce pot de crème hydratante.

43 **Jeux et casse-tête** Le rectangle et les disques verts ci-contre permettent de reconstituer un cylindre dont les dimensions (hauteur et rayon) sont des nombres entiers, en cm. Quelles sont ces dimensions ?

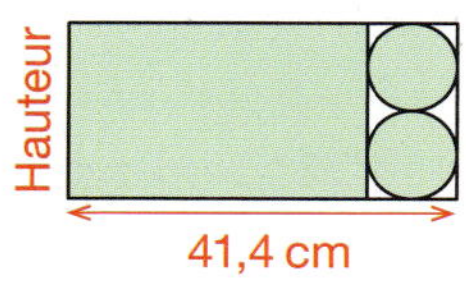

Synthèse

Utiliser des représentations de solides

44 Le hangar de stockage ci-dessous a la forme d'un pavé droit surmonté d'un demi-cylindre.

Objectif Représenter ce hangar de stockage en perspective cavalière.

a. Tracer une représentation en perspective cavalière de la partie basse (pavé droit) de ce hangar.

b. Déterminer le rayon et la hauteur du demi-cylindre.

c. Terminer la représentation en perspective cavalière de ce hangar.

45 Le solide représenté ci-contre est constitué d'un cube et d'un pavé droit.

Les points A, B, C et D, E, F sont alignés.

Objectif Construire un patron de ce solide.

a. Tracer un patron du cube jaune puis le découper.

b. Tracer un patron du pavé droit gris puis le découper.

c. Reconstituer le solide à l'aide des patrons obtenus et découper cette maquette pour construire un patron du solide complet.

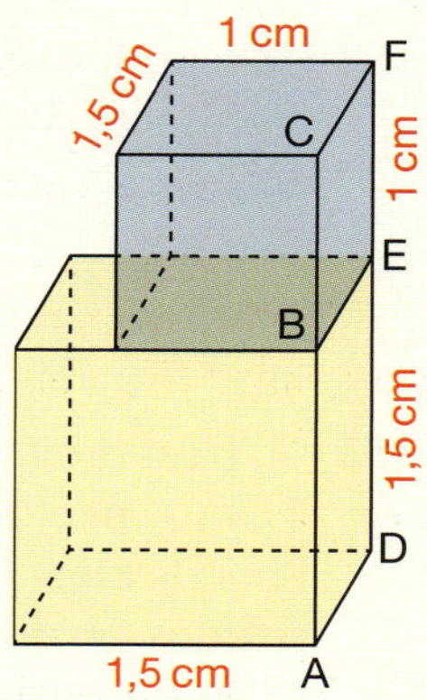

46 Un cylindre s'emboîte parfaitement dans un cube d'arête 6 cm.

Objectif Construire un patron de ce cylindre.

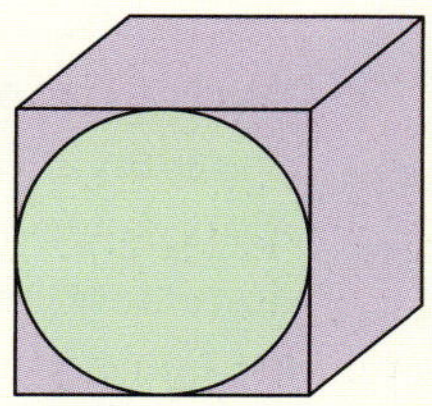

a. Quelles sont les dimensions (rayon, hauteur) de ce cylindre ?

b. Quelles sont les dimensions du rectangle qui figure dans un patron de ce cylindre ?

c. Construire un patron de ce cylindre à l'échelle 1/2.

Parcours différenciés

Je m'évalue

Pour chaque question, une seule réponse est exacte.

QCM supplémentaires
college.nathan.fr/tm5226

	a	b	c	En cas d'erreur
47 L'origine d'un repère orthogonal a pour coordonnées…	(0 ; 0)	(1 ; 1)	(–1 ; –1)	Cours 1 p. 220
48 Dans un repère orthogonal, M est le point de coordonnées (–3,2 ; 1,4). Son ordonnée est…	–3,2	1,4	–3,2 + 1,4	
49 Dans ce repère, les coordonnées du point A sont… 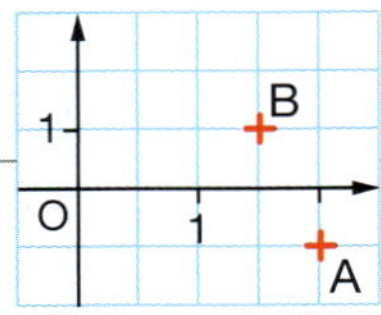	(2 ; –1)	(–1 ; 2)	(2 ; 1)	Ex. 1 p. 221
50 Dans ce repère, les coordonnées du point B sont…	(3 ; 1)	$\left(1 ; \frac{3}{2}\right)$	$\left(\frac{3}{2} ; 1\right)$	
51 Une représentation en perspective cavalière d'un cube est la figure…	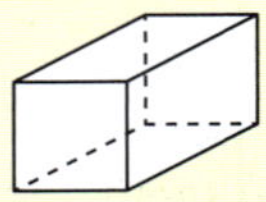	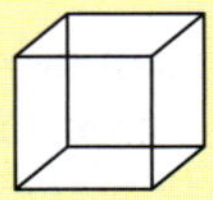	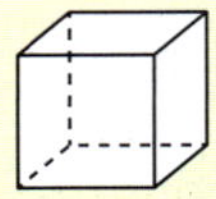	Cours 2 p. 220
52 Un patron de pavé droit **n'est pas** représenté sur la figure…	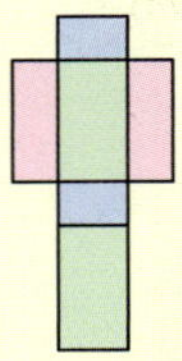	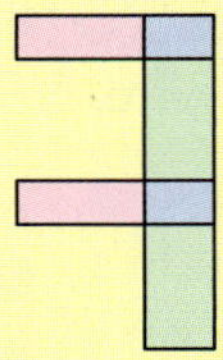	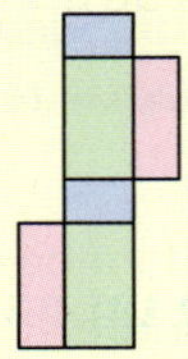	
53 Un pavé droit a pour dimensions 4 cm, 3 cm et 2 cm. Pour dessiner l'un de ses patrons, on doit dessiner à la place du « ? » un rectangle de dimensions… 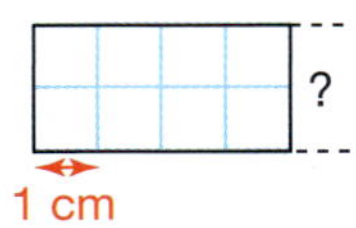	2 cm et 4 cm	2 cm et 3 cm	3 cm et 4 cm	Ex. 3 p. 221
54 Une vue du dessus d'un cylindre **ne peut pas** être…				Cours 3 p. 220
55 Voici un patron d'un cylindre de rayon 2,5 cm. Alors, la longueur du rectangle ci-contre est égale à… 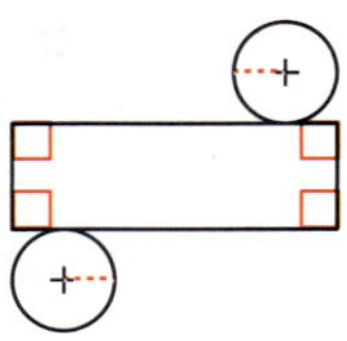	5 π cm	5 cm	15 cm	

Je réalise mon parcours

Selon ton score page précédente

Parcours conseillé
- Entre **0 et 4 bonnes réponses** : (drapeau vert)
- Entre **5 et 7 bonnes réponses** : (drapeau bleu)
- **8 bonnes réponses ou plus** : (drapeau rouge)

56 Repérer des points

Sur la carte ci-contre sont tracés trois sentiers de randonnée.
Ces sentiers démarrent du point de départ D, passent par certains lieux remarquables et se terminent au point d'arrivée A.
On se propose de lire les coordonnées de différents lieux remarquables dans le repère d'origine O.

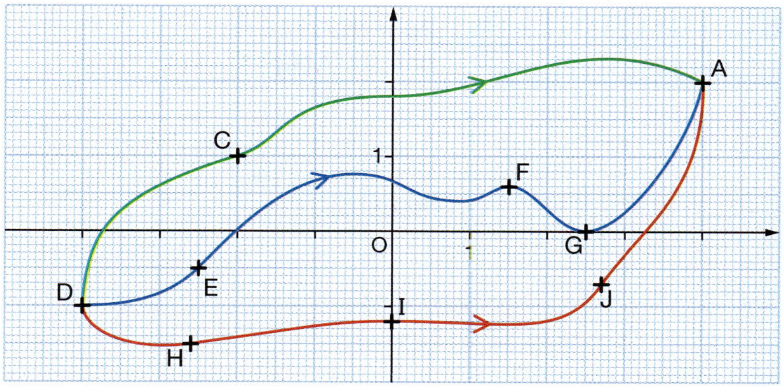

PARCOURS 1

On s'intéresse ici au sentier vert.

Comment lire les coordonnées d'un point dans un repère ?

On commence par lire son abscisse sur l'axe horizontal puis on lit son ordonnée sur l'axe vertical.

a. Recopier et compléter : « Le point de départ D a pour abscisse … et pour ordonnée … donc ses coordonnées sont (… ; …). »
b. Lire les coordonnées du point d'arrivée A du sentier vert, puis les coordonnées de la petite cascade (point C) par laquelle passe ce sentier.

PARCOURS 2

Lire les coordonnées de tous les points marqués d'une croix par lesquels passe le sentier bleu.

PARCOURS 3

Lire les coordonnées de tous les points marqués d'une croix par lesquels passe le sentier rouge.
Donner les coordonnées sous forme de fractions simplifiées.

57 Construire un patron

Carla souhaite réaliser une boîte en carton comme schématisée ci-contre, afin de ranger ses trombones.
Cette boîte est constituée d'un pavé droit surmonté d'un demi-cylindre.
On se propose de construire un patron de cette boîte.

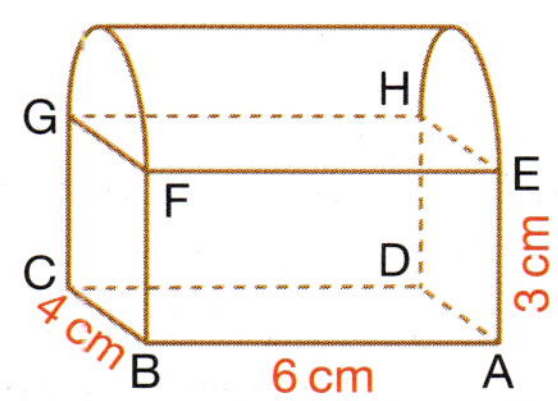

PARCOURS 1

On s'intéresse ici au pavé droit ABCDEFGH.

Comment construire un patron d'un pavé droit ?

On trace toutes les faces sur une feuille et, en découpant, en pliant, on reforme le pavé droit.

a. Recopier et compléter : « La face ABCD est un … de dimensions … et …. »
Tracer le quadrilatère ABCD en vraie grandeur.
b. Accoler au quadrilatère ABCD les rectangles qui correspondent aux faces ABFE, BCGF, ADHE et CDHG.
c. Terminer la construction afin d'obtenir un patron du pavé droit ABCDEFGH.

PARCOURS 2

On s'intéresse au demi-cylindre qui constitue le couvercle de la boîte.
a. Calculer une valeur approchée au dixième près de la longueur, en cm, du demi-cercle de diamètre [FG].
Donner la hauteur de ce demi-cylindre.
b. Tracer en vraie grandeur un patron de ce demi-cylindre.

PARCOURS 3

Tracer en vraie grandeur un patron de cette boîte de rangement.

Représenter l'espace

58 Algo Comprendre et compléter un script Scratch ▸ Livret Scratch p. 3

On se propose d'écrire un script qui permet de tracer la lettre N dans le repère de l'arrière-plan **Xy-grid**. On démarre le tracé au point de coordonnées (–100 ; –100).

1. Voici le début de ce script.

a. Expliquer le rôle de chacune des lignes **(1)** et **(2)**.

b. Ouvrir le logiciel Scratch, saisir le début du script ci-contre et le compléter en positionnant dans le bon ordre les instructions ci-dessous.

c. Exécuter ce script et vérifier le tracé souhaité.

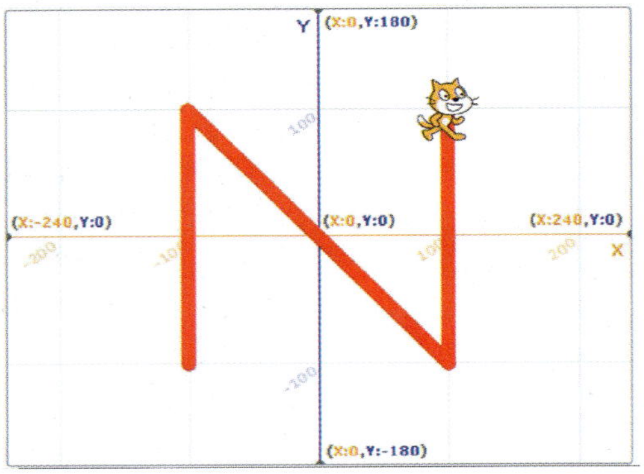

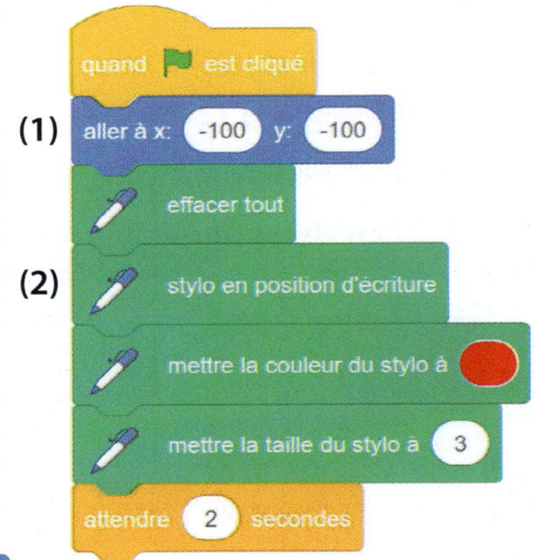

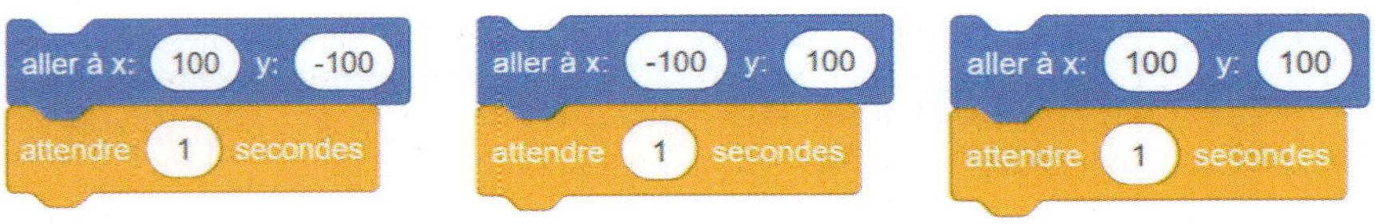

2. Modifier le script précédent afin d'obtenir la lettre M en démarrant le tracé du point de coordonnées (–100 ; –100).

59 Tice Créer un patron

On se propose de construire un pavé droit puis d'observer l'un de ses patrons.

1. a. Ouvrir le logiciel GeoGebra, cliquer sur **Géométrie**. Créer un rectangle ABCD.

b. Dans l'onglet **Affichage**, cliquer sur **Graphique 3D**. Sur la fenêtre 3D, effectuer un clic droit et décocher « Axes » et « Plan ».

c. Dans le menu de la fenêtre 3D, cliquer sur **Extrusion Prisme**, puis sur le rectangle ABCD et renseigner 3 pour la hauteur.

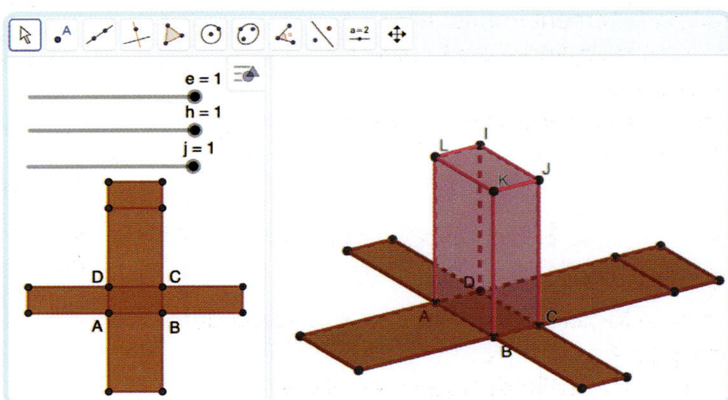

2. a. Dans la fenêtre 3D, sélectionner **Patron** et cliquer sur le pavé droit ABCDLKJI.

b. Dans la fenêtre 2D, faire varier les trois curseurs et observer.

60 Communiquer en anglais

Représenter • Raisonner • Communiquer

Build the nets of the box and of the drawer.

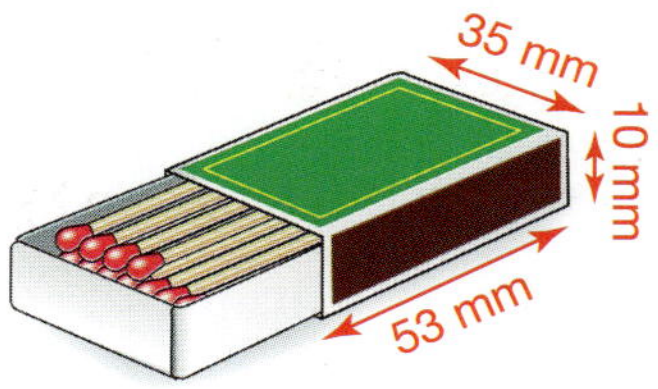

61 Choisir un repère adapté

Représenter • Raisonner • Communiquer

En choisissant une unité de longueur adaptée sur chaque axe, placer dans un repère orthogonal les points :

- A (20 ; –150)
- B (–60 ; 100)
- C (–30 ; –225)
- D (0 ; 420)
- E (74 ; 160)
- F (–88 ; –345)

62 Représenter des solides

Représenter • Raisonner

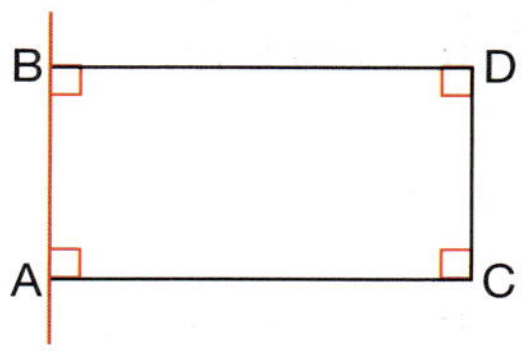

a. On fait tourner ce rectangle ABCD autour de la droite (AB).
Décrire le solide obtenu.
Représenter ce solide en perspective cavalière.

b. On fait tourner ce même rectangle ABCD autour de la droite (AC).
Décrire le solide obtenu.
Représenter ce solide en perspective cavalière.

63 Réaliser un patron

Représenter • Calculer

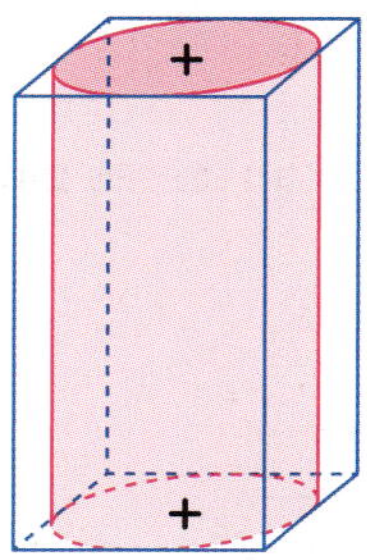

Le cylindre et le pavé droit ci-contre sont parfaitement imbriqués.
Le rayon du cylindre est 1 cm et sa hauteur 4 cm.
Construire un patron du pavé droit.

64 Algo Écrire un script de construction

Représenter • Calculer • Communiquer

Ouvrir le logiciel Scratch et munir la scène de l'arrière-plan **Xy-grid**.
Écrire un script afin de tracer un rectangle :
- dont deux des sommets ont pour coordonnées (–100 ; –100) et (–100 ; 150) ;
- qui a pour périmètre 1 060 pas.

65 Construire un patron d'un solide complexe

Représenter • Raisonner • Calculer

Le solide ci-dessous a été construit à partir d'un cube et d'un quart de cylindre. Une base de ce quart de cylindre est un quart de disque de centre O milieu du segment [DF].

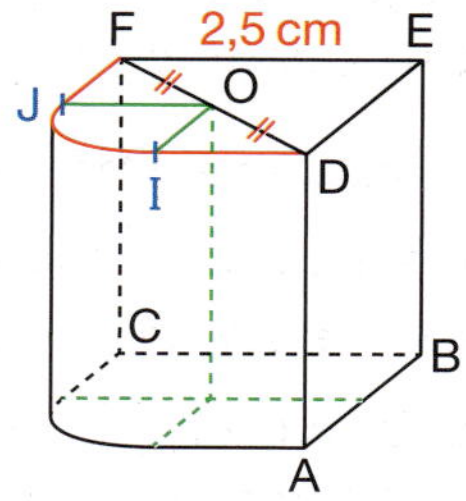

a. Quel est le rayon d'une base du quart de cylindre ?

b. Calculer une valeur approchée au dixième près de la longueur, en cm :
- du quart de cercle $\overset{\frown}{IJ}$;
- de la ligne rouge.

c. Tracer le rectangle ADFC en vraie grandeur.

d. Terminer la construction afin d'obtenir un patron de ce solide.

66 Lire des informations sur un plan

Raisonner • Communiquer

Voici une partie du plan d'un village.

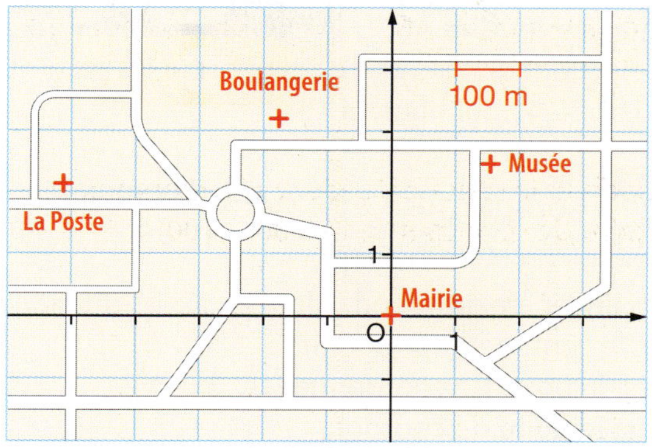

a. Lire, aussi précisément que possible, les coordonnées du Musée, de la Poste et de la Boulangerie dans le repère orthogonal ci-dessus d'origine la Mairie.

b. Déterminer une valeur approchée à l'unité près de la distance à vol d'oiseau, en m, entre la Poste et le Musée.

67 Compter des pavés droits

Chercher • Communiquer

Combien de pavés droits de la forme ❶ peut-on compter dans le cube ci-dessous ?

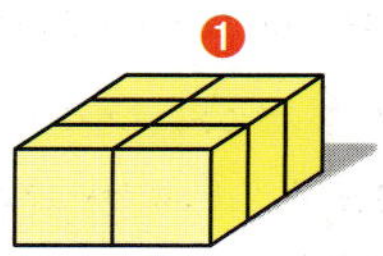

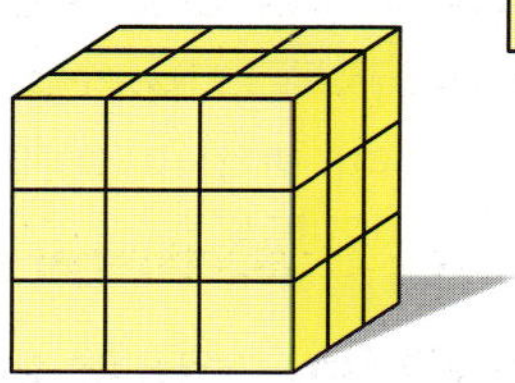

68 Communiquer en anglais

Raisonner • Représenter

A solid consists of a cube and three quarters of a cylinder.
Here are two views of this solid.

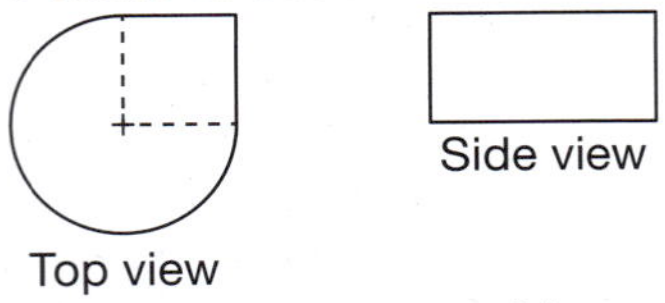

Show a 2-D representation (an oblique projection) of this 3-D solid.

69 Tice Construire avec un logiciel

Représenter

a. Ouvrir GeoGebra et cliquer sur **Géométrie**.
Créer un carré ABCD de côté 4.
Créer les milieux E et F des côtés [AD] et [BC].

b. Dans l'onglet **Affichage**, cliquer sur **Graphique 3D**.
Effectuer un clic-droit dans cette fenêtre et décocher « Axes » et « Plan ».

c. Dans le menu sélectionner **Extrusion Prisme**, cliquer sur le carré ABCD et choisir 2 pour hauteur.

d. Sélectionner **Cylindre**, cliquer sur les points E et F et choisir 4 pour hauteur.

70 Comprendre et expliquer

Représenter • Raisonner • Communiquer

Dans un repère orthogonal dont les axes sont gradués avec le centimètre pour unité :
- B est le point de coordonnées (–2 ; –2) ;
- C est le point de coordonnées (4 ; –2).

Les coordonnées du point A sont deux nombres entiers relatifs et le triangle ABC a pour aire 12 cm^2.
Où peut se trouver le point A ?

71 Imaginer une stratégie

Représenter • Raisonner

MNOP est le carré ci-dessous.
I et J sont des milieux des côtés [MN] et [OP].

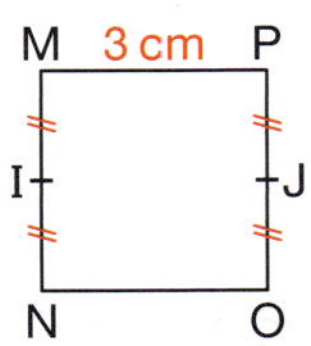

Tracer en vraie grandeur un patron du solide obtenu en faisant tourner la figure :

a. autour de la droite (MN) ;

b. autour de la droite (IJ).

72 Problème ouvert

Chercher • Représenter • Calculer

Une boîte de douze portions de fromage a la forme d'un cylindre de diamètre 12 cm et de hauteur 3 cm.
Construire un patron d'une de ces portions.

Narration de RECHERCHE

73 PROBLÈME Dans un repère orthogonal d'origine O dont les axes sont gradués avec le centimètre pour unité, A, B et C sont trois points alignés.
- Si l'on choisit A comme origine, alors les coordonnées de B sont (6 ; 3).
- Si l'on choisit B comme origine, alors les coordonnées de C sont (2 ; 1).
- Si l'on choisit O comme origine, alors l'abscisse de B est 1 et l'ordonnée de C est 5.

Quelles sont les coordonnées de A dans le repère d'origine O ?

Raconter sur une feuille les différentes étapes de la recherche et les remarques qui ont fait changer de méthode ou qui ont permis de résoudre le problème.

Des défis

74 Partager un gâteau

Comment, en trois coups de couteau, peut-on partager ce gâteau cylindrique en 8 parts identiques (sans tenir compte des décorations) ?

75 Retrouver les axes

Les axes de ce repère ont été effacés.
Quelles sont les coordonnées du point C ?

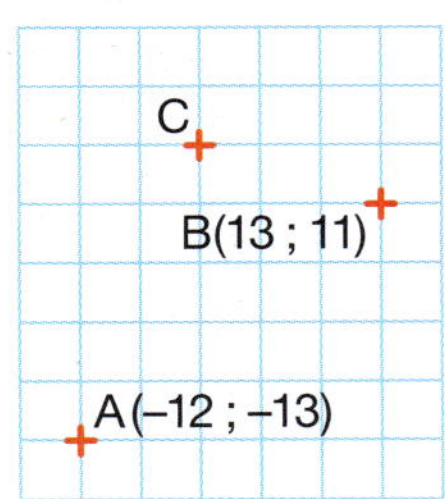

Je prends des initiatives

TÂCHES COMPLEXES

76 UTILISER la géolocalisation

La situation-problème

Louane souhaite utiliser le système de géolocalisation de son téléphone pour se rendre chez une amie. Pour cela, le téléphone doit d'abord trouver sa position initiale.
Quelles sont les coordonnées du point où se trouve Louane actuellement ?

Doc. 1

La géolocalisation GSM

- Le principe de la géolocalisation par téléphone mobile (géolocalisaton GSM) repose sur la mesure de la distance entre le téléphone et les antennes du réseau de téléphonie mobile.
- Le positionnement d'un point est déterminé en croisant les données de plusieurs antennes.

Doc. 2

Les relevés

Antenne	Ⓐ	Ⓑ	Ⓒ	Ⓓ
Coordonnées de l'antenne (dans un repère d'unité 10 km)	(30 ; 50)	(70 ; 20)	(0 ; –20)	(80 ; 140)
Distance avec Louane (donnée par le téléphone)	30 km	40 km	50 km	130 km

Les supports de travail

Les documents.

Toute piste de recherche, même non aboutie, figurera sur la feuille.

77 CALCULER un coût de fabrication

La situation-problème

Un traiteur emballe ses pains surprises dans des boîtes ayant la forme d'un cylindre. Ces boîtes sont fermées à l'aide d'un ruban comme indiqué au doc. 1.
Quel coût, en €, faut-il prévoir pour l'achat du ruban sur une année ?

Les supports de travail

Les documents, une calculatrice.

Toute piste de recherche, même non aboutie, figurera sur la feuille.

Doc. 1

Un ruban d'emballage

Doc. 2

Informations

- L'entreprise a prévu de vendre 9 000 boîtes de pains surprises durant l'année.
- Le nœud du ruban nécessite 45 cm de ruban.
- Chaque rouleau de ruban mesure 10 m et coûte 3,60 €.

CHAPITRE

15 Utiliser les triangles

De nombreux modèles de triangles sont présents dans la nature. Par exemple, certaines plantes ont des feuilles de forme triangulaire. C'est le cas d'*Aloe polyphylla*, une plante à la géométrie parfaite, originaire des régions montagneuses du centre de l'Afrique du Sud.

Bien démarrer

Pour chaque question, une réponse ou plusieurs sont exactes.

		a	b	c
1	La médiatrice d'un segment [AB]…	est perpendiculaire au segment [AB]	passe par le point A	passe par le milieu du segment [AB]
2	La médiatrice (*d*) du segment [AB] est correctement tracée sur la figure…	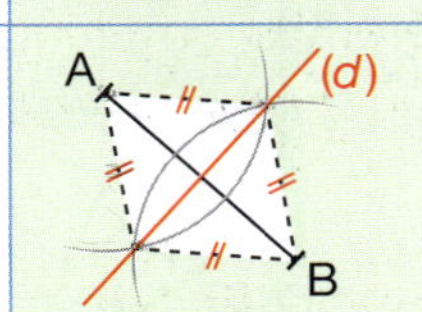	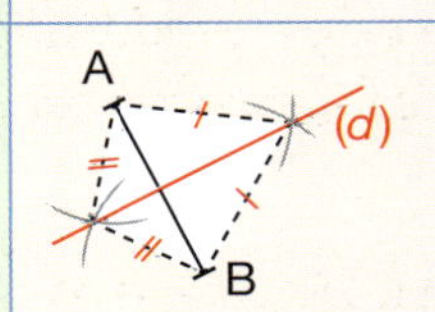	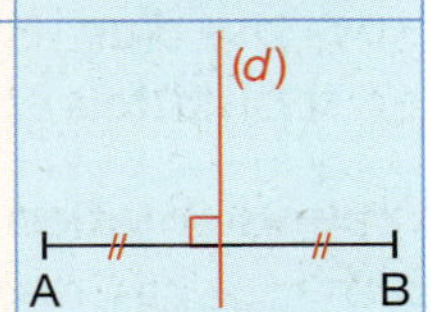
3	ABC est un triangle isocèle en A. Une figure qui représente un tel triangle est…	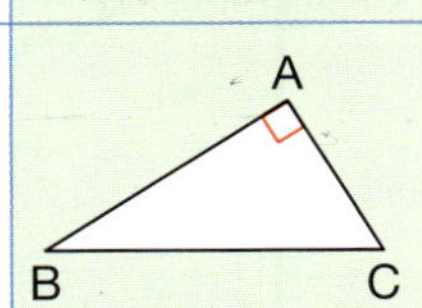	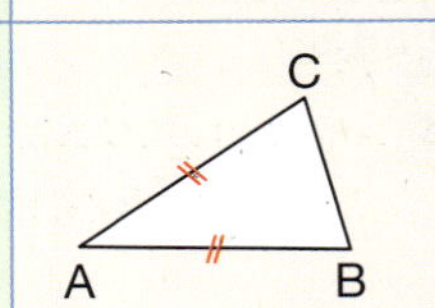	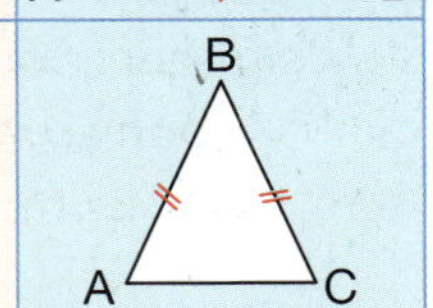
4	La hauteur issue de M dans le triangle MNP est tracée sur la figure…	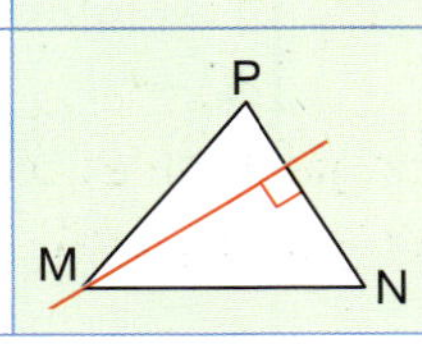	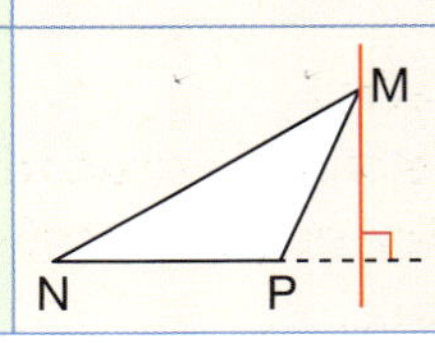	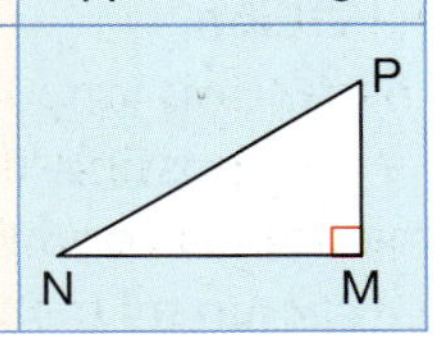

Vérifie tes réponses p. 306

ACTIVITÉ
1 Réinvestir ses connaissances sur la médiatrice
Cours Paragraphe 1, p. 234

Océane et Bryan habitent dans le même quartier qu'Alban et Chadia.
Sur la photographie satellite ci-contre, les points A, B et C représentent respectivement les maisons d'Alban, de Bryan et de Chadia.

a. La maison d'Océane se trouve sur la médiatrice du segment [AB].
Sur une photocopie, construire cette médiatrice.

b. La maison d'Océane est aussi à égale distance des maisons A et C.
Sur la photocopie, construire l'ensemble des lieux qui sont à égale distance des points A et C.

c. Noter O l'emplacement de la maison d'Océane.

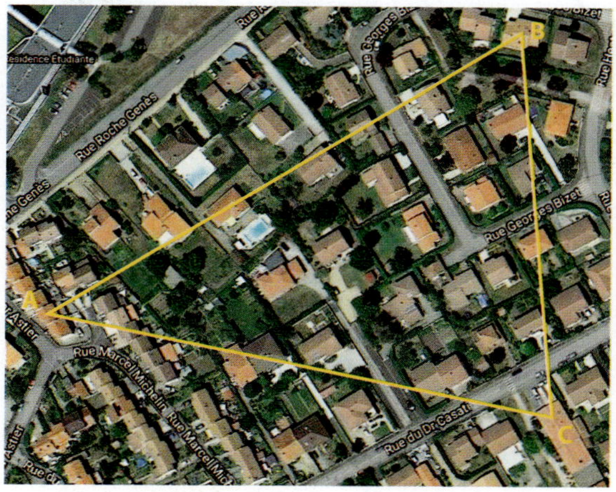

ACTIVITÉ
2 Connaître les hauteurs
Cours Paragraphe 2, p. 234

La fourmi Mirouf est située au point M ci-contre.
Sa fourmilière est alignée avec un arbre A et un puits P.
Mirouf sait que l'emplacement F de sa fourmilière est le point de la droite (AP) qui est le plus proche d'elle.

a. Sur papier uni, marquer les points M, A et P correspondant à cette situation et, à l'aide des instruments de géométrie, déterminer l'emplacement du point F.

b. Que représente la droite (MF) pour le triangle MAP ?

+ M

A +

+ P

ACTIVITÉ
3 Découvrir l'inégalité triangulaire
Cours Paragraphe 3, p. 234

Léna dispose d'un jeu de pailles de différentes longueurs.
Elle en choisit trois et essaie de former un triangle avec celles-ci.

1 Expérimentation
Dans chaque cas, dire si Léna peut construire un triangle dont les côtés ont les longueurs données.
Justifier la réponse par une construction.

a. 8 cm ; 5 cm ; 3 cm **b.** 7 cm ; 6 cm ; 4 cm **c.** 5 cm ; 9,5 cm ; 3,5 cm

2 Réflexion
a. Choisir trois longueurs.
Dire s'il est possible de construire un triangle dont les côtés ont les longueurs choisies.

b. Imaginer la condition que doit vérifier la plus grande des trois longueurs choisies pour pouvoir construire un tel triangle.

Cours

1 Médiatrice d'un segment

Exercices 5 à 10

DÉFINITION La **médiatrice** d'un segment est la droite **perpendiculaire** à ce segment en son **milieu**.

PROPRIÉTÉS
- Si un point appartient à la **médiatrice** d'un segment, alors il est à **égale distance** des extrémités de ce segment.
- Si un point est à **égale distance** des extrémités d'un segment, alors il appartient à la **médiatrice** de ce segment.

Exemple

La droite (d) est la médiatrice du segment [AB].
- Le point P appartient à la médiatrice (d) donc PA = PB.
- MA = MB donc le point M appartient à la médiatrice (d).

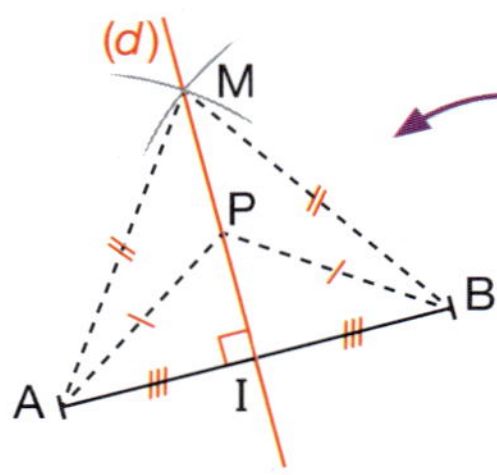

La **médiatrice** d'un segment est l'**ensemble des points équidistants des extrémités** de ce segment.

2 Hauteurs d'un triangle

Exercices 11 à 16

DÉFINITION Une **hauteur** d'un triangle est une droite qui **passe par un sommet** et qui est **perpendiculaire au côté opposé** à ce sommet.

Vocabulaire : dans le triangle ABC, on dit aussi que la hauteur issue de A est le segment [AH] ou la longueur AH.
AH est aussi **la distance du point A à la droite (BC)**.

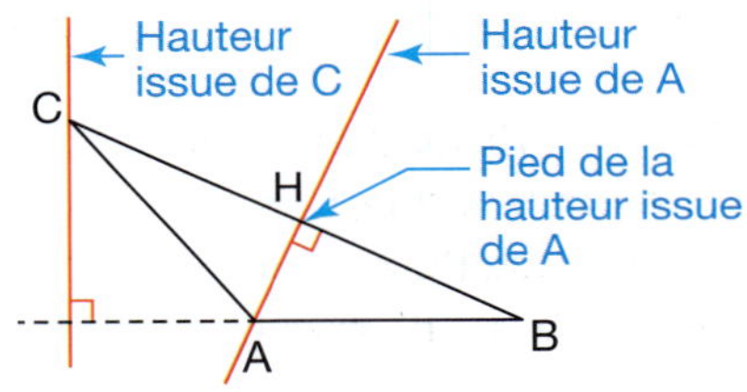

3 Inégalité triangulaire

Exercices 17 à 22

PROPRIÉTÉ (admise) Quels que soient les points A, B, C : **AC ⩽ AB + BC.**

a. Application aux triangles

CONSÉQUENCE (admise) Il est possible de construire un triangle dont on donne les longueurs des trois côtés, uniquement **si la plus grande longueur est inférieure à la somme des deux autres longueurs.**

Exemple

On peut construire un triangle ABC tel que AB = 2 cm, AC = 4 cm et BC = 3 cm.
En effet, 4 cm est la plus grande longueur et 4 cm < 2 cm + 3 cm.

b. Cas d'égalité

PROPRIÉTÉS
- **Si** un point B appartient à un segment [AC], **alors AB + BC = AC.**
- **Si** A, B, C sont trois points tels que **AB + BC = AC, alors** le point B appartient au segment [AC].

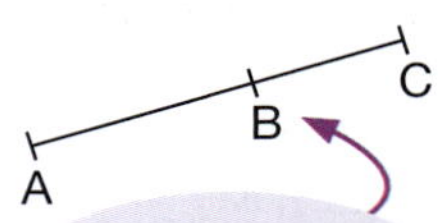

B n'est pas nécessairement le milieu de [AC].

J'applique le cours

1 Rédiger un programme de construction

EXERCICE RÉSOLU

ÉNONCÉ Rédiger un programme de construction de la figure tracée ci-contre.

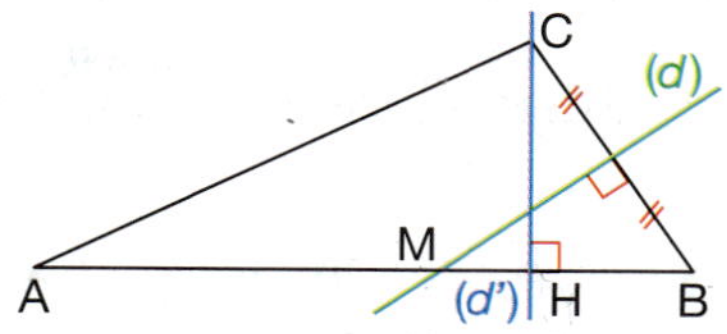

SOLUTION

(1) Tracer un triangle ABC.
(2) Construire la médiatrice (*d*) du segment [BC].
(3) Nommer M le point d'intersection des droites (*d*) et (AB).
(4) Construire la hauteur (*d'*) issue de C dans le triangle ABC.
(5) Nommer H le point d'intersection des droites (*d'*) et (AB).

CONSEILS

- On reconnaît que la droite (*d*) est une médiatrice grâce aux codages de l'angle droit et de deux longueurs égales.
- On reconnaît que la droite (*d'*) est une hauteur grâce au codage de l'angle droit.

À TON TOUR

2 Rédiger un programme de construction de la figure tracée ci-contre.

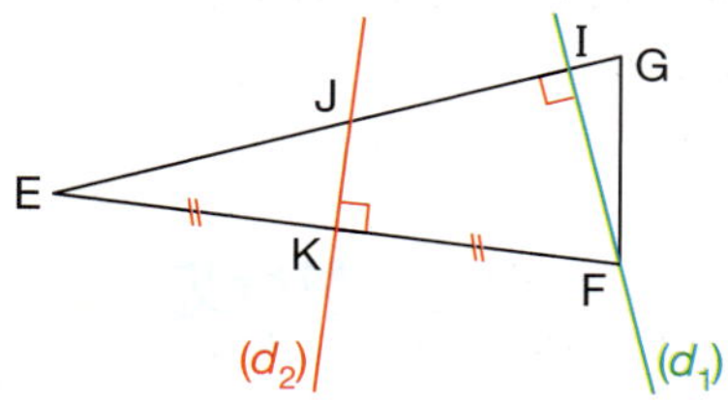

3 Utiliser l'inégalité triangulaire

EXERCICE RÉSOLU

ÉNONCÉ Dans chaque cas, dire s'il est possible de construire un triangle ABC avec les longueurs données. Si cela est possible, le construire.

a. AB = 5 cm, BC = 6 cm, AC = 2 cm
b. AB = 2,5 cm, BC = 3,5 cm, AC = 7 cm
c. AB = 5,5 cm, BC = 3 cm, AC = 2,5 cm

SOLUTION

a. La plus grande longueur est 6 cm et 5 cm + 2 cm = 7 cm.
6 cm < 7 cm, donc, d'après l'inégalité triangulaire, on peut construire un tel triangle ABC.

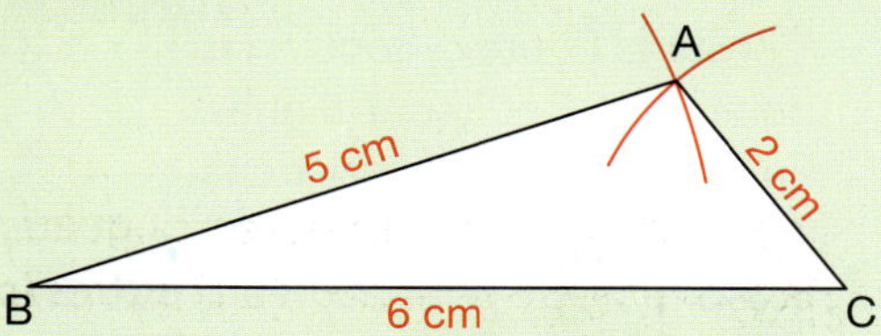

b. La plus grande longueur est 7 cm et 2,5 cm + 3,5 cm = 6 cm.
7 cm > 6 cm, donc on ne peut pas construire un tel triangle ABC.
c. 5,5 cm = 3 cm + 2,5 cm, soit AB = AC + BC.
Ainsi, le point C appartient au segment [AB] et le triangle ABC est aplati (les points A, B et C sont alignés).

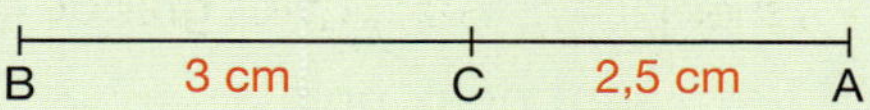

CONSEILS

- Pour construire un triangle dont on connaît les longueurs des trois côtés :
  - on trace un côté, ici [BC] ;
  - on trace deux arcs de cercle : de centre B et de rayon 5 cm, de centre C et de rayon 2 cm ;
  - on marque le 3e sommet, ici A, à l'intersection des deux arcs de cercle.

  On laisse apparents les traits de compas.

À TON TOUR

4 Dans chaque cas, dire s'il est possible de construire un triangle ABC avec les longueurs données. Si cela est possible, le construire.

a. AB = 9 cm, BC = 5 cm, AC = 3 cm
b. AB = 6,5 cm, BC = 7 cm, AC = 2 cm
c. AB = 3,7 cm, BC = 10 cm, AC = 6,3 cm

Je travaille mes automatismes

Connaître les médiatrices

À l'oral — **Questions flash**

5 Citer les droites de cette figure qui sont des médiatrices de segments.

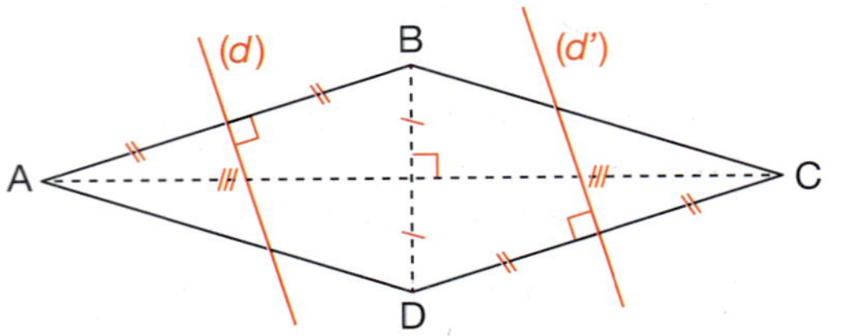

6 [MN] est un segment de longueur 7 cm.
Dans chaque cas, dire si le point P appartient à la médiatrice du segment [MN].
a. PM = 4,6 cm et PN = 4,6 cm.
b. MP = 5,2 cm et NP = 5,5 cm.
c. PM = 3,4 cm et NP = 3,4 cm.

7 **a.** Tracer un triangle ABC tel que celui ci-contre.
b. Construire la médiatrice (d) du côté [AB].
c. Construire la médiatrice (d') du côté [AC].
d. Nommer O le point d'intersection des droites (d) et (d').

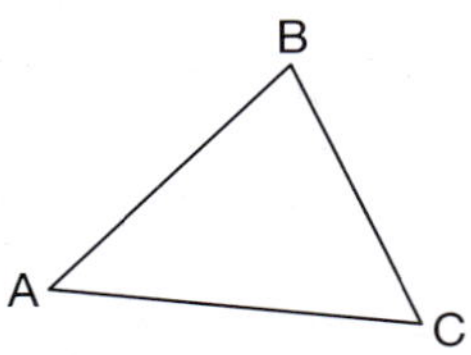

8 **a.** Tracer un segment [LP] de longueur 5 cm.
b. Construire sa médiatrice (d).
c. Marquer un point O de la médiatrice (d) tel que :
OL = 3 cm.
d. Expliquer pourquoi le triangle LPO est isocèle.

9 Sur la figure ci-contre, DEF est un triangle isocèle en F et DEG est un triangle isocèle en G.
Quelle est la médiatrice du segment [DE] ? Expliquer.

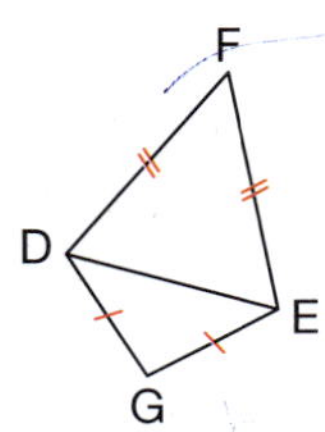

10 I et J sont deux points distincts appartenant au cercle de centre O ci-contre.
Expliquer pourquoi le point O appartient à la médiatrice du segment [IJ].

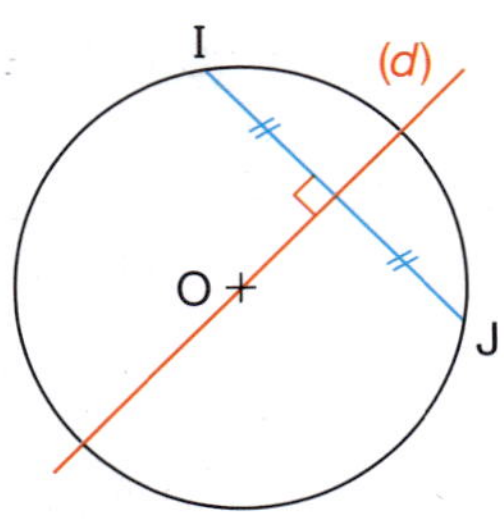

Connaître les hauteurs

À l'oral — **Questions flash**

11 Sur quelle figure la hauteur issue de D dans le triangle DEF est-elle correctement tracée ?

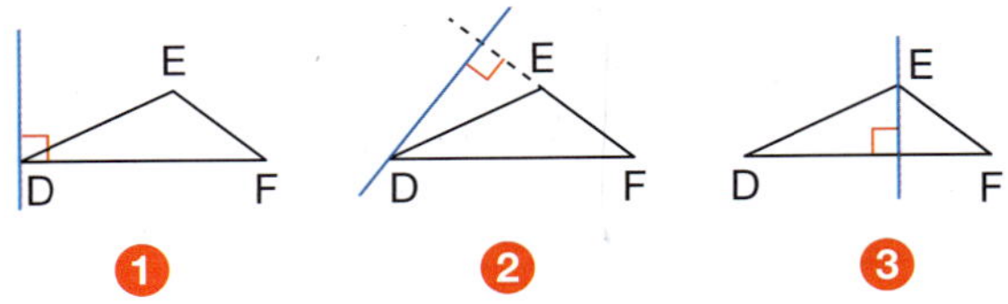

12 Pour chacune des droites (d_1), (d_2) et (d_3) tracées sur la figure ci-contre, dire si elle est une hauteur du triangle ABC.
Sinon, expliquer pourquoi.

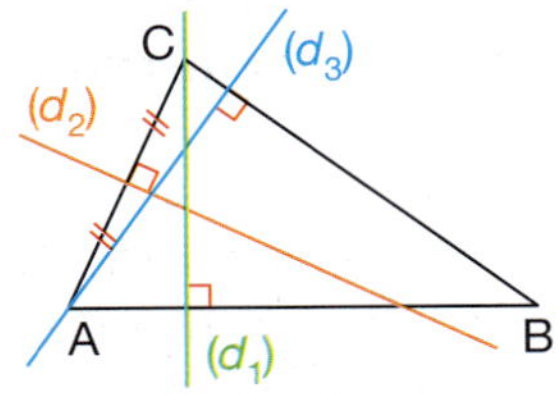

13 CORRIGÉ en vidéo jaicompris.com
a. Tracer un triangle ABC tel que celui ci-contre.
b. Construire la hauteur (d) issue de A.
c. Construire la hauteur (d') issue de B.

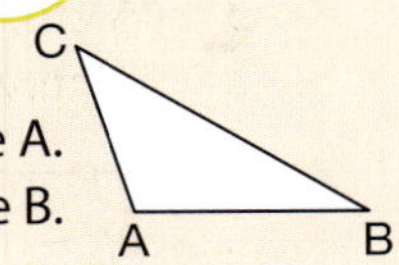

14 **a.** Construire un triangle REC rectangle en E.
b. Construire, pour ce triangle :
- en vert, la hauteur issue de C ;
- en rouge, la hauteur issue de E ;
- en noir, la hauteur issue de R.

c. En quel point ces hauteurs se coupent-elles ?

15 Sur la figure ci-contre, les points A, D, E et B sont alignés. En utilisant des points de la figure, citer six triangles ayant la droite bleue pour hauteur.

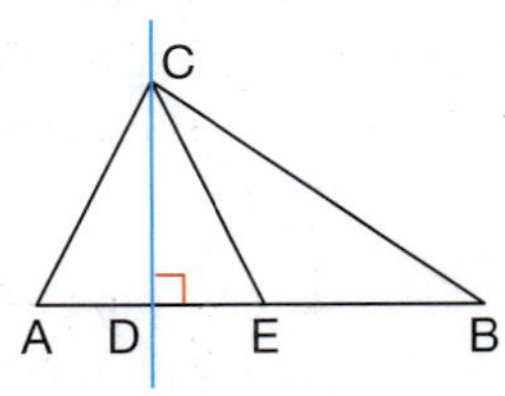

16 ABCD est le rectangle représenté ci-contre, ses diagonales se coupent en I.
a. Construire cette figure en vraie grandeur.
b. Construire la hauteur (d_1) issue de I dans le triangle IAD.
c. Construire la hauteur (d_2) issue de I dans le triangle IBC.
d. Expliquer pourquoi (d_1) et (d_2) sont confondues.

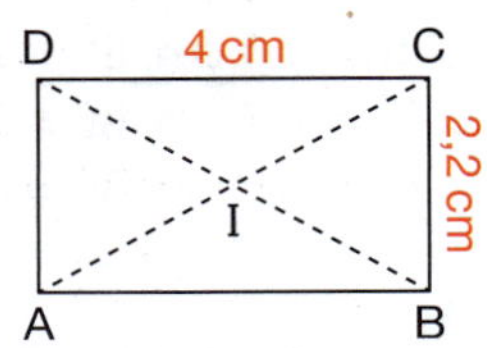

Utiliser l'inégalité triangulaire

À l'oral

Questions flash

17 Pour se rendre de Strasbourg à Toulouse, quel est le trajet le plus court : le rouge ou le vert ?

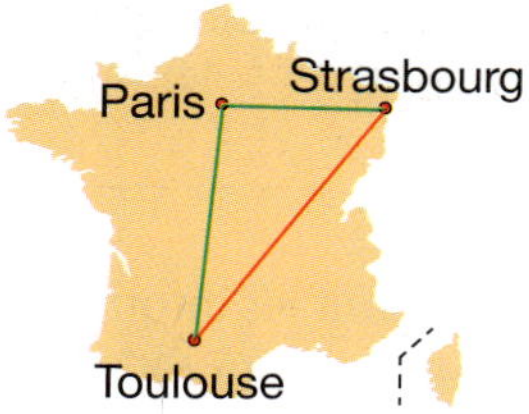

18 Expliquer oralement pourquoi le schéma ci-contre ne peut pas être correct.

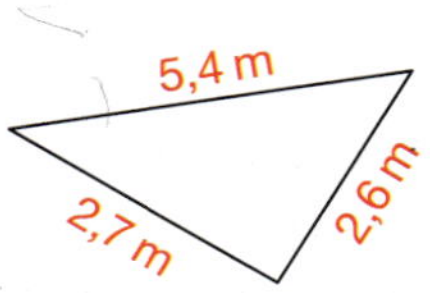

19 Dans chaque cas, décider mentalement s'il est possible de construire un triangle dont les côtés ont pour longueurs :

a. 14 cm, 5 cm, 8 cm ; **b.** 7,6 m, 12 m, 5,4 m.

20 Dans chaque cas, décider mentalement si les points A, B et C sont alignés ou non.

a. AB = 15 cm, AC = 7,9 cm, BC = 8,1 cm

b. AB = 3,7 m, AC = 5,4 m, BC = 1,7 m

21 Dans chaque cas, existe-t-il un triangle dont les côtés ont les longueurs données ?

a. 11 cm, 3 cm, 7 cm **b.** 4 dm, 6 dm, 2,5 dm

c. 3,7 m, 2,5 m, 6,3 m **d.** 5,1 m, 3,4 m, 1,7 m

22 TRI est un triangle tel que :

TR = 10 cm et RI = 6 cm.

Parmi les longueurs ci-dessous, lesquelles peuvent être celles du côté [TI] ? Expliquer.

• 3 cm • 5 cm • 10 cm • 17 cm

23 Dans chaque cas, expliquer pourquoi les points A, B et C sont alignés.

Préciser quel point est entre les deux autres.

a. AB = 9,1 cm, BC = 2,8 cm, AC = 6,3 cm

b. AB = 7,3 cm, BC = 9 cm, AC = 1,7 cm

c. AB = 5,6 cm, BC = 8,4 cm, AC = 14 cm

24 Recopier et compléter par $<$ ou $>$.

a. AB + AC ... BC

b. AC ... AB + BC

c. AB ... AC + BC

25 D, E et F sont trois points.

Recopier et compléter par $\in$ ou $\notin$.

a. Si DE + EF > DF, alors E ... [DF].

b. Si DE + EF = DF, alors E ... [DF].

c. Si DE < EF + DF, alors F ... [DE].

d. Si EF = ED + DF, alors D ... [EF].

26 **1.** Tracer un segment [AB] de longueur 5 cm.

2. a. Construire un point M tel que :

AM = 3,2 cm et BM = 1,8 cm.

b. Construire un point N tel que :

AN = 11 cm et BN = 6 cm.

c. Construire un point P tel que :

AP = 1,4 cm et BP = 6,4 cm.

3. Que peut-on dire des points A, B, M, N et P ?

27 Sur la figure ci-dessous, les points A, B et C sont alignés dans cet ordre.

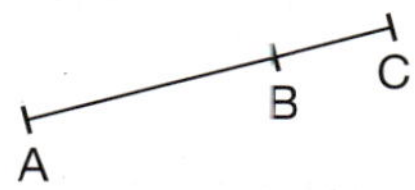

a. Calculer AC lorsque AB = 3,7 cm et BC = 1,9 cm.

b. Calculer AB lorsque AC = 10 cm et BC = 2,4 cm.

c. Calculer BC lorsque AC = 8 cm et AB = 7 cm.

28 CORRIGÉ en vidéo jaicompris.com

Construire en vraie grandeur chacun des triangles tracés ci-dessous à main levée.

a.

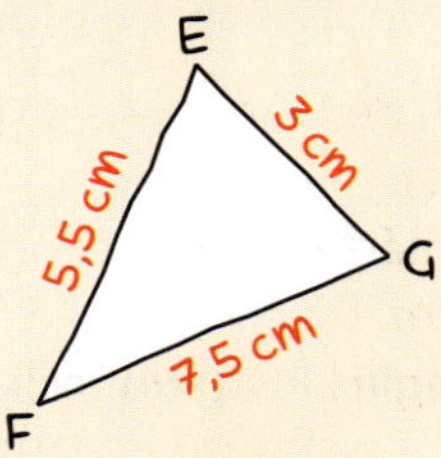

b.

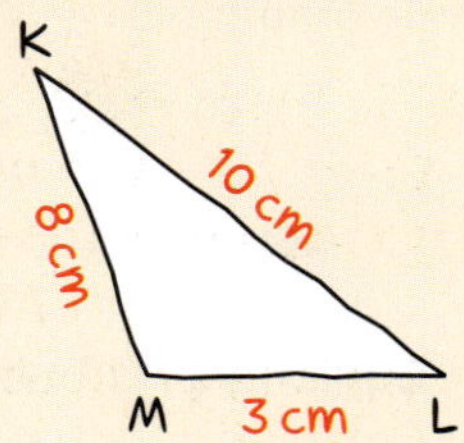

29 Construire un triangle ABC tel que :

BC = 4,5 cm, AC = 7,2 cm, AB = 3,7 cm.

30 Une boucle d'oreille a la forme d'un triangle BOU isocèle en B tel que :

BU = 5,4 cm et OU = 3 cm.

Construire un tel triangle.

31 Construire un triangle PAR isocèle en A tel que :

AR = 4 cm et PR = 6 cm.

32 Construire un triangle DEF isocèle en F tel que :

EF = 4,5 cm et ED = 2,8 cm.

Connaître des droites remarquables des triangles

33 **a.** Tracer un segment [EF] de longueur 6 cm.
b. Construire la médiatrice de ce segment.
c. Construire un triangle équilatéral EFG.

34 Sur cette figure, la droite (*d*) est la médiatrice du côté [AB] d'un triangle ABC, mais le sommet B a été effacé.
a. Tracer cette figure et construire le point B avec la règle et l'équerre.
b. Tracer à nouveau cette figure et construire le point B avec la règle et le compas.

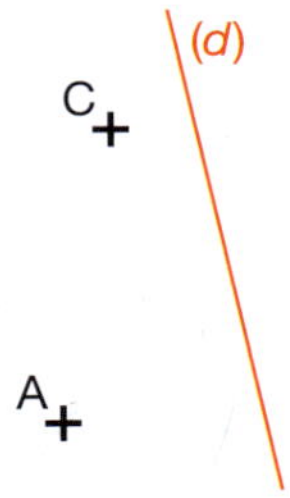

35 Sur la figure ci-contre, [AB] est un diamètre du demi-cercle.
a. Quel est le centre du demi-cercle ? Expliquer.
b. Quelle est la médiatrice du segment [AB] ? Expliquer.
c. Quelle est la mesure de l'angle $\widehat{AOC}$? Expliquer.

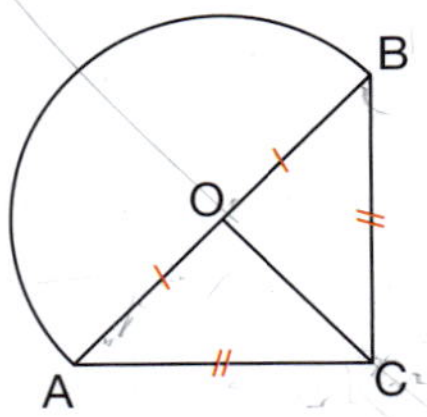

36 **a.** Rédiger un programme de construction de la figure ci-contre.
b. Construire cette figure en vraie grandeur.

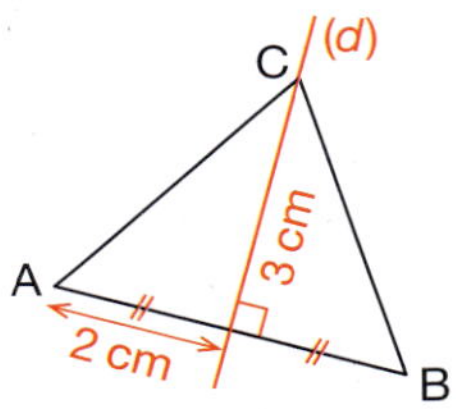

37 **a.** Construire un triangle ABC tel que :
AB = 5 cm, AC = 5,4 cm, BC = 2,6 cm.
b. Construire la médiatrice (*d*) du segment [BC].
c. Construire la hauteur (*d*′) issue du sommet B dans le triangle ABC.
d. Coder la figure et nommer I le point d'intersection des droites (*d*) et (*d*′).

38 CORRIGÉ en vidéo jaicompris.com
Est-il possible de marquer un point M sur la figure suivante, tel que les triangles MAB et MCD soient isocèles en M ? Expliquer.

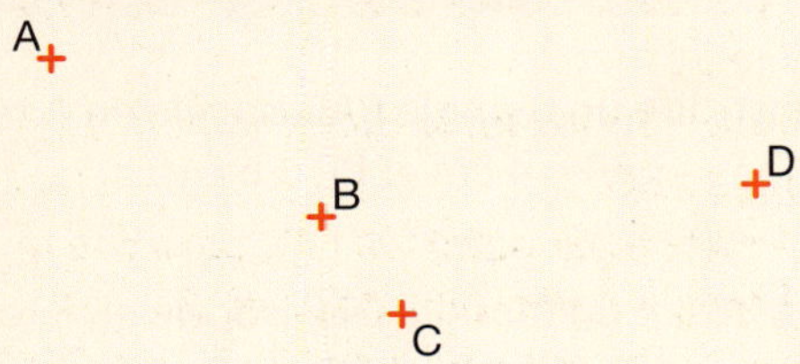

39 ABCM est un quadrilatère. Le point M appartient aux médiatrices des côtés [AB] et [BC].

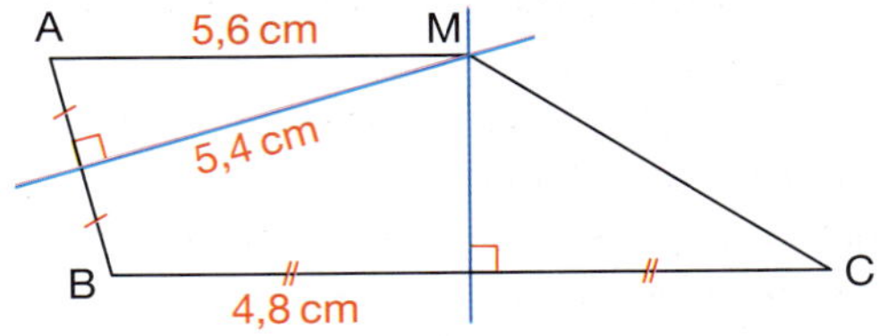

En utilisant les informations codées sur la figure, donner la longueur MC. Expliquer.

40 Juliette et Max se donnent rendez-vous au bord de la rivière, à égale distance de la salle polyvalente et de la Mairie.
Sur une photocopie du plan ci-dessous, trouver la position de leur lieu de rendez-vous.

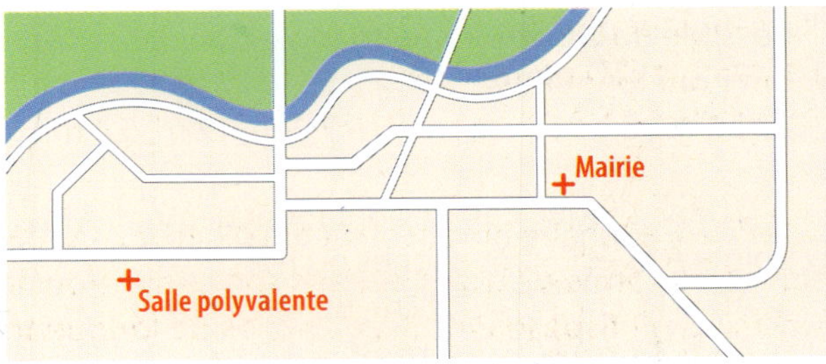

41 **a.** Construire un triangle ISO isocèle en O.
b. Construire la médiatrice (*d*) du segment [IS].
c. Que représente aussi la droite (*d*) dans le triangle ISO ? Expliquer.

42 Dans chaque cas, tracer un tel triangle et construire en rouge la hauteur issue de A, en bleu la médiatrice du segment [AB], en vert la hauteur issue de B et en noir la médiatrice du segment [BC]. Coder la figure réalisée.

a.

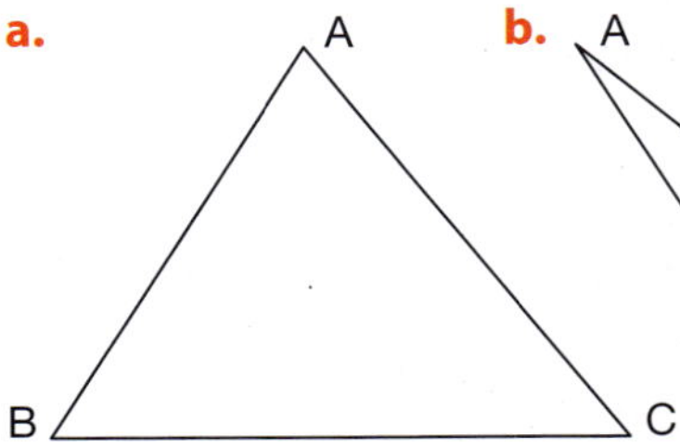

b.

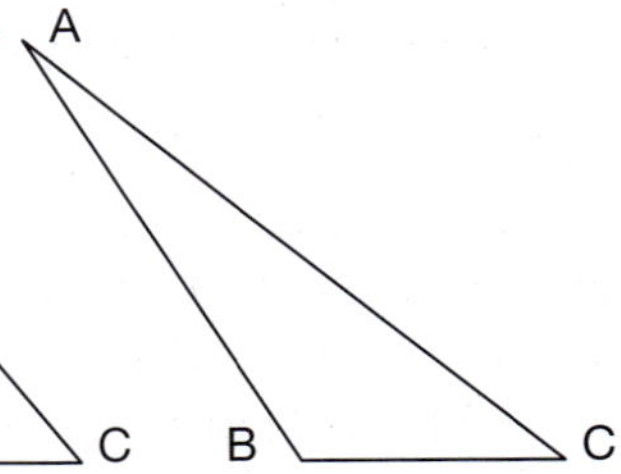

43 Jeux et casse-tête Sur une photocopie, marquer avec précision le centre de ce panneau de signalisation signifiant « Interdit à tous véhicules ».

Je m'entraîne

Utiliser l'inégalité triangulaire

44 **a.** Expliquer pourquoi on peut construire un triangle ABC tel que :

AB = 8,4 cm, AC = 3,4 cm, BC = 7 cm.

b. Construire un tel triangle.

c. Marquer le point E tel que BE = 4 cm et EC = 3 cm. Que peut-on dire du point E ? Expliquer.

45 Un côté d'un triangle mesure 7 cm.
Son périmètre peut-il être égal à :

a. 12 cm ? **b.** 14 cm ? **c.** 20 cm ?

46 I, S et O sont trois points tels que :

IS = 6,9 cm et IO = 3,2 cm.

Dans chaque cas, expliquer la réponse et construire le triangle si possible.
Le triangle ISO peut-il être :

a. isocèle en S ? **b.** isocèle en O ?

47 Pierre souhaite installer un coin d'herbes aromatiques, en forme de triangle, dans son jardin. Pour le délimiter, il dispose de trois planches de longueurs 1,60 m, 0,95 m et 1,90 m.

a. Vérifier qu'il pourra construire ce coin sans avoir à couper ses planches.

b. Représenter ce triangle à l'échelle 1/25.

48 Sur ce plan, le point A est l'emplacement de l'Arc de Triomphe, H celui de la place Victor Hugo et T celui de la place du Trocadéro.
Pour la distance entre l'Arc de Triomphe et la place du Trocadéro, sur Internet, un 1er site indique 1,5 km, un 2e indique 1,8 km et un 3e indique 1,9 km.

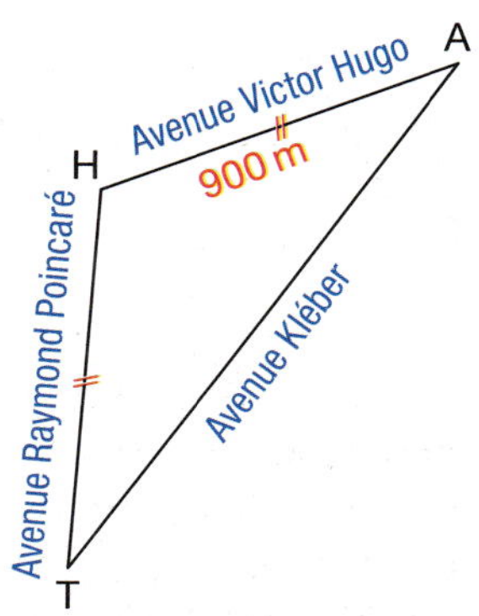

Une seule de ces informations peut être exacte. Laquelle ? Expliquer.

49 Jeux et casse-tête Combien peut-on construire de triangles non aplatis dont les côtés sont trois de ces segments ?

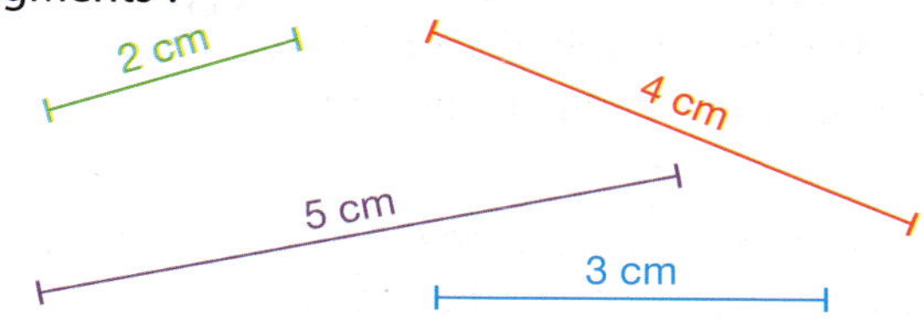

Synthèse

Utiliser des triangles

50 Voici deux grandes artères de la ville du Havre.

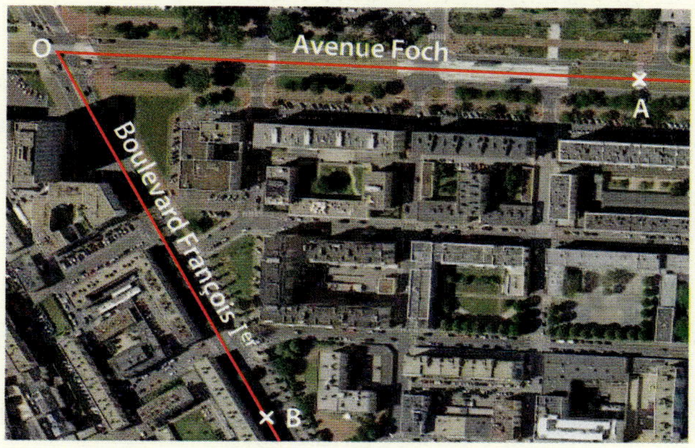

Objectif Reproduire l'angle $\widehat{AOB}$ avec la règle non graduée et le compas.

a. Tracer une demi-droite [Ix).

b. Sur cette demi-droite [Ix), placer le point M tel que IM = OA.

c. Tracer le cercle de centre I et de rayon OB.

d. Tracer le cercle de centre M et de rayon AB.

e. Nommer N l'un des points d'intersection de ces deux cercles et tracer l'angle $\widehat{MIN}$.

51 (d) est une droite.

Objectif Tracer un triangle dont la droite (d) est une hauteur.

a. Tracer la droite (d) et marquer un point A appartenant à cette droite.

b. Tracer une droite (d') perpendiculaire à la droite (d) ne passant pas par A.

c. Marquer deux points B et C distincts appartenant à la droite (d').

d. Expliquer pourquoi la droite (d) est une hauteur du triangle ABC.

e. Construire deux points M et N de la droite (d') tels que le triangle AMN soit isocèle en A.
La droite (d) est-elle une hauteur du triangle AMN ?

Parcours différenciés

Je m'évalue

Pour chaque question, une seule réponse est exacte.

QCM supplémentaires
college.nathan.fr/tm5240

	a	b	c	En cas d'erreur
52 Une médiatrice d'un côté de ce triangle est la droite … 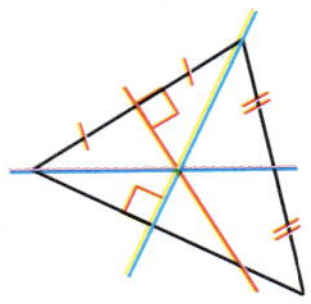	rouge	bleue	verte	
53 M est un point de la médiatrice d'un segment [FG]. Alors le triangle MFG est …	rectangle en M	isocèle en M	isocèle en F	Cours 1 p. 234
54 Un point de la médiatrice du segment [MN] de longueur 5 cm est le point …	B tel que BM = 3 cm et BN = 3 cm	C tel que CM = 10 cm et CN = 9,9 cm	D tel que DM = 3 cm et DN = 3,1 cm	
55 Une hauteur de ce triangle est la droite … 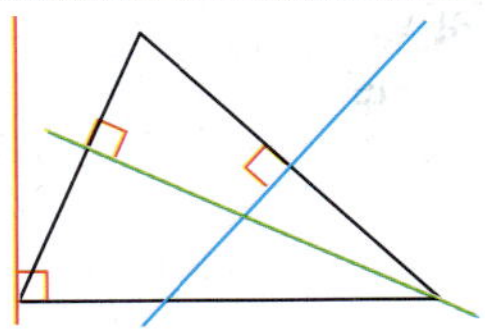	rouge	bleue	verte	
56 Le pied de la hauteur issue de C de ce triangle appartient … 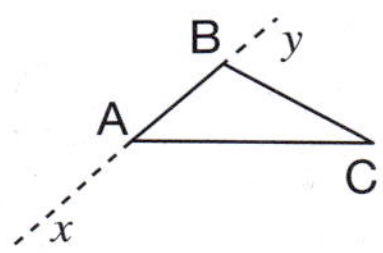	au segment [AB]	à la demi-droite [Ax)	à la demi-droite [By)	Cours 2 p. 234
57 ABC est un triangle rectangle en A. Le point d'intersection de ses hauteurs est le point …	B	H	A	
58 L, A, C sont trois points non alignés. Alors …	LA + AC > LC	LA + AC < LC	LA + AC = LC	
59 Un triangle non aplati peut avoir pour longueurs de côtés 6 cm, 13 cm et …	20 cm	19 cm	10 cm	Cours 3 p. 234
60 M, N, P sont trois points alignés. Le point P appartient au segment [MN] lorsque …	MN = PM + PN	PM = PN + MN	PN = PM + MN	
61 On peut construire un triangle non aplati dont les côtés ont pour longueurs …	3,5 cm 4,5 cm 8 cm	13 cm 5,2 cm 3,7 cm	1,8 cm 2,3 cm 0,7 cm	Ex. 3 p. 235
62 E, D, F sont trois points alignés tels que FD = DE – FE. Alors …	D ∈ [EF]	F ∈ [ED]	E ∈ [DF]	

Vérifie tes réponses page 306.

Tu peux poursuivre ton entraînement page 241.

Selon ton score page précédente

Parcours conseillé
- Entre **0** et **5 bonnes réponses** : (drapeau vert)
- Entre **6** et **8 bonnes réponses** : (drapeau bleu)
- **9 bonnes réponses ou plus** : (drapeau rouge)

63 Construire des points

Marius et Clément jouent à la pétanque.
On nomme M_1, M_2, M_3 les emplacements des boules de Marius.
C_1, C_2, C_3 sont les emplacements des boules de Clément.
Marius place sa 2e boule M_2 à la même distance du cochonnet et de chacune des deux boules C_1 et C_2 de Clément.
On se propose de déterminer les emplacements des boules au cours de la partie.

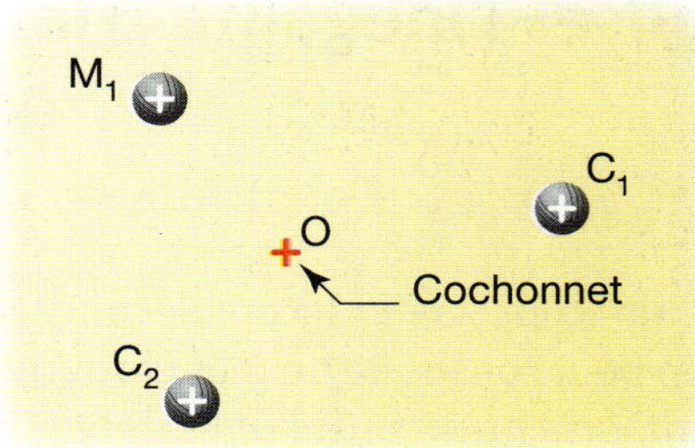

PARCOURS 1

On s'intéresse à M_2, la 2e boule de Marius.

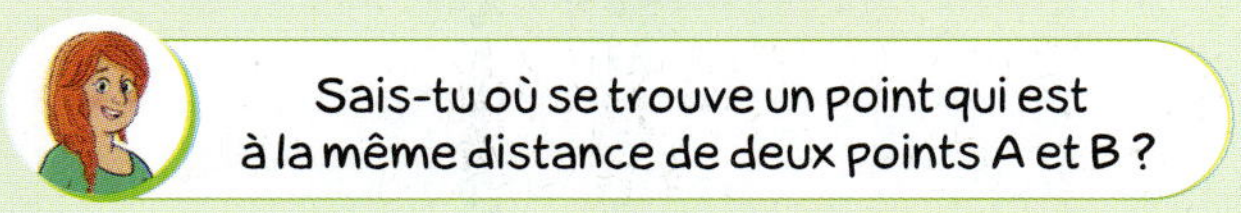

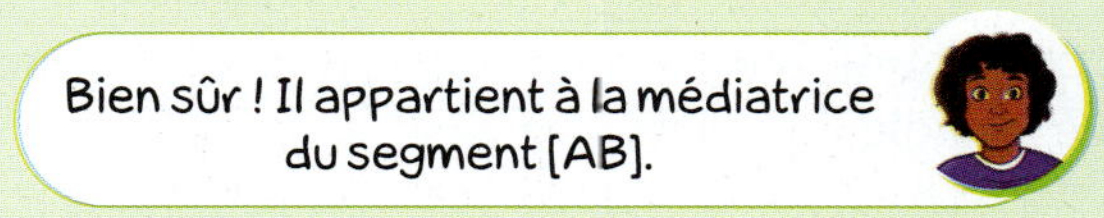

a. Recopier et compléter : « M_2 se trouve à la même distance de C_1 et de O, donc il appartient à la ... du ... et à la même distance de O et de ... , donc il appartient aussi à la ... du ... . »
b. Sur une photocopie de la figure, marquer l'emplacement de M_2.

PARCOURS 2

Marius lance sa 3e boule M_3 à l'intersection de la médiatrice (*d*) du segment $[C_1M_1]$ et de la hauteur (*d'*) issue de M_1 dans le triangle $C_1M_1C_2$.
a. Sur une photocopie de la figure, construire les droites (*d*) et (*d'*).
b. Marquer alors l'emplacement de M_3.

PARCOURS 3

À la fin de la partie, le cochonnet se trouve à l'intersection des hauteurs du triangle $C_1C_2C_3$.
Sur une photocopie de la figure, construire l'emplacement de C_3.

64 Reconnaître des droites remarquables

Un menuisier fabrique des cadres de fenêtres triangulaires dont un modèle est représenté sur le schéma ci-contre.
ABC est un triangle isocèle en C tel que AB = 1,10 m et AC = 74 cm.
On se propose d'étudier ce modèle de fenêtre.

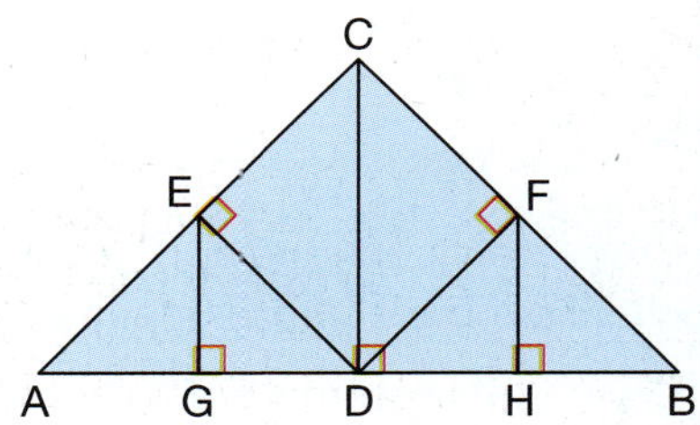

PARCOURS 1

On s'intéresse au triangle ABC.

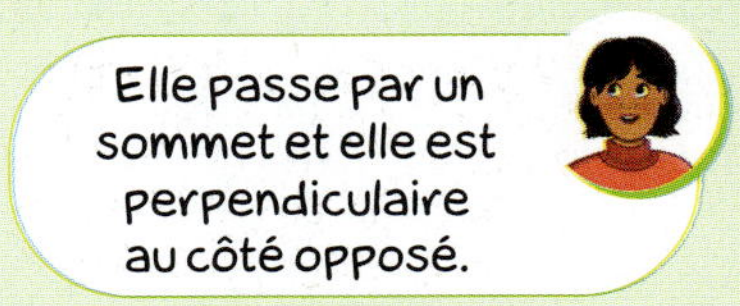

a. Recopier et compléter : « Dans le triangle ABC, la droite (CD) est la ... issue de ... et aussi la ... du segment [AB]. »
b. Construire le triangle ABC en divisant les longueurs réelles (données dans l'énoncé) par 10.

PARCOURS 2

Représenter cette fenêtre en prenant 1 cm pour 10 cm.

PARCOURS 3

Rédiger un programme de construction d'un schéma de la fenêtre à l'échelle 1/10.

Utiliser l'inégalité triangulaire

65 Algo Construire un script ▸ Livret Scratch p. 4

Voici un script Scratch incomplet qui permettra de savoir si l'on peut construire un triangle ayant pour côtés trois longueurs choisies par l'utilisateur.

1. En débranché

a. Choisir trois longueurs de façon que le lutin énonce « On ne peut pas construire le triangle. »

b. Choisir trois longueurs de façon que le lutin énonce « Le triangle est aplati. »

2. Avec le script

a. Ouvrir le logiciel Scratch et saisir le script ci-contre.

b. Compléter les lignes **(1)** et **(2)** en utilisant les variables (a), (b), (c) et les blocs ( ) + ( ) et < ( ) = ( ) >.

c. Dans chaque cas, exécuter le script complété lorsqu'on donne les longueurs :
- 13,8 ; 52 ; 38,2
- 24,7 ; 75 ; 103
- 54 ; 83,4 ; 110

(1)

(2)

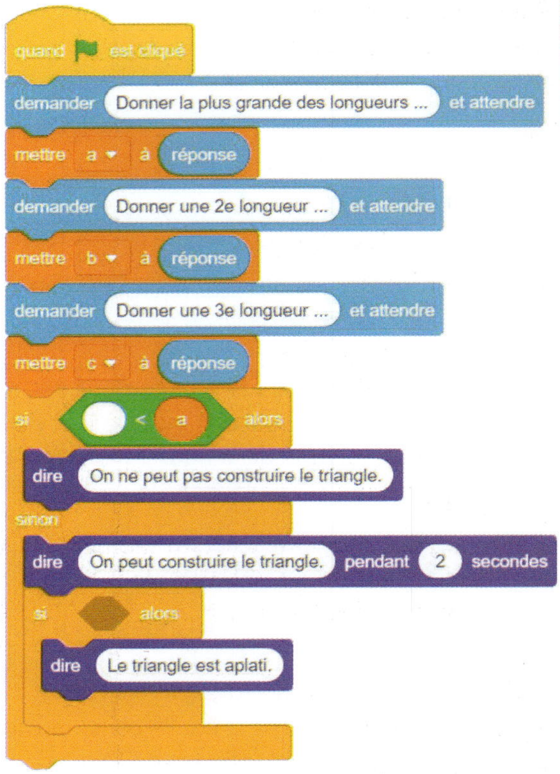

66 Tice Construire un triangle

1. Construire

a. Ouvrir le logiciel GeoGebra, cliquer sur **Géométrie**.

b. Créer trois curseurs **a**, **b** et **c** (utiliser **Curseur**, cocher Nombre et renseigner min : 0 et max : 10).

c. Créer un segment [AB] de longueur **a** (utiliser **Segment de longueur donnée**).

d. Tracer le cercle de centre A et de rayon **b** et le cercle de centre B et de rayon **c** (utiliser **Cercle (centre-rayon)**). Modifier les curseurs **b** et **c** pour que les deux cercles se coupent.

e. Nommer C l'un des points d'intersection des deux cercles, puis tracer les segments [AC] et [BC].

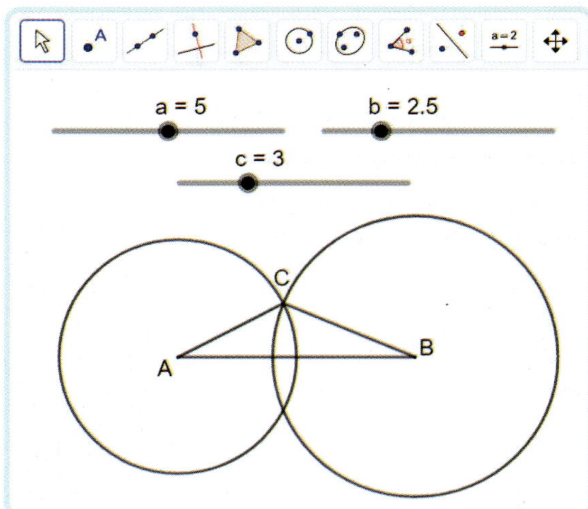

2. Observer

a. Modifier les curseurs **b** et **c**. Dans quels cas le point C n'existe-t-il pas ?

b. Dans quels cas le point C appartient-il au segment [AB] ?

c. Donner trois longueurs possibles pour obtenir un triangle non isocèle de périmètre 18 cm.

J'utilise mes compétences

67 Communiquer en anglais

Chercher • Raisonner • Communiquer

These flags are isosceles triangles.
Each has a perimeter of 16 cm and a side of 4 cm.
What could be the lengths of the other two sides?
Are there several possibilities?

68 Utiliser une propriété

Représenter • Raisonner

a. Construire en vraie grandeur le triangle ABC représenté ci-dessous.

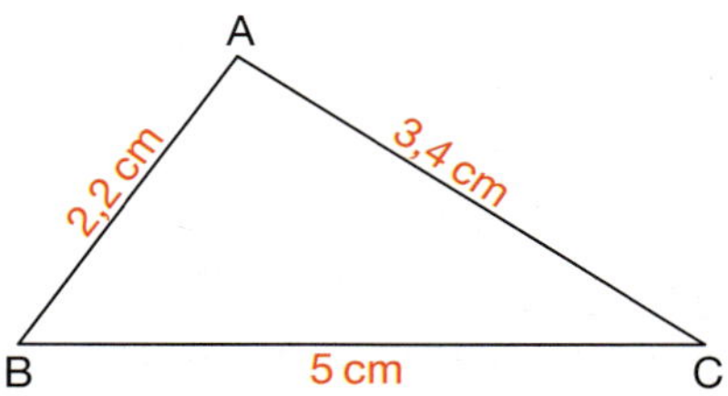

b. Construire la médiatrice (*d*) du segment [AC].
c. Construire la hauteur (*d'*) issue de B.
d. Que peut-on dire des droites (*d*) et (*d'*) ? Expliquer.

69 Calculer un périmètre

Raisonner • Calculer

Calculer le périmètre du quadrilatère ABCD représenté ci-contre.

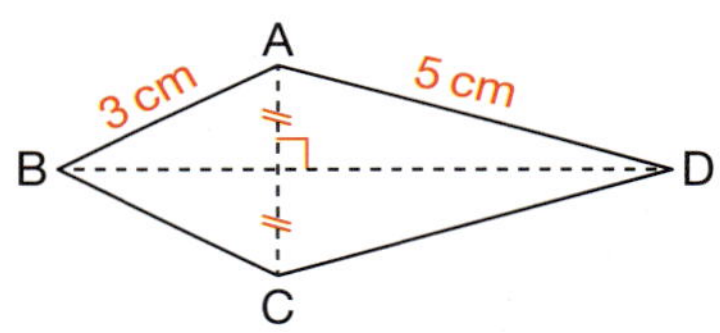

70 Utiliser des propriétés

Chercher • Raisonner • Communiquer

Ce cerf-volant a la forme du quadrilatère ABCD ci-dessous.

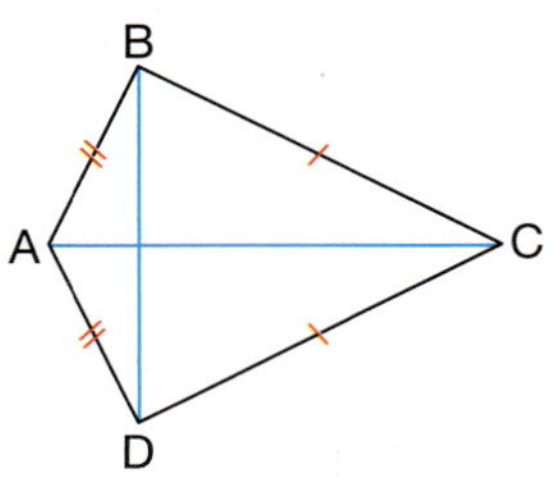

Sam affirme : « Les droites (AC) et (BD) sont perpendiculaires. »
a. Que peut-on déduire des codages de la figure pour les points A et C par rapport au segment [BD] ?
b. Sam a-t-il raison ? Expliquer.

71 Démontrer une nouvelle propriété

Représenter • Raisonner • Communiquer

1. a. Tracer un triangle ABC.
b. Construire la médiatrice (d_1) du segment [AB].
c. Construire la médiatrice (d_2) du segment [AC].
d. Nommer O le point d'intersection des deux médiatrices (d_1) et (d_2).
2. a. Expliquer pourquoi OA = OB et OA = OC.
b. Que peut-on en déduire pour OB et OC ?
c. En déduire que le point O appartient à la médiatrice (d_3) du segment [BC].
d. Tracer le cercle de centre O qui passe par A. Expliquer pourquoi ce cercle passe aussi par B et par C.

> **Info** *On a ainsi démontré la propriété suivante :*
> Les **médiatrices** des trois côtés d'un triangle sont **concourantes**.
> Leur point d'intersection est le centre du cercle qui passe par les trois sommets du triangle.
> Ce cercle est appelé **cercle circonscrit** au triangle.

72 Rédiger un programme

Modéliser • Raisonner • Communiquer

Rédiger un programme de construction de la figure ci-dessous.

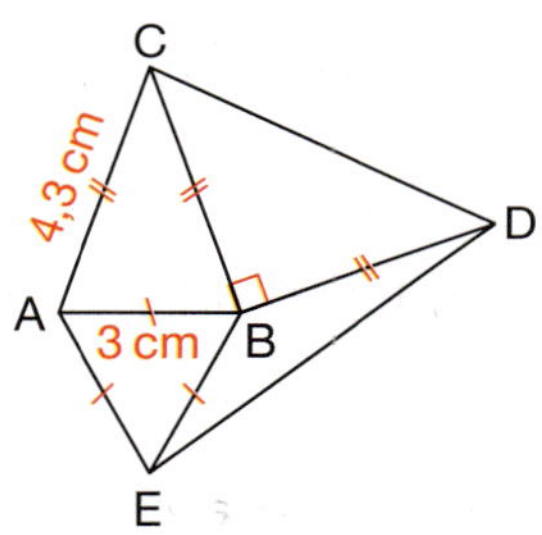

73 Algo Comprendre le rôle d'instructions

Chercher • Communiquer

Voici un extrait d'un script Scratch.

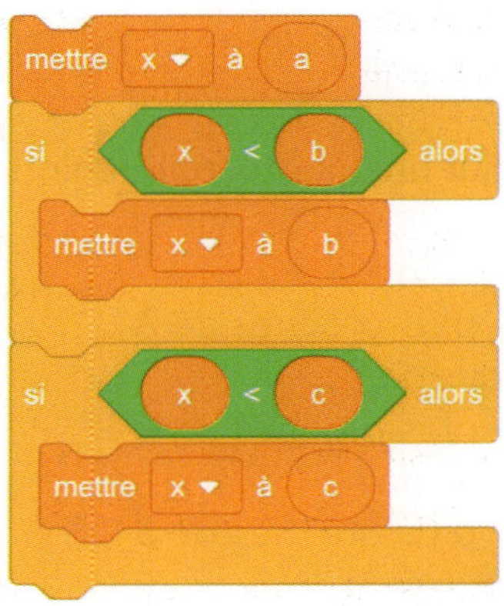

a. Dans chaque cas, donner la valeur de la variable **x** obtenue après exécution de ces instructions.
- a = 12 b = 11 c = 7
- a = 8 b = 15 c = 6
- a = 15 b = 15 c = 21

b. Expliquer le rôle de cet extrait.

74 Communiquer en anglais

Représenter • Raisonner • Communiquer

Draw two intersecting lines (*d*) and (*d'*).
Construct a triangle ABC so that (*d*) is a height and (*d'*) a perpendicular bisector of this triangle.

75 Effectuer une construction

Représenter • Communiquer

a. Tracer deux droites (AB) et (CD) sécantes en E.
b. Construire le point F tel que, dans le triangle ACF, la droite (AB) est la hauteur issue de A et la droite (CD) est la hauteur issue de C.
c. Rédiger un programme de construction du point F.

76 Représenter une situation

Modéliser • Représenter • Raisonner

Un musée souhaite commander cette sculpture triangulaire à un artiste. L'emplacement prévu dans la salle d'exposition est une étagère dont les rayons ont une hauteur de 30 cm.

Construire une maquette de ce triangle pour savoir s'il pourra tenir sur l'étagère.

77 Comprendre et expliquer

Représenter • Raisonner • Communiquer

M est un point qui n'appartient pas à deux droites (AB) et (AC).
N est le symétrique de M par rapport à la droite (AB) et P le symétrique de N par rapport à la droite (AC).
Léa trace le cercle de centre A qui passe par N.
Que constate-t-elle ? Expliquer.

78 Imaginer une stratégie

Représenter • Raisonner

Sur une photocopie, colorier la zone dans laquelle se trouvent les points qui sont à la fois :
- plus proches de A que de C ;
- plus proches de D que de A ;
- plus proches de B que de C.

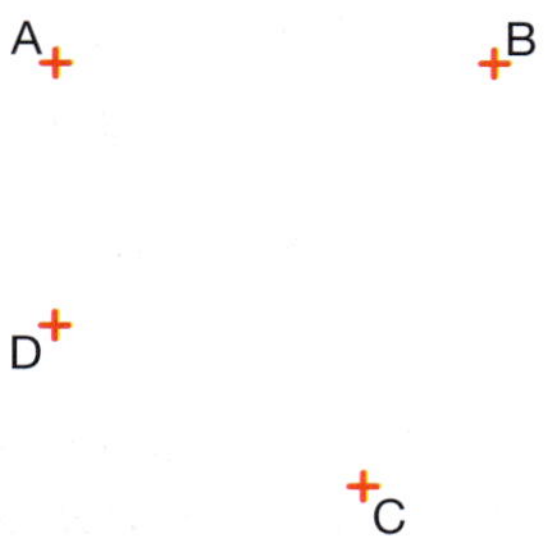

79 Problème ouvert

Représenter • Raisonner • Communiquer

Dans chacun des prés représentés ci-dessous se trouve un animal.
On connaît la somme des distances de chaque animal aux quatre sommets du terrain sur lequel il se trouve.
• Mouton : 136 m • Cheval : 152 m • Vache : 128 m
Sur quel terrain chaque animal se trouve-t-il ?

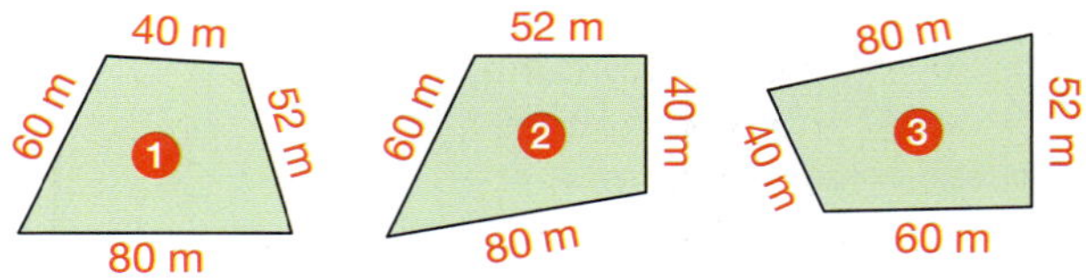

Narration de RECHERCHE

80 **PROBLÈME** ABC est un triangle.
BEC et BFC sont deux triangles isocèles, respectivement en E et en F.
(*d*) est la droite parallèle à (EF) passant par A.
Que représente la droite (*d*) pour le triangle ABC ?

Raconter sur une feuille les différentes étapes de la recherche et les remarques qui ont fait changer de méthode ou qui ont permis de trouver.

Des défis

81 Compter des triangles

La figure de départ est un triangle équilatéral.
Pour les figures suivantes, les triangles blancs ont pour sommets les milieux des côtés des triangles bleus.

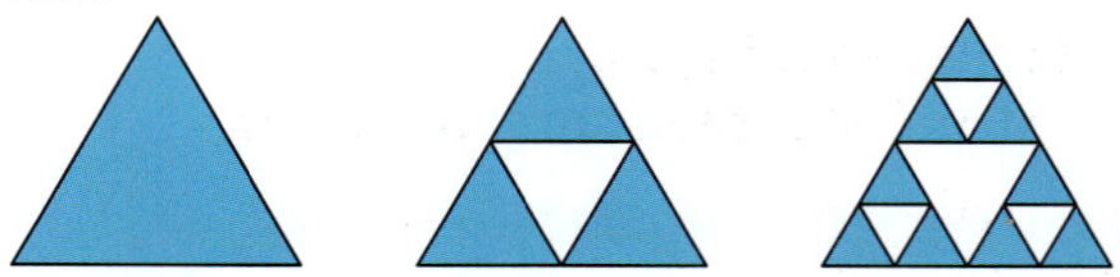

Figure de départ — Figure 1 — Figure 2

En continuant ainsi, combien de triangles blancs verra-t-on sur la figure 4 ?

82 Comparer des rayons

En utilisant une photocopie de la figure ci-dessous, indiquer quel arc de cercle a le plus grand rayon.

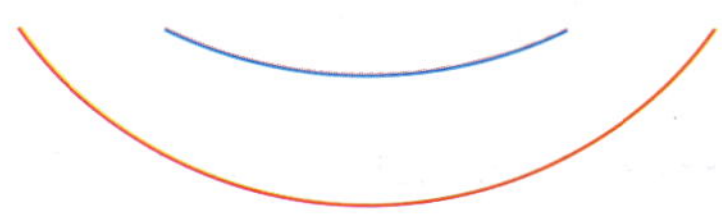

Je prends des initiatives

TÂCHES COMPLEXES

83 ÉTUDIER une trajectoire

▸ La situation-problème

Un voilier navigue vers une côte en gardant un cap constant.
Représenter cette situation en prenant 1 cm pour 500 m et tracer la trajectoire suivie par le voilier.

Doc. 1

Messages du capitaine

• 8 h : « Nous sommes à 2,5 km du phare et le phare me cache la tour. »
• 8 h 02 : « Nous venons de parcourir 1 km. Nous nous sommes rapprochés du phare et le phare me cache l'église. »

Doc. 2

Vocabulaire maritime

Garder un cap constant : avancer toujours dans la même direction.

Doc. 3

Une carte de la région

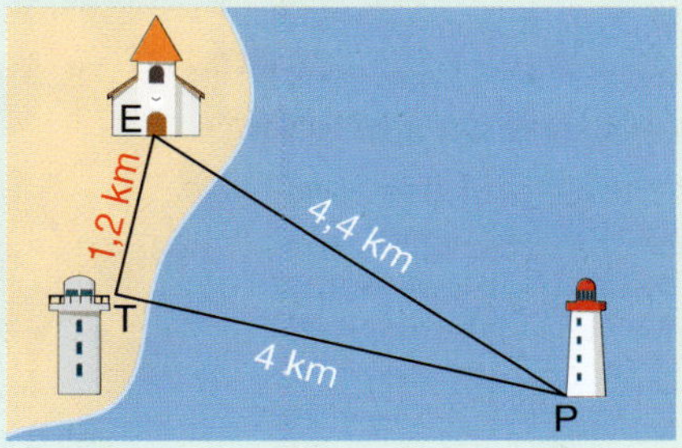

▸ Les supports de travail

Une feuille de papier, la calculatrice, les instruments de géométrie.
Toute piste de recherche, même non aboutie, figurera sur la feuille.

84 SE SITUER sur un plan

▸ La situation-problème

Céline habite à Lyon.
Trouver où se situe son appartement.

Document

Situation de l'appartement

À vol d'oiseau, l'appartement de Céline est :
• à égale distance des stations de métro Bellecour et Place Guichard ;
• à 420 m de la station de métro Saxe Gambetta ;
• à moins de 300 m du Rhône.

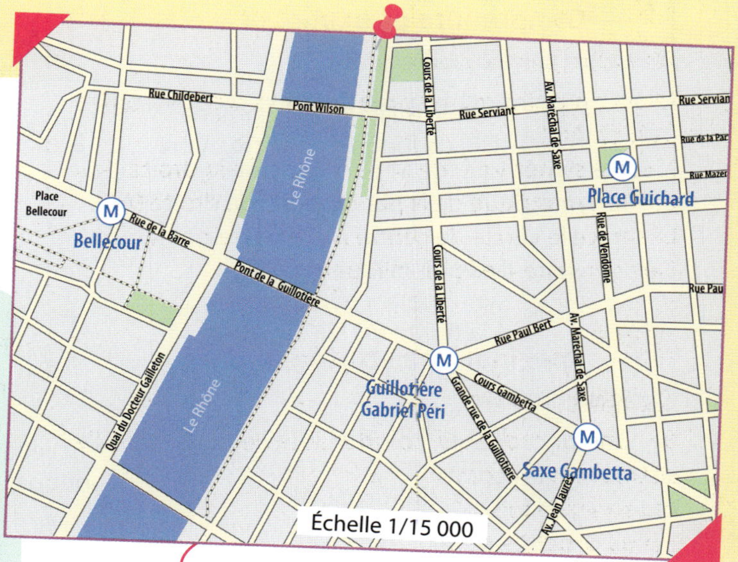

Un plan de Lyon

▸ Les supports de travail

Le document, le plan de la ville, la calculatrice, les instruments de géométrie.

Toute piste de recherche, même non aboutie, figurera sur la feuille.

CHAPITRE
16 Utiliser une symétrie

L'Alhambra de Grenade est l'un des plus prestigieux témoins de la présence musulmane en Espagne du VIIIe au XVe siècle. Cet édifice abrite de superbes mosaïques. Par exemple, celle ci-contre utilise des symétries centrales.

Bien démarrer

Pour chaque question, une réponse ou plusieurs sont exactes.

		a	b	c
1	F est le milieu d'un segment [DE] de longueur 7,2 cm. Alors…	DF = 3,1 cm	DF = FE	le cercle de diamètre [DE] a pour centre F
2	Les points A et A′ sont symétriques par rapport à la droite (*d*) sur la figure…	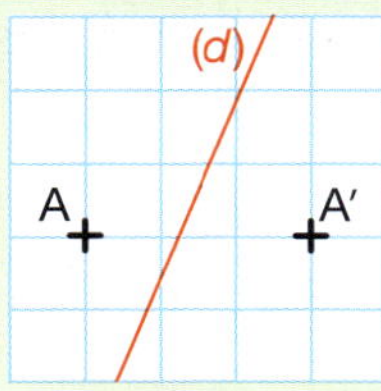	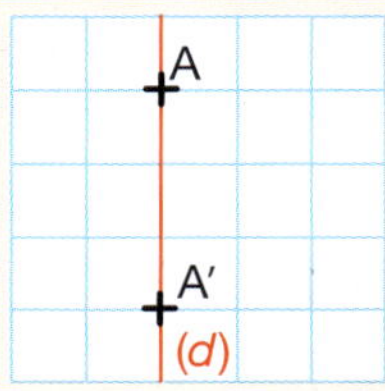	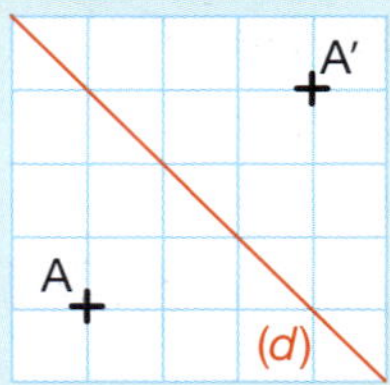
3	Des points M et M′ sont symétriques par rapport à une droite (*d*). Alors…	(*d*) et (MM′) sont parallèles	(*d*) et (MM′) sont perpendiculaires	(*d*) est la médiatrice du segment [MM′]
4	Les triangles ABC et A′B′C′ sont symétriques par rapport à la droite (*d*). Alors… 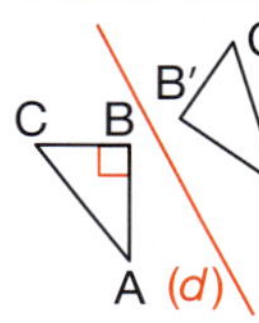	$\widehat{A'B'C'} = 90°$	les aires des triangles ABC et A′B′C′ sont égales	AB = A′B′

Vérifie tes réponses p. 306

ACTIVITÉ

1 Découvrir la symétrie centrale Cours Paragraphe 2, p. 248

1 La figure 2 est obtenue en faisant tourner la figure 1 d'un demi-tour autour du point O.
Parmi les trois élèves cités ci-dessous, lequel semble avoir effectué le bon tracé. Expliquer.

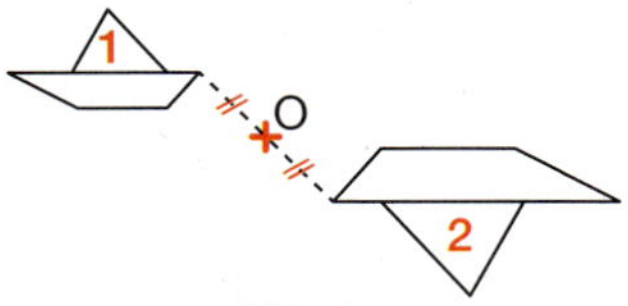

Kévin

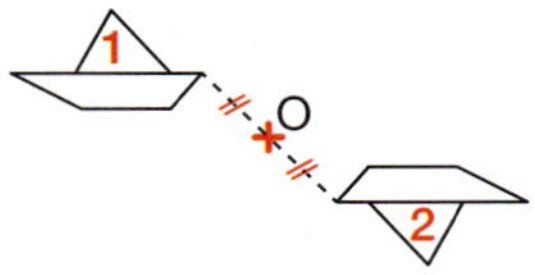

Lilou

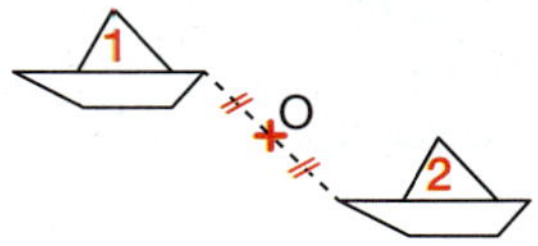

Mario

2 **a.** Tracer une figure comme ci-contre sur papier uni.
b. Faire un calque de cette figure, piquer la pointe du compas en O et tourner le calque d'un demi-tour autour de O.
Coller le calque dans cette position.
c. Noter A′ et B′ les points qui correspondent respectivement à A et B par le demi-tour.
Quel rôle semble jouer le point O pour le segment [AA′] ? pour le segment [BB′] ?
d. On dit que les points A et A′ sont symétriques par rapport à O.
Rédiger un programme de construction du point A′ avec les instruments de géométrie.

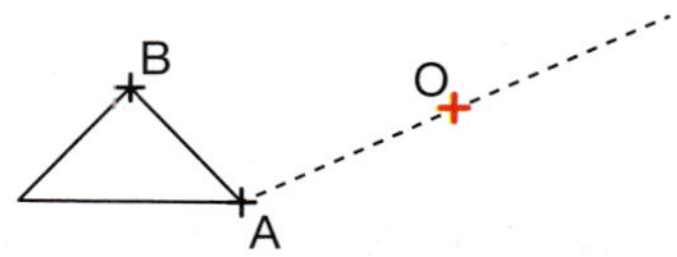

ACTIVITÉ

2 Découvrir les propriétés de conservation Cours Paragraphe 2, p. 248

1 Tracer cette figure sur papier uni et construire le symétrique [A′B′] du segment [AB] par rapport au point O.
Que semble-t-on pouvoir dire :
- des longueurs A′B′ et AB ?
- des droites (A′B′) et (AB) ?

2 Tracer cette figure sur papier uni et construire les points D′, E′ et F′ symétriques respectifs des points D, E et F par rapport au point M.
Tracer le triangle D′E′F′.
Que semble-t-on pouvoir dire :
- de l'angle $\widehat{F'E'D'}$?
- des aires des triangles FDE et F′D′E′ ?

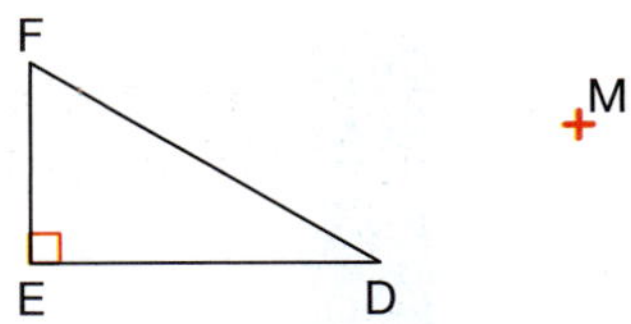

3 Découvrir les centres de symétrie Cours Paragraphe 3, p. 248

1 Réaliser la lettre Z ci-contre sur papier quadrillé.
Marquer un point O tel que le symétrique de cette lettre par rapport à O soit elle-même.
On dit que le point O est le **centre de symétrie** de cette figure.

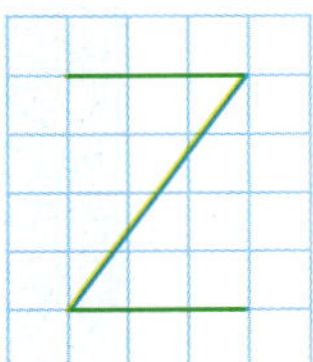

2 Tracer cette figure sur papier quadrillé, puis la compléter pour que le point O soit le centre de symétrie de la figure.

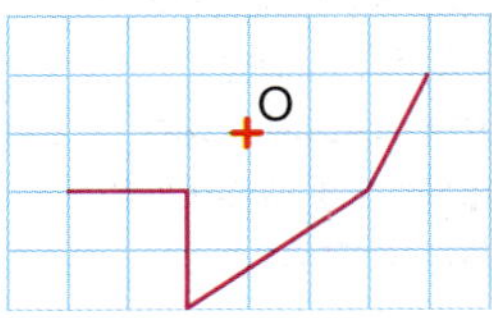

Cours

VIDÉOS de cours jaicompris.com

1 Symétrie axiale : rappels

▶ Exercices 7 à 13

DÉFINITION M est un point qui **n'appartient pas à une droite (d)**.
Le symétrique du point M par rapport à la droite (d) est le point M′ tel que la droite (d) est **la médiatrice du segment [MM′]**.

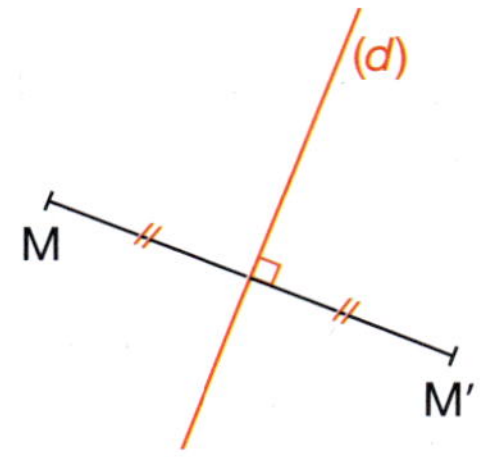

Remarque : lorsque M appartient à la droite (d), son symétrique est le point M lui-même.

2 Symétrie centrale

▶ Exercices 14 à 22

DÉFINITION Deux figures $\mathcal{F}$ et $\mathcal{F}'$ sont symétriques par rapport **à un point O** lorsqu'elles se superposent en effectuant un demi-tour autour de ce point.
On dit que O est **le centre** de la symétrie.

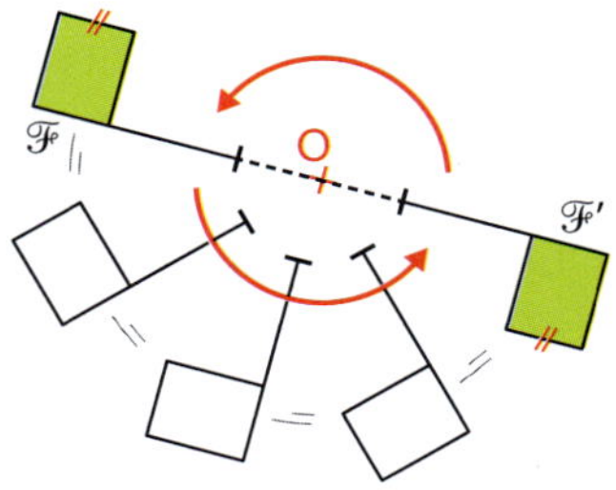

Vocabulaire : la symétrie par rapport à un point est aussi appelée **symétrie centrale**.

PROPRIÉTÉS La symétrie centrale conserve :
- les longueurs ;
- l'alignement ;
- les mesures d'angles ;
- les aires ;
- le parallélisme.

DÉFINITION Par la symétrie de centre O, le **symétrique** :
- d'un point M distinct de O est le point M′ tel que O soit **le milieu du segment [MM′]** ;
- du point O est le point O lui-même.

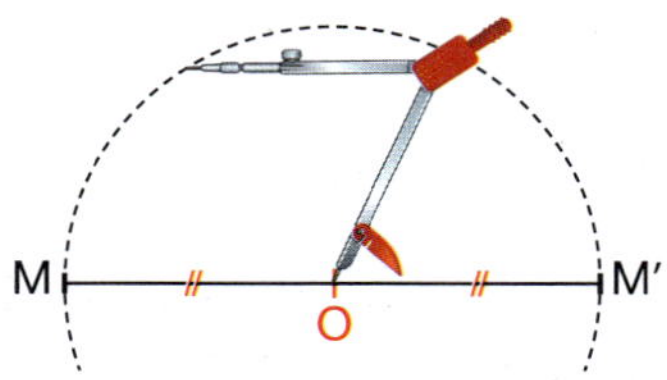

3 Symétriques de figures usuelles et centre de symétrie

▶ Exercices 23 à 30

PROPRIÉTÉS
- La symétrique d'**une droite** par rapport à un point est **une droite parallèle.**

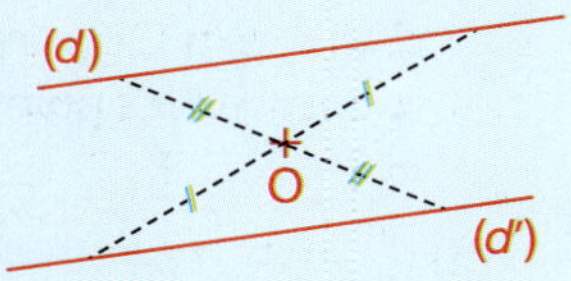

- Le symétrique d'**un segment** par rapport à un point est un **segment parallèle** et de **même longueur**.

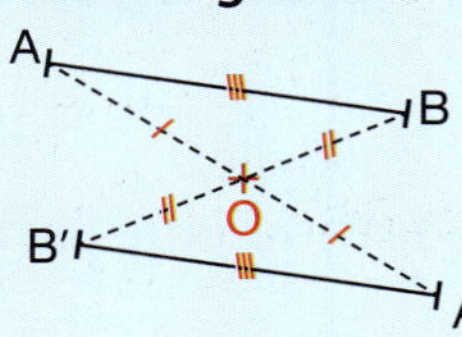

- Le symétrique d'un cercle par rapport à un point est un cercle **de même rayon.**

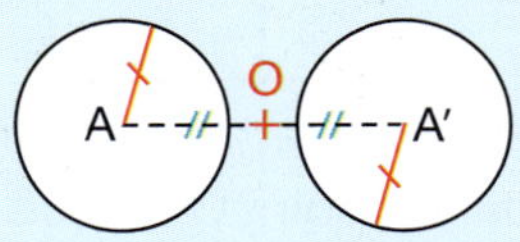

Remarque : lorsque O appartient à la droite (d), la symétrique de (d) est la droite (d) elle-même.

PROPRIÉTÉ Un point O est le **centre de symétrie** d'une figure $\mathcal{F}$ lorsque cette figure est sa propre symétrique par rapport à O.

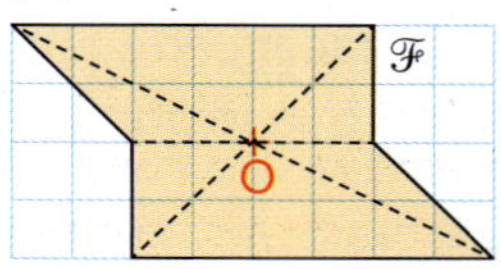

J'applique le cours

1 Construire la symétrique d'une droite

EXERCICE RÉSOLU

ÉNONCÉ Construire la symétrique (*d'*) de la droite (*d*) par rapport au point O.

SOLUTION

1 On trace par le point O la perpendiculaire à la droite (*d*) ; elle coupe (*d*) en H.
On construit le symétrique H' du point H par rapport à O.

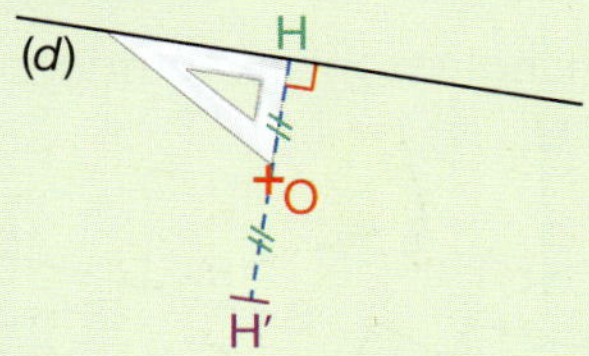

2 On trace par H' la perpendiculaire à la droite (HH').
C'est la symétrique (*d'*) de (*d*).

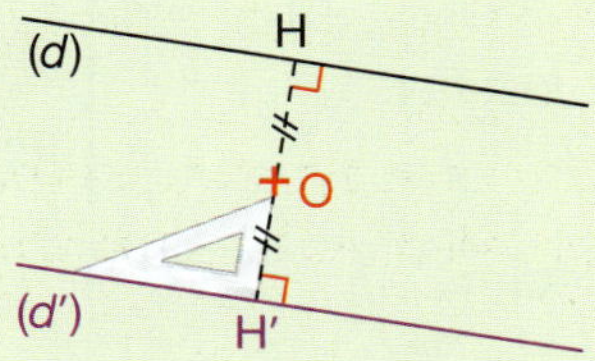

CONSEILS

- On utilise le fait que la symétrique d'une droite est une droite parallèle.
- On peut aussi construire les symétriques A' et B' de deux points A et B de la droite (*d*).
La droite (A'B') est alors la droite (*d'*).

À TON TOUR

2 Tracer la figure ci-dessous et construire la symétrique (*d'*) de la droite (*d*) par rapport au point O.

3 Tracer la figure ci-contre et construire les symétriques (d'_1) et (d'_2) des droites respectives (d_1) et (d_2) par rapport au point O.

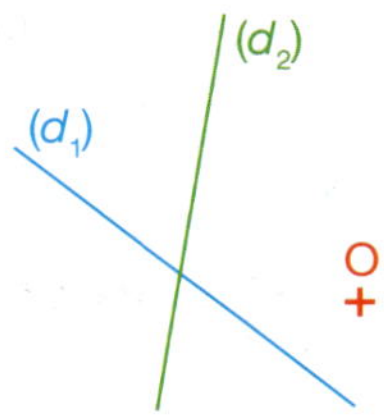

4 Construire le symétrique d'un triangle

EXERCICE RÉSOLU

ÉNONCÉ Construire le symétrique A'B'C' du triangle ABC par rapport au point O.

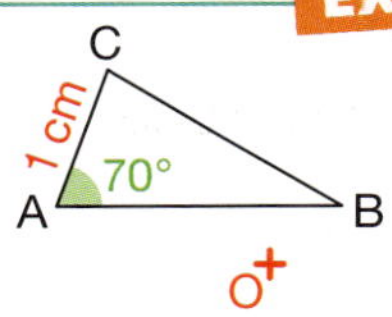

SOLUTION

1 On construit les symétriques respectifs A' et B' des points A et B puis on trace le segment [A'B'].

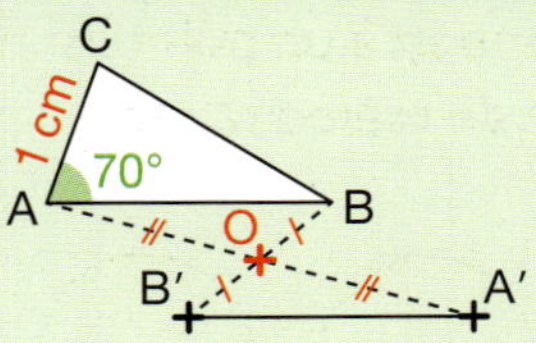

2 À l'aide du rapporteur et de la règle graduée on construit le point C' tel que $\widehat{B'A'C'} = 70°$ et A'C' = 1 cm.

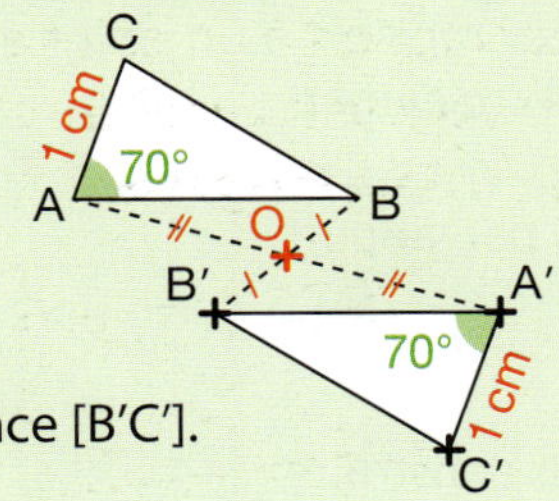

On trace [B'C'].

CONSEILS

- La symétrie centrale conserve les longueurs et les mesures d'angles donc A'C' = AC = 1 cm et $\widehat{B'A'C'} = \widehat{BAC} = 70°$.
- On peut aussi construire le symétrique C' du point C comme on a construit les points A' et B'.

À TON TOUR

5 Tracer cette figure, puis construire le symétrique A'B'C' du triangle ABC par rapport au point O.

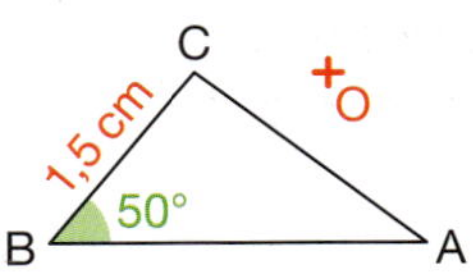

6 Tracer cette figure, puis construire le symétrique D'E'F' du triangle DEF par rapport au point O.

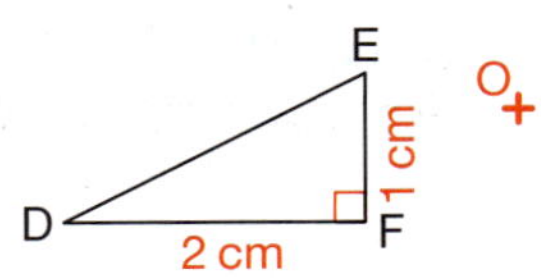

Je travaille mes automatismes

Utiliser une symétrie axiale : rappels

À l'oral — **Questions flash**

7 Dans chaque cas, dire si les deux figures peuvent être symétriques par rapport à une droite.

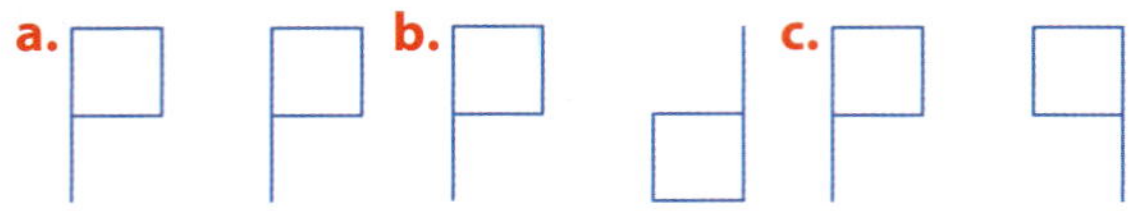

8 Manon : « Toutes les voyelles écrites en lettres majuscules A E I O U Y admettent un axe de symétrie. »
Cette affirmation est-elle exacte ? Justifier.

9 Lire chaque phrase en la complétant.

a. A et ... sont symétriques par rapport à la droite (*d*).
b. E est le symétrique de ... par rapport à la droite (*d*).
c. Les segments [DC] et ... sont symétriques par rapport à la droite (*d*).

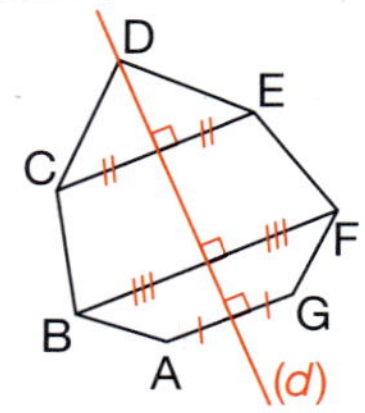

10 CORRIGÉ en vidéo — jaicompris.com

Tracer cette figure, puis construire le symétrique du triangle ABC par rapport à la droite (*d*).

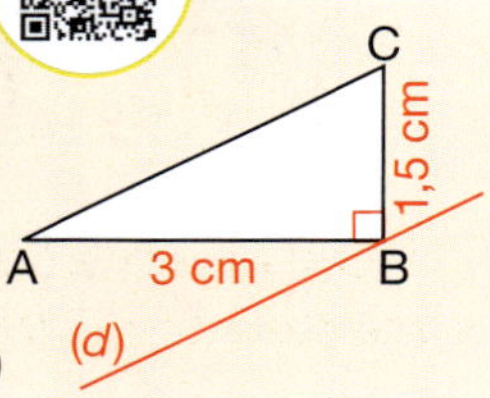

(*d*) // (AC)

11 Tracer cette figure, puis construire le symétrique du rectangle ABCD par rapport à la droite (MN).

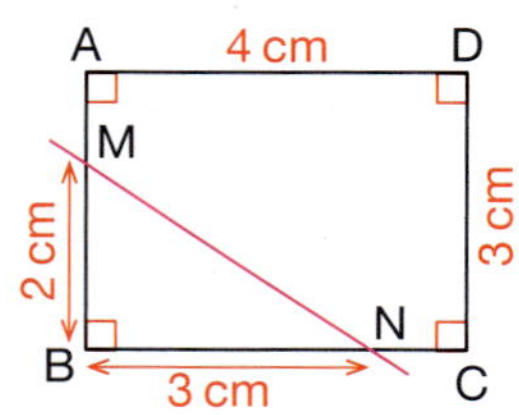

12 **a.** Construire un carré ABCD de côté 4 cm et marquer le milieu I du côté [AB].
b. Construire le symétrique du carré ABCD par rapport à la droite (DI).

13 Tracer la figure en vraie grandeur, puis construire le symétrique du cercle de centre O par rapport à (*d*).

a.

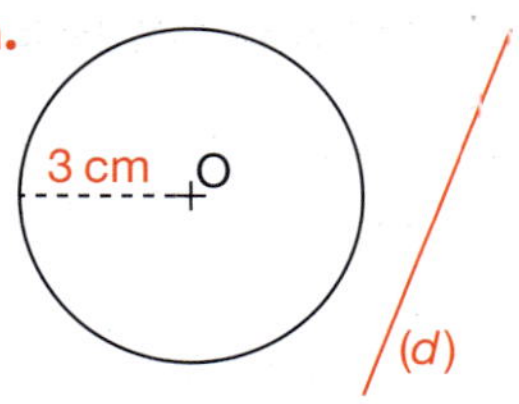

b.

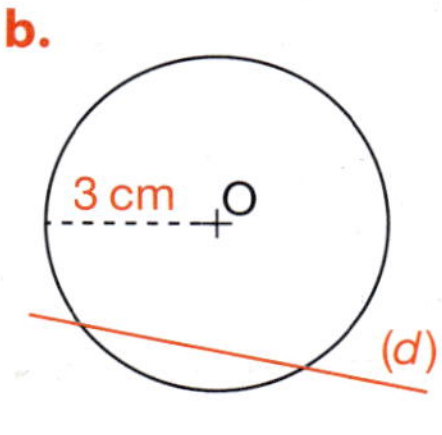

Découvrir la symétrie centrale

À l'oral — **Questions flash**

14 Des élèves ont voulu représenter un personnage et son symétrique par rapport à un point O. Sur quelle(s) figure(s) est-on certain qu'ils ont commis une erreur ?

15 Ces deux triangles sont symétriques par rapport à un point O.

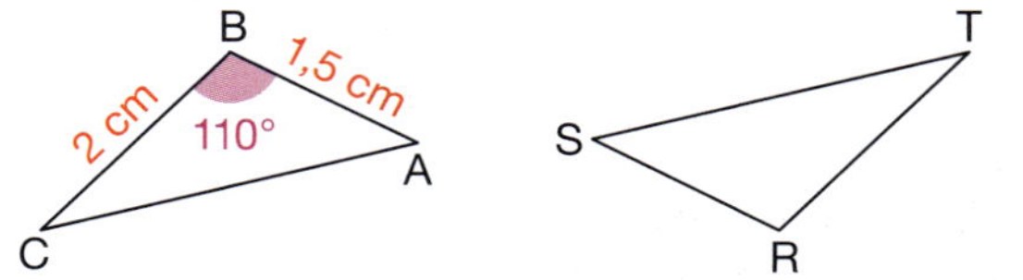

Donner trois renseignements sur le triangle RST.

16 Lire chaque phrase en la complétant.

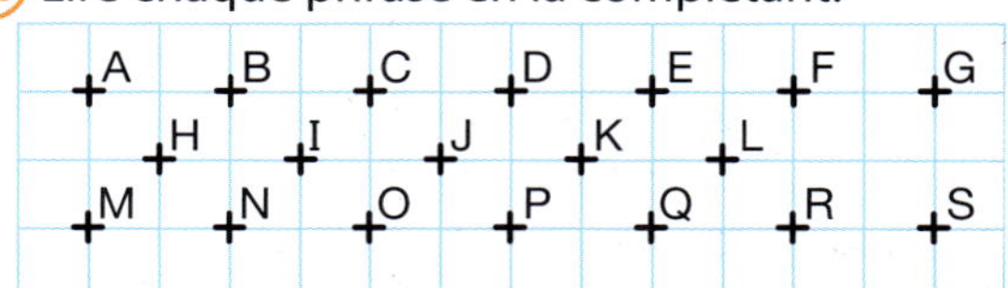

a. B est le symétrique de ... par rapport au point D.
b. A et P sont symétriques par rapport au point ....
c. ... et M sont symétriques par rapport au point J.

Pour les exercices **17** et **18**, tracer la figure, puis dessiner à main levée sa symétrique par rapport au point O.

17

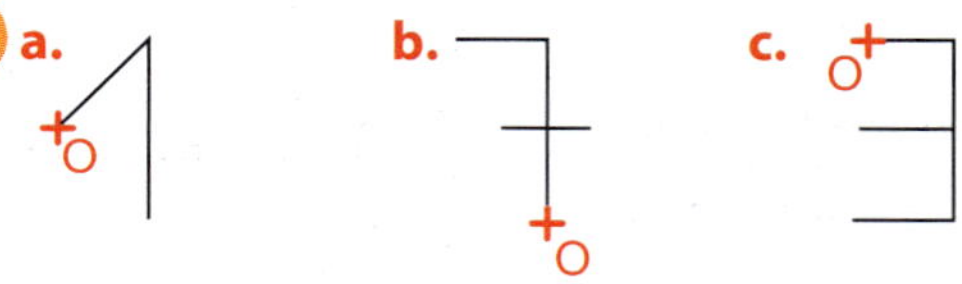

18

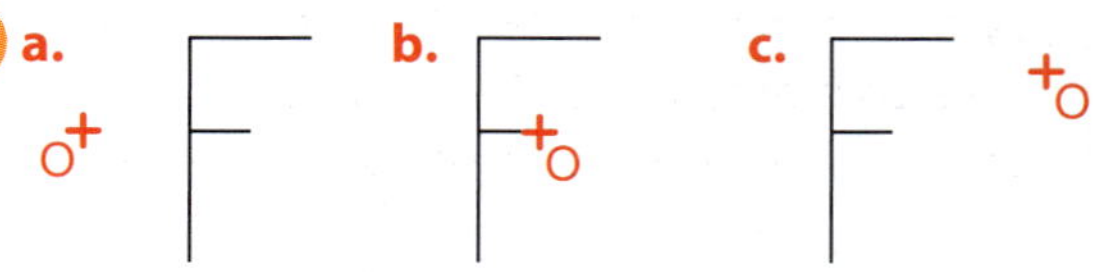

19 Dans chaque cas, tracer la figure sur papier quadrillé, puis construire le symétrique du « drapeau » par rapport au point O.

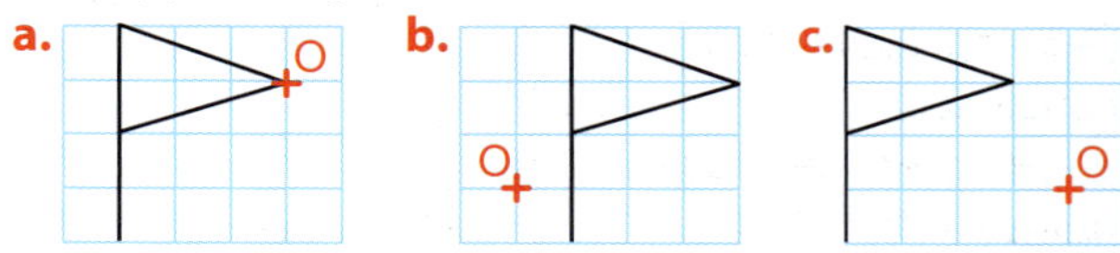

Je travaille mes automatismes

20 **a.** Tracer cette figure sur papier quadrillé.
b. Construire le symétrique de « l'avion » par rapport au point A puis par rapport au point B.

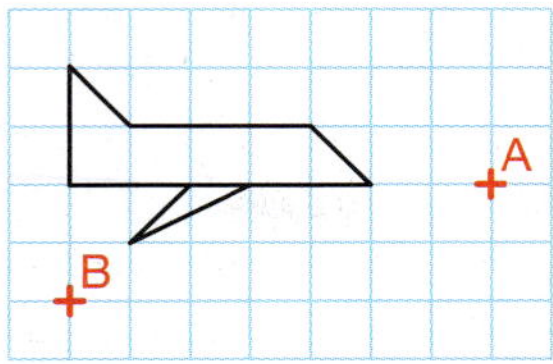

21 **a.** Sur papier uni, placer des points A, B, C, D comme ci-contre.
b. Construire le symétrique A′ de A par rapport à B.
c. Construire le symétrique C′ de C par rapport à D.

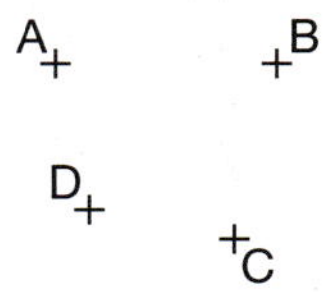

22 **a.** Construire cette figure en vraie grandeur.
b. Construire les symétriques B′ du point B et C′ du point C par rapport au point A.
c. Que peut-on dire du triangle AB′C′ ?

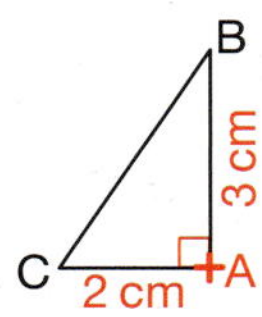

Construire des symétriques de figures

À l'oral — **Questions flash**

23 Dans chaque cas, dire si les segments [AB] et [A′B′] peuvent être symétriques par rapport à un point O. Sinon, expliquer pourquoi.

a. (AB) // (A′B′) **b.** **c.** (AB) // (A′B′)

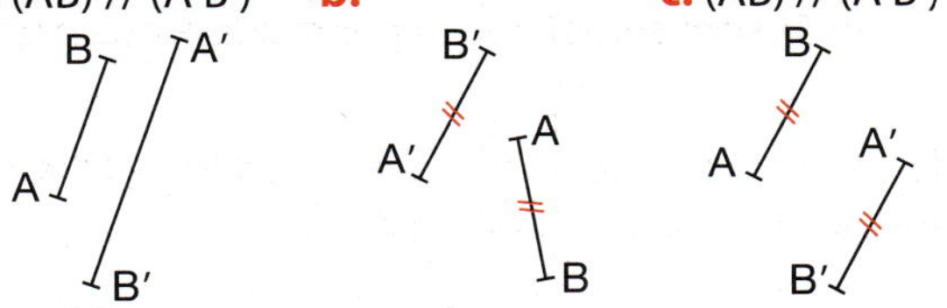

24 CALCUL MENTAL $\mathscr{C}$ et $\mathscr{C}'$ sont deux cercles symétriques par rapport à un point O.
a. Le rayon du cercle $\mathscr{C}$ est 4,7 cm.
Calculer mentalement le diamètre du cercle $\mathscr{C}'$.
b. Le diamètre du cercle $\mathscr{C}$ est 7,5 cm.
Calculer mentalement le rayon du cercle $\mathscr{C}'$.

25 **a.** Tracer cette figure, puis construire les symétriques [A′B′] et [C′D′] des segments [AB] et [CD] par rapport au point O.
b. Donner les longueurs A′B′ et C′D′.

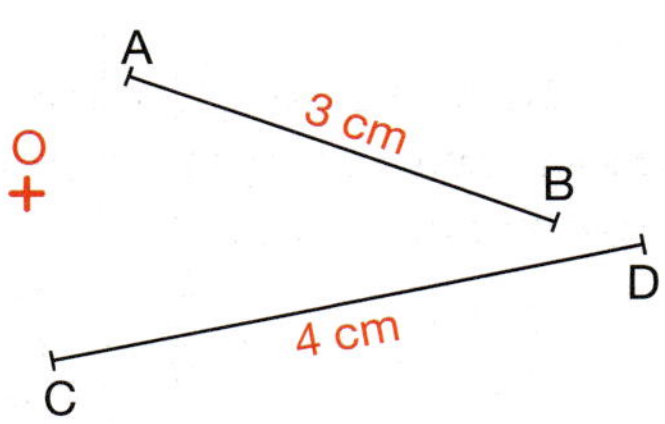

26 CORRIGÉ en vidéo jaicompris.com

Tracer chaque figure sur papier uni et construire le symétrique du segment [AB] par rapport au point O.

a.

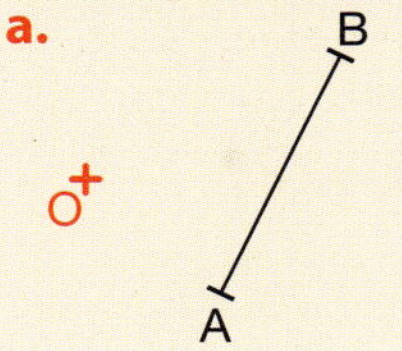

b.

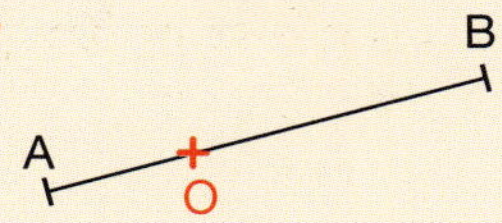

27 Dans chaque cas, tracer la figure sur papier uni puis construire le symétrique du cercle de centre M par rapport au point O.

a.

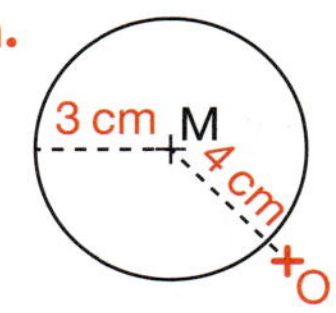

b.

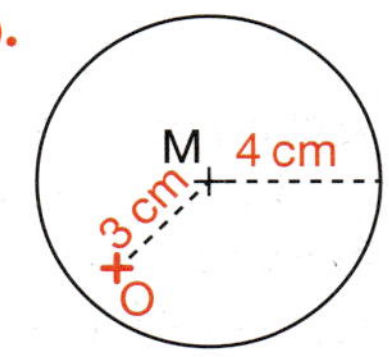

28 Dans chaque cas, dire si le panneau a un centre de symétrie, un (ou des) axe(s) de symétrie.
Si la réponse est oui, les tracer sur une photocopie.

29 Dans chaque cas, dire si la figure a un centre de symétrie O. Si oui, tracer la figure et marquer O.

a.

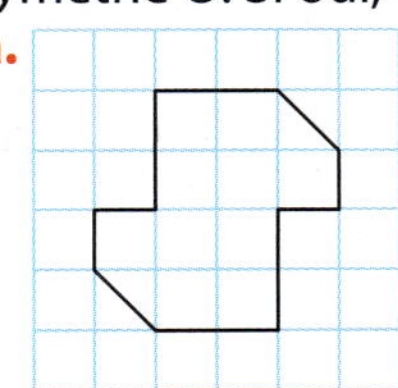

b.

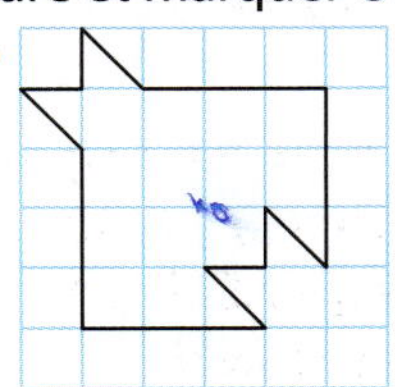

30 Ce dessin est composé de huit motifs.

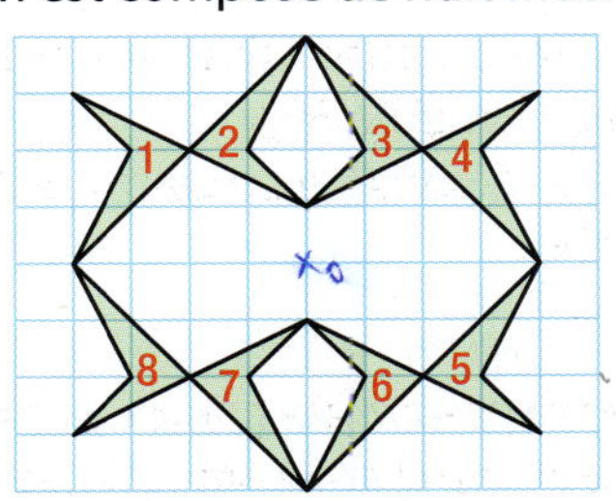

1. Préciser si une symétrie centrale permet de passer du motif **1** :
a. au motif **2** ;
b. au motif **3** ;
c. au motif **4** ;
d. au motif **5** ;
e. au motif **7** ;
f. au motif **8**.
2. Ce dessin admet-il un centre de symétrie ?

Connaître les symétries

Pour les exercices 31 et 32, on considère la figure ci-dessous.

31 Les points A et A′ sont symétriques par rapport à une droite (*d*).
a. Réaliser la figure et tracer la droite (*d*).
b. Construire les symétriques B′ du point B et C′ du point C par rapport à la droite (*d*).

32 Les points A et A′ sont symétriques par rapport à un point O.
a. Réaliser la figure et marquer le point O.
b. Construire les symétriques B′ du point B et C′ du point C par rapport au point O.

33 CORRIGÉ en vidéo jaicompris.com

a. Tracer cette figure, puis construire le symétrique A′ du point A par rapport au point O.

b. Construire, avec la règle et l'équerre uniquement, les symétriques des droites (*d*) et (*d′*) par rapport au point O.

34 Sur cette figure, les points M et M′ sont symétriques par rapport à un point O.

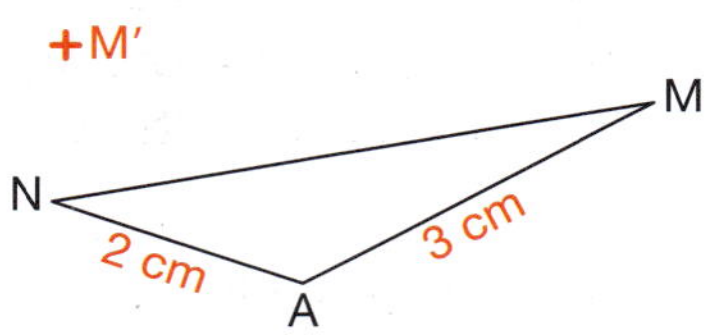

a. Réaliser une telle figure en vraie grandeur, construire le point O, puis construire le symétrique N′ du point N par rapport à O.
b. Construire le symétrique A′ du point A par rapport à O sans utiliser le point O.

35 **1. a.** Construire un triangle ABC tel que :
AB = 4 cm, AC = 3,5 cm, BC = 2,5 cm.
b. Construire les symétriques B′ et C′ des points B et C par rapport au point A.
c. Construire les symétriques A′ et C″ (lire « C seconde ») des points A et C′ par rapport au point B′.
2. Sans effectuer de mesures mais en expliquant, déterminer la longueur :
a. B′C′ **b.** B′C″ **c.** C′C″ **d.** C″A′

36 **a.** Construire cette figure.
b. A′ est le symétrique de A par rapport à un point O. Marquer ce point O et terminer la construction du symétrique du carré ABCD par rapport à O.

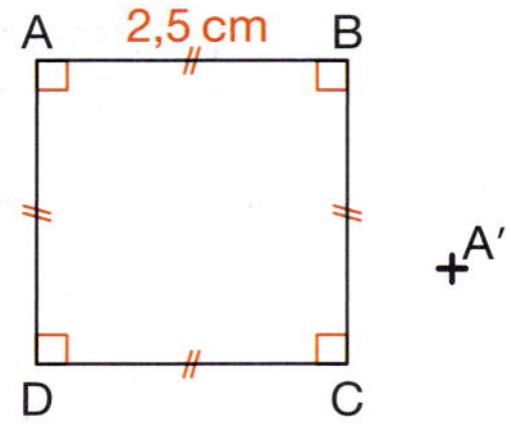

37 Sur cette figure, ABCD est un rectangle et ADE est un triangle équilatéral.

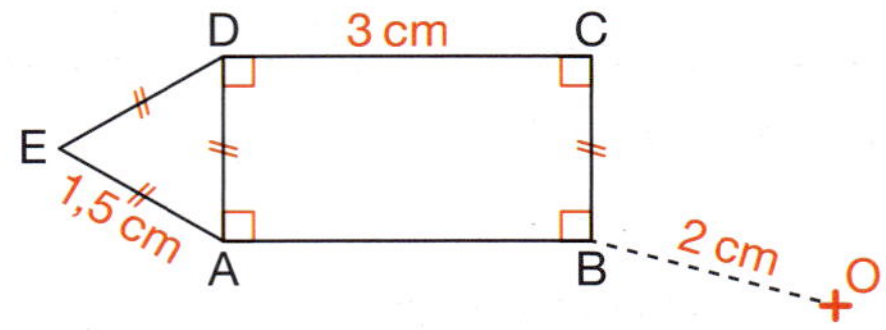

a. Construire une telle figure sur papier uni, puis construire les symétriques A′ et B′ des points A et B par rapport au point O.
b. Construire à l'aide des points A′ et B′ les symétriques C′ et D′ des points C et D.
c. Construire à l'aide du compas uniquement le symétrique E′ de E.
d. Terminer la construction de la figure.

38 Jeux et casse-tête Quel est le numéro inscrit sous la voiture ?

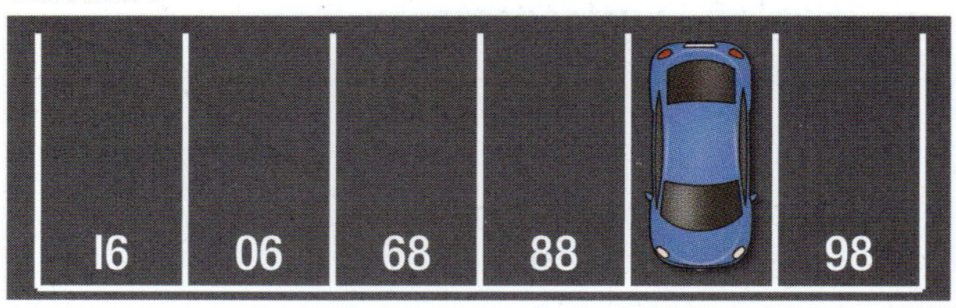

Utiliser un centre ou un axe de symétrie

39 Cette figure est composée d'un rectangle ABCD, d'un demi-cercle de diamètre [CD] et d'un triangle équilatéral BGF.
De plus AB = BG = 4 cm et AD = 6 cm.
Construire la figure et la compléter pour que O en soit le centre de symétrie.

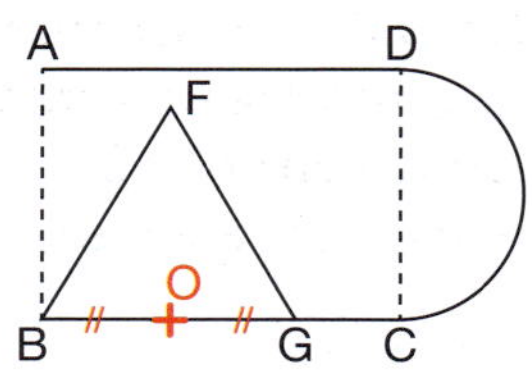

40 **a.** Tracer un triangle ABC.
b. Construire le symétrique du triangle ABC par rapport au point A.
c. Construire la symétrique de la figure obtenue par rapport à la droite (AB).
d. La figure ainsi construite admet-elle un centre de symétrie ? Si oui lequel ?

41 Cette figure est constituée de 16 quadrilatères.

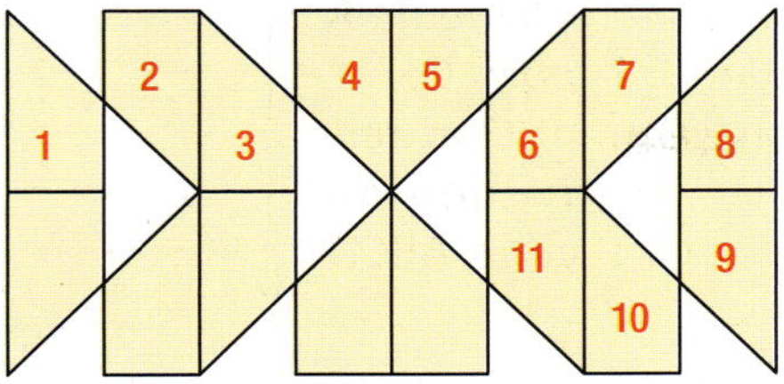

1. Quel type de transformation permet de passer du quadrilatère 1 au quadrilatère :
a. 2 ? **b.** 4 ? **c.** 6 ? **d.** 8 ? **e.** 11 ? **f.** 9 ?
2. La figure admet-elle un centre de symétrie ? un ou des axes de symétrie ?

42 Cette frise est constituée de douze motifs.

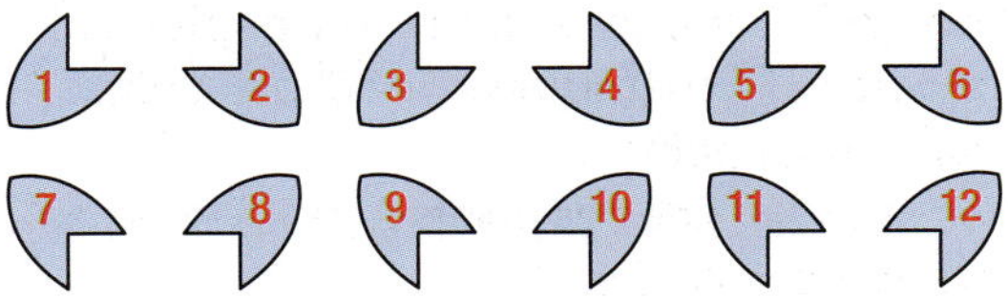

1. Indiquer les motifs qui s'obtiennent à partir du motif 1 en effectuant :
a. une symétrie centrale ; **b.** une symétrie axiale.
2. Tracer cette figure sur papier quadrillé, puis construire une frise, en appliquant les mêmes procédés que pour la frise précédente.
On peut s'aider du point O.

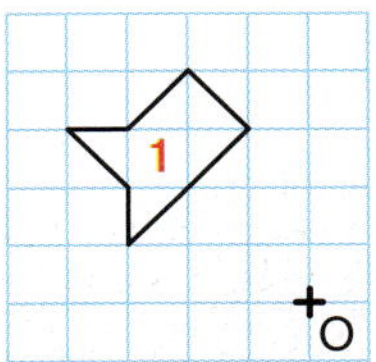

43 On se propose de construire une frise à partir de ce motif.

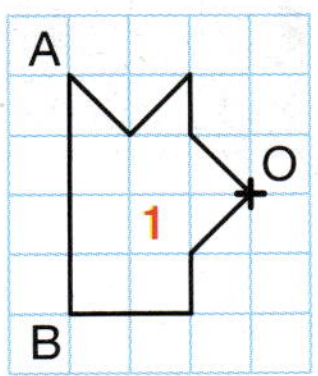

a. Tracer ce motif, puis construire son symétrique 2 par rapport au point O.
Noter A′ et B′ les symétriques des points A et B.
b. Construire le motif 3 symétrique du motif 2 par rapport à la droite (A′B′).
Noter O′ le symétrique du point O.
c. Construire les symétriques des motifs 1, 2 et 3 par rapport au point O′.
d. Poursuivre la frise.

44 Jeux et casse-tête Dans chaque cas, sur une photocopie, noircir le **minimum** de cases afin que la figure formée par les cases noires admette un centre de symétrie.

a.

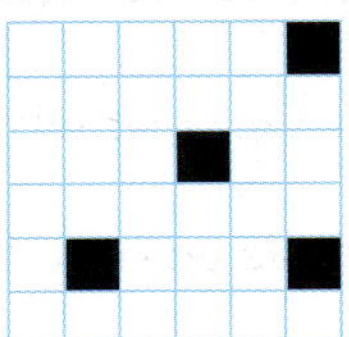

b.

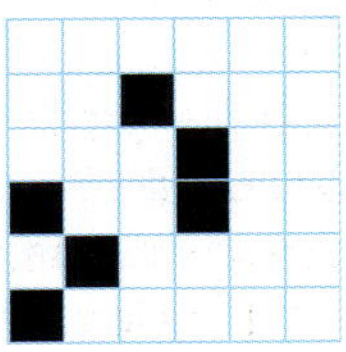

Synthèse — Utiliser les symétries

45 Léo a commencé à construire le symétrique de la lettre M ci-dessous par rapport à un point O.
Mais ce point O a été effacé.

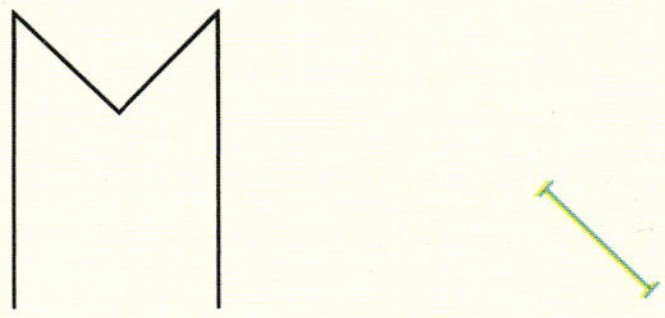

Objectif Terminer la construction de ce symétrique.

a. Sur une photocopie, repasser en rouge le segment de la lettre M qui est le symétrique du segment tracé en vert.
b. Construire le point O.
c. Terminer la construction du symétrique de la lettre M par rapport à ce point O.

46 A et B sont deux points d'un cercle de centre O.
C est un point de la droite (AB).

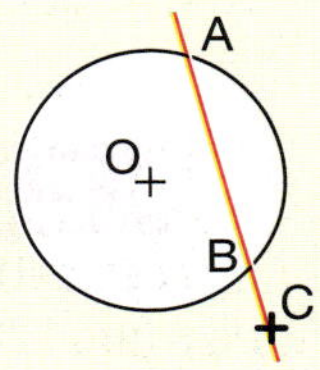

Objectif Construire à la règle non graduée uniquement les symétriques des points A, B et C par rapport au point O.

a. Tracer la figure, puis avec la règle non graduée, construire les symétriques A′ et B′ des points A et B. Expliquer la construction.
b. Le symétrique C′ de C par rapport à O est le point d'intersection de deux droites que l'on peut tracer. Quelles sont ces deux droites ? Justifier.
c. Tracer ces deux droites puis placer le point C′.

47 Voici deux motifs.

Objectif Déterminer si l'on peut passer du motif 1 au motif 2 en effectuant une ou plusieurs symétries centrales.

a. Expliquer pourquoi on ne peut pas passer du motif 1 au motif 2 en effectuant une seule symétrie centrale.
b. Tracer la figure. Construire le motif 3 symétrique du motif 1 par rapport au point O.
c. Le motif 2 est le symétrique du motif 3 par rapport à un point O′. Marquer ce point O′.

Parcours différenciés

Je m'évalue

Pour chaque question, une seule réponse est exacte.

QCM supplémentaires college.nathan.fr/tm5254

	a	b	c	En cas d'erreur
48 Les droites (*d*) et (*d'*) sont symétriques par rapport à la droite tracée en rouge sur la figure…	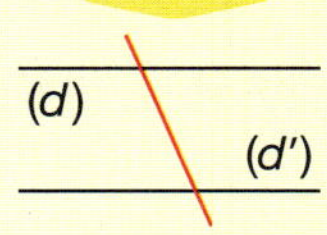	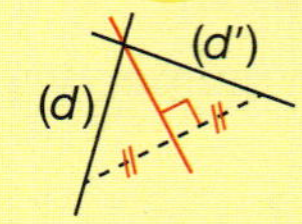	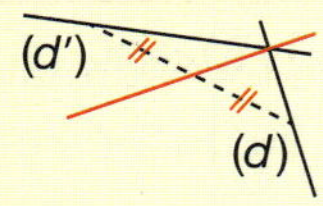	Cours 1 p. 248
49 Les points A et A' sont symétriques par rapport au point O sur la figure…	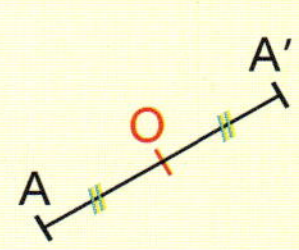	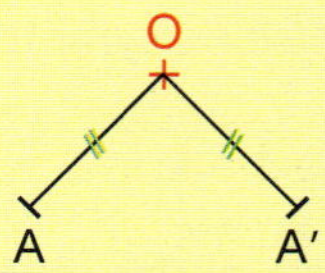	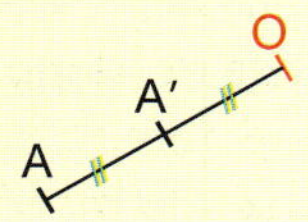	
50 Ces deux triangles sont symétriques par rapport au point O. Alors… 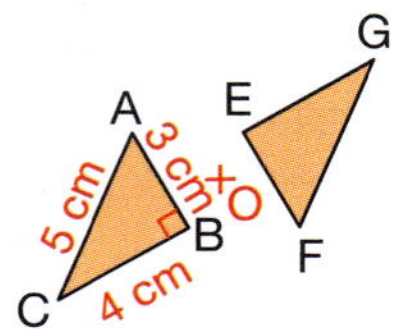	EG = 3 cm	EG = 4 cm	EG = 5 cm	Cours 2 p. 248
51 Les segments [AB] et [A'B'] sont symétriques par rapport à un point sur la figure…	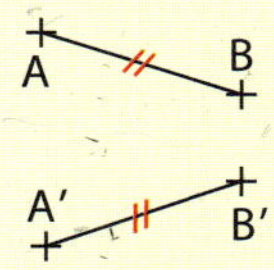	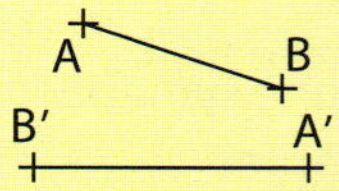	(AB) // (A'B') 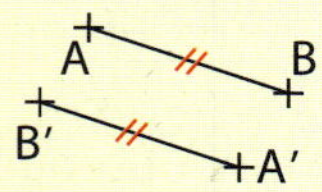	
52 $\mathscr{C}$ est un cercle de centre A et O est un point de $\mathscr{C}$. $\mathscr{C}$ et son symétrique par rapport à O ont…	aucun point commun	un point commun	deux points communs	
53 Parmi ces figures, celle qui a un centre de symétrie est la figure…	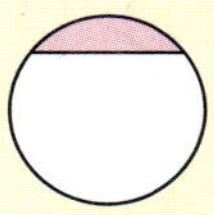	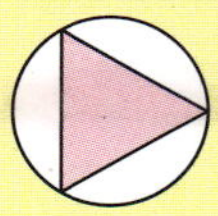	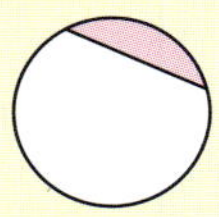	Cours 3 p. 248
54 Cette frise a été réalisée en effectuant des symétries centrales à partir du triangle 1. Alors… 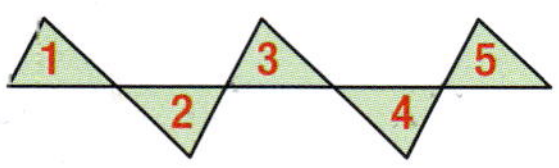	cette frise admet un centre de symétrie	les triangles 1 et 3 sont symétriques par rapport à un point	les triangles 1 et 4 sont symétriques par rapport à un point	
55 Deux droites symétriques par rapport à un point sont…	parallèles	perpendiculaires	sécantes	Ex. 1 p. 249
56 Ces deux triangles sont symétriques par rapport au point O. Alors… 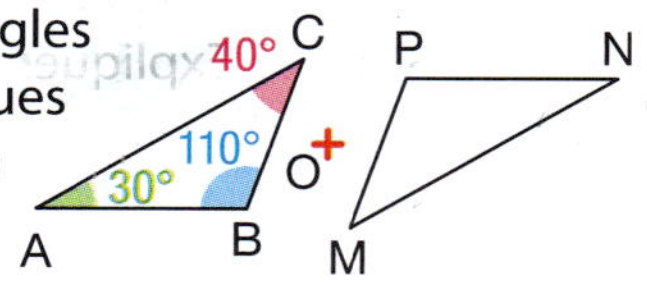	$\widehat{PNM} = 30°$	$\widehat{PNM} = 110°$	$\widehat{PNM} = 40°$	Ex. 4 p. 249

Je réalise mon parcours

Selon ton score page précédente

Parcours conseillé
- Entre **0 et 4 bonnes réponses** : (drapeau vert)
- Entre **5 et 7 bonnes réponses** : (drapeau bleu)
- **8 bonnes réponses ou plus** : (drapeau rouge)

57 Étudier une frise

On se propose d'étudier les frises ci-dessous réalisées par trois élèves à partir d'un motif de base (motif 1).

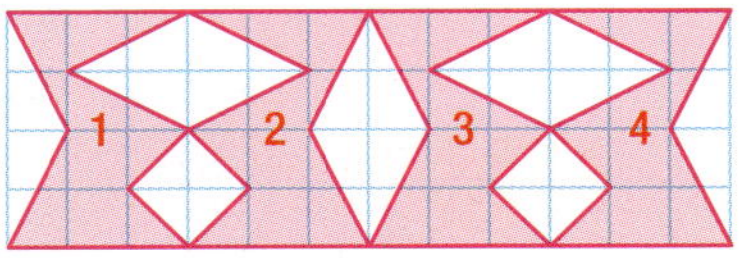

Frise de Mario

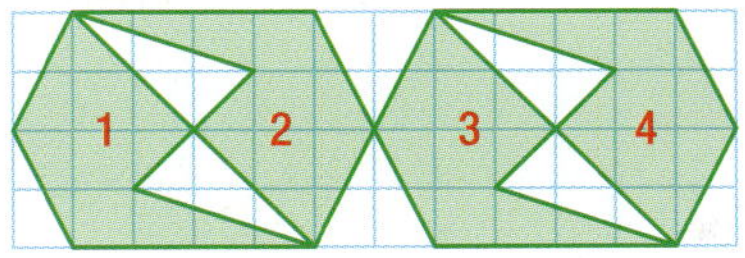

Frise de Nohane

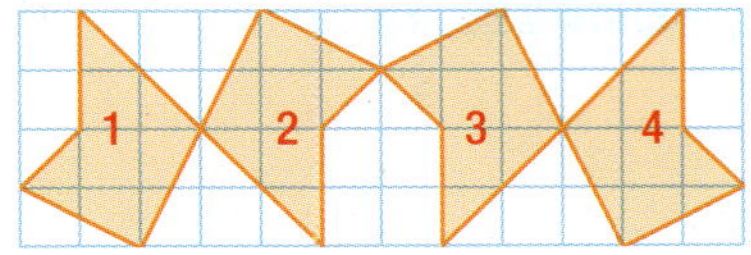

Frise d'Olivia

PARCOURS 1

On étudie la frise de Mario.
Dans un premier temps, on recherche la transformation qui permet de passer du motif 1 au motif 2.

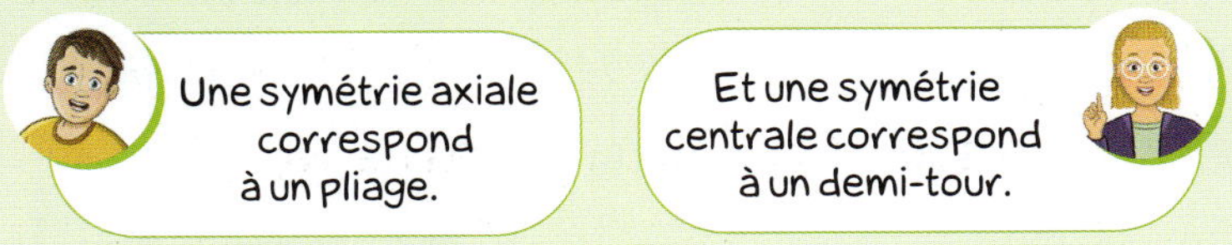

a. Recopier et compléter :
« On passe du motif 1 au motif 2 par une symétrie .... »
b. Quels sont les motifs de cette figure qui se correspondent par une symétrie axiale ?
c. Dessiner la frise obtenue avec le procédé de Mario en prenant ce motif comme motif de base.

PARCOURS 2

a. Expliquer comment Nohane a construit sa frise.
b. Dessiner la frise obtenue avec le procédé de Nohane en prenant ce motif comme motif de base.

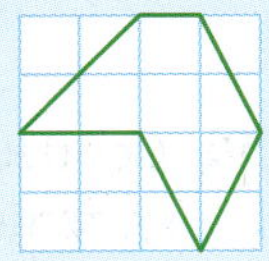

PARCOURS 3

Utiliser le procédé d'Olivia pour dessiner une frise à partir de ce motif de base.

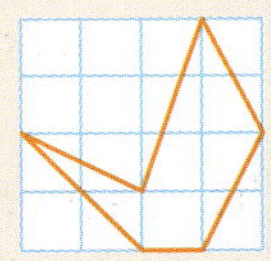

58 Utiliser les propriétés de la symétrie centrale

ABC est un triangle rectangle tel que AB = 1,5 cm et AC = 2 cm.
A', B' et C' sont les symétriques respectifs des points A, B et C par rapport au point O.

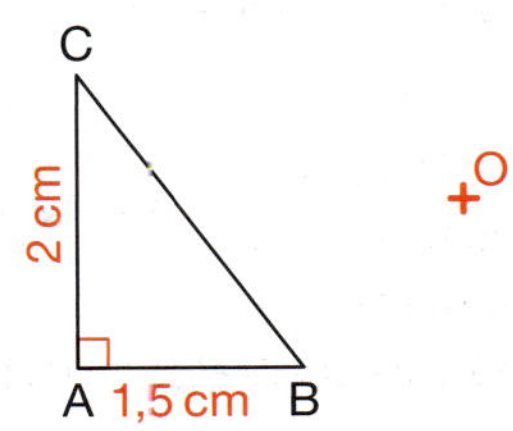

PARCOURS 1

On se propose d'étudier les droites (AA'), (BB') et (CC').

a. Recopier et compéter : « Les points B et B' sont symétriques par rapport au point O donc O est .... »
b. Quel est le rôle du point O pour les segments [AA'] et [CC'] ?
c. Que peut-on dire alors des droites (AA'), (BB') et (CC').

PARCOURS 2

Quelle est l'aire, en cm^2, du triangle A'B'C' ? Expliquer.

PARCOURS 3

Assembler deux exemplaires de chacun des triangles ABC et A'B'C' de façon à obtenir une figure qui a un centre et deux axes de symétrie.

Utiliser des symétries

59 Algo Tracer une figure

Voici un script Scratch.

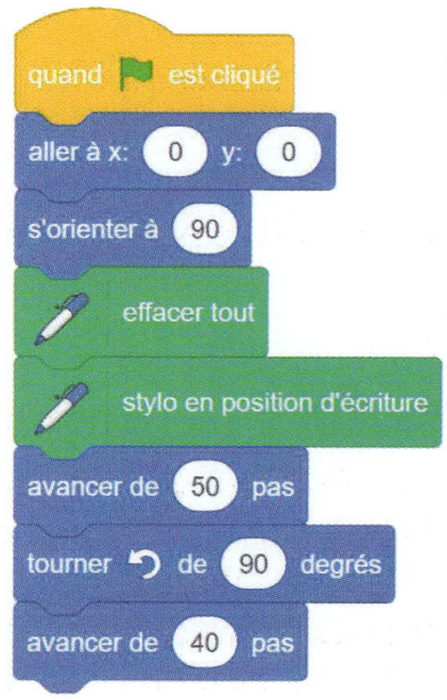

1. En débranché

a. Sur papier quadrillé, avec 1 cm pour 10 pas, tracer la figure dessinée par le lutin.
b. Compléter cette figure avec un segment de longueur 5 cm afin qu'elle admette un centre de symétrie.

2. Avec le logiciel

a. Ouvrir le logiciel Scratch et saisir ce script.
b. Compléter le script avec deux instructions afin que le lutin dessine la figure tracée à question **1.b**.

3. Modification du script

• Supprimer les deux instructions ajoutées à la question **2**.
• Compléter le script afin que la figure dessinée par le lutin ait un centre de symétrie et deux axes de symétrie.

60 Tice Construire une frise

1. a. Ouvrir le logiciel GeoGebra et cliquer sur Géométrie.
b. Afficher le quadrillage puis créer le quadrilatère ABCD (utiliser Polygone).
c. Créer un point O, puis construire le symétrique du quadrilatère ABCD par rapport à O (utiliser Symétrie centrale).

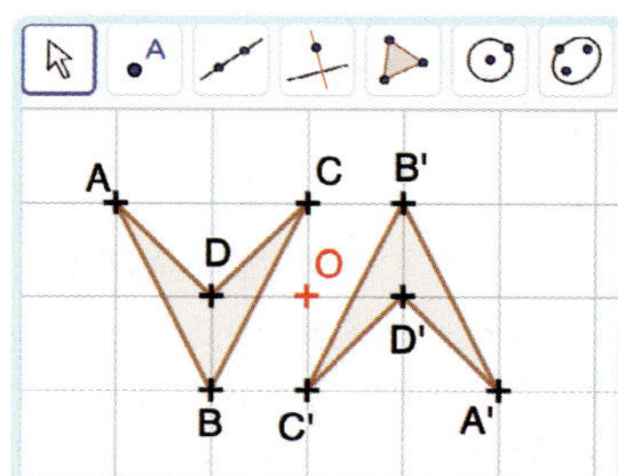

2. Créer comme ci-contre une droite d qui passe par A'.
Créer la symétrique de la figure par rapport à d (utiliser Symétrie axiale, faire un clic droit et sans relâcher, inscrire la figure dans un rectangle en surbrillance, puis cliquer sur la droite d).

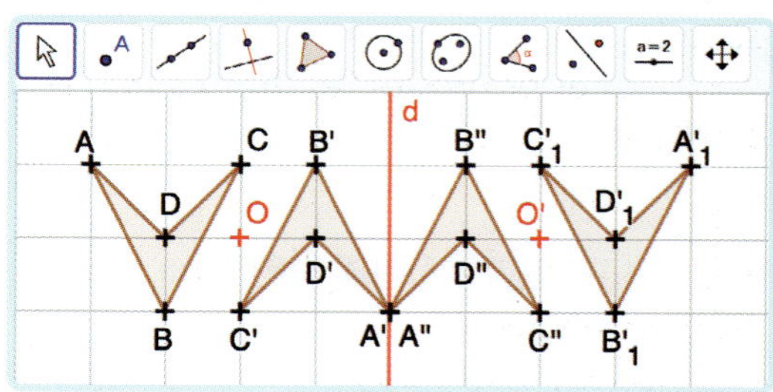

3. Effectuer une seule symétrie centrale supplémentaire de façon à obtenir une frise constituée de huit quadrilatères. Cacher les points de la figure et la droite d.

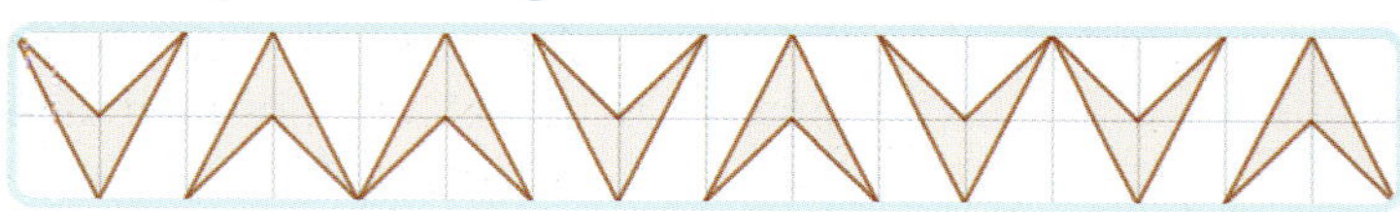

4. À votre tour, imaginer une frise en utilisant des symétries axiales et centrales.

J'utilise mes compétences

61 Communiquer en anglais

Raisonner • Calculer • Communiquer

Point O is the centre of symmetry of this figure.

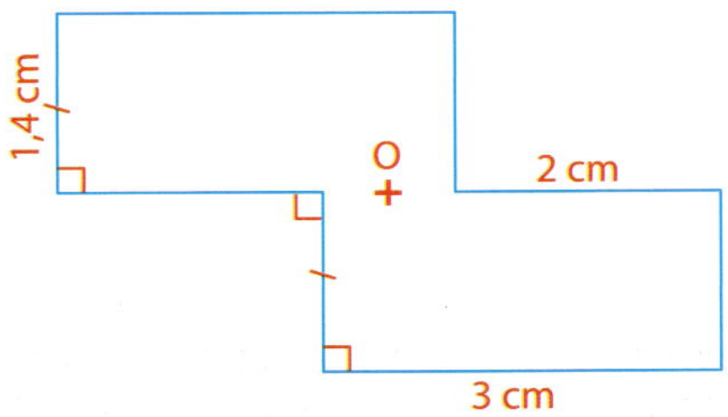

Compute the perimeter and area of this figure.

62 Expliquer des affirmations

Représenter • Raisonner • Communiquer

1. a. Construire un triangle LAC isocèle en A tel que AC = 5 cm. Marquer un point O.

b. Construire les points L', A' et C' symétriques respectifs des points L, A et C par rapport au point O.

2. Voici des affirmations ; elles sont toutes vraies. Pour chacune d'elles, dire s'il s'agit d'une donnée de l'énoncé ou bien d'une conséquence de ces données. S'il s'agit d'une conséquence, l'expliquer.

a. Les points A et A' sont symétriques par rapport à O.

b. O est le milieu du segment [CC']. **c.** AC = 5 cm

d. (LC) // (L'C') **e.** A'L' = 5 cm **f.** $\widehat{A'L'C'} = \widehat{ALC}$

63 Utiliser des étapes intermédiaires

Représenter • Raisonner • Communiquer

a. Tracer une droite (d), puis placer deux points A et B qui n'appartiennent pas à (d).

b. Construire la symétrique (d_1) de (d) par rapport au point A, puis la symétrique (d_2) de (d) par rapport au point B.

c. Expliquer pourquoi les droites (d_1) et (d_2) sont parallèles.

64 Compléter une figure

Représenter • Raisonner

a. Construire cette figure en vraie grandeur.

b. Construire sa symétrique par rapport au point E.

c. Construire la symétrique de la figure obtenue par rapport à la droite (BC).

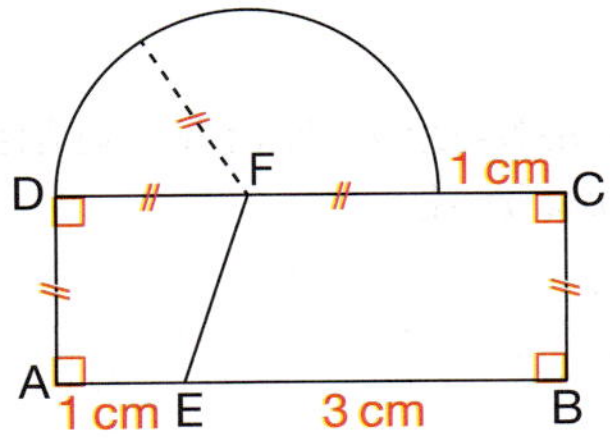

65 Tirer des conséquences

Représenter • Raisonner • Communiquer

a. Construire cette figure.

b. Construire le symétrique de ce quadrilatère par rapport à la droite (BC).
Noter A' et D' les symétriques respectifs de A et D.

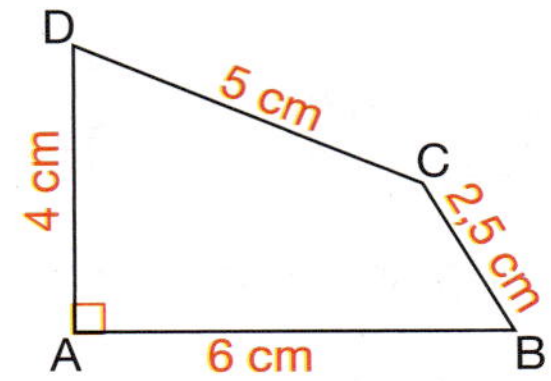

c. On note O le milieu du segment [DD'].
Compléter la figure de façon que le point O soit le centre de symétrie de la figure.

d. Chloé affirme : « Je peux voir un losange sur la figure finale. » Expliquer pourquoi Chloé a raison.

66 Compléter une frise

Représenter • Raisonner

1. a. Réaliser cette figure.

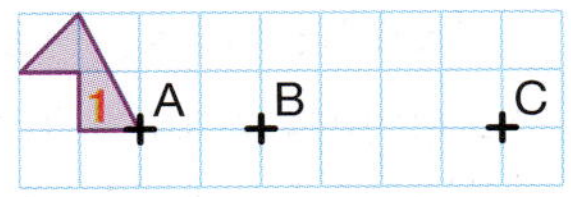

b. Construire :

- le motif **2** symétrique du motif **1** par rapport au point A ;
- le motif **3** symétrique du motif **2** par rapport au point B ;
- le motif **4** symétrique du motif **3** par rapport au point C.

2. a. Les motifs **1** et **4** sont symétriques par rapport à un point O. Marquer ce point O.

b. Compléter la figure de façon à obtenir une frise dont O est le centre de symétrie.

67 Construire un pavage

Chercher • Représenter • Raisonner

Paver une surface, c'est recouvrir cette surface à l'aide de plusieurs motifs identiques ou différents.
À partir du quadrilatère ABCD, Aurélien a réalisé un pavage ; en voici un extrait.

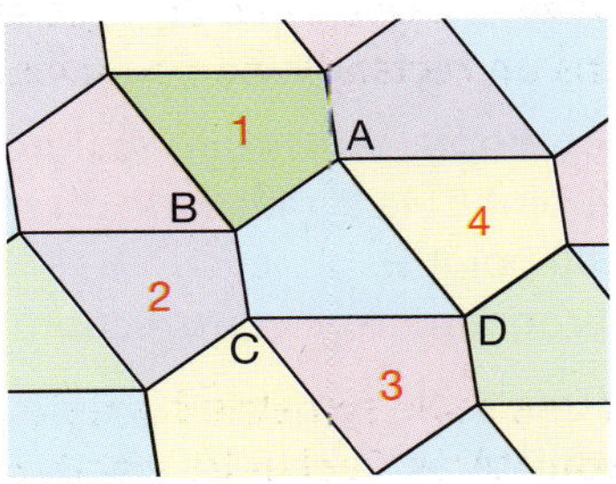

a. Comment Aurélien a-t-il procédé pour construire le quadrilatère **1** ? le quadrilatère **2** ? le quadrilatère **3** ? le quadrilatère **4** ?

b. Avec un logiciel de géométrie ou les instruments de géométrie, réaliser un pavage de ce type.

68 Communiquer en anglais

Raisonner • Communiquer

We can transform from triangle ABC into triangle DEF by performing two successive symmetries.
Find and describe these two symmetries.

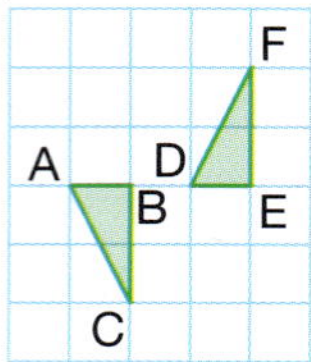

69 Algo Programmer une figure

Chercher • Modéliser • Raisonner

Cette figure réalisée avec le logiciel Scratch est composée de deux carrés de côté 40 pas.

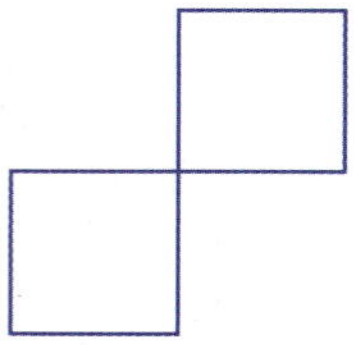

a. Construire la figure sur papier uni en prenant 1 cm pour 10 pas.
b. Quel est le centre de symétrie de cette figure ?
c. On a utilisé les instructions ci-dessous pour réaliser la figure.
Ouvrir le logiciel Scratch et reconstituer le script.

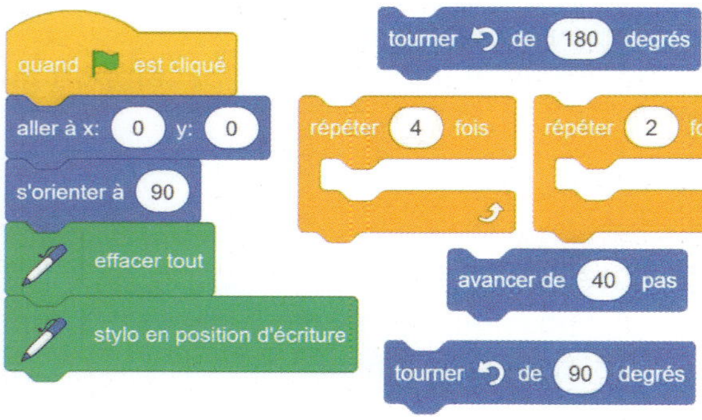

70 Comprendre et expliquer

Représenter • Raisonner • Communiquer

ABC est un triangle mais le point C est en dehors de la feuille.

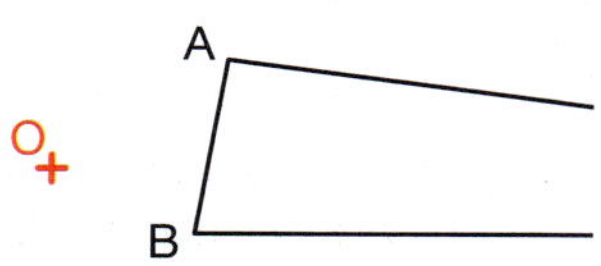

Sur une photocopie, construire malgré tout (sans marquer le point C) le symétrique du triangle ABC par rapport au point O.
Rédiger un programme de construction.

71 Imaginer une stratégie

Représenter • Raisonner • Communiquer

ABCD est un carré dont les diagonales se coupent en O.
M est un point extérieur à ce carré.
À l'aide de la règle non graduée et de l'équerre, construire le symétrique de M par rapport à O.

72 Problème ouvert

Chercher • Représenter • Raisonner

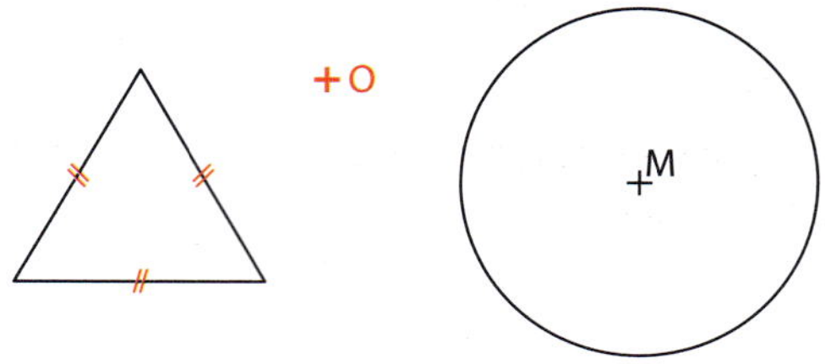

Sur une photocopie de cette figure, colorier dans le triangle et dans le cercle deux zones symétriques par rapport à O d'aires les plus grandes possibles.

Narration de RECHERCHE

73 PROBLÈME Le cercle ci-dessous a pour centre O.
Réaliser la figure, puis construire le symétrique M' de M par rapport à O avec la règle non graduée.

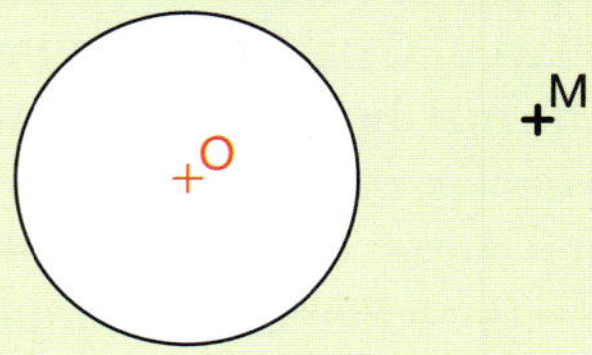

Raconter sur une feuille les différentes étapes de la recherche et les remarques qui ont fait changer de méthode ou qui ont permis de résoudre le problème.

Des défis

74 Lire un affichage

Le réveil d'Anne utilise les chiffres ci-contre.
Au moment où son réveil sonne, Anne constate que l'affichage (format ci-contre) admet un centre de symétrie. Quelle heure peut-il être sachant que le soleil brille ce matin d'hiver ?

75 Plier deux fois

A et B sont deux points.
Nans affirme : « Je suis capable de construire le symétrique du point A par rapport au point B, en ne pliant que deux fois la feuille. »
Relever le défi de Nans.

Je prends des initiatives

TÂCHES COMPLEXES

76 UTILISER un puzzle géométrique

La situation-problème

Découper les cinq pièces du puzzle, puis construire avec ces pièces des figures qui respectent les trois objectifs (doc. 2).

Doc. 1

Les pièces du puzzle

- Ce carré

- Quatre exemplaires de ce triangle rectangle

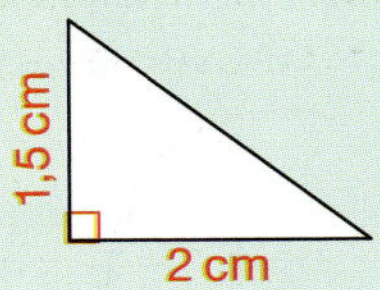

Doc. 2

Les objectifs

- **Objectif 1 :** une figure qui a un centre de symétrie et aucun axe de symétrie.
- **Objectif 2 :** une figure qui n'a aucun centre de symétrie mais qui a un axe de symétrie.
- **Objectif 3 :** une figure qui a un centre de symétrie et deux axes de symétrie.

Doc. 3

Une aide

Pour chacun des objectifs, on peut ne pas utiliser toutes les pièces.

Les supports de travail

Les documents, la photocopie des cinq pièces du puzzle, une paire de ciseaux.

Toute piste de recherche, même non aboutie, figurera sur la feuille.

77 MODIFIER une grille pour gagner

La situation-problème

Modifier la grille (doc. 1) afin d'obtenir la grille gagnante en respectant le règlement.

Doc. 1

La grille

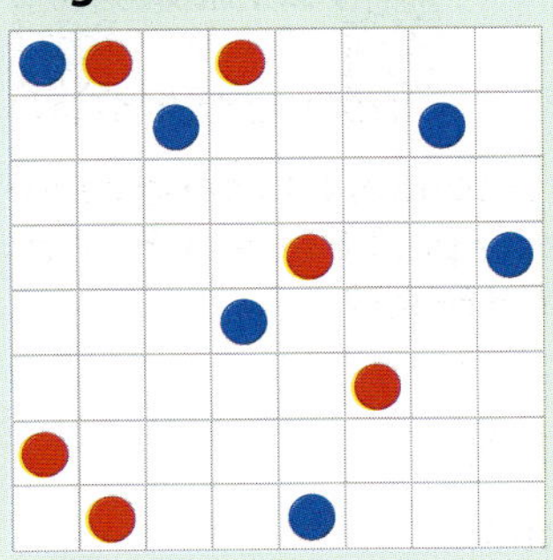

Doc. 2

Le règlement

- On ne peut pas supprimer de jeton mais on peut en ajouter.
- On peut modifier la couleur des jetons rouges, mais pas celle des jetons bleus.

Doc. 3

La grille gagnante

- La grille doit avoir un centre de symétrie.
- Deux jetons symétriques doivent avoir la même couleur.
- Il doit y avoir un minimum de jetons sur la grille.
- Il doit y avoir autant de jetons rouges que de jetons bleus.

Les supports de travail

Les documents, la photocopie de la grille.

Toute piste de recherche, même non aboutie, figurera sur la feuille.

CHAPITRE
17 Utiliser les angles

Une maison à colombages est une maison constituée d'un ensemble de poutres formant la charpente d'un mur. Cette ossature de bois compose des compartiments, appelés carreaux, où des angles de même mesure peuvent être identifiés comme sur cette photo.

Bien démarrer

Pour chaque question, une réponse ou plusieurs sont exactes.

			a	b	c
1	Le point B appartient à la demi-droite [AC]. Alors…	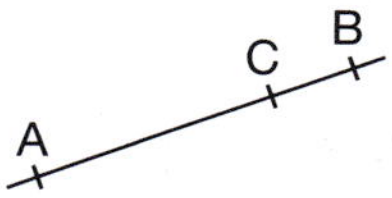	$\widehat{ABC} = 180°$	$\widehat{ACB} = 180°$	$\widehat{BAC} = 0°$
2	L'angle $\widehat{xOy}$ mesure…	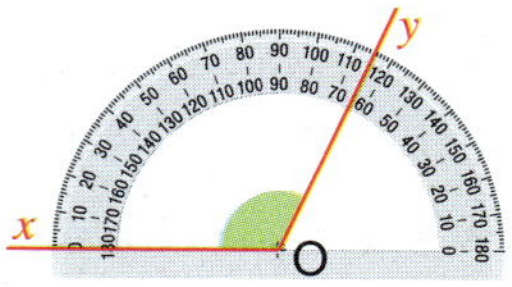	125°	115°	75°
3	D est un point du côté [AC] et E est un point du côté [BC]. L'angle $\widehat{ACB}$ se nomme aussi …	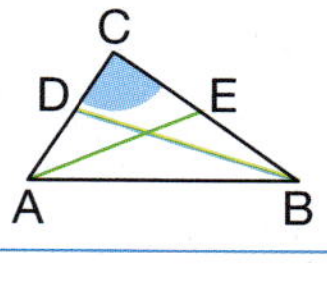	$\widehat{DCE}$	$\widehat{ACE}$	$\widehat{BCD}$
4	Sur cette figure : $(d_1) // (d_2)$ et $(d_1) \perp (d_3)$. Alors…	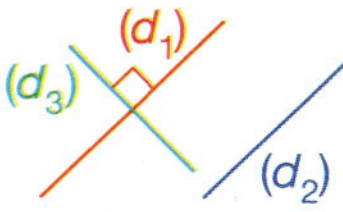	(d_2) est perpendiculaire à (d_3)	(d_2) est sécante à (d_3)	(d_2) est parallèle à (d_3)

Vérifie tes réponses p. 306

ACTIVITÉ
1 Étudier une configuration-clé

Cours Paragraphes 1 et 2, p. 262

1 Sur la figure ci-contre les droites (wz) et (yx) sont parallèles.
Le point I est le milieu du segment [AB].
Sur une photocopie, colorier les angles qui semblent de même mesure.

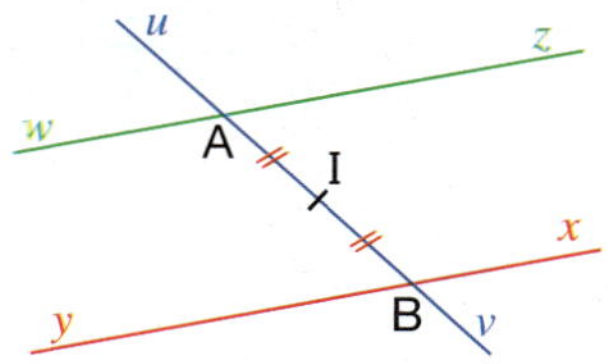

2 **a.** Quel est le symétrique de l'angle $\widehat{zAv}$ par rapport au point A ?
Que sait-on alors pour la mesure de ces deux angles ? On dit qu'ils sont **opposés par le sommet**.
b. Quel est le symétrique de l'angle $\widehat{zAv}$ par rapport au point I ?
Que sait-on alors pour la mesure de ces deux angles ? On dit qu'ils sont **alternes-internes**.
c. Expliquer pourquoi les angles $\widehat{uAw}$ et $\widehat{uBy}$ ont la même mesure.
On dit que ces angles sont **correspondants**.

ACTIVITÉ
2 Reconnaître des droites parallèles

Cours Paragraphe 3, p. 262

Sur le site compagnon, télécharger le fichier GeoGebra de la figure ci-contre.
a. Déplacer le curseur **a** qui correspond à la mesure de l'angle $\widehat{AB'A'}$.
Conjecturer une valeur de **a** pour laquelle les droites (AB) et (A'B') sont parallèles.
b. Recopier et compléter : « Si deux droites coupées par une sécante forment deux angles ... de même mesure, alors ces droites sont .... »

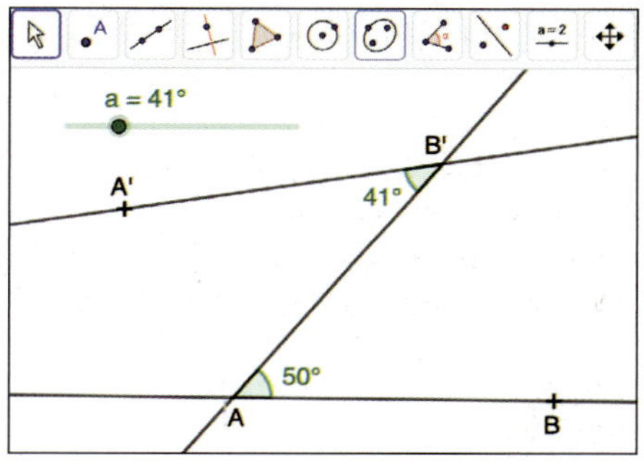

ACTIVITÉ
3 Étudier les angles d'un triangle

Cours Paragraphe 4, p. 264

1 **Expérimentation**
a. Tracer un triangle, puis découper ses trois angles comme ci-contre.
b. Assembler ces trois angles afin de former un seul angle.
c. Que peut-on conjecturer pour la somme des mesures de ces angles ?

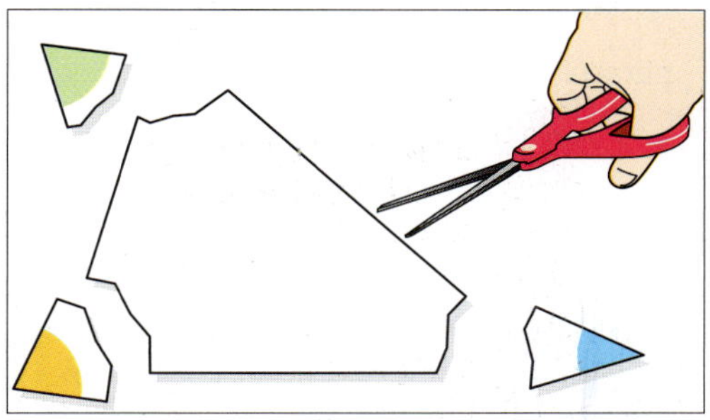

2 **Une preuve en images**
ABC est un triangle et la droite (xy) est la parallèle à la droite (BC) passant par A.
Expliquer à l'aide de ces trois images pourquoi la somme des mesures des angles d'un triangle est égale à 180°.

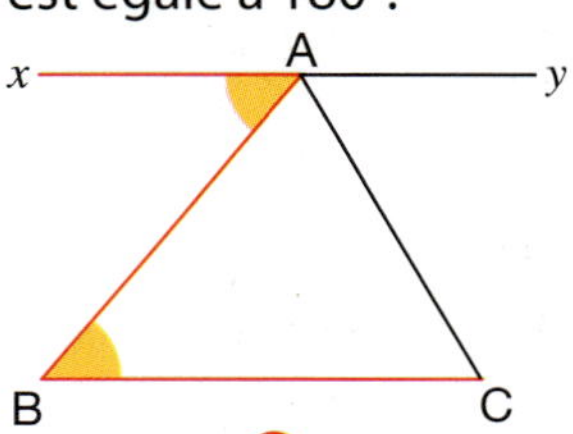

1

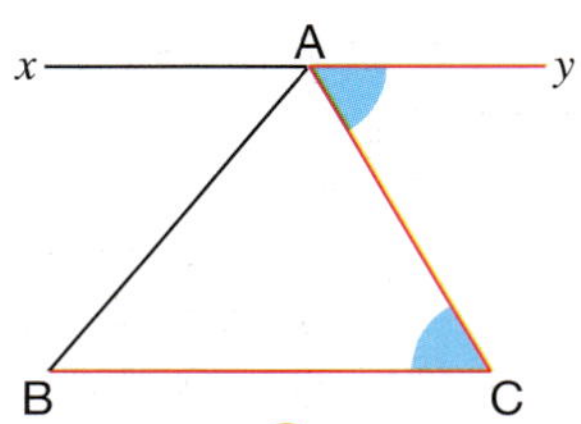

2

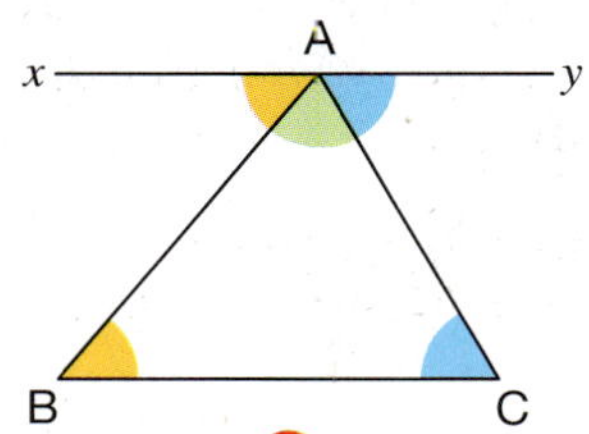

3

Cours

1 Nouveau vocabulaire des angles

Exercices 13 à 17

DÉFINITION 1 Deux angles **opposés par le sommet** ont le même sommet et des côtés dans le prolongement l'un de l'autre.

PROPRIÉTÉ **Si** deux angles sont opposés par le sommet, **alors** ils ont la même mesure.

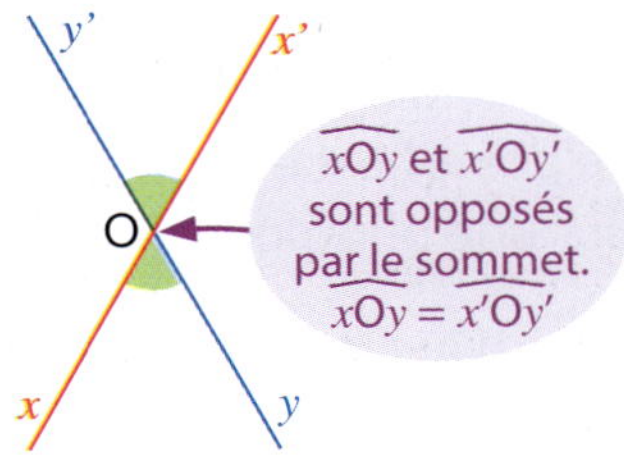

DÉFINITION 2 La sécante (Δ) coupe les droites (*d*) et (*d'*) en A et B. Deux angles **alternes-internes** ont pour sommets A et B, sont situés de part et d'autre de (Δ) et sont dans la zone coloriée ci-contre.

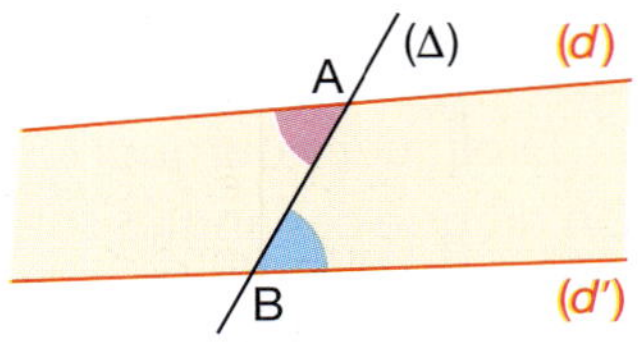

DÉFINITION 3 La sécante (Δ) coupe les droites (*d*) et (*d'*) en A et B. Deux angles **correspondants** ont pour sommets A et B, sont situés d'un même côté de (Δ) et l'un est dans la zone coloriée ci-contre, l'autre à l'extérieur.

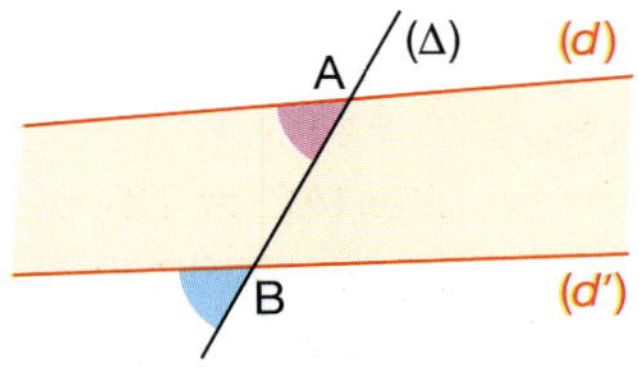

2 Angles formés par deux parallèles et une sécante

Exercices 18 à 22

PROPRIÉTÉ Si deux droites parallèles sont coupées par une sécante, alors les angles **alternes-internes** qu'elles forment ont la même mesure.

Données

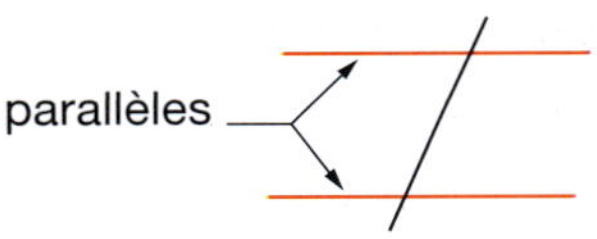

Conclusion

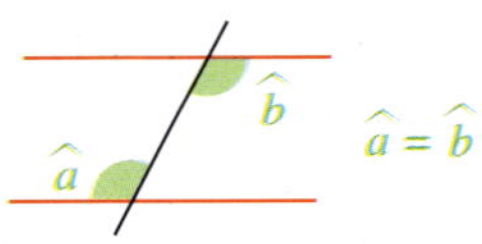

PROPRIÉTÉ Si deux droites parallèles sont coupées par une sécante, alors les angles **correspondants** qu'elles forment ont la même mesure.

Données

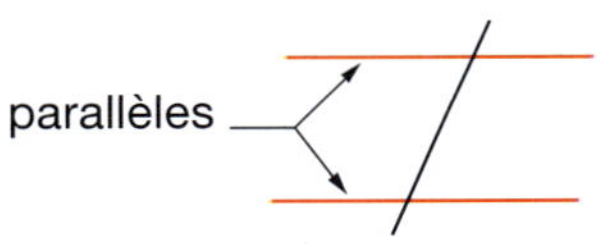

Conclusion

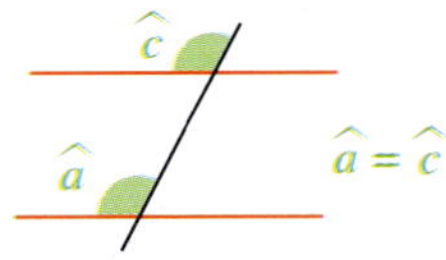

3 Reconnaissance de droites parallèles

Exercices 23 à 28

PROPRIÉTÉ (admise) Si deux droites coupées par une sécante forment deux angles **alternes-internes** de même mesure, alors ces droites sont parallèles.

Données

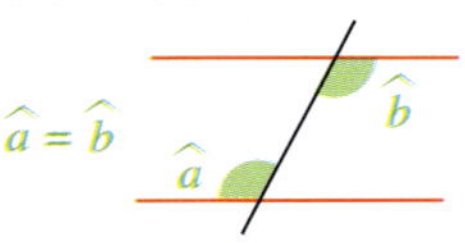

Conclusion

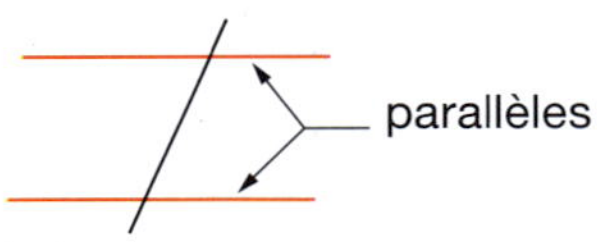

PROPRIÉTÉ Si deux droites coupées par une sécante forment deux angles **correspondants** de même mesure, alors ces droites sont parallèles.

Données

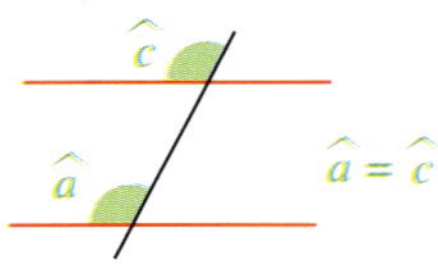

Conclusion

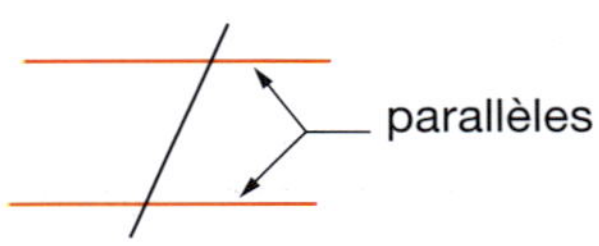

J'applique le cours

1 Reconnaître des angles de même mesure

EXERCICE RÉSOLU

ÉNONCÉ Sur la figure ci-contre, les droites (DE) et (AC) sont parallèles.
De plus :
- $D \in [AB]$
- $E \in [BC]$
- $F \in (DE)$
- $\widehat{BAC} = 44°$
- $\widehat{CEF} = 119°$

Déterminer la mesure de l'angle :
a. $\widehat{BDE}$ **b.** $\widehat{ACB}$

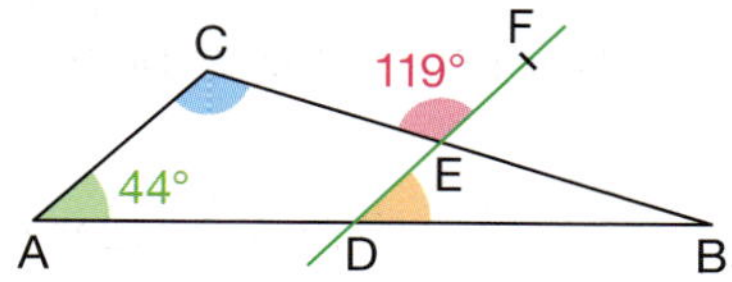

SOLUTION

a. Les droites (AC) et (DE) coupées par la sécante (AB) forment les angles correspondants $\widehat{BAC}$ et $\widehat{BDE}$.
Or les droites (AC) et (DE) sont parallèles.
Donc les angles $\widehat{BAC}$ et $\widehat{BDE}$ ont la même mesure.
Ainsi, $\widehat{BDE} = 44°$.

b. Les droites (AC) et (DE) coupées par la sécante (BC) forment les angles alternes-internes $\widehat{ACB}$ et $\widehat{CEF}$.
Or les droites (AC) et (DE) sont parallèles.
Donc les angles $\widehat{ACB}$ et $\widehat{CEF}$ ont la même mesure.
Ainsi, $\widehat{ACB} = 119°$.

CONSEILS
Il faut commencer par repérer la configuration-clé :

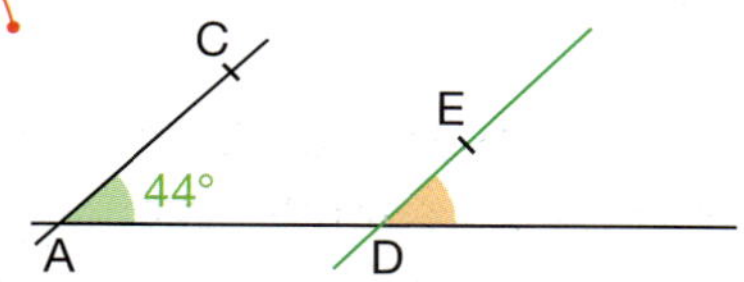

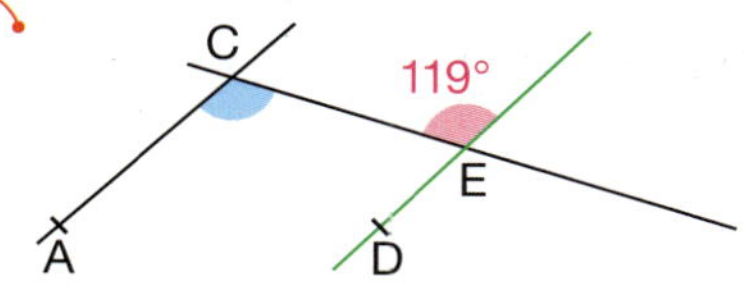

À TON TOUR

2 Sur la figure ci-dessous, les droites (DE) et (AC) sont parallèles. De plus :
- $D \in [AB]$
- $E \in [BC]$
- $F \in (DE)$
- $\widehat{BAC} = 126°$
- $\widehat{CEF} = 28°$.

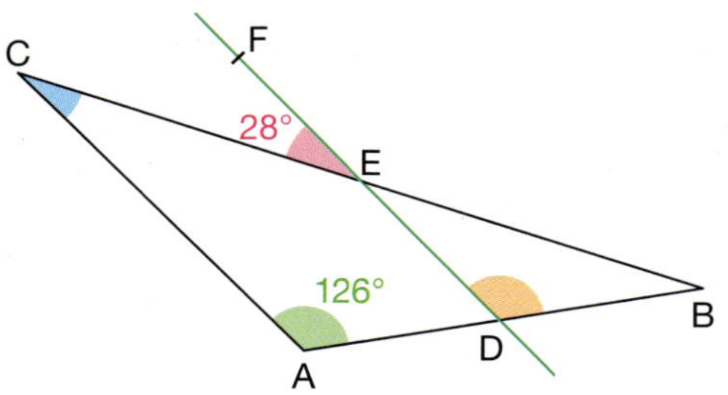

Déterminer la mesure de l'angle :
a. $\widehat{BDE}$ **b.** $\widehat{ACB}$

3 Les droites (AH) et (BJ) sont parallèles.
Les droites (AB) et (HJ) sont sécantes en T.
S est un point de la droite (AB) tel que $\widehat{JBS} = 142°$.
Déterminer la mesure de l'angle $\widehat{TAH}$.

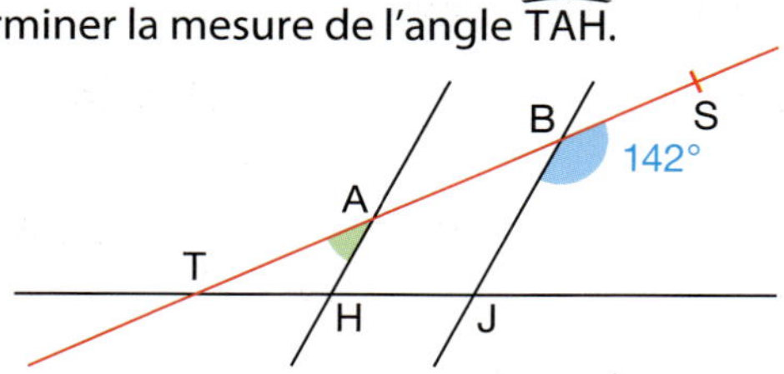

4 Sur la figure ci-contre, HIKJ est un rectangle.
Déterminer la mesure de l'angle $\widehat{HIJ}$. Expliquer.

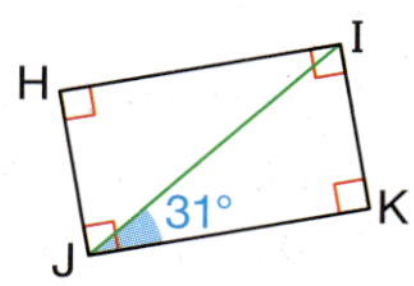

5 Sur la figure ci-dessous :
- les droites (LM) et (ON) sont parallèles ;
- les droites (LN) et (OM) sont sécantes en P ;
- $\widehat{ONL} = 35°$.

Déterminer la mesure de l'angle $\widehat{PLM}$. Expliquer.

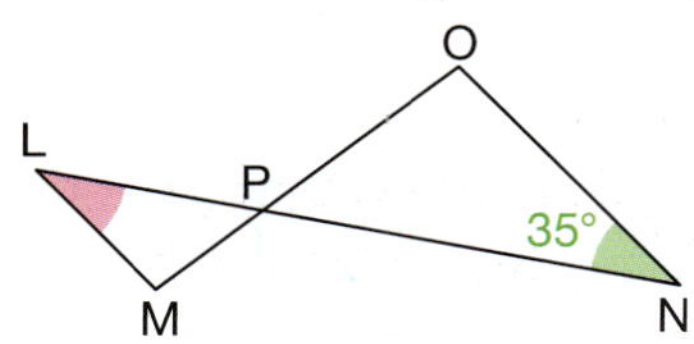

6 Sur la figure ci-dessous, les points A, E, C sont alignés ainsi que les points B, F, D.
Déterminer la mesure de l'angle $\widehat{FEC}$. Expliquer.

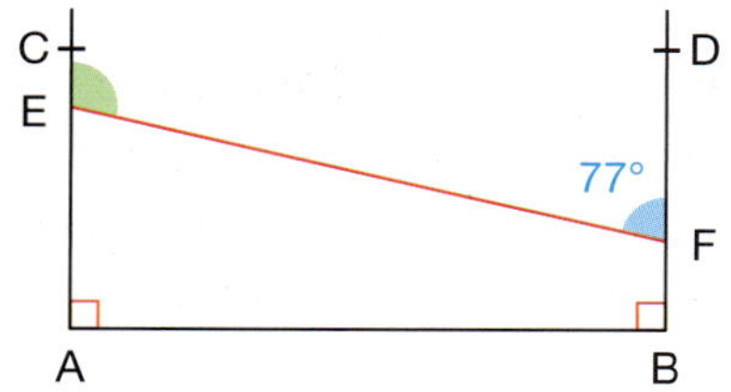

4 Angles d'un triangle

Exercices 29 à 35

a. Somme des mesures des angles d'un triangle

PROPRIÉTÉ Dans un triangle, la somme des mesures des trois angles est égale à **180°**.

Exemple

Dans le triangle ABC :

$\widehat{ABC} + \widehat{BAC} + \widehat{ACB} = 180°$.

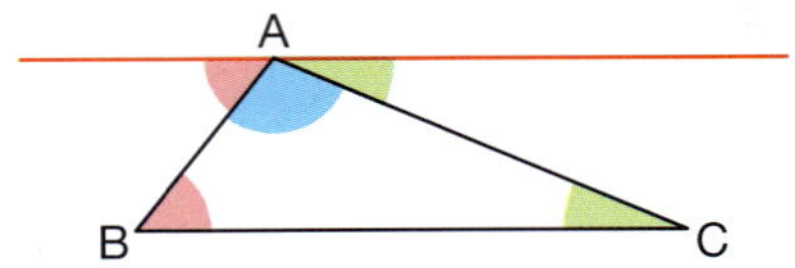

b. Triangle rectangle

PROPRIÉTÉ **Si** un triangle est rectangle, **alors** la somme des mesures de ses deux angles aigus est égale à **90°**.

Exemple

ABC est un triangle **rectangle en A**.
D'après la propriété du paragraphe **a**, $90° + \widehat{ABC} + \widehat{ACB} = 180°$.
Donc $\widehat{ABC} + \widehat{ACB} = 180° - 90° = 90°$.

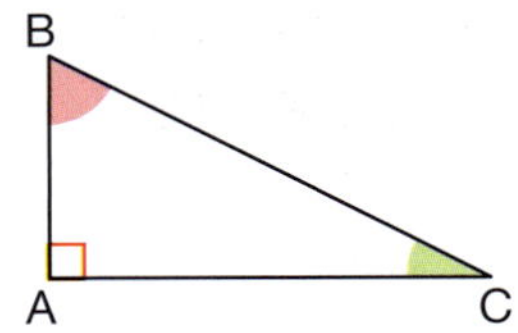

PROPRIÉTÉ **Si** un triangle a deux angles dont la somme des mesures est égale à **90°**, **alors** c'est un triangle rectangle.

c. Triangle rectangle isocèle

PROPRIÉTÉ **Si** un triangle est rectangle isocèle, **alors** chacun de ses angles aigus mesure **45°**.

Exemple

ABC est un triangle **rectangle isocèle en A**.
ABC est isocèle, donc $\widehat{ABC} = \widehat{ACB}$.
On sait aussi, d'après la propriété du paragraphe **b**, que $\widehat{ABC} + \widehat{ACB} = 90°$.
Donc $2 \times \widehat{ABC} = 90°$, soit $\widehat{ABC} = 90° : 2 = 45°$.
Ainsi, $\widehat{ABC} = \widehat{ACB} = 45°$.

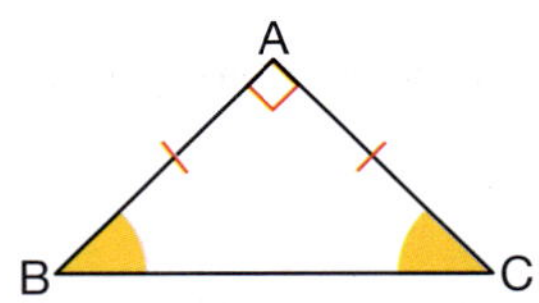

d. Triangle équilatéral

PROPRIÉTÉ **Si** un triangle est équilatéral, **alors** chacun de ses angles mesure **60°**.

Exemple

ABC est un triangle équilatéral.
On sait donc que $\widehat{BAC} = \widehat{ABC} = \widehat{ACB}$.
D'après la propriété du paragraphe **a**, $3 \times \widehat{BAC} = 180°$.
Donc $\widehat{BAC} = 180° : 3 = 60°$.
Ainsi, $\widehat{BAC} = \widehat{ABC} = \widehat{ACB} = 60°$.

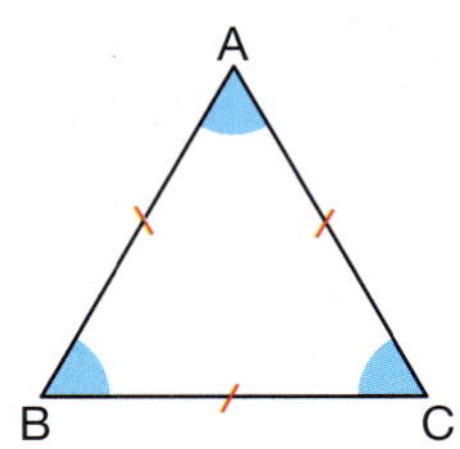

PROPRIÉTÉ **Si** un triangle a deux angles de mesure 60°, **alors** c'est un triangle équilatéral.

En effet,
$180° - (60° + 60°) = 60°$.

J'applique le cours

7 Calculer la mesure d'un angle

EXERCICE RÉSOLU

ÉNONCÉ EFG est un triangle tel que $\widehat{FEG} = 33°$ et $\widehat{EFG} = 27°$.
Calculer la mesure de l'angle $\widehat{EGF}$.

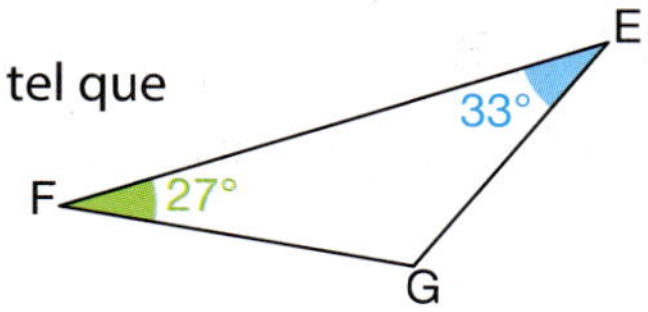

Il n'est pas question ici de mesurer l'angle $\widehat{EGF}$ avec le rapporteur. On n'obtiendrait qu'une mesure approximative.

SOLUTION

❶ La somme des mesures des angles du triangle EFG est égale à 180°, donc :

$\widehat{FEG} + \widehat{EFG} + \widehat{EGF} = 180°$

❷ Ainsi : $33° + 27° + \widehat{EGF} = 180°$

$60° + \widehat{EGF} = 180°$

❸ Donc : $\widehat{EGF} = 180° - 60°$

$\widehat{EGF} = 120°$

CONSEILS

On procède par étapes :

❶ on cite la propriété utilisée ;

❷ on remplace par les mesures connues ;

❸ on calcule la mesure cherchée.

À TON TOUR

8 ABC est un triangle tel que $\widehat{ABC} = 54°$ et $\widehat{BAC} = 98°$.
Calculer la mesure de l'angle $\widehat{BCA}$.

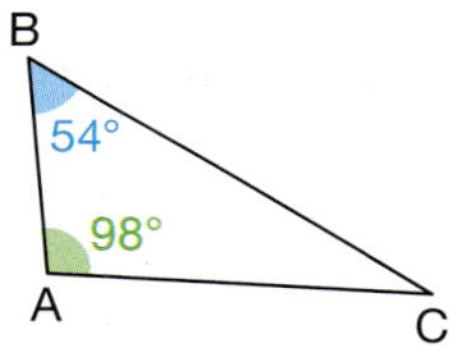

9 À l'aide des informations codées sur cette figure, calculer la mesure de l'angle $\widehat{NMP}$.

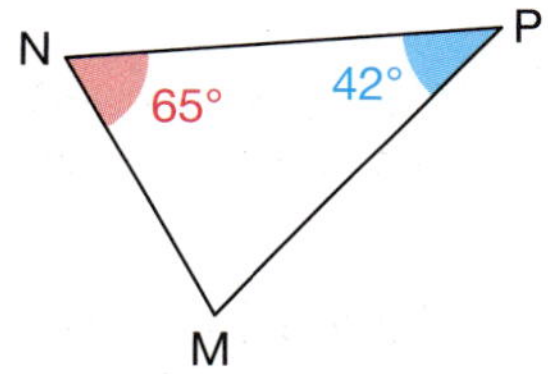

10 Construire un triangle

EXERCICE RÉSOLU

ÉNONCÉ Construire un triangle ABC tel que AB = 2,5 cm, $\widehat{CAB} = 64°$ et $\widehat{CBA} = 71°$.

SOLUTION

❶ On trace un segment [AB] de longueur 2,5 cm.
On construit une demi-droite [Ax) telle que $\widehat{BAx} = 64°$.

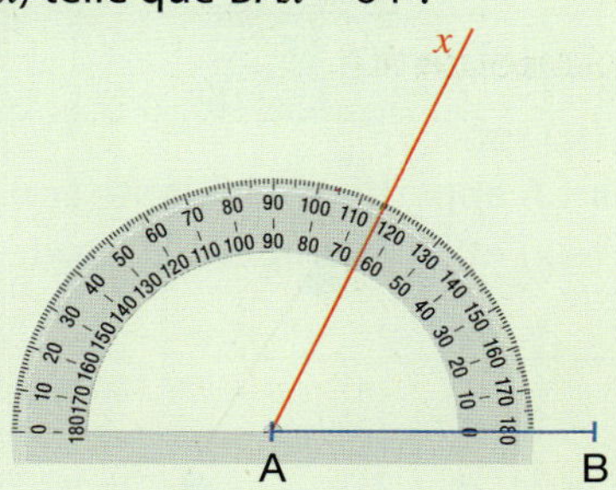

❷ On construit une demi-droite [By) telle que $\widehat{ABy} = 71°$.

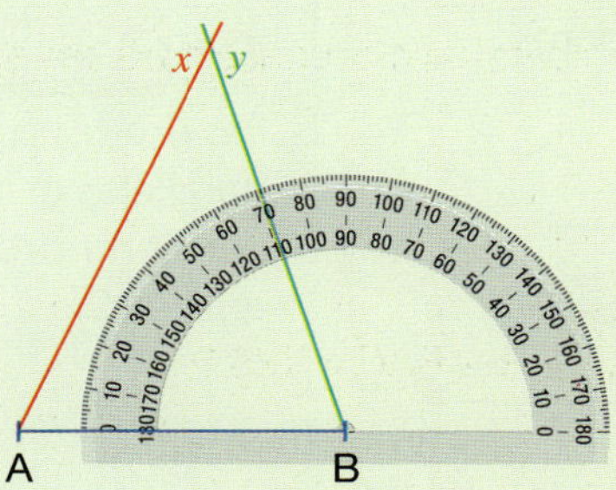

❸ On note C le point d'intersection des demi-droites [Ax) et [By).
On efface les traits de construction.

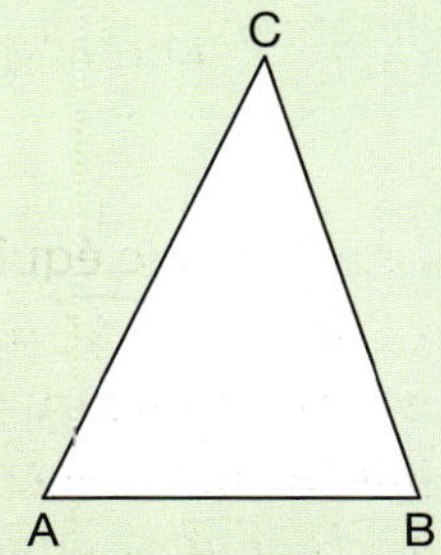

À TON TOUR

11 Construire un triangle ABC tel que :
AB = 7,5 cm, $\widehat{CAB} = 42°$ et $\widehat{CBA} = 53°$.

12 Construire un triangle EFG tel que :
EF = 5,2 cm, $\widehat{GEF} = 125°$ et $\widehat{GFE} = 26°$.

Je travaille mes automatismes

Connaître le vocabulaire des angles

À l'oral — **Questions flash**

13 Sur la figure ci-contre, nommer :

a. un angle alterne-interne avec l'angle $\widehat{tAB}$;

b. un angle correspondant avec l'angle $\widehat{tAu}$;

c. l'angle opposé par le sommet avec l'angle $\widehat{uAx}$.

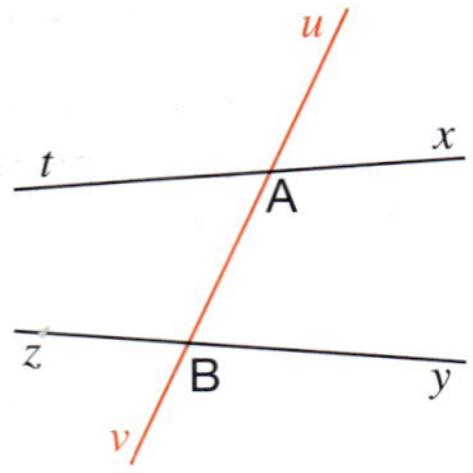

14 Les droites (tx), (vz), (uy) sont concourantes en O.
Dans chaque cas, citer l'angle opposé par le sommet et donner sa mesure.

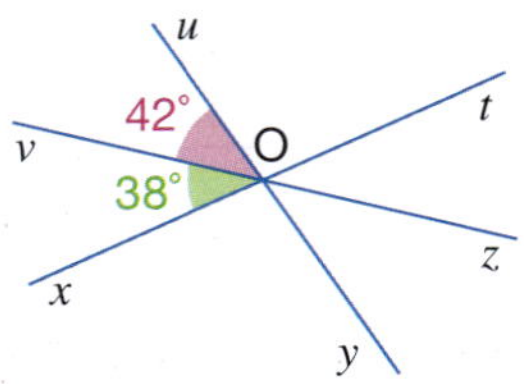

a. $\widehat{xOv}$ **b.** $\widehat{xOz}$ **c.** $\widehat{uOz}$ **d.** $\widehat{uOx}$

15 Tracer cette figure où la droite (uv) coupe les droites (xy) et (tz) en A et B.
Coder :

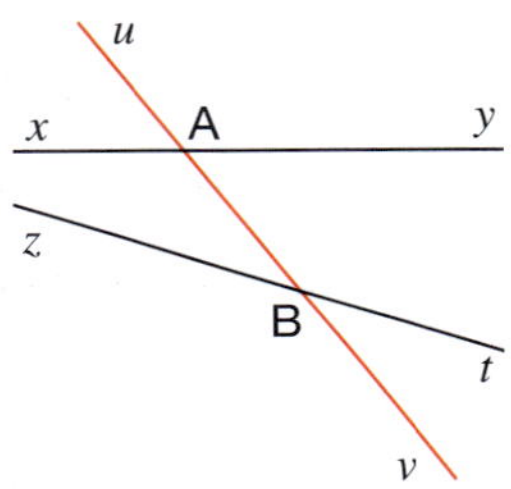

a. deux angles alternes-internes, en rouge ;

b. deux angles opposés par leur sommet commun A, en bleu ;

c. deux angles dont la somme des mesures est 180°, en vert.

16 Réaliser une telle figure où les droites rouges sont parallèles.
Coder deux angles :

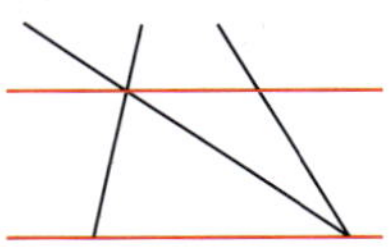

a. alternes-internes ; **b.** correspondants.

17 ABCD est un rectangle dont les diagonales se coupent en O.
Une droite (xy) qui passe par O coupe (AB) en E et (CD) en F.

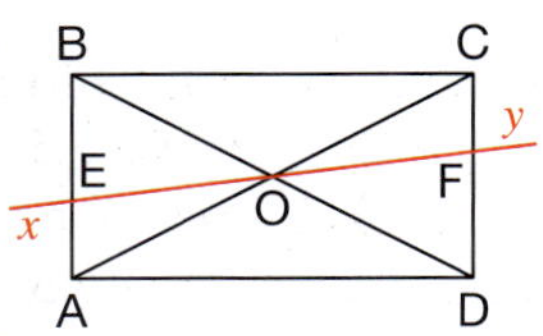

Recopier et compléter chaque phrase par : *sont alternes-internes, sont opposés par le sommet, ont 90° pour somme de leurs mesures.*

a. $\widehat{AOB}$ et $\widehat{COD}$… **b.** $\widehat{BAC}$ et $\widehat{ACD}$…

c. $\widehat{ABD}$ et $\widehat{BDC}$… **d.** $\widehat{xEB}$ et $\widehat{OEA}$…

e. $\widehat{ABD}$ et $\widehat{CBD}$… **f.** $\widehat{BEF}$ et $\widehat{DFO}$…

Utiliser une figure-clé

À l'oral — **Questions flash**

18 Les droites (xy) et (tz) sont parallèles. La droite (uv) coupe la droite (xy) en A et la droite (tz) en B.
Dans chaque cas, donner la mesure de l'angle $\widehat{tBu}$ en citant la propriété utilisée.

a.

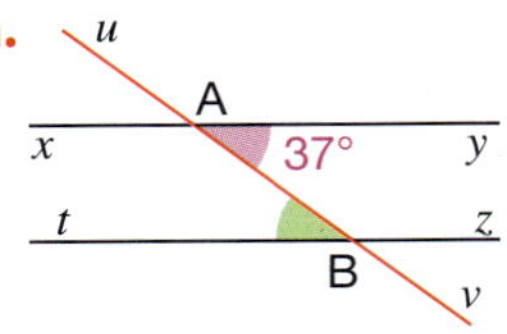

b.

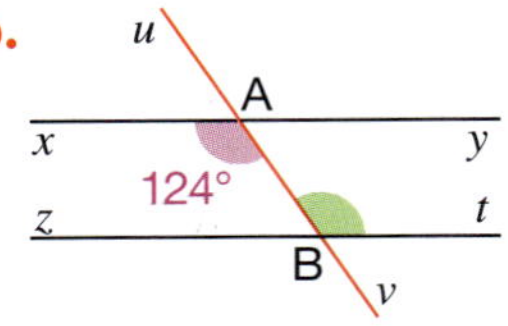

19 Les droites (tz) et (vw) coupent les droites parallèles (xy) et (su) en A, B, C, D.
Donner la mesure de l'angle en citant la propriété utilisée :

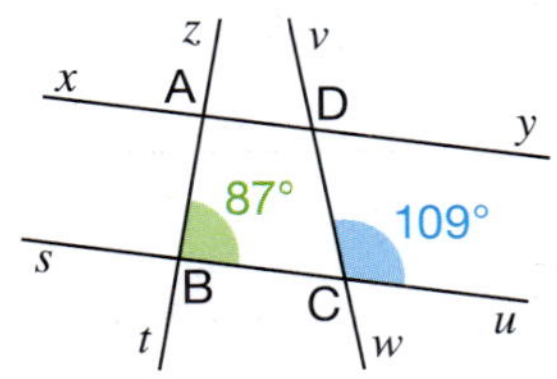

a. $\widehat{yDv}$ **b.** $\widehat{sBt}$

20 La droite (ℓm) coupe les droites parallèles (xy), (zt) et (uv) respectivement en A, B et C.
Donner les mesures des angles $\widehat{zBm}$ et $\widehat{\ell Cv}$ en écrivant les propriétés utilisées.

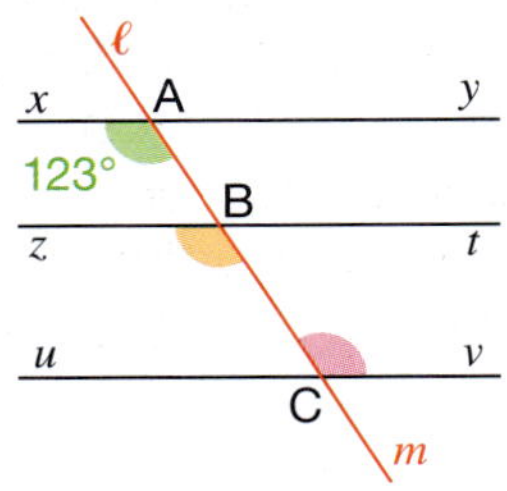

21 La droite (uv) coupe les droites parallèles (xy) et (tz) respectivement en A et B.
Donner la mesure de chacun des sept autres angles codés sur la figure. Expliquer.

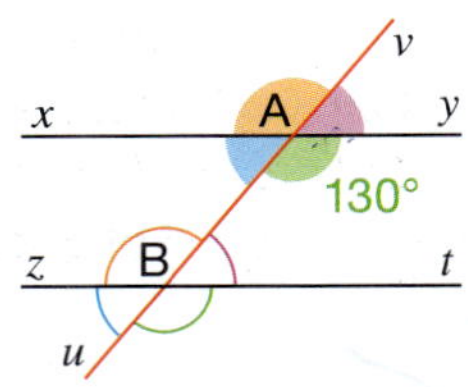

22 CORRIGÉ en vidéo jaicompris.com

Les droites (xy) et (tz) sont parallèles et le point A appartient à la droite (xy).
Les demi-droites $[Au)$ et $[Av)$ coupent la droite (tz) en B et C.

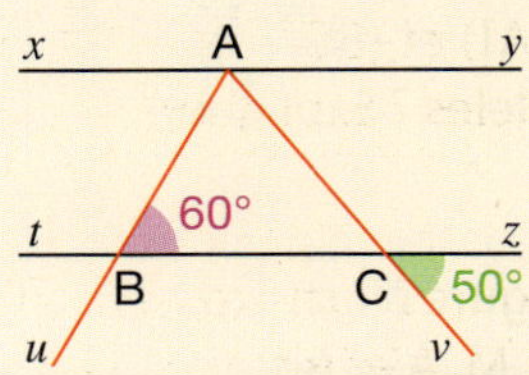

a. Quelles sont les mesures des angles $\widehat{ACB}$, $\widehat{CAy}$ et $\widehat{xAB}$? Expliquer.

b. En déduire la mesure de l'angle $\widehat{BAC}$.

Je travaille mes automatismes

Reconnaître des droites parallèles

À l'oral — **Questions flash**

23 Dans chaque cas, expliquer pourquoi les droites (d) et (d') sont parallèles.

a.

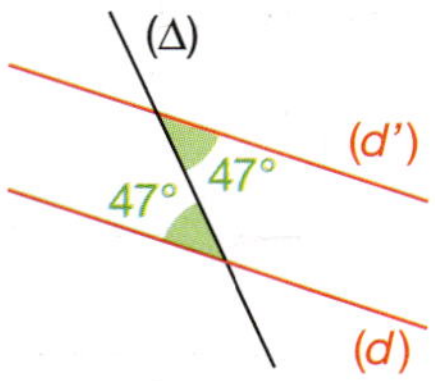

b.

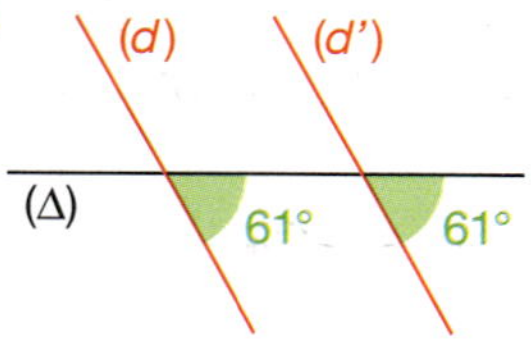

24 Dans chaque cas, expliquer pourquoi les droites (xy) et (tz) ne sont pas parallèles.

a.

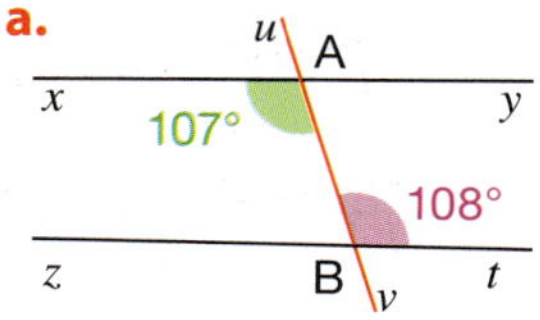

b.

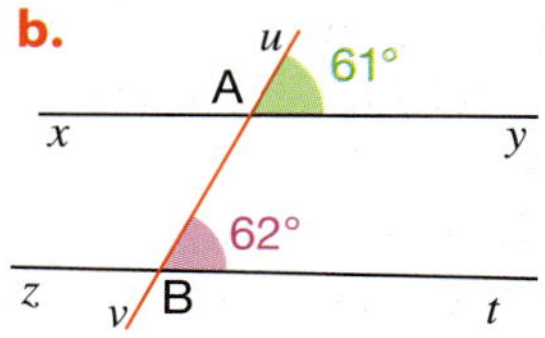

25 **a.** Les informations codées sur la figure ci-contre permettent-elles d'affirmer que les droites (AB) et (CD) sont parallèles ? Expliquer.

b. Peut-on affirmer que les droites (BD) et (AC) sont parallèles ?

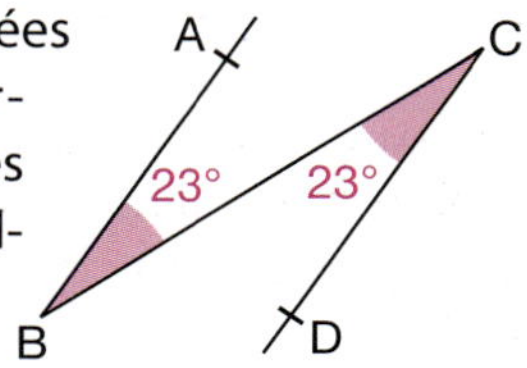

26 La droite (uv) coupe la droite (tx) en A et la droite (yz) en B.

a. Calculer la mesure de l'angle $\widehat{xAv}$.

b. Les droites (tx) et (yz) sont-elles parallèles ? Expliquer.

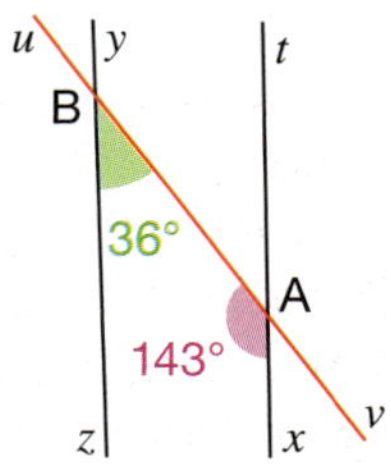

27 Voici une figure à main levée.

a. Déterminer la mesure de l'angle $\widehat{BAI}$.

b. Les droites (AI) et (BC) sont-elles parallèles ? Expliquer.

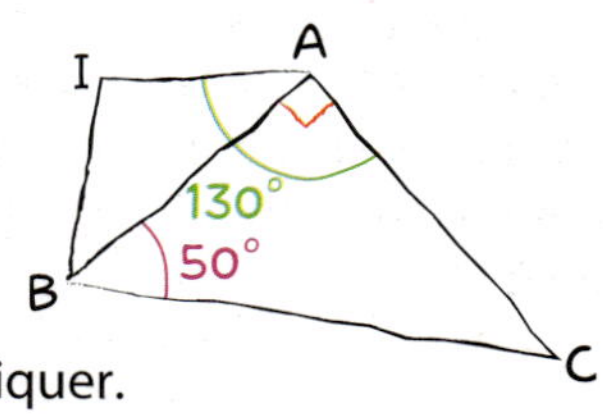

28 Voici une figure à main levée où les points C, M, A et les points C, N, B sont alignés. Les droites (MN) et (AB) sont-elles parallèles ?

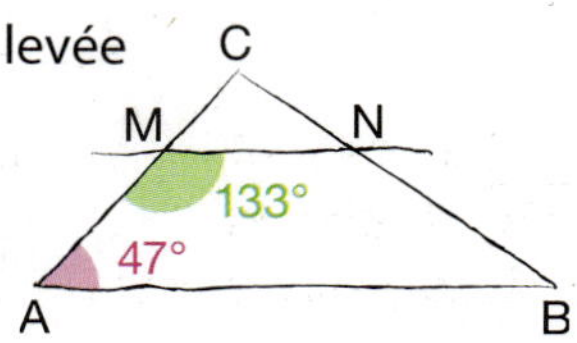

Utiliser la somme des mesures des angles d'un triangle

À l'oral — **Questions flash**

29 Willie affirme : « J'ai construit un triangle dont les angles ont pour mesures 54°, 100° et 25°. » A-t-il raison ? Expliquer.

30 Dans chaque cas, donner la mesure de l'angle $\widehat{MNP}$.

a.

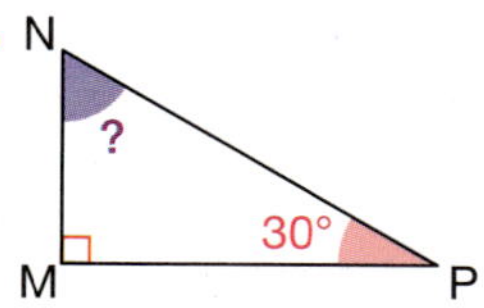

b.

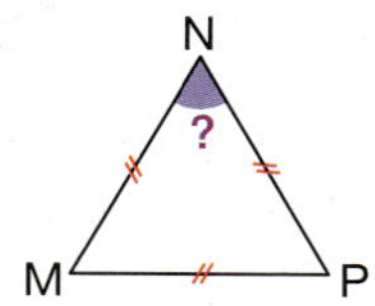

31 ABC est un triangle tel que $\widehat{ABC} = 115°$ et $\widehat{BAC} = 25°$. Calculer la mesure de l'angle $\widehat{ACB}$.

32 Les points A, B et D sont alignés.

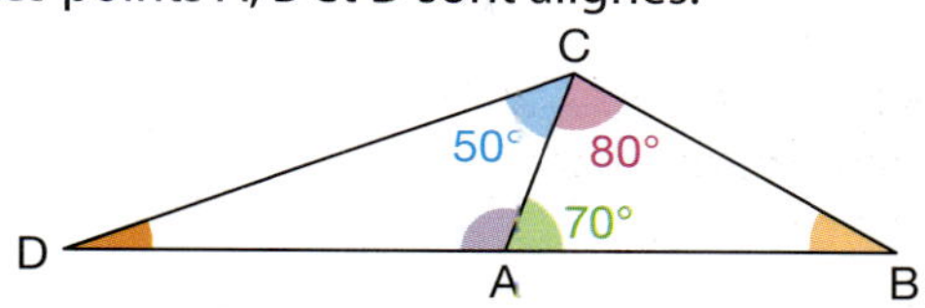

Calculer la mesure de chacun des angles :

a. $\widehat{ABC}$ **b.** $\widehat{CAD}$ **c.** $\widehat{ADC}$

33 Joanne affirme : « Un triangle ABC tel que $\widehat{ABC} = 37°$ et $\widehat{BAC} = 53°$ est rectangle en C. » Joanne a-t-elle raison ? Expliquer.

34 CORRIGÉ en vidéo — jaicompris.com

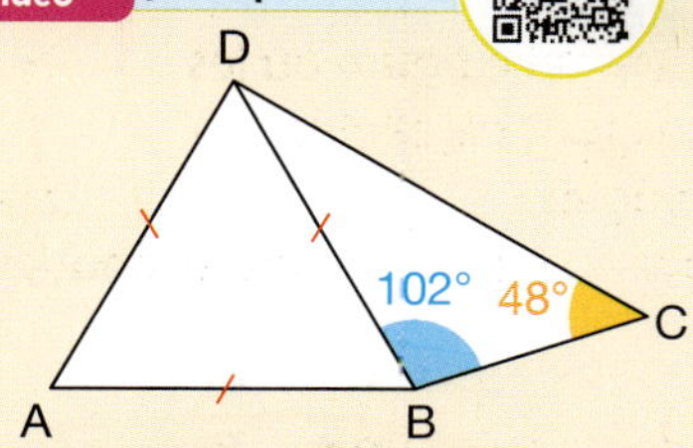

À l'aide des informations codées :

a. calculer la mesure de l'angle $\widehat{BDC}$;

b. donner la mesure de l'angle $\widehat{ADB}$;

c. peut-on affirmer que le triangle ADC est rectangle en D ? Expliquer.

35 RST est un triangle tel que :

$\widehat{RST} = 87°$ et $\widehat{STR} = 6°$.

a. Calculer la mesure de l'angle $\widehat{SRT}$.

b. Que peut-on en déduire pour le triangle RST ?

Connaître une configuration usuelle

36 Les droites (AD) et (BE) sont parallèles.
Les droites (BD) et (CE) sont parallèles.

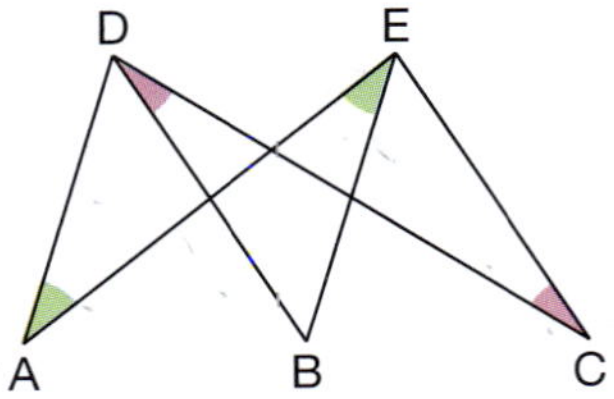

a. Pourquoi les angles $\widehat{EAD}$ et $\widehat{AEB}$ sont-ils alternes-internes ?
b. Les angles $\widehat{EAD}$ et $\widehat{AEB}$ ont-ils la même mesure ?
c. Fatou affirme : « Les angles $\widehat{BDC}$ et $\widehat{ECD}$ ont la même mesure car ils sont alternes-internes. »
L'explication de Fatou est-elle suffisante ?

37 La droite (AE) est parallèle à la droite (DF).
Les points A, B, E sont alignés.

$\widehat{ADF} = 42°$ et $\widehat{DBE} = 68°$

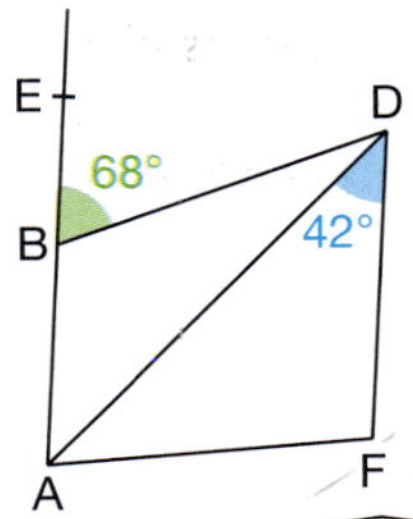

a. Donner la mesure de l'angle $\widehat{BDF}$. Expliquer.
b. Ali affirme : « L'angle $\widehat{BDA}$ mesure 42° comme l'angle $\widehat{FDA}$. » A-t-il raison ? Expliquer.

38 Dans chaque cas, la figure est à main levée.
Dire si les droites (d_1) et (d_2) sont parallèles en expliquant la réponse.

a.

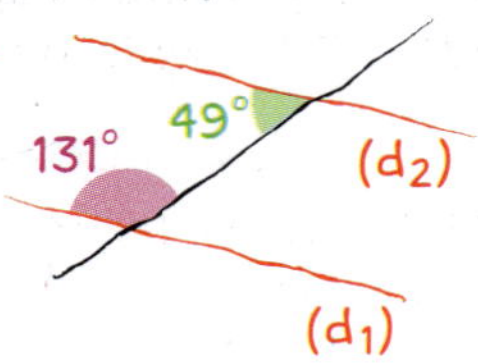

b.

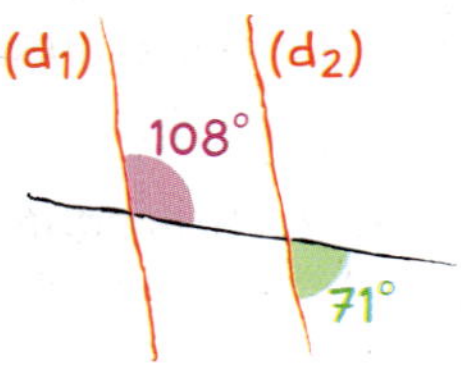

39 CORRIGÉ en vidéo jaicompris.com

Les droites (BD) et (EF) sont sécantes en C.
a. Expliquer pourquoi les droites (AB) et (CE) sont parallèles.
b. Peut-on déterminer la mesure de l'angle $\widehat{ECD}$? Expliquer.
c. Peut-on déterminer la mesure de l'angle $\widehat{FCD}$? Expliquer.

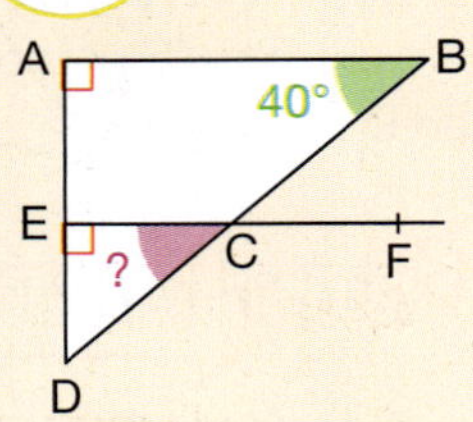

40 Les avenues J. Fourier et Euclide sont parallèles.
Il est prévu de construire une rue (CG) parallèle à la rue de l'Hypoténuse.
Voici le plan où S, E, G et B, C, F sont alignés :

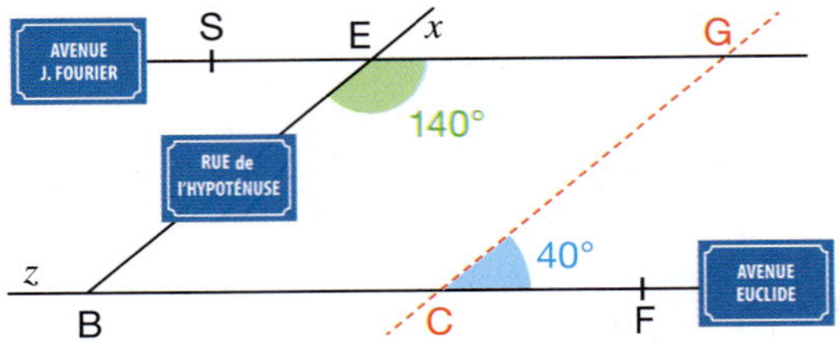

a. Donner la mesure de l'angle $\widehat{EBz}$.
b. En déduire la mesure de l'angle $\widehat{EBC}$.
c. Les deux rues (CG) et de l'Hypoténuse seront-elles bien parallèles ?

41 Jeux et casse-tête ABCD est un parallélogramme.
I est le milieu de [AB] et J le milieu de [BC].
La droite (IJ) coupe la droite (CD) au point O.
Les angles suivants peuvent être associés deux par deux selon un même critère, sauf un, lequel ?

- $\widehat{JIB}$
- $\widehat{ACD}$
- $\widehat{DCB}$
- $\widehat{JOD}$
- $\widehat{BDC}$
- $\widehat{BAC}$
- $\widehat{DBI}$

Utiliser les mesures des angles d'un triangle

42 MNP est un triangle tel que :

$\widehat{MPN} = 118°$, $\widehat{PNM} = 25°$ et MN = 5,8 cm.

a. Réaliser une figure à main levée et la coder.
b. Calculer la mesure de l'angle $\widehat{PMN}$.
c. Construire un tel triangle MNP.

43 RST est un triangle isocèle en S tel que :

$\widehat{TSR} = 62°$ et TR = 4,8 cm.

a. Réaliser une figure à main levée et la coder.
b. Calculer la mesure de l'angle $\widehat{TRS}$.
c. Construire un tel triangle RST.

44 EFG est un triangle rectangle en F tel que :

$\widehat{GEF} = 35°$ et GF = 5,2 cm.

a. Réaliser une figure à main levée et la coder.
b. Calculer la mesure de l'angle $\widehat{FGE}$.
c. Construire un tel triangle EFG.

45 Milo affirme : « Un triangle isocèle dont l'un de ses angles mesure 45° est aussi un triangle rectangle. »
A-t-il raison ? Expliquer.

46 Les points E, B, C et D sont alignés.
Calculer la mesure de chacun des angles du triangle ABC.

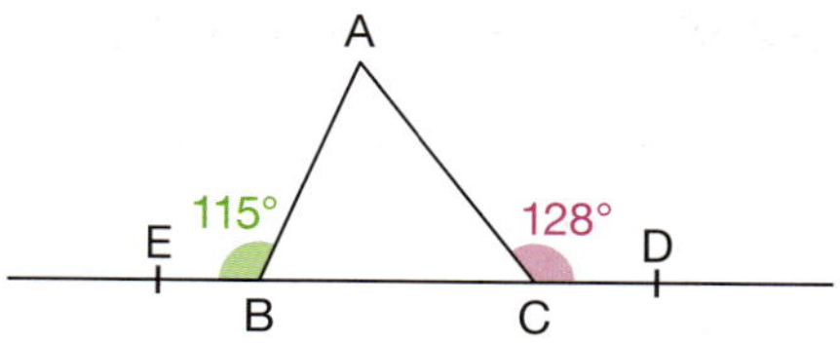

47 **a.** À l'aide des informations codées sur la figure, calculer la mesure de l'angle $\widehat{MNP}$.
b. Quelle est la mesure de l'angle $\widehat{ANM}$?
c. Quelle est la mesure de l'angle $\widehat{APM}$?

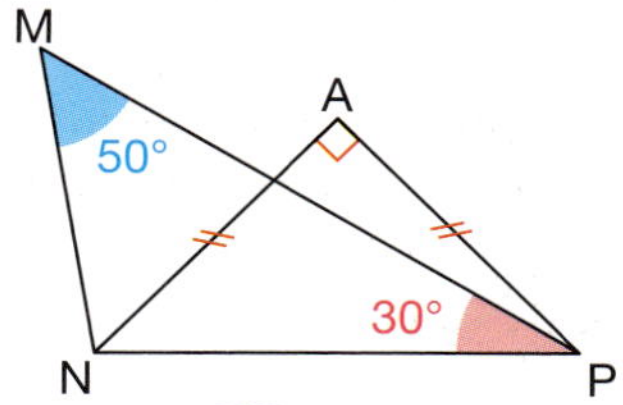

48 Les points H, A, P sont alignés.
Avec les informations codées sur cette figure, dire si le triangle CAT est rectangle en A. Expliquer.

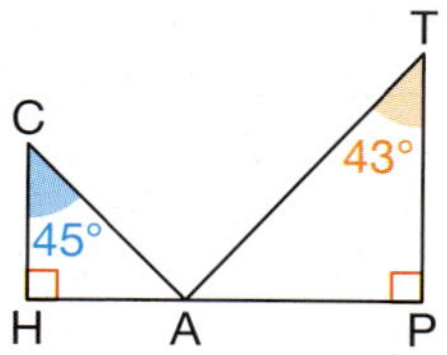

49 Constuire cette figure en vraie grandeur sachant que les points A, C, E sont alignés.

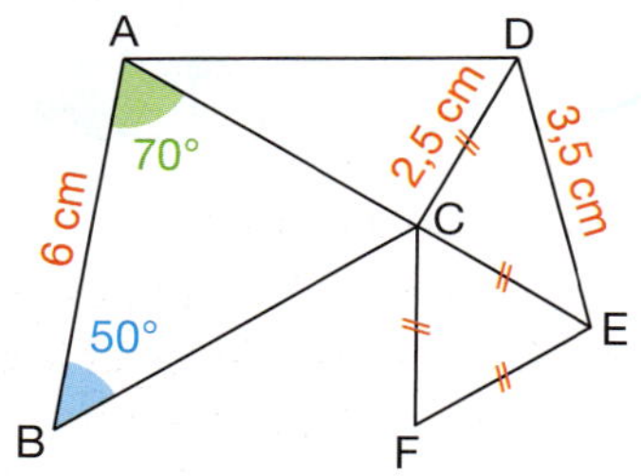

50 Au large de l'île de Noirmoutier, le capitaine d'un bateau relève sa position.
Représenter le triangle ABC ci-contre en prenant 2 cm pour 1 km.

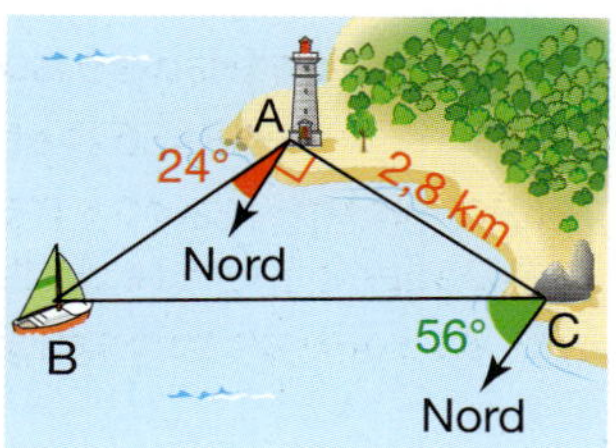

51 **Jeux et casse-tête** Les points B, F, C sont alignés, ainsi que les points D, F, A.
Dire en moins d'une minute quelle est la somme des mesures des angles marqués sur la figure ci-contre.

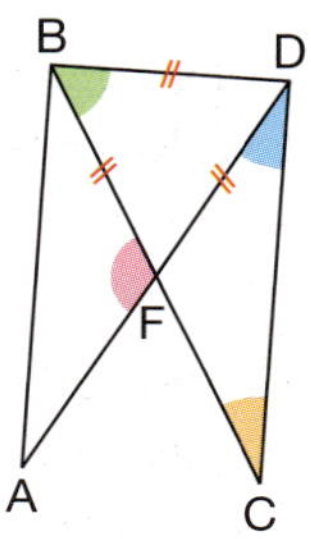

Utiliser des angles

Synthèse

52 Julie assemble ces deux triangles en superposant les côtés [CB] et [DE] et en faisant coïncider C et D.

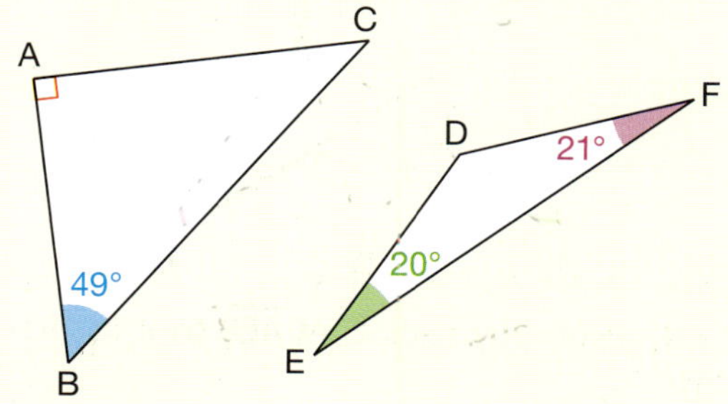

Objectif Vérifier si les points A, C, F sont alignés.

a. Calculer la mesure de l'angle $\widehat{ACB}$ et celle de l'angle $\widehat{EDF}$.
b. En assemblant les triangles comme souhaité, les points A, C et F sont-ils alignés ? Conclure.

53 Manon vient d'installer un panneau solaire sur le toit de sa maison.
Voici une représentation de la situation.

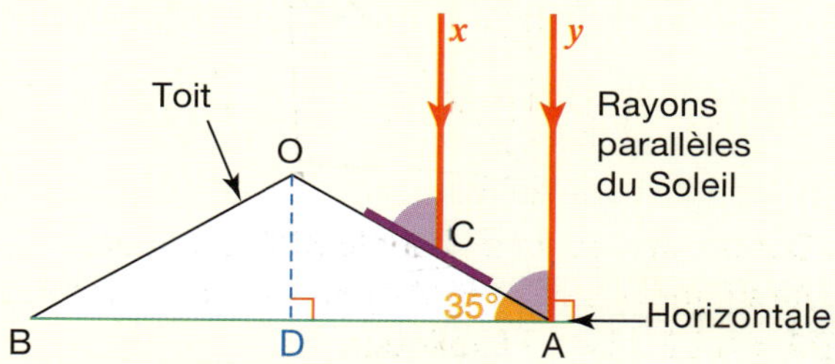

Objectif Vérifier si l'installation est optimale.

a. Calculer la mesure de l'angle $\widehat{OAy}$.
b. L'installation est-elle optimale, c'est-à-dire l'angle $\widehat{xCO}$ a-t-il une mesure entre 40° et 60° ? Expliquer.

54 À l'aide de la figure ci-dessous, Carole affirme : « Les droites (DE) et (GF) sont parallèles. »

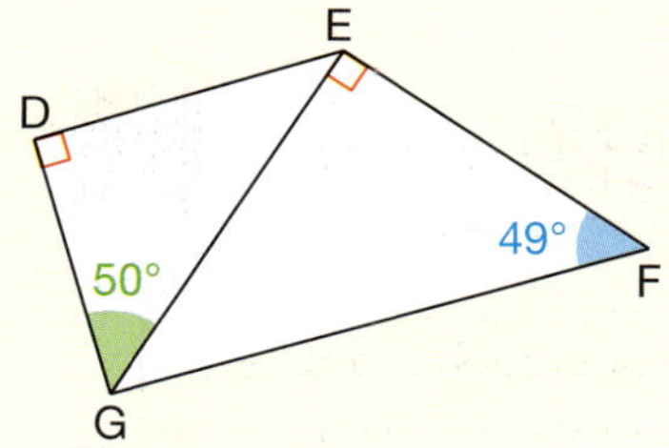

Objectif Vérifier si Carole a raison.

a. Calculer la mesure de l'angle $\widehat{EGF}$.
b. Conclure sur l'affirmation de Carole. Expliquer.

Parcours différenciés

Je m'évalue

Pour chaque question, une seule réponse est exacte.

QCM supplémentaires college.nathan.fr/tm5270

	a	b	c	En cas d'erreur
55 Les angles codés sont alternes-internes sur la figure…	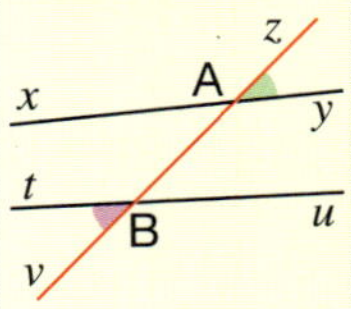	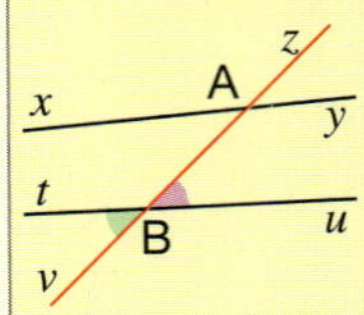	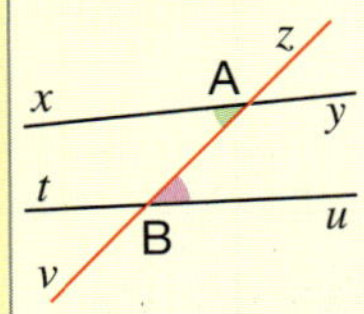	
56 Les angles codés sont opposés par le sommet sur la figure…				Cours 1 p. 262
57 Ces droites sont sécantes en A. L'angle codé en bleu mesure… 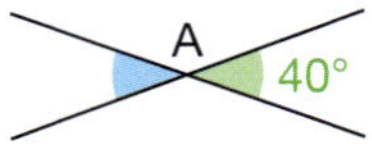	140°	40°	50°	
58 Les droites (xy) et (zt) sont parallèles. L'angle codé en vert a pour mesure… 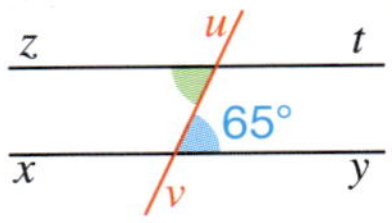	115°	55°	65°	Cours 2 p. 262
59 Les droites (d) et (d') sont parallèles. L'angle codé en vert mesure… 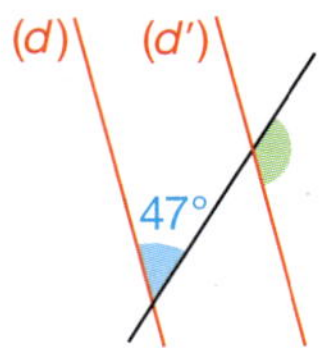	47°	133°	143°	Ex 1 p. 263
60 Les droites (d) et (d') sont parallèles lorsque l'angle codé en rose mesure… 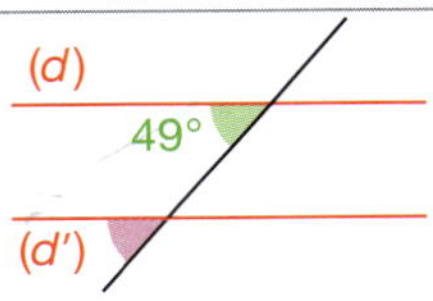	131°	41°	49°	Cours 3 p. 262
61 Un triangle a des angles de mesures 27° et 45°. Son troisième angle mesure…	18°	108°	188°	Cours 4a p. 264 et ex 7 p. 265
62 Ce triangle est… 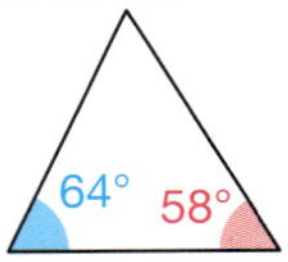	quelconque	isocèle	rectangle	
63 Un triangle a des angles de mesures 18° et 72°. Alors ce triangle est…	rectangle	isocèle	équilatéral	
64 Les points A, C, D sont alignés. L'angle $\widehat{CBD}$ mesure… 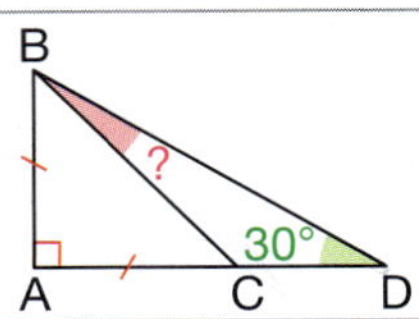	15°	25°	30°	Cours 4 p. 264
65 ABC est un triangle isocèle en A tel que $\widehat{ABC} = 60°$. Alors…	$\widehat{ACB} = 59°$	ABC est rectangle	ABC est équilatéral	

Je réalise mon parcours

Selon ton score page précédente

Parcours conseillé
- Entre **0 et 5 bonnes réponses** : (drapeau vert)
- Entre **6 et 8 bonnes réponses** : (drapeau bleu)
- **9 bonnes réponses ou plus** : (drapeau rouge)

66 Décomposer une figure complexe

Voici une figure codée.
On se propose d'établir certaines propriétés de cette figure.

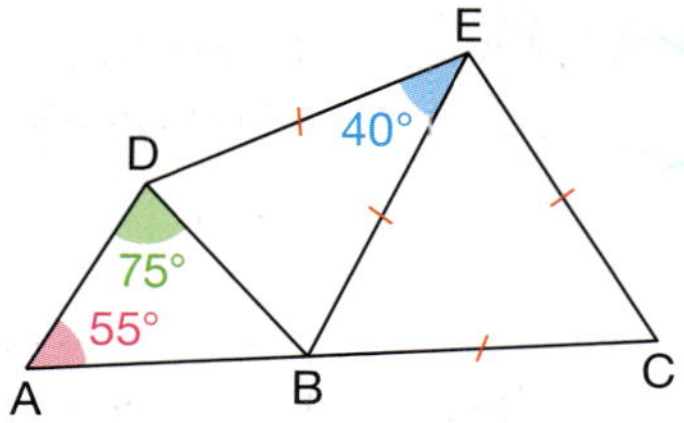

PARCOURS 1

On s'intéresse à la mesure de l'angle $\widehat{ABD}$.

Connais-tu la somme des mesures des angles d'un triangle ?

Oui, c'est 180°.

a. Recopier et compléter :
« Dans le triangle ADB, $\widehat{BDA} + \widehat{BAD} + \widehat{ABD} = ...°$.
Ainsi, $...° + ...° + \widehat{ABD} = ...°$. »
b. Calculer alors la mesure de l'angle $\widehat{ABD}$.

PARCOURS 2

On s'intéresse à la mesure de l'angle $\widehat{BDE}$.
a. Que sait-on du triangle BED à partir des codages ?
b. Calculer la mesure de l'angle $\widehat{BDE}$.

PARCOURS 3

Expliquer pourquoi les points A, B et C sont alignés.

67 Utiliser des propriétés

Sur la figure ci-contre :
- les droites (BF) et (AE) sont parallèles ;
- le triangle BDF est rectangle en B ;
- les points C, B, A, G sont alignés ;
- $\widehat{EAB} = 140°$ et $\widehat{BCD} = 65°$.

On se propose de découvrir d'autres propriétés de cette figure.

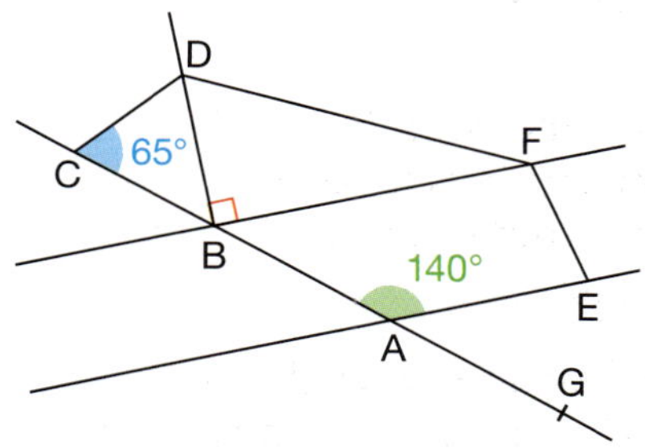

PARCOURS 1

On s'intéresse à la mesure de l'angle $\widehat{CBD}$.

Je ne sais pas comment commencer.

Tu peux chercher des angles correspondants ou alternes-internes.

a. Recopier et compléter : « Les droites (BF) et (AE) coupées par la sécante (...) forment des angles ... $\widehat{EAB}$ et $\widehat{FBC}$. »
b. Donner la mesure de l'angle $\widehat{FBC}$ en citant la propriété utilisée.
c. Calculer la mesure de l'angle $\widehat{CBD}$.

PARCOURS 2

On s'intéresse à la mesure de l'angle $\widehat{ABD}$.
a. Calculer la mesure de l'angle $\widehat{GAE}$.
b. Donner la mesure de l'angle $\widehat{ABF}$ en citant la propriété utilisée.
c. Calculer la mesure de l'angle $\widehat{ABD}$.

PARCOURS 3

Le triangle BCD est-il isocèle ?

Construire des triangles

68 Algo Construire un triangle équilatéral

Voici un triangle équilatéral.

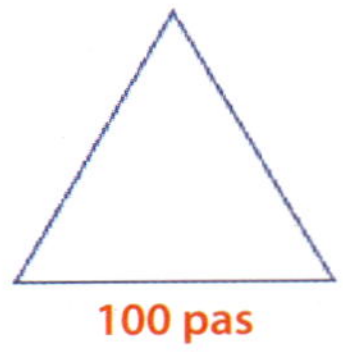

1. Quelle est la mesure de chacun de ses angles ?

2. Emma a écrit le script Scratch ci-contre afin que le lutin trace un tel triangle équilatéral.

a. Ouvrir le logiciel Scratch et saisir ce script.

b. Exécuter le script. Le lutin trace-t-il la figure souhaitée par Emma ?

c. Quels nombres Emma aurait-elle dû saisir aux lignes **(1)** et **(2)** ?

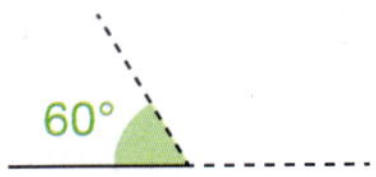

d. Modifier le script d'Emma et vérifier que le lutin trace bien le triangle souhaité.

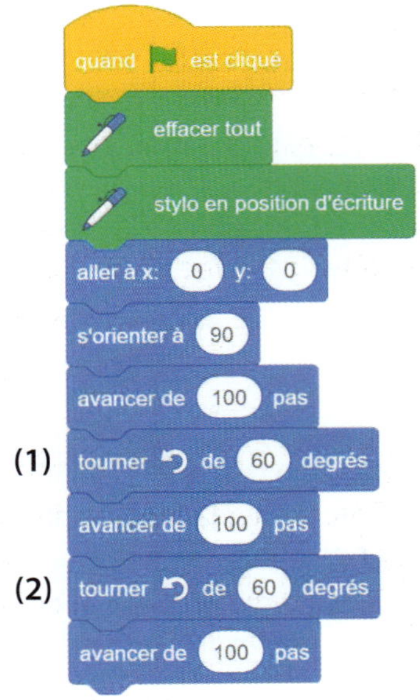

69 Tice Construire un triangle

1. On se propose de construire un triangle ABC tel que AB = 5, BC = 8 et $\widehat{ABC} = 35°$.

a. Ouvrir le logiciel GeoGebra et cliquer sur **Géométrie**.

b. Créer un segment [AB] de longueur 5 (utiliser **Segment de longueur donnée**).

c. Créer un angle $\widehat{ABA'}$ de mesure 35° (utiliser **Angle de mesure donnée**).

d. Créer la demi-droite [BA') (utiliser **Demi-droite**).

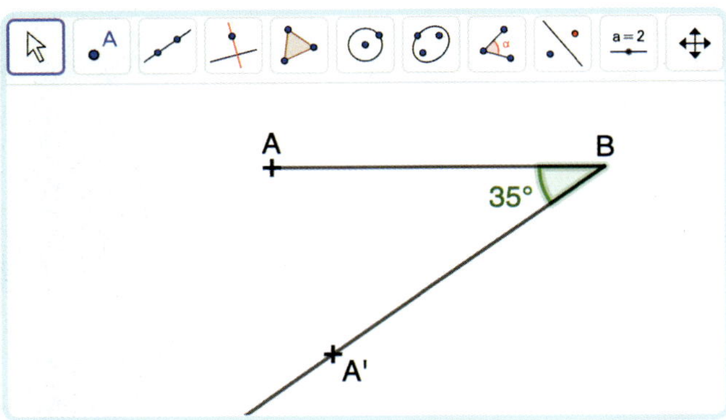

e. Créer le cercle de centre B et de rayon 8 (utiliser **Cercle (centre-rayon)**).
Noter C le point d'intersection de ce cercle et de la demi-droite [BA') (utiliser **Intersection**).

f. Terminer le tracé du triangle ABC.

2. Créer avec GeoGebra un triangle EFG tel que EF = 7, FG = 11 et $\widehat{EFG} = 105°$.

70 Communiquer en anglais

Chercher • Raisonner • Communiquer

a. Can a triangle have two obtuse angles?
b. Which ones of these special triangles can have an obtuse angle: right-angled, isoceles, equilateral?

71 Représenter une situation concrète

Représenter • Raisonner • Calculer

Le drapeau rectangulaire de la République tchèque est constitué de deux bandes rouge et blanche symétriques par rapport à la droite (AE) et d'un triangle bleu isocèle en A avec $\widehat{BAC} = 70°$.

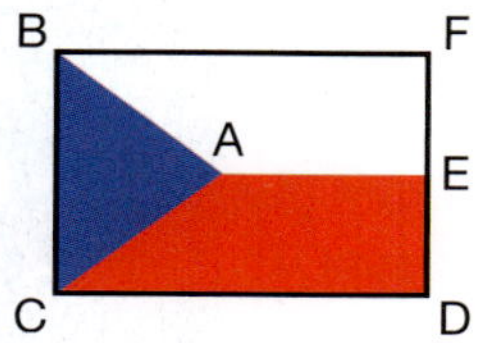

1. Déterminer la mesure de chacun des angles :
a. $\widehat{ABC}$ **b.** $\widehat{ACB}$ **c.** $\widehat{BAE}$ **d.** $\widehat{CAE}$
2. Dessiner ce drapeau avec BC = 6 cm et CD = 9 cm.

72 Construire une figure

Représenter • Raisonner • Communiquer

Sur papier uni, construire en vraie grandeur le quadrilatère MAIN tracé ci-contre à main levée.
Rédiger un programme de construction.

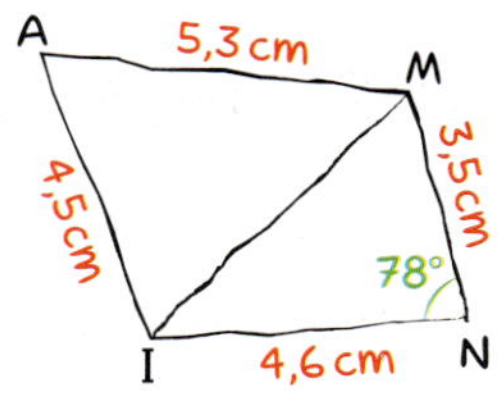

73 Penser à un tracé supplémentaire

Représenter • Raisonner • Calculer

ABCD est un trapèze rectangle.
Déterminer la mesure de l'angle $\widehat{ABC}$.

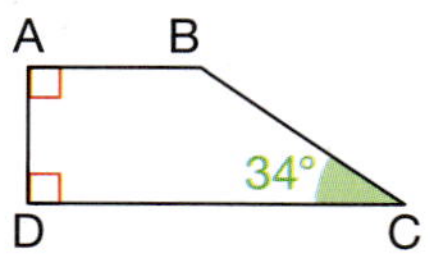

74 Comparer des angles

Représenter • Raisonner

Maël a dessiné le logo ci-contre. Les droites (AF) et (BE) sont parallèles, ainsi que les droites (AD) et (BC). (EB) et (AD) se coupent en H. Les angles $\widehat{FAD}$ et $\widehat{EBC}$ ont-ils la même mesure ? Expliquer.

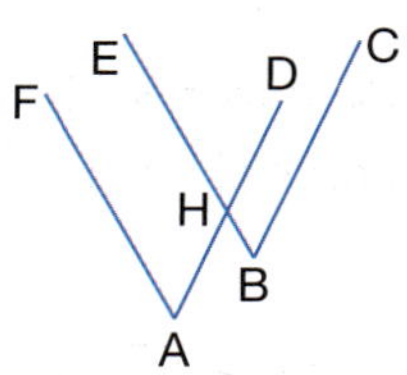

75 Argumenter

Représenter • Raisonner • Communiquer

Voici une figure à main levée.
Les droites (AB) et (CD) sont-elles parallèles ? Expliquer.

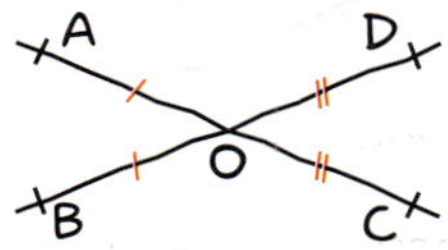

76 Comprendre une définition

Raisonner • Calculer • Communiquer

ABCDE est un pentagone régulier ; tous ses angles ont pour mesure 108°.

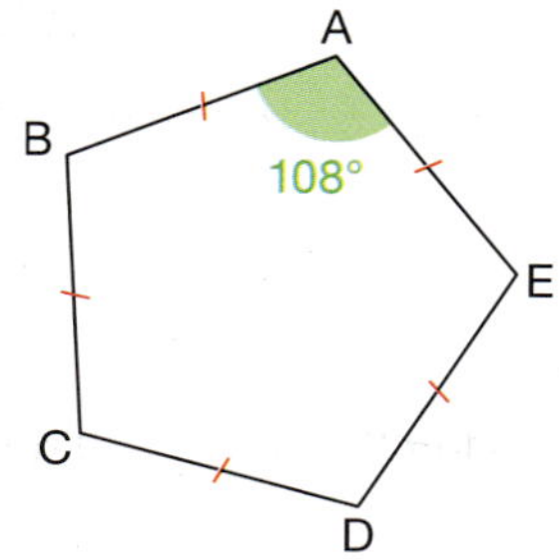

a. Calculer la mesure de l'angle $\widehat{ABE}$.
b. Calculer la mesure de l'angle $\widehat{BEC}$.
c. Un triangle isocèle est un triangle d'or lorsque l'un au moins de ses angles mesure un cinquième de l'angle plat.
Les triangles ABE, CED et BEC sont-ils des triangles d'or ?

77 Algo Comprendre un script Scratch

Représenter • Raisonner • Communiquer

Voici un script Scratch.

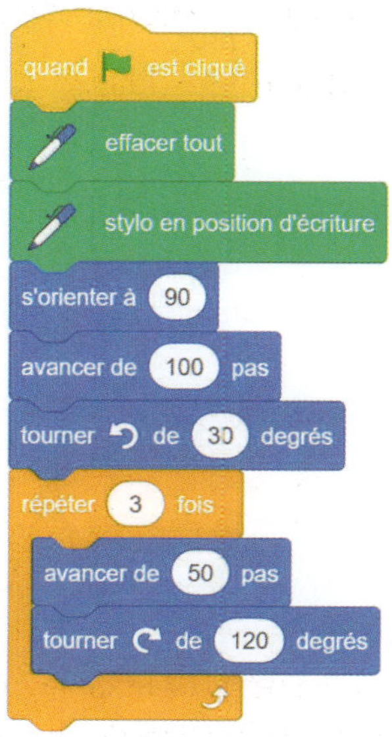

Sur papier uni, choisir un point de départ et construire la figure tracée par le lutin lorsqu'on exécute ce script.
Prendre 1 cm pour 20 pas.

J'utilise mes compétences

78 Communiquer en anglais

Raisonner • Calculer • Communiquer

A triangle ABC is such that the angle $\widehat{ABC}$ is twice as large as $\widehat{BAC}$ and angle $\widehat{ACB}$ is three times as large as $\widehat{BAC}$.
Is ABC a right-angled triangle?

79 Généraliser un résultat

Représenter • Raisonner • Communiquer

a. Donner la mesure de chaque angle du triangle ABC lorsque $x = 36°$. Expliquer.

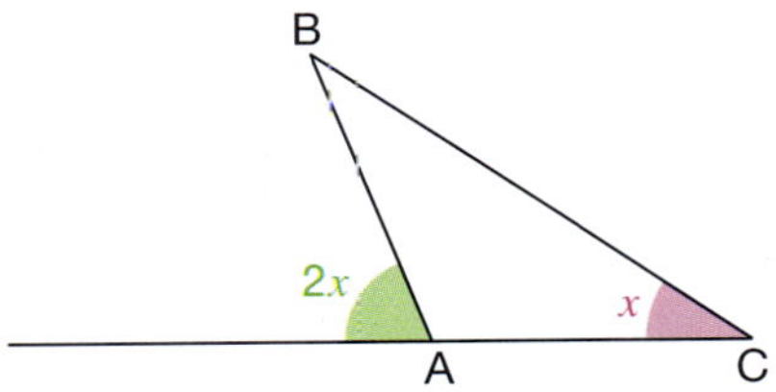

b. Peut-on affirmer que le triangle ABC est isocèle quel que soit le choix de la mesure x ? Expliquer.

80 Comprendre et expliquer

Chercher • Représenter

Marquer deux points comme ci-contre. Construire le symétrique A′ du point A par rapport au point O en utilisant uniquement le compas.

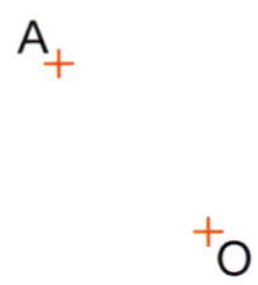

81 Imaginer une stratégie

Raisonner • Calculer • Communiquer

Le point F est en dehors du cadre mais il est aligné avec les points D et E.

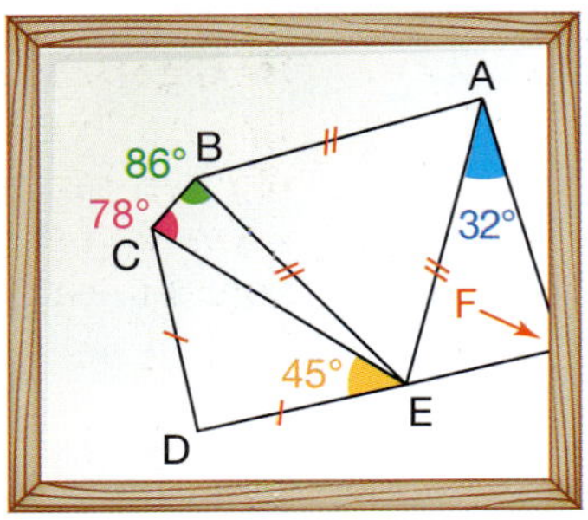

Sans effectuer de tracés en dehors du cadre, dire si les droites (CD) et (AF) sont parallèles. Expliquer.

82 Problème ouvert

Chercher • Raisonner

La figure ci-contre représente le trajet effectué pour traverser une rivière.
On suppose que les rives (yy') et (zz') sont parallèles.

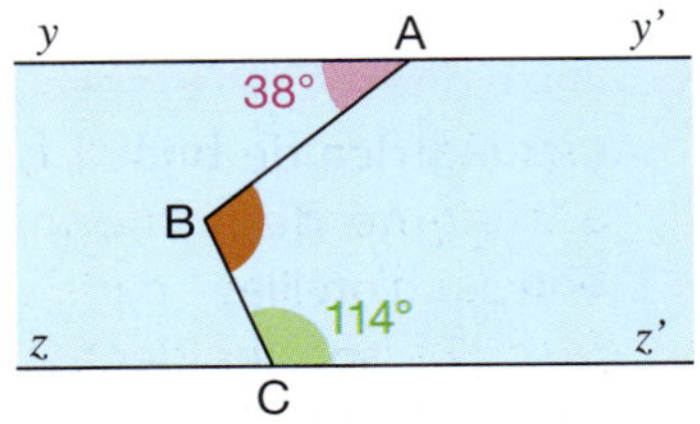

Quelle est la mesure de l'angle $\widehat{ABC}$?

Narration de RECHERCHE

83 PROBLÈME Un angle $\widehat{xAy}$ mesure 20°.
Les points M et N appartiennent au côté $[Ax)$ et les points O et T au côté $[Ay)$.
Calculer la longueur OT.

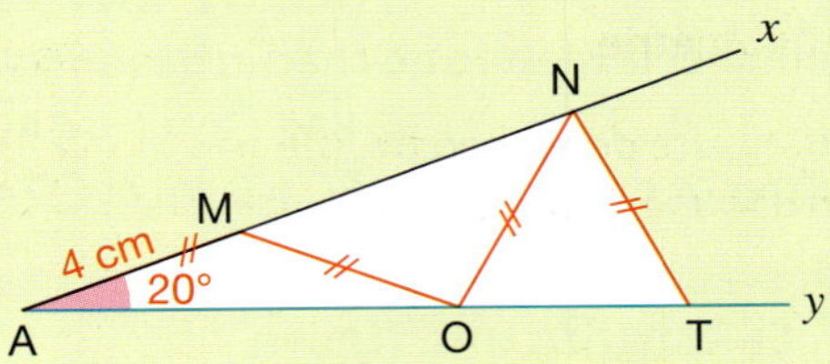

Raconter sur une feuille les différentes étapes de la recherche et les remarques qui ont fait changer de méthode ou qui ont permis de résoudre le problème.

Des défis

84 Ne pas utiliser de rapporteur

Tracer un angle de mesure 105° sans utiliser le rapporteur.

85 Comprendre un cheminement

Ces deux lutins se déplacent à l'intérieur du rectangle ABCD en suivant des chemins qui sont deux à deux parallèles.

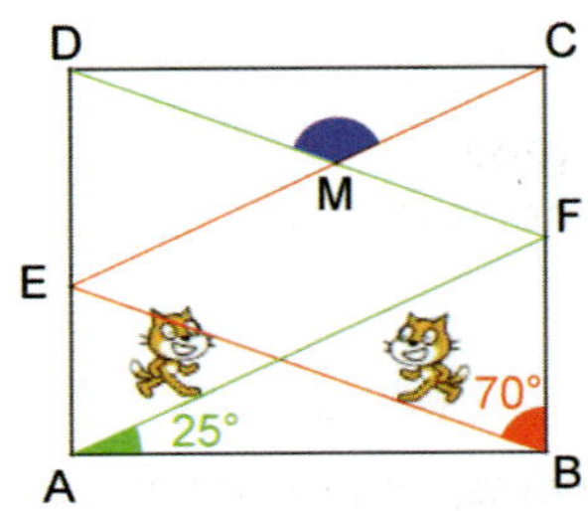

Calculer la mesure de l'angle $\widehat{DMC}$.

Je prends des initiatives

TÂCHES COMPLEXES

86 RÉALISER des boucles d'oreilles

▸ La situation-problème

La créatrice de bijoux Héloïse a imaginé deux modèles de boucles d'oreilles à partir de cinq triangles isocèles identiques.
Aider Héloïse à compléter le tableau du doc. 2 qu'elle doit envoyer au fabricant.
Construire ces bijoux avec les instruments de géométrie dans le cas où les triangles isocèles ont deux côtés de longueur 4 cm.

▸ Les supports de travail

Les documents, les instruments de géométrie.

Toute piste de recherche, même non aboutie, figurera sur la feuille.

Doc. 1

Les schémas des deux boucles d'oreilles

Doc. 2

La fiche technique

Angle	c	d	h	ℓ	k
Mesure (en °)					

87 RÉALISER une rosace

ART ET CULTURE

▸ La situation-problème

Dans les jardins de la Fontaine à Nîmes, on trouve une rosace appelée rosace du temple de Diane.
Construire l'un de ces motifs et répondre à l'énigme du doc. 4.

Doc. 1

La rosace

Doc. 2

Un programme de construction

- Tracer un cercle de centre O et de rayon 4 cm.
- Construire un hexagone régulier ABCDEF inscrit dans ce cercle.
- Construire six carrés comme ci-contre.
- Tracer les triangles jaunes.

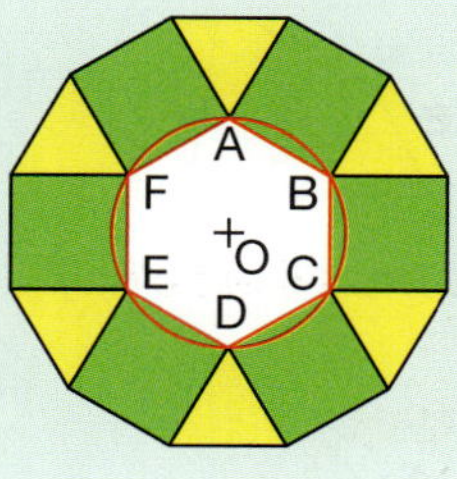

Doc. 3

Hexagone régulier

Le côté d'un hexagone régulier est égal au rayon du cercle dans lequel il est inscrit.

Doc. 4

Une énigme

Les triangles jaunes (doc. 2) sont-ils équilatéraux ?

▸ Les supports de travail

Les documents, les instruments de géométrie.

Toute piste de recherche, même non aboutie, figurera sur la feuille.

CHAPITRE 18

Connaître le parallélogramme

La Porte de l'Europe est un ensemble de deux tours penchées situées à Madrid. Chaque tour a deux faces en forme de parallélogramme. Au sol, la base mesure 35 m de long et la hauteur relative à cette base est de 115 m. Chaque tour a une inclinaison de 15° avec la verticale.

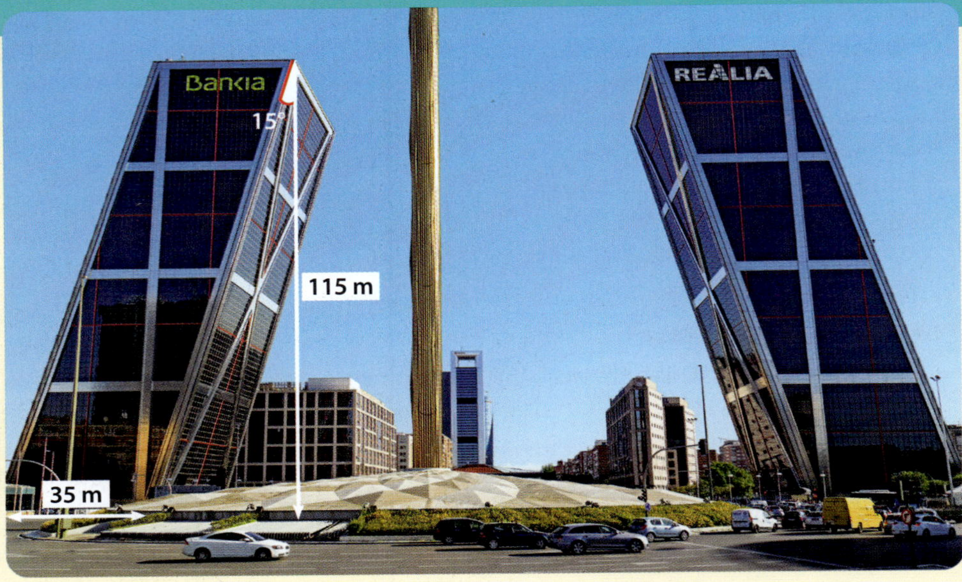

Bien démarrer

Pour chaque question, une réponse ou plusieurs sont exactes.

			a	b	c
1	Ce quadrilatère peut se nommer…	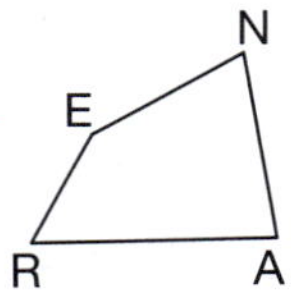	NARE	ERAN	ARNE
2	Une diagonale de ce quadrilatère est le segment…		[RE]	[RN]	[AE]
3	Dans tous les cas, un parallélogramme a…		ses côtés opposés deux à deux parallèles	ses quatre côtés de même longueur	un angle droit
4	Un quadrilatère qui a ses côtés de même longueur peut être…		un rectangle	un losange	un carré
5	Ce quadrilatère est…	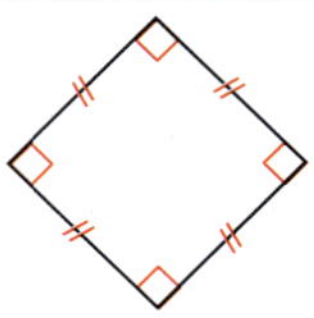	un rectangle	un losange	un carré

Vérifie tes réponses p. 306

ACTIVITÉ

1 Connaître des propriétés du parallélogramme

Cours Paragraphe 1, p. 278

L'Île Saint-Louis, à Paris, a approximativement la forme d'un parallélogramme ; il est représenté en rouge sur le plan ci-contre.

1 **a.** Tracer un triangle ABC tel que :
AB = 2,5 cm, BC = 6 cm et AC = 8 cm.
b. À l'aide de la règle et du compas, marquer le point D tel que le quadrilatère ABCD est un parallélogramme.

Rappel
Un parallélogramme est un quadrilatère dont les côtés opposés sont deux à deux parallèles.

2 **a.** Marquer le milieu de O de la diagonale [AC].
b. • Quel est le symétrique par rapport à O : • du point A ? • du point C ?
• Recopier et compléter : « La symétrique de la droite (AB) par rapport à O est la droite qui passe par ... et qui est ... à la droite (AB), c'est donc la droite .... »
• Quelle est la symétrique de la droite (BC) ?
c. Le point B est à l'intersection des droites (AB) et (CB). Recopier et compléter :
« Donc le symétrique de B par rapport à O est à l'intersection des droites ... et ....
Ainsi, le symétrique de B est ... et le symétrique du parallélogramme ABCD est .... »
d. Pour le parallélogramme ABCD, en déduire une propriété pour :
• ses diagonales ; • les longueurs de ses côtés opposés.

ACTIVITÉ

2 Reconnaître un parallélogramme par ses diagonales

Cours Paragraphe 1b, p. 278

Les segments [AC] et [BD] ci-contre ont le même milieu O.

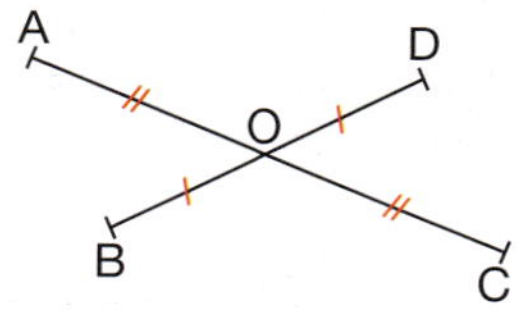

a. Quelle est la symétrique par rapport à O :
• de la droite (AB) ? • de la droite (AD) ?
b. En déduire que le quadrilatère ABCD est un parallélogramme. Expliquer.
On dit que **ABCD est un parallélogramme de centre O**.

ACTIVITÉ

3 Reconnaître des parallélogrammes particuliers

Cours Paragraphe 3, p. 280

Dans chaque cas, réaliser une figure à main levée et coder les informations de l'énoncé.
a. Tracer un parallélogramme IJKL de centre O dont les diagonales [IK] et [JL] sont perpendiculaires en O et de longueurs différentes.
Que semble-t-on pouvoir dire de plus concernant la nature du parallélogramme IJKL ?
b. Tracer un parallélogramme EFGH de centre O dont les diagonales [EG] et [FH] ont la même longueur et ne sont pas perpendiculaires.
Que semble-t-on pouvoir dire de plus concernant la nature du parallélogramme EFGH ?
c. Tracer un parallélogramme MNPQ de centre O dont les diagonales [MP] et [NQ] sont perpendiculaires et de même longueur.
Que semble-t-on pouvoir dire de plus concernant la nature du parallélogramme MNPQ ?

1 Parallélogramme

Exercices 11 à 23

a. Rappels

DÉFINITION Un **parallélogramme** est un quadrilatère qui a ses côtés opposés deux à deux parallèles.

Exemples

• MNRS est un parallélogramme.
On peut dire alors que :
(MN) // (SR) et (MS) // (NR).

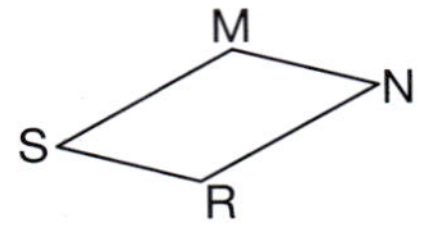

• (AB) // (DC) et (AD) // (BC).
On peut dire alors que ABCD est un parallélogramme.

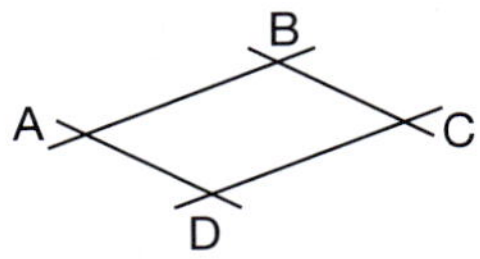

PROPRIÉTÉ Un parallélogramme a un **centre de symétrie** qui est le point d'intersection de ses diagonales.

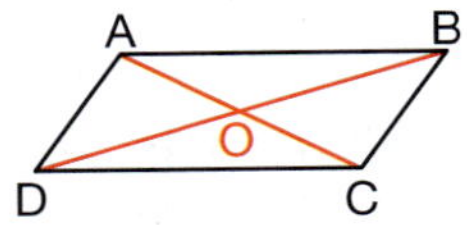

b. Propriété caractéristique des diagonales

PROPRIÉTÉ Dans un parallélogramme, les diagonales se coupent **en leur milieu.**

Exemple

Donnée
ABCD est un parallélogramme.

Donc, d'après cette propriété

Conclusion
[AC] et [BD] se coupent en leur milieu.

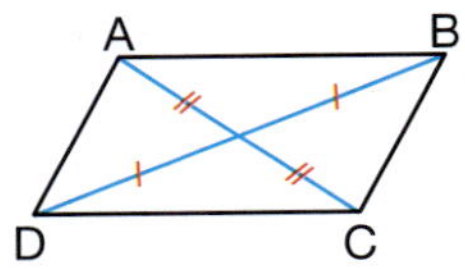

PROPRIÉTÉ Si un quadrilatère a ses diagonales de même milieu, alors c'est un **parallélogramme.**

Exemple

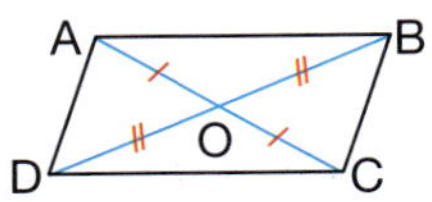

Donnée
[AC] et [BD] se coupent en leur milieu.

Donc, d'après cette propriété

Conclusion
ABCD est un parallélogramme.

c. Propriété des côtés opposés

PROPRIÉTÉ Dans un parallélogramme, les côtés opposés ont deux à deux **la même longueur.**

Exemple

Donnée
ABCD est un parallélogramme.

Donc, d'après cette propriété

Conclusion
AB = DC
et AD = BC.

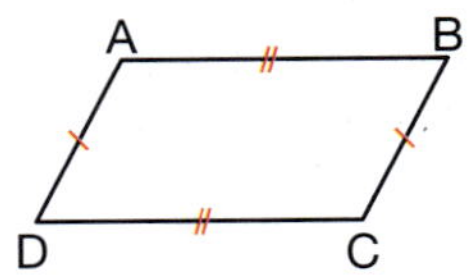

Remarque : pour une démonstration, se reporter à l'exercice 77 p. 289.

J'applique le cours

1 Construire un parallélogramme

EXERCICE RÉSOLU

ÉNONCÉ A, B et C sont trois points non alignés tels que AC = 3 cm.
Marquer, à l'aide des diagonales, le point D tel que le quadrilatère ABCD est un parallélogramme.

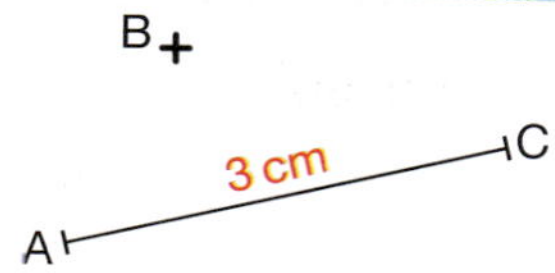

SOLUTION

• **Construction**

❶ On marque le milieu O du segment [AC].

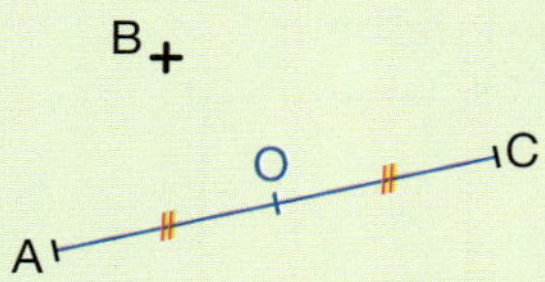

❷ On marque le point D symétrique du point B par rapport à O.

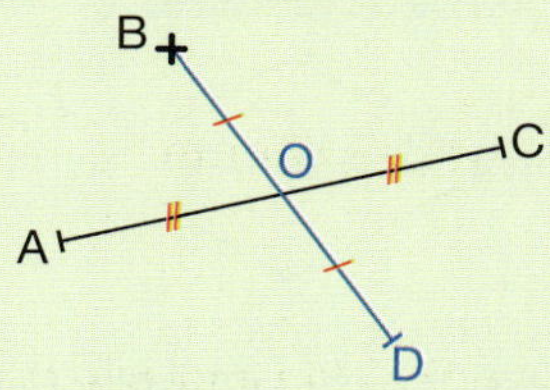

❸ On trace le parallélogramme ABCD.

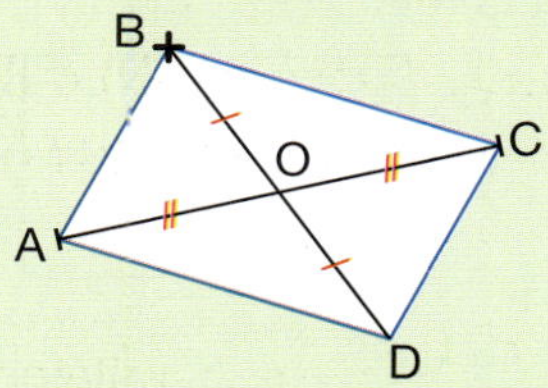

• **Justification :** par construction, O est le milieu des diagonales [AC] et [BD] du quadrilatère ABCD, donc le quadrilatère ABCD est un parallélogramme.

À TON TOUR

2 Marquer trois points E, F, G non alignés tels que EG = 5 cm. Marquer, à l'aide des diagonales, le point H tel que EFGH est un parallélogramme.

3 Marquer trois points non alignés M, N, P tels que MN = 4 cm. Marquer, à l'aide des diagonales, le point Q tel que MQNP est un parallélogramme.

4 Reconnaître un parallélogramme

EXERCICE RÉSOLU

ÉNONCÉ $\mathscr{C}$ est un cercle de centre O et de diamètre [HF].
E est un point extérieur au cercle $\mathscr{C}$. G est le symétrique du point E par rapport à O.
Expliquer pourquoi le quadrilatère EFGH est un parallélogramme.

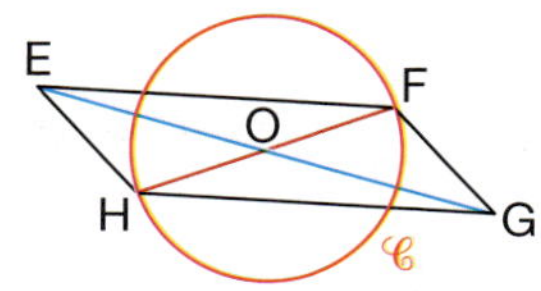

SOLUTION

• [HF] est un diamètre du cercle de centre O, donc O est le milieu du segment [HF].
De plus, G est le symétrique du point E par rapport à O, donc O est le milieu du segment [EG].
Ainsi, O est le milieu des diagonales [EG] et [HF] du quadrilatère EFGH.
• Or, si un quadrilatère a ses diagonales qui se coupent en leur milieu, alors c'est un parallélogramme.
Donc EFGH est un parallélogramme.

CONSEILS

• On tire des conséquences des données (en rouge et en bleu) de l'énoncé.

• On cite la propriété énoncée en cours que l'on utilise.

• On écrit la conclusion.

À TON TOUR

5 ABCD est un parallélogramme dont les diagonales se coupent en I.
Le point I est aussi le milieu du segment [MN].
Expliquer pourquoi le quadrilatère AMCN est un parallélogramme.

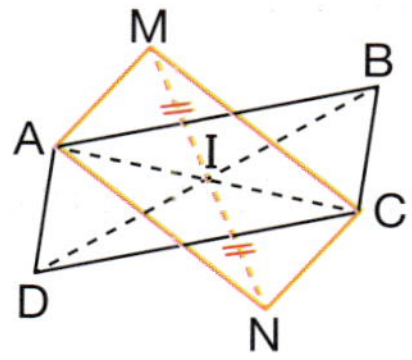

2 Parallélogrammes particuliers

Exercices 24 à 31

PROPRIÉTÉS
- Un rectangle est un parallélogramme.
- Un losange est un parallélogramme.
- Un carré est un parallélogramme.

Remarque : pour une démonstration se reporter à l'exercice 42 p. 284.

PROPRIÉTÉS (rappels)

- Les diagonales d'un **rectangle** ont la même longueur.

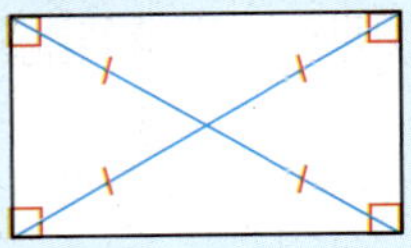

- Les diagonales d'un **losange** sont perpendiculaires.

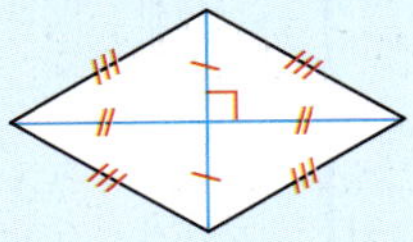

- Les diagonales d'un **carré** sont perpendiculaires et ont la même longueur.

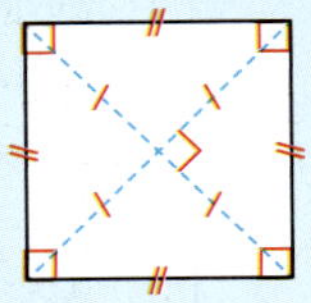

3 Reconnaître un parallélogramme particulier

Exercices 32 à 38

a. Rectangle

PROPRIÉTÉ Si un parallélogramme a un angle droit, alors c'est un **rectangle**.

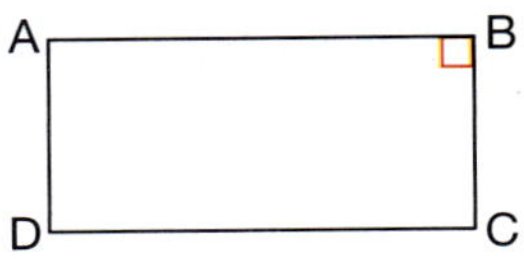

PROPRIÉTÉ Si un parallélogramme a ses diagonales de même longueur, alors c'est un **rectangle**.

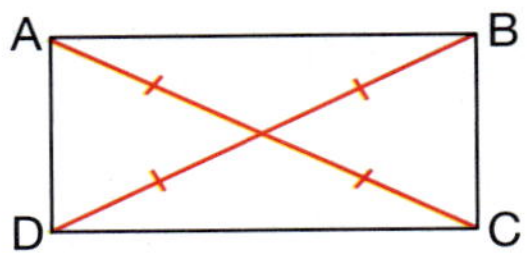

Remarque : pour une démonstration, se reporter à l'exercice 78 p. 289.

b. Losange

PROPRIÉTÉ Si un parallélogramme a deux côtés consécutifs de même longueur, alors c'est un **losange**.

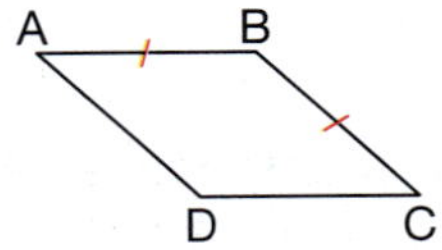

PROPRIÉTÉ Si un parallélogramme a ses diagonales perpendiculaires, alors c'est un **losange**.

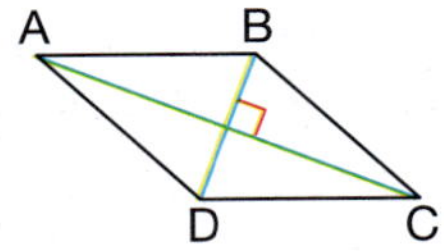

Remarque : pour une démonstration, se reporter à l'exercice 79 p. 289.

c. Carré

PROPRIÉTÉ Si un parallélogramme a ses diagonales perpendiculaires et de même longueur, alors c'est un **carré**.

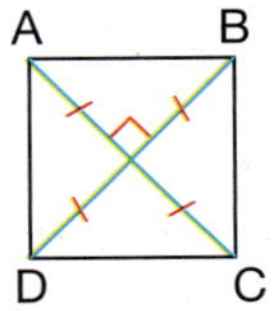

J'applique le cours

6 Construire un rectangle

EXERCICE RÉSOLU

ÉNONCÉ Construire un rectangle ABCD de centre O tel que BO = 1,2 cm et $\widehat{AOB} = 110°$.

SOLUTION

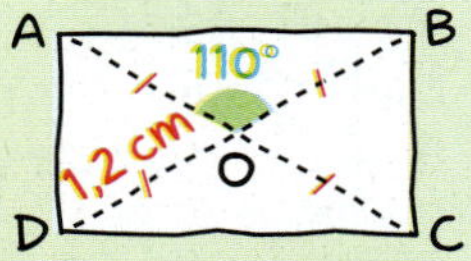

- **Au brouillon :** ABCD doit être un rectangle, donc ses diagonales se coupent en leur milieu et ont la même longueur. On code cela sur une figure à main levée.
- **Construction**

❶ On trace le triangle AOB isocèle en O.

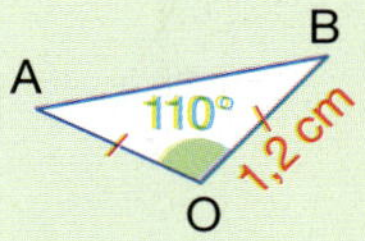

❷ On construit les symétriques respectifs C et D des points A et B par rapport à O.

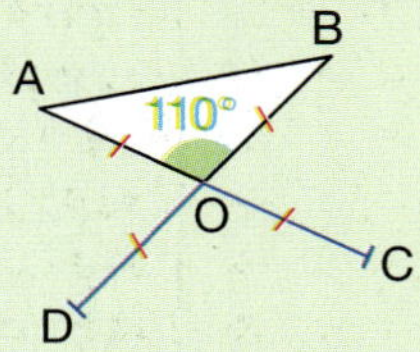

❸ On trace les segments [BC], [CD] et [DA].

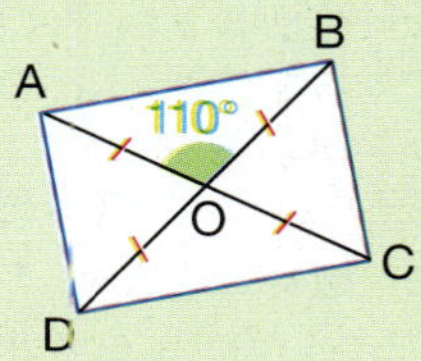

- **Justification :** par construction, les diagonales [AC] et [BD] ont le même milieu O, donc ABCD est un parallélogramme.
De plus, [AC] et [BD] ont la même longueur, donc ABCD est un rectangle.

À TON TOUR

7 Tracer un rectangle NORD de centre A tel que :
NA = 2,8 cm et $\widehat{NAD} = 65°$.

8 Tracer un rectangle MARS de centre O tel que :
MR = 6 cm et $\widehat{MOA} = 100°$.

9 Reconnaître un losange

EXERCICE RÉSOLU

ÉNONCÉ ABC est un triangle isocèle en B. La parallèle à la droite (BC) passant par A et la parallèle à la droite (AB) passant par C se coupent en D.
Expliquer pourquoi le quadrilatère ABCD est un losange.

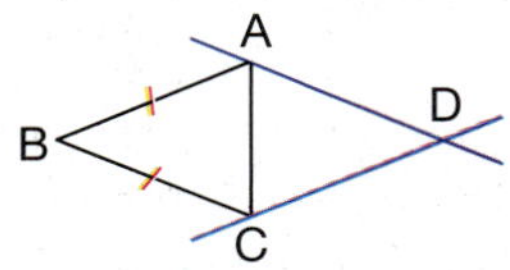

SOLUTION

- D'après l'énoncé : (AD) // (BC) et (AB) // (DC).
Or, si un quadrilatère a ses côtés opposés deux à deux parallèles, alors c'est un parallélogramme.
Donc ABCD est un parallélogramme.
- De plus, ABC est isocèle en B donc AB = BC.
Or, si un parallélogramme a deux côtés consécutifs de même longueur, alors c'est un losange.
Donc ABCD est un losange.

CONSEILS

- On commence par montrer que le quadrilatère ABCD est un parallélogramme.
- On montre ensuite que le parallélogramme ABCD a deux côtés consécutifs [AB] et [BC] qui sont de même longueur.

À TON TOUR

10 Sur la figure ci-contre, ABCD est un parallélogramme.
M est un point du segment [AD] tel que AM = AB.
La parallèle à la droite (AB) passant par M coupe le côté [BC] en P.
Expliquer pourquoi le quadrilatère ABPM est un losange.

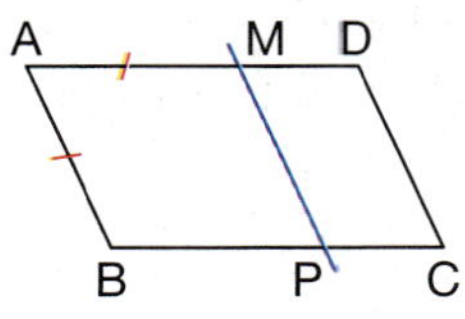

Je travaille mes automatismes

Connaître le parallélogramme

À l'oral — **Questions flash**

11 LIRE est un parallélogramme de centre O.
Dans chaque cas, dire si l'affirmation est vraie ou fausse. Expliquer.

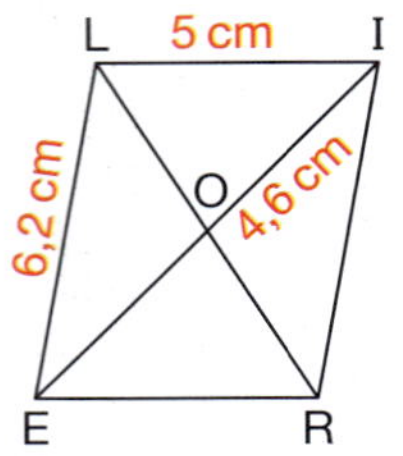

a. EI = 9 cm **b.** LO = OR
c. Le périmètre de LIRE est égal à 22,4 cm.

12 CORRIGÉ en vidéo jaicompris.com

a. Sur papier quadrillé, marquer trois points comme ci-contre.

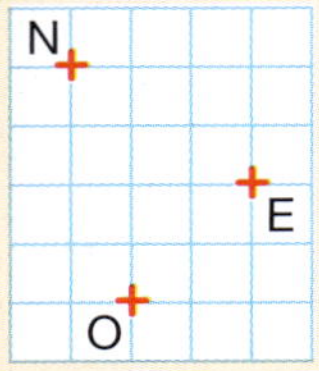

b. Marquer les points L, R, U et F tels que :
- NOEL est un parallélogramme ;
- ORNE est un parallélogramme ;
- NEUF est un parallélogramme de centre O.

13 Construire en vraie grandeur le parallélogramme ABCD représenté ci-contre à main levée.

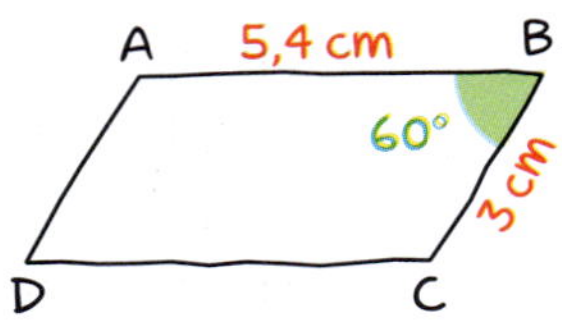

14 ROSE est un parallélogramme tel que :
RO = 5,6 cm, RE = 3,2 cm et OE = 7 cm.
a. Tracer une figure à main levée et la coder.
b. Construire un tel parallélogramme ROSE avec les instruments de géométrie.
c. Calculer son périmètre.

15 BLEU est un parallélogramme de centre O tel que :
OE = 2,5 cm, OL = 3,4 cm et EL = 5,2 cm.
a. Tracer une figure à main levée et la coder.
b. Quelles sont les longueurs [OB] et [OU] ? Expliquer.
c. Construire un tel parallélogramme BLEU avec les instruments de géométrie.

16 ROME est un parallélogramme de centre A tel que :
RM = 8 cm, OE = 5 cm et $\widehat{RAO} = 120°$.
1. a. Tracer une figure à main levée et la coder.
b. Construire un tel parallélogramme ROME avec les instruments de géométrie.
2. a. Sur cette figure, marquer le point L tel que MAEL est un parallélogramme et le point N tel que MAON est un parallélogramme.
b. Expliquer pourquoi les points L, M, N sont alignés.

Reconnaître un parallélogramme

À l'oral — **Questions flash**

17 Citer deux propriétés qui permettent de reconnaître qu'un quadrilatère est un parallélogramme.

18 Dans chaque cas, dire si le quadrilatère ABCD est un parallélogramme. Expliquer.

a.

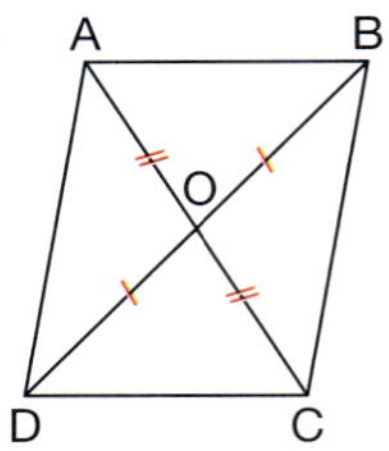

b. (AB) // (CD)

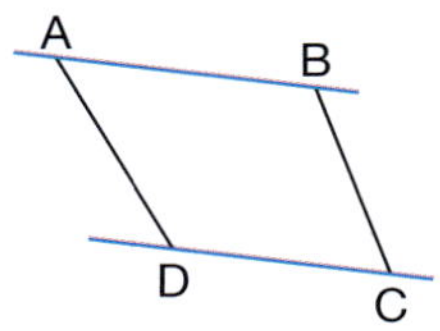

19 **a.** Utiliser les données codées sur la figure ci-contre pour expliquer pourquoi les droites (AB) et (DC) sont parallèles.
b. Expliquer alors pourquoi le quadrilatère ABCD est un parallélogramme.

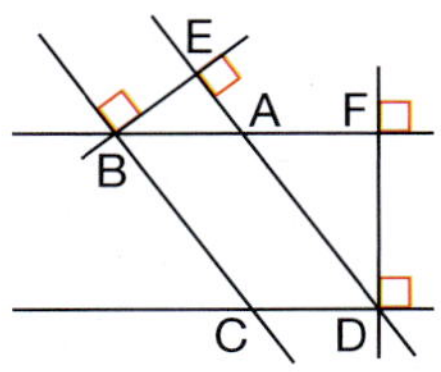

20 PRIX est un parallélogramme.
A est un point du segment [PR]. La parallèle à la droite (AI) passant par P coupe le côté [IX] en N.
a. Expliquer pourquoi les droites (PA) et (NI) sont parallèles.
b. Quelle est la nature du quadrilatère PAIN ? Expliquer.

21 **a.** Marquer un point O, puis tracer deux cercles $\mathscr{C}$ et $\mathscr{C}'$ de centre O.
b. Tracer un diamètre [GI] du cercle $\mathscr{C}$ et un diamètre [SR] du cercle $\mathscr{C}'$.
c. Expliquer pourquoi le quadrilatère GRIS est un parallélogramme.

22 Le quadrilatère ABCD est-il un parallélogramme ? Expliquer.

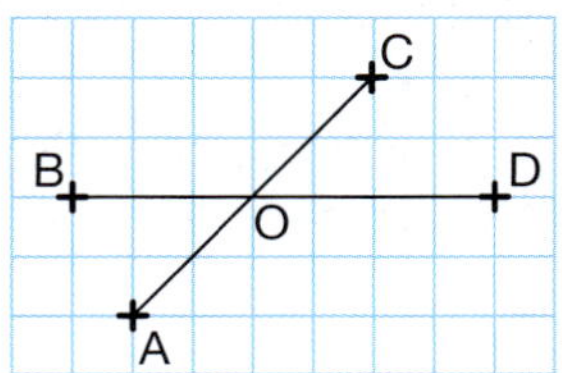

23 Les diagonales d'un quadrilatère EURO se coupent en A. De plus, A est le milieu de la diagonale [ER], OU = 6,4 cm et OA = 3,2 cm.
Expliquer pourquoi le quadrilatère EURO est un parallélogramme.

Je travaille mes automatismes

Connaître des parallélogrammes particuliers

À l'oral — **Questions flash**

24 ONZE est un rectangle de centre A. Indiquer, en expliquant, la nature de chacun des triangles :
a. NEZ **b.** EOA **c.** ANO

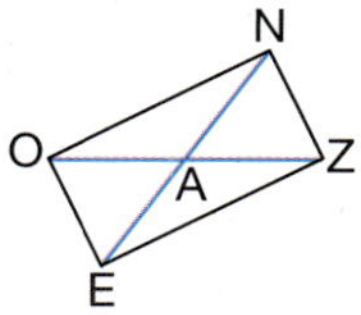

25 CALCUL MENTAL ABCD est un losange de centre O tel que AB = 6,5 cm, AC = 10,4 cm et BO = 3,9 cm.

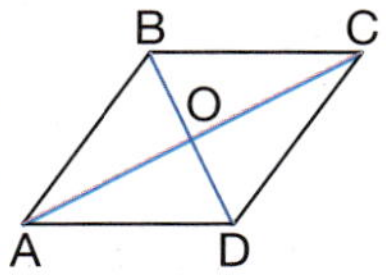

Calculer mentalement :
a. le périmètre du losange ABCD ;
b. la longueur AO ; **c.** la longueur DB.

26 CORRIGÉ en vidéo jaicompris.com

FACE est un rectangle tel que :
FA = 4,2 cm et FC = 5 cm.
a. Tracer une figure à main levée et la coder.
b. Construire un tel rectangle FACE.

27 RAFT est un rectangle de centre O tel que :
RO = 3,5 cm et $\widehat{ARO} = 70°$.
a. Tracer une figure à main levée et la coder.
b. Quels segments ont la même longueur que le segment [RO] ? Expliquer.
c. Construire un tel rectangle RAFT.

28 Construire un losange MIEN tel que :
MN = 3,6 cm et $\widehat{NMI} = 65°$.

29 LUNE est un losange de centre A représenté ci-contre à main levée.
1. Indiquer, en expliquant, la nature de chacun des triangles :
a. LUA **b.** LUN
2. Construire en vraie grandeur un tel losange LUNE.

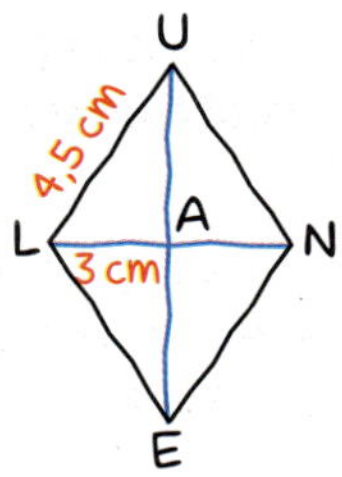

30 Construire en vraie grandeur un losange dont les diagonales ont pour longueurs 5 cm et 12 cm.

31 **a.** Construire un carré TOUR tel que TO = 5 cm.
b. Sur la même figure, marquer les points L et E tels que le quadrilatère ROLE est un carré.

Reconnaître des parallélogrammes particuliers

À l'oral — **Questions flash**

32 EFGH est un parallélogramme de centre A tel que EG = 7,2 cm et FA = 3,6 cm.
Préciser davantage, oralement, la nature de ce parallélogramme. Expliquer.

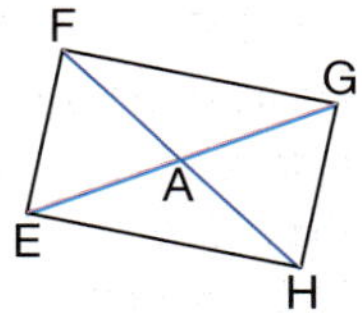

33 ABCD est un parallélogramme de centre O tel que :
$\widehat{OAB} = 71°$ et $\widehat{OBA} = 19°$.
Préciser davantage, oralement, la nature de ce parallélogramme. Expliquer.

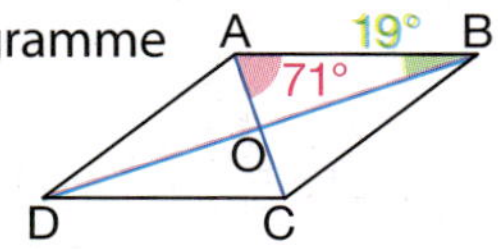

34 TOUS est un parallélogramme.
Utiliser les informations codées sur la figure pour expliquer pourquoi TOUS est un rectangle.

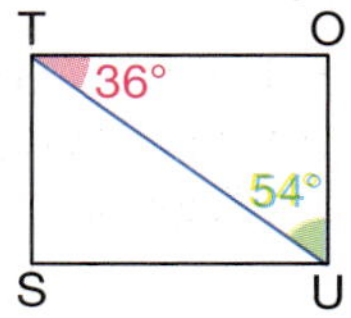

35 CHUT est un parallélogramme de centre O tel que :
$\widehat{COH} = 110°$ et $\widehat{OCH} = 35°$.
a. Calculer la mesure de l'angle $\widehat{OHC}$, puis en déduire la nature du triangle CHO.
b. Expliquer pourquoi CHUT est un rectangle.

36 [AC] et [BD] sont deux diamètres d'un cercle de centre O.
a. Expliquer pourquoi le quadrilatère ABCD est un parallélogramme.

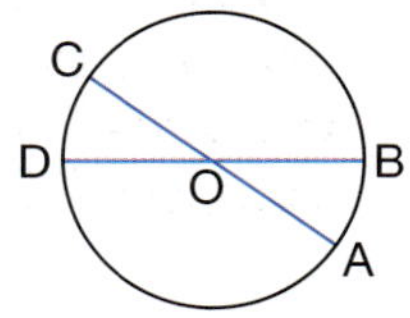

b. Pourquoi ABCD est-il un rectangle ?
c. Si [AC] et [BD] sont perpendiculaires, que peut-on dire de plus pour le parallélogramme ABCD ?

37 L et I sont deux points d'un cercle $\mathscr{C}$, non alignés avec son centre E.
M est le point tel que MIEL est un parallélogramme.
a. Construire une figure.
b. Préciser la nature du parallélogramme MIEL. Expliquer.

38 CLOU est un parallélogramme de centre E tel que :
$\widehat{ECL} = 45°$ et $\widehat{CLE} = 45°$.
Quelle est la nature de ce parallélogramme ? Expliquer.

Connaître les parallélogrammes

39 CORRIGÉ en vidéo jaicompris.com

EFGH est un parallélogramme tel que :

EF = 7 cm, EG = 8 cm, FH = 10 cm.

a. Réaliser une figure à main levée et noter O le point d'intersection des diagonales.
Coder les informations importantes.

b. Construire un tel parallélogramme EFGH avec les instruments de géométrie.

40 **a.** Construire un rectangle PAIR tel que :

PA = 5 cm et $\widehat{PAR} = 30°$.

b. Sur la même figure, marquer les points T et D tels que RAID et PART sont des parallélogrammes.

41 **a.** Construire un parallélogramme GOLF tel que :

GO = 4,5 cm, OL = 3 cm et GL = 4 cm.

b. Marquer le point A tel que le quadrilatère GOAL est un parallélogramme.

c. Malo affirme : « Ces deux parallélogrammes ont le même périmètre. » A-t-il raison ? Expliquer.

42 **a.** Construire un losange ABCD de côté 4 cm.
Noter O son centre.

b. Par la symétrie de centre O, quel est le symétrique :
• du point A ? • du point B ? • de la droite (AB) ?

c. Expliquer alors pourquoi les droites (AB) et (CD) sont parallèles.

d. Terminer d'expliquer pourquoi le losange ABCD est un parallélogramme.

43 RIVE et PORT sont des parallélogrammes.
T est un point du côté [RE].
Dans chaque cas, dire si l'affirmation est vraie ou fausse.

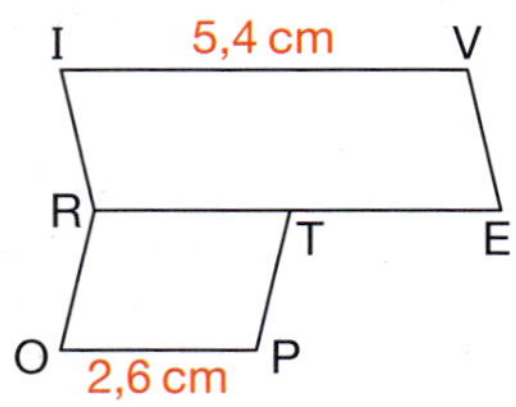

a. (VI) // (PO)

b. T est le milieu du côté [RE].

44 STOP est un carré et TOUR est un losange.
Les points R, T et P sont alignés.
Expliquer pourquoi :

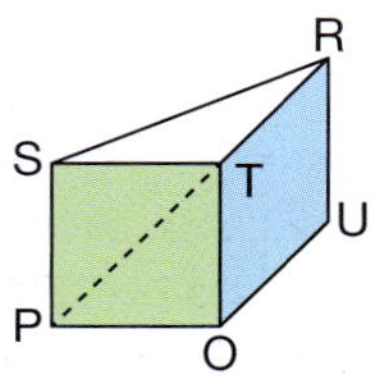

a. les droites (RT) et (SO) sont perpendiculaires ;

b. le triangle STR est isocèle.

45 **Algo** Voici un script Scratch.

Dans chaque cas, indiquer les nombres manquants aux lignes **(1)**, **(2)** et **(3)** afin que le lutin trace :

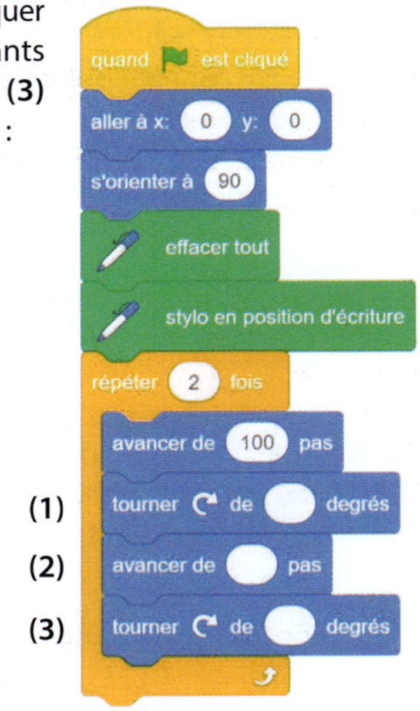

a. ce rectangle ;

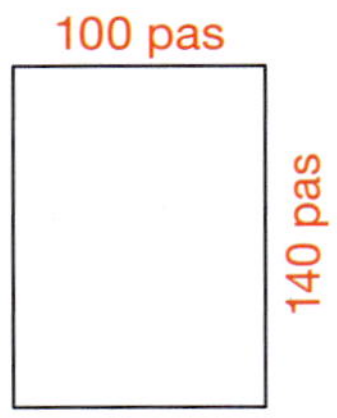

b. ce losange.

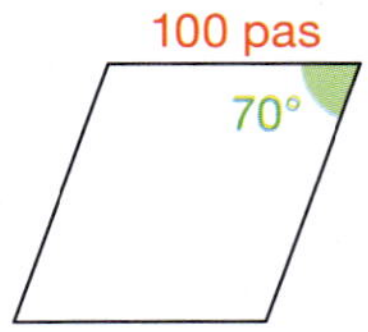

46 **Jeux et casse-tête** Sur papier uni, construire ce puzzle rectangulaire en vraie grandeur puis le découper.
Réaliser un parallélogramme (non rectangle et non losange) en utilisant les six pièces de ce puzzle.

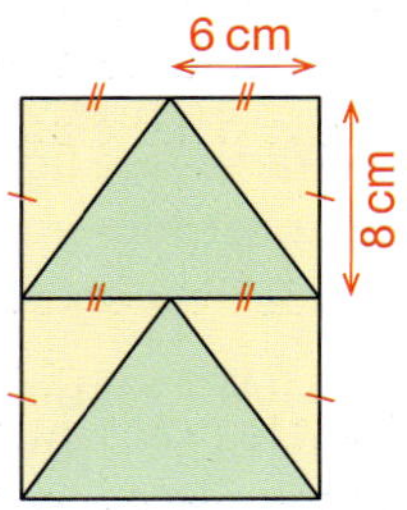

Reconnaître la nature d'un quadrilatère

47 **a.** Construire un losange LIEU tel que :

LI = 3,5 cm et EL = 6 cm.

b. Tracer la parallèle à la droite (LE) passant par U ; elle coupe la droite (IE) en G.

c. Expliquer pourquoi le quadrilatère LUGE est un parallélogramme.

48 Sur la figure ci-dessous :
• les points A, B, C et D sont alignés ;
• les points R, C et U sont alignés ;
• RU = 9,4 cm.

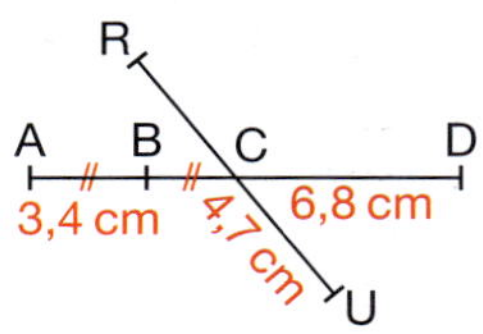

Quelle est la nature du quadrilatère ARDU ? Expliquer.

Je m'entraîne

49 ABCD est un parallélogramme de centre M.
E est un point de la demi-droite [AD) qui n'appartient pas au segment [AD].
F est le symétrique du point E par rapport à M.
a. Construire une figure.
b. Expliquer pourquoi le quadrilatère EAFC est un parallélogramme.

50 DEUX est le parallélogramme représenté ci-contre à main levée.

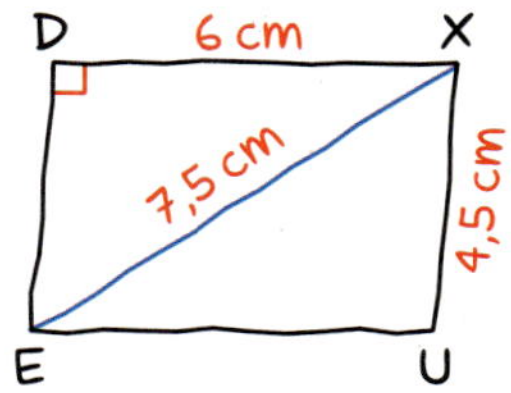

a. Quelle est la longueur DU ? Expliquer.
b. Calculer l'aire de DEUX. Expliquer.

51 **a.** Construire un triangle BOX tel que :

$OX = 4$ cm, $\widehat{BXO} = 55°$ et $\widehat{BOX} = 70°$.

b. Marquer le point E tel que le quadrilatère BOXE est un parallélogramme.
c. Calculer la mesure de l'angle $\widehat{OBX}$, puis montrer que le parallélogramme BOXE est un losange.

52 SET est un triangle rectangle en E tel que :

$ES = 4$ cm et $ET = 6$ cm.

Z est le point du côté [ET] tel que $EZ = 1{,}5$ cm.
La parallèle à la droite (SE) passant par Z coupe le côté [ST] en O.
La parallèle à la droite (ET) passant par O coupe le côté [ES] en R.
a. Construire une figure.
b. Expliquer pourquoi le quadrilatère ZERO est un parallélogramme.
c. Que peut-on dire de plus sur la nature du parallélogramme ZERO ? Expliquer.

53 A et I sont deux points d'un cercle de centre T.
E est le milieu du segment [AI] et X est le symétrique du point T par rapport à E.
1. Construire une figure.
2. Pourquoi le quadrilatère TAXI est-il :
a. un parallélogramme ? **b.** un losange ?

54 *Jeux et casse-tête* Déplacer deux allumettes pour obtenir exactement six carrés.

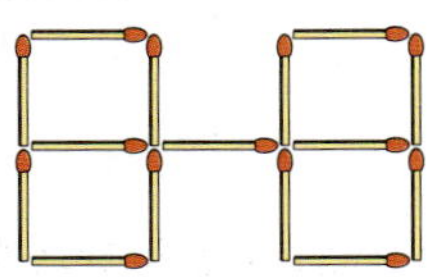

Synthèse

Utiliser des parallélogrammes

55 ABCD est un parallélogramme de centre O.
On sait que $\widehat{DAB} = 70°$.

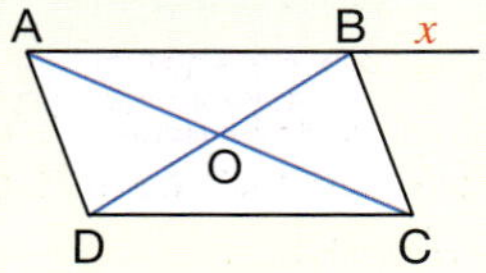

Objectif Déterminer les mesures des trois autres angles du parallélogramme ABCD.

1. Utiliser une symétrie, à préciser, pour expliquer pourquoi $\widehat{DAB} = \widehat{DCB}$.
En déduire la mesure de l'angle $\widehat{DCB}$.
2. a. Expliquer pourquoi les droites (AD) et (BC) sont parallèles. En déduire que $\widehat{DAB} = \widehat{CBx}$.
b. Calculer la mesure de l'angle $\widehat{ABC}$.
c. Quelle est la mesure de l'angle $\widehat{ADC}$? Expliquer.

56 Voici une figure réalisée à main levée.
Les droites (EI) et (JO) sont parallèles.
Les droites (EO) et (JN) sont parallèles.
Les points I, O, N sont alignés.

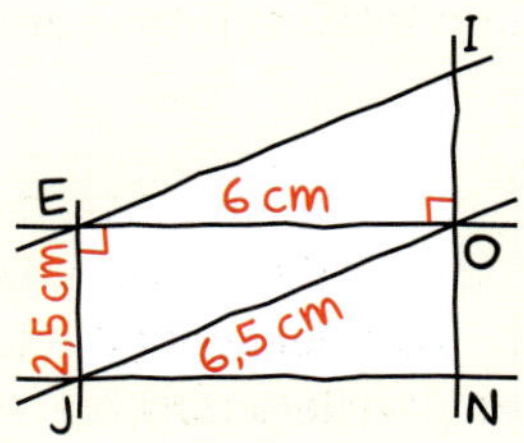

Objectif Montrer que O est le milieu du segment [NI].

1. Expliquer pourquoi les droites (JE) et (IO) sont parallèles.
2. a. Expliquer pourquoi le quadrilatère JOIE est un parallélogramme.
b. En déduire la longueur du côté [OI].
3. a. Expliquer pourquoi le quadrilatère JEON est un parallélogramme.
b. Montrer que le parallélogramme JEON est un rectangle.
c. En déduire la longueur du côté [ON].
4. Montrer que O est le milieu du segment [NI].

57 TRAC est un carré. La parallèle à la droite (AT) passant par R coupe la droite (TC) en S.

Objectif Déterminer la nature du triangle SRC.

a. Réaliser une figure.
b. Expliquer pourquoi les droites (AR) et (ST) sont parallèles.
c. Expliquer pourquoi le quadrilatère STAR est un parallélogramme. En déduire que $RS = AT$.
d. Pourquoi : • $RC = AT$?
• les droites (CR) et (RS) sont-elles perpendiculaires ?
e. Déduire des questions **c** et **d** que le triangle SRC est rectangle et isocèle.

Parcours différenciés

Je m'évalue

Pour chaque question, une seule réponse est exacte.

QCM supplémentaires college.nathan.fr/tm5286

	a	b	c	En cas d'erreur
58 EFGH est un parallélogramme ni losange ni rectangle. Alors…	EF = FG	EF = GH	EF = FH	Cours 1 p. 278
59 ABCD est est un parallélogramme non rectangle de centre O. Alors…	OA = OC	AC = BD	OA = OB	
60 A′ et B′ sont les symétriques respectifs de A et B par rapport à O. 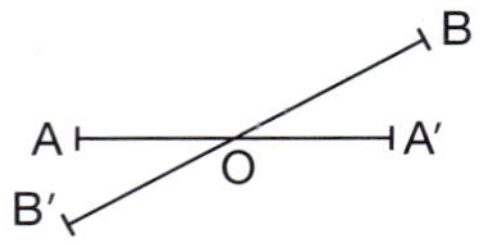 Alors ABA′B′ est un…	parallélogramme	losange	carré	Ex. 4 p. 279
61 SEPT est un rectangle non carré de centre O. Alors…	$\widehat{SOE} = 90°$	SP = TE	OS = ET	Cours 2 p. 280
62 IRMA est un losange non carré de centre O. Alors…	IM = AR	OR = OI	$\widehat{ROI} = 90°$	
63 MNPQ est un parallélogramme de centre O tel que MP = NQ = 7 cm et $\widehat{MON} = 30°$. Alors MNPQ est un…	carré	losange	rectangle	Cours 3 p. 280
64 AIDE est un parallélogramme de centre O tel que le triangle AOI est rectangle en O avec OA = 2 cm et OI = 4 cm. Alors AIDE est un…	carré	losange	rectangle	
65 SOJA est un parallélogramme de centre I tel que le triangle SIO est rectangle isocèle en I. Alors SOJA est un…	carré	losange	rectangle	
66 D'après les codages, le parallélogramme MINE est un… 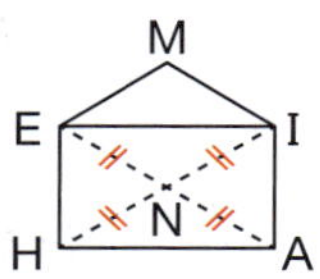	carré	losange	rectangle	Ex. 9 p. 281

Je réalise mon parcours

Selon ton score page précédente

Parcours conseillé
- Entre **0 et 4 bonnes réponses** :
- Entre **5 et 7 bonnes réponses** :
- **8 bonnes réponses ou plus** :

67 Déterminer des longueurs

ABCD est un parallélogramme et DEFG est un rectangle de centre A.
De plus, les points B, E, A, G sont alignés.
On se propose de déterminer certaines longueurs de cette figure.

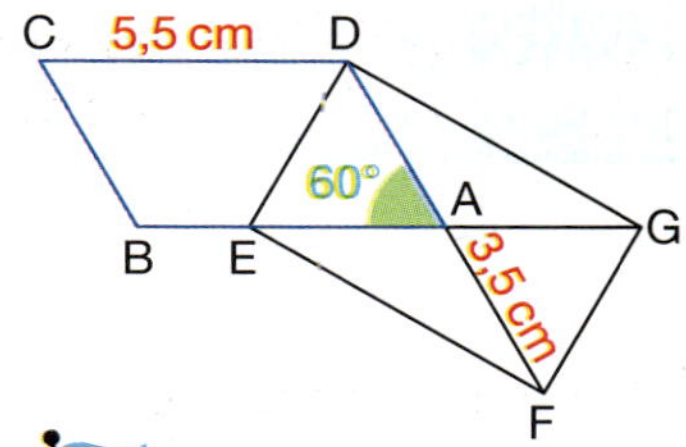

PARCOURS 1

On s'intéresse à la longueur BE.

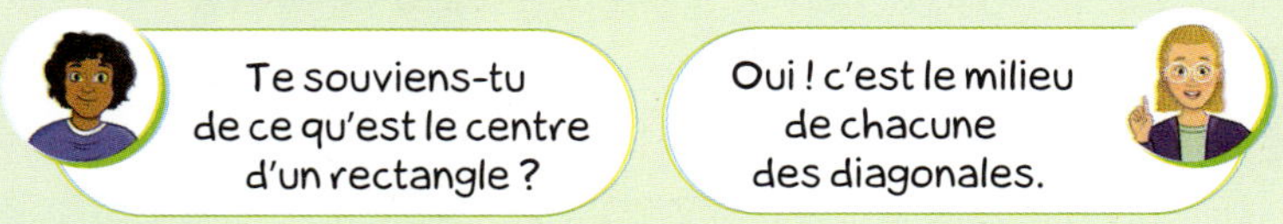

a. Recopier et compléter : « A est le centre du rectangle DEFG donc A est le milieu des segments [...] et [...].
Ainsi : AD = ... = 3,5 cm. »
b. Que sait-on de plus sur les diagonales d'un rectangle ?
En déduire la longueur du segment [EA].
c. Quelle est la longueur BA ? Expliquer.
Calculer alors la longueur BE.

PARCOURS 2

a. Quelle est la nature du triangle DEA ?
Expliquer.
b. En déduire la longueur DE.
c. Quelle est la longueur FG ?

PARCOURS 3

On suppose que DG = 6,1 cm.
Calculer le périmètre P du polygone BEFGDC.

68 Reconnaître des parallélogrammes

Un artiste réalise des mosaïques selon le modèle ci-contre.
ABCD est un losange de 12 cm de côté.
G, N, M, L, K et J sont des points de ses côtés tels que :
GD = DN = MC = CL = KB = BJ = 2,5 cm.
De plus :
(NE) // (AD), (MJ) // (BC), (GL) // (DC) et (EK) // (AB).
On se propose de déterminer la nature de certains quadrilatères.

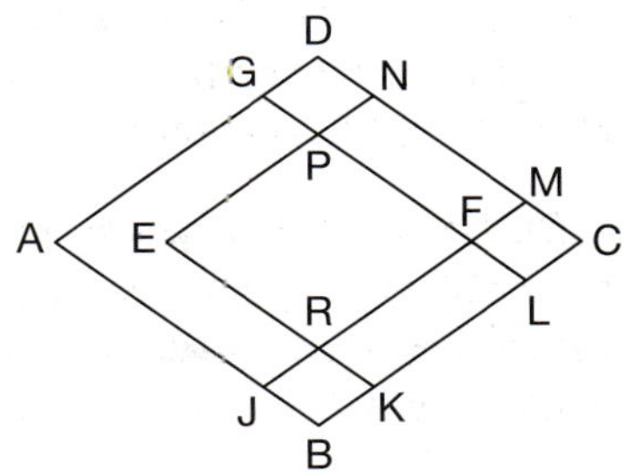

PARCOURS 1

On s'intéresse au quadrilatère GDCL.

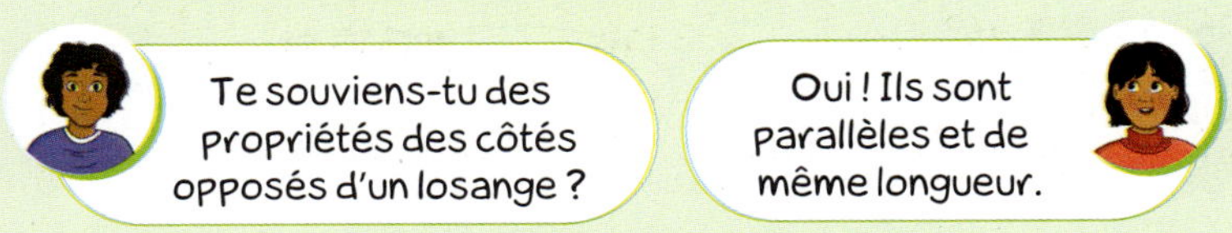

a. Recopier et compléter : « Les côtés du losange ABCD sont parallèles, donc (AD) // (...).
Or G appartient à [AD] et L appartient à [...], donc (GD) // (...). »
b. Que sait-on des droites (GL) et (DC) ?
c. Déduire des questions **a** et **b** la nature du quadrilatère GDCL.

PARCOURS 2

a. Expliquer pourquoi :
(NC) // (EK) et (NE) // (KC).
b. Expliquer pourquoi le quadrilatère NEKC est :
- un parallélogramme ;
- un losange.

PARCOURS 3

Expliquer pourquoi le quadrilatère PERF est un losange.

Construire des quadrilatères

69 Algo Construire une figure ▸ Livret Scratch p. 5

1. Comprendre un script

Ce script Scratch incomplet doit permettre au lutin de tracer le losange représenté ci-contre.

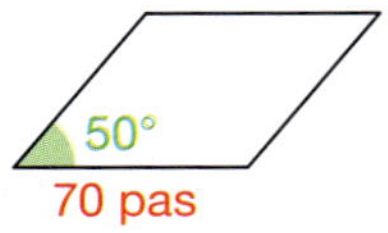

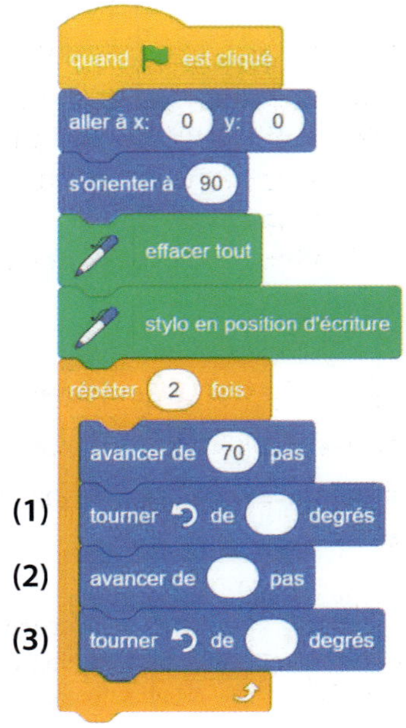

a. Quels sont les nombres qui manquent aux lignes **(1)**, **(2)** et **(3)** pour tracer ce losange ?

b. Ouvrir le logiciel Scratch. Saisir le script complété et l'exécuter.

2. Compléter un script

Compléter le script précédent pour que le lutin trace la figure ci-contre, composée d'un losange et d'un rectangle.

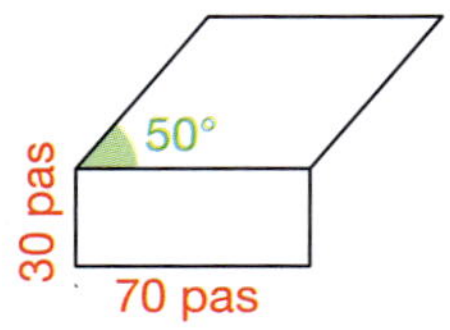

3. Modifier un script

Reprendre le script de la question **1** et le compléter pour que le lutin trace la figure ci-contre composée de deux losanges symétriques par rapport à un côté.

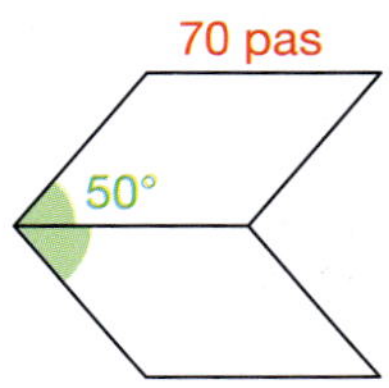

70 Tice Construire un parallélogramme

On se propose de construire un parallélogramme dont deux côtés consécutifs ont pour longueurs 5 et 3 en formant un angle de mesure 125°.

a. Avec GeoGebra, créer un segment [AB] de longueur 5 (utiliser **Segment de longueur donnée**).

b. Créer un angle $\widehat{BAB'}$ de mesure 125° (utiliser **Angle de mesure donnée**).

c. Créer la demi-droite [AB'), puis le cercle de centre A et de rayon 3 (**Cercle (centre-rayon)**).

d. Créer le point d'intersection C de ce cercle et de la demi-droite [AB').

e. Construire le point D tel que le quadrilatère ABDC est un parallélogramme.

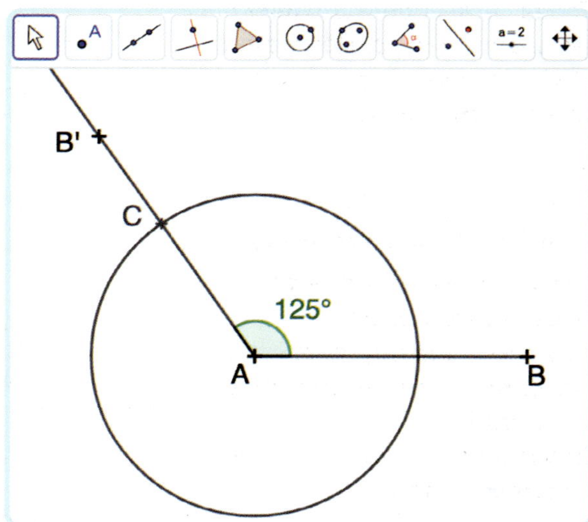

J'utilise mes compétences

71 Communiquer en anglais

Communiquer • Raisonner

ABCD is a parallelogram with its diagonals intersecting at E and AD = AB.
What is the measure of angle $\widehat{BEC}$? Explain.

72 Utiliser une symétrie

Représenter • Raisonner • Communiquer

TOI est un triangle isocèle en O tel que OT = 4 cm et $\widehat{TOI} = 40°$. E est le symétrique de I par rapport à O et V est le symétrique T par rapport à O.

a. Construire une figure.

b. Expliquer pourquoi le quadrilatère VITE est un rectangle.

73 Utiliser un contre-exemple

Représenter • Raisonner • Communiquer

À l'aide d'un contre-exemple, expliquer pourquoi Léna et Ethan se trompent.

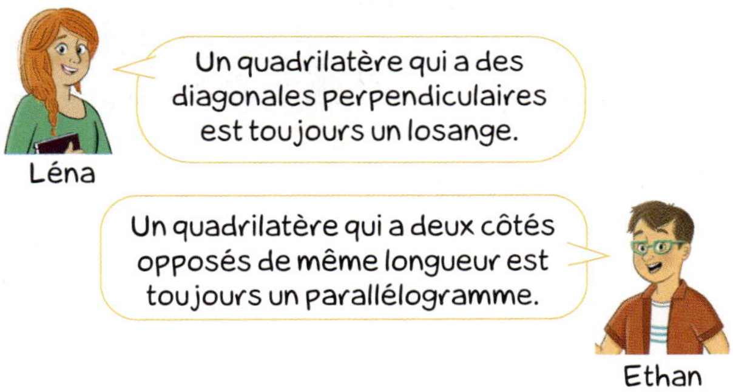

74 Résoudre un problème de construction

Représenter • Raisonner

Tracer cette figure sur papier uni et construire un parallélogramme ABCD de centre O avec B point de (*d*) et D point de (*d'*).

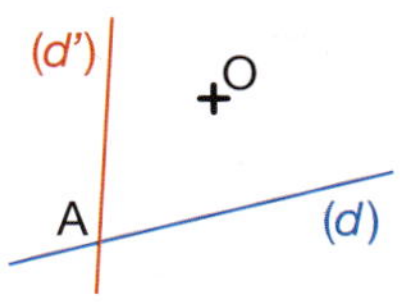

75 Algo Dessiner une étoile

Représenter • Raisonner • Communiquer

Voici une étoile formée de six losanges identiques.
Ouvrir le logiciel Scratch et saisir un script afin que le lutin trace cette étoile.
Indication : utiliser la boucle « **répéter 6 fois** ».

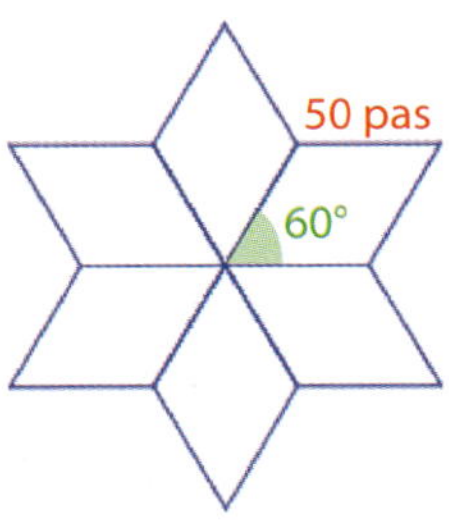

76 Rédiger un programme de construction

Représenter • Raisonner • Communiquer

Tracer un parallélogramme ABCD tel que :

AD = 5 cm, AC = 6 cm et $\widehat{ACB} = 50°$.

Rédiger un programme de construction.

77 Démontrer une propriété du cours

Chercher • Raisonner

ABCD est un parallélogramme de centre O.

a. Quel est le symétrique du segment [AB] par rapport à O ?
Expliquer.

b. Citer la propriété de la symétrie qui permet d'affirmer que AB = CD.

c. Montrer de façon analogue que AD = BC.

d. Recopier et compléter : « Dans un parallélogramme, les côtés ... ont deux à deux la même .... »

78 Reconnaître un rectangle

Chercher • Raisonner

EFGH est un parallélogramme de centre O dont les diagonales ont la même longueur.

a. Tracer une figure à main levée et la coder.

b. Quelle est la nature des triangles EOF et FOG ? Pour chacun de ces triangles, indiquer les angles de même mesure.

c. En utilisant la somme des mesures des angles du triangle EFG, déterminer $\widehat{EFO} + \widehat{GFO}$ et en déduire que $\widehat{EFG} = 90°$.

d. Conclure sur la nature du parallélogramme EFGH.
Recopier et compléter : « Si un parallélogramme a ses diagonales de même ..., alors c'est un .... »

79 Reconnaître un losange

Chercher • Raisonner

MNPQ est un parallélogramme dont les diagonales sont perpendiculaires en O.

a. Tracer une figure à main levée et la coder.

b. Expliquer pourquoi O est le milieu de [MP].

c. Que peut-on dire alors de la droite (QN) pour le segment [MP] ?

d. Quelle propriété permet d'en déduire que NM = NP et QP = QM ?

e. Expliquer pourquoi MQ = MN.

f. Conclure sur la nature du parallélogramme MNPQ.
Recopier et compléter : « Si un parallélogramme a ses diagonales ..., alors c'est un .... »

80 Communiquer en anglais

Chercher • Raisonner • Communiquer

FOUR and FIVE are parallelograms. Points F, O, I are collinear and as are points F, E, R.
S is the point of intersection of segments [EV] and [OU].
Prove that FOSE is a parallelogram.

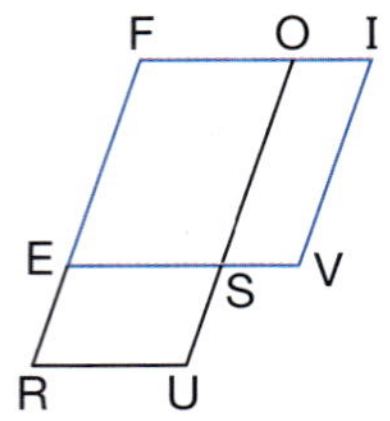

81 Utiliser des propriétés

Représenter • Raisonner

ABCD est un losange mais les points B et D sont en dehors du cadre. Sur une photocopie, tracer la droite (BD) sans utiliser l'extérieur du cadre.

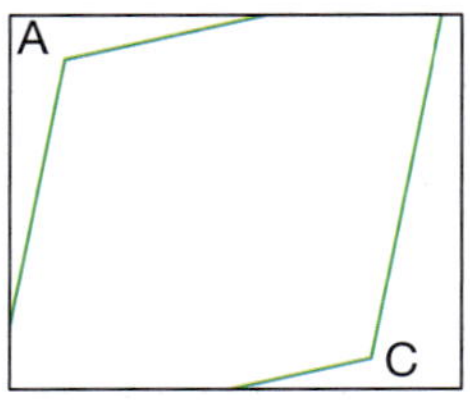

82 Comprendre et expliquer

Chercher • Modéliser • Raisonner

Un chariot élévateur en ciseaux, représenté ci-contre, est formé de barres métaliques qui se déplacent ensemble pour élever ou abaisser le plateau supérieur.
On règle le chariot pour que les segments [BH] et [CG] soient perpendiculaires.
On a alors :

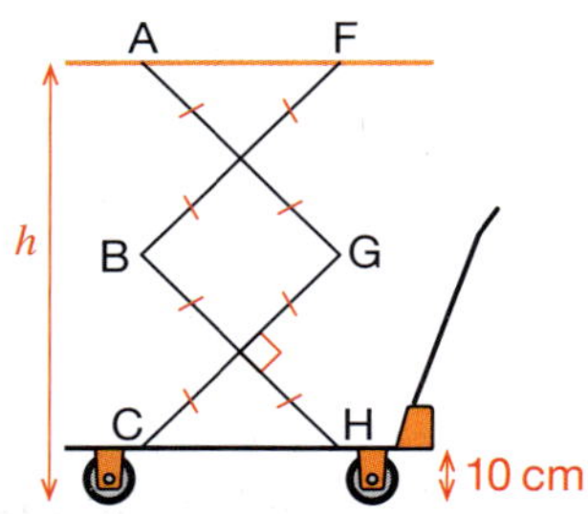

$$CH = BG = AF = 45 \text{ cm.}$$

a. Quelle est la nature du quadrilatère BCHG ?
b. Calculer la hauteur totale *h* du chariot.

83 Imaginer une stratégie

Chercher • Raisonner • Communiquer

MERS est un parallélogramme de centre A.
T appartient au côté [ME] et L appartient au côté [SR].

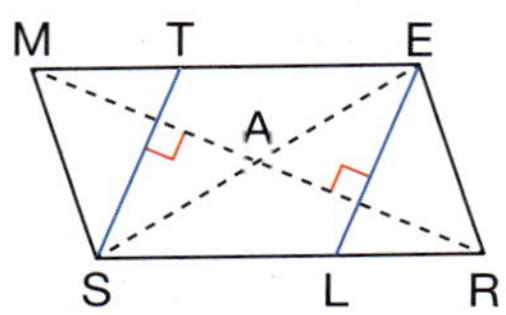

Expliquer pourquoi A est le milieu du segment [TL].

84 Problème ouvert

Chercher • Raisonner • Communiquer

E et F sont les milieux respectifs des côtés [AB] et [CD] d'un parallélogramme ABCD.
Expliquer pourquoi les segments [AF] et [EC] partagent la diagonale [BD] en trois segments de même longueur.

Narration de RECHERCHE

85 **PROBLÈME** ABCD est un quadrilatère de périmètre 28 cm. Il est découpé en six parallélogrammes bleus sur le dessin et six triangles verts. La somme des périmètres des triangles verts est 50 cm.

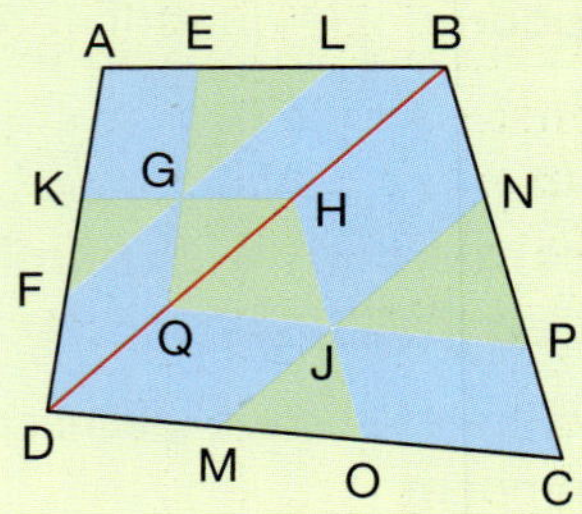

Quelle est la longueur de la diagonale [BD] ?

Raconter sur une feuille les différentes étapes de la recherche et les remarques qui ont fait changer de méthode ou qui ont permis de résoudre le problème.

Des défis

86 Compter

Sur la figure ci-dessous, les droites de même couleur sont parallèles.

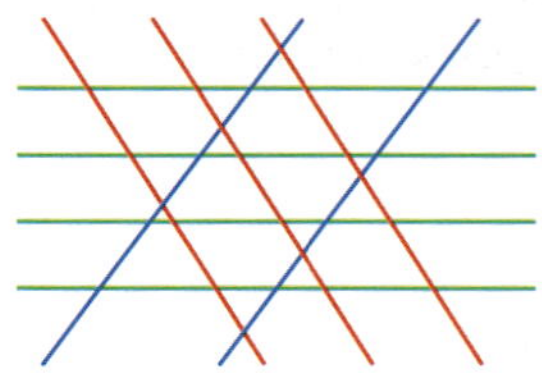

Combien de parallélogrammes peut-on voir ?

87 Construire le milieu d'un segment

Liv a tracé un segment [LV]. Pour construire le milieu I de ce segment, Liv ne dispose que d'une règle non graduée à bords parallèles et d'un crayon. La longueur du segment est supérieure à la largeur de la règle. Comment Liv peut-elle s'y prendre pour placer le point I ?

Je prends des initiatives

TÂCHES COMPLEXES

88 MINIMISER une quantité

La situation-problème

La créatrice Héloïse a dessiné un nouveau bijou qu'elle a nommé « Parallélogrammes étoilés ».
Pour la fabrication, elle hésite entre un bijou à cinq ou six parallélogrammes.
Aider Héloïse à choisir le modèle nécessitant le moins de fil d'or.

Doc. 1

Caractéristique du bijou

- Le bijou « Parallélogrammes étoilés » est réalisé avec des parallélogrammes de dimensions 4 cm et 2 cm.
- Les mesures des angles, en degrés, de ces parallélogrammes sont des nombres entiers.
- Les bords de chaque bijou sont recouverts de fil d'or.

Doc. 2

Un bijou à cinq parallélogrammes

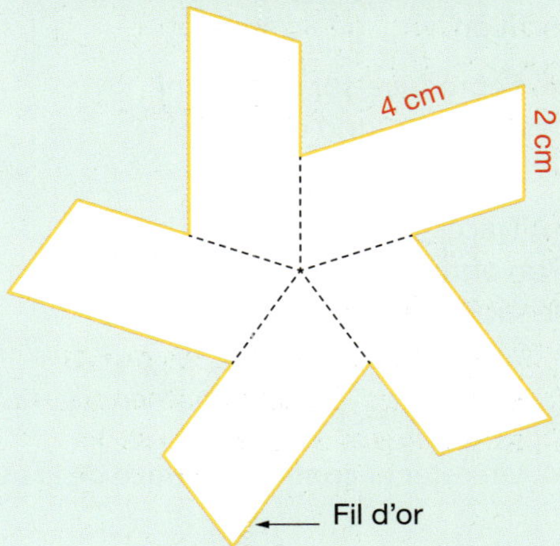

Les supports de travail

Les documents, les instruments de géométrie ou un logiciel de géométrie.

Toute piste de recherche, même non aboutie, figurera sur la feuille.

89 ÉTUDIER une illusion d'optique

La situation-problème

Un objet « impossible » peut être dessiné sur papier mais n'est pas réalisable en réalité en 3 dimensions.
Tracer cet objet « impossible » composé de trois prismes droits.

Doc. 1

Les figures

- Les quadrilatères verts sont des losanges de 2 cm de côté et ont deux côtés consécutifs qui forment un angle de 60°.
- Les quadrilatères bleus sont des parallélogrammes dont les côtés ont pour longueurs 2 cm et 6 cm.

Doc. 2

L'objet « impossible »

Les supports de travail

Les documents, les instruments de géométrie ou un logiciel de géométrie.

Toute piste de recherche, même non aboutie, figurera sur la feuille.

PROJET 7

Construire un motif à l'aide de symétries

1 Exécuter un sous-programme

Voici un sous-programme **Motif_1** écrit en langage Scratch.

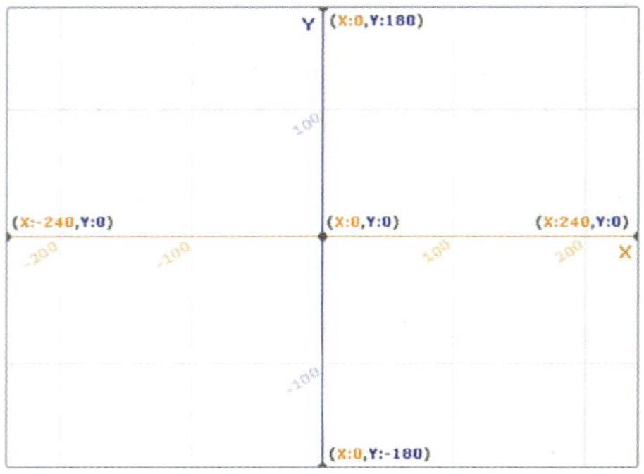

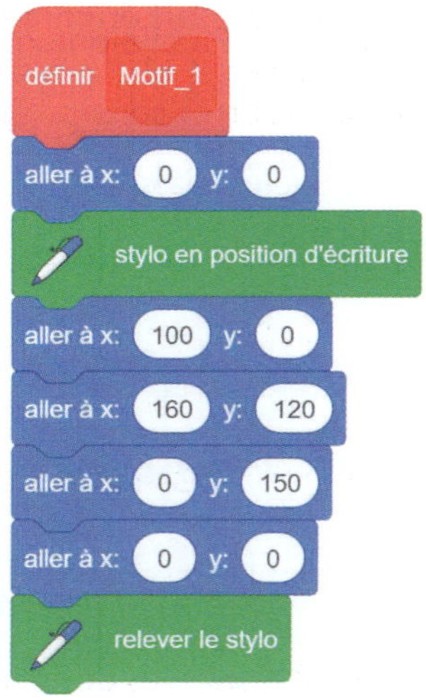

a. Reproduire sur papier uni le repère **Xy-grid** ci-contre. *Prendre 2 cm pour 100 pas.*

b. Tracer le quadrilatère Q_1 que l'on obtient lorsqu'on exécute le sous-programme **Motif_1**.

c. Ouvrir le logiciel Scratch et saisir ce sous-programme.

d. Le tester et contrôler le tracé de la question **b**.

2 Construire un symétrique

On note Q_2 le symétrique du quadrilatère Q_1 par rapport à l'axe des ordonnées du repère.

a. Tracer sur papier uni le quadrilatère Q_2 dans le même repère que le quadrilatère Q_1.

b. Le sous-programme **Motif_2** ci-contre doit permettre de tracer ce quadrilatère Q_2 dans la scène.
Par quels nombres doit-on compléter les instructions des lignes **(1)** et **(2)** ?

c. Saisir, exécuter ce sous-programme et contrôler le tracé obtenu.

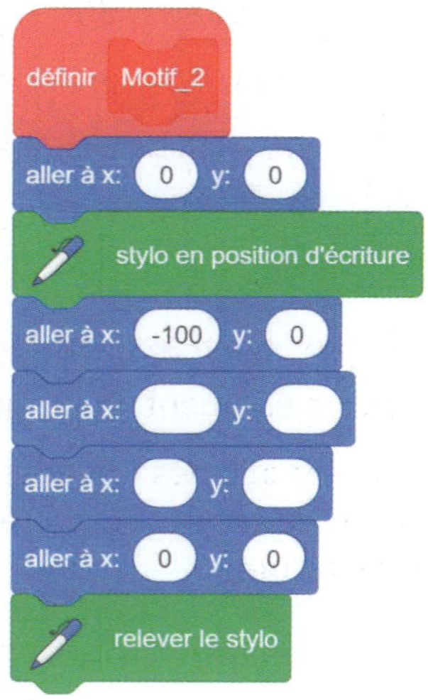

(1)
(2)

3 Obtenir le motif

a. Le sous-programme **Motif_3** doit permettre de tracer le symétrique Q_3 du quadrilatère Q_1 par rapport à l'axe des abscisses et le sous-programme **Motif_4** le symétrique Q_4 du quadrilatère Q_1 par rapport à l'origine du repère.
Par quels nombres doit-on compléter les instructions des lignes **(3)**, **(4)**, **(5)** et **(6)** ?

b. Saisir, exécuter ces sous-programmes et contrôler les tracés obtenus.

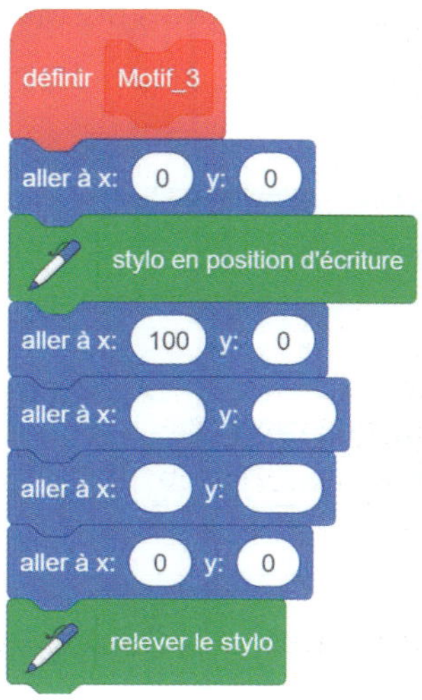

(3)
(4)

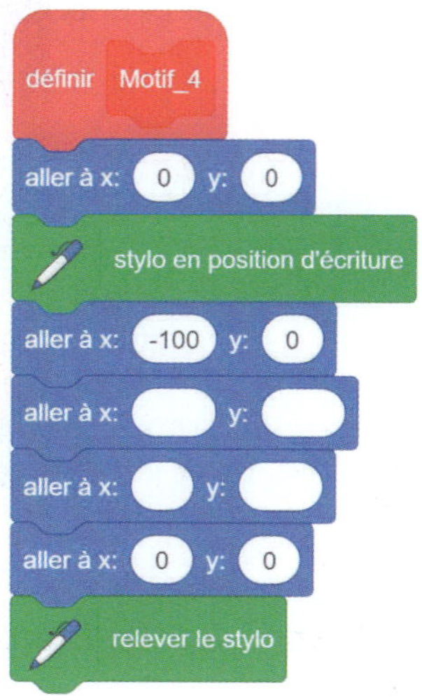

(5)
(6)

PROJET 8

Construire un assemblage de triangles

1 Étudier un triangle obtenu à l'aide d'un sous-programme

Voici un sous-programme **Triangle** écrit en langage Scratch.
On suppose le lutin placé au centre de la scène et orienté vers la droite.
On applique ce sous-programme et on obtient le triangle représenté ci-dessous.

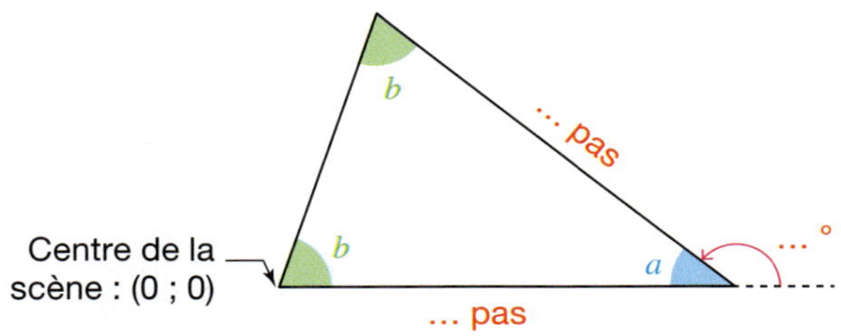

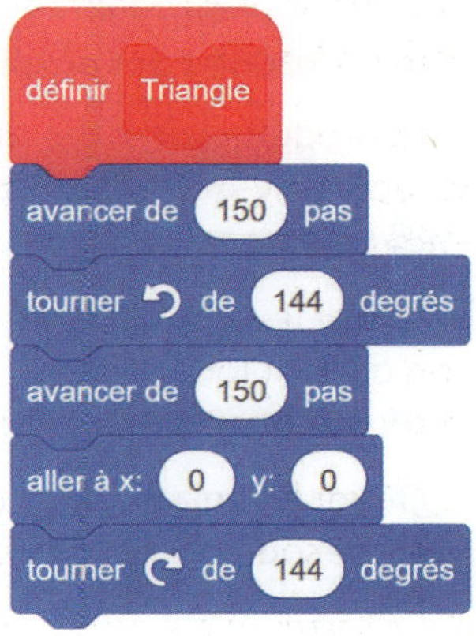

a. Quelles sont les données manquantes signalées en rouge sur le tracé ?

b. Justifier que $a = 36°$.

c. Quelle est la nature du triangle ? En déduire la mesure de l'angle b.

d. Expliquer pourquoi, à la fin du tracé, le lutin se trouve orienté dans la même direction qu'au début du tracé.

2 Tracer un assemblage de triangles

Voici maintenant un programme qui fait appel au sous-programme **Triangle**.

a. Il manque des valeurs sur les lignes **(1)** et **(2)**.
Les indiquer de telle sorte que le lutin trace l'assemblage de triangles ci-dessous lorsque le programme est exécuté.

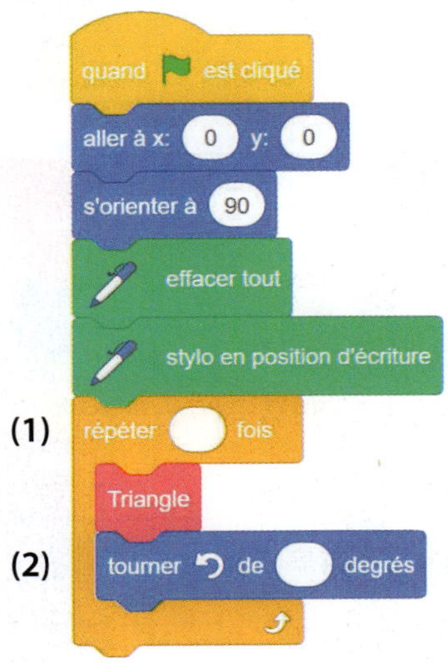

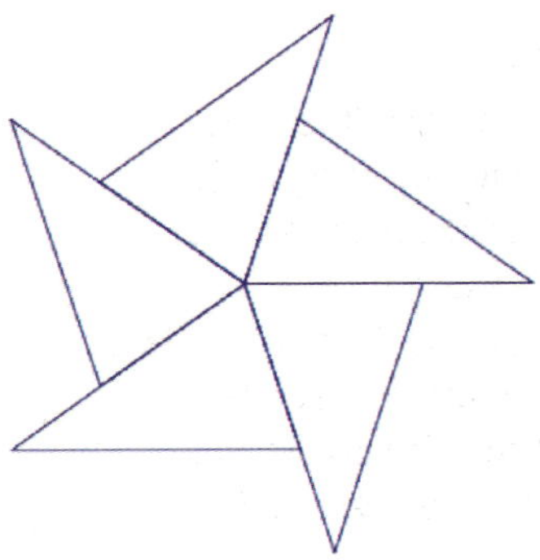

b. Ouvrir le logiciel Scratch. Saisir et tester le projet complété.

Tâches complexes transversales

Tâche	Notions abordées
1 **Le sudoku des produits**	Multiplication, division, critères de divisibilité.
2 **Le glacier**	Ratio, enchaînement d'opérations.
3 **Le cargo à voile**	Proportionnalité, pourcentages.
4 **Les parties de golf**	Nombres relatifs, moyenne.
5 **La météorite**	Repérage dans le plan, médiatrice d'un segment.
6 **Les tonneaux**	Volume d'un cylindre, application d'une formule, enchaînement d'opérations.
7 **Les footballeurs**	Organisation et gestion de données, moyenne, diagramme.
8 **Les cubes**	Fraction d'une quantité, calcul d'aires.
9 **Les jeux**	Probabilités, nombres premiers, calcul d'aires.
10 **Les archéologues**	Construction de triangles et de quadrilatères, symétrie centrale.
11 **La symétrie**	Symétrie centrale, programmation.
12 **Le bateau**	Mesures d'angles, programmation.

1 Le sudoku des produits

▶ La situation-problème

La grille de sudoku étudiée (**doc. 3**) se compose de 81 cases formant neuf lignes et neuf colonnes regroupées en neuf carrés.
Compléter cette grille en utilisant les nombres entiers de 1 à 9 et en respectant les règles.

▶ Les supports de travail

Les documents, une photocopie de la grille, la calculatrice.

Toute piste de recherche, même non aboutie, figurera sur la feuille.

Doc. 1

Les règles du sudoku

- Chaque colonne, chaque ligne et chaque carré doivent contenir les nombres entiers de 1 à 9.
- Chacun de ces nombres n'est écrit qu'une seule fois sur une même ligne, sur une même colonne ou dans un même carré.

Doc. 2

La règle des produits

Un nombre écrit en rouge est le produit des nombres inscrits dans les trois cases au-dessus ou au-dessous ou à gauche ou à droite.

Par exemple, 14 signifie que le **produit** des trois nombres inscrits dans les **trois cases au-dessus** est 14.

Ces trois nombres sont 1, 2 et 7 (car $1 \times 2 \times 7 = 14$) ; ici, ces trois nombres sont positionnés comme indiqué.

Doc. 3

La grille du sudoku des produits

	18	90	224	24	280	54	21	432	40	
315										72
48										126
24										40
168					4	1				60
24				8	2					189
90						6				32
280		7								162
72		2								35
18		1			9					64
	96	14	270	30	54	224	120	6	504	

Tâches complexes transversales

2 Le glacier

▶ La situation-problème

Thomas a décidé de vendre des glaces du 1er juin au 1er octobre inclus à Soulac-sur-Mer.

Aider Thomas à choisir parmi les trois emplacements proposés par la mairie celui qui devrait être le plus rentable.

Doc. 1

Les trois emplacements proposés à Thomas

- A : Le Kiosque
Loyer : 3 000 € par mois
- B : La Paillote
Loyer : 14 000 € pour les 4 mois
- C : La Brasserie
Loyer : 2 250 € par mois

Doc. 2

Prévisions des ventes par jour selon la météo

Le Kiosque	400 €	200 €
La Paillotte	500 €	50 €
La Brasserie	300 €	300 €

Doc. 3

La météo à Soulac

De juin à octobre, le ratio « jours de soleil : jours nuageux » est 2 : 1.

▶ Les supports de travail

Les documents, la calculatrice, le tableur.

Toute piste de recherche, même non aboutie, figurera sur la feuille.

3 Le cargo à voile

▶ La situation-problème

Le propriétaire du paquebot « Free Ocean » souhaite équiper son navire avec des voiles de la société « Voiles Futur ».

Aider ce propriétaire à savoir si l'un des deux modèles de voiles sera rentable d'ici 5 ans.

Si c'est le cas, indiquer celui des deux qui sera le plus intéressant sur cette période.

▶ Les supports de travail

Les documents, la calculatrice.

Toute piste de recherche, même non aboutie, figurera sur la feuille.

Doc. 1

Les équipements de la société « Voiles Futur »

Les « Grandes voiles »

- Coût de l'équipement : 3,5 millions d'euros
- Diminution des émissions des gaz à effet de serre de 70 %.
- Économie de 60 % du carburant.

Le « Kite surf »

- Coût de l'équipement : 1,2 million d'euros
- Diminution des émissions des gaz à effet de serre de 15 %.
- Économie de 20 % du carburant.

Doc. 2

Le paquebot actuellement

- Type : paquebot
- Longueur : 120 m
- Largeur : 18 m
- Capacité de transport : 12 000 t
- Consommation annuelle de fioul : 2 500 m^3

Doc. 3

Le prix du fioul

- Actuellement : 0,70 € le litre.
- On prévoit une augmentation du prix du fioul de 0,05 € par an.

4 Les parties de golf

▶ La situation-problème

Au golf, un score de –3 signifie que le joueur a réalisé 3 coups de moins que le par (le score idéal) et un score de +2 signifie que le joueur a réalisé 2 coups de plus que le par.
Deux équipes s'affrontent lors d'une compétition organisée sur quatre jours.
Déterminer l'équipe gagnante.

▶ Les supports de travail

Les documents.

Toute piste de recherche, même non aboutie, figurera sur la feuille.

Doc. 1

Les règles

- Au golf, le joueur qui a le plus petit score gagne.
- Le score d'un joueur est la somme des scores réalisés au cours des quatre journées de compétition.
- Comme les deux équipes n'ont pas le même nombre de joueurs, il a été décidé que l'équipe dont la moyenne des scores des joueurs sera la plus faible sera déclarée gagnante.

Doc. 2

Les scores de l'équipe « Le mas »

	Score			
Joueurs	**Jour 1**	**Jour 2**	**Jour 3**	**Jour 4**
Anetta	–1	+3	–1	+4
Dorian	–2	–1	–4	+3
Hanna	–2	+3	–2	+3

Doc. 3

Les scores de l'équipe « Le chalet »

	Score			
Joueurs	**Jour 1**	**Jour 2**	**Jour 3**	**Jour 4**
Clara	–2	–1	0	–1
Emilio	–1	0	+3	+2
Fanny	–2	+3	+4	–1
Greg	–1	–1	+3	+1

5 La météorite

▶ La situation-problème

Trois balises ont été placées pour localiser le point d'impact d'une météorite qui va tomber dans le désert. Aider le directeur des opérations à déterminer, sur le radar de la base, les coordonnées du point d'impact de la météorite.

▶ Les supports de travail

Les documents, les instruments de géométrie.

Toute piste de recherche, même non aboutie, figurera sur la feuille.

Doc. 1

Les balises

Les coordonnées du radar R de la base sont (0 ; 0). Sur ce radar, les coordonnées des trois balises représentées par les points A, B et C sont :

A(–5 ; 1,5), B(–8,5 ; –2) et C(–7,5 ; –3).

Doc. 2

Les indications sur le point d'impact

- Le point d'impact M de la météorite est aligné avec les points R et C.
- Le point M est à égale distance des deux balises A et B.

6 Les tonneaux

▶ La situation-problème

Les vendanges terminées, un vigneron se demande combien de tonneaux en chêne il doit utiliser pour faire vieillir le vin contenu dans ses 6 cuves et quel sera son bénéfice lors de la vente en bouteilles de ce vin. Aider ce vigneron.

▶ Les supports de travail

Les documents, la calculatrice, le tableur.

Toute piste de recherche, même non aboutie, figurera sur la feuille.

Doc. 1

Une formule

Le volume V, en m³, d'un tonneau est donné par la formule $V = \frac{\pi h}{12}(d^2 + 2D^2)$ où h, d et D désignent respectivement la hauteur et les deux « diamètres » du tonneau exprimés en mètres.

Doc. 2

Les six cuves

Les six cuves sont des cylindres de diamètre 3 m et de hauteur 4 m.

Doc. 3

Les tonneaux

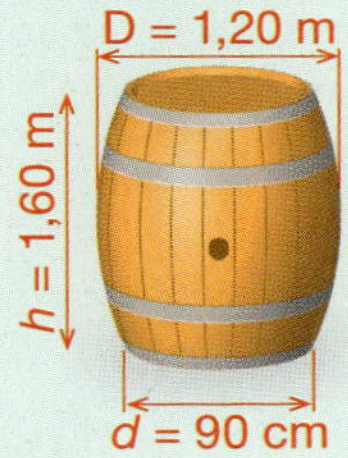

Doc. 4

La mise en bouteilles

Après avoir vieilli 2 ans dans les tonneaux, le vin est mis dans des bouteilles de 0,75 L.

Le bénéfice du vigneron par bouteille est 0,20 €.

7 Les footballeurs

▶ La situation-problème

Reporter sportif, Alban a relevé les distances parcourues par deux footballeurs durant le dernier championnat de Ligue 1.

Il prévoit d'écrire un article à partir de ces informations. Il souhaite :

- représenter sur un même diagramme en bâtons les distances parcourues par les deux joueurs ;
- calculer la distance moyenne parcourue par match pour chaque joueur ;
- expliquer en quoi les deux joueurs se distinguent.

Aider Alban à écrire son article.

▶ Les supports de travail

Les documents, la calculatrice, le tableur.

Toute piste de recherche, même non aboutie, figurera sur la feuille.

Doc. 1

Le joueur 1

Taille : 1,75 m
Âge : 23 ans
Période pro. : depuis 2018
Poste : milieu de terrain
Pied fort : droit

Distance (en km)	10	10,5	11	11,5	12	12,5
Nombre de matchs	10	4	3	8	4	9

Doc. 2

Le joueur 2

Taille : 1,75 m
Âge : 23 ans
Période pro. : depuis 2018
Poste : milieu de terrain
Pied fort : droit

Distance (en km)	10	10,5	11	11,5	12	12,5
Nombre de matchs	0	9	11	8	10	0

8 Les cubes

La situation-problème

Une artiste, Élise, a empilé 5 cubes comme indiqué sur le doc. 1.
Elle souhaite peindre toutes les parties visibles des cubes de la pile.
Élise affirme : « Je vais peindre presque 4 m^2 de surface. »
A-t-elle raison ? Expliquer.

Doc. 1

La pile de cubes

Doc. 2

Informations techniques

- Le cube du bas a 64 cm d'arête.
- Chaque cube a une arête égale aux trois quarts de l'arête du cube qui est au-dessous.

Les supports de travail

Les documents.

Toute piste de recherche, même non aboutie, figurera sur la feuille.

9 Les jeux

La situation-problème

Anne prépare un exposé sur trois jeux : l'urne, les dés et la cible.
Aider Anne à déterminer le jeu pour lequel les participants ont le plus de chances de gagner.

Doc. 1

L'urne

- Une urne opaque contient 30 boules identiques numérotées de 1 à 30.
- Le joueur tire une boule au hasard et relève son numéro.
- Le joueur gagne si le nombre inscrit sur la boule est un nombre premier.

Doc. 2

Les dés

- Le joueur lance deux dés équilibrés (un rouge et un vert) dont les faces sont numérotées de 1 à 6.
- Le joueur gagne si la somme des deux nombres est égale à 7.

Doc. 3

La cible

- La cible est constituée de deux carrés de côtés 3 cm et 6 cm.

Un logiciel place de façon aléatoire un point sur cette cible.

- Le joueur gagne si le point est à l'intérieur du carré vert.

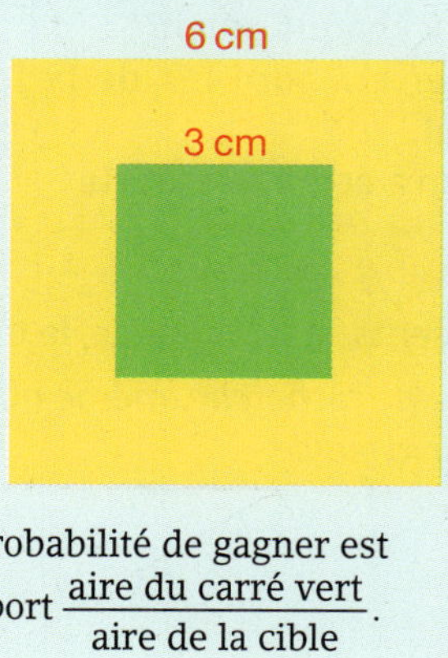

- La probabilité de gagner est le rapport $\frac{\text{aire du carré vert}}{\text{aire de la cible}}$.

Les supports de travail

Les documents.

Toute piste de recherche, même non aboutie, figurera sur la feuille.

10 Les archéologues

▶ La situation-problème

Un nouveau site archéologique a été découvert dans une plaine fluviale en Asie centrale.
Des archéologues ont commencé à réaliser un plan de ce site tel qu'il devait être dans l'Antiquité.
Sur une photocopie du doc. 2, terminer le plan de ces archéologues.

▶ Les supports de travail

Une photocopie du doc. 2, les instruments de géométrie.

Toute piste de recherche, même non aboutie, figurera sur la feuille.

Doc. 1

Les conclusions des archéologues

- Ce site a été construit en 100 avant notre ère.
- Le site était entouré d'une muraille de 3 m de hauteur qui formait un rectangle.
- Un amphithéâtre circulaire se trouvait au centre du site. C'est dans cet amphithéâtre que toutes les décisions importantes se prenaient.
- Le site admettait un centre de symétrie qui était à la fois le centre de l'amphithéâtre et le centre du rectangle formé par les murailles.
- Les six bâtiments autres que l'amphithéâtre avaient des formes géométriques bien particulières.
- On peut ainsi supposer que deux communautés distinctes cohabitaient sur ce site.

Doc. 2

Un plan partiel du site

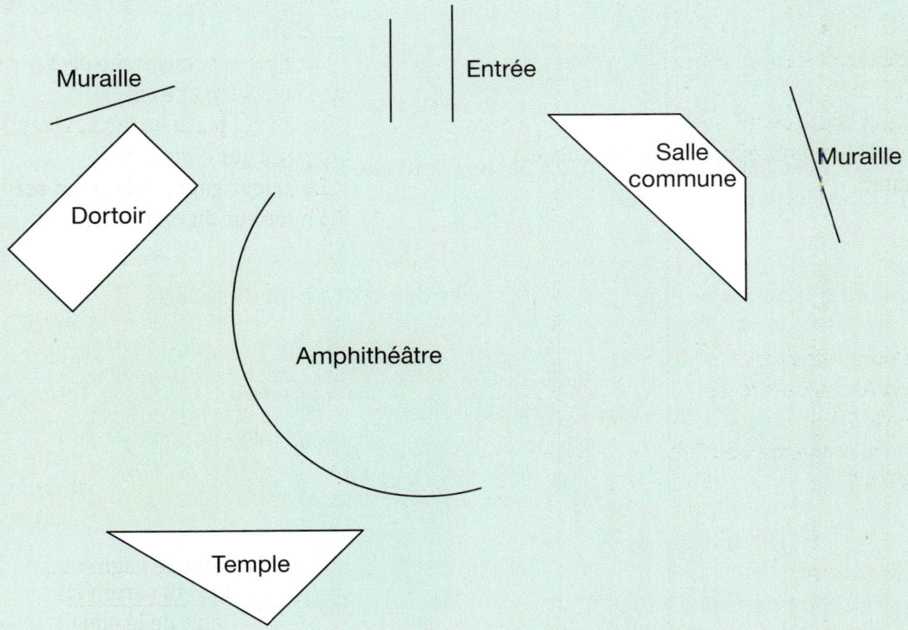

11 La symétrie

▶ La situation-problème

Ambre a programmé le déplacement du lutin avec le logiciel Scratch.
Aider Ambre à compléter son programme afin que le lutin trace aussi le symétrique du déplacement par rapport au point de coordonnées (0 ; 0).

▶ Les supports de travail

Les documents, le logiciel Scratch.

Toute piste de recherche, même non aboutie, figurera sur la feuille.

Doc. 1

Une copie de l'écran d'Ambre

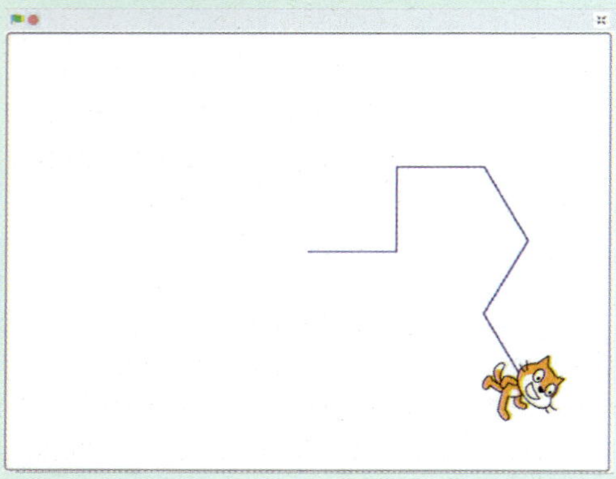

Doc. 2

Le début du programme d'Ambre

```
quand [drapeau] est cliqué
aller à x: 0 y: 0
s'orienter à 90
effacer tout
stylo en position d'écriture
avancer de 70 pas
tourner ↺ de 90 degrés
avancer de 70 pas
tourner ↻ de 90 degrés
avancer de 70 pas
tourner ↻ de 60 degrés
avancer de 70 pas
tourner ↻ de 60 degrés
avancer de 70 pas
tourner ↺ de 60 degrés
avancer de 70 pas
```

12 Le bateau

▶ La situation-problème

Juliette souhaite tracer, avec le logiciel Scratch, un bateau dont elle a réalisé un schéma (doc. 1).
Compléter le script de Juliette puis le tester.

Doc. 1

Le schéma de Juliette

- Les points C, D, F et G sont alignés.
- Les droites (GC) et (AB) sont parallèles.
- Le triangle DEF est équilatéral.
- Les coordonnées du point de départ A sont (0 ; 0).

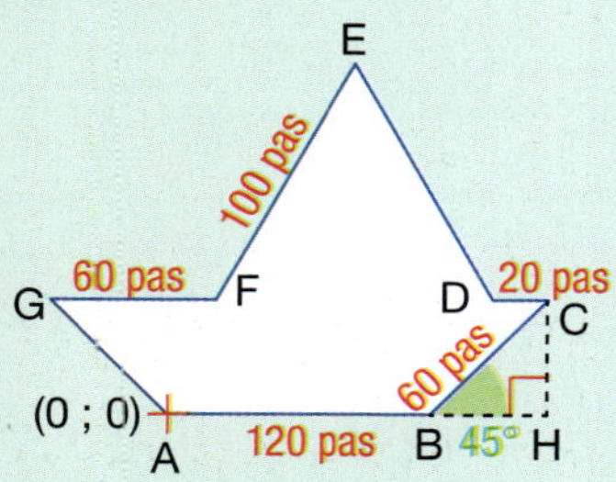

Doc. 2

Le début du script de Juliette

```
quand [drapeau] est cliqué
aller à x: 0 y: 0
s'orienter à 90
effacer tout
stylo en position d'écriture
```

▶ Les supports de travail

Les documents, le logiciel Scratch.

Toute piste de recherche, même non aboutie, figurera sur la feuille.

Géographie	L'énergie, l'eau : des ressources à ménager et à mieux utiliser.
Mathématiques	Interpréter, représenter et traiter des données.
SVT	Caractériser des enjeux liés à l'exploitation d'une ressource naturelle.

L'eau, une ressource à préserver et à partager

OBJECTIF
Étudier les problématiques de l'eau.

Le projet
Présenter, dans un blog, les enjeux de la préservation et du partage des ressources en eau au niveau local et au niveau mondial.

Quelques repères

L'eau recouvre 72 % de la surface de la Terre, mais l'eau douce disponible pour l'être humain en représente moins de 1 %. Nous consommons beaucoup d'eau douce, principalement pour l'agriculture, les activités industrielles, l'alimentation et la toilette. Les ressources en eau et l'accès à l'eau potable sont inégalement répartis sur la Terre. Alors que dans certains pays, la consommation d'eau augmente de plus en plus, de nombreuses régions du monde manquent d'eau.

La production

Réaliser un blog présentant les différentes problématiques de l'eau au niveau local (de sa commune ou de sa région) et au niveau mondial.
• Présenter des graphiques et des diagrammes sur les ressources en eau, les usages de l'eau, l'accès à l'eau, etc.
• Comparer et commenter ces données.

L'eau potable dans le monde

780 millions d'individus dans le monde n'ont pas accès à l'eau potable.

Pistes de réflexion

- **Analyser le cycle de l'eau et les changements d'états de l'eau.**
- **Étudier la répartition des ressources en eau à l'échelle locale et à l'échelle mondiale : lire et interpréter des diagrammes.**
- **Recueillir et interpréter des données sur la consommation en eau dans son collège, chez soi, etc.**
- **Comparer l'accès à l'eau potable dans différentes régions du monde.**
- **Estimer le volume d'eau sur la Terre et comparer les volumes d'eau salée et d'eau douce.**
- **Réfléchir aux impacts des activités humaines sur les ressources en eau.**
- **Étudier une technique d'épuration de l'eau, comprendre les enjeux de la potabilisation de l'eau.**

Mathématiques	Utiliser les notions de géométrie plane pour démontrer.
Histoire	Société, Église et pouvoir politique dans l'Occident féodal.
Arts plastiques	Concevoir, réaliser, donner à voir des projets artistiques.

Découvrir l'art des cathédrales au Moyen Âge

Objectif

Étudier les formes géométriques utilisées pour décorer ou construire des cathédrales d'art gothique.

Le projet

Réaliser une figure géométrique « géante » en s'inspirant des motifs de l'art gothique des cathédrales.

Quelques repères

À partir du milieu du XIIe siècle, d'immenses cathédrales sont construites en Île-de-France, puis progressivement un peu partout en Europe. Un nouveau style architectural apparaît : l'art gothique. L'utilisation de nouvelles techniques permet alors des constructions plus hautes, plus lumineuses et plus colorées par les vitraux. La taille monumentale et la décoration de ces édifices témoignent du savoir-faire des artisans bâtisseurs et cherchent à montrer la puissance de l'Église à l'époque médiévale. Sur les façades et les vitraux de ces cathédrales, on peut observer des figures et motifs géométriques simples ou plus complexes.

La production

Réaliser une frise, un pavage ou une rosace, en grande dimension.
- S'inspirer des figures et formes observées.
- Préparer le projet sur une feuille de papier de format A4, puis le reproduire en agrandissant les dimensions.
- Utiliser des couleurs à la manière des vitraux des cathédrales gothiques.

Pistes de réflexion

- **Étudier et reproduire, à une échelle donnée, le plan d'une cathédrale gothique.**
- **Identifier, sur des photographies par exemple, des figures géométriques (rosaces, frises, etc.) et étudier les symétries utilisées sur ces figures.**
- **Imaginer et réaliser des figures sur papier ou à l'aide d'un logiciel de géométrie dynamique.**

Français	Consolider l'orthographe lexicale et grammaticale.
Mathématiques	Interpréter, représenter et traiter des données.
Histoire	Utiliser les médias et les informations de manière autonome.

Jouer avec des lettres et des mots

OBJECTIFS
- Étudier la répartition des lettres et des mots dans un texte.
- Rédiger un texte avec une contrainte d'écriture.

« Anton Voyl n'arrivait pas à dormir. Il alluma. Son Jaz marquait minuit vingt. Il poussa un profond soupir, s'assit dans son lit, s'appuyant sur son polochon. Il prit un roman, il l'ouvrit, il lut ; mais il n'y saisissait qu'un imbroglio confus, il butait à tout instant sur un mot dont il ignorait la signification. »

G. Perec, extrait de *La disparition*, 1969.

Dans le livre *Exercices de style*, paru en 1947, Raymond Queneau raconte quatre-vingt-dix-neuf fois une même histoire, mais de quatre-vingt-dix-neuf manières différentes.

▶ Le projet
Réaliser un livre numérique contenant des textes mathématiques rédigés avec une contrainte d'écriture.

Quelques repères

Depuis 1960, l'Oulipo (Ouvroir de littérature potentielle) regroupe des écrivains, des poètes et des mathématiciens qui cherchent à renouveler l'écriture de textes littéraires en s'imposant des contraintes. Célèbre membre de ce groupe, Georges Pérec a, par exemple, écrit un roman de plus de 300 pages, *La disparition*, sans utiliser la lettre « e ».

La production

Réaliser un livre numérique comportant des textes mathématiques (définitions, propriétés, programmes de construction, etc.) élaborés à partir d'une contrainte d'écriture.
- Présenter les contraintes d'écriture choisies.
- Réécrire les textes mathématiques avec la contrainte choisie.

Polygonales sont tes bases
Résolument parallèles
Il ne faut pas te confondre !
Solide, tu es !
Mais cylindre tu n'es pas,
En hauteur tu t'étires.

Pistes de réflexion

- **Se documenter sur certains écrivains membres du groupe l'Oulipo.**
- **Étudier certaines contraintes d'écritures proposées par ce groupe (lipogramme, boule de neige, poème monorime, etc.).**
- **Étudier la fréquence de certaines lettres dans un texte en français et dans un texte écrit dans une langue étrangère.**
- **Utiliser la notion de fonction en s'appuyant sur certaines contraintes littéraires (par exemple : « la méthode S + 7 » de Jean Lescure).**

- **Français** : Découvrir diverses formes de récits d'aventures, fictifs ou non.
- **Géographie** : Nommer, localiser et caractériser un lieu dans un espace géographique.
- **Mathématiques** : Calculer avec des grandeurs mesurables. Résoudre des problèmes de proportionnalité.

Imaginer, explorer, raconter

OBJECTIF
Étudier les caractéristiques d'un voyage réel ou imaginaire.

Le projet
Rédiger le journal de bord d'un explorateur lors d'un voyage imaginaire.

Quelques repères

De tout temps, des hommes et des femmes sont partis vers l'inconnu pour découvrir de nouveaux territoires. De Christophe Colomb à Thomas Pesquet en passant par Magellan, Jacques Cartier, le commandant Cousteau ou encore Alexandra David-Néel, ces explorateurs et exploratrices ont parcouru la Terre, exploré les fonds marins ou voyagé dans l'espace. Leurs témoignages et leurs expériences ont changé et changent encore aujourd'hui notre connaissance du monde.

La production

Inventer un personnage d'explorateur ou d'exploratrice, imaginer des régions à découvrir en traversant plusieurs pays et rédiger le journal de bord de ce voyage.

- Indiquer les conditions de voyage : le trajet suivi, les distances parcourues, le(s) moyen(s) de transport utilisé(s) et le budget consacré.
- Décrire les découvertes réalisées et les dangers rencontrés.

Journal de bord

Le 17 mars 2021

La nuit vient de tomber. Aujourd'hui, j'ai marché sans m'arrêter, 18 km dans la neige… J'ai froid… Il me reste 12 roubies pour acheter de la nourriture demain.

Pistes de réflexion

- **Étudier des récits de voyages d'explorateurs d'hier à aujourd'hui (Marco Polo, Nicolas Vannier par exemple).**
- **Étudier le vocabulaire relatif au voyage, aux sensations et aux émotions éprouvées.**
- **Repérer les étapes du voyage et ses caractéristiques.**
- **Utiliser une échelle pour représenter un parcours.**
- **Calculer des distances, des durées ou des horaires.**
- **Exprimer des monnaies dans différentes unités, estimer un budget, etc.**

Arts plastiques	Recourir à des outils numériques de réalisation à des fins de création artistique.
Mathématiques	Écrire, mettre au point, exécuter un programme.
Histoire	Utiliser les médias et les informations de manière autonome.

Explorer l'art numérique

Objectifs
- Étudier des œuvres d'art réalisées avec des formes géométriques.
- Écrire un script Scratch.

V. Molnár, *Des lignes, pas des carrés*, 1973

V. Molnár, *160 carrés poussés à bout*, 1985

▶ Le projet
Réaliser une œuvre d'art sur ordinateur à l'aide d'un script Scratch.

Quelques repères

Véra Molnár est une artiste française contemporaine. Sur ses dessins et peintures, elle travaille des figures géométriques simples, en particulier la ligne, le cercle et le carré. Elle utilise le plus souvent comme teintes, du blanc, du noir, des rouges, des gris et parfois des bleus.
Véra Molnár fait partie des premiers artistes à avoir créé des œuvres à l'aide d'un ordinateur.
Dans ses œuvres, ces formes simples se répètent, s'altèrent ou se décalent de façon aléatoire.

La production

Concevoir et réaliser un tableau sur ordinateur en s'inspirant des œuvres de Véra Molnár.
- Tracer une figure de base sur papier, puis envisager des répétitions et des variations de cette figure.
- Écrire un script Scratch permettant de tracer la figure de base puis l'ensemble du tableau.

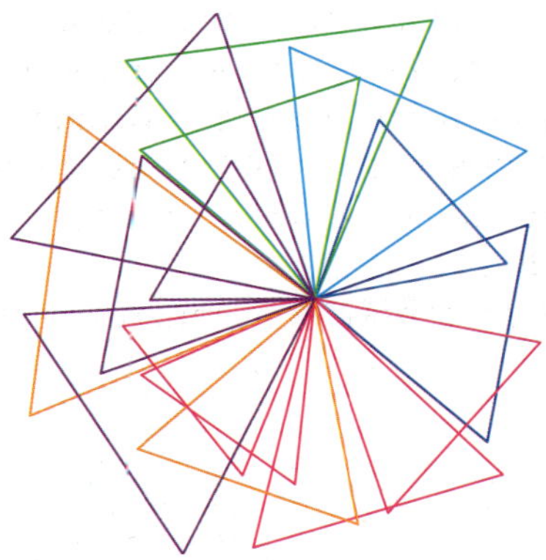

Pistes de réflexion

- **Étudier les caractéristiques de l'art optique et de l'art numérique.**
- **Reconnaître des figures géométriques, des répétitions, des variations sur des tableaux d'artistes (Véra Molnár, Vasarely, François Morellet par exemple).**
- **Écrire des scripts avec le logiciel Scratch pour tracer des figures simples (carré, triangle, ligne brisée, etc.).**

Corrigés

CHAPITRE 1 Utiliser les nombres décimaux

Bien démarrer

1 b.　**2** b. et c.　**3** a. et c.
4 a., b. et c.　**5** a. et c.

À TON TOUR

② • L'écart entre 3,4 et 3,5 est un dixième.
En effet, 3,5 − 3,4 = 0,1.
Ce dixième est partagé en 10, donc l'écart entre deux graduations est un centième.
• L'abscisse du point D est 3,48.
L'abscisse du point E est 3,52.
L'abscisse du point F est 3,39.

⑥ $3{,}1 < 3{,}14 < 3{,}141 < 3{,}141\,5 < 3{,}142 < 3{,}2$

Je travaille mes automatismes

⑭ **a.** Trente-quatre centièmes : 0,34
b. Cent trois dixièmes : 10,3
c. Quarante-six millièmes : 0,046
d. Cinquante-trois unités et quatre dix-millièmes : 53,000 4

㉓ **a.** $0{,}43 = \dfrac{43}{100}$　**b.** $0{,}7 = \dfrac{70}{100}$
c. $2{,}64 = \dfrac{264}{100}$　**d.** $94{,}8 = \dfrac{9\,480}{100}$

㉙
a. **b.** **c.**
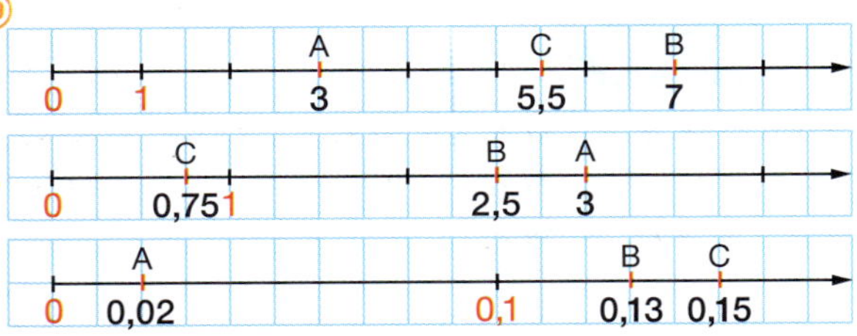

㊲ **a.** $23{,}540\,2 < 25{,}545$　**b.** $104{,}58 < 104{,6}$
c. $7{,}4 = 7{,}400$　**d.** $0{,}78 > 0{,}773\,2$

Je m'évalue

62 b.　63 b.　64 c.　65 a.　66 c.
67 c.　68 c.　69 b.　70 a.　71 c.
72 a.　73 c.　74 b.

CHAPITRE 2 Calculer avec les nombres décimaux

Bien démarrer

1 b.　**2** c.　**3** a.　**4** b. et c.
5 b.　**6** a. et b.　**7** b.

À TON TOUR

② On note s la somme, en €, qu'il reste à Michalis.
$s = 4 \times 5$ € $+ 3 \times 0{,}20$ € $- 2 \times 2{,}50$ €
$s = 20$ € $+ 0{,}60$ € $- 5$ €
$s = 20{,}60$ € $- 5$ €
$s = 15{,}60$ €
Donc il reste 15,60 € à Michalis.

⑤ • 11 h 12 min = 10 h 72 min
• 10 h 72 min − 12 min = 11 h
• 11 h − 15 min = 10 h 45 min
Donc Ilyan doit partir de chez lui à 10 h 45.
Remarque : on peut aussi utiliser une ligne des temps.

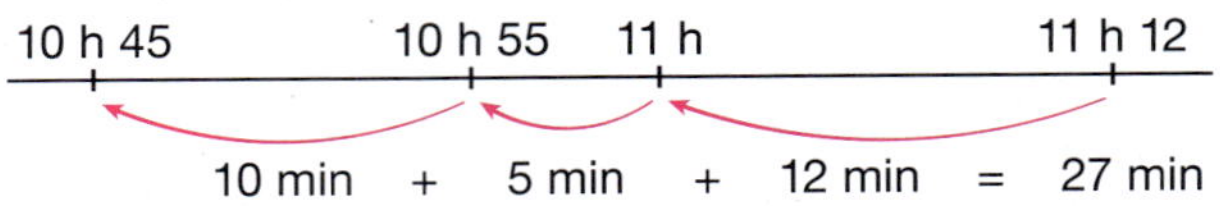

Je travaille mes automatismes

⑩ **a.** $17{,}3 \times 10 = 173$　**b.** $0{,}087 \times 10 = 0{,}87$
c. $0{,}15 \times 100 = 15$　**d.** $47\,520 \times 100 = 4\,752\,000$
e. $13{,}05 \times 1\,000 = 13\,050$　**f.** $0{,}123 \times 1\,000 = 123$

⑬ **a.** $67 \times 0{,}1 = 6{,}7$　**b.** $0{,}29 \times 0{,}1 = 0{,}029$
c. $478 \times 0{,}01 = 4{,}78$　**d.** $3{,}7 \times 0{,}01 = 0{,}037$
e. $19 \times 0{,}001 = 0{,}019$　**f.** $2\,341{,}2 \times 0{,}001 = 2{,}341\,2$

⑲ **a.** $7 \times 5 + 12 = 35 + 12 = 47$　**b.** $8 + 2 \times 9 = 8 + 18 = 26$
c. $100 \times (7 - 5) = 100 \times 2 = 200$　**d.** $17 + (15 - 12) = 17 + 3 = 20$
e. $(17 - 7) : 2 = 10 : 2 = 5$　**f.** $24 : (7 + 5) = 24 : 12 = 2$

㉖ **a.** 250 + 150 + 150 + 100 + 120 + 200
400 + 250 + 320
650 + 320
970
La valeur trouvée par Florent est largement inférieure à 970 km, donc son résultat n'est pas correct.
b. On obtient 945 km.

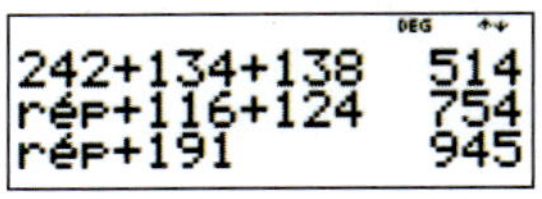

㉝ **a.** 4 h 17 min = 4 × 60 min + 17 min = 257 min
b. 3 h 53 min = 3 × 60 min + 53 min = 233 min
c. 17 h 37 min = 17 × 60 min + 37 min = 1 057 min

㊳
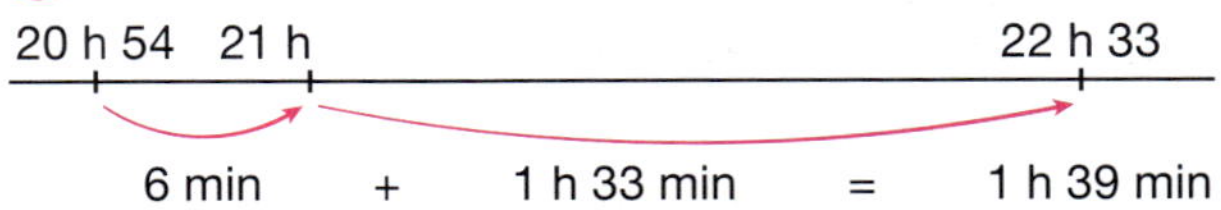

Donc l'émission a duré 1 h 39 min.

Je m'évalue

60 c.　61 a.　62 b.　63 a.　64 c.　65 c.
66 b.　67 c.　68 b.　69 b.　70 a.

CHAPITRE 3 Utiliser le calcul littéral

Bien démarrer

1 **a.** et **c.** **2** **b.** et **c.** **3** **a.** et **c.**
4 **b.** **5** **a.**, **b.** et **c.**

À TON TOUR

2 • Pour $t = 3$,
$h = 60 \times 3 - 4{,}9 \times 3^2$
$h = 60 \times 3 - 4{,}9 \times 9$
$h = 180 - 44{,}1$
$h = 135{,}9$
Donc, 3 s après le lancement, la fusée se trouve à 135,9 m de hauteur.
• Pour $t = 7$,
$h = 60 \times 7 - 4{,}9 \times 7^2$
$h = 60 \times 7 - 4{,}9 \times 49$
$h = 420 - 240{,}1$
$h = 179{,}9$
Donc, 7 s après le lancement, la fusée se trouve à 179,9 m de hauteur.

5 • L'aire du carré de côté c est c^2.
• L'aire du rectangle de dimensions c et 5 est $5 \times c$, que l'on peut écrire $5c$.
• L'aire $\mathcal{A}$ de la figure est donc : $\mathcal{A} = c^2 + 5c$.

7 **a.** $A = 2{,}3 \times 5{,}7 - 2{,}3 \times 2{,}7$
$A = 2{,}3 \times (5{,}7 - 2{,}7)$
$A = 2{,}3 \times 3$
$A = 6{,}9$
b. $B = 33 \times 41{,}2$
$B = (30 + 3) \times 41{,}2$
$B = 30 \times 41{,}2 + 3 \times 41{,}2$
$B = 1\,236 + 123{,}6$
$B = 1\,359{,}6$

10 **a.** Aire du rectangle vert : $4 \times 2x = 8x$
Aire du rectangle orange : $5(x + 1{,}5)$
Cette égalité signifie que les aires des deux rectangles sont égales.
b. • Pour $x = 2{,}5$:
$8x = 8 \times 2{,}5 = 20$
$5(x + 1{,}5) = 5(2{,}5 + 1{,}5) = 5 \times 4 = 20$
Donc x peut être égal à 2,5.
• Pour $x = 0{,}5$:
$8x = 8 \times 0{,}5 = 4$
$5(x + 1{,}5) = 5(0{,}5 + 1{,}5) = 5 \times 2 = 10$
Donc x ne peut pas être égal à 0,5.

Je travaille mes automatismes

15 **a.** $7a + 9b$ **b.** xy **c.** $2\pi r$
d. $5a - 0{,}5b$ **e.** πr^2 **f.** $12{,}8a$

18 **a.** $1{,}5 \times 4 + 4^2 = 6 + 16 = 22$
b. $1{,}5 \times 7{,}2 + 7{,}2^2 = 10{,}8 + 51{,}84 = 62{,}64$
c. $1{,}5 \times 11{,}3 + 11{,}3^2 = 16{,}95 + 127{,}69 = 144{,}64$

25 **a.** $AB = x + 8$ **b.** $AB = 13 - 3x$

33 **a.** $A = 8 \times x + 8 \times 5 = 8x + 40$
b. $B = 5 \times 9 - 5 \times b = 45 - 5b$
c. $C = 2y \times 4 - 1 \times 4 = 8y - 4$
d. $D = 10 \times 0{,}4a - 10 \times 6{,}3 = 4a - 63$

42 **a.** Pour $x = 3$:
$x^2 + 4 = 3^2 + 4 = 9 + 4 = 13$
$10x - 17 = 10 \times 3 - 17 = 30 - 17 = 13$
Donc l'égalité est vraie pour $x = 3$.
b. Pour $x = 5$:
$x^2 + 4 = 5^2 + 4 = 25 + 4 = 29$
$10x - 17 = 10 \times 5 - 17 = 50 - 17 = 33$
Donc l'égalité est fausse pour $x = 5$.
c. Pour $x = 7$:
$x^2 + 4 = 7^2 + 4 = 49 + 4 = 53$
$10x - 17 = 10 \times 7 - 17 = 70 - 17 = 53$
Donc l'égalité est vraie pour $x = 7$.
d. Pour $x = 10$:
$x^2 + 4 = 10^2 + 4 = 100 + 4 = 104$
$10x - 17 = 10 \times 10 - 17 = 100 - 17 = 83$
Donc l'égalité est fausse pour $x = 10$.

Je m'entraîne

49 **a.** • Pour $n = 2$, $n + 3 = 2 + 3 = 5$ et 5 n'est pas un multiple de 3.
Donc Adèle se trompe.
• Pour $n = 2$, $2n + 1 = 2 \times 2 + 1 = 5$ et 5 n'est pas un multiple de 3.
Donc Alek se trompe.
b. La forme générale des multiples de 3 est $3n$, où n désigne un nombre entier.

Je m'évalue

65 **b.** **66** **b.** **67** **a.** **68** **c.** **69** **b.** **70** **a.**
71 **a.** **72** **c.** **73** **b.** **74** **c.** **75** **b.** **76** **b.**
77 **a.** **78** **c.** **79** **c.**

CHAPITRE 4 Utiliser les fractions

Bien démarrer

1 **a.** et **c.** **2** **b.** **3** **b.** et **c.**
4 **b.** et **c.** **5** **a.** et **b.**

À TON TOUR

2 • **Avec un coloriage**
Il revient au même de colorier 2 parties sur les 15 ou bien 6 parties sur les 45.

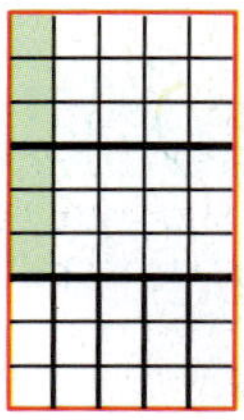

• **Avec la définition d'un quotient**
$\frac{2}{15} \times 45 = \frac{2}{15} \times 15 \times 3 = 2 \times 3 = 6$
Donc $\frac{2}{15}$ est le quotient de 6 par 45 et $\frac{2}{15} = \frac{6}{45}$.

Corrigés

• **Avec une propriété énoncée en cours**

$\frac{2}{15} = \frac{2 \times 3}{15 \times 3} = \frac{6}{45}$

Donc les deux ouvriers agricoles ont récolté autant de raisins l'un que l'autre.

5 On doit calculer le quotient de 506 par 2,2.

$\frac{506}{2{,}2} = \frac{506 \times 10}{2{,}2 \times 10} = \frac{5\,060}{22}$

On pose la division de 5 060 par 22.

	5	0	6	0	2	2	
−	4	4			2	3	0
		6	6				
	−	6	6				
			0	0			
		−		0			
				0			

5 060 : 22 = 230, donc 506 : 2,2 = 230.

Ainsi, le confiseur pourra fabriquer 230 bonbons.

8 $\frac{9}{4} = \frac{9 \times 2}{4 \times 2} = \frac{18}{8}$

$\frac{11}{4} = \frac{11 \times 2}{4 \times 2} = \frac{22}{8}$

$2 = \frac{2}{1} = \frac{2 \times 8}{1 \times 8} = \frac{16}{8}$

$16 < 18 < 19 < 22$, donc $\frac{16}{8} < \frac{18}{8} < \frac{19}{8} < \frac{22}{8}$.

Ainsi, $2 < \frac{9}{4} < \frac{19}{8} < \frac{11}{4}$.

11 $\frac{21}{25} = \frac{21 \times 4}{25 \times 4} = \frac{84}{100}$

Donc 84 % des élèves de 5e C ont réussi leur ASSR.
Alors, la proportion d'élèves ayant réussi leur ASSR est bien la même dans les deux classes.
Sekouba a donc raison.

Je travaille mes automatismes

16 **a.** $\frac{9}{4} = 2 + \frac{1}{4}$

b. $\frac{5}{2} = 2 + \frac{1}{2}$

23 **a.** $\frac{2}{5} = \frac{2 \times 3}{5 \times 3} = \frac{6}{15}$

b. $\frac{3}{7} = \frac{3 \times 2}{7 \times 2} = \frac{6}{14}$

c. $\frac{15}{20} = \frac{15 : 5}{20 : 5} = \frac{3}{4}$

d. $\frac{50}{40} = \frac{50 : 10}{40 : 10} = \frac{5}{4}$

32 **a.** $\frac{81}{5{,}4} = \frac{81 \times 10}{5{,}4 \times 10} = \frac{810}{54}$

b. 810 : 54 = 15

	8	1	0	5	4
−	5	4		1	5
	2	7	0		
−	2	7	0		
			0		

c. 81 : 5,4 = 15

37 **a.** $\frac{5}{8} = \frac{20}{32}$

b. $20 > 19$, donc $\frac{20}{32} > \frac{19}{32}$.

Ainsi, $\frac{5}{8} > \frac{19}{32}$.

45 • $\frac{270}{400} = \frac{270 : 10}{400 : 10} = \frac{27}{40}$, donc la proportion d'élèves demi-pensionnaires dans ce collège est $\frac{27}{40}$.

• $\frac{270}{400} = \frac{270 : 4}{400 : 4} = \frac{67{,}5}{100}$, donc il y a 67,5 % d'élèves demi-pensionnaires dans ce collège.

Je m'évalue

73 **a.** **74** **c.** **75** **a.** **76** **c.** **77** **c.** **78** **b.**
79 **b.** **80** **c.** **81** **a.** **82** **c.** **83** **b.** **84** **c.**
85 **c.**

CHAPITRE 5 Calculer avec des fractions

Bien démarrer

1 **b.** **2** **b.** et **c.** **3** **a.**, **b.** et **c.**
4 **a.** et **c.** **5** **a.** et **c.**

À TON TOUR

2 $\frac{2}{7} + \frac{12}{7} = \frac{14}{7} = 2$

Donc Claire a utilisé 2 kg de farine.

5 $\frac{2}{7} \times 43{,}4\text{ kg} = \frac{2 \times 43{,}4\text{ kg}}{7} = \frac{86{,}8\text{ kg}}{7} = 12{,}4\text{ kg}$

Le pâtissier utilise 12,4 kg de sucre.

$\frac{2}{7} \times 43{,}4$ 12,4

Remarque : $43{,}4\text{ kg} = 7 \times 6{,}2\text{ kg}$

$\frac{2}{7} \times 43{,}4\text{ kg} = \frac{2}{7} \times 7 \times 6{,}2\text{ kg} = 2 \times 6{,}2\text{ kg} = 12{,}4\text{ kg}$

Je travaille mes automatismes

11 **a.** $\frac{2}{5} + \frac{2}{5} = \frac{4}{5}$

b. $\frac{6}{13} + \frac{8}{13} = \frac{14}{13}$

c. $\frac{41}{10} - \frac{22}{10} = \frac{19}{10}$

d. $\frac{13}{7} - \frac{8}{7} = \frac{5}{7}$

e. $\frac{17}{100} + \frac{11}{100} = \frac{28}{100}$

f. $\frac{10}{100} - \frac{7}{100} = \frac{3}{100}$

22 **a.** $\frac{1}{2} = \frac{1 \times 5}{2 \times 5} = \frac{5}{10}$

Donc $\frac{1}{2}$ représente cinq dixièmes.

b. • $\frac{1}{2} + \frac{3}{10} = \frac{5}{10} + \frac{3}{10} = \frac{8}{10}$

Or $\frac{8}{10} = \frac{4 \times 2}{5 \times 2} = \frac{4}{5}$, donc $\frac{1}{2} + \frac{3}{10} = \frac{4}{5}$.

• $\frac{1}{2} - \frac{3}{10} = \frac{5}{10} - \frac{3}{10} = \frac{2}{10}$

Or $\frac{2}{10} = \frac{1 \times 2}{5 \times 2} = \frac{1}{5}$, donc $\frac{1}{2} - \frac{3}{10} = \frac{1}{5}$.

30 **a.** $\frac{8}{9} + \frac{6}{9} + \frac{6}{9} = \frac{20}{9}$

Donc la partie coloriée représente la fraction $\frac{20}{9}$.

b. On peut compléter le 1er disque avec un secteur vert du 3e disque et on peut compléter le 2e disque avec 3 secteurs verts du 3e disque.
Donc on a deux disques pleins et 2 secteurs verts sur le 3e disque.
Ainsi, $\frac{20}{9} = \mathbf{2} + \frac{\mathbf{2}}{\mathbf{9}}$.

(40) $\frac{3}{7} \times 140 \text{ €} = \frac{3}{7} \times 7 \times 20 \text{ €} = 3 \times 20 \text{ €}$
Ainsi, $\frac{3}{7} \times 140 \text{ €} = 60 \text{ €}$.
Lucie a dépensé 60 €.

Je m'évalue

(65) **a.** (66) **b.** (67) **b.** (68) **c.** (69) **b.** (70) **a.**
(71) **c.** (72) **a.** (73) **b.** (74) **b.** (75) **b.** (76) **c.**
(77) **b.**

CHAPITRE 6 Découvrir les nombres décimaux relatifs

Bien démarrer

1 **a.** et **b.** 2 **b.** et **c.** 3 **c.**
4 **a.** et **c.** 5 **b.**

À TON TOUR

(2) **a.** La température a varié de **(+4)** °C dans la journée et de **(−2)** °C dans la nuit.
b. Des spéléologues ont atteint le niveau (−400) m dans une grotte.

(5) **a.** M : 2 ; N : (−0,5) ; P : (−2)
b.

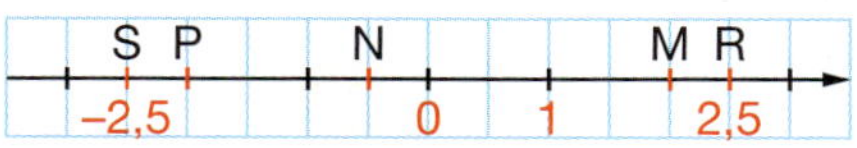

(8) **a.** Les deux nombres relatifs (+ 8 804) et (− 17 383) sont **de signes contraires**, le plus grand des deux est le nombre positif. Donc **(+ 8 804) > (−17 383)**.
b. Les deux nombres relatifs (− 10 916) et (− 300) sont **négatifs**. Or, 300 < 10 916 donc (−300) est plus près de 0 que (− 10 916). Ainsi, **(− 300) > (−10 916)**.

(12) (−19) < (−7) < (−5) < (−4) < 25 < 52

Je travaille mes automatismes

(17) **a.** (−5,4) et (−8) sont des nombres relatifs **négatifs**.
b. 7 et (−9) sont des nombres **entiers** relatifs.
c. 0 est le nombre entier relatif à la fois **positif** et **négatif**.
d. Les nombres relatifs 15 et 7,5 sont **positifs**.
e. (−25) est un nombre **entier** relatif **négatif**.

(27)

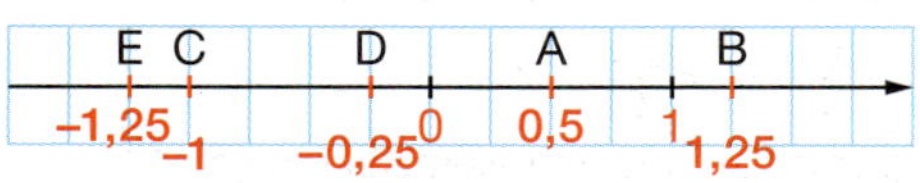

(34) **a.**, **b.**

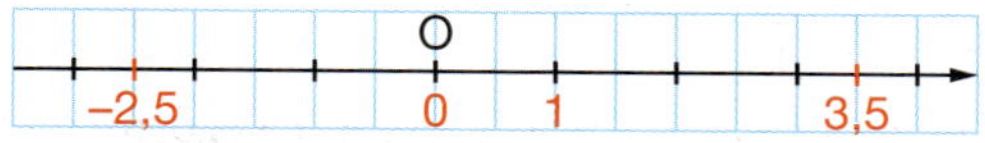

c. La distance à zéro de 3,5 est 3,5.
La distance à zéro de (−2,5) est 2,5.

(43) **a.** 2,1 > 1,35 **b.** (−0,5) > (−5)
c. 4,25 > (−1,25) **d.** (−99,5) < 0,01
e. 0,7 = 0,70 **f.** (−10,7) < (−10,07)

Je m'évalue

(66) **c.** (67) **b.** (68) **a.** (69) **b.** (70) **b.** (71) **a.**
(72) **a.** (73) **b.** (74) **c.** (75) **c.** (76) **a.** (77) **b.**

CHAPITRE 7 Additionner, soustraire les nombres relatifs

Bien démarrer

1 **b.** et **c.** 2 **b.** et **c.** 3 **a.**
4 **c.** 5 **b.** et **c.** 6 **a.**

À TON TOUR

(2) D = −7 − (−5) = −7 + 5 = −2
E = −6,3 − 4,3 = −6,3 + (−4,3) = −10,6
F = 8,2 − (−5,5) = 8,2 + 5,5 = 13,7
G = 9,3 − 13 = 9,3 + (−13) = −3,7

(7) • N = 9 − 16 − 8
N = 9 + (−16) + (−8)
N = −7 + (−8)
N = −15
• P = −18 + 6 − (−11)
P = −18 + 6 + 11
P = −12 + 11
P = −1
• Q = −7,5 − 2,5 + 12,7
Q = −7,5 + (−2,5) + 12,7
Q = −10 + 12,7
Q = 2,7

Je travaille mes automatismes

(12) **a.** −13 + 15 = 2 **b.** −11 + (−8) = −19
c. −14 + 14 = 0 **d.** 11 + (−2) = 9
e. 14 + (−15) = −1 **f.** 2 + (−8) = −6

(21) **a.** 6 − (−7) = 6 + 7 = 13
b. −15 − (−8) = −15 + 8 = −7
c. −11 − 8 = −11 + (−8) = −19
d. 6,5 − 13,5 = 6,5 + (−13,5) = −7

Corrigés

(31) • Abscisse de A : –1
Abscisse de B : 2
Abscisse de C : –2,5
• AB = 2 – (–1) = 2 + 1 = 3
BC = 2 – (–2,5) = 2 + 2,5 = 4,5
AC = –1 – (–2,5) = –1 + 2,5 = 1,5

(39) **a.** A = 7 + (–11) + 2 + (–5) – (–4)
b. A = –4 + 2 + (–5) + (–4)
A = –2 + (–5) + (–4)
A = –7 + (–4)
A = –11

Je m'évalue

(63) **b.** (64) **c.** (65) **b.** (66) **a.** (67) **b.** (68) **c.**
(69) **b.** (70) **c.** (71) **c.** (72) **b.** (73) **c.** (74) **c.**
(75) **b.** (76) **a.** (77) **c.** (78) **b.**

CHAPITRE 8
Utiliser la divisibilité et les nombres premiers

Bien démarrer

1 **b.** 2 **c.** 3 **a.**
4 **b.** et **c.** 5 **a.**, **b.** et **c.** 6 **b.**

À TON TOUR

(2) **a.** On effectue la division euclidienne de 162 par 14.

	1	6	2	14
–	1	4		11
		2	2	
	–	1	4	
			8	

Le quotient est 11, donc Claude a planté 11 rangées complètes.
b. Le reste de la division est 8, donc la rangée incomplète est formée de 8 arbres et il manque 6 arbres.

(5) Chaque page contient le même nombre de paysages et le même nombre de portraits, donc le nombre de pages est un diviseur de 54 et un diviseur de 12.
Les diviseurs de 12 sont : 1, 2, 3, 4, 6 et 12.
Les diviseurs de 54 sont : 1, 2, 3, 6, 9, 18, 27 et 54.
Donc les diviseurs communs à 12 et 54 sont : 1, 2, 3 et 6.
Les répartitions possibles sont alors données dans le tableau :

Nombre de pages	1	2	3	6
Nombre de paysages par page	54	27	18	9
Nombre de portraits par page	12	6	4	2

(7) **a.** 150 est divisible par 2 et $150 = 2 \times 75$.
75 est divisible par 3 et $75 = 3 \times 25$.
25 est divisible par 5 et $25 = 5 \times 5$.
La décomposition de 150 en produit de facteurs premiers est $150 = 2 \times 3 \times 5^2$.
Remarque : on peut aussi écrire :
$$150 = 15 \times 10 = 3 \times 5 \times 2 \times 5 = 2 \times 3 \times 5^2.$$
b. 285 est divisible par 3 et $285 = 3 \times 95$.
95 est divisible par 5 et $95 = 5 \times 19$.
19 est un nombre premier, donc la décomposition de 285 en produit de facteurs premiers est $285 = 3 \times 5 \times 19$.

(10) **a.** À l'exercice (7), on a obtenu :
$$150 = 2 \times 3 \times 5^2 \text{ et } 285 = 3 \times 5 \times 19.$$
Alors $\frac{150}{285} = \frac{2 \times 3 \times 5^2}{3 \times 5 \times 19} = \frac{2 \times 5}{19} = \frac{10}{19}$.
b. $19 < 20$ donc $\frac{10}{19} > \frac{10}{20}$ et ainsi $\frac{150}{285} > \frac{1}{2}$.

Je travaille mes automatismes

(14) **a.**

	4	5	3	6	
–	4	2		7	5
		3	3		
	–	3	0		
			3		

b.

	7	8	9	1	5
–	7	5		5	2
		3	9		
	–	3	0		
			9		

c.

	8	3	6	1	2	5	
–	7	5			3	3	4
		8	6				
	–	7	5				
		1	1	1			
	–	1	0	0			
			1	1			

(22) **a.** Les multiples de 2 sont : 42 ; 90 et 324.
b. Les multiples de 3 sont : 42 ; 81 ; 90 et 324.
c. Les multiples de 5 sont : 85 ; 90 et 1 015.
d. Les multiples de 9 sont : 81 ; 90 et 324.

(30) **a.** 12 n'est pas premier car divisible par 2.
b. 13 est premier.
c. 23 est premier.
d. 33 n'est pas premier car divisible par 3.
e. 45 n'est pas premier car divisible par 3.

(40) **a.** • $42 = 6 \times 7 = 2 \times 3 \times 7$
• $42 = 14 \times 3 = 2 \times 7 \times 3 = 2 \times 3 \times 7$
• $42 = 2 \times 21 = 2 \times 3 \times 7$
b. On trouve dans les trois cas la même décomposition.
Cette décomposition est unique à l'ordre près.

Je m'évalue

(71) **b.** (72) **a.** (73) **c.** (74) **b.** (75) **b.** (76) **c.**
(77) **c.** (78) **b.** (79) **a.** (80) **b.** (81) **b.** (82) **c.**
(83) **c.** (84) **a.** (85) **c.**

CHAPITRE 9
Traiter des données statistiques

Bien démarrer

1 **b.** et **c.** 2 **a.** et **c.**
3 **b.** 4 **a.**

À TON TOUR

(2)

	Fille	Garçon	Total
Effectif	6	9	15
Fréquence (en %)	40	60	100

(5) **a.** $m = \dfrac{5 \times 24 + 20 \times 29}{25}$

$m = \dfrac{700}{25} = 28$

Il y a en moyenne 28 élèves par classe au collège Jules Verne.

b. Il y aurait autant d'élèves au collège Jules Verne s'il y avait 28 élèves dans chacune des 25 classes.

(8) **a.**

Âge	9	10	12	13	Total
Effectif	5	3	4	2	14

b.

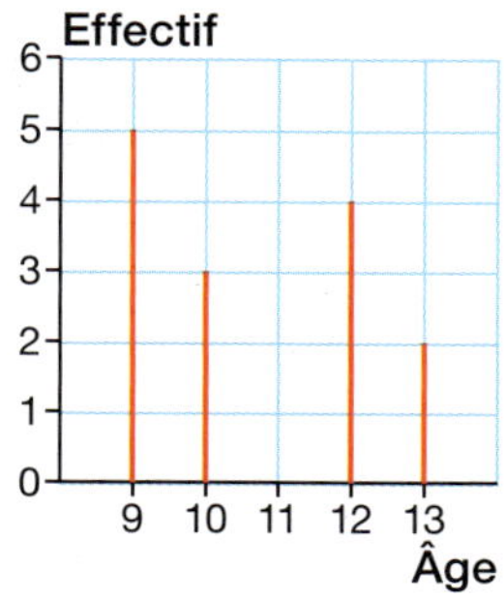

(11)

Zone	Arrivée	Stockage	Livraison	Total
Fréquence (en %)	20	45	35	100
Mesure de l'angle (en °)	36	81	63	180

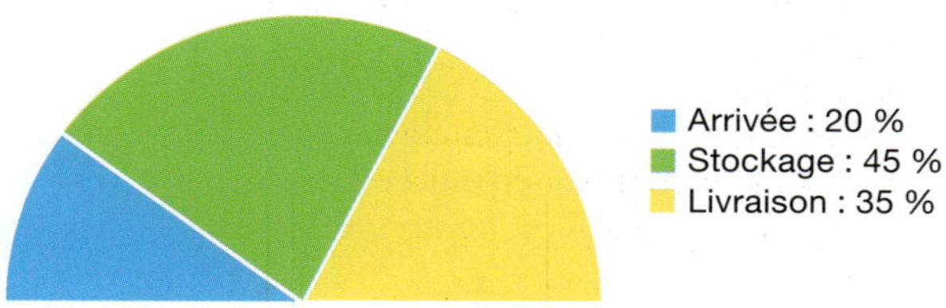

Je travaille mes automatismes

(15) **a.** Il y a eu 5 matchs au cours desquels 2 buts ont été marqués.

b. Il n'y a aucun match au cours duquel 1 seul but a été marqué, donc le score ne peut pas avoir été 0 - 1 ou 1 - 0.

(20) La fréquence des élèves demi-pensionnaires de cette classe est :

- $\dfrac{15}{25}$, c'est-à-dire $\dfrac{3}{5}$;
- 60 %, car $\dfrac{15}{25} = \dfrac{15 \times 4}{25 \times 4} = \dfrac{60}{100}$.

(27) $m = \dfrac{28 + 33 + 29 + 30 + 35}{5}$

$m = \dfrac{155}{5} = 31$

Ewan a lu, en moyenne, environ 31 min par jour.

(28) **a.** $m = \dfrac{2 \times 15 + 4 \times 17 + 3 \times 20 + 22}{10}$

$m = \dfrac{180}{10} = 18$

Donc le prix de vente d'un rosier est en moyenne 18 €.

b. La recette procurée par la vente de ces rosiers serait la même si le pépiniériste avait vendu 10 rosiers à 18 € l'un.

(32)

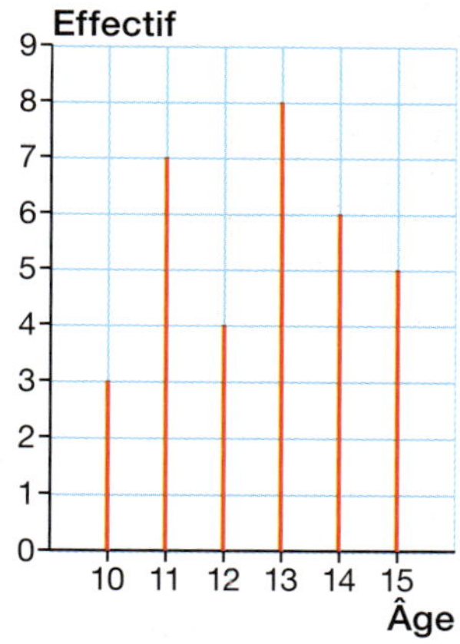

Je m'évalue

(53) **a.** (54) **c.** (55) **b.** (56) **b.**

(57) **b.** (58) **c.** (59) **a.** (60) **b.**

CHAPITRE 10

S'initier aux probabilités

Bien démarrer

1 **c.** 2 **a.** et **b.** 3 **a.** et **c.**

4 **b.** et **c.** 5 **b.** 6 **a.**

À TON TOUR

(2) La probabilité que Théo obtienne le billet gagnant est : $\dfrac{1}{10} = 0{,}1$.

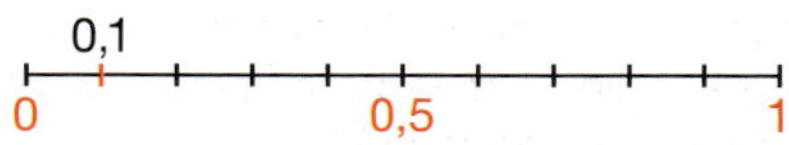

(5) **a.** Chaque issue a pour probabilité $\dfrac{1}{50}$.

b. Parmi les nombres entiers de 1 à 50, 21 sont supérieurs ou égaux à 30, donc la probabilité d'obtenir un nombre supérieur ou égal à 30 est : $\dfrac{21}{50} = 0{,}42$.

Je travaille mes automatismes

(9) Une expérience aléatoire consiste à tirer au hasard un jeton de la boîte et à noter sa couleur.

Les issues de cette expérience sont les couleurs : Rouge, Bleu et Vert.

(16) **a.** Les issues de l'expérience aléatoire sont les lettres : A, M, T et W.

b. « Il y a **2** chances sur 8 d'obtenir la lettre A. »

La probabilité de l'issue A est : $\dfrac{2}{8} = \dfrac{1}{4}$.

c. La probabilité de chacune des autres issues est aussi : $\dfrac{2}{8} = \dfrac{1}{4}$.

Corrigés

(21) $2 \times 52 + 4 = 104 + 4 = 108$
Le jeu du Rami compte 108 cartes dont 4 jokers.
La probabilité que Clément obtienne un joker est : $\frac{4}{108} = \frac{1}{27}$.

(23) • De 1 à 100, il y a 50 nombres pairs, donc la probabilité de l'événement E est : $\frac{50}{100} = 0{,}5$.
• De 1 à 100, il y a 20 multiples de 5 : 5 ; 10 ; 15 ; 20 ; … ; 85 ; 90 ; 95 ; 100.
La probabilité de l'événement F est : $\frac{20}{100} = 0{,}2$.
• La probabilité de l'événement G est : $\frac{75}{100} = 0{,}75$.
• De 1 à 100, les nombres qui contiennent au moins une fois le chiffre 0 sont : 10 ; 20 ; 30 ; 40 ; 50 ; 60 ; 70 ; 80 ; 90 et 100.
La probabilité de l'événement H est : $\frac{10}{100} = 0{,}1$.

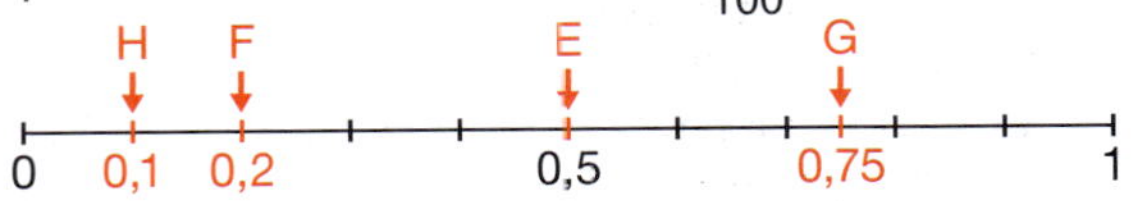

Je m'évalue

(40) c. (41) a. (42) b. (43) a.
(44) b. (45) c. (46) b.

CHAPITRE 11 Étudier des situations de proportionnalité

Bien démarrer

1 c. 2 a. et b. 3 b.
4 b. et c. 5 b.

À TON TOUR

(2) a. $13{,}5 : 6 = 2{,}25$
Le coefficient de proportionnalité est 2,25.
b. Quantité ❷ : $9 \times 2{,}25 = 20{,}25$
9 verres coûtent 20,25 €.
Quantité ❸ : $33{,}75 : 2{,}25 = 15$
15 verres coûtent 33,75 €.
Remarque : on peut aussi utiliser l'addition de quantités : 20,25 € + 13,5 € = 33,75 €.
Donc 6 verres + 9 verres = 15 verres.

(7) • $4 + 3 = 7$, donc la masse de framboises représente les $\frac{4}{7}$ du smoothie.
$\frac{4}{7} \times 175\text{ g} = \frac{4}{7} \times 7 \times 25\text{ g} = 4 \times 25\text{ g} = 100\text{ g}$
Ainsi, il y a 100 g de framboises dans le smoothie.
• $175\text{ g} - 100\text{ g} = 75\text{ g}$
Donc il y a 75 g de yaourt dans le smoothie.

(10) • $5 + 3 + 2 = 10$
Les roses des sables sont composées de $\frac{5}{10}$ de chocolat, $\frac{3}{10}$ de corn-flakes et $\frac{2}{10}$ de beurre.
• $\frac{5}{10} \times 250\text{ g} = \frac{5}{10} \times 10 \times 25\text{ g} = 5 \times 25\text{ g} = 125\text{ g}$
• $\frac{3}{10} \times 250\text{ g} = \frac{3}{10} \times 10 \times 25\text{ g} = 3 \times 25\text{ g} = 75\text{ g}$
• $250\text{ g} - 125\text{ g} - 75\text{ g} = 50\text{ g}$
Donc pour réaliser 250 g de roses des sables, il faut 125 g de chocolat, 75 g de corn-flakes et 50 g de beurre.

(13) $\frac{63}{140} = 0{,}45 = \frac{45}{100}$
45 % des personnes inscrites sont des femmes.

(16) a. $5{,}2\text{ m} \times \frac{1}{20} = 5{,}2\text{ m} : 20 = 0{,}26\text{ m}$
La longueur de la maquette est 0,26 m, soit 26 cm.
b. $12\text{ cm} \times 20 = 240\text{ cm}$
La largeur réelle du camion est 240 cm, soit 2,40 m.

Je travaille mes automatismes

(20) a. $\frac{18}{10} = 1{,}8$, $\frac{90}{50} = 1{,}8$ et $\frac{135}{75} = 1{,}8$.
Les quotients sont égaux, donc le prix est proportionnel à la masse.
b. $\frac{6}{8} = 0{,}75$, $\frac{7{,}5}{10} = 0{,}75$ et $\frac{11}{14} \approx 0{,}79$.
La distance n'est pas proportionnelle au temps.

(28) • 6 séances : 3 = 2 séances et 27 € : 3 = 9 €.
• 2 séances × 14 = 28 séances et 9 € × 14 = 126 €.
• 28 séances : 4 = 7 séances et 126 € : 4 = 31,50 €.
Voici le tableau complété.

Nombre de séances	6	2	28	7
Prix (en €)	27	**9**	**126**	**31,50**

(34) a. Le ratio « jetons bleus : jetons rouges » est 3 : 2.
b. Le ratio « jetons rouges : jetons verts : jetons bleus » est 2 : 5 : 3.
c. Le ratio « nombres pairs : nombres impairs » est 6 : 4.
Remarque : deux nombres a et b dans le ratio 6 : 4 sont tels que $\frac{a}{b} = \frac{6}{4}$.
Or $\frac{6}{4} = \frac{3 \times 2}{2 \times 2} = \frac{3}{2}$.
Donc les nombres a et b sont aussi dans le ratio 3 : 2.

(42) a. $\frac{5}{100} \times 32\text{ g} = 0{,}05 \times 32\text{ g} = 1{,}6\text{ g}$
La barre de céréales contient 1,6 g de protéines.
b. $\frac{6}{32} = 0{,}187\,5 = \frac{18{,}75}{100}$.
Le pourcentage de matières grasses est 18,75 %.

Je m'entraîne

(85) $1{,}80\text{ m} : 10 = 0{,}18\text{ m}$
La hauteur de cette reproduction est 0,18 m, soit 18 cm.

Je m'évalue

(95) c. (96) a. (97) b. (98) c. (99) b. (100) a.
(101) c. (102) b. (103) c. (104) a. (105) b.

CHAPITRE 12 Calculer des longueurs et des aires

Bien démarrer

1 **c.** 2 **a.**
3 **a.** et **b.** 4 **a.**, **b.** et **c.**

À TON TOUR

(2) Longueur du demi-cercle : $(\pi \times 48\text{ m}) : 2$, soit environ 75 m.
Périmètre de la figure : $P \approx 75\text{ m} + 30\text{ m} + 34\text{ m}$, soit $P \approx 139$ m.

(5) • Rayon du demi-disque : $20\text{ dm} : 2 = 10\text{ dm}$
• Aire du demi-disque : $(\pi \times 10^2\text{ dm}^2) : 2 \approx 157\text{ dm}^2$
• Aire du parallélogramme : $20\text{ dm} \times 18\text{ dm} = 360\text{ dm}^2$
• Aire $\mathscr{A}$ de la figure : $\mathscr{A} \approx 157\text{ dm}^2 + 360\text{ dm}^2$, soit $\mathscr{A} \approx 517\text{ dm}^2$.

Je travaille mes automatismes

(10) **a.** $P = 2,3\text{ m} + 1,9\text{ m} + 3,2\text{ m} = 7,4\text{ m}$
Le périmètre du triangle est 7,4 m.
b. $P = 2 \times 4\text{ dm} + 2 \times (4\text{ dm} + 8\text{ dm})$
$P = 2 \times 4\text{ dm} + 2 \times 12\text{ dm}$
$P = 8\text{ dm} + 24\text{ dm}$
$P = 32\text{ dm}$
Le périmètre du rectangle est 32 dm.
c. $P = 2 \times 1,8\text{ cm} + 2 \times 7\text{ cm}$
$P = 3,6\text{ cm} + 14\text{ cm} = 17,6\text{ cm}$
Le périmètre du parallélogramme est 17,6 cm.
d. $P = 1,9\text{ dam} + 2 \times 1,8\text{ dam} + 1\text{ dam} + 1,2\text{ dam}$
$P = 1,9\text{ dam} + 3,6\text{ dam} + 1\text{ dam} + 1,2\text{ dam}$
$P = 7,7\text{ dam}$
Le périmètre du polygone est 7,7 dam.

(16) **a.** $L = 2 \times \pi \times 1,2\text{ cm} = \pi \times 2,4\text{ cm}$
b. $L \approx 7,5\text{ cm}$
Le périmètre du cercle est environ 7,5 cm.

(24) **a.** $0,183\text{ m}^2 = \mathbf{18,3}\text{ dm}^2$
b. $1,34\text{ cm}^2 = \mathbf{134}\text{ mm}^2$
c. $7,43\text{ dam}^2 = \mathbf{74\,300}\text{ dm}^2$
d. $0,58\text{ m}^2 = \mathbf{580\,000}\text{ mm}^2$

(27) **a.** $\mathscr{A} = 4\text{ m} \times 3,1\text{ m} = 12,4\text{ m}^2$
L'aire du parallélogramme est 12,4 m².
b. $\mathscr{A} = 10\text{ cm} \times 4,37\text{ cm} = 43,7\text{ cm}^2$
L'aire du parallélogramme est 43,7 cm².

(30) **a.** $\mathscr{A} = \pi \times 10^2\text{ cm}^2 = \pi \times 100\text{ cm}^2$
b. $\mathscr{A} \approx 314,2\text{ cm}^2$
L'aire de ce disque est environ 314,2 cm².

Je m'évalue

(54) **a.** (55) **b.** (56) **b.** (57) **c.** (58) **a.** (59) **b.**
(60) **c.** (61) **c.** (62) **c.**

CHAPITRE 13 Calculer des volumes

Bien démarrer

1 **b.** et **c.** 2 **a.** 3 **b.**
4 **a.** et **c.** 5 **c.** 6 **a.** et **b.**

À TON TOUR

(2) **a.** 9 milliards de $\text{m}^3 = 9\,000\,000\,000\text{ m}^3 = 9\text{ km}^3$
Ce qui est le cas d'un pavé droit de dimensions 1 km, 1 km et 9 km. L'affirmation est fausse.
b. $200\text{ L} = 200\text{ dm}^3 = 0,2\text{ m}^3$
Ce qui est le cas d'un pavé droit de dimensions 1 m, 1 m et 0,2 m. L'affirmation peut être vraie.

(6) Volume $\mathscr{V}_1$ du cube :
$$\mathscr{V}_1 = 20\text{ mm} \times 20\text{ mm} \times 20\text{ mm} = 8\,000\text{ mm}^3$$
Volume $\mathscr{V}_2$ du cylindre : $\mathscr{V}_2 = \pi \times 7,5^2\text{ mm}^2 \times 25\text{ mm}$
$\mathscr{V}_2 = \pi \times 1\,406,25\text{ mm}^3$
$\mathscr{V}_2 \approx 4\,418\text{ mm}^3$
Volume $\mathscr{V}$ du solide : $\mathscr{V} = \mathscr{V}_1 + \mathscr{V}_2$
$\mathscr{V} \approx 8\,000\text{ mm}^3 + 4\,418\text{ mm}^3$, soit $\mathscr{V} \approx 12\,418\text{ mm}^3$.
Le volume de ce solide est environ 12 418 mm³, soit environ 12 cm³.

Je travaille mes automatismes

(14) **a.** $25,4\text{ dam}^3 = 25,4 \times \mathbf{1\,000\,000}\text{ dm}^3$
$25,4\text{ dam}^3 = \mathbf{25\,400\,000}\text{ L}$
b. $0,035\text{ m}^3 = 0,035 \times \mathbf{1\,000}\text{ dm}^3 = \mathbf{35}\text{ L}$

(16) **a.** $12,5\text{ hL} = \mathbf{1,25}\text{ m}^3$ **b.** $5\text{ cL} = \mathbf{50}\text{ cm}^3$
c. $0,25\text{ L} = \mathbf{250}\text{ cm}^3$ **d.** $12\text{ mL} = \mathbf{12\,000}\text{ mm}^3$

(21) Volume de la salière :
$\mathscr{V} = 32\text{ mm} \times 32\text{ mm} \times 32\text{ mm} = 32\,768\text{ mm}^3$
Volume de sel :
$\mathscr{V} = \frac{3}{4} \times 32\,768\text{ mm}^3 = 0,75 \times 32\,768\text{ mm}^3$
$\mathscr{V} = 24\,576\text{ mm}^3$
Le volume de sel est 24 576 mm³, soit 24,576 cm³.

(26) **a.** Les bases de ce prisme droit sont les triangles ABC et DEF.
b. $\mathscr{A} = (7\text{ cm} \times 5\text{ cm}) : 2 = 35\text{ cm}^2 : 2$
$\mathscr{A} = 17,5\text{ cm}^2$
L'aire d'une base est 17,5 cm².
c. La hauteur de ce prisme droit est 16 cm.
d. $\mathscr{V} = 17,5\text{ cm}^2 \times 16\text{ cm} = 280\text{ cm}^3$
Le volume de ce prisme droit est 280 cm³.

(34) **a.** Rayon du cylindre : $9,2\text{ dm} : 2 = 4,6\text{ dm}$
b. $\mathscr{V} \approx 3,1 \times 4,6^2\text{ dm}^2 \times 3,4\text{ dm}$
$\mathscr{V} \approx 223,026\,4\text{ dm}^3$
Le volume du cylindre est environ 223,026 4 dm³, soit environ 223 dm³.

Je m'évalue

(55) **c.** (56) **b.** (57) **c.** (58) **b.** (59) **a.** (60) **b.**
(61) **b.** (62) **b.** (63) **a.** (64) **b.** (65) **c.**

Corrigés

CHAPITRE 14 Représenter l'espace

Bien démarrer

1 **b.** **2** **a.**, **b.** et **c.** **3** **a.** et **b.**
4 **a.**, **b.** et **c.** **5** **a.**

À TON TOUR

2 **a.** Les coordonnées de I sont (1 ; 1).
Les coordonnées de J sont (–0,5 ; 2).
Les coordonnées de K sont (0,5 ; –1).
Les coordonnées de L sont (–1,5 ; –2).
b.

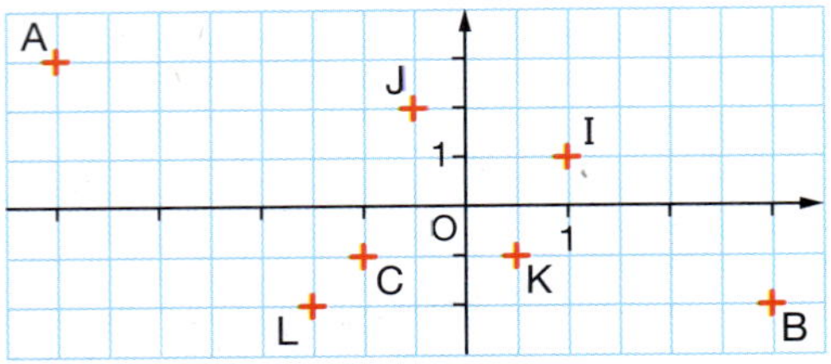

4

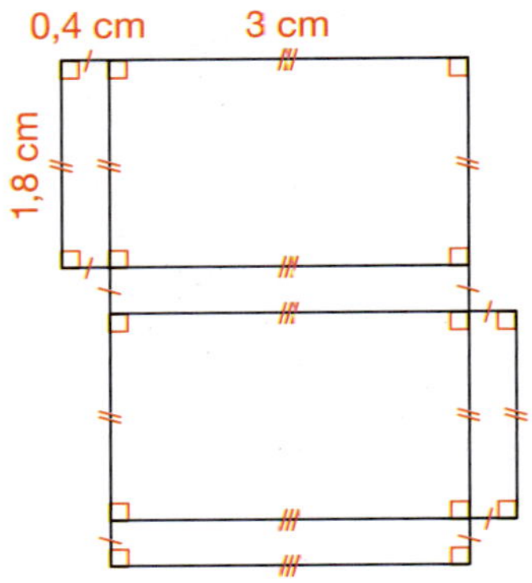

Je travaille mes automatismes

7 Les coordonnées de A sont (3 ; 1,5).
Les coordonnées de B sont (–3 ; 1).
Les coordonnées de C sont (1 ; –1).
Les coordonnées de D sont (0 ; 2).
Les coordonnées de E sont (–1,5 ; –0,5).

14 Le solide est formé :
- d'un **cône** de sommet **D**, de hauteur **[AD]** et de rayon **[AB]**,
- et d'un **cylindre** de hauteur **[OA]** et de **rayon** [AB].

19 **a.**

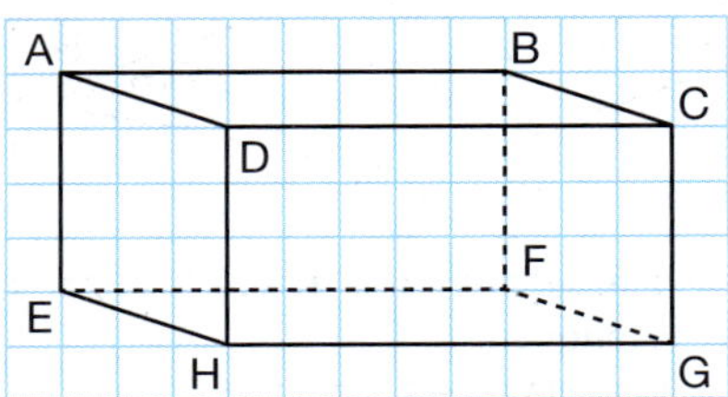

b.

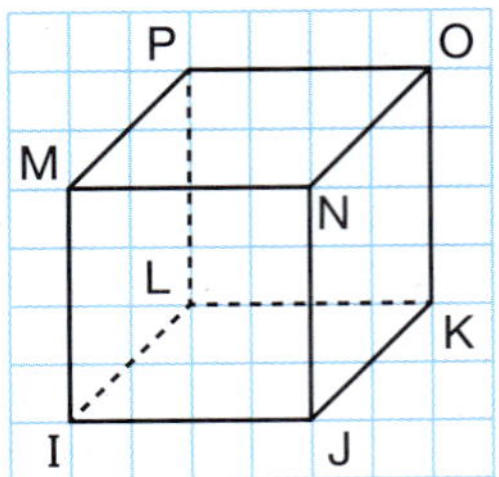

23 **a.**

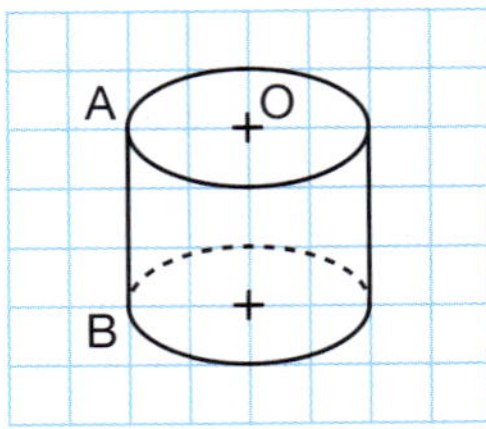

b.

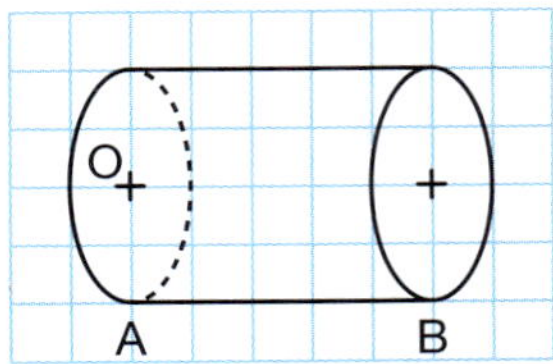

Je m'évalue

47 **a.** **48** **b.** **49** **a.** **50** **c.** **51** **c.** **52** **b.**
53 **b.** **54** **c.** **55** **a.**

CHAPITRE 15 Utiliser les triangles

Bien démarrer

1 **a.** et **c.** **2** **a.**, **b.** et **c.**
3 **b.** **4** **a.**, **b.** et **c.**

À TON TOUR

2 **(1)** Tracer un triangle EFG.
(2) Construire la hauteur (d_1) issue du sommet F dans le triangle EFG.
(3) Noter I le point d'intersection des droites (d_1) et (EG).
(4) Noter K le milieu du segment [EF].
(5) Construire la médiatrice (d_2) du segment [EF].
(6) Noter J le point d'intersection des droites (d_2) et (EG).

4 **a.** La plus grande longueur est 9 cm.
5 cm + 3 cm = 8 cm et 9 cm > 8 cm.
On ne peut donc pas construire un tel triangle ABC.
b. La plus grande longueur est 7 cm.
6,5 cm + 2 cm = 8,5 cm et 7 cm < 8,5 cm.
D'après l'inégalité triangulaire, on peut constuire un tel triangle ABC.

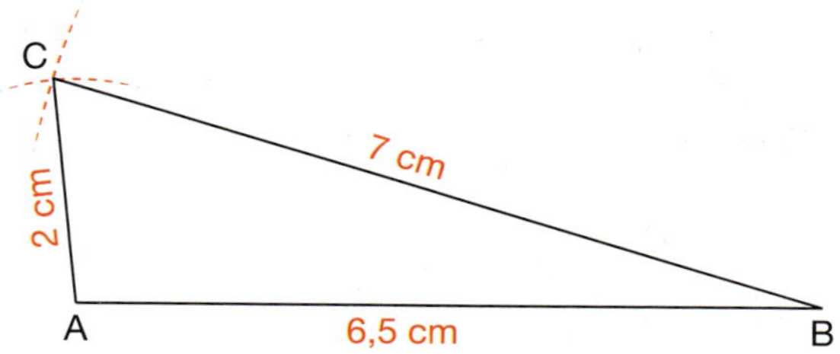

c. La plus grande longueur est 10 cm.
3,7 cm + 6,3 cm = 10 cm, soit BC = AB + AC.
Ainsi, le point A appartient au segment [BC] et le triangle ABC est aplati.

(La figure est à l'échelle mais pas en vraie grandeur)

Je travaille mes automatismes

8 **a.**, **b.**, **c.**

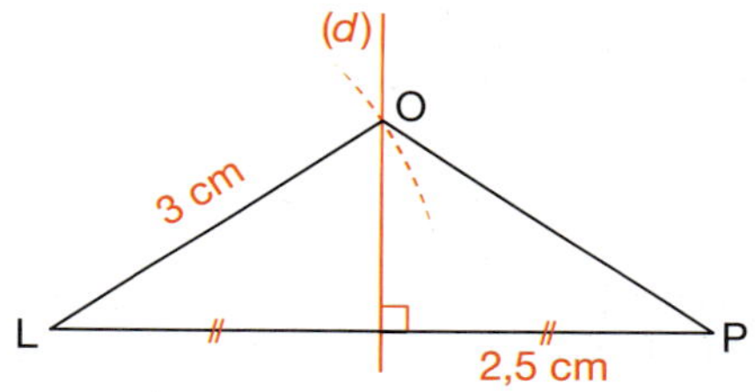

d. Le point O appartient à la médiatrice (*d*) du segment [LP], donc LO = PO.
Le triangle LPO est donc isocèle en O.

14 **a.**, **b.**

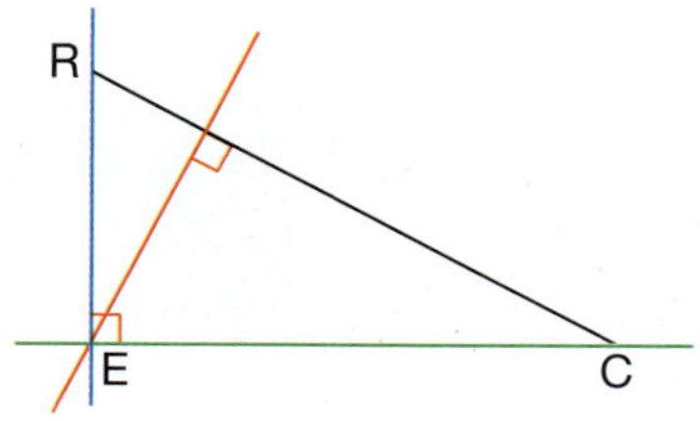

c. Ces hauteurs se coupent au point E.

21 **a.** La plus grande longueur est 11 cm.
3 cm + 7 cm = 10 cm et 11 cm > 10 cm.
Un tel triangle n'existe pas.
b. La plus grande longueur est 6 dm.
4 dm + 2,5 dm = 6,5 dm et 6 dm < 6,5 dm.
Un tel triangle existe.
c. La plus grande longueur est 6,3 m.
3,7 m + 2,5 m = 6,2 m et 6,3 m > 6,2 m.
Un tel triangle n'existe pas.
d. La plus grande longueur est 5,1 m.
3,4 m + 1,7 m = 5,1 m.
Le triangle est aplati.

27 **a.** AC = AB + BC = 3,7 cm + 1,9 cm
Ainsi, AC = 5,6 cm.
b. AB = AC – BC = 10 cm – 2,4 cm
Ainsi, AB = 7,6 cm.
c. BC = AC – AB = 8 cm – 7 cm
Ainsi, BC = 1 cm.

Je m'évalue

52 **a.** **53** **b.** **54** **a.** **55** **c.** **56** **c.** **57** **c.**
58 **a.** **59** **c.** **60** **a.** **61** **c.** **62** **b.**

CHAPITRE 16 Utiliser une symétrie

Bien démarrer

1 **b.** et **c.**
2 **c.**
3 **b.** et **c.**
4 **a.**, **b.** et **c.**

À TON TOUR

2

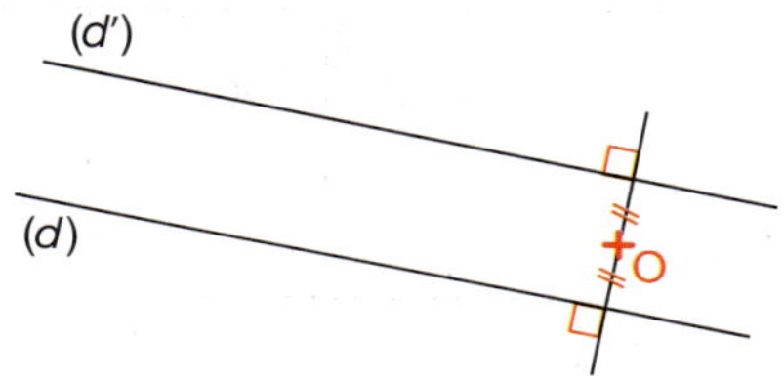

5

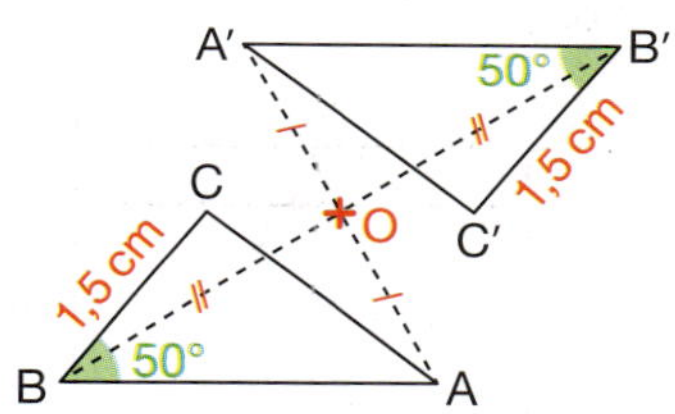

Je travaille mes automatismes

9 **a.** A et **G** sont symétriques par rapport à la droite (*d*).
b. E est le symétrique de **C** par rapport à la droite (*d*).
c. Les segments [DC] et **[DE]** sont symétriques par rapport à la droite (*d*).

16 **a.** B est le symétrique de **F** par rapport au point D.
b. A et P sont symétriques par rapport au point I.
c. **F** et M sont symétriques par rapport au point J.

25 **a.** Échelle 3/4

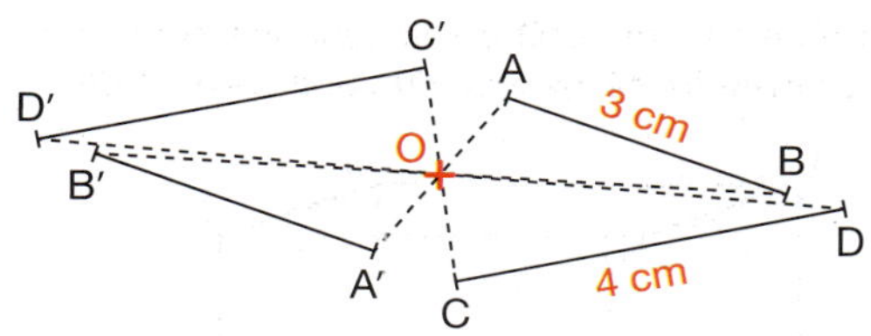

b. Le symétrique d'un segment par rapport à un point est un segment de même longueur.
Donc A′B′ = AB = 3 cm et C′D′ = CD = 4 cm.

Corrigés

(29) **a.** La figure a un centre de symétrie : le point O.

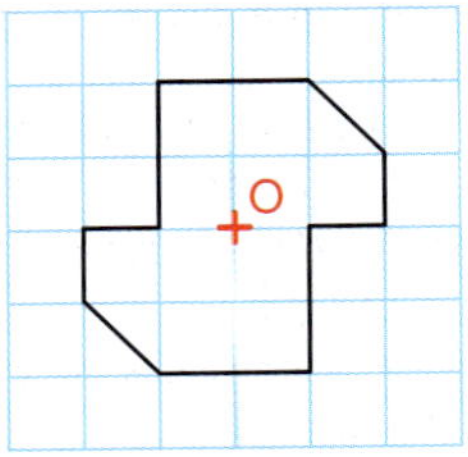

b. La figure n'a pas de centre de symétrie.

Je m'évalue

(48) **b.** (49) **a.** (50) **b.** (51) **c.** (52) **b.** (53) **b.**
(54) **c.** (55) **a.** (56) **a.**

CHAPITRE 17 Utiliser les angles

Bien démarrer

1 **b.** et **c.**
2 **b.**
3 **a.**, **b.** et **c.**
4 **a.** et **b.**

À TON TOUR

(2) **a.** Les droites (AC) et (DE) coupées par la sécante (AB) forment les angles correspondants $\widehat{BAC}$ et $\widehat{BDE}$.
Or les droites (AC) et (DE) sont parallèles.
Donc les angles $\widehat{BAC}$ et $\widehat{BDE}$ ont la même mesure.
Ainsi, $\widehat{BDE} = 126°$.
b. Les droites (CA) et (ED) coupées par la sécante (CB) forment des angles alternes-internes $\widehat{FEC}$ et $\widehat{ACB}$.
Or les droites (DE) et (AC) sont parallèles.
Donc les angles $\widehat{FEC}$ et $\widehat{ACB}$ ont la même mesure.
Ainsi, $\widehat{ACB} = 28°$.

(8) La somme des mesures des angles du triangle ABC est égale à 180°, donc :
$$\widehat{ABC} + \widehat{BAC} + \widehat{BCA} = 180°.$$
Ainsi, $54° + 98° + \widehat{BCA} = 180°$, soit $152° + \widehat{BCA} = 180°$.
Donc : $\widehat{BCA} = 180° - 152°$
$\widehat{BCA} = 28°$.

(11)

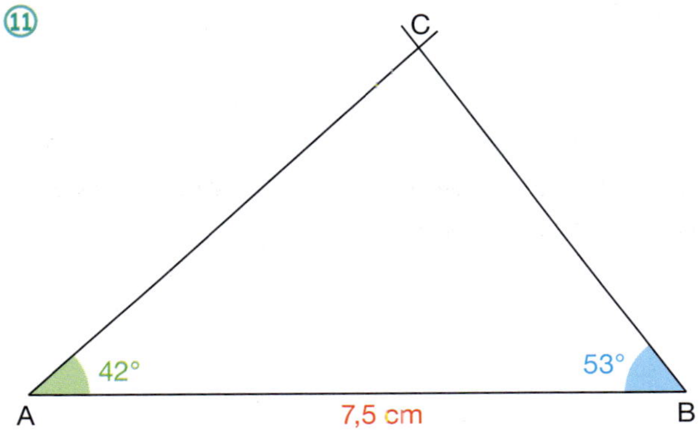

Je travaille mes automatismes

(15)

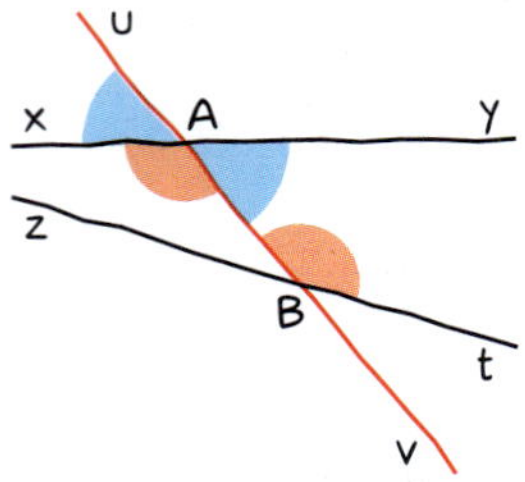

a. Deux angles alternes-internes : $\widehat{xAv}$ et $\widehat{uBt}$ (ou $\widehat{yAv}$ et $\widehat{zBu}$).
b. Deux angles opposés par leur sommet A : $\widehat{xAu}$ et $\widehat{yAv}$ (ou $\widehat{xAv}$ et $\widehat{uAy}$).
c. Deux angles dont la somme des mesures est 180° : $\widehat{xAu}$ et $\widehat{uAy}$ (ou $\widehat{xAv}$ et $\widehat{xAu}$ ou $\widehat{zBv}$ et $\widehat{vBt}$ ou $\widehat{zBu}$ et $\widehat{vBz}$…).

(20) • Les droites (xy) et (tz) coupées par la sécante (ℓm) forment des angles correspondants $\widehat{zBm}$ et $\widehat{xAm}$.
Or les droites (xy) et (zt) sont parallèles.
Donc $\widehat{zBm}$ et $\widehat{xAm}$ ont la même mesure. Ainsi, $\widehat{zBm} = 123°$.
• Les droites (tz) et (uv) coupées par la sécante (ℓm) forment des angles alternes-internes $\widehat{\ell Cv}$ et $\widehat{zBm}$.
Or les droites (zt) et (uv) sont parallèles.
Donc $\widehat{\ell Cv}$ et $\widehat{zBm}$ ont la même mesure. Ainsi, $\widehat{\ell Cv} = 123°$.

(26) **a.** $\widehat{xAv} + \widehat{BAx} = 180°$, c'est-à-dire $143° + \widehat{xAv} = 180°$.
Ainsi, $\widehat{xAv} = 180° - 143° = 37°$.
b. Les droites (yz) et (tx) coupées par la sécante (uv) forment des angles correspondants $\widehat{zBv}$ et $\widehat{xAv}$.
Or ces deux angles n'ont pas la même mesure.
Donc les droites (tx) et (yz) ne sont pas parallèles.

(31) La somme des mesures des angles du triangle ABC est égale à 180°, donc :
$$\widehat{ABC} + \widehat{BAC} + \widehat{ACB} = 180°.$$
Ainsi, $115° + 25° + \widehat{ACB} = 180°$, c'est-à-dire $140° + \widehat{ACB} = 180°$.
Donc : $\widehat{ACB} = 180° - 140°$
$\widehat{ACB} = 40°$.

Je m'évalue

(55) **c.** (56) **b.** (57) **b.** (58) **c.** (59) **b.** (60) **c.**
(61) **b.** (62) **b.** (63) **a.** (64) **a.** (65) **c.**

CHAPITRE 18 Connaître le parallélogramme

Bien démarrer

1 **a.** et **b.**
2 **b.** et **c.**
3 **a.**
4 **b.** et **c.**
5 **a.**, **b.** et **c.**

À TON TOUR

(2) 5 cm : 2 = 2,5 cm

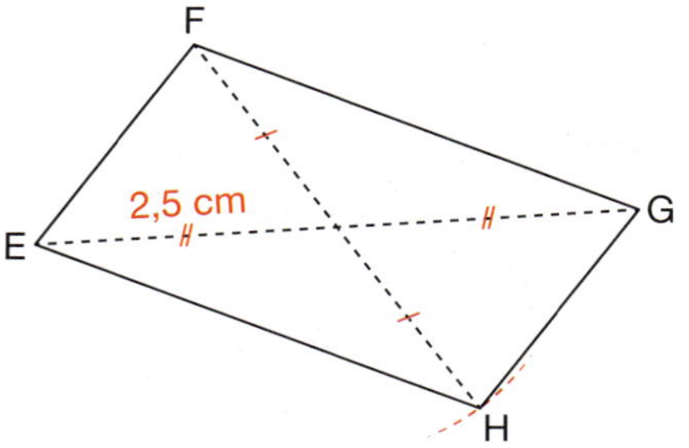

⑤ • ABCD est un parallélogramme de centre I, donc I est le milieu de la diagonale [AC].
De plus, I est le milieu de la diagonale [MN].
Ainsi, I est le milieu des diagonales [AC] et [MN] du quadrilatère AMCN.
• Or, si un quadrilatère a ses diagonales qui se coupent en leur milieu, alors c'est un parallélogramme.
Donc AMCN est un parallélogramme.

⑦

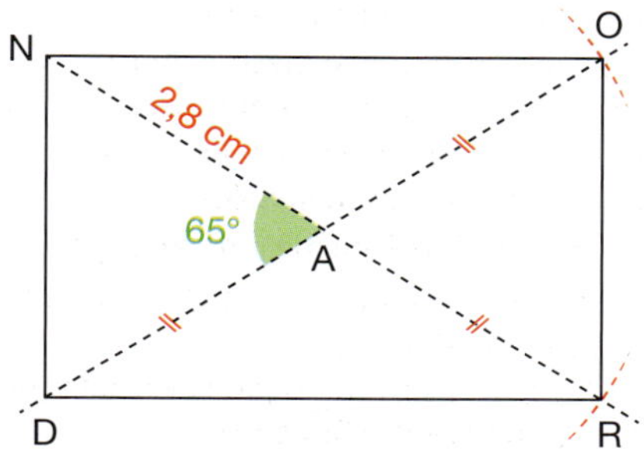

⑩ • ABCD est un parallélogramme, donc :
(AB) // (DC) et (AD) // (BC).
Par construction, la droite (MP) est parallèle à la droite (AB).
Ainsi, le quadrilatère ABPM a ses côtés opposés deux à deux parallèles, donc ABPM est un parallélogramme.
• De plus, AM = AB.
Or, si un parallélogramme a deux côtés consécutifs de même longueur, alors c'est un losange.
Donc ABPM est un losange.

Je travaille mes automatismes

⑭ **a.**

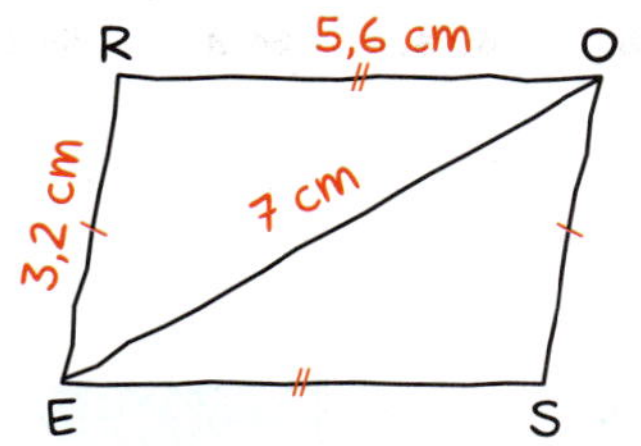

b.

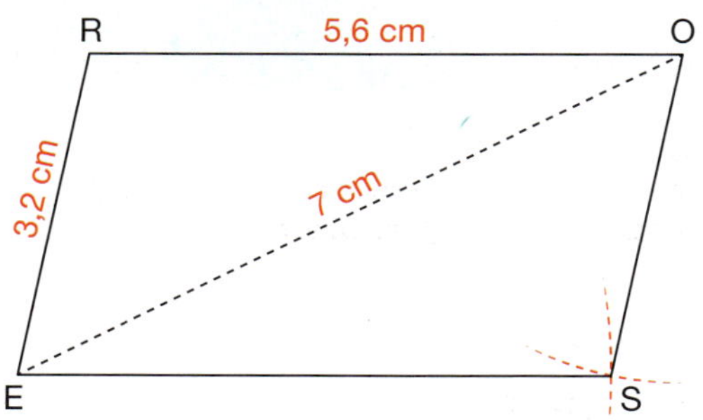

c. ROSE est un parallélogramme.
Or dans un parallélogramme, les côtés opposés ont deux à deux la même longueur.
Donc RO = ES = 5,6 cm et RE = OS = 3,2 cm.
$2 \times 5{,}6$ cm + $2 \times 3{,}2$ cm = 17,6 cm
Le périmètre du parallélogramme ABCD est 17,6 cm.

⑲ **a.** (AB) ⊥ (FD) et (CD) ⊥ (FD).
Or, si deux droites sont perpendiculaires à une même droite, alors elles sont parallèles.
Donc les droites (AB) et (CD) sont parallèles.
b. • (BC) ⊥ (BE) et (AD) ⊥ (BE).
Or, si deux droites sont perpendiculaires à une même droite, alors elles sont parallèles.
Donc les droites (AD) et (BC) sont parallèles.
• Ainsi, (AD) // (BC) et (AB) // (CD).
Or, si un quadrilatère a ses côtés opposés deux à deux parallèles, alors c'est un parallélogramme.
Donc ABCD est un parallélogramme.

㉗ **a.**

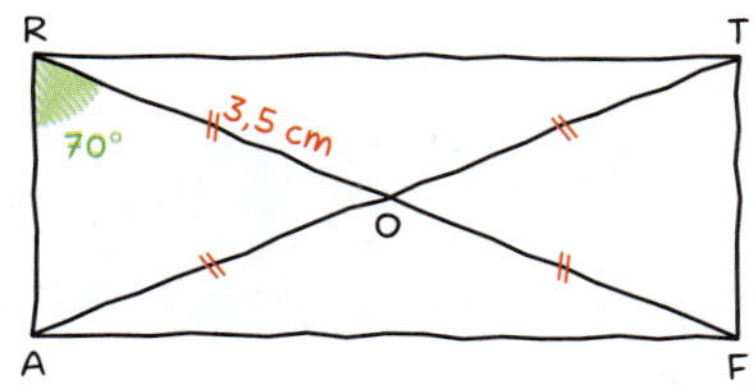

b. Dans un rectangle les diagonales ont la même longueur et se coupent en leur milieu.
Donc les segments [OA], [OF] et [OT] ont la même longueur que le segment [OR] ; ils mesurent donc 3,5 cm.
c.

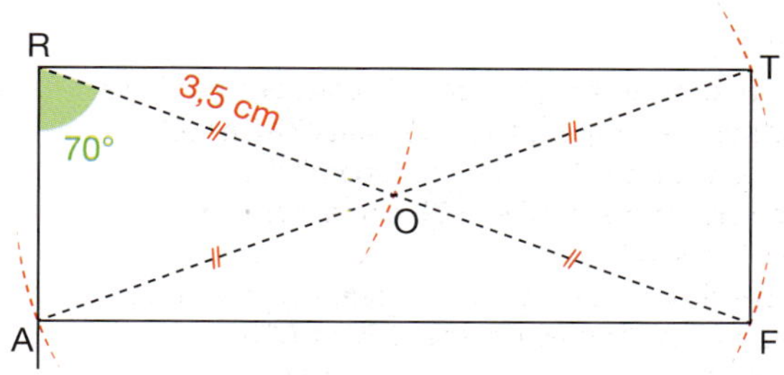

㉞ Dans le triangle TOU :
$\widehat{TOU} = 180° - (\widehat{OTU} + \widehat{OUT})$
$\widehat{TOU} = 180° - (36° + 54°)$
$\widehat{TOU} = 180° - 90°$
$\widehat{TOU} = 90°$
Or, si un parallélogramme a un angle droit, alors c'est un rectangle.
Donc TOUS est un rectangle.

Je m'évalue

㊳58 **b.** 59 **a.** 60 **a.** 61 **b.** 62 **c.** 63 **c.**
64 **b.** 65 **a.** 66 **b.**

Index

Crédits photographiques

Couverture :
Le pont de la Tolérance (*Tolerance Bridge*) est une passerelle pour piétons et cyclistes traversant le Canal de Dubaï (Dubaï, Émirats arabes unis). La longueur du pont est 210 m et la hauteur de l'arc est 40 m.
© Shutterstock/Sarath Maroli
Illustration : Émilie Hamel

14 Abaca Press/Xinhua ; **15ht** Adobe Stock photo ; **15b** Adobe Stock photo ; **17** Adobe Stock photo ; **18g** Adobe Stock photo ; **18d** Adobe Stock photo ; **19** Istock ; **20** AFP/Getty Images Asiapac/Ezra Shaw ; **21** Adobe Stock photo ; **23** Adobe stock photo ; **27** Shutterstock ; **28** SpaceX ; **29** Fastimage/©2019 Kristin Callahan/Famous ; **31ht** Adobe Stock photo ; **31b** Istock ; **32** Istock ; **33** Adobe Stock photo ; **37** Abaca Press ; **41** Adobe Stock photo ; **42** Adobe Stock photo ; **43** Adobe Stock photo ; **45** Adobe Stock photo ; **47** Adobe Stock photo ; **49** Adobe Stock photo ; **50g** Google Earth 2021 ; **50d** Adobe Stock photo ; **57b** Adobe Stock photo ; **57** Adobe Stock photo ; **58** Naturimages/Jean-Marc Brunet ; **59** Istock ; **61m** Adobe Stock photo ; **61b** Adobe Stock photo ; **65** Adobe Stock photo ; **66** Adobe Stock photo ; **67** Adobe Stock photo ; **69** MAXPPP ; **70** Biosphoto/Pascal Pittorino ; **71** Shutterstock ; **72** Adobe Stock photo ; **74** Adobe Stock photo ; **75** Adobe Stock photo ; **77** BSIP/Image point fr/ LPN ; **79** Adobe Stock photo ; **80** Airbus ; **81g** Adobe Stock photo ; **81d** Adobe Stock photo ; **85** Adobe Stock photo ; **86** Istock ; **88** Adobe Stock photo ; **89** Istock ; **99** Biosphoto/Photo Researchers/Danté Fenolio ; **101** Adobe Stock photo ; **102** Only France/ Bertrand Bodin ; **103** Abaca Press/Dimou Alexandre/Icon Sport ; **104** AFP/HEMIS/Bertrand Gardel ; **105** Getty images France/ Nico De Pasquale Photography ; **108** AKG-Images/SPL ; **109** Photo12.com/Alamy/The History Collection ; **110g** Photononstop/ Daniel Thierry ; **110d** Wikimedia/Siren-Com ; **111** Istock ; **113** Adobe Stock photo ; **115** Getty images France/Duncan P. Walker ; **118** Hemis/Hauser Patrice ; **119** Savannah Waterfront Association ; **121h** Adobe Stock photo ; **121b** Adobe Stock photo ; **123** Adobe Stock photo ; **124** Adobe Stock photo ; **126** Adobe Stock photo ; **127** Adobe Stock photo ; **129** Adobe Stock photo ; **132** Adobe Stock photo ; **133** Adobe Stock photo ; **134** Adobe Stock photo ; **136** Adobe Stock photo ; **137** Adobe Stock photo ; **139** Adobe Stock photo ; **143** Zoo de Beauval ; **147ht** Adobe Stock photo ; **147m** Baccega Eric/NPL/Claudio Contreras ; **148** Adobe Stock photo ; **149** Istock ; **150** Adobe Stock photo ; **152** Gamma Rapho/Keystone France ; **155** Adobe Stock photo ; **157** Adobe Stock photo ; **158bd** Adobe Stock photo ; **158htg** Adobe Stock photo ; **159** Adobe Stock photo ; **164** Adobe Stock photo ; **165** Adobe Stock photo ; **166** Shutterstock ; **167** Adobe Stock photo ; **169** Adobe Stock photo ; **171** Louapre Thomas/ Divergence ; **172** Shutterstock ; **173** Adobe Stock photo ; **176** Adobe Stock photo ; **177d** Istock ; **177g** Adobe Stock photo ; **178** Adobe Stock photo ; **179** Adobe Stock photo ; **182** Istock ; **183** Adobe Stock photo ; **187** Adobe Stock photo ; **188** Nasa ; **189ht** Adobe Stock photo ; **189bd** Istock ; **189bg** Istock ; **192ht** Adobe Stock photo ; **192** Nasa ; **193** Adobe Stock photo ; **194** Adobe Stock photo ; **195** Adobe Stock photo ; **199** La Collection ; **201g** Istock ; **201d** Getty images France/Johannes Mann ; **202** Nasa ; **203ht** Droits Réservés ; **203b** Adobe Stock photo ; **205** Adobe Stock photo ; **206** Luis Garcia ; **207** Adobe Stock photo ; **208ht** Istock ; **208md** Adobe Stock photo ; **208bd** Droits Réservés ; **208bg** Istock ; **209** Getty images France/ EyeEm/Michael Haegele ; **213g** Shutterstock ; **213d** Gamma Rapho/Jacana/Sylvain Cordier ; **215ht** Adobe Stock photo ; **215b** Istock ; **218** Air Images/Philippe Guignard ; **219ht** Adobe Stock photo ; **219b** Photo12/Alamy/© chrisstockphotography ; **220** Adobe Stock photo ; **221** Istock ; **222** Photo12/Alamy/Pascale Gueret ; **224** Adobe Stock photo ; **225ht** Adobe Stock photo ; **225b** Shutterstock ; **230** Adobe Stock photo ; **231ht** Istock ; **231m** Adobe Stock photo ; **232** Getty Images France/Raj Kamal ; **233ht** Google Earth ; **233b** Clubdesparents.fr ; **233m** Adobe Stock photo ; **237** Adobe Stock photo ; **239g** Adobe Stock photo ; **239d** Google Earth 2021 ; **243ht** Istock ; **243bas** Getty Images France/Purestoc ; **245** Adobe Stock photo ; **246** Hemis/René Mattes ; **260** Adobe Stock photo ; **275** M. Ménard ; **276** Shutterstock ; **277** Google Map 2022 ; **295** Rendering Courtesy Dykstra Naval Architects ; **296ht** Adobe Stock photo ; **296b** Adobe Stock photo ; **297m** Panoramic/FEP/N. Le Gouic ; **297b** Panoramic/ FEP/N. Le Gouic ; **298ht** Adobe Stock photo ; **298b** Adobe Stock photo ; **299** Adobe Stock photo ; **301h** Adobe Stock photo ; **301b** Adobe Stock photo ; **302g** La Collection/Jean-Claude N'Diaye ; **302d** Istock ; **304d** Aurimages/Dolfy Agency LTD ; **305** RMN-Grand Palais/Centre Pompidou, MNAM-CCI/Georges Meguerditchian.

Édition : Laurence Sourdillon, Marie-Pierre Lowys
Conception graphique : Clémentine Largant
Couverture : Jean-Marc Denglos
Composition et mise en page : Soft Office
Schémas : Soft Office, Corédoc
Mascottes : Émilie Hamel
Iconographie : Juliette Barjon
Fabrication : Laurence Monaï

N° de projet : 10293417 – Dépôt légal : avril 2022 – achevé d' imprimer en mai 2023 par Elcograf

Formulaire

Unités usuelles

• De longueur

km	hm	dam	m	dm	cm	mm
		2	5	0	0	

25 m = 2 500 cm

• D'aire

km^2		hm^2		dam^2		m^2		dm^2		cm^2		mm^2	
						2	5	0	0	0	0		

$25 \text{ m}^2 = 250\,000 \text{ cm}^2$

- $1 \text{ hm}^2 = 1$ ha (hectare)
- $1 \text{ dam}^2 = 1$ a (are)

• De volume et de contenance

$1 \text{ dm}^3 = 1$ L

m^3			dm^3			cm^3			mm^3		
					L	dL	cL	mL			
	2	5	0	0	0	0	0	0			

$25 \text{ m}^3 = 25\,000\,000 \text{ cm}^3 = 25\,000$ L

• De durée

- 1 h = 60 min
- 1 min = 60 s
- 1 h 30 min = 1 h + $\frac{1}{2}$ h = 1,5 h
- 1,25 h = 1 h + $\frac{1}{4}$ h = 1 h 15 min

Périmètres - Aires - Volumes

	Carré	Rectangle	Parallélogramme
Figure	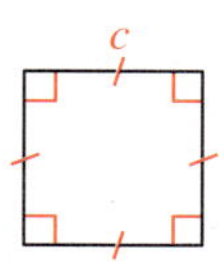	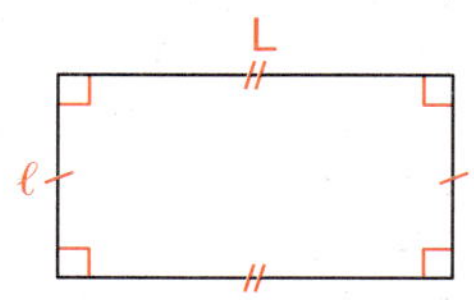	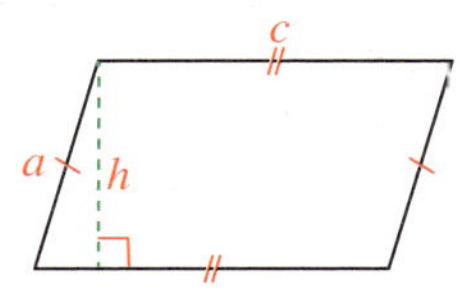
Périmètre	$4 \times c$	$2 \times \ell + 2 \times L$ ou $2 \times (\ell + L)$	$2 \times (a + c)$
Aire	$c \times c$ ou c^2	$L \times \ell$	$c \times h$

	Triangle Rectangle	Triangle	Cercle ou disque
Figure	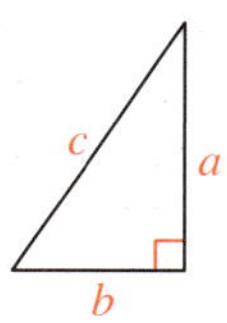	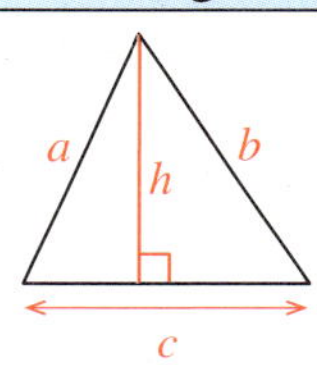	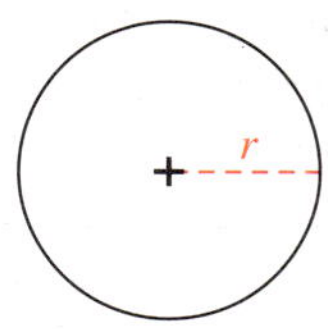
Périmètre	$a + b + c$	$a + b + c$	$2 \times \pi \times r$
Aire	$\frac{a \times b}{2}$	$\frac{c \times h}{2}$	$\pi \times r^2$

	Cube	Pavé droit	Prisme droit	Cylindre
Figure	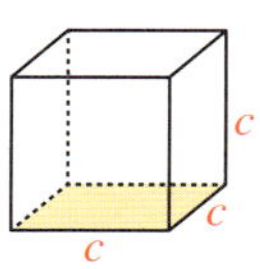	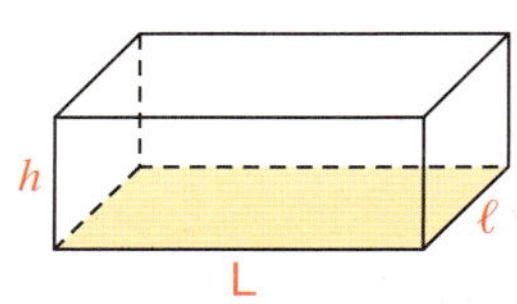	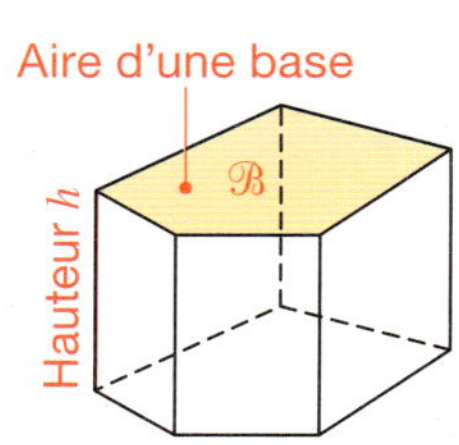	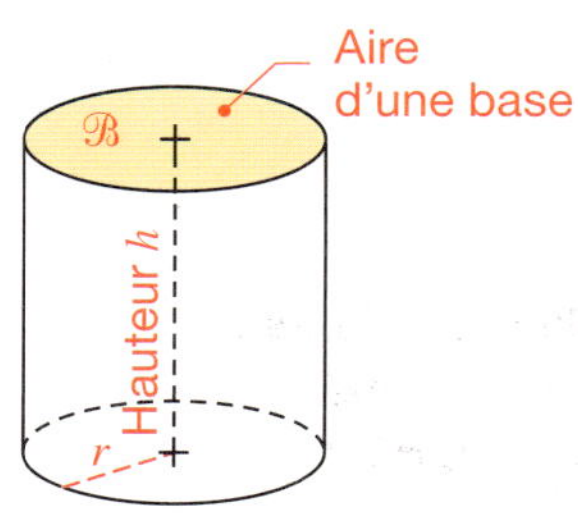
Volume	$c \times c \times c$ ou c^3	$L \times \ell \times h$	$\mathcal{B} \times h$	$\mathcal{B} \times h$ ou $\pi \times r^2 \times h$

Logiciel de géométrie dynamique

Un **logiciel de géométrie dynamique** est un outil qui permet d'expérimenter et de conjecturer à partir de la construction de figures dans le plan ou dans l'espace.

L'écran

Barre d'outils de la fenêtre graphique

Menu déroulant

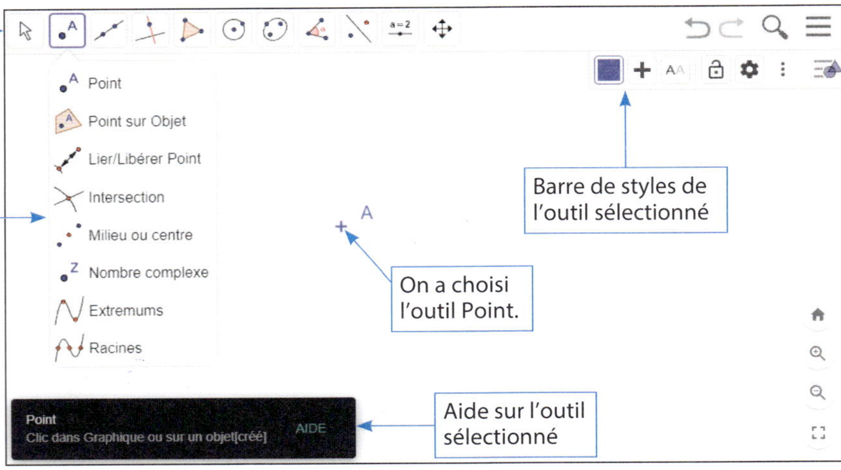

Gestion des fichiers, des fenêtres, …

Barre de styles de l'outil sélectionné

On a choisi l'outil Point.

Aide sur l'outil sélectionné

Un exemple en géométrie plane dans la fenêtre Graphique

Pour construire le triangle ABC, on clique sur [outil Polygone] puis on suit l'aide de cet outil.

Les objets de la figure et leurs propriétés sont affichés dans la fenêtre Algèbre.

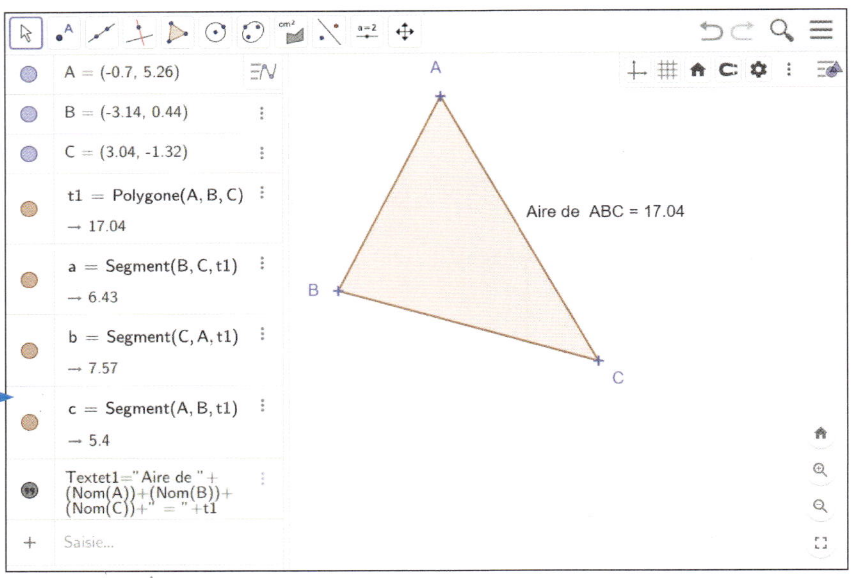

Pour afficher l'aire du triangle ABC, on clique sur [outil Aire] puis on suit l'aide de cet outil.

Un exemple en géométrie dans l'espace dans la fenêtre Graphique 3D

Pour construire le cube X, on clique sur [outil Cube] puis on suit l'aide de cet outil.

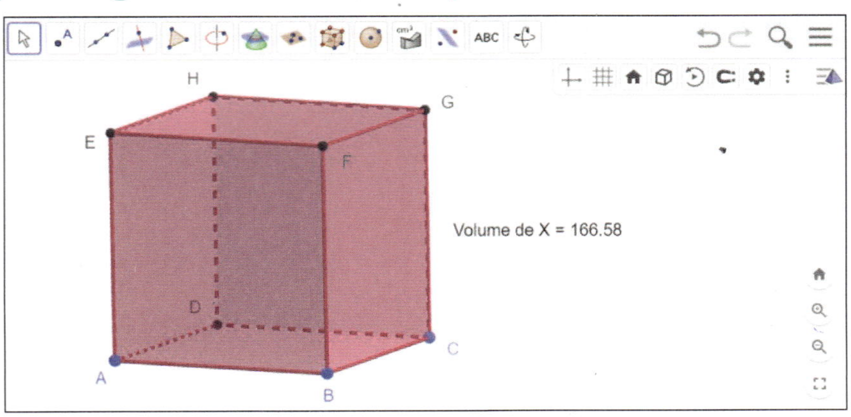

Pour afficher le volume du cube X, on clique sur [outil Volume] puis on suit l'aide de cet outil.